Wolfgang Benz

Unter Mitarbeit von Edelgard Bially, Gisela Gerdes,
Jana Richter, Angelika Schardt, Juliane Wetzel

Deutschland seit 1945

Entwicklungen in der Bundesrepublik und in der DDR

Chronik Dokumente Bilder

Moos & Partner München

Zu den Abbildungen:
Umschlagseite 1: links: Verkündung des Grundgesetzes am 23.5.1949 durch
Konrad Adenauer; rechts: Die Zwangsvereinigung: der symbolische Hände-
druck zwischen Wilhelm Pieck/KPD (links) und Otto Grotewohl/SPD; Mitte:
Das Brandenburger Tor, davor Teilabschnitte der sogenannten Mauer; Seite 2:
Symbole des verlorenen Krieges.

Satz: Kösel, Kempten, Mediapress, Gräfelfing
Lithos: Repro-Knopp, Inning/Ammersee; Reprotechnik, Kempten
Druck und Verarbeitung: May + Co., Darmstadt

CIP-Kurztitelaufnahme der Deutschen Bibliothek

Benz, Wolfgang:
Deutschland seit 1945 : Entwicklungen in der Bundesrepublik
Deutschland und in der DDR ; Chronik, Dokumente, Bilder /
Wolfgang Benz. Unter Mitarb. von Edelgard Bially ... – Mün-
chen [i. e. Gräfelfing] : Moos, 1990
    ISBN 3-89164-106-0

ISBN 3-89164-106-0

Wolfgang Benz   Deutschland seit 1945

Inhalt

Vorwort

Im Herbst des Jahres, in dem beide deutsche Nachkriegsstaaten ihre Gründungsjubiläen feierten, hat sich, von allen unerwartet, die Situation in Deutschland dramatisch verändert. Dem Exodus vieler DDR-Bürger über Ungarn und die Tschechoslowakei folgten, unmittelbar nach den Szenen eines Staatsgeburtstags in der versteinerten Atmosphäre von Realitätsverweigerung der Regierenden und äußerster Frustration der Regierten, der Sturz Honeckers, dann des SED-Regimes, die Öffnung der Grenzen in Deutschland, die friedliche Revolution in der DDR. »Wiedervereinigung«, die 40 Jahre lang mit abnehmender Überzeugungskraft deklarierte Formel bekam zum ersten Mal und ganz überraschend ebenso aktuelle wie konkrete Bedeutung. Wurden um die Jahreswende 1989/1990 Lösungen der deutschen Frage wie die Konföderation (das hatte Walter Ulbricht 1957 unter ganz anderen Umständen schon angeboten) oder eine »Vertragsgemeinschaft« diskutiert, so waren wenig später schon die Weichen zur Vereinigung beider Staaten gestellt. In atemraubendem Tempo begann mit den Wahlen in der DDR im März 1990 ihre Verwirklichung.

Zeichen der Aufbruchstimmung war die einmütige Erklärung des ersten frei gewählten Parlaments der DDR im April 1990, in der Schuld in der Vergangenheit – der Völkermord an den Juden, an Sinti und Roma, die Leiden, die Bürgern der Sowjetunion, der Tschechoslowakei und Polens zugefügt worden waren – wie Verantwortung für die Gestaltung der Zukunft manifestiert wurde. Die Absage an die Heuchelei des vergangenen Regimes der Ulbricht und Honecker, die Bitte um Verzeihung für begangenes Unrecht, die Versicherung der Unverletzlichkeit der Oder-Neiße-Grenze – das klang verheißungsvoll, war moralisch überzeugend und es war notwendig. Die gemeinsame Feier des 17. Juni, des seit 1953 in der Erinnerung an den ostdeutschen

Arbeiteraufstand nur in Westdeutschland begangenen politischen Feiertages, durch beide deutsche Parlamente in der Hauptstadt der DDR, das war eine weitere Station auf dem Weg zur Gemeinsamkeit, die ab 1. Juli 1990 in der Währungs-, Wirtschafts- und Sozialunion ihren Ausdruck fand. Und – für die Welt ist das vielleicht am wichtigsten – endlich wurde, ohne Wenn und Aber, die im Potsdamer Abkommen definierte Grenze zwischen Deutschland und Polen als unantastbar akzeptiert. Das geschah in feierlicher Form am 21. Juni gleichlautend im Bonner und im Ostberliner Parlament, unter ausdrücklichem Hinweis auf die Regelung, die schon im »Görlitzer Vertrag« 1950 zwischen der DDR und Polen und zwanzig Jahre später im Rahmen der Ostverträge der sozialliberalen Koalition zwischen Bonn und Warschau festgeschrieben war. Die Geste war wichtig und überfällig, wenngleich die Sache selbst durch die Realität und durch die Verträge längst geregelt ist.

Die Chronik dokumentiert 45 Jahre deutscher Teilung, vom Zusammenbruch des Hitler-Staates 1945 über die Jahre des alliierten Besatzungsregimes, die Gründung zweier deutscher Nachkriegsstaaten im September und Oktober 1949, deren rasche und wachsende Entfremdung, die späte Annäherung und Normalisierung des feindseligen Nebeneinanders in den 70er Jahren bis zum Vollzug der Vereinigung in unseren Tagen. Diese Chronik – die erste ihrer Art, in der die Fakten und Ereignisse der Geschichte beider deutscher Staaten nebeneinander –, nicht gegeneinander gestellt sind – ist aber alles andere als der eilfertige Versuch, die historischen Realitäten der beiden deutschen Staaten in der Retrospektive durch Pseudo-Gemeinsames zu verklären.

Vielmehr war es die Absicht, die verschiedenen politischen Wege nachzuzeichnen und die Abgrenzungen deutlich zu machen, mit denen beide Staaten und Gesellschaftsordnungen, jeweils eingebunden und angepaßt in die Bündnis- und Herrschaftssysteme einer polarisierten Weltordnung, sich gegeneinander auf Distanz hielten. Schließlich mußten die ökonomischen und sozialen Realitäten in der Bundesrepublik und in der DDR in diesen viereinhalb Jahrzehnten markiert werden. Chronik und Bilder zeigen nachdrücklich, wie vollkommen die Abgrenzun-

◁ *Unterzeichnung des vom Parlamentarischen Rat am 8. 5. 1949 verabschiedeten Grundgesetzes für die Bundesrepublik Deutschland im Gebäude der Pädagogischen Hochschule in Bonn am 23. 5. 1949. Das Bild zeigt ein Mitglied des Parlamentarischen Rates bei der Unterzeichnung. Neben dem Stander Dr. Konrad Adenauer und sitzend (mit Brille) Adolph Schönfelder.*

gen gewesen sind: Äußerlich, jedem eingeprägt durch die Berliner Mauer und die »Zonengrenze«, »Demarkationslinie« oder »Staatsgrenze West«, je nachdem, welcher Sprachregelung man unterlag, innerlich durch die Verständigungsschwierigkeiten, die auch Gutwillige hatten. Verständigungsschwierigkeiten, die sich nicht nur durch verschiedene politische Nomenklaturen und Alltagssprachen, sondern vor allem durch ganz unterschiedliche Erlebniswelten, Lebensrhythmen, Konsumgewohnheiten oder auch in den je anderen Bedrohungen und Ängsten der Bürger zeigten.

In der Euphorie des Augenblicks und nach der übermäßig strapazierten Metapher von der historischen Stunde (oder dem historischen Augenblick, der historischen Entscheidung) der Wiedervereinigung soll durch den Rückblick in Bildern und Daten auch und vor allem deutlich gemacht werden, daß noch ein schwieriger und langwieriger Weg zurückzulegen sein wird, bis das Getrennte zusammengewachsen, bis die Einheit realisiert ist.

Die chronologische Darstellung wird ergänzt durch den ungekürzten Abdruck der völkerrechtlichen Schlüsseldokumente zur deutschen Frage, darunter das »Potsdamer Abkommen« (1945), das Besatzungsstatut für die Bundesrepublik (1949), der Görlitzer Vertrag (1950), der Deutschlandvertrag (1952/55), die Erklärung der Souveränität der DDR (1954), die Ostverträge zwischen Bonn und Moskau (1970), Warschau (1972), Prag (1973) nebst Begleitdokumenten bis hin zum deutsch-deutschen Unionsvertrag vom Juni 1990 und den Einheitsvertrag vom September, der am 3. Oktober 1990 in Kraft trat.

Die im Wortsinne wunderbare Wendung in der deutschen Frage seit dem Herbst 1989 hat Emotionen – positive wie negative – hervorgerufen. Die plötzlich gewonnene Freiheit der einen verlangt ein hohes Maß an Solidarität bei den anderen, die, im Besitz der Freiheit ohnehin, auch auf der materiell erfreulicheren Seite der Grenze leben. Die Solidarität muß stärker und andauernder sein als die emotionale Bewegung der ersten Wochen nach dem Fall der Mauer. Das Problematische an der neuen, so völlig ungewohnten und unerwarteten Situation hat sich schnell gezeigt; auf der einen Seite in Herablassung, im Gönnertum, in der Demonstration wirtschaftlicher Überlegenheit, auf der anderen im materiellen Nachholbedürfnis und einer daraus resultierend Haltung eines unbedingten Anspruchs, aber auch in der Neigung, alles zu verdammen, was das Leben in der DDR bestimmte und zu vieles zu verklären, was das Lebensgefühl der Bundesrepublik prägt. Die Gefahr neuer Uneinigkeit, hervorgerufen und genährt durch Neid und Hochmut, Ängstlichkeit und Intoleranz ist groß. Wenn dieses Buch durch den Rückblick auf die Geschichte der Teilung zur Stärkung der Solidarität beim Zusammenwachsen einen Beitrag leisten könnte, wäre es in den Augen aller Beteiligten erfolgreich.

München, im Oktober 1990

Wolfgang Benz

Vom Ende des Zweiten Weltkrieges bis zur Wiedervereinigung

Chronik 1945–1990

1945

4.–11. 2. 1945: Auf der Konferenz von Jalta beschließen die Alliierten Maßnahmen zur Beendigung des Krieges; Frankreichs Hinzuziehung als vierte Besatzungsmacht wird vereinbart.

19. 4. 1945: In Hannover beschließen Sozialdemokraten auf Initiative Kurt Schumachers die Wiedergründung der SPD.

25. 4. 1945: Zusammentreffen amerikanischer und sowjetischer Truppen bei Torgau an der Elbe.

26. 4. 1945: Direktive JCS 1067 des US-Wehrmachtsgeneralstabes an den Oberbefehlshaber der Besatzungstruppen der USA, General Eisenhower, über die grundlegenden Ziele der Militärregierung in Deutschland. Die Anweisung enthält noch Elemente des Morgenthau-Plans.

30. 4. 1945: Der »Führer« Adolf Hitler entzieht sich durch Selbstmord im Führerbunker in Berlin der Verantwortung.

Ende April/Anfang Mai 1945: Die drei Initiativgruppen der KPD treffen in Deutschland ein und nehmen im sowjetisch besetzten Gebiet ihre Tätigkeit auf: die Gruppe Ulbricht im Raum Berlin, die Gruppe Ackermann in Sachsen und die Gruppe Sobottka in Mecklenburg/Vorpommern.

2. 5. 1945: Großadmiral Dönitz beauftragt Graf Schwerin von Krosigk mit der Bildung einer geschäftsführenden Reichsregierung. Kapitulation Berlins.

7. 5. 1945: Unterzeichnung der bedingungslosen Kapitulation der Deutschen Wehrmacht in Reims im Hauptquartier Eisenhowers.

Gesamtkapitulation der deutschen Streitkräfte im Hauptquartier Eisenhowers in Reims in Nordfrankreich durch Generaloberst A. Jodl (Dritter von rechts).

Wiederholung des Kapitulationsaktes in Berlin-Karlshorst durch Generalfeldmarschall W. Keitel (Mitte).

9

Verhaftung von Mitgliedern der Regierung Dönitz am 23. Mai 1945 in Flensburg. In der Mitte Großadmiral Dönitz, links Albert Speer, Reichsminister für Bewaffnung und Munition. Durch sein Organisationstalent trug er wesentlich zur Verlängerung eines sinnlosen Krieges bei.

9. 5. 1945: Wiederholung des Kapitulationsaktes im sowjetischen Hauptquartier in Berlin-Karlshorst. Die Gesamtkapitulation tritt in Kraft. Letzter Bericht des Oberkommandos der Wehrmacht: »Auf Weisung des Großadmirals (Dönitz) haben die deutschen Streitkräfte einen Kampf eingestellt, der aussichtslos geworden war. . . . Jeder Soldat kann nun die Waffen niederlegen und in diesen schwersten Stunden unserer Geschichte stolz zu seiner Arbeit zurückkehren für das ewige Leben des deutschen Volkes. Wir verneigen uns heute ehrfürchtig vor den gefallenen Kameraden. Die Toten verpflichten uns zu stummem Gehorsam und zur Disziplin gegenüber dem Vaterlande, das aus unzähligen Wunden blutet.«

23. 5. 1945: Das Alliierte Oberkommando gibt bekannt, daß Großadmiral Dönitz und alle Mitglieder der sogenannten Dönitz-Clique, die sich bisher als Deutsche Regierung bezeichnete, als Kriegsgefangene in Gewahrsam genommen werden.

5. 6. 1945: Berliner Deklaration: Übernahme der obersten Regierungsgewalt in Deutschland durch die Regierungen der vier Mächte USA, UdSSR, Großbritannien und Frankreich.
Aufteilung Deutschlands in vier Besatzungszonen. Gemeinsame Besetzung von Groß-Berlin; Einrichtung der Kommandatura; Einigung über das Kontrollverfahren in Deutschland: Einsetzung des Alliierten Kontrollrates mit Sitz in Berlin. Die Entscheidungen »über alle Deutschland als Ganzes betreffenden wesentlichen Fragen« müssen einstimmig getroffen werden.

9. 6. 1945: Bildung der Sowjetischen Militäradministration in Deutschland (SMAD).

10. 6. 1945: Befehl Nr. 2 der SMAD: Zulassung antifaschistisch-demokratischer Parteien in der SBZ.

11. 6. 1945: Gründung der KPD in Berlin.

13. 6. 1945: Gründung des »Freien Deutschen Gewerkschaftsbundes« in der SBZ.

17. 6. 1945: Gründung der rheinischen CDU in Köln.

26. 6. 1945: Gründung der Vereinten Nationen nach Unterzeichnung der UN-Charta in San Francisco.

5. 7. 1945: Gründung der Liberal-Demokratischen Partei Deutschlands (LDPD) in Ost-Berlin.

8. 7. 1945: Gründungsaufruf des »Kulturbundes (KB) zur Erneuerung Deutschlands« in Berlin.

9. 7. 1945: Bildung von fünf Ländern in der SBZ nach Verfügung der SMAD.

11. 7. 1945: Beginn der Viermächte-Verwaltung Berlins.

14. 7. 1945: In der SBZ Bildung des Blocks »Einheitsfront der antifaschistischen Parteien« bestehend aus KPD, SPD, CDU, LDPD (»Blockparteien«).

17. 7. – 2. 8. 1945: Potsdamer Konferenz der »Großen Drei«: Truman (USA), Churchill beziehungsweise ab 28. 7. Attlee (Großbritannien) und Stalin (Sowjetunion). Frankreich schließt sich dem Potsdamer Protokoll am 4. 8. 1945 an. Ziele der Alliierten: Entmilitarisierung, Entnazifizierung, Demokratisierung, Dezentralisierung Deutschlands, das aber als »wirtschaftliche Einheit« behandelt werden soll; Reparationen aus der laufenden Produktion, durch Demontagen in der jeweiligen Besatzungszone und durch Beschlagnahme deutscher Auslandsguthaben; Gebiete östlich der Oder-Neiße-Linie kommen unter sowjetische beziehungsweise polnische Verwaltung; »Aussiedlung« der deutschen Bevölkerungsgruppen aus Polen, der ČSR, Jugoslawien, Ungarn; Rat der Außenminister der Vier Mächte soll Friedensvertrag mit Deutschland und den ehemaligen Verbündeten vorbereiten und sich mit dem Problem der Regierung und Verwaltung Deutschlands und der Reparationsfrage beschäftigen.

27. 7. 1945: Befehl Nr. 17 der SMAD: Errichtung von elf deutschen Zentralverwaltungen.

30. 7. 1945: Erste Sitzung des Alliierten Kontrollrats in Berlin.

8. 8. 1945: Abkommen der Vier Mächte in London über die Bestrafung der Hauptkriegsverbrecher; Einsetzung eines Internationalen Militärgerichtshofs in Nürnberg.

ab 27. 8. 1945: Zulassung demokratischer Parteien in den drei Westzonen (zunächst auf Kreisebene). US-Zone ab 27. 8., britische Zone ab 15. 9., französische Zone 12. 12. 1945.

2. 9. 1945: Unterzeichnung der Kapitulation Japans nach dem Abwurf der Atombomben auf Hiroshima (6. 8.) und Nagasaki (9. 8.).

3.–11. 9. 1945: Bodenreform in allen Ländern und Provinzen der SBZ. Landwirtschaftliche Betriebe mit mehr als 100 ha werden entschädigungslos enteignet.

10. 9.–2. 10. 1945: Erste Konferenz des Rats der Außenminister in London: Frankreich verlangt Abtrennung des Rhein-Ruhr-Gebiets, die Sowjetunion fordert deutsche Zentralregierung und Viermächtekontrolle des Ruhrgebiets.

11. 9. 1945: Bildung »Deutscher Zentralverwaltungen« in der SBZ.

19. 9. 1945: Bildung der Länder Bayern, (Groß-)Hessen und Württemberg-Baden durch Proklamation der US-Militärregierung.

10. 10. 1945: Gründung der CSU in Würzburg.

30./31. 10. 1945: Mit den Befehlen Nr. 124 und 126 schafft die SMAD die gesetzliche Grundlage für die Verwaltung und Konfiszierung von Eigentum des deutschen Staates, der NSDAP, der Wehrmacht sowie großer Industrie-, Bergbau- und Handelsunternehmen. Erste »Volkseigene Betriebe« (VEB) entstehen.

November 1945 bis Oktober 1946: Nürnberger Prozeß gegen 24 Haupt-Kriegsverbrecher. NS-Führerkorps, Gestapo, SD und SS werden zu verbrecherischen Organisationen erklärt; Prozesse gegen Juristen, SS-Ärzte, KZ-Aufseher, Diplomaten, Generäle, Industrielle, leitende Beamte folgen.

6. 11. 1945: Bildung des Länderrates der US-Zone in Stuttgart.

21. 11. 1945: Die Amerikaner gründen den RIAS Berlin.

30. 11. 1945: Vier-Mächte-Abkommen über drei Luftkorridore zwischen Berlin und dem übrigen westlichen Besatzungsgebiet von Alliiertem Kontrollrat bestätigt.

9. 12. 1945: Der US-Außenminister Byrnes erwägt Zentralisierung von Verkehr und Währung in den drei Westzonen und erteilt dem US-Militärgouverneur entsprechende Weisungen. Das Vereinigte Königreich lehnt ab.

Bildung des Länderrates der US-Zone in Stuttgart am 6. November 1945, im Hintergrund stehend Reinhold Maier, der erste Ministerpräsident von Württemberg-Baden.

Churchill, Truman und Stalin auf der Potsdamer Konferenz vom 17. 7. bis 2. 8. 1945 in Schloß Cecilienhof.

November 1945 auf der Anklagebank im Nürnberger Prozeß, von links nach rechts: Göring, Heß, Ribbentrop, Keitel und Kaltenbrunner. In der zweiten Reihe: Dönitz, Raeder, Schirach und Sauckel.

1946

Kurt Schumacher, ein leidenschaftlicher Redner, vor einer SPD-Versammlung auf dem Frankfurter Römerberg.

Verladung von Reparationsgütern für die Sowjetunion.

Gründung der SED auf dem Vereinigungsparteitag von KPD und SPD am 21./22. April 1946: der symbolische Händedruck zwischen Wilhelm Pieck / KPD (links) und Otto Grotewohl / SPD.

20. 1. 1946: Erste freie deutsche Wahlen seit 1933 in der amerikanischen Zone (Gemeindewahlen).

Februar 1946: Frankreich fordert vor Einrichtung einer Zentralverwaltung die Internationalisierung der Ruhr oder völlige Zerstörung ihres Wirtschaftspotentials sowie ständige militärische Besetzung des Rheinlandes.

9.–11. 2. 1946: 1. Bundeskongreß des Freien Deutschen Gewerkschaftsbundes (FDGB) für die SBZ. Vorsitzende: Hans Jendretzky (KPD), Bernhard Göring (SPD), Ernst Lemmer (CDU).

10. 2. 1946: »Die Deutschen stehen deshalb vor einer schweren Aufgabe, weil die Welt meint, der Nazismus sei Deutschland gewesen, das ganze deutsche Volk sei schuldig... Es ist nicht das ganze deutsche Volk schuldig, und wir lehnen eine derartige These ab... Immer sind es vor 1933 und nach 1933 große Teile der Deutschen gewesen, die gegen Hitler gekämpft und Mut bewiesen und Leid erduldet haben« (Dr. Kurt Schumacher).

15. 2. 1946: Einrichtung eines Zonenbeirates in Hamburg zur Beratung der Britischen Militärregierung durch eine Vertretung der deutschen Verwaltung, der Parteien und der Gewerkschaften.

26. 2.–1. 3. 1946: Zonenausschuß der CDU der britischen Zone wählt in Neheim-Hüsten Konrad Adenauer zum Vorsitzenden auf Zonenebene.

5. 3. 1946: Winston Churchill spricht in Fulton, USA, vom »Eisernen Vorhang« in Europa.

7. 3. 1946: Gründung der »Freien Deutschen Jugend« (FDJ). Erich Honecker wird Vorsitzender.

26. 3. 1946: Erster Industrieplan für Deutschland (Ausarbeitung der Potsdamer Beschlüsse durch den Alliierten Kontrollrat). Die Höhe der Industrieproduktion soll etwa 50–55% der Produktionshöhe von 1938 betragen. Alle darüber hinausgehenden Produktionskapazitäten sollen entweder als Reparationsgüter ins Ausland geliefert oder an Ort und Stelle zerstört werden. Der Plan unterscheidet zwischen völlig verbotenen Industrien (darunter neben der Waffen- und Munitionsproduktion auch Seeschiffe, zahlreiche Chemikalien, Funksendeausrüstungen, schwere Traktoren, schwere Werkzeugmaschinen, synthetische Treibstoffe, synthetischer Gummi und Kugel- und Rollager) und Industriezweigen, deren Produktion eingeschränkt werden soll.

21./22. 4. 1946: Fusion von KPD und SPD zur Sozialistischen Einheitspartei (SED) in der SBZ.

25. 4.–12. 7. 1946: Zweite Außenministerkonferenz in Paris. Der sowjetische Außenminister Molotow widerspricht dem Plan des Zusammenschlusses der vier Besatzungszonen. Der US-Außenminister Byrnes gibt seinen Plan zur Entwaffnung und Besetzung Deutschlands auf 25 (beziehungsweise 40) Jahre bekannt und tritt den sowjetischen Forderungen (10 Milliarden Dollar Reparationen und Teilnahme an einer internationalen Kontrolle des Ruhrgebiets) entgegen. Ein Kompromißvorschlag der USA und des Vereinigten Königreichs über die Einrichtung alliierter Zentralstellen mit deutschem Vollzugspersonal als Vorstufe einer deutschen Zentralregierung wird von Frankreich abgelehnt.

9.–11. 5. 1946: Erster Parteitag der SPD der drei Westzonen wählt Kurt Schumacher zum Vorsitzenden.

17. 5. 1946: Gründung der staatlichen deutschen Film-AG (DEFA) in Potsdam-Babelsberg.

25. 5. 1946: Der stellvertretende US-Militärgouverneur General Clay befiehlt die (vorübergehende) Einstellung der Reparationslieferungen an die Sowjetunion wegen Ausbleibens der Gegenleistungen.

2. 6. 1946: Dr. Kurt Schumacher: »Aber das ganz überwältigende Gros der jungen Menschen, die mehr oder weniger gezwungen in der Hitler-Jugend waren, die als Soldaten das taten, was ihnen befohlen war, und was sie als ihre Pflicht ansahen, sind im tiefsten Sinn nicht verantwortlich. Sie haben die Knochen hingehalten für ein vermeintliches Ideal . . .« – 2. 7.1946: Die US-Militärregierung nimmt die Jugend durch Generalamnestie von der Anwendung der Entnazifizierungs-Gesetze aus.

5. 6. 1946: Bildung der »Sowjetischen Aktiengesellschaften« (SAG) in der SBZ.

30. 6. 1946: Volksentscheid über die Enteignung von Großbetrieben von »Kriegsverbrechern und Naziaktivisten in Sachsen«, ähnliche Maßnahmen in den anderen Ländern der SBZ folgen.
Kontrollrat sperrt Demarkationslinie auf Ersuchen der SMAD, Einführung des Interzonenpasses.

29. 7. 1946: Annahme des amerikanischen Vorschlags zur Zonenfusion durch die britische Regierung.

Außenministerkonferenz in Paris vom 25. 4. – 12. 7. 1946. Von links nach rechts: Bevin, Gouin, Byrnes, Molotow und Bidault.

US-Außenminister James F. Byrnes am 6. September 1946 in Stuttgart während seiner berühmten Rede für eine neue Deutschland-Politik.

12. September 1946: Konstituierende Sitzung des Verwaltungsrats für Wirtschaft in Minden. Von links nach rechts: Agartz (Gewerkschaft), Kuhnert (Schleswig-Holstein), Erhard (Bayern), Altman (US-Militärregierung), Noelting (Nordrhein-Westfalen), Mueller (Groß-Hessen), Köhler (Württemberg-Baden).

Nachdem am 2. Dezember die bayerische Verfassung in Kraft getreten war, wurde am 16. Dezember 1946 die erste Sitzung des Landtags vor Hunderten von Zuhörern in der Aula der Münchner Universität abgehalten.

1. 8. 1946: Wiedereröffnung der Deutschen Akademie der Wissenschaften in Ost-Berlin.

17. 8. 1946: Befehl Nr. 253 der SMAD bringt gleichen Lohn für gleiche Arbeit, unabhängig von Geschlecht und Alter.

1.–15. 9. 1946: Gemeindewahlen in der SBZ. Am 20. 10. 1946 finden Kreis- und Landtagswahlen in der SBZ statt. Von Dezember 1946 bis Februar 1947 treten die einzelnen Länderverfassungen innerhalb der SBZ in Kraft.

6. 9. 1946: Rede des US-Außenministers James F. Byrnes in Stuttgart über die Notwendigkeit der wirtschaftlichen Einheit Deutschlands und die Belebung seiner wirtschaftlichen Kräfte sowie die Stärkung der deutschen Selbstverantwortung in Politik und Wirtschaft. Neuer Abschnitt der US-Deutschland-Politik: »Das amerikanische Volk will dem deutschen Volk helfen, seinen Weg zurückzufinden zu einem ehrenvollen Platz unter den freien und friedliebenden Nationen der Welt.«

12. 9. 1946: Konstituierende Sitzung des Verwaltungsrats für Wirtschaft in Minden.

17. 9. 1946: In einer Erklärung des sowjetischen Außenministers Molotow wird die Oder-Neiße-Linie als endgültige deutsche Grenze zu Polen bezeichnet.

1. 10. 1946: Urteil im Nürnberger Hauptkriegsverbrecherprozeß: zwölf Todesurteile, sieben Haftstrafen, drei Freisprüche.

4./5. 10. 1946: Interzonenkonferenz der Regierungschefs der Länder und Städte der Britischen und US-Zone in Bremen. Vorschläge zur Bildung eines »Deutschen Länderrates«.

4. 11.–11. 12. 1946: Dritte Außenministerkonferenz in New York: Abschluß der Beratungen über Friedensverträge mit ehemaligen Verbündeten Deutschlands, keine Erörterung der deutschen Frage.

15. 11. 1946: Veröffentlichung des »Entwurfs einer Verfassung für die Deutsche Demokratische Republik« des Parteivorstandes der SED.

2. 12. 1946: Unterzeichnung des Abkommens über wirtschaftliche Verschmelzung der amerikanischen und britischen Besatzungszonen durch die Außenminister Byrnes und Bevin.
Verfassung des Freistaates Bayern (und andere, so: 15. 5. 1946 Hamburg, 13. 10. 1946 Bremen, 11. 12. 1946 Hessen) in Kraft getreten.

22. 12. 1946: Eingliederung des Saargebiets in den französischen Zoll- und Wirtschaftsraum.

1947

1. 1. 1947: Offizielle Errichtung der Bizone (Fusion der amerikanischen und britischen Zone zum Vereinigten Wirtschaftsgebiet).

18. 1. 1947: Mindener Abkommen zwischen der SBZ und dem Vereinigten Wirtschaftsgebiet. Es beginnen die Handelsabkommen zwischen der SBZ und den Westzonen, die zunächst auf der Basis von Reichsmark, später auf der Basis von »Verrechnungseinheiten« geschlossen und jährlich verlängert werden. Ab 1968 gibt es für die DDR einen »Swing-Kredit«, der dann ebenfalls jährlich gesteigert wird.

1.–3. 2. 1947: Ahlener Wirtschaftsprogramm der CDU der britischen Zone verabschiedet.

5./6. 2. 1947: Gründung der »Arbeitsgemeinschaft der CDU/CSU Deutschlands« als Dach der christdemokratischen Parteien auf Länder- beziehungsweise (britischer) Zonenebene.

25. 2. 1947: Durch Gesetz Nr. 46 des Kontrolrates wird das Land Preußen aufgelöst.

1. 3. 1947: Die Länder der amerikanischen Zone erhalten von der Militärregierung erweiterte legislative, exekutive und judikative Kompetenzen.

7.–9. 3. 1947: Gründung des »Demokratischen Frauenbundes Deutschlands« (DFD) in Ost-Berlin.

10. 3.–24. 4. 1947: Die vierte Außenministerkonferenz in Moskau scheitert unter anderem an der Uneinigkeit in der Deutschlandfrage. Die Sowjets bleiben bei ihrer Forderung nach einem deutschen Einheitsstaat, Beibehaltung der Oder-Neiße-Grenze, Beteiligung an der Kontrolle des Ruhrgebiets, Rückgabe des Saargebiets an Deutschland, 10 Milliarden Dollar Reparationen und Auflösung der Bizone. Die Franzosen wünschen die Abtrennung des Ruhr- und Saargebietes. Engländer und Amerikaner verlangen föderativen Aufbau Deutschlands bei wirtschaftlicher Einheit, ferner Korrektur der Oder-Neiße-Linie.

12. 3. 1947: Präsident Truman verkündet die Unterstützung der freien Völker im Kampf gegen die kommunistische Bedrohung. Die »Truman-Doktrin« wird die Grundlage des Atlantikpaktes.

Hungerdemonstration in Düsseldorf im März 1947.

22.–25. 4. 1947: Gründungskongreß des Deutschen Gewerkschaftsbundes (DGB) in Bielefeld in der britischen Zone.

29. 5. 1947: Abkommen zwischen Militärgouverneuren der Bizone sieht die Zentralisierung der Administration in Frankfurt am Main vor, die Errichtung eines parlamentarischen Gremiums (Wirtschaftsrat) und eines Exekutivrats (Ländervertreter) als Lenkungsgremium für die Direktoren der fünf Fachverwaltungen. Das Abkommen tritt am 10. 6. 1947 in Kraft.

5. 6. 1947: Der US-Außenminister Marshall schlägt in einer Rede vor Studenten der Harvard-Universität den Zusammenschluß der Völker Europas zu einem gegenseitigen wirtschaftlichen Hilfs- und Wiederaufbauprogramm vor. Die USA seien bereit, die nötige Wirtschaftshilfe zu leisten. Deutschland soll in das Programm eingeschlossen sein. Auf der am 12. 7. 1947 in Paris zusammentretenden Konferenz der europäischen Länder versagt der sowjetische Außenminister Molotow schon nach den ersten Verhandlungstagen die Mitarbeit der Sowjetunion und verläßt Paris. Polen und die Tschechoslowakei werden gezwungen, ihre Mitarbeit ebenfalls zu verweigern. Der »Marshallplan« wird hiermit praktisch auf Westeuropa begrenzt. Der Schlußbericht der Pariser Konferenz von 16 Nationen über den Marshallplan sieht am 22. 9. 1947 die Teilnahme der drei Besatzungszonen Westdeutschlands an der Durchführung des Planes vor.

Eröffnungssitzung der Moskauer Außenministerkonferenz am 10. März 1947. Ganz links der sowjetische Außenminister Molotow, am rechten Bildrand der amerikanische Außenminister Marshall.

6.–8. 6. 1947: Ministerpräsidentenkonferenz in München über Wirtschafts-, Ernährungs- und Flüchtlingsprobleme. Vorzeitige Abreise der Delegation der SBZ wegen Uneinigkeit über die Tagesordnung symbolisiert die Teilung Deutschlands.

Münchner Ministerpräsidentenkonferenz vom 6. bis 8. Juni 1947. Von links nach rechts: Amelunxen (Nordrhein-Westfalen), Hübner (Sachsen-Anhalt), Hoecker (Mecklenburg), Fischer (Sachsen) und Kaisen (Bremen).

15

25. Juni 1947: Konstituierung des bizonalen Wirtschaftsrates als Parlament des Vereinigten Wirtschaftsgebietes in Frankfurt am Main.

Hoesch-Arbeiter demonstrieren gegen Demontagen.

Die amerikanische Delegation auf der Londoner Außenministerkonferenz vom 25. 11. – 15. 12. 1947.

14. 6. 1947: Errichtung der »Deutschen Wirtschaftskommission« (DWK) durch die SMAD als erste zentrale Instanz zur Lenkung und Leitung der Wirtschaft in der SBZ.

25. 6. 1947: Konstituierung des von den Landtagen der Bizone gewählten Zweizonen-Wirtschaftsrates in Frankfurt als Parlament des Vereinigten Wirtschaftsgebietes.

17. 7. 1947: Neue Richtlinien der US-Regierung an den Militärgouverneur General Lucius D. Clay anstelle der Anweisungen von 1945: Entwicklung der deutschen Selbstverantwortlichkeit in den Ländern, Beschränkung des Industrieabbaus auf Kriegsindustrie; allmähliche Erhöhung des Lebensstandards; wirtschaftliche Unabhängigkeit Deutschlands von Zuschüssen als Ziel.

21. 7. 1947: Nach der Auflösung Preußens werden die Provinzen Brandenburg und Sachsen-Anhalt zu Ländern erklärt, so daß die SBZ nunmehr aus fünf Ländern besteht.

29. 8. 1947: Revidierter Industrieplan für die Bizone erlaubt ein Wirtschaftspotential entsprechend dem Stand von 1936.

4.–8. 10. 1947: Der Kulturbund eröffnet den 1. Schriftstellerkongreß in Ost-Berlin.

22./23. 11. 1947: Erster Deutscher Bauerntag in Ost-Berlin. Gründung des Hauptverbandes der Vereinigung der gegenseitigen Bauernhilfe (VdgB). 20. 11. 1950 Zusammenschluß des VdgB mit dem »Zentralverband landwirtschaftlicher Genossenschaften« zur »Vereinigung der gegenseitigen Bauernhilfe« (Bäuerliche Handelsgenossenschaft) VdgB (BHG).

25. 11.–15. 12. 1947: Fünfte Außenministerkonferenz in London. Keine Einigung über eine Friedensregelung mit Deutschland. Der US-Außenminister Marshall lehnt Reparationen aus der laufenden deutschen Produktion ab.

6./7. 12. 1947: »Deutsche Volkskongreßbewegung für Einheit und gerechten Frieden« unter Führung der SED gegründet (in den Westzonen verboten). Im März 1948 Wahl des »Deutschen Volksrats« mit einem Präsidium, das sich aus den Blockparteien und den Vorsitzenden der in der SBZ zugelassenen Massenorganisationen zusammensetzt.

20. 12. 1947: Die CDU-Vorsitzenden Kaiser und Lemmer werden von der SMAD abgesetzt.

1948

7./8. 1. 1948: Konferenz der Militärgouverneure mit den Ministerpräsidenten und Vertretern der Bizone über die Reform der Bizone.

30. 1. 1948: Der Landtag von Sachsen beschließt ein Gesetz über die Enteignung der Banken, dem sich die anderen Länder der SBZ anschließen.

9. 2. 1948: »Frankfurt Charta« (von Clay und Robertson am 5. 2. unterzeichnet) in Kraft: Verdoppelung des Wirtschaftsrates von 52 auf 104 Abgeordnete; Errichtung des Länderrats (als Zweiter Kammer und anstelle des Exekutivrats) mit Vetorecht und Recht zur Gesetzesinitiative; Verwaltungsrat aus Direktoren der Verwaltungen mit einem Oberdirektor an der Spitze als Quasi-Regierung.

23. 2. 1948: Konstituierende Sitzung des Länderrats.

1. 3. 1948: Gründung der »Bank Deutscher Länder« (später Bundesbank) in Frankfurt am Main.

6. 3. 1948: Kommuniqué der Londoner Sechsmächtekonferenz (einschließlich der Beneluxstaaten), die nach dem Scheitern der Londoner Viermächtekonferenz vom Dezember 1947 am 23. 2. 1948 begonnen hat. Die Westmächte empfehlen Zusammenarbeit der Drei Mächte in Westdeutschland, ein föderatives Regierungssystem für Deutschland und Deutschlands Teilnahme am Marshallplan wie auch an der internationalen Ruhrkontrolle.

9. 3. 1948: Deutsche Wirtschaftskommission (DWK) übernimmt die zentrale Lenkung und Leitung der Wirtschaft in der SBZ.

20. 3. 1948: Sprengung des Alliierten Kontrollrats durch Marschall Sokolowskij aus Protest gegen die Londoner Sechsmächte-Konferenz und das antisowjetische Bündnis der Brüsseler Westunion (17. 3. 1948): Ende der Viermächte-Verwaltung Deutschlands.

1. 4. 1948: Beginn der »Kleinen« Berlin-Blockade: Behinderungen des Verkehrs durch sowjetische Inspektionen.

16. 4. 1948: Gründung der OEEC (Organization for European Economic Cooperation) durch Unterzeichnung der Konvention für europäische wirtschaftliche Zusammenarbeit nach Pariser Marshallplan-Konferenzen. Westdeutschland wird durch die Militärgouverneure vertreten.

17. 4. 1948: Die »Sequesterkommission« in der SBZ stellt ihre Arbeiten ein aufgrund eines Befehls der SMAD, statt dessen beginnt der Aufbau von »Vereinigungen Volkseigener Betriebe« (V.VB).

Eröffnung der Konferenz anläßlich der Reform der Bizone in Frankfurt am Main vom 7. Januar 1948.

Landung eines »Rosinenbombers«, wie die Transportflugzeuge genannt wurden, in Berlin während der Blockade 1948/49.

US-Präsident Truman unterzeichnet am 3. April 1948 das Europahilfsgesetz zur Durchführung des Marshallplanes.

Währungsreform in den Westzonen am 20. Juni 1948: Auszahlung eines Kopfgeldes von DM 40,– im Verhältnis 1:1. Im August wurden weitere DM 20,– unter gleichen Bedingungen freigegeben. Juristische Personen erhielten zunächst DM 60,– für jeden Arbeitnehmer, Gemeinden und Länder eine monetäre Ausstattung in Höhe der durchschnittlichen Monatseinnahmen der vorangegangenen sechs Monate. Die neuen DM-Scheine wurden in den USA gedruckt.

20. 4.–2. 6. 1948: Zweite Phase der Sechsmächte-Konferenz endet mit Londoner Empfehlungen: Die deutschen Ministerpräsidenten sollen von den Militärgouverneuren ermächtigt werden, eine Konstituante (als ersten Schritt der Staatsgründung) einzuberufen. Internationale Ruhrkontrolle und ein militärisches Sicherheitsamt als Dreimächte-Instanz werden als Sicherheitsmaßnahmen in Aussicht genommen.

29. 4. 1948: Gründung der Demokratischen Bauernpartei (DBD) der SBZ, die fortan zu den »Blockparteien« zählt.

21. 5. 1948: Auf Befehl Nr. 91 der SMAD wird die »Deutsche Emissions- und Girobank« gegründet, die am 20. 7. 1948 in »Deutsche Notenbank« umgewandelt wird.

25. 5. 1948: Gründung der National-Demokratischen Partei Deutschlands (NDPD) als weitere Blockpartei.

20. 6. 1948: Währungsreform in den Westzonen. Auszahlung eines Kopfgeldes von DM 40,– und Abwertung der Reichsmark in Deutsche Mark im Verhältnis 10:1.

23. 6. 1948: In der SBZ wird die »Deutsche Mark der Deutschen Notenbank« eingeführt.

24. 6. 1948: Nachdem der Versuch, die in der sowjetischen Besatzungszone durchgeführte Währungsreform auch auf West-Berlin auszudehnen, von den Westalliierten verhindert wird, verhängen die Sowjets (bis 12. Mai 1949) eine totale Blockade über die Land- und Wasserwege zu den Westsektoren der Stadt und stellen auch die Energieversorgung ein. (Beginn der amerikanischen Luftbrücke zur Versorgung der Stadt am 26. 6. 1948; sie besteht bis zum 30. 9. 1949.)

Tagung der Vertreter Polens, Jugoslawiens, der Tschechoslowakei, Ungarns, Rumäniens, Bulgariens, Albaniens in Warschau: »Achtmächteerklärung«.

1. 7. 1948: Übergabe der drei »Frankfurter Dokumente« an die elf westdeutschen Ministerpräsidenten durch die Militärgouverneure der drei Westzonen. Dokument I enthält »Verfassungsrechtliche Bestimmungen«, Dokument II den Auftrag, Vorschläge zur Länderneugliederung zu machen, Dokument III »Grundzüge eines Besatzungsstatuts«.

3. 7. 1948: Aufstellung der »Kasernierten Volkspolizei« (KVP) als Vorläufer der »Nationalen Volksarmee« (NVA).

4. 7. 1948: Erste Zonentagung der VEB in Leipzig.

10.–23. 8. 1948: Tagung des vorbereitenden Verfassungsausschusses auf der Insel Herrenchiemsee.

1. 9. 1948: Beginn der Tagung des Parlamentarischen Rates in Bonn. Zum Präsidenten wird Dr. Konrad Adenauer gewählt.

3. 11. 1948: Die »Handelsorganisation Freier Läden« (HO) wird als staatliches Unternehmen in der SBZ eröffnet.

22. 11. 1948: Memorandum der westalliierten Verbindungsoffiziere beim Parlamentarischen Rat. Die Alliierten präzisieren ihre Ansichten vor allem hinsichtlich des von ihnen gewünschten föderativen Staatsaufbaues.

23. 11. 1948: Die Betriebsräte in der SBZ werden den Betriebsgewerkschaftsleitungen (BGL) angeschlossen und damit aufgelöst.

30. 11. 1948: In Ost-Berlin wird eine eigene Stadtverwaltung unter Friedrich Ebert eingerichtet.

8. 12. 1948: Die neue (West-)Berliner Stadtverordnetenversammlung wählt Ernst Reuter einstimmig zum Oberbürgermeister von Berlin, nachdem am 30. 11. 1948 im Sowjetsektor die Spaltung Berlins durch eine inszenierte, undemokratische Wahl von Friedrich Ebert jr. zum Oberbürgermeister von Berlin besiegelt werden sollte.

11. 12. 1948: In Heppenheim wird die Freie Demokratische Partei (FDP) für die drei Westzonen gegründet. Theodor Heuss wird Vorsitzender.

22. 12. 1948: Die VEB müssen ihre Finanzpläne der DWK der SBZ zur Prüfung einreichen.

28.12. 1948: Londoner Sechs-Mächte-Abkommen über die Einsetzung einer Internationalen Ruhrbehörde (Ruhrstatut). Die drei Militärgouverneure vertreten Westdeutschland in der Behörde.

1949

17. 1. 1949: Einrichtung eines militärischen Sicherheitsamtes zur Überwachung der Entmilitarisierung in Westdeutschland.

25. 1. 1949: Gründung des COMECON (Rat für gegenseitige Wirtschaftshilfe) als östliche Reaktion auf OEEC und Marshallplan.

28. 1. 1949: 1. Parteikonferenz der SED in Ost-Berlin: Einrichtung eines »Politbüros« – Mitglieder: Pieck, Grotewohl, Ulbricht, Lehmann, Dahlem, Friedrich Ebert jr., Paul Merker.

16. 3. 1949: Gründung des »Deutschen Zentralfinanzamts« in Ost-Berlin.

20. 3. 1949: Gründung der »Jungen Pioniere« (JP) in Ost-Berlin unter Leitung von Margot Feist (später Honecker).

4. 4. 1949: Gründung der NATO in Washington.

5.−8. 4. 1949: Deutschlandkonferenz der Außenminister Acheson (USA), Bevin (Großbritannien) und Schuman (Frankreich) beschließt u. a. den Text des Besatzungsstatuts, die weitere Reduzierung der Demontagen, die Einsetzung einer Alliierten Hohen Kommission anstelle der drei Militärregierungen.

22. 4. 1949: Das Ruhrstatut tritt in Kraft. Internationale Kontrolle der Kohle- und Stahlproduktion des Ruhrgebietes durch die westlichen Besatzungsmächte und die Beneluxstaaten.

8. 5. 1949: Der Parlamentarische Rat nimmt das Grundgesetz mit 53 gegen 12 Stimmen an. Am 12. 5. 1949 genehmigen es die Militärgouverneure.

Nordatlantikpakt (NATO): Hier die Unterzeichnung der Ratifikationsurkunde durch den amerikanischen Präsidenten Harry S. Truman im Weißen Haus am 25. Juli 1949. Im Hintergrund von links nach rechts: Senator Walter George (Georgia), Verteidigungsminister Louis A. Johnson, Senator Tom Conally (Texas), Außenminister Dean Acheson, Vizepräsident Alben Barkley und Senator Arthur Vandenberg (Michigan).

10. 5. 1949: Wahl Bonns zum vorläufigen Regierungssitz.

12. 5. 1949: Aufhebung der sowjetischen Berlin-Blockade gemäß dem Jessup-Malik-Abkommen vom 4. 5. 1949.

15./16. 5. 1949: Wahlen zum III. Deutschen Volkskongreß, erstmals mit Einheitslisten der »Nationalen Front« (NF), die 1973 in »Nationale Front der DDR« umbenannt wird. Beteiligung 95,2%, davon 66,1% für die Einheitslisten.

23. 5. 1949: Feierliche Verkündung des Grundgesetzes in der Schlußsitzung des Parlamentarischen Rates. Das Grundgesetz tritt in Kraft.

23. 5.−20. 6. 1949: Sechste Außenministerkonferenz in Paris. Die Sowjetunion schlägt die Rückkehr zu den Potsdamer Vereinbarungen und die Wiederbelebung des Alliierten Kontrollrates vor, Westmächte offerieren das Besatzungsstatut und den Anschluß der Sowjetzone an die Bundesrepublik.

28. 5. 1949: Die Fuldaer Bischofskonferenz formuliert die Ansprüche der katholischen Kirche an das Grundgesetz.

20. 6. 1949: An die Stelle der bisherigen Militärregierungen tritt die Alliierte Hohe Kommission. Hochkommissare: John McCloy, USA; André François-Poncet, Frankreich; Sir Brian Robertson, Großbritannien.

Deutschlandkonferenz der Außenminister der vier Großmächte in Paris im Mai 1949. Von links nach rechts: Schuman, Auriol, Wyschinski, Acheson und Bevin.

Bekanntgabe der Ergebnisse der Wahlen zum 1. Deutschen Bundestag am 14. August 1949 in Hamburg.

15. 7. 1949: Düsseldorfer Leitsätze der CDU: Bekenntnis zur Sozialen Marktwirtschaft als Wahlkampfprogramm und Kurskorrektur gegenüber Thesen des Ahlener Programms.

28. 7.–1. 8. 1949 Konstituierung des Deutschen Evangelischen Kirchentages in Hannover.

14. 8. 1949: Wahlen zum 1. Deutschen Bundestag (78,5% Wahlbeteiligung: CDU/CSU 31% und SPD 29,2%).

17. 8. 1949: Churchill fordert Deutschlands Aufnahme in den am 29. 1. 1949 gegründeten Europarat.

18. 8. 1949: Die Deutsche Presse-Agentur (dpa) wird als Fusion aus DENA, dpd und Süd-dena gegründet; Arbeitsbeginn 1. 9. 1949.

21. 8. 1949: Rhöndorfer Treffen führender CDU/CSU-Politiker schließt Große Koalition mit der SPD aus, nominiert Adenauer als Bundeskanzler und Theodor Heuss (FDP) für das Amt des Bundespräsidenten.

7. 9. 1949: Zusammentreten des 1. Deutschen Bundestages und Bundesrates.

12. 9. 1949: Theodor Heuss wird durch die Bundesversammlung zum Bundespräsidenten gewählt.

15. 9. 1949: Wahl Konrad Adenauers (CDU) zum Bundeskanzler. 1. Kabinett Adenauer (20. 9. 1949–20. 10. 1953): Koalitionsregierung aus CDU/CSU, FDP und DP.

20. 9. 1949: Bundeskanzler Adenauer stellt sein Kabinett vor und gibt seine Regierungserklärung ab (Westintegration).

Bundeskanzler Adenauer stellt den Alliierten Hochkommissaren am 21. September 1949 auf dem Petersberg sein 1. Kabinett vor; von links Fritz Schäffer (Finanzen), Thomas Dehler (Justiz), Jakob Kaiser (Gesamtdeutsche Fragen), Konrad Adenauer und Franz Blücher (Vizekanzler). Zugleich Dokument einer protokollarischen Delikatesse: der »rote« Teppich, der eigentlich für das Kabinett Adenauer nicht vorgesehen war, ist von den drei Hochkommissaren in Besitz genommen (unten). Das obere Bild zeigt, wie es zumindest Konrad Adenauer gelungen war, einen Zipfel des Teppichs zu okkupieren.

21. 9. 1949: In Anerkennung der Gründung der Bundesrepublik Deutschland empfangen die drei Hochkommissare den Bundeskanzler und Mitglieder seines Kabinetts auf dem Petersberg. Inkrafttreten des Besatzungsstatuts.

25. 9. 1949: Das Presse- und Informationsamt der Bundesregierung wird gegründet. Kommissarischer Leiter ist Heinrich Böx. Tass meldet ersten Atombombenversuch der UdSSR.

7. 10. 1949: Gründung der Deutschen Demokratischen Republik. Am gleichen Tage veröffentlicht die Bundesregierung eine Erklärung, in der die Schaffung der Sowjetzonenregierung als rechtswidrig bezeichnet wird, da sie nicht auf freien Wahlen beruhe. Aus den gleichen Gründen erklärt die Alliierte Hochkommission am 10. Oktober, die Sowjetzonenregierung sei nicht befugt, Mitteldeutschland oder Gesamtdeutschland zu vertreten.

8. 10. 1949: »Frankfurter Abkommen« über den Interzonenhandel zwischen der Bundesrepublik (einschließlich Berlin-West) und der DDR (einschließlich Ost-Berlin).

10. 10. 1949: Die fünf Landtage der DDR wählen die Provisorische Länderkammer.
Umbildung der SMAD in die Sowjetische Kontrollkommission (SKK); Übertragung der Verwaltungsfunktionen auf die Provisorische Regierung der DDR.

11./12. 10. 1949: Volkskammer wählt Wilhelm Pieck zum Präsidenten der DDR und bestätigt die Provisorische Regierung aus Vertretern der SED (8), der LDPD (3), der CDU (4), der NDPD (1), der DBD (1) und einigen Parteilosen. Otto Grotewohl wird Ministerpräsident der DDR.
Provisorische Länderkammer der DDR wird gebildet: 34 Abgeordnete aus den Landtagen und 7 Beobachter aus dem Sowjetsektor Berlins; sie wählt Dr. Reinhold Lobedanz (LDPD) zum Präsidenten.

12. – 14. 10. 1949: Gründungskongreß des Deutschen Gewerkschaftsbundes in München. Verabschiedung des ersten Grundsatzprogrammes (»Wirtschaftspolitische Grundsätze«).

15. 10. 1949: Aufnahme diplomatischer Beziehungen zwischen der UdSSR und DDR.

17. 10.–2. 12. 1949: Aufnahme diplomatischer Beziehungen zwischen der DDR und Bulgarien, Tschechoslowakei, Polen, Ungarn, VR China, VR Korea und Albanien.

19. 10. 1949: Bundesverband der Deutschen Industrie (BDI) gegründet.

27. 10. 1949: Der Deutsche Industrie- und Handelstag (DIHT) konstituiert sich neu.

31. 10. 1949: Die Bundesrepublik wird Mitglied der Organisation für europäische wirtschaftliche Zusammenarbeit (OEEC). Aufgabe: Durchführung des Marshallplans.

7. 11. 1949: Die DDR erhält eigene Nationalhymne.

10. 11. 1949: Kommuniqué der Außenminister der drei Westmächte in Paris: Bekräftigung ihrer Politik, der Bundesregierung in der Führung deutscher Staatsgeschäfte weiten Spielraum zu lassen und eine allmähliche Eingliederung des deutschen Volkes in die europäische Gemeinschaft zu befürworten.

12. 11. 1949: Die Verwaltungsrechte der sowjetischen Kommandatura gehen auf den Magistrat von Ost-Berlin über.

22. 11. 1949: Petersberger Abkommen erlaubt den Beitritt der Bundesrepublik zum Europarat und zur Ruhrbehörde; Aufnahme konsularischer Beziehungen; Rettung wichtigster Industriewerke vor der Demontage. Im Januar 1951 wird der Bundesregierung offiziell von der Alliierten Hochkommission das Ende der Demontagen mitgeteilt.

8. 12. 1949: Bildung des Obersten Gerichtshofes und der Generalstaatsanwaltschaft der DDR.

10. 12. 1949: Gründung des Deutschen Journalistenverbandes; Landesverbände existieren bereits seit 1946/47.

15. 12. 1949: Abkommen der Bundesrepublik mit den USA über wirtschaftliche Zusammenarbeit. Es verpflichtet die Bundesrepublik zur Verwendung der Marshallplan-Hilfe beim wirtschaftlichen und landwirtschaftlichen Wiederaufbau.

31. 12. 1949: Nach offiziellen Angaben betrug die Zahl der Übersiedler aus der DDR in die Bundesrepublik 125 245 Personen.

Gründungsurkunde des Deutschen Gewerkschaftsbundes.

1950

8. 1. 1950: In Kiel gründet Waldemar Kraft den Block der Heimatvertriebenen und Entrechteten (BHE).

16. 1. 1950: Adenauer spricht sich gegen eine Abtrennung des Saargebietes aus.

20. 1. 1950: Die »Provisorische Volkskammer« nimmt den »Volkswirtschaftsplan« für 1950 an.

31. 1. 1950: Gründung des Müttergenesungswerks durch Elly Heuss-Knapp.

1. 2. 1950: Die Zahl der Arbeitslosen überschreitet in der Bundesrepublik die Zwei-Millionen-Grenze.

8. 2. 1950: Bekanntgabe eines Arbeitsbeschaffungsprogramms in Höhe von 3,4 Milliarden DM – zum größten Teil für den sozialen Wohnungsbau.
Bildung eines Ministeriums für Staatssicherheit in der DDR.

9. 2. 1950: Das »Abgabengesetz« regelt die zentrale Finanzordnung der DDR.

28. 2. 1950: Der Hochkommissar McCloy schlägt gesamtdeutsche Wahlen für den 15. 10. 1950 vor. Dazu das Presseamt der DDR am 2. 3. 1950: Gesamtdeutsche Wahlen seien nur nach Abzug der Besatzungstruppen und nach Zulassung aller politischen Parteien und Massenorganisationen möglich.

3. 3. 1950: Bundestag verabschiedet vorläufiges Beamtengesetz. Zwölf Wirtschaftskonventionen zwischen Frankreich und dem Saargebiet werden durch den französischen Außenminister Robert Schuman und den Ministerpräsidenten des Saargebiets, Johannes Hoffmann, in Paris unterzeichnet.

7. 3. 1950: Bundeskanzler Adenauer schlägt eine deutsch-französische Union vor.
Gesetz zur Förderung der Wirtschaft Berlins (Berlinhilfe-Gesetz).

16. 3. 1950: Der britische Oppositionsführer Churchill tritt vor dem Unterhaus als erster führender Politiker für Deutschlands Wiederbewaffnung ein.

21./22. 3. 1950: Gründung des Deutschen Beamtenbundes (DBB).

22. 3. 1950: Die Bundesregierung plädiert für freie, gesamtdeutsche Wahlen zur Wiederherstellung der deutschen Einheit.

24. 3. 1950: »Deutsche Akademie der Künste« in Ost-Berlin gegründet, Präsident: Arnold Zweig.

Eine der letzten Lebensmittelkarten.

25. 3. 1950: Die UdSSR entläßt die DDR in die Souveränität.

28. 3. 1950: Verabschiedung des Gesetzes über den sozialen Wohnungsbau durch den Bundestag.

31. 3. 1950: Beendigung der Ausgabe von Lebensmittelkarten. Der Ministerausschuß des Europarates in Straßburg lädt die Bundesrepublik Deutschland und das Saarland in aller Form ein, dem Rat als außerordentliche Mitglieder beizutreten. Am 8. 7. 1950 wird die Bundesrepublik Mitglied.

1. 4. 1950: Im Bundeskanzleramt wird eine Dienststelle für Auswärtige Angelegenheiten eingerichtet.

2. 4. 1950: Der Bundeskanzler fordert in einem UP-Interview eine Sicherheitsgarantie für die Bundesrepublik.

23. – 27. 4. 1950: Tagung der Synode der EKD in Berlin-Weißensee.

1. 5. 1950: In der Bundesrepublik entfallen die letzten Lebensmittelrationierungen.
In der DDR tritt das »Gesetz der Arbeit« in Kraft.

9. 5. 1950: Der französische Außenminister Schuman legt den Plan zur Bildung einer westeuropäischen Montanunion vor.

11. – 13. 5. 1950: Die Konferenz der westalliierten Außenminister in London schafft Voraussetzung für Revision des Besatzungsstatuts.

15. 5. 1950: Kommuniqué der drei westalliierten Außenminister nach der Londoner Konferenz: Deutschland soll »in fortschreitendem Maße wieder in die Gemeinschaft der freien Völker Europas eintreten. Wenn diese Situation voll erreicht ist, soll es von den Kontrollen befreit werden, denen es gegenwärtig noch unterworfen ist, und es soll ihm seine Souveränität in dem größtmöglichen Maße, das mit der Grundlage des Besatzungsstatuts vereinbar ist, zuerkannt werden.« Bildung eines Studienausschusses zur Vorbereitung der Überprüfung des Besatzungsstatuts. Die Außenminister stellen fest, daß »die friedliche Wiedervereinigung Deutschlands das Endziel der Politik der Alliierten bleibt«, und einigen sich über die Grundsätze, nach denen diese Wiedervereinigung erfolgen soll.

16. 5. 1950: Das Reparationsabkommen zwischen der UdSSR und der DDR setzt die noch verbleibenden Reparationsforderungen nominell um 50% herab.

17. 5. 1950: Die Alliierte Hohe Kommission verkündet das Gesetz zur Umgestaltung des deutschen Kohlenbergbaus und der deutschen Eisen- und Stahlindustrie (Dekartellisierung).
Zölibatsklausel für weibliche Beamte im vorläufigen Bundespersonalgesetz.
Herabsetzung der Volljährigkeit in der DDR von 21 Jahren auf 18.

24. 5. 1950: Graf von Schwerin wird ständiger Berater des Bundeskanzlers für Sicherheitsfragen.

10. 6. 1950: Gründung der Arbeitsgemeinschaft der Rundfunkanstalten Deutschlands (ARD).

25. 6. 1950: Ausbruch des Koreakrieges.

26. 6. 1950: Beginn der Sechsmächtekonferenz über den Schuman-Plan.

6. 7. 1950: Unterzeichnung eines Abkommens über die Oder-Neiße-Grenze zwischen Polen und der DDR in Görlitz.
Die Verhandlungen zwischen der DDR und Polen haben bereits am 6. 6. 1950 begonnen. Am 9. 6. 1950 lehnen das amerikanische und britische Außenministerium solche Verhandlungen ab, da eine Entscheidung darüber erst in einem Friedensvertrag für Gesamt-Deutschland getroffen werden könne; entsprechend lehnen auch Bundestag und Bundesrat eine Anerkennung der Oder-Neiße-Linie als Staatsgrenze ab.
Gründung des »Deutschen Schriftstellerverbandes« (DSV). 1. Vorsitzender: Bodo Uhse. Ab 1973: »Schriftstellerverband der DDR«. 1952–1973 1. Vorsitzende: Anna Seghers; ab 1978: Hermann Kant.

Eröffnung der Konferenz der westalliierten Außenminister in London am 11. Mai 1950.

Graf von Schwerin, ständiger Berater des Bundeskanzlers für Sicherheitsfragen.

Korea-Krieg 1950: Die südkoreanische Bevölkerung bringt sich vor den angreifenden Nordkoreanern in Sicherheit, während amerikanische Infanterie im Auftrag der Vereinten Nationen als Verstärkung nach vorn marschiert.

Bundesinnenminister Robert Lehr (rechts) zeichnet den Kölner Kardinal Josef Frings mit dem Großkreuz des Verdienstordens der Bundesrepublik Deutschland aus.

8. 7. 1950: Die Bundesrepublik tritt als assoziiertes Mitglied dem Europarat bei.

23. 7. 1950: Kardinal Frings betont Unvereinbarkeit christlichen Denkens mit Wehrdienstverweigerung.

20.–24. 7. 1950: III. Parteitag der SED. Bildung eines Zentralkomitees (ZK) anstelle des Parteivorstands der SED; 25. 7. 1950 Wahl Walter Ulbrichts zum Generalsekretär des ZK.

Walter Ulbricht, der neue Generalsekretär des ZK der SED.

4. 8. 1950: Berlin-West gibt sich eine Verfassung, die es als Land der Bundesrepublik ausweist und den Bestimmungen des Grundgesetzes unterwirft, sofern alliierte Vorbehalte dem nicht entgegenstehen.

5. 8. 1950: In der Charta der Heimatvertriebenen verzichten die ostdeutschen Landsmannschaften auf Rache und Vergeltung und fordern die Anerkennung des Rechts auf Heimat.

11. 8. 1950: Der Europarat in Straßburg nimmt den Vorschlag des britischen Oppositionsführers Winston Churchill, eine europäische Armee unter Einbeziehung deutscher Kontingente zu schaffen, mit Mehrheit an.

18. 8. 1950: Der Bundeskanzler fordert deutsche Verteidigungstruppen als Gegengewicht zur Volkspolizei der DDR.

21. 8. 1950: Beginn des Aufbaus des »Eisenhüttenkombinats Ost« bei Fürstenberg a. d. Neiße; (vorübergehend umbenannt nach Stalin) wird am 11. 8. 1954 voll betriebsfähig.

24. 8. 1950: Säuberungsaktion in der SED-Führung, die 1956 teilweise durch Rehabilitierung wieder aufgehoben wird.

25./26. 8. 1950: I. Deutscher Nationalkongreß der »Nationalen Front« in Ost-Berlin: Propaganda für die Einheitslisten-Wahlen in der DDR.

27. 8. 1950: Der Rat der EKD spricht sich gegen Remilitarisierung aus.

29./30. 8. 1950: Denkschriften Adenauers an die Westmächte mit dem Angebot eines Wehrbeitrags und Forderung nach Souveränität.

12. – 18. 9. 1950: Außenministerkonferenz der Westmächte in New York kündigt neue Deutschlandpolitik an (Alleinvertretungsanspruch der Bundesrepublik, westdeutscher Wehrbeitrag zur Verteidigung Europas).

13. 9. 1950: In der Bundesrepublik wird erstmals eine Volkszählung durchgeführt.

15. 9. 1950: Landung der UN-Streitkräfte unter General Mac Arthur bei Inchon, dem Hafen Seouls, in Korea.

19. 9. 1950: Die 17 Mitgliedstaaten der OEEC, darunter die Bundesrepublik Deutschland, gründen in Paris die Europäische Zahlungsunion (EZU).

26. 9. 1950: Der Atlantikpakt in New York beschließt die Schaffung einer gemeinsamen Armee. Deutschland soll in die Lage versetzt werden, »einen Beitrag zur Verteidigung Westeuropas zu leisten«.

29. 9. 1950: Aufnahme der DDR in den Rat für gegenseitige Wirtschaftshilfe (RGW, COMECON).

1. 10. 1950: Der Bund übernimmt die Kriegsopferversorgung.

6. 10. 1950: Himmeroder Denkschrift mit erstem deutschen Verteidigungskonzept.

8. 10. 1950: Konstituierung des Bundesgerichtshofes in Karlsruhe.

11. 10. 1950: Gustav Heinemann (CDU), der sich gegen die Aufrüstung der Bundesrepublik ausspricht, wird als Innenminister durch Robert Lehr (CDU) abgelöst.

15. 10. 1950: Wahlen zur Volkskammer, zu Land-, Kreistagen und Gemeindevertretungen der DDR. 99,7% für die Einheitslisten der »Nationalen Front des Demokratischen Deutschland«.

20. – 22. 10. 1950: Die CDU hält ihren ersten gesamtdeutschen Parteitag in Goslar ab. Bundeskanzler Adenauer wird Erster Vorsitzender (bis 1966).

26. 10. 1950: Der CDU-Politiker Theodor Blank wird Beauftragter der Bundesregierung für Fragen der alliierten Besatzungstruppen. Die »Dienststelle Blank« wird Vorläufer des Verteidigungsministeriums der Bundesrepublik Deutschland.

1. 11. 1950: Das Dogma von der leiblichen Aufnahme Mariae in den Himmel führt zu Spannungen zwischen Katholiken und Protestanten.

4. 11. 1950: Die Sowjets schlagen eine neue Viererkonferenz über Deutschland vor.
Erstes landwirtschaftliches Marktordnungsgesetz (Getreidegesetz).
Unterzeichnung der Europäischen Konvention der Menschenrechte und Grundfreiheiten in Straßburg.

7. 11. 1950: Gesetz über die Errichtung des Bundesamtes für Verfassungsschutz.

8. 11. 1950: Konstituierende Sitzung der neugewählten Volkskammer. Wahl des Präsidiums: Dieckmann (LDPD) als Präsident, Matern (SED), Goldmann (DBD), V. Müller (NDPD) und Götting (CDU) als Vizepräsidenten. Grotewohl wird mit der Regierungsbildung beauftragt. Bildung von Fachministerien und »Staatssekretariaten« entsprechend den »Erfordernissen des Fünfjahresplanes«.

29./30. 11. 1950: Urabstimmung der IG Metall, in der 96% der Gewerkschaftsmitglieder den Vorstand bevollmächtigen, für die Durchsetzung der paritätischen Mitbestimmung in der Montan-Industrie zum Streik aufzurufen.

Der Papst verkündet am 1. November 1950 das Dogma von der leiblichen Himmelfahrt Mariae.

Erste Sitzung des neuen Bundesgerichtshofes am 21. November 1950 in Karlsruhe.

Die amerikanische Delegation (Pace und Acheson) auf der Konferenz der 12 Staaten des Nordatlantikpaktes im Dezember 1950 in Brüssel.

30. 11. 1950: Vorschlag Grotewohls an Bundesregierung zur Bildung eines »Gesamtdeutschen Konstituierenden Rates« zur Vorbereitung einer gesamtdeutschen Regierung. Wird am 9. 3. 1951 vom Bundestag abgelehnt.

1. 12. 1950: Der Bundeskanzler fordert die Ablösung des Besatzungsstatuts durch einen Sicherheitsvertrag.

13. 12. 1950: Militärausschuß und Stellvertreterrat der NATO billigen in London Empfehlungen an den NATO-Rat zur Schaffung der atlantischen Armee mit Einschluß deutscher Kontingente.

14. 12. 1950: Zusammenfassung aller Maschinen-Ausleih-Stationen (MAS) auf Länderebene der DDR. Die MAS sind 1946 gegründet und 1949 zu selbständigen Betrieben mit Produktions-, Reparatur- und Lagereinrichtungen weiterentwickelt worden. Die MAS werden in der Folge operativ in der Entwicklung der Landwirtschaftlichen Produktionsgenossenschaften (LPG).

18. 12. 1950: Die Bundesregierung verkündet den Bundesjugendplan, der von jetzt an jährlich fortgeschrieben wird.

19. 12. 1950: Außenministerkonferenz der drei westlichen Großmächte in Brüssel. Es wird beschlossen, auf dem Verhandlungswege mit der Regierung der Bundesrepublik das Problem des deutschen Verteidigungsbeitrages zu verfolgen und das Besatzungsstatut durch ein System von Verträgen abzulösen.

20. 12. 1950: Bundesversorgungsgesetz regelt die Entschädigung kriegsbedingter Körperschäden.

22. 12. 1950: Verordnung des Ministerrats der DDR über die Reorganisation in der Leitungsstruktur der volkseigenen Industrie (VEB und VVB), bei der die VEB nach Industriezweigen aufgegliedert direkt den Hauptverwaltungen der Fachministerien unterstehen.

31. 12. 1950: In der Bundesrepublik betrug die Arbeitslosenquote im Durchschnitt 11,0%.
Nach amtlichen Angaben kamen 197788 Personen aus der DDR in die Bundesrepublik.

1951

Januar 1951: Die Alliierte Hohe Kommission erklärt das Demontageprogramm für beendet.

1. 1. 1951: Als erstes Land beendet die Republik Indien formell den Kriegszustand mit Deutschland.

9. 1. 1951: Auf dem Petersberg beginnen zwischen Vertretern der Bundesregierung und der Alliierten Hochkommission Besprechungen über einen deutschen Verteidigungsbeitrag (Pleven-Plan).

25. 1. 1951: Gründung der »Vereinigung Volkseigener Güter« auf Länderebene, die jedoch dem Ministerium für Land- und Forstwirtschaft unterstehen.

26. 1. 1951: Frankreich lädt die Bundesrepublik zur gleichberechtigten Teilnahme an der Konferenz über die Europa-Armee ein.

27./28. 1. 1951: Gründung des BHE (Bund der Heimatvertriebenen und Entrechteten) auf Bundesebene. Siehe 8. 1. 1950.

1. 2. 1951: Der Bundestag verabschiedet gegen die Stimmen der KPD-Fraktion das Gesetz über die Errichtung des Bundesverfassungsgerichts.

5. 3. 1951: Vertreter der Vier Mächte treten in Paris zusammen, um die Tagesordnung für eine neue Konferenz des Rates der Außenminister vorzubereiten.
Diese Vorkonferenz wird nach 73 Sitzungen ergebnislos abgebrochen. Sie scheitert, weil der sowjetische Vertreter auch den Atlantikpakt und die Frage militärischer Stützpunkte im Ausland als Diskussionsthemen in die Tagesordnung aufzunehmen wünschte. – Die drei Westmächte teilen der UdSSR mit, eine Fortsetzung der Gespräche habe »keinen praktischen Zweck«.

6. 3. 1951: Durch Revision des Besatzungsstatuts werden die Vorbehaltsrechte der Besatzungsmächte weiter abgebaut.

13.–15. 3. 1951: Tagung des ZK der SED: Beschluß über die Einführung des Prinzips der »Wirtschaftlichen Rechnungsführung« in den VEB zur Erhöhung der Arbeitsproduktivität.

Innenminister Dr. Lehr nimmt den ersten Vorbeimarsch von Einheiten des Bundesgrenzschutzes ab.

15. 3. 1951: Wiedererrichtung des Auswärtigen Amtes. Bundeskanzler Adenauer übernimmt Aufgaben und Titel eines Bundesminister des Auswärtigen.

15.–17. 3. 1951: Beschluß des ZK der SED zur Überwindung des »Formalismus« in Kunst und Literatur und Hinwendung zum »sozialistischen Realismus«.

16. 3. 1951: Schaffung des Bundesgrenzschutzes.

1. 4. 1951: Deutsche Journalisten-Union in der Industriegewerkschaft (IG) Druck gegründet.

10. 4. 1951: Der Bundestag beschließt Gesetz über Mitbestimmung der Arbeitnehmer in Aufsichtsräten und Vorständen der Montan-Industrie.

11. – 19. 4. 1951: Erster Besuch des Bundeskanzlers in Frankreich.

12. 4. 1951: Gründung des »Verbandes deutscher Komponisten und Musikwissenschaftler« im Kulturbund der DDR.

18. 4. 1951: Vertrag über Gründung der Europäischen Gemeinschaft für Kohle und Stahl (EGKS). Die »Montanunion« (Frankreich, Italien, Bundesrepublik, Benelux) soll das Ruhrstatut und die Ruhrbehörde ersetzen und ist ein erster Schritt zur Integration Europas.

22. 4. 1951: Gründung des Nationalen Olympischen Komitees (NOK) der DDR.

25. 4. 1951: Gesetz über die Rechtsstellung heimatloser Ausländer.

26. 4. 1951: Der Ministerrat der DDR überträgt die Leitung und Kontrolle der Sozialversicherung dem FDGB. Die fünf Sozialversicherungsanstalten der Länder werden aufgelöst.
Abschluß des ersten Betriebskollektivvertrages in der DDR.

2. 5. 1951: Die Bundesrepublik wird vollberechtigtes Mitglied des Europarates. Das Saarland bleibt assoziiertes Mitglied.

4. 5. 1951: Verabschiedung des Bundesneugliederungsgesetzes ist Voraussetzung für die Bildung des neuen Südweststaates.

9. 5. 1951: Freigabe des Wechselkurses der D-Mark.

9. Januar 1951: Beginn von Verhandlungen zwischen der Alliierten Hochkommission und Vertretern der Bundesregierung wegen eines deutschen Verteidigungsbeitrages im Hotel Petersberg bei Bonn.

Der französische Außenminister Robert Schuman unterzeichnet am 18. April 1951 in Paris den Vertrag über die Gründung der Europäischen Gemeinschaft für Kohle und Stahl.

Bundeskanzler Adenauer (Mitte, rechts Walter Hallstein) unterzeichnet den Vertrag über die Aufnahme der Bundesrepublik in den Europarat.

Erster Staatsbesuch in Italien: Graf Sforza (rechts) begrüßt Konrad Adenauer am 14. Juni 1951 auf dem Flugplatz in Rom.

Regelung der deutschen Auslandsschulden im Juli 1951 in London: die Leiter der drei westalliierten Delegationen, Sir George Rendel und Warren Lee Pierson (links), rechts François Didier Gregh und der deutsche Delegationsleiter Hermann J. Abs (zweiter von rechts).

Außenministertreffen der USA, Großbritanniens und Frankreichs im September 1951 in Washington; von links nach rechts Robert Schuman, Dean Acheson und Herbert Morrison.

10. 5. – 3. 8. 1951: Gemäß den Brüsseler Außenminister-Beschlüssen finden Vorbesprechungen zwischen Vertretern der Alliierten Hochkommission und der Bundesrepublik mit dem Ziel statt, Empfehlungen über die Neuregelung der gegenseitigen Beziehungen auf vertraglicher Grundlage auszuarbeiten.

11. 5. 1951: Gesetz zur Regelung der Rechtsverhältnisse der unter Artikel 131 des Grundgesetzes fallenden Angehörigen des öffentlichen Dienstes. Das Gesetz sichert diesen Personen einen klaren Versorgungsanspruch zu.

21. 5. 1951: Gesetz über die Mitbestimmung der Arbeitnehmer in der Montanindustrie.

14. – 18. 6. 1951: Mit einem Staatsbesuch in Italien absolviert Adenauer seinen ersten offiziellen Auslandsbesuch.

21. 6. 1951: Vollkonferenz der UNESCO in Paris beschließt Aufnahme der Bundesrepublik.

22. 6. 1951: Nachfolger des verstorbenen Hans Böckler als DGB-Vorsitzender wird Christian Fette.

26. 6. 1951: Die Bundesregierung verbietet die sozialistische Freie Deutsche Jugend (FDJ) als verfassungswidrig.

30. 6. – 3. 7. 1951: Wiedergründung der Sozialistischen Internationale in Frankfurt am Main.

9. 7. 1951: Großbritannien beendet den Kriegszustand mit Deutschland; die Staaten des Britischen Commonwealth schließen sich an. Frankreich folgt am 13. 7., die USA am 19. 10. 1951.

12. 7. 1951: Abschaffung der Arbeitsämter in der DDR.

2. 8. 1951: Gründung der Deutschen Forschungsgemeinschaft e.V. (DFG).

13. 8. 1951: Die Bundesrepublik Deutschland erhält die Devisenhoheit.

30. 8. 1951: Einführung des Staatsschutzstrafrechts in der Bundesrepublik.

1. 9. 1951: Einführung der »Zehnjahresschule« in der DDR.

8. 9. 1951: Unterzeichnung des Friedensvertrages mit Japan in San Francisco.

14. 9. 1951: Zum Abschluß ihrer Konferenz in Washington geben die Außenminister der USA, Großbritanniens und Frankreichs eine Erklärung heraus, wonach ihre Regierungen »die Einbeziehung eines demokratischen Deutschlands auf der Grundlage der Gleichberechtigung in eine kontinental-europäische Gemeinschaft anstreben«, ebenso wie eine völlige Umgestaltung der deutsch-alliierten Beziehungen, unter anderem durch die Ablösung des Besatzungsstatuts durch vertragliche Abmachungen und eine Mitwirkung Westdeutschlands an der Verteidigung des Westens. Sie glauben, »die mit der Bundesregierung nunmehr zu treffenden Abmachungen sollten die Grundlage der Beziehungen zwischen ihren Ländern und der Bundesrepublik bilden, bis eine Friedensregelung mit einem geeinten Deutschland möglich wird«. Die Alliierten Hochkommissare erhalten entsprechende Instruktionen. Es soll keine Einmischung in innerdeutsche Angelegenheiten mehr stattfinden.

Die Alliierten behalten sich einige Sonderrechte vor, die sich »nur auf die Stationierung bewaffneter Streitkräfte, auf den Schutz dieser Streitkräfte sowie auf Fragen, die Berlin und Deutschland in seiner Gesamtheit einschließlich der eventuellen Friedensregelung und der friedlichen Wiedervereinigung Deutschlands betreffen, beziehen«.

20. 9. 1951: Regelung des Handelsverkehrs zwischen der Bundesrepublik und der DDR im sogenannten Interzonenhandelsabkommen (Berliner Abkommen).

24. 9. 1951: Beginn der Verhandlungen zwischen Adenauer und den Hohen Kommissaren über die Ablösung des Besatzungsstatuts.

27. 9. 1951: 14-Punkte-Programm der Bundesregierung und des Bundestages zur Frage gesamtdeutscher Wahlen unter Überprüfung in allen Teilen Deutschlands durch eine internationale Kommission. Annahme eines Antrags der SPD, in dem freie Wahlen in ganz Berlin als erster Schritt auf dem Wege zur Wiedervereinigung Deutschlands und ein Appell an die vier Besatzungsmächte, gesamtdeutsche Wahlen zu ermöglichen, gefordert werden. Am 2. 12. 1951 schlagen die Westmächte den Vereinten Nationen die Einsetzung einer solchen Kommission vor. Sie wird am 20. 12. 1951 von der Vollversammlung beschlossen.

Volkskammer fordert den Bundestag auf, »gesamtdeutsche Besprechungen zur Durchführung freier demokratischer Wahlen zu einer Deutschen Nationalversammlung« abzuhalten.

DDR und UdSSR schließen ein Handelsabkommen sowie ein Abkommen über wissenschaftlich-technische Zusammenarbeit.

Die Bundesregierung erklärt Bereitschaft zur Wiedergutmachung gegenüber Israel.

28. 9. 1951: Das Bundesverfassungsgericht nimmt seine Tätigkeit auf.

1. 10. 1951: Die Bundesrepublik tritt dem am 30. 10. 1947 von 23 Staaten unterzeichneten Zoll- und Handelsabkommen GATT (General Agreement on Tariffs and Trade) bei.

8. 10. 1951: Aufhebung der Rationierung aller Produkte bis auf Fleisch, Fett und Zucker in der DDR.

1. 11. 1951: Volkskammer nimmt den »Fünfjahresplan für 1951–1955« an; die Deutsche Notenbank wird zur Staatsbank der DDR.

Bundespräsident Heuss mit dem Präsidenten des Bundesverfassungsgerichts Dr. Höpker-Aschoff (Mitte) und Mitgliedern des ersten Senats bei deren Vereidigung in der Villa Hammerschmidt.

5. 11. 1951: Treffen Adenauers mit 22 evangelischen Kirchenvertretern in Königswinter.

19. 11. 1951: Die Bundesregierung stellt Antrag auf Verbot von KPD und SRP (Sozialistische Reichspartei).

22. 11. 1951: Bundeskanzler Adenauer trifft mit den Außenministern der drei Westmächte in Paris zu einer Konferenz zusammen. Die Minister stimmen dem Entwurf eines »Generalvertrages« zu, der die Grundlage für das an die Stelle des Besatzungsstatuts tretende vertragliche Verhältnis bilden soll.

3.–8. 12. 1951: Adenauer trifft zum Staatsbesuch in London ein, dem ersten offiziellen Besuch eines deutschen Regierungschefs seit 1925.

3. 12. 1951: Die DDR lehnt Beschluß des Internationalen Olympischen Komitees (IOC) über die Teilnahme von DDR-Sportlern an den Olympischen Spielen 1952 ab, da die Bundesrepublik bei der Vorbereitung der Teilnahme einer gesamtdeutschen Mannschaft federführend sein sollte.

4. 12. 1951: Der Bundestag beschließt das Gesetz zum Schutze der Jugend in der Öffentlichkeit.

9. 12. 1951: Volksabstimmung in den Ländern Württemberg-Baden, Württemberg-Hohenzollern und Baden ergibt eine Mehrheit von 69,7% der Stimmen für die Schaffung des Landes Baden-Württemberg.

21. 12. 1951: Aufhebung des Ruhrstatuts.

31. 12. 1951: Die Arbeitslosenquote in der Bundesrepublik betrug im Jahresdurchschnitt 10,4%.
165648 Personen kamen aus der DDR in die Bundesrepublik.

Die Propagandisten der »Südweststaatler« in der nordbadischen Kreisstadt Mosbach geben der Werbeparole der »Altbadener« (rechtes Plakat) eine passende Antwort (linkes Plakat).

3.–8. Dezember 1951: Erster Staatsbesuch in England. Bundeskanzler Adenauer wird in London von dem englischen Premierminister Harold Macmillan (Mitte) begrüßt.

1952

10. 1. 1952: Das Gesetz über die Investitionshilfe der gewerblichen Wirtschaft tritt in Kraft.

11. 1. 1952: Mit 232 gegen 143 Stimmen ratifiziert der Bundestag den Schuman-Plan.

24. 1. 1952: Das Mutterschutzgesetz tritt in Kraft. Es regelt Kündigungsschutz, Schutz vor Verdienstausfall und anderes.

26./27. 1. 1952: Auf einer Außenministerkonferenz fordert der Staatssekretär im Auswärtigen Amt, Walter Hallstein, die Aufnahme der Bundesrepublik in die NATO.

28. 1. 1952: Die Geschäftsordnung des Bundestages tritt in Kraft. Sie regelt die Arbeit des Parlaments, wie unter anderem die Bildung von Fraktionen, Ausschüssen, die Rechte und Pflichten der Abgeordneten, Ordnungs- und Abstimmungsverfahren.

8. 2. 1952: Gegen die Stimmen der Opposition entscheidet der Bundestag für eine bundesdeutsche Mitgliedschaft in einer Europäischen Verteidigungsgemeinschaft.

26. 2. 1952: Der französische Außenminister Schuman erklärt die Bereitschaft, die Saarfrage noch vor Abschluß eines Friedensvertrages mit Deutschland zu lösen.

28. 2. 1952: Beginn der Londoner Schuldenkonferenz.

29. 2. 1952: Schreiben der Bundesregierung an den Generalsekretär des Europarats über die nicht gewährten politischen Grundfreiheiten an der Saar. Am 23. 4. 1952 bringt der Bundestag erneut zum Ausdruck, daß das Saargebiet als deutsches Staatsgebiet zu betrachten sei und sein Schicksal nicht ohne deutsche Zustimmung entschieden werden könne.

1. 3. 1952: Helgoland, seit 1945 Übungsziel der britischen Luftwaffe, kommt wieder unter Verwaltung der Bundesrepublik.

10. 3. 1952: Stalin schlägt den Westmächten Wiedervereinigung und bewaffnete Neutralität für Deutschland vor (Stalinnote).

17. 3. 1952: Mit dem Wohnungsbauprämiengesetz wird die Grundlage für die Bausparförderung gelegt.

25. 3. 1952: Antwort der Westmächte auf die Stalinnote: Freie gesamtdeutsche Wahlen sind die Vorbedingung für Gespräche über einen Friedensvertrag.

Helgoland, das der britischen Luftwaffe als Bombenziel diente, kommt am 1. März 1952 wieder unter deutsche Verwaltung und wird neu aufgebaut.

30. 3. 1952: Beginn der Verhandlungen über Wiedergutmachungsleistungen der Bundesrepublik an Israel und Jewish Claims Conference.

9. 4. 1952: Zweite Note der Sowjetunion an die Westmächte: Zustimmung zu freien gesamtdeutschen Wahlen, aber unter Viermächte- statt UN-Kontrolle. In weiterem Notenwechsel (24. 5./ 10. 7. und 23. 8./23. 9.) bleiben die Standpunkte beider Seiten unverändert: Die Westmächte glauben nicht an die Ernsthaftigkeit des Stalin-Angebots freier Wahlen und lehnen die Neutralisierung im Einklang mit der Bonner Regierung ab.

25. 4. 1952: Bildung des Landes Baden-Württemberg.

1. 5. 1952: Errichtung der Bundesanstalt für Arbeitsvermittlung und Arbeitslosenversicherung, seit 1969 Bundesanstalt für Arbeit.

26. 5. 1952: Der in Bonn unterzeichnete »Vertrag über die Beziehungen zwischen der Bundesrepublik Deutschland und den Drei Mächten« (Deutschland- oder Generalvertrag) sieht Gleichberechtigung der Bundesrepublik innerhalb der westeuropäischen Gemeinschaft vor; endgültige Grenzen Deutschlands bleiben späterer Friedensvertragsregelung vorbehalten. Zusatzverträge (Überleitungsvertrag, Truppenvertrag, Finanzabkommen und andere) sollen Probleme der Besatzungszeit, Höhe des deutschen Verteidigungsbeitrags und Rechtsverhältnisse der ausländischen Streitkräfte regeln. Inkrafttreten ist an Ratifizierung des EVG-Vertrages gebunden. Verordnung des Ministerrates der DDR über eine 5 km breite Sperrzone entlang der Demarkationslinie zur Bundesrepublik.

27. 5. 1952: Unterzeichnung des Vertrages über die Europäische Verteidigungsgemeinschaft (EVG-Vertrag) in Paris; darin wird Schaffung supranationaler europäischer Streitkräfte mit deutschen Kontingenten festgelegt (das Vertragswerk scheitert am Widerstand der französischen Nationalversammlung im August 1954).

1. 7. 1952: Der US-Senat ratifiziert den Deutschlandvertrag. Am 1. 8. 1952 ratifiziert das Britische Unterhaus den Deutschlandvertrag und die gegenseitigen Garantien mit den Ländern der geplanten EVG.

9.–12. 7. 1952: 2. Parteikonferenz der SED beschließt Richtlinien für planmäßigen Aufbau der Grundlagen des Sozialismus: Bildung landwirtschaftlicher Produktionsgenossenschaften, Vorrang der Schwerindustrie.

23. 7. 1952: Gesetz »über die weitere Demokratisierung der staatlichen Organe«; Einteilung der Länder der DDR in 14 Bezirke. Vertrag zur Gründung der Europäischen Gemeinschaft für Kohle und Stahl (Montanunion) tritt in Kraft.

Konferenzbeginn über den Deutschlandvertrag am 24. Mai 1952 in Bonn: von rechts nach links Anthony Eden, britischer Außenminister, Bundeskanzler Adenauer, Dean Acheson, US-Außenminister, und Robert Schuman, französischer Außenminister.

Unterzeichnung des deutsch-amerikanischen Fulbright-Abkommens am 18. Juli 1952 in Bonn durch Konrad Adenauer und US-Hochkommissar John McCloy (Mitte).

Bundeskanzler Adenauer unterzeichnet im Bundesratssaal in Bonn am 26. Mai 1952 den »Vertrag über die Beziehungen zwischen der Bundesrepublik Deutschland und den Drei Mächten«.

Mit der historischen Fahne des Lassalleschen Allgemeinen Deutschen Arbeitervereins von 1863 war der Sarg des am 20. August 1952 verstorbenen SPD-Vorsitzenden Kurt Schumacher bedeckt.

Die »Haifa« mit der ersten Warenlieferung aus der Bundesrepublik an Israel im Bremer Überseehafen.

Eine Besuchergruppe vor dem Inter Nationes-Gebäude in Bonn-Bad Godesberg. Ein Bild aus späteren Jahren.

2. 8. 1952: Beitritt der Bundesrepublik zum Internationalen Währungsfonds (IWF).

7. 8. 1952: Gründung der »Gesellschaft für Sport und Technik« (GST), eine Massenorganisation zur vormilitärischen und wehrsportlichen Erziehung und Ausbildung von Jugendlichen in der DDR.

14. 8. 1952: Bildung des »Staatlichen Rundfunkkomitees« (mit Intendanzbereich Fernsehen) als zentrales Leitungsorgan aller Sender der DDR unter dem Vorsitz des Generalintendanten des Rundfunks in der DDR, Heiß. Ab 15. 11. 1971 werden die einzelnen Sender der DDR (z. B. »Deutschlandsender«, »Berliner Welle«) zusammengefaßt zu »Stimme der DDR«.

20. 8. 1952: Kurt Schumacher, der erste Vorsitzende der SPD, stirbt. Am 27. 9. 1952 wird Erich Ollenhauer zum Nachfolger gewählt.

1. 9. 1952: Das Lastenausgleichsgesetz tritt in Kraft. Sonderleistungen für Kriegsbeschädigte, Heimatvertriebene und Flüchtlinge.

8. 9. 1952: Bundeskanzler und Außenminister Konrad Adenauer eröffnet in Luxemburg als erster Präsident die konstituierende Sitzung des Ministerrats der Montanunion.

10. 9. 1952: Wiedergutmachungsabkommen zwischen der Bundesrepublik und Israel sowie der Jewish Claims Conference wird unterzeichnet.

19. 9. 1952: Empfang einer Delegation der Volkskammer der DDR durch den Bundestagspräsidenten Hermann Ehlers in Bonn.

7. 10. 1952: Einführung militärischer Dienstgrade und neuer Uniformen für die Kasernierte Volkspolizei; seit dem 16. 5. 1952 ist die Grenzpolizei der DDR dem Ministerium für Staatssicherheit unterstellt.

6. – 10. 10. 1952: Tagung der Synode der EKD in Elbingerode.

11. 10. 1952: Das Betriebsverfassungsgesetz tritt in Kraft. Es sieht die Mitwirkung und Mitbestimmung der Arbeitnehmer in sozialen, personellen und wirtschaftlichen Angelegenheiten in privatwirtschaftlichen Betrieben vor.
DGB-Bundeskongreß in Berlin. Der DGB-Vorsitzende Fette wird wegen seiner zu nachgiebigen Politik in der Frage des Betriebsverfassungsgesetzes abgewählt. Nachfolger wird Walter Freitag.

23. 10. 1952: Verbot der Sozialistischen Reichspartei (SRP) auf Antrag der Bundesregierung.
Gründung des »Deutschen Roten Kreuzes« der DDR in Dresden.

Als erste Fernsehsendung übertrug der Nordwestdeutsche Rundfunk am 25. Dezember 1952 das Fußballspiel St. Pauli gegen Homborn.

1953

10. 2. 1953: Die Hohe Behörde der Montanunion eröffnet den gemeinsamen Markt für Kohle, Schrott und Eisenerze in den sechs Ländern. Ab 1. 5. 1953 werden alle Beschränkungen des Stahlhandels innerhalb des gemeinsamen Marktes abgeschafft.

27. 2. 1953: Londoner Abkommen über die Regelung der deutschen Auslandsschulden. Verbindlichkeiten der Bundesrepublik: rund 13 730 000 000 DM.

März 1953: Höhepunkt des Flüchtlingsstromes aus der DDR: 6000 Menschen suchen in Berlin um Asyl nach. Am 4. 3. 1953 verabschiedet der Bundestag das Flüchtlings-Notleistungsgesetz und am 25.3.1953 das Bundesvertriebenengesetz.

5. 3. 1953: Stalin stirbt. Sein Nachfolger wird Georgi M. Malenkow.

18. 3. 1953: Der Bundestag nimmt mit großer Mehrheit das deutsch-israelische Wiedergutmachungsabkommen an. Am 27. 3. tritt es in Kraft.

19. 3. 1953: Bundestag ratifiziert Deutschland- und EVG-Vertrag. In Frankfurt wird auf der Internationalen Automobil-Ausstellung (IAA) der Messerschmitt-Kabinenroller vorgestellt.

31. 3. 1953: Internationales Abkommen für die politischen Rechte der Frau (für die Bundesrepublik tritt es erst am 2. 2. 1971 in Kraft).

7. – 17. 4. 1953: Besuch Adenauers in den USA.

25. 10. 1952: Gründung von Inter Nationes e. V. zur Förderung der Beziehungen zum Ausland.

1. 11. 1952: Die USA bringen auf dem Eniwetok-Atoll im Pazifischen Ozean die erste Wasserstoffbombe zur Detonation.

25. 11. 1952: Gründungserlaß der Bundeszentrale für Heimatdienst (seit 1963: für politische Bildung) beim Bundesinnenministerium zur Förderung der politischen Bildungsarbeit direkt und in Verbindung mit anderen Bildungseinrichtungen.

29./30. 11. 1952: Gründung der Gesamtdeutschen Volkspartei durch Gustav Heinemann und Helene Wessel.

5./6. 12. 1952: 1. Konferenz der Vorsitzenden der LPG mit Vertretern des ZK der SED und des Ministerrats in Ost-Berlin: Verabschiedung eines Musterstatuts für LPG.

9. 12. 1952: Die NATO legt Militärstrategie der massiven Vergeltung fest.

15. 12. 1952: Kapitalmarktförderungsgesetz.

25. 12. 1952: Der Nordwestdeutsche Rundfunk beginnt mit der Ausstrahlung des ersten deutschen Fensehprogramms nach dem Krieg.

31. 12. 1952: Die Arbeitslosenquote in der Bundesrepublik betrug im Jahresdurchschnitt 9,5%.
182 393 Personen kamen aus der DDR in die Bundesrepublik.

Unterzeichnung des Londoner Abkommens über die Regelung der deutschen Auslandsschulden am 27. Februar 1953.

Die Leiche des am 5. März 1953 verstorbenen Stalin bei der offiziellen Aufbahrung vor der Überführung in das Lenin-Mausoleum, aus dem er später an die Kreml-Mauer »verbannt« wird.

Russische Panzer beim Volksaufstand am 17. Juni 1953 in Ost-Berlin.

9. 4. 1953: Gemeinsames Kommuniqué über die Besprechungen des Bundeskanzlers mit Präsident Eisenhower in Washington. Das deutsch-amerikanische Kulturabkommen tritt in Kraft. Am 3. 6. 1953 tritt der 1923 zwischen Deutschland und den USA geschlossene Freundschafts-, Handels- und Konsularvertrag wieder in Kraft.

Aufhebung der Rationierung von Textilien und Schuhwaren und Neuregelung der Lebensmittelversorgung in der DDR.

5. 5. 1953: Zum 135. Geburtstag von Karl Marx wird Chemnitz in »Karl-Marx-Stadt« umbenannt.

21. 5. 1953: Die Sowjetische Kontrollkommission (SKK) wird in die Hohe Kommission der UdSSR in Deutschland umgewandelt, die Diplomatische Mission am 1. 10. in eine Botschaft. Wladimir Semjonow wird Hoher Kommissar.

28. 5. 1953: Beschluß des Ministerrats der DDR zur Erhöhung der Arbeitsnormen.

10. 6. 1953: Der Deutsche Bundestag fordert in einer einstimmigen Entschließung eine Viermächtekonferenz über freie Wahlen in ganz Deutschland, Bildung einer gesamtdeutschen Regierung und Abschluß eines Friedensvertrages.

16. 6. 1953: In Ost-Berlin treten Bauarbeiter aus Protest gegen die Erhöhung der Arbeitsnormen in Streik.
Schwerbeschädigtengesetz fördert berufliche Eingliederung der Schwerbeschädigten in der Bundesrepublik.

17. 6. 1953: Volksaufstand in Ost-Berlin und in der DDR.
Aus Protestdemonstrationen der Arbeiterschaft gegen die Erhöhung der Arbeitsnormen entwickeln sich Kundgebungen der Bevölkerung gegen das SED-Regime. Der Aufstand kann nur durch das bewaffnete Eingreifen sowjetischer Truppen unter blutigen Verlusten der Bevölkerung und durch drakonische Strafmaßnahmen niedergeschlagen werden. Der Ausnahmezustand wird am 11. Juli wieder aufgehoben.
Der 17. Juni wird am 4. August durch Bundesgesetz zum Tag der deutschen Einheit bestimmt. In dem Gesetz heißt es: »Am 17. Juni 1953 hat sich das deutsche Volk in der sowjetischen Besatzungszone und in Ost-Berlin gegen die kommunistische Gewaltherrschaft erhoben und unter schweren Opfern seinen Willen zur Freiheit bekundet. Der 17. Juni ist daher zum Symbol der deutschen Einheit in Freiheit geworden.«

24. 6. 1953: Bundestag verabschiedet Gesetz, wonach Bau und Unterhaltung von Autobahnen und Bundesstraßen in die Kompetenz des Bundes fallen.

25. 6. 1953: Bundestag verabschiedet neues Wahlgesetz, wonach künftig nur noch Parteien in den Bundestag einziehen, die mindestens 5% der abgegebenen Stimmen bei Wahlen erhalten oder einen Wahlkreis direkt gewinnen.

8. 7. 1953: Bundeswahlgesetz löst Wahlgesetz des Parlamentarischen Rates ab; Einführung der Zweitstimme. (Novellierungen 7. 5. 1956 [Briefwahl] und 14. 2. 1964 [neue Wahlkreiseinteilung]).

14. 7. 1953: Bundesbeamtengesetz.

15. 7. 1953: Unter dem Motto »Deutsche an einen Tisch« schlägt der Ministerrat der DDR erneut eine gesamtdeutsche Konferenz vor.

20. 7. 1953: Die UdSSR liefert auf Kredit Lebensmittel und Rohstoffe im Wert von 231 Millionen Rubel an die DDR.

24.–26. 7. 1953: 15. Tagung des ZK der SED. Beschluß über »Der neue Kurs und die Aufgaben der Partei«. Wahl Walter Ulbrichts zum Ersten Sekretär des ZK (bisher »Generalsekretär«).

27. 7. 1953: Unterzeichnung des Waffenstillstandes in Korea zwischen den Vereinten Nationen und Nordkorea auf der Basis des Status quo ante am 38. Breitengrad.

29. 7. 1953: Ende der Legislaturperiode des 1. Deutschen Bundestages.

1. 8. 1953: Die »Industrie- und Handelskammer der DDR« wird in Ost-Berlin errichtet. Die ursprünglichen IHK hatten ihre Tätigkeit am 31. 3. eingestellt.

4. 8. 1953: Verkündung des Jugendgerichtsgesetzes und 3. Strafrechtsänderungsgesetzes. Erweitert unter anderem die Möglichkeit der Strafaussetzung auf Bewährung.

7. 8. 1953: Fremdrenten- und Auslandsrentengesetz regelt die Entschädigung nicht realisierbarer Versicherungsansprüche von Flüchtlingen aus dem Ausland (Ostblock).

9. 8. 1953: Bekanntgabe der Zündung der ersten sowjetischen Wasserstoffbombe.

20.–22. 8. 1953: Verhandlungen einer Regierungsdelegation der DDR in Moskau; Vereinbarung über den Erlaß aller Reparationsleistungen ab 1. 1. 1954 und über die Umwandlung der jeweiligen diplomatischen Vertretungen in Botschaften. Am 24. 8. verzichtet Polen ebenfalls auf Reparationszahlungen der DDR.

25. 8. 1953: Novellierung des 1. Wohnungsbaugesetzes; Förderung von Eigenheimbauten rückt damit in den Vordergrund.

3. 9. 1953: Wiederbegründung der Arbeitsgerichtsbarkeit durch das Arbeitsgerichtsgesetz (Festlegung der Verfahren bei Rechtsstreitigkeiten aus Arbeitsverhäitnissen und bei Versorgungsansprüchen).

6. 9. 1953: Wahlen zum 2. Deutschen Bundestag. CDU/CSU erhalten 45,2% der Stimmen, SPD 28,8%, die FDP 9,5%.

17. 9. 1953: Gesetz zur Handwerksordnung.

22. 9. 1953: Der Deutsche Ausschuß für das Erziehungs- und Bildungswesen konstituiert sich.

29. 9. 1953: Tod des Regierenden Bürgermeisters von Berlin-West, Ernst Reuter.

7. 10. 1953: Wiederwahl Wilhelm Piecks zum Präsidenten der DDR.

20. 10. 1953: 2. Kabinett Adenauer: Koalitionsregierung aus CDU/CSU, FDP, DP und GB/BHE.
Gründung eines Ministeriums für Familienfragen.

Die amerikanisch-nordkoreanische Verhandlungsrunde, die im Waffenstillstand von Panmunjon die Demarkationslinie zwischen Nord- und Südkorea festlegte.

Bundestagswahlen 1953: Stimmenauszählung in Frankfurt am Main.

Endloser Trauerzug beim Begräbnis des Regierenden Bürgermeisters von Berlin, Ernst Reuter.

35

22. 10. 1953: CDU und FDP bilden nach dem Tod Ernst Reuters eine Koalition und wählen Walther Schreiber (CDU) zum neuen Regierenden Bürgermeister von Berlin-West.

24./25. 10. 1953: Das ZK der SED beruft eine »Zentrale Konferenz werktätiger Frauen« in Ost-Berlin ein. Die SED versucht, verstärkt Frauen für den Arbeitswettbewerb zu mobilisieren.
Am 13. 10. wurde in einem Braunkohlenbergwerk bei Halle die erste Frauenschicht gefahren.

12. 11. 1953: Der Sender Freies Berlin (SFB) wird errichtet; Sendebeginn am 1. 6. 1954.

10. 12. 1953: Wiedergründung der Alexander-von-Humboldt-Stiftung, die aus Fonds des Auswärtigen Amtes Mittel an hochqualifizierte ausländische Wissenschaftler für Studienaufenthalte in der Bundesrepublik vergibt.
Hermann Staudinger erhält den Nobelpreis für Chemie; er gilt als Vater des Kunststoffs.

17. 12. 1953: Urteil des Bundesverfassungsgerichtes zu Artikel 131 GG. Das Dienstverhältnis der Beamten und Angestellten des Dritten Reiches ist mit dem 8. Mai 1945 beendet.

18. 12. 1953: Das Bundesverfassungsgericht erklärt die im Grundgesetz vorgesehene Gleichberechtigung von Mann und Frau für rechtens. Für das Ehe- und Scheidungsrecht wird Reform gefordert.

31. 12. 1953: Der Bestand an Pkw überschreitet die Millionengrenze.

Die Arbeitslosenquote in der Bundesrepublik betrug im Jahresdurchschnitt 8,4%.
331 390 Personen kamen aus der DDR in die Bundesrepublik.

Alexander von Humboldt (1769–1859) in seinem Arbeitszimmer. Der Naturforscher ist Namenspatron der erstmals 1860 gegründeten Stiftung zur Förderung ausländischer Wissenschaftler.

1954

1. 1. 1954: Übergabe der letzten 33 SAG-Betriebe an die DDR mit Ausnahme der Urangruben der Wismut-AG.

7. 1. 1954: Bildung des Ministeriums für Kultur der DDR. Der Schriftsteller Johannes R. Becher wird Minister; die bisherigen Staatlichen Kommissionen für Kunstangelegenheiten werden aufgelöst.

14. 1. 1954: Bildung der »Produktionsgenossenschaft werktätiger Fischer« in der DDR.

15. 1. 1954: Tod des ersten Präsidenten des Bundesverfassungsgerichts, Hermann Höpker-Aschoff. Nachfolger wird am 19. 3. 1954 Josef Wintrich.

25. 1. – 18. 2. 1954: Viermächtekonferenz in Berlin über deutsche Wiedervereinigung endet erfolglos.

23. 2. 1954: Der Bundeskanzler erklärt in Berlin, daß die Bundesregierung trotz des erfolglosen Ausgangs der Berliner Konferenz ihre Politik der Wiedervereinigung Deutschlands in Frieden und Freiheit fortsetzen werde. Am 25. 2. 1954 lehnt der Bundestag die Deutschland- und Europapläne der Sowjetunion ab und bekundet seine Entschlossenheit, sich mit allen Kräften für die Wiedervereinigung einzusetzen.

26. 2. 1954: Der Bundestag billigt die Wehrergänzung des Grundgesetzes, die die Wehrhoheit der Bundesrepublik begründet. Am 19. 3. wird sie vom Bundesrat angenommen, am 25. 3. von der Alliierten Hochkommission mit der Maßgabe genehmigt, daß die Ergänzung zu Artikel 73 GG bis zum Inkrafttreten der geplanten EVG suspendiert bleibt.

7. 3. 1954: Thomas Dehler wird Vorsitzender der FDP.

25. 3. 1954: Sowjetunion erkennt die DDR als souveränen Staat an.

26. 3. 1954: 1. Wehrverfassungsgesetz regelt die Zuständigkeit des Bundes in Verteidigungs-, Wehrpflicht- und Zivilschutzangelegenheiten (Art. 73 Nr. 1, 79 Abs. 2 und 142a GG).

30. 3.–6. 4. 1954: IV. Parteitag der SED; Annahme eines neuen Parteistatuts.

26. 4. 1954: Fernost-Konferenz über die Korea-Frage und die Beendigung des Indochina-Krieges beginnt in Genf.

1. 5. 1954: Die Gewerkschaften wiederholen zum internationalen Tag der Arbeit ihre Forderung nach Verkürzung der wöchentlichen Arbeitszeit auf 40 Stunden und Einführung der Fünf-Tage-Woche.

7. 5. 1954: Dien Bien Phu, die letzte Bastion Frankreichs in Indochina, ergibt sich den Viet-minh. Ende der französischen Herrschaft über Indochina.

25. 5. 1954: Gesetz über Gründung des Westdeutschen Rundfunks in Nordrhein-Westfalen.

1. 6. 1954: Gründung der »Deutschen Lufthansa« in der DDR; 1956 Aufnahme des Flugverkehrs; 1958 in »Interflug« umbenannt, da DDR-Flugzeuge unter dem Namen »Deutsche Lufthansa« keine westlichen Flughäfen anfliegen dürfen.

6. 6. 1954: Die europäischen Fernsehanstalten gründen die »Eurovision«; Köln wird Zentrale.

9. 6. 1954: Gesetz über Verbreitung jugendgefährdender Schriften. Eine Bundesprüfstelle wird eingerichtet.

14. 6. 1954: Konstituierung des Kuratoriums des »Unteilbaren Deutschlands, Volksbewegung für die Wiedervereinigung« aus 128 führenden Vertretern aller Gebiete des öffentlichen Lebens. Am 18. 7. 1954 wird der ehemalige Reichstagspräsident Paul Löbe zum Präsidenten gewählt.

17. 6. 1954: Erstmals wird in der Bundesrepublik Deutschland der Tag der deutschen Einheit gefeiert. Zur Erinnerung an den Aufstand im Vorjahr wurde er zum gesetzlichen Feiertag erklärt.

27./29. 6. 1954: Volksbefragung in der DDR und in Ost-Berlin »Friedensvertrag oder EVG?« (Ergebnis: 93,5% für Friedensvertrag).

4. 7. 1954: Mit einem 3:2-Sieg über Ungarn in Bern wird Deutschland Fußballweltmeister.

7.–11. 7. 1954: In Leipzig findet zum ersten Mal der Evangelische Kirchentag statt (500 000 Teilnehmer).

9. 7. 1954: Wirtschaftsstrafgesetz faßt Bestimmungen des Wirtschaftsstrafrechts zusammen.

17. 7. 1954: Theodor Heuss wird in Berlin zum Bundespräsidenten wiedergewählt.

23. 7. 1954: Otto John, bisher Präsident des Bundesverfassungsschutzes, gibt in einer Rundfunkansprache aus Ost-Berlin seinen Wechsel in die DDR bekannt.

24. 7. 1954: Die Sowjets schlagen in einer neuen Note an die Westmächte die Einberufung einer Konferenz der großen Vier über Europa vor und lassen am 4. 8. 1954 eine zweite Note zum gleichen Thema folgen. Am 6. 9. 1954 fordern die Westmächte demgegenüber Viermächteverhandlungen über Deutschland und die europäische Sicherheit.

Französische Soldaten im Indochina-Krieg.

Aufsehen erregte das Verschwinden des ehemaligen Präsidenten des Bundesverfassungsschutzes, Otto John (Mitte), im Sommer 1954. Hier im Café Warschau in der Ostberliner Stalin-Allee am 6. August 1954.

Bern am 4. Juli 1954: Die bundesdeutsche Elf gewinnt gegen Ungarn mit 3:2 Toren die Fußballweltmeisterschaft.

Der französische Ministerpräsident Pierre Mendès-France unterzeichnet am 23. Oktober 1954 die Dokumente über die Aufnahme der Bundesrepublik in die NATO.

21. 8. 1954: Der CDU-Abgeordnete Karl Franz Schmidt-Wittmarck begründet seinen freiwilligen Übertritt in die DDR mit »der verfehlten Deutschlandpolitik der Bundesregierung«.

30. 8. 1954: Mit 319 gegen 164 Stimmen lehnt die französische Nationalversammlung eine weitere Debatte über die Europäische Verteidigungsgemeinschaft und damit die Ratifizierung des Vertrages ab.

28. 9.–3. 10. 1954: Neunmächtekonferenz in London. Die Außenminister der Westmächte unterzeichnen die »Londoner Akte« (Bereitschaft zur Aufnahme der Bundesrepublik in eine erweiterte Organisation des Brüsseler Paktes und in die NATO, Zuerkennung der Souveränität).

7. 10. 1954: Der sowjetische Außenminister Molotow besucht mit einer Delegation Ost-Berlin anläßlich des 5. Jahrestags der Gründung der DDR.

17. 10. 1954: Wahlen zur Volkskammer und den Bezirkstagen der DDR nach den Einheitslisten der »Nationalen Front«. Am 19. 11. wird die neue Regierung, wieder unter Ministerpräsident Grotewohl, gebildet.

19. – 23. 10. 1954: Pariser Konferenzen der drei Westmächte mit der Bundesrepublik, der neun Unterzeichner der Londoner Akte, der fünfzehn NATO-Staaten regeln den künftigen Status der Bundesrepublik in den Pariser Verträgen, unter anderem Beendigung des Besatzungsregimes, Sicherheitsgarantien der Westmächte für Berlin, Anerkennung des Alleinvertretungsanspruchs, Aufnahme in die NATO und (bilateral zwischen Frankreich und Bonn) Saarstatut (politische Autonomie bei wirtschaftlicher Bindung an Frankreich).

29. 10. 1954: Bundestagspräsident Hermann Ehlers stirbt. Am 16. 11. 1954 wählt der Bundestag Eugen Gerstenmaier zum Nachfolger.

1. 11. 1954: Offizieller Beginn des ARD-Gemeinschaftsprogramms.

13. 11. 1954: Gesetz über Gewährung von Kindergeld und Errichtung von Familienausgleichskassen (Kindergeldgesetz).

23. 11. – 21. 12. 1954: Notenwechsel der Vier Mächte über eine europäische Sicherheitskonferenz.
Die drei Westmächte lehnen, wie schon am 10. September, eine von der UdSSR vorgeschlagene Konferenz ab, die sich ausschließlich mit Fragen der europäischen Sicherheit beschäftigen soll.
Die ursprünglich als »Europäische Sicherheitskonferenz« konzipierte Tagung findet dann vom 29. November bis 2. Dezember als Treffen der Ostblockländer in Moskau statt. In einer gemeinsamen Deklaration nehmen diese Staaten am 2. Dezember gegen die Pariser Verträge und insbesondere gegen eine Wiederaufrüstung der Bundesrepublik Deutschland Stellung: Die Remilitarisierung Westdeutschlands schließe ein Abkommen über die Wiedervereinigung Deutschlands aus. Im Fall einer Ratifizierung der Pariser Verträge würden sie geeignete Gegenmaßnahmen durchführen, die für die Stärkung ihrer Verteidigungskraft erforderlich seien.
Damit ist formell beschlossen, auch in der DDR Streitkräfte aufzustellen – obwohl dort praktisch schon seit Mai 1952 die aus der »Kasernierten Volkspolizei« hervorgegangenen »Nationalen Streitkräfte« bestehen.

10. 12. 1954: Max Born und Walther Bothe erhalten den Nobelpreis für Physik.

21. 12. 1954: Wohnungsbauprämiengesetz.

27. 12. 1954: Mit 289 gegen 251 Stimmen billigt die französische Nationalversammlung die Aufnahme der Bundesrepublik in die NATO. Am 29. 12. stimmt sie mit 287 gegen 260 Stimmen der deutschen Wiederbewaffnung und der Aufnahme der Bundesrepublik in den erweiterten Brüsseler Pakt zu.

29.–31. 12. 1954: Konferenz von Vertretern der DDR, Polens und der Tschechoslowakei in Prag; Entschließung über gemeinsamen Schutz der Unantastbarkeit der Grenzen der drei Staaten.

31. 12. 1954: Die Arbeitslosenquote betrug im Jahresdurchschnitt 7,6% in der Bundesrepublik.
Zahl der Übersiedler aus der DDR: 184 198 Personen.

1955

1. 1. 1955: Beginn des freien Kapitalmarktes. Das Kapitalmarktförderungsgesetz wird außer Kraft gesetzt.

11. 1. 1955: Otto Suhr (SPD) wird von einer SPD/CDU-Koalition zum Regierenden Bürgermeister von Berlin gewählt.

14. 1. 1955: Sowjetische »Erklärung zur deutschen Frage«.
In dieser von Radio Moskau am 15. Januar verbreiteten Erklärung
betont die sowjetische Regierung, die Wiedervereinigung hänge in
erster Linie von der Haltung des deutschen Volkes selbst ab.
Unter Berücksichtigung der Wahlgesetze der DDR und der Bun-
desrepublik Deutschland solle ein Wahlgesetz ausgearbeitet wer-
den, das die Freiheit der Willensäußerung jeder demokratischen
Partei und Organisation garantiere.
Die sowjetische Regierung halte es für möglich, sich über die
Einrichtung einer internationalen Aufsicht über die Durchführung
der gesamtdeutschen Wahlen zu einigen.
Der Friedensvertrag werde dem einheitlichen Deutschland auch
das Recht geben, über eigene nationale Streitkräfte zu verfügen.
Die Teilnahme des wiedervereinigten Deutschland an einem
System der kollektiven Sicherheit in Europa werde die günstigsten
Möglichkeiten für den Aufschwung der deutschen Friedenswirt-
schaft sowie für die Entfaltung umfassender Wirtschaftsbeziehun-
gen, besonders zu den Ländern Osteuropas und Asiens, eröffnen.
Zur Wiederherstellung der Einheit Deutschlands seien Viermächteverhandlungen erforderlich, die aber unmöglich würden, wenn
die Pariser Verträge ratifiziert seien.
Die sowjetische Regierung sei bereit, die Beziehungen zur Bundesrepublik zu normalisieren. Im Falle der Ratifizierung der Pariser Verträge werde eine neue Lage entstehen, die nicht nur die
Festigung der Beziehung der UdSSR zur DDR, sondern auch
gemeinsame Bemühungen der »friedliebenden« europäischen
Staaten zur Festigung der Sicherheit in Europa zur Folge haben
werde. Adenauer nimmt dazu am 22. 1. ablehnend Stellung.
Frauenlohngruppen werden durch das Bundesarbeitsgericht verboten.

25. 1. 1955: Die Sowjetunion gibt bekannt, daß sie den Kriegszustand mit Deutschland als beendet ansieht. Gleichzeitig erklärt sie
alle Beschränkungen für hinfällig, denen deutsche Staatsbürger
bislang unterworfen waren.

29. 1. 1955: Oppositionspolitiker, Gewerkschafter und Theologen
lehnen im »Deutschen Manifest« die Pariser Verträge ab.

16. 2. 1955: Die Länder Schleswig-Holstein und Niedersachsen
sowie Hamburg unterzeichnen den Staatsvertrag über den Nord-
deutschen Rundfunk (NDR). Er tritt am 16. 6. in Kraft.

17. 2. 1955: »Düsseldorfer Abkommen« zwischen den Ländern
der Bundesrepublik zur Vereinheitlichung des Schulwesens.

18. 2. 1955: Volkskammer schlägt dem Deutschen Bundestag
Vorbereitung gesamtdeutscher Wahlen vor und wendet sich in einer
Proklamation an das deutsche Volk gegen die Ratifizierung der
Pariser Verträge.

*Otto Suhr, der neue Regierende Bürgermeister von Berlin, am 11.
Januar 1955.*

*Demonstration deutscher Kriegsdienstgegner in München am 8. Januar
1955 im Zusammenhang mit der Debatte um die Wiederbewaffnung.*

*Teilnehmer des ersten Flugbegleiter-Lehrgangs der Lufthansa im
Februar 1955.*

Albert Einstein im Institute for Advanced Study in Princeton, wo er von 1933 bis zu seinem Tod am 18. April 1955 wirkte.

Hinterlegung der Ratifikationsurkunden der Pariser Verträge im Bundeskanzleramt durch den britischen Hochkommissar Sir Frederik Hoyer Millar (links).

27. 2. 1955: Der Bundestag ratifiziert die Pariser Verträge von 1954 trotz einer großen parlamentarischen und außerparlamentarischen Opposition.

In der Frankfurter Paulskirche findet eine Kundgebung unter dem Motto »Rettet Einheit, Freiheit, Frieden. Gegen Kommunismus und Nationalismus« statt. Zu den Teilnehmern gehören Erich Ollenhauer, Gustav Heinemann, Helmut Gollwitzer und Alfred Weber.

28. 2. 1955: Vizekanzler Blücher bietet dem Bundeskanzler wegen Meinungsverschiedenheiten mit seiner Fraktion den Rücktritt an, den Adenauer am 4.4.1955 ablehnt.

1. 3. 1955: Die Deutsche Lufthansa nimmt ihre Tätigkeit wieder auf.

27. 3. 1955: In Ost-Berlin finden die ersten Jugendweihen statt.

18. 4. 1955: Der Physiker Albert Einstein, geboren am 14. 3. 1879 in Ulm, stirbt in Princeton, USA.

20. 4. 1955: Die USA und die Bundesrepublik hinterlegen in Bonn die Ratifikationsurkunde für das Protokoll über die Beendigung des Besatzungsregimes und den Vertrag über den Aufenthalt ausländischer Streitkräfte in der Bundesrepublik.

1. 5. 1955: DGB-Aktionsprogramm der kleinen Schritte wird veröffentlicht: Arbeitszeitverkürzung, Einkommenserhöhung, Ausbau der Sozialversicherung, Ausbau der Mitbestimmung und Verbesserung des Arbeitsschutzes.

Erstmaliges Auftreten der »Kampfgruppen der Arbeiterklasse« (Betriebskampfgruppen) bei der Maiparade in Ost-Berlin.

5. 5. 1955: Die Pariser Verträge treten in Kraft: Die Bundesrepublik erhält die Souveränität, tritt am 7.5. der Westeuropäischen Union, am 9.5. der NATO bei. Damit erlischt das Besatzungsstatut von wenigen alliierten Sonderrechten abgesehen (Truppenstationierung, Berlin-Status, Wiedervereinigungs- und Friedensvertragsfrage).

14. 5. 1955: Die DDR, Albanien, Bulgarien, Polen, Rumänien, die Tschechoslowakei, die UdSSR und Ungarn schließen ein Militärbündnis, den »Warschauer Pakt«.

15. 5. 1955: Unterzeichnung des Österreichischen Staatsvertrages durch die Außenminister der vier Großmächte.

Konrad Adenauer (rechts) bei der offiziellen Aufnahme der Bundesrepublik in die NATO im Mai 1955 in Paris; neben der deutschen die französische Delegation mit Außenminister Antoine Pinay.

1./2. 6. 1955: Tagung des ZK der SED: Verabschiedung eines 10-Punkte-Programms zur Wiedervereinigung, das Grotewohl am 12. 8. der Volkskammer unterbreitet.

6. 6. 1955: Die Dienststelle Blank (»Dienststelle des Beauftragten des Bundeskanzlers für die mit der Vermehrung der alliierten Truppen zusammenhängenden Fragen«) wird umgewandelt in das Bundesministerium der Verteidigung.

7. 6. 1955: Die Regierung der Sowjetunion richtet eine Einladung an die Bundesregierung, in Moskau über die Aufnahme diplomatischer, kultureller und wirtschaftlicher Beziehungen zu verhandeln. Vorbereitende Besprechungen finden ab dem 12. 8. 1955 zwischen den Botschaftern beider Mächte in Paris statt. Die Bundesregierung nennt auch die Fragen der Wiedervereinigung und der Kriegsgefangenen als Besprechungsthemen.

8. 6. 1955: Heinrich von Brentano (CDU) wird Außenminister.

18. – 23. 7. 1955: Genfer Konferenz der Regierungschefs Frankreichs, Großbritanniens, der Sowjetunion und der USA. In der Frage der Wiedervereinigung Deutschlands werden keine Fortschritte erzielt; sie soll im Zusammenhang mit dem Problem der europäischen Sicherheit auf einer Konferenz der Außenminister behandelt werden. Diese endet am 26. 10. 1955 ohne positives Ergebnis in der deutschen Frage.

24.–27. 7. 1955: Während seines Besuches in der DDR formuliert Chruschtschow die Zweistaatendoktrin. Die Wiedervereinigung Deutschlands sei Sache der Deutschen, die politischen Errungenschaften der DDR müßten dabei unangetastet bleiben.

25. 7. 1955: Errichtung der »Stiftung Preußischer Kulturbesitz«.

5. 8. 1955: Verkündung des Personalvertretungsgesetzes. Es regelt die Rechte der Beamten, Angestellten und Arbeiter der Bundesbehörden einschließlich der Gerichte.
Die Mitglieder der Organisation für europäische wirtschaftliche Zusammenarbeit (OEEC) unterzeichnen das Europäische Währungsabkommen. Es ersetzt die Europäische Zahlungsunion.

17. 8. 1955: Gesetz über das Kassenarztrecht.

18. 8. 1955: Verordnung des Ministerrats der DDR über die Bildung von »Produktionsgenossenschaften des Handwerks« (PGH).

27. 8. 1955: NOK der DDR und der Bundesrepublik beschließen die Entsendung einer gesamtdeutschen Olympiamannschaft nach Melbourne. Das NOK der DDR wurde am 18. 6. provisorisches Mitglied des IOC; erst 1968 erfolgt die volle protokollarische Anerkennung

Bundestagspräsident Gerstenmaier vereidigt den neuen Außenminister Heinrich von Brentano am 8. Juni 1955.

Die bundesdeutsche Regierungsdelegation im September 1955 in Moskau: von links nach rechts Ministerpräsident Bulganin, Adenauer, Chruschtschow, dahinter Außenminister Molotow, der ehemalige Ministerpräsident Malenkow und Staatssekretär Hallstein.

(d. h. mit Fahnen, Emblemen und Hymne) durch das IOC. Bis dahin wird bei Siegen der gesamtdeutschen Olympiamannschaft der letzte Satz von Beethovens 9. Sinfonie gespielt.

5. 9. 1955: Landwirtschaftsgesetz schreibt Bundesregierung vor, in jährlichem Bericht (Grüner Plan) Vorschläge für Weiterentwicklung der Landwirtschaft auch im sozialen Bereich zu unterbreiten. Verwaltungsabkommen zwischen Bund und Ländern zur Errichtung des Wissenschaftsrates (Sitz Köln); seine Aufgaben liegen in beratender Funktion auf dem Gebiet der Wissenschaftsplanung mit dem Schwerpunkt Hochschulentwicklung. Die Mitglieder werden vom Bundespräsidenten, der Bundesregierung und den Ländern berufen.

Bundespräsident Heuss überreicht Franz Josef Strauß (rechts) am 21. Oktober 1955 die Ernennungsurkunde zum Bundesminister für Atomfragen.

8. – 14. 9. 1955: Regierungsdelegation unter Leitung des Bundeskanzlers in Moskau: Die Aufnahme diplomatischer Beziehungen zwischen der Sowjetunion und der Bundesrepublik wird beschlossen. Die Sowjetregierung sagt die Heimkehr der Kriegsgefangenen zu. Das Abkommen wird am 23. 9. 1955 vom Bundestag einstimmig gebilligt. Am 7. 10. 1955 trifft der erste Heimkehrertransport ein. Am 20. 12. 1955 verfügt Deutschland nach vierzehn Jahren wieder über diplomatische Beziehungen zur Sowjetunion.

17.–20. 9. 1955: Delegation unter Otto Grotewohl zu Verhandlungen mit der sowjetischen Regierung in Moskau. Abschluß eines Vertrages über die gegenseitigen Beziehungen, Auflösung der Hohen Kommission der UdSSR in Deutschland. Befehle und Anordnungen der SMAD und der SKK waren bereits am 7. 8. 1954 außer Kraft gesetzt worden.

20. 9. 1955: Die Sowjetunion erklärt die DDR durch einen Staatsvertrag für souverän.

22. 9. 1955: Regierungserklärung der Bundesregierung über die nach Walter Hallstein, Staatssekretär im Auswärtigen Amt, benannte Hallstein-Doktrin. Die Aufnahme diplomatischer Beziehungen eines Landes zur DDR wird als »unfreundlicher Akt« gegen die Bundesrepublik Deutschland betrachtet, die sich vorbehält, Gegenmaßnahmen zu treffen. Am 9. 12. 1955 wird die Hallstein-Doktrin als politischer Grundsatz eingeführt.

21. 10. 1955: Der bisherige Bundesminister für Besondere Aufgaben, Franz Josef Strauß (CSU), wird zum Bundesminister für Atomfragen ernannt.

23. 10. 1955: Die Europäisierung des Saargebiets wird von der Saarbevölkerung mit Zweidrittelmehrheit abgelehnt.

12. 11. 1955: Am Geburtstag Scharnhorsts erhalten die ersten Soldaten der Bundeswehr von Verteidigungsminister Blank ihre Ernennungsurkunden.

24. 11. 1955: Umstrukturierungen im Regierungsapparat der DDR; Walter Ulbricht wird 1. Stellvertreter des Vorsitzenden des Ministerrats.

27. 11. 1955: Eröffnung der Ausstellung der von der UdSSR zurückgegebenen Gemälde der Dresdner Galerie in Ost-Berlin.

30. 11. 1955: Gründung der Christlichen Gewerkschaftsbewegung.

20. 12. 1955: Anwerbevereinbarung über Arbeitskräfte mit Italien.

31. 12. 1955: Die Arbeitslosenquote betrug im Jahresdurchschnitt 5,6% in der Bundesrepublik.
Zahl der Übersiedler aus der DDR in die Bundesrepublik: 252 870 Personen.

1956

2. 1. 1956: Einheiten der Bundeswehr beginnen ihren ersten Dienst.

3. 1. 1956: Beginn des offiziellen Fernsehprogramms des »Deutschen Fernsehfunks« in der DDR. Versuchsprogramm gab es aus dem Fernsehzentrum Adlershof bereits seit dem 21. 12. 1952.
3. 10. 1969 erste Farbsendungen im SECAM-System und Ausstrahlung eines II. Programms; Januar 1972 wird der Name geändert in »Fernsehen der DDR«.

18. 1. 1956: Gesetz über die »Nationale Volksarmee« (NVA) und Errichtung eines »Ministeriums für Nationale Verteidigung« (Willi Stoph) in der DDR. Die »Kasernierte Volkspolizei« geht in der NVA auf. 28. 1. 1956 wird die NVA in den »Warschauer Pakt« einbezogen.

27. 1. 1956: DDR tritt dem Warschauer Pakt bei.

14.–25. 2. 1956: Auf dem XX. Parteitag der KPdSU wird die Entstalinisierung beschlossen.

16. 2. 1956: Übertritt der Bundesminister des GB/BHE, Waldemar Kraft und Theodor Oberländer, zur CDU.

23. 2. 1956: 16 FDP-Bundestagsabgeordnete, unter ihnen 4 Minister, spalten sich von ihrer Fraktion als »Demokratische Arbeitsgemeinschaft« ab und werden anstelle der FDP Koalitionspartner.

24. 2. 1956: Die Bundesrepublik wird Mitglied der Europäischen Atomenergie-Gesellschaft (EAEG). Aufgabe ist die wissenschaftliche Zusammenarbeit in der Kernforschung.

19. 3. 1956: 2. Wehrverfassungsgesetz schafft unter anderem die Voraussetzung für die Einführung der Wehrpflicht.

30. 3. 1956: 3. Parteikonferenz der SED; Verabschiedung des zweiten Fünfjahresplans, der die Steigerung der Arbeitsproduktivität bis 1960 um 50% vorsieht.

27. 6. 1956: 2. Wohnungsbau- und Familienheimgesetz erlassen. Es fördert unter anderem den Bau von Sozialwohnungen für einkommensschwache und kinderreiche Familien.

7. 7. 1956: Der Bundestag beschließt Gesetz über allgemeine Wehrpflicht.

21. 7. 1956: Einführung der allgemeinen Wehrpflicht für Männer zwischen 18 und 45 Jahren mit Recht auf Wehrdienstverweigerung. Das Gesetz gilt nicht in Berlin-West.

25. 7. 1956: »Bremer Abkommen« zwischen IG Metall und »Gesamtmetall«: Die 5-Tage-Woche wird eingeführt.

14. 8. 1956: Tod des Schriftstellers und Regisseurs Bertolt Brecht in Ost-Berlin.

17. 8. 1956: Die KPD wird durch das Bundesverfassungsgericht nach fünfjähriger Prozeßdauer für verfassungswidrig erklärt. Die Partei wird aufgelöst und ihr Vermögen beschlagnahmt.

24. 9. 1956: Belgisch-deutsches Abkommen über die endgültige Regelung der Grenzprobleme zwischen beiden Ländern.

1. 10. 1956: Die IG Metall erwirkt die 45-Stunden-Woche bei vollem Lohn- und Gehaltsausgleich.

6. 10. 1956: Willi Richter wird Nachfolger von Walter Freitag als Vorsitzender des DGB.

11. 10. 1956: Die Einführung einer Verkehrssünderkartei wird vom Deutschen Bundestag einstimmig beschlossen.

16. 10. 1956: Bundeskanzler Adenauer bildet sein Kabinett um. Der bisherige Minister für Atomfragen Franz Josef Strauß (CSU) löst Theodor Blank (CDU) als Verteidigungsminister ab.

23. 10. 1956: Aufstand in Ungarn. Die Sowjetunion greift militärisch ein und erstickt die Unruhen.

Die Anfänge der Bundeswehr: Bundeskanzler Adenauer im Januar 1956 in Andernach.

KPD-Verbot: Urteilsverkündung am 17. August 1956.

Scheitern des Ungarn-Aufstands am 23. Oktober 1956.

27. 10. 1956: Vertrag mit Frankreich zur Regelung der Saarfrage. Das Saarland soll am 1. 1. 1957 politisch und bis Ende 1959 auch wirtschaftlich der Bundesrepublik angegliedert werden. Am 14. 12. 1956 werden die deutsch-französischen Saarverträge durch den Bundestag einstimmig gebilligt.

29. 10. – 6. 11. 1956: Bewaffneter Konflikt um den Suezkanal.

November 1956: Der Bayerische Rundfunk führt Werbefernsehen ein.

20. 11. 1956: Der Bund der Zeitungsverleger und der Deutsche Journalisten-Verband gründen den Deutschen Presserat als Einrichtung der Selbstkontrolle.

27. 11. 1956: Gesetz über den Saarländischen Rundfunk: Er wird als deutsche Rundfunkanstalt des öffentlichen Rechts ab 1. 1. 1957 mit Sitz in Saarbrücken errichtet.

5. 12. 1956: Der Bundestag verabschiedet das Gesetz über den Grundwehrdienst, der auf die Dauer von 12 Monaten festgelegt wird.

7. 12. 1956: Der Bundesgerichtshof beschränkt die Verfolgung von NS-Richtern durch ein eingrenzendes Urteil.

10. 12. 1956: Der Chirurg Werner Forßmann erhält zusammen mit Dickinson W. Richards den Nobelpreis für Medizin.

31. 12. 1956: Die Arbeitslosenquote in der Bundesrepublik betrug im Jahresdurchschnitt 4,4%.
Zahl der Übersiedler aus der DDR in die Bundesrepublik: 279 189 Personen.

Die Außenminister von Brentano und Pineau (rechts) unterzeichnen das Saarabkommen in Luxemburg am 27. Oktober 1956.

1957

1. 1. 1957: Das Saarland wird 10. Bundesland gemäß einer mit Frankreich getroffenen Vereinbarung vom 4. 6. 1956 (»Luxemburger Abkommen«).

2. 1. 1957: In der DDR wird die 45-Stunden-Woche eingeführt.

17. 1. 1957: Gesetz über die »Örtlichen Organe der Staatsmacht« führt den »Demokratischen Zentralismus« in der DDR ein.

21. 1. 1957: Der Bundestag verabschiedet mit 398 gegen 32 Stimmen bei 10 Enthaltungen das Gesetz über die Reform der Rentenversicherung der Arbeiter und Angestellten (Rentenreform).

24. 1. 1957: Hans Speidel als erster deutscher General zum Oberbefehlshaber der NATO-Landstreitkräfte in Mitteleuropa ernannt.

6. 2. 1957: Der Bundestag bestätigt Berlin als Hauptstadt Deutschlands.

14. 2. 1957: Nach vier Monaten wird der Streik der Metallindustrie Schleswig-Holsteins mit einem Kompromiß beendet. Es handelt sich um den bisher längsten Arbeitskampf in der Geschichte der Bundesrepublik.

23. 2. 1957: Rentenreform tritt in Kraft.

1. 3. 1957: In einer Reihe von Betrieben der Bundesrepublik Deutschland wird die 45-Stunden-Woche eingeführt.

12. 3. 1957: DDR und Sowjetunion schließen ein Abkommen über die Stationierung russischer Truppen in der DDR.

25. 3. 1957: In Rom werden die Vertragswerke (die sogenannten Römischen Verträge) über die Europäische Wirtschaftsgemeinschaft (EWG) und die Europäische Atomgemeinschaft (EURATOM) unterzeichnet. Am 5. 7. 1957 stimmt der Bundestag mit großer Mehrheit dem Ratifizierungsgesetz zu.

26. 3. 1957: Bei dem Streit um Gemeinschaftsschulen in Niedersachsen bestätigt das Bundesverfassungsgericht die Gültigkeit des Reichskonkordats von 1933, erklärt aber dessen Ungültigkeit in Fällen mangelnder Bundeskompetenz, wie beispielsweise im Schulwesen.

1. 4. 1957: Einberufung der ersten Wehrpflichtigen.
Beginn der Diskussion über die Ausrüstung der Bundeswehr mit Trägersystemen für Kernwaffen.

3. 4. 1957: Bundeskanzler Adenauer tritt für die Ausrüstung der Bundeswehr mit Atomwaffen ein.

11. 4. 1957: Gesetz über den Wehrbeauftragten wird durch Bundestag verabschiedet.

12. 4. 1957: Verkündung des »Göttinger Manifests«: 18 Atomwissenschaftler fordern den Verzicht auf die atomare Bewaffnung der Bundeswehr.

23. 4. 1957: Albert Schweitzer warnt anläßlich der Verleihung des Friedensnobelpreises vor den Schrecken des Atomkrieges.

18./19. 5. 1957: Die GVP beschließt, sich aufzulösen. Ihre Mitglieder, darunter Gustav Heinemann und Helene Wessel, schließen sich überwiegend der SPD an.

21. 5. 1957: Das Bundesverfassungsgericht erklärt, daß das Grundgesetz auch für Berlin-West gilt, soweit nicht alliierte Vorbehalte dem entgegenstehen.

27. 5. 1957: Kartellgesetz gegen Wettbewerbsbeschränkungen tritt in Kraft. Aufbau des Bundeskartellamts zur Sicherung des freien Wettbewerbs, einer der Grundlagen der freien Marktwirtschaft.

11. 6. 1957: Das 4. Strafrechtsänderungsgesetz nimmt die mit dem Bestehen der Bundeswehr zu berücksichtigenden Straftatbestände auf.

18. 6. 1957: Das Gesetz über die Gleichberechtigung von Mann und Frau auf dem Gebiet des bürgerlichen Rechtes wird verkündet.

26. 6. 1957: Errichtung der Position des Wehrbeauftragten des Bundestages (nach Art. 45b GG).

1. 7. 1957: Beamtenrechtsrahmengesetz.
Die ersten drei Divisionen der Bundeswehr werden der NATO unterstellt.

6. 7. 1957: Im Berliner Hansa-Viertel im Bezirk Tiergarten wird die Internationale Bauausstellung – Interbau – eröffnet.

23. 7. 1957: In Moskau beginnen Verhandlungen über ein Wirtschafts-, Konsular- und Repatriierungsabkommen.

25. 7. 1957: Errichtung der »Stiftung Preußischer Kulturbesitz« als öffentlich-rechtliche Einrichtung des Bundes zur Pflege und Verwaltung der in der Bundesrepublik befindlichen Kulturgüter des ehemaligen preußischen Staates.

26. 7. 1957: Gesetz über die Errichtung der Deutschen Bundesbank (Bundesbank-Gesetz) als Nachfolgeorganisation der Bank Deutscher Länder.

25. März 1957: Unterzeichnung der Römischen Verträge zur Gründung der Europäischen Wirtschaftsgemeinschaft.

Einberufung der ersten Wehrpflichtigen am 1. April 1957.

9. April 1959: Der neue Wehrbeauftragte des Bundestages, von Grolman (rechts), bei seinem Antrittsbesuch bei Verteidigungsminister Strauß.

Eröffnung der Internationalen Bauausstellung am 6. Juli 1957 in Berlin: von links der ehemalige Bausenator Dr. Mahler, der Regierende Bürgermeister von Berlin Suhr, Bundespräsident Heuss und Bausenator Schwedler.

Die Überlebenden des gesunkenen Segelschulschiffes »Pamir« auf dem Frankfurter Flughafen.

NATO-Konferenz: Paris, Dezember 1957.

27. 7. 1957: DDR-Ministerrat schlägt Bildung einer Konföderation zwischen beiden deutschen Staaten als Staatenbund vor.

29. 7. 1957: Die Regierungen der drei Westmächte und der Bundesrepublik unterzeichnen in Berlin ein Zwölf-Punkte-Programm zur deutschen Einheit (»Berliner Erklärung«): Forderung nach Viermächte-Verhandlungen und Abschluß eines Friedensvertrages mit einer freigewählten gesamtdeutschen Regierung.

7.–14. 8. 1957: Besuch einer Partei- und Regierungsdelegation der UdSSR unter Leitung von Chruschtschow und Mikojan in Ost-Berlin.

24. 8. 1957: Bildung eines »Forschungsrates« als zentrales Organ des Ministerrats der DDR für naturwissenschaftlich-technische Forschung.

15. 9. 1957: Bei den Wahlen zum 3. Deutschen Bundestag erhält die CDU/CSU 50,2% der gültigen Stimmen. Am 29. 10. 1957 tritt die 3. Regierung Adenauer ihr Amt an.

21. 9. 1957: Auf der Fahrt von Hamburg nach Buenos Aires gerät das Segelschulschiff »Pamir« in einen Orkan und sinkt. Nur 6 von 86 Seeleuten werden gerettet.

3. 10. 1957: Willy Brandt (SPD) wird nach dem Tod von Otto Suhr (SPD) zum neuen Regierenden Bürgermeister von Berlin-West gewählt.

4. 10. 1957: Die Bundesregierung lehnt den Rapacki-Plan für eine kernwaffenfreie Zone in Mitteleuropa ab.
Die Sowjets starten den ersten künstlichen Erdsatelliten (»Sputnik«). Der technologische Erfolg steigert das Prestige der Sowjetunion und löst in den USA den »Sputnik-Schock« aus.

7. 10. 1957: Verlängerung der Amtszeit des »Präsidenten der Republik«, Wilhelm Pieck, um weitere vier Jahre.

13. 10. 1957: Geldumtausch der DDR zur Kontrolle des Geldumlaufs innerhalb und außerhalb des Staates.

17. 10. 1957: Einführung eines »praktischen Jahres« für Studienbewerber in der DDR.

19. 10. 1957: Abbruch der diplomatischen Beziehungen der Bundesrepublik zu Jugoslawien, das die DDR völkerrechtlich anerkannt hat. Erstmals wird die Hallstein-Doktrin angewandt.

31. 10. 1957: In Garching bei München geht als erstes deutsches Kernkraftwerk ein Forschungsreaktor (»Atomei«) mit 4000 Kilowatt thermischer Leistung in Betrieb.

25. 11. 1957: Nach der Überprüfung von 600 Bewerbern für Offiziersstellen in der Bundeswehr, von denen 486 angenommen werden, beendet der Personalgutachter-Ausschuß seine Tätigkeit.

11. 12. 1957: Durch ein neues Paßgesetz und andere Maßnahmen vertieft die Volkskammer der DDR die Spaltung Deutschlands.

16. 12. 1957: Inbetriebnahme des ersten Atomreaktors in der DDR in Rossendorf nahe Dresden.

19. 12. 1957: Der NATO-Rat beschließt, dem Oberbefehlshaber in Europa Atomwaffen und Mittelstreckenraketen zur Verfügung zu stellen.

31. 12. 1957: Die Arbeitslosenquote betrug im Jahresdurchschnitt 3,7% in der Bundesrepublik.
Zahl der Übersiedler aus der DDR in die Bundesrepublik: 261 622 Personen.

Kundgebung des Aktionsausschusses »Kampf dem Atomtod«: Frankfurt am Main, 23. März 1958.

1958

1. 1. 1958: Der EWG-Vertrag und der EURATOM-Vertrag treten in Kraft.

2. 1. 1958: Anordnung des Ministeriums für Kultur über Unterhaltungs- und Tanzmusik in der DDR, die Erscheinungen der »westlichen Dekadenz« bekämpfen soll.

9. 1. 1958: Der Außenhandel in der DDR wird zum »Staatlichen Monopol«.

11./12. 1. 1958: »Münchener Gespräch«: Führende Katholiken und Sozialdemokraten tagen. Trotz Gemeinsamkeiten in bestimmten Punkten lehnen die Katholiken den »demokratischen Sozialismus« nach wie vor ab.

3.–6. 2. 1958: Tagung des ZK der SED; Erich Honecker wird Mitglied des Sekretariats des ZK und des Politbüros.

10./11. 2. 1958: Volkskammer beschließt Umstrukturierung des Staatsapparats: Wirtschaftsrat wird durch die »Staatliche Plankommission« ersetzt, die »Vereinigungen Volkseigener Betriebe« (VVB) werden neu organisiert und der »Staatlichen Plankommission« unterstellt, die Industrieministerien werden aufgelöst.

19. 3. 1958: Adenauer schlägt Moskau vor, der DDR den Status Österreichs zu geben.

19.–21. 3. 1958: Die konstituierende Sitzung des Europäischen Parlaments findet in Straßburg statt.

20.–25. 3. 1958: Heftige Debatten im Bundestag über die Ausrüstung der Bundeswehr mit Atomwaffen und die Deutschlandfrage.

23. 3. 1958: Die SPD gründet in Frankfurt, unterstützt vom DGB, den Aktionsausschuß »Kampf dem Atomtod«.

25.–28. 4. 1958: Der stellvertretende sowjetische Ministerpräsident Mikojan besucht Bonn. (Unterzeichnung eines Handelsabkommens und eines Konsularvertrages, ferner Vereinbarungen über Repatriierung und Familienzusammenführung. Sowjetische Sorgen wegen atomarer Bewaffnung der Bundeswehr, keine Reaktion auf Adenauers »Österreich-Vorschlag«).

26.–30. 4. 1958: Tagung der Synode der EKD in Berlin-Spandau (Atomsynode).

29. 5. 1958: Ende der Lebensmittel-Rationierung in der DDR. General Charles de Gaulle wird französischer Ministerpräsident. Am 4. 10. 1958 beginnt die »Fünfte Republik«.

1. 7. 1958: Gesetz über Gleichberechtigung von Mann und Frau auf dem Gebiet des bürgerlichen Rechts (Familienanpassungsgesetz) tritt in Kraft: Stärkung der Rechte der Frau und Einführung der Zugewinngemeinschaft.

2. 7. 1958: Der Bundestag fordert einstimmig die Einsetzung eines Viermächte-Gremiums zur Vorbereitung der Wiedervereinigung Deutschlands. Die entsprechende Note der Bundesregierung wird den Vier Mächten am 9. 9. 1958 überreicht.

Präsident de Gaulle (links) und Bundeskanzler Adenauer am 14. September 1958 in Colombey-Les-Deux-Eglises.

Elvis Presley trifft am 1. Oktober 1958 in Bremerhaven ein, um als US-Panzersoldat in Hessen zu dienen.

Der unterlegene CDU-Kandidat Ernst Lemmer gratuliert dem Regierenden Bürgermeister von Berlin Willy Brandt (links) zum Wahlsieg am 7. Dezember 1958.

10.–16. 7. 1958: V. Parteitag der SED bekennt sich zum »Sieg der sozialistischen Produktionsverhältnisse« als Hauptaufgabe aller Parteien und Massenorganisationen der DDR.

30. 7. 1958: Auf Antrag der Bundesregierung erklärt das Bundesverfassungsgericht eine Volksbefragung über die atomare Aufrüstung der Bundeswehr für verfassungswidrig.

11. 8. 1958: Maßnahmen der Bundesregierung zur Verbesserung der Absatzlage im Steinkohlenbergbau.

13. – 17. 8. 1958: Katholikentag in Ost- und West-Berlin: Die Bischöfe sprechen sich gegen die Mischehe aus.

4. 9. 1958: DDR-Ministerrat schlägt in gleichlautenden Noten an die Regierungen der vier Großmächte sowie in einer Note an die Bundesrepublik Deutschland die Bildung einer Viermächtekommission zur Vorbereitung eines Friedensvertrages mit Deutschland vor.

14. 9. 1958: Erste Begegnung zwischen Präsident de Gaulle und Bundeskanzler Adenauer.

24. 9. 1958: De Gaulle schlägt politisches Direktorium der Länder Frankreich, Großbritannien und USA zur Führung der NATO vor.

30. 9. 1958: Mit 327500 Arbeitslosen (1,7% der rund 19,3 Millionen Arbeitskräfte) wird der tiefste Stand seit der Währungsreform erreicht.

1. 10. 1958: Elvis Presley trifft als GI in der Bundesrepublik ein.

9. 10. 1958: Tod Papst Pius XII. Am 28. 10. 1958 wird der Patriarch von Venedig (Johannes XXIII.) zum Nachfolger gewählt.

10. 11. 1958: Ausbruch der Berlin-Krise: Chruschtschow fordert die Revision des Potsdamer Abkommens.

14. 11. 1958: Der bisherige Ministerpräsident von Baden-Württemberg, Gebhard Müller, wird als Nachfolger von Josef Wintrich zum Präsidenten des Bundesverfassungsgerichts gewählt.

16. 11. 1958: Wahlen zu Volkskammer und Bezirkstagen in der DDR nach den Einheitslisten der »Nationalen Front«. 8. 12. Regierungsbildung unter Otto Grotewohl.

27. 11. 1958: »Chruschtschow-Ultimatum«: Die sowjetische Regierung erklärt die Rechte der Westmächte in Berlin für verwirkt und verlangt, binnen sechs Monaten einen Freie-Stadt-Status für West-Berlin zu vereinbaren (Erstes Berlin-Ultimatum), sonst würden die sowjetischen Berlin-Rechte an die DDR übertragen.

1. 12. 1958: Gründung der Ludwigsburger Zentralen Stelle der Landesjustizverwaltungen zur Verfolgung nationalsozialistischer Gewaltverbrechen.

Willy Brandt informiert im Dezember 1958 den Berliner Senat über die Ergebnisse der Pariser Konferenz (14. Dezember) der Außenminister der Westmächte über den Status Berlins.

7. 12. 1958: Bei einer Wahlbeteiligung von 93,7% anläßlich der Wahlen zum Abgeordnetenhaus in Berlin-West erhält die SED 1,9% der abgegebenen gültigen Stimmen (SPD 52,2%, CDU 37,2%).

8. 12. 1958: Gesetz über Abschaffung der Länderkammer der DDR wird verabschiedet.

29. 12. 1958: Die Europäische Zahlungsunion wird aufgelöst. Die Deutsche Mark und die Währungen von neun anderen westeuropäischen Staaten werden frei austauschbar (Europäisches Währungsabkommen = EWA).

31. 12. 1958: Frankreich, Großbritannien und die USA protestieren gegen sowjetisches Berlin-Ultimatum. Der Status der Stadt soll nur im Zusammenhang mit der Deutschlandfrage erörtert werden.
Die Arbeitslosenquote betrug im Jahresdurchschnitt 3,7% in der Bundesrepublik.
204092 Personen kamen aus der DDR in die Bundesrepublik.

1959

10. 1. 1959: Note der Sowjetunion an die Bundesregierung und die Westmächte: Vorschlag für einen Friedensentwurf »mit beiden deutschen Staaten«.

6. 2. 1959: Das Bundesverteidigungsministerium bestellt 96 »Starfighter« in den USA.

4.–12. 3. 1959: Besuch einer sowjetischen Delegation unter Leitung Chruschtschows in Ost-Berlin. Am 9. 3. trifft der SPD-Vorsitzende Erich Ollenhauer mit Chruschtschow in Berlin zusammen.

18. 3. 1959: »Deutschland-Plan« der SPD: Vorschlag zur Schaffung einer entmilitarisierten, atomwaffenfreien Entspannungszone in Mitteleuropa.

19. 3. 1959: Die Sowjetunion erkennt die Berlin-Rechte der früheren westalliierten Besatzungsmächte an.
Das Gesetz über die Gewährung von Prämien für Sparleistungen wird im Bundestag einstimmig angenommen und tritt am 5. 5. 1959 in Kraft.

24. 3. 1959: Mit der Ausgabe von Preussag-Aktien (über »Volksaktien«) beginnt die Privatisierung von Teilen des Bundesvermögens.

7. 4. 1959: Bundeskanzler Adenauer gibt seine Kandidatur für das Amt des Bundespräsidenten bekannt.

24. 4. 1959: 1. Bitterfelder Kulturkonferenz unter dem Motto: »Greif zur Feder, Kumpel!«; Verabschiedung des von der SED 1958 beschlossenen Programms zur Schaffung einer sozialistischen Nationalkultur (»Bitterfelder Weg«).

11. 5. 1959: Deutschland-Konferenz der Außenminister der Vier Mächte über Friedensvertrag und Wiedervereinigung beginnt in Genf (nach Vertagung fortgesetzt am 13. 7. und erfolglos beendet am 5. 8. 1959). Delegationen aus der Bundesrepublik und der DDR werden als Berater zugezogen.

Eröffnungssitzung der Konferenz der Außenminister in Genf im Mai 1959. Vorne rechts die Delegation der DDR, vorne links die der Bundesrepublik.

22. 5. 1959: In der DDR leben laut Zentralverwaltung für Statistik 17 310 670 Einwohner; das ist ein Rückgang von 1,5 Millionen innerhalb von 10 Jahren.

29. 5. 1959: Gründung des deutschen Atomforums zur friedlichen Nutzung der Kernenergie.

5. 6. 1959: Bundeskanzler Adenauer erklärt seinen Verzicht auf die Kandidatur zum Bundespräsidenten. Am 15.6. nominiert die CDU/CSU Heinrich Lübke zu ihrem neuen Kandidaten.

30. 6. 1959: Die Zahl der Arbeitslosen macht mit 255395 nur noch 1,3% der Arbeitsfähigen aus.

1. 7. 1959: Die Bundesversammlung wählt in Berlin Heinrich Lübke, den bisherigen Bundesminister für Ernährung, Landwirtschaft und Forsten, zum zweiten Präsidenten der Bundesrepublik Deutschland.

5. 7. 1959: Im Einvernehmen der Bundesregierung mit der französischen und der saarländischen Regierung endet die auf höchstens drei Jahre befristete Übergangsfrist für die wirtschaftliche Eingliederung des Saarlands.

29. 7. 1959: Bundesverfassungsgericht korrigiert das sogenannte Gleichberechtigungsgesetz.

3. 8. 1959: Präsident Eisenhower gibt bekannt, daß Ministerpräsident Chruschtschow auf seine Einladung die USA besuchen und er den Besuch erwidern wird.

26. 8. 1959: Als erster Präsident der Vereinigten Staaten besucht Dwight D. Eisenhower die Bundesrepublik.

13. 9. 1959: Sowjetische Rakete erreicht als erste von der Erde aus geschickte Rakete den Mond.

Adenauer empfängt den US-Präsidenten Dwight D. Eisenhower (Mitte) am 26. August 1959 auf dem Flughafen Köln-Wahn, links Generalinspekteur der Bundeswehr Adolf Heusinger.

15. – 27. 9. 1959: Chruschtschow zieht in Gesprächen mit Eisenhower in Camp David das Berlin-Ultimatum von 1958 zurück und propagiert die friedliche Koexistenz von Ost und West (»Geist von Camp David«).

1. 10. 1959: Volkskammer beschließt über Siebenjahrplan (1959–1965) und über die Staatsflagge der DDR.

13.–15. 11. 1959: Der außerordentliche Parteitag der SPD in Bad Godesberg verabschiedet ein neues Grundsatzprogramm: Das »Godesberger Programm« markiert die Abkehr von marxistischen Ideen.

1. 12. 1959: Abkommen für die friedliche Nutzung der Antarktis durch 12 Staaten (darunter die vier Atom-Mächte) unterzeichnet.

2. 12. 1959: Nach den Beschlüssen der SED vom Januar 1959 verabschiedet die Volkskammer ein Gesetz über »die sozialistische Entwicklung des Schulwesens«. (Einführung der 10jährigen Schulpflicht und des »Polytechnikums«).

18. 12. 1959: In Hamburg nimmt das Deutsche Elektronensynchrotron (DESY), eine Hochenergie-Elementarteilchen-Forschungsstätte, seinen Betrieb auf.

22. 12. 1959: Der NATO-Rat beschließt die Aufstellung von 30 Divisionen in West- und Mitteleuropa.

23. 12. 1959: Gesetz über die friedliche Verwendung der Kernenergie und Schutz gegen ihre Gefahren (Atomgesetz).

28. 12. 1959: Errichtung des Bundesverwaltungsamtes in Köln.

31. 12. 1959: Die Arbeitslosenquote betrug im Jahresdurchschnitt 2,6% in der Bundesrepublik.
143917 Personen kamen aus der DDR in die Bundesrepublik.

1960

4. 1. 1960: Gründung der europäischen Freihandelsunion (EFTA) durch 7 Nicht-EWG-Staaten unter Führung Großbritanniens.

13. 1. 1960: 1. Entwurf eines Gesetzes zur Einführung einer Notstandsverfassung, der sogenannte Schröder-Entwurf.

21. 1. 1960: Verwaltungsgerichtsordnung regelt Aufgaben sowie Verfahren des Finanzgerichtswesens.

23. 1. 1960: Brief Walter Ulbrichts an Bundeskanzler Adenauer mit Vorschlägen zur Abrüstung und zu einem Friedensvertrag wird am 27. 1. ungeöffnet zurückgeschickt.

28. 1. 1960: Erich Mende wird Parteivorsitzender der FDP.

10. 2. 1960: Die DDR-Volkskammer beschließt ein Gesetz über Bildung eines Nationalen Verteidigungsrates. Vorsitzender wird am 11. Februar Walter Ulbricht.

13. 2. 1960: Erster französischer Kernwaffenversuch in der Sahara.

25. 2. 1960: Die versicherungsrechtliche Eingliederung der Vertriebenen und Flüchtlinge wird durch das Fremdrenten- und Auslandsrenten-Neuregelungsgesetz bewirkt.

12. – 24. 3. 1960: Bei Staatsbesuch Adenauers in den USA Unterredung mit dem israelischen Ministerpräsidenten Ben Gurion.

29. 3. 1960: Anwerbevereinbarung für Gastarbeiter mit Spanien getroffen.
Der SPD-Politiker Hans-Jochen Vogel wird Oberbürgermeister in München.

30. 3. 1960: Anwerbevereinbarung für Gastarbeiter mit Griechenland getroffen.

8. 4. 1960: Der Vertrag zu Fragen der Grenzregelung und Wiedergutmachung wird zwischen der Bundesrepublik und den Niederlanden unterzeichnet.

14. 4. 1960: Die Kollektivierung der DDR-Landwirtschaft ist nach dem Beitritt aller Bauern in die Landwirtschaftlichen Produktionsgenossenschaften abgeschlossen.

1. 5. 1960: Ein US-Aufklärungsflugzeug wird über dem Territorium der Sowjetunion abgeschossen (U 2-Affäre).

3. 5. 1960: Die Bundesrepublik Deutschland schließt sich dem Übereinkommen der WEU über Grenzarbeiter und Gastarbeiter an.
Theodor Oberländer, Bundesminister für Vertriebene, Flüchtlinge und Kriegsbeschädigte, tritt zurück. Grund: Gegen Oberländer werden Ermittlungen über seine Funktion bei der Erschießung polnischer Juden 1941 aufgenommen. Verschulden wird durch Gerichtsbeschluß nicht bestätigt.

9. 5. 1960: Zwischen SPD-Parteivorstand und Sozialistischem Deutschen Studentenverband (SDS) kommt es zu politischen Meinungsverschiedenheiten. Als neue sozialdemokratische Studentenorganisation wird der Sozialdemokratische Hochschulbund (SHB) gegründet.

20. 5. 1960: Auf einer Kundgebung in Ost-Berlin unterstreicht Chruschtschow nach dem Scheitern des Pariser Gipfeltreffens (16.–18. 5.) die sowjetische Position in der Deutschland- und Berlinfrage.

Am 13. Februar 1960 explodierte in der Sahara der erste französische Atomsprengkörper.

23. 5. 1960: David Ben Gurion, der israelische Ministerpräsident, gibt bekannt, daß der israelische Geheimdienst den ehemaligen SS-Obersturmbannführer Adolf Eichmann verhaftet hat.

21. 6. 1960: Als erster Mensch läuft der Deutsche Armin Hary die 100 m in 10,0 Sekunden.

23. 6. 1960: Der »Lücke-Plan« tritt mit dem »Gesetz über den Abbau der Wohnungszwangswirtschaft und über ein soziales Miet- und Wohnungsrecht« in Kraft. Der bisherige Mieterschutz wird durch Einführung einer Sozialklausel im BGB ersetzt.

25. 6. 1960: Das Institut für Plasmaphysik wird unter Leitung von Werner Heisenberg durch die Max-Planck-Gesellschaft gegründet.

29. 6. 1960: Der Baulandmarkt wird mit dem Bundesbaugesetz in den freien Markt übergeführt.
Der Bundestag billigt die Privatisierung des Volkswagenwerks.

30. 6. 1960: Herbert Wehner legt in einer Grundsatzrede vor dem Bundestag die außenpolitische Neuorientierung der SPD dar.

Juli 1960: »Bad Homburger Abkommen« zwischen IG Metall und »Gesamtmetall«. Es wird die stufenweise Einführung der 40-Stunden-Woche vereinbart.

1. 7. 1960: 9 von 17 Abgeordneten der Deutschen Partei (DP), unter ihnen die Bundesminister Hans-Christoph Seebohm und Hans-Joachim von Merkatz, erklären ihren Austritt und wechseln am 20. 9. 1960 zur CDU/CSU-Fraktion.

20. 7. 1960: SPD bricht endgültig die Beziehungen zum SDS ab.

25. 7. 1960: Nachdem ein Bundesrundfunkgesetz im Bundesrat gescheitert ist, gründet Konrad Adenauer die »Deutschland-Fernsehen GmbH«.

Adenauer unterzeichnet am 25. Juli 1960 den Gründungsvertrag der »Deutschland-Fernsehen GmbH«. Fritz Schäffer leistet als Treuhänder die Unterschrift für die Länder.

9. 8. 1960: Das Jugendarbeitsschutzgesetz tritt in Kraft.

18. 8. 1960: Erleichterung langfristiger Lieferverträge durch Modifizierung des Berliner Abkommens für den Interzonenhandel.

29. 8. 1960: Beschränkungen des Reiseverkehrs zwischen Berlin-West und Ost-Berlin durch die DDR, worauf die Bundesrepublik das Interzonenabkommen kündigt.

7. 9. 1960: DDR-Präsident Wilhelm Pieck stirbt.
Das Amt des Präsidenten der DDR wird am 12. 9. 1960 abgeschafft. Die Volkskammer beschließt die Schaffung eines Staatsrates, zu dessen ersten Vorsitzenden Walter Ulbricht gewählt wird.

8. 9. 1960: Handwerkerversicherungsgesetz regelt die Versicherungspflicht für Handwerker neu.

Der amerikanische Luft-Spion Francis Harry Powers im August 1960 in Moskau vor Gericht.

28. 10. 1960: Verhaftung des SPD-Bundestagsabgeordneten Frenzel wegen Verdachts der Spionage für den tschechischen Geheimdienst.

24. 11. 1960: Aus GB/BHE und Rest-DP wird die GDP (Gesamtdeutsche Partei) gebildet, die sich nach ihrem schlechten Abschneiden bei der Bundestagswahl 1961 (2,8%) am 30. 11. 1961 wieder auflöst.

29. 11. 1960: Gesetz zur Errichtung von Deutscher Welle (DW) und Deutschlandfunk (DLF) als Anstalten des Bundesrechts verabschiedet; Sendebeginn am 1.1. 1962 (DW-Vorläufer seit 1953).

17. 12. 1960: Gründung der Deutschen Friedens-Union (DFU).

31. 12. 1960: Die Arbeitslosenquote betrug im Jahresdurchschnitt 1,3% in der Bundesrepublik.
199 188 Personen kamen aus der DDR in die Bundesrepublik.

1961

1. 1. 1961: Der Interzonenhandel wird wieder aufgenommen.

3. 1. 1961: Abbruch diplomatischer Beziehungen zwischen Kuba und den USA.

28. 2. 1961: Im sogenannten Fernseh-Urteil des Bundesverfassungsgerichts wird festgelegt, daß Rundfunk Ländersache ist. Die »Deutschland-Fernsehen GmbH« (»Adenauer-Fernsehen«) wird für verfassungswidrig erklärt.

6. 3. 1961: Aufwertung der D-Mark gegenüber dem US-Dollar um 4,75% (US-$ 1,– ≙ DM 4,–).

16.–19. 3. 1961: ZK der SED beschließt »Plan Neue Technik« (Vorläufer des »Plans Wissenschaft und Technik«), mit dem nach der Kollektivierung der Landwirtschaft die Entwicklung der Industrie vorangetrieben werden soll.

18. 3. 1961: Franz Josef Strauß wird Vorsitzender der Christlich-Sozialen Union (CSU).

11. 4. 1961: In Jerusalem beginnt der Eichmann-Prozeß.

12. 4. 1961: Die DDR-Volkskammer beschließt das »Gesetzbuch der Arbeit«. Es regelt die Position des FDGB im Rahmen der DDR-Planwirtschaft und die Position der Arbeiter in den Betrieben (wird ab 1. 1. 1978 vom »Arbeitsgesetzbuch« abgelöst).
Der russische Astronaut Juri Gagarin unternimmt den ersten bemannten Raumflug.

14. – 20. 4. 1961: Mißglückter Landeversuch von den USA unterstützter Exilkubaner auf Kuba in der Schweinebucht. Kuba sucht noch engere Beziehungen zur Sowjetunion.

23. 4. 1961: Herbert Wehner gibt Koalitionsbereitschaft der SPD mit der CDU zu erkennen.

25. 4. 1961: Bundeskanzler Adenauer lehnt auf dem CDU-Parteitag jede Zusammenarbeit mit der SPD ab.

28. 4. 1961: Das Außenwirtschaftsgesetz tritt in Kraft.

8.–10. 5. 1961: Im Rahmen der Osloer NATO-Konferenz stellen die Außenminister der drei Westmächte und der Bundesrepublik fest, daß eine Lösung der Deutschlandfrage über das Selbstbestimmungsrecht erfolgen muß.

15. 5. 1961: Papst Johannes XXIII. veröffentlicht die dritte grundlegende Sozialenzyklika der katholischen Kirche »Mater et magistra«.

19. 5. 1961: Gründung der »Stiftung Volkswagenwerk« zur Förderung von Wissenschaft und Technik in Forschung und Lehre; Sitz der Stiftung ist Hannover.

1. 6. 1961: ARD beginnt ein vorläufiges zweites Fernsehprogramm.

6. 6. 1961: Gründung des ZDF (Sitz in Mainz) durch Staatsvertrag der Länder der Bundesrepublik als gemeinnützige Anstalt des öffentlichen Rechts.

14. 6. 1961: Der Bundestag fordert von der Bundesregierung die Normalisierung der Beziehungen zu den osteuropäischen Staaten.

15. 6. 1961: Auf einer internationalen Pressekonferenz in Ost-Berlin fordert der DDR-Staatsratsvorsitzende Ulbricht die Neutralisierung von Berlin-West. Die Frage, ob der Bau einer Mauer in Berlin geplant sei, verneint er.

30. 6. 1961: Bundessozialhilfegesetz löst bisheriges Fürsorgerecht ab.

10. 7. 1961: Gesetz über Kreditwesen und Errichtung des Bundesaufsichtsamtes für das Kreditwesen in Berlin.

12. 7. 1961: Bundestag verabschiedet Gesetz zur Förderung der Vermögensbildung (312-Mark-Gesetz).

18. 7. 1961: Gesetz über die Gewährung von Kindergeld und die Errichtung von Kindergeldkassen.

Alfred Frenzel (SPD) wird wegen des Verdachts der Spionage für den tschechischen Geheimdienst vor Gericht gebracht, Frankfurt, 24. April 1961.

Das Bundesverfassungsgericht, rechts der Bundesverfassungsrichter Hennecka, erklärt die »Deutschland-Fernsehen GmbH« für verfassungswidrig.

Juri Gagarin, erster Kosmonaut der UdSSR, am 16. April 1961 nach der Rückkehr von seinem Weltraumflug.

Berlin, 13. August 1961: Beginn des Mauerbaus und Sperrung der Grenzen. Ein Unteroffizier der Nationalen Volksarmee bei der Flucht nach West-Berlin.

Der persönliche Beauftragte des US-Präsidenten für Berlin, General Lucius D. Clay, wird am 19. September 1961 von Willy Brandt in Berlin begrüßt.

Beliebte Autos ihrer Zeit – trotzdem muß der Borgward-Konzern am 18. Oktober 1961 Konkurs anmelden.

19. – 23. 7. 1961: In Berlin-West findet der X. Deutsche Evangelische Kirchentag statt. Die DDR-Behörden haben ein Verbot für Veranstaltungen in Ost-Berlin ausgesprochen.

25. 7. 1961: Kennedy proklamiert in einer Fernsehrede die Entschlossenheit, West-Berlin zu verteidigen.

3. – 5. 8. 1961: Politiker des Warschauer Paktes geben der DDR ihre Zustimmung zur Abriegelung der Fluchtwege nach Berlin-West.
Am 30. 12. erklärt Ulbricht in einem Interview, die Massenflucht aus der DDR habe einen Schaden von 30 Milliarden Mark verursacht.

13. 8. 1961: Beginn des Mauerbaus in Berlin und Sperrung der Grenzen der DDR zur Bundesrepublik. Damit versiegt der Zustrom von Flüchtlingen aus der DDR.

17. 8. 1961: Protest der drei Westmächte bei der sowjetischen Regierung wegen Verletzung des Vier-Mächte-Status von Berlin durch die Absperrmaßnahmen der DDR seit 13. August.

30. 8. 1961: Kennedy kündigt die Ernennung des früheren Militärgouverneurs der amerikanischen Besatzungszone, Lucius D. Clay, zum Sonderbeauftragten für Berlin an.

4. 9. 1961: Beginn des ARD-Vormittags-Fernsehens entlang der DDR-Grenze.

8. 9. 1961: Das Deutsche Richtergesetz sieht vor, daß die aus der NS-Zeit belasteten Richter und Staatsanwälte vorzeitig in den freiwilligen Ruhestand treten können.

17. 9. 1961: Wahlen zum 4. Deutschen Bundestag. CDU/CSU erhalten 45,4%, SPD 36,2% und FDP 12,8% der Stimmen.

20. 9. 1961: »Gesetz zur Verteidigung der DDR« von der Volkskammer angenommen (revidiert 1978): Mobilmachung ist schon vor Verkündigung des Verteidigungszustandes möglich.

1. 10. 1961: Nachfolgerin der Organisation für europäische wirtschaftliche Zusammenarbeit (OEEC) wird die Organisation für wirtschaftliche Zusammenarbeit und Entwicklung (OECD).

18. 10. 1961: Der Borgward-Konzern meldet Konkurs an.

27. 10. 1961: Konfrontation amerikanischer und sowjetischer Panzer am »Checkpoint Charlie« in Berlin.

Adolf Eichmann (links in der Glaszelle) nimmt das Todesurteil entgegen, Jerusalem, Dezember 1961.

30. 10. 1961: Anwerbevereinbarung für Gastarbeiter mit der Türkei.

7. 11. 1961: Konrad Adenauer wird mit 85 Jahren zum vierten Mal Bundeskanzler.

14. 11. 1961: 4. Kabinett Adenauer, eine CDU/CSU-FDP-Koalition. Die FDP setzt als Koalitionsvoraussetzung die Zusage Adenauers zum vorzeitigen Rücktritt durch, nachdem sie im Wahlkampf mit dem Slogan: »Für die CDU – ohne Adenauer« operierte.

24. 11. 1961: Das Bundesministerium für wirtschaftliche Zusammenarbeit wird gegründet.

3. 12. 1961: Das Bundeskanzleramt verweigert die Annahme eines Briefes der DDR-Regierung mit Vorschlägen über Gespräche zwischen »beiden deutschen Staaten«.

10. 12. 1961: Rudolf L. Mößbauer und der Amerikaner Robert Hofstadter erhalten gemeinsam den Nobelpreis für Physik.

15. 12. 1961: Adolf Eichmann, als SS-Offizier einer der Organisatoren des Völkermords an den europäischen Juden, wird in Israel zum Tode verurteilt.

17. 12. 1961: Die neue Kaiser-Wilhelm-Gedächtniskirche wird durch Bischof Dibelius in Berlin-West eingeweiht.

31. 12. 1961: Die Arbeitslosenquote betrug im Jahresdurchschnitt 0,8% in der Bundesrepublik.
Bis 13. 8. kamen 155 402 Personen aus der DDR in die Bundesrepublik.

1962

1. 1. 1962: Mit einer Ansprache von Heinrich Lübke nimmt der Deutschlandfunk sein Programm auf.

5./6. 1. 1962: Frauenkonferenz des ZK der SED; 46% aller Beschäftigten sind Frauen.

14. 1. 1962: Verabschiedung der ersten Marktordnungen des Europäischen Agrarmarktes.

24. 1. 1962: Die DDR führt die Allgemeine Wehrpflicht ein.

Februar 1962: Wirtschaftlicher Zusammenbruch der Ufa-Film Hansa GmbH.

7. 2. 1962: Bei einer Schlagwetter-Explosion in der Grube Luisental im saarländischen Völklingen kommen 300 Bergleute ums Leben.

17. 2. 1962: Jahrhundert-Sturmflut an der Nordsee-Küste.

28. 2. 1962: »Oberhausener Manifest«, Magna Charta des jungen deutschen Films.

12. 3. 1962: Wegen der Berliner Mauer tagt die Synode der Evangelischen Kirche Berlin-Brandenburg erstmals getrennt in Ost- und West-Berlin.

18. 3. 1962: Waffenstillstandsabkommen von Evian zwischen Frankreich und der algerischen Exilregierung. Ende des seit 1954 andauernden Algerien-Krieges.

21. 3. 1962: Bundeswirtschaftsminister Ludwig Erhard appelliert an Gewerkschaften, Verbraucher und Arbeitnehmer zum Maßhalten. Die Bundesrepublik wächst in eine Situation der Überbeschäftigung hinein; die Zahl ausländischer Arbeitnehmer steigt rapide an.

Sturmflut in Hamburg-Moorburg im Februar 1962.

Die Beatles bei einem Auftritt im Jahr 1963.

Der Fluchtversuch des achtzehnjährigen Ostberliner Bauarbeiters Peter Fechter am 17. August 1962 endet tödlich.

Studenten demonstrieren am 30. Oktober 1962 in Frankfurt für das Nachrichtenmagazin »Der Spiegel«.

13. 4. 1962; Erstmals treten die Beatles im Hamburger »Starclub« auf.

5. 5. 1962: Durch einen 32 m langen Tunnel unter der Berliner Mauer gelangen 12 DDR-Bewohner nach Berlin-West.

31. 5. 1962: Adolf Eichmann wird in Israel hingerichtet.

2. – 5. 6. 1962: Der 11. Bundesparteitag der CDU schafft die Position eines »Geschäftsführenden Vorsitzenden«.

6. 6. 1962: Adenauer bietet der Sowjetunion Burgfrieden und eine Stillhaltevereinbarung an.

12. 6. 1962: General Taylor, ein Kritiker der Strategie der massiven Vergeltung, wird Chef der Vereinigten Stabschefs der US-Streitkräfte.

14. 6. 1962: Die Europäische Weltraumforschungsorganisation (ESRO) wird gegründet.

16./17. 6. 1962: Basierend auf den Forderungen der SED nach der völkerrechtlichen Anerkennung beider deutscher Staaten verabschiedet der »Nationalkongreß der Nationalen Front« ein »Nationales Dokument«, das u. a. Koexistenz beider deutscher Staaten und eine Konföderation vorsieht.

19. 6. 1962: Erste »Starfighter« stürzen ab.

17. 8. 1962: Der achtzehnjährige Ostberliner Bauarbeiter Peter Fechter wird bei einem Fluchtversuch an der Mauer angeschossen und verblutet; daraufhin Unruhen in West-Berlin.

22. 8. 1962: Die Sowjetunion gibt die Auflösung ihrer Kommandantur in Berlin bekannt, wogegen die Westmächte einen Tag später Protest einlegen. Gleichzeitig betonen sie die Absicht der Aufrechterhaltung ihrer Kommandanturen im Rahmen der Viermächteverantwortung.

9. 10. 1962: Regierungserklärung Bundeskanzler Adenauers mit der Forderung nach Selbstbestimmung für das ganze deutsche Volk.

22. 10. 1962: In einer dramatischen Fernsehansprache fordert Kennedy den Abbau aller sowjetischen Raketen und Abschußanlagen auf Kuba.

24. 10. – 21. 11. 1962: Seeblockade der USA um Kuba.

26. 10. 1962: Spiegel-Affäre: Ausgelöst durch einen kritischen Bericht über ein NATO-Manöver läßt die Bundesanwaltschaft mehrere Mitarbeiter des Hamburger Nachrichtenmagazin »Der Spiegel«, darunter Augstein und Ahlers, verhaften. Dieses Vorgehen löst eine Regierungskrise aus.

28. 10. 1962: Einlenken Chruschtschows in der Kubakrise.

31. 10. 1962: 2. Entwurf des Gesetzes zur Einführung einer Notstandsverfassung (»Höcherl-Entwurf«). Er scheitert am 24. 6. 1965 in 3. Lesung an der SPD.

19. 11. 1962: Im Verlauf der »Spiegel-Affäre« treten die 5 FDP-Minister zurück; Erneuerung der CDU/CSU-FDP-Koalition im 5. Kabinett Adenauer nach Erfüllung der FDP-Forderung über den Rücktritt von Verteidigungsminister Franz Josef Strauß und die Zusage des vorzeitigen Rücktritts Adenauers für Herbst 1963.

26. 11. 1962: Gespräch zwischen Bundesminister Paul Lücke und Herbert Wehner über Koalition zwischen CDU und SPD.

30. 11. 1962: Nachdem 5 FDP-Minister zurückgetreten sind, führt die CDU erstmals Koalitionsverhandlungen mit der SPD. Strauß erklärt, er werde dem neuen Kabinett Adenauer nicht mehr angehören.

5. 12. 1962: Die »Große Koalition« unter Adenauer kommt nicht zustande.

7. 12. 1962: Neuregelung des Bundesurlaubsgesetzes durch den Bundestag. Der Mindesturlaub wird auf 15 Werktage festgelegt, ab dem 35. Lebensjahr auf 18.

11. 12. 1962: Die ersten 10 interkontinentalen Minuteman-Raketen werden einsatzbereit gemeldet.

14. 12. 1962: Das 5. Kabinett Adenauer, eine Koalition aus CDU/CSU und FDP, wird vereidigt.

18. 12. 1962: Röhren-Embargo: Auf Empfehlung des NATO-Rates verhängt die Bundesregierung ein Ausfuhr-Verbot für Pipe-line-Rohre an die Sowjetunion.

31. 12. 1962: Die Arbeitslosenquote betrug im Jahresdurchschnitt 0,7% in der Bundesrepublik.

1963

Januar 1963: Beilegung des Kuba-Konfliktes.

14. 1. 1963: Da Kuba die DDR anerkennt (12. 1.), bricht die Bundesrepublik die diplomatischen Beziehungen ab. Anwendung der Hallstein-Doktrin zum zweiten Mal, die diplomatischen Beziehungen der DDR sind auf 13 Staaten begrenzt.

Verabschiedung von Verteidigungsminister Franz Josef Strauß im Dezember 1962 durch den großen Zapfenstreich.

Bundespräsident Lübke überreicht am 13. Dezember 1962 den neuen Bundesministern in der Villa Hammerschmidt ihre Ernennungsurkunden.

Konrad Adenauer (links) und Charles de Gaulle nach der Unterzeichnung des deutsch-französischen Freundschaftsvertrags am 22. Januar 1963 in Paris.

15.–21. 1. 1963: Die SED verabschiedet auf dem VI. Parteitag erstmals ein Parteiprogramm. Ein sowjetisch geprägter Kommunismus wird als Ziel formuliert.

22. 1. 1963: Bundeskanzler Adenauer und der französische Staatspräsident de Gaulle unterzeichnen in Paris den Elysée-Vertrag. Er regelt künftig die deutsch-französische Zusammenarbeit.

7. 2. 1963: Auflösung des Landwirtschaftsministeriums der DDR, statt dessen Bildung von Landwirtschaftsräten beim Ministerrat.

1. 4. 1963: Das Zweite Deutsche Fernsehen (ZDF) nimmt seine Sendetätigkeit auf.

2. 4. 1963: Massendemonstration Farbiger unter der Führung von Martin Luther King in Alabama für die Rassenintegration.

6. 4. 1963: Die Sowjetunion protestiert förmlich bei der Bundesregierung wegen des erlassenen Stahlrohrembargos.

11. 4. 1963: Friedensenzyklika »Pacem in terris« dient den deutschen Bischöfen zur Abgrenzung gegenüber dem Osten.

20. 4. 1963: Das Unfallversicherungs-Neuregelungsgesetz paßt Unfallrenten an Lohn-/Gehaltsentwicklung an. Gleichzeitig wird Betrieben ab 20 Beschäftigten ein Sicherheitsbeauftragter zur Unfallverhütung vorgeschrieben.

23. 4. 1963: CDU/CSU-Fraktion nominiert Ludwig Erhard als Kanzlerkandidaten für die Nachfolge Konrad Adenauers.

29. 4. 1963: Die Bundesregierung beschließt die Durchführung einer Sozialenquête.

30. 4. 1963: Die 963 m lange Fehmarnsundbrücke wird für den Verkehr freigegeben. Sie ist ein Teil der Vogelfluglinie zwischen der Bundesrepublik und Skandinavien.

John F. Kennedy am 26. Juni 1963 vor dem Rathaus Schöneberg in Berlin.

14. 5. 1963: ZK der SED und Ministerrat beschließen die Einführung einer »Arbeiter- und Bauerninspektion« (ABI); ab 6. 8. 1974 als Kontrollorgan zur systematischen Überprüfung erweitert.

21. 5. 1963: Anwerbevereinbarung für Gastarbeiter mit Marokko.

11. 6. 1963: Bundespräsident Lübke erklärt den 17. Juni zum Nationalen Gedenktag des Deutschen Volkes.

20. 6. 1963: Vereinbarung über die Einrichtung des »Heißen Drahts« zwischen den Vereinigten Staaten und der Sowjetunion.

21. 6. 1963: DDR-Ministerrat erläßt eine Verordnung über den Schutz der »Staatsgrenze« zwischen der DDR und Berlin-West sowie Anordnungen über die Errichtung eines besonderen Grenzgebietes (100 Meter breiter »Schutzstreifen«) und über die Ordnung in diesem Grenzgebiet (zu Berlin-West).

23.–26. 6. 1963: Der amerikanische Präsident John F. Kennedy besucht auf einer vielbeachteten Reise die Bundesrepublik und West-Berlin. Weltweit bekannt wird der Satz, den er der Menge vor dem Schöneberger Rathaus zurief: »Alle freien Menschen, wo immer sie leben mögen, sind Bürger Berlins, und deshalb bin ich als freier Mann stolz darauf, sagen zu können: ›Ich bin ein Berliner!‹«

24. 6. 1963: Der Deutsche Entwicklungsdienst (DED) wird gegründet.

24./25. 6. 1963: Wirtschaftskonferenz des ZK der SED und des DDR-Ministerrats; Annahme des »Neuen Ökonomischen Systems der Planung und Leitung der Volkswirtschaft« (NÖSPL) (15. 7. 63 Bestätigung der Richtlinie durch den Staatsrat).

28. 6. 1963: Besuch Chruschtschows in der DDR anläßlich des 70. Geburtstags Ulbrichts (30. 6.).

5. 7. 1963: Das deutsch-französische Jugendwerk wird gegründet. Millionen Jugendliche aus beiden Ländern wurden bisher in die Programme eingeschlossen.

15. 7. 1963: In seiner Tutzinger Rede verkündet Egon Bahr erstmals eine neue Konzeption der deutschen Ostpolitik unter der Devise: »Wandel durch Annäherung«.

29. 7. 1963: Der Bundestag beschließt ein Gesetz zur Förderung der Rationalisierung im Steinkohlenbergbau.
Das soziale Wohn- und Mietrecht wird verkündet unter gleichzeitigem Abbau der Zwangsbewirtschaftung von Wohnraum.

5. 8. 1963: Zwischen den USA, Großbritannien und der Sowjetunion wird ein Atomteststopp-Abkommen geschlossen. Die DDR tritt am 8. 8., die Bundesrepublik am 19. 8. 1963 bei.

24. 8. 1963: 1. Spieltag der neu eingeführten Fußball-Bundesliga (282 000 Zuschauer).

Bundestagspräsident Gerstenmaier hält am 15. Oktober 1963 die Abschiedsrede für den vorzeitig zurückgetretenen Bundeskanzler Adenauer.

28. 8. 1963: In einem Marsch nach Washington demonstrieren 200 000 schwarze und weiße Amerikaner für eine fortschrittliche Bürgerrechtsgesetzgebung. Höhepunkt ist eine Rede von Martin Luther King.

9.–15. 9. 1963: Gemeinsames Manöver der NVA, Truppen der UdSSR, ČSSR und Polens in der DDR.

11. 10. 1963: Konrad Adenauer reicht vorzeitig seinen Rücktritt ein.

15. 10. 1963: Bundestagspräsident Eugen Gerstenmaier hält die Abschiedsrede auf den scheidenden Bundeskanzler Adenauer.

16. 10. 1963: Bundeswirtschaftsminister Ludwig Erhard (CDU) wird als Nachfolger Konrad Adenauers zum neuen Bundeskanzler gewählt.

20. 10. 1963: Wahlen zur Volkskammer und Bezirkstagen nach Einheitslisten.

24.–31. 10. 1963: In Lengede, Niedersachsen, kommen bei einem Grubenunglück auf der Eisenerzgrube »Mathilde« 29 Bergleute ums Leben.

21./22. 11. 1963: Der außerordentliche DGB-Bundeskongreß verabschiedet das zweite Grundsatzprogramm, das marktwirtschaftliche Funktionen in ein wirtschaftsdemokratisches Gesamtkonzept (volkswirtschaftliche Rahmenplanung – Kontrolle wirtschaftlicher Macht – Vergesellschaftung von Schlüsselindustrien – Mitbestimmung auf allen Ebenen der Wirtschaft) zu integrieren versucht.

22. 11. 1963: Ermordung John F. Kennedys in Dallas (Texas); Vizepräsident Johnson wird Nachfolger.

6. 12. 1963: Gründung eines Instituts für Bildungsforschung der Max-Planck-Gesellschaft; ab 1969: Max-Planck-Institut für Bildungsforschung, Berlin.

8. 12. 1963: Walter Ulbricht erklärt in Funk und Fernsehen seine Bereitschaft zu Verhandlungen mit Bundeskanzler Erhard.

Das erste Kabinett Erhard (1. Reihe Mitte) im Oktober 1963 vor der Villa Hammerschmidt.

Der Trauerzug für den ermordeten John F. Kennedy auf dem Weg zum Kapitol.

59

Fotografen und Kameramänner belagern die Plätze der Angeklagten im sogenannten Auschwitz-Prozeß, der am 20. Dezember 1963 in Frankfurt beginnt.

10. 12. 1963: Karl Ziegler erhält zusammen mit seinem italienischen Kollegen Giulio Natta den Nobelpreis für Chemie. Der Kernphysiker Hans Daniel Jensen erhält zusammen mit seinen beiden amerikanischen Kollegen Eugene Wigner und Maria Goeppert-Mayer den Nobelpreis für Physik.

12. 12. 1963: Theodor Heuss stirbt im Alter von 70 Jahren in Stuttgart.

14. 12. 1963: Erich Ollenhauer, Vorsitzender der SPD, stirbt im Alter von 62 Jahren in Bonn.

17. 12. 1963: Erstes Passierscheinabkommen für West-Berliner regelt Verwandten-Besuche über Weihnachten und Neujahr im Ostteil der Stadt.

20. 12. 1963: Gegen 21 Bewacher des KZ Auschwitz beginnt in Frankfurt der Prozeß, der bis zum 19. 8. 1965 dauert.

31. 12. 1963: Die Arbeitslosenquote betrug im Jahresdurchschnitt 0,8% in der Bundesrepublik.

1964

2. 1. 1964: Beginn der Ausgabe neuer Personalausweise mit dem Vermerk »Bürger der Deutschen Demokratischen Republik«.

6. 1. 1964: Brief Ulbrichts an Erhard, der von der Bundesregierung ungeöffnet zurückgewiesen wird; ein zweiter Brief folgt mit dem Vorschlag, beide deutsche Staaten zur kernwaffenfreien Zone zu machen.

28. 1. 1964: Mit Beschluß der Regierung von Baden-Württemberg wird auf Initiative des Chirurgen Karl Heinrich Bauer in Heidelberg das Deutsche Krebsforschungszentrum errichtet.

3.–7. 2. 1964: Tagung des ZK der SED, u. a. Kritik an Prof. Robert Havemann.

15./16. 2. 1964: Willy Brandt, Regierender Bürgermeister von Berlin, wird nach dem Tod von Erich Ollenhauer auf einem außerordentlichen Parteitag zum Vorsitzenden der SPD gewählt.

19. 2. 1964: Ernst Lemmer (CDU) wird neuer Bundesminister für Vertriebene, Flüchtlinge und Kriegsgeschädigte. Sein Vorgänger, Hans Krüger (CDU), trat wegen Belastung durch Tätigkeit bei NS-Sondergerichten zurück.

5./6. 3. 1964: Anläßlich ihrer 100. Plenarsitzung (»Berliner Erklärung«) verkündet die Kultusministerkonferenz die Notwendigkeit aktiver Bildungspolitik.

6. 3. 1964: Die Bundesrepublik Deutschland vereinbart mit Rumänien die Errichtung von Handelsmissionen. Ähnliche Abkommen existieren bereits seit 1963 mit Polen und Ungarn.

12./13. 3. 1964: Wegen kritischer Äußerungen wird Robert Havemann, Professor für Physikalische Chemie, aus dem Lehrkörper der Humboldt-Universität in Ost-Berlin und ebenso aus der SED ausgeschlossen.

17. 3. 1964: Anwerbevereinbarung für Gastarbeiter mit Portugal.

19. 3. 1964: Die Errichtung von neuen Universitäten in Bochum, Bremen, Konstanz und Regensburg sowie einer Technischen Hochschule in Dortmund wird von den jeweiligen Landesregierungen beschlossen.

22. 3. 1964: Bundeskanzler Erhard bekräftigt die Ablehnung der Oder-Neiße-Grenze.

1. 4. 1964: Das Bundesministerium für Arbeit und Soziales erhöht Mindestanforderungen für die Unterbringung ausländischer Arbeitnehmer.

Die »Industriepreisreform« tritt in der DDR in Kraft als Maßnahme des Neuen Ökonomischen Systems; in drei Stufen (1964 bis Anfang 1967) werden die Preise für Rohstoffe und Produkte erhöht.

14. 4. 1964: Das Bundeskindergeldgesetz bringt Verbesserungen der Leistungen und die Übernahme der Kosten durch den Bund (Kindergeldkasse).

24./25. 4. 1964: Die Konferenz für sozialistische Nationalkultur in der DDR räumt ein, daß die Erwartungen in das Kulturprogramm vom 24. April 1959 (»Bitterfelder Weg«) nicht erfüllt worden sind.

29. 4. 1964: Der Bundestag beschließt die »Untersuchung der Wettbewerbsgleichheit von Presse, Funk/Fernsehen und Film«. Die sogenannte Michel-Kommission wird am 7. 12. eingesetzt.

Juni 1964: Die »Arbeitsgemeinschaft für Freizeit und Erholung« (AGFE) wird als Dachverband zur Behandlung übergreifender Freizeitfragen gegründet.

12. 6. 1964: Abschluß eines Freundschafts- und Beistandsvertrages zwischen der UdSSR und der DDR auf der Basis der Dreistaaten-Theorie, nach der Berlin-West als selbständige politische Einheit gelten soll. Garantie der Unantastbarkeit der Staatsgrenzen der DDR.

25.–27. 6. 1964: Kongreß über die Rolle der Frauen beim »umfassenden Aufbau des Sozialismus« in der DDR.

26. 6. 1964: Die Westmächte lehnen die Dreistaaten-Theorie ab.

1. 8. 1964: Ausgabe neuer Banknoten, »Mark der deutschen Notenbank«, in der DDR.

7. 8. 1964: Der US-Kongreß schafft die Voraussetzung für ein umfangreiches militärisches Eingreifen der USA in den Vietnamkrieg. Er rückt nun in den Mittelpunkt der amerikanischen Politik, die Deutschlandfrage tritt in den Hintergrund.

1. 9. 1964: Die Volkskammer der DDR beschließt das Gesetz über die Nichtverjährung von NS- und Kriegsverbrechen.

9. 9. 1964: Der Ministerrat der DDR gibt bekannt, daß DDR-Bürger im Rentenalter jährlich eine Besuchsreise in die Bundesrepublik unternehmen dürfen.

22. 9. 1964: Der Bayerische Rundfunk führt das Dritte Fernsehprogramm ein. Die übrigen ARD-Anstalten folgen bis 1969.

24. 9. 1964: Willi Stoph wird nach dem Tod von Otto Grotewohl am 21. 9. 1964 Vorsitzender des Ministerrates und – vorübergehend – des Staatsrates.
Ein neues Passierscheinabkommen für Besuche zwischen Berlin-West und Ost-Berlin sieht Erweiterung der Besuchszeiten vor.

14./15. 10. 1964: Sturz Chruschtschows. Nachfolger werden Breschnew (Parteichef) und Kossygin (Regierungschef).

16. 10. 1964: Zündung der ersten chinesischen Atombombe.

28. 10. 1964: Im »Hamburger Abkommen« vereinbaren die Länder der Bundesrepublik Vereinheitlichung auf dem Gebiet des Schulwesens.

Bundeskanzler Erhard (links) bei US-Präsident Johnson am 12. Juni 1964.

Bundestagspräsident Eugen Gerstenmaier gratuliert Heinrich Lübke am 1. Juli 1964 zu seiner Wiederwahl als Bundespräsident.

Der Nobelpreisträger des Jahres 1964 für Medizin, Professor Feodor Lynen, in seinem Arbeitsraum im Max-Planck-Institut in München.

Der Wehrbeauftragte des Bundestages, Vizeadmiral a.D. Heye (in Zivil), zur Untersuchung von Zwischenfällen in Nagold; neben ihm Oberst Peske, Kommandeur des Ausbildungsbataillons der Fallschirmjäger.

Ulrich de Maizière, Wolf Graf von Baudissin und Johann Adolf Graf von Kielmansegg bei der Verleihung des Freiherr-vom-Stein-Preises in Hamburg am 10. Februar 1965 (von links nach rechts).

Letzte Testversuche an dem amerikanischen Nachrichtensatelliten »Early Bird«.

3. 11. 1964: Hellmuth Heye tritt nach einer von ihm verfaßten Artikelserie über das Versagen der Inneren Führung als Wehrbeauftragter zurück.

5.–11. 11. 1964: Ulbricht und Stoph zu Besuch in Moskau; erstes Treffen mit der neuen Partei- und Staatsführung der UdSSR.

25. 11. 1964: Einführung eines Pflichtumtausches für West-Besucher der DDR.

28. 11. 1964: Gründung der NPD (Nationaldemokratische Partei Deutschlands). Sie wird zum Sammelbecken rechter Kräfte in der Bundesrepublik.

10. 12. 1964: Feodor Lynen und sein amerikanischer Kollege Konrad E. Bloch erhalten den Nobelpreis für Medizin.

15. 12. 1964: Die EWG beschließt den Gemeinsamen Markt für Getreide.

19. 12. 1964: Eine Strafrechtsreform stärkt die Stellung des Beschuldigten und seines Verteidigers.

31. 12. 1964: Die Arbeitslosenquote betrug im Jahresdurchschnitt 0,8% in der Bundesrepublik.

1965

16. 1. 1965: Der Interzonenhandel wird durch das Bundesverfassungsgericht weiterhin als auf der Rechtsgrundlage alliierter Gesetze fußender Binnenhandel besonderer Art beurteilt. Die Grenze zur DDR ist keine Zollgrenze.

19./20. 1. 1965: Warschauer Pakt schlägt gesamteuropäische Konferenz zur kollektiven Sicherheit in Europa sowie Nichtangriffspakt mit der NATO vor.

10. 2. 1965: Den Freiherr-vom-Stein-Preis für die Entwicklung des Konzeptes der Inneren Führung erhalten in Hamburg Wolf Graf von Baudissin, Johann Graf von Kielmansegg und Ulrich de Maizière.

12. 2. 1965: Die Bundesregierung verbietet Waffenlieferungen in Spannungsgebiete.

13. 2. 1965: US-Präsident Johnson billigt den Bombenkrieg gegen militärische Ziele in Nord-Vietnam.

25. 2. 1965: Das Gesetz über ein einheitliches sozialistisches Bildungssystem regelt das Schulwesen der DDR. Die Zweige sind Volksschule, Oberschule, Berufsschule, Universität und Hochschule.

2. 3. 1965: Der Ministerrat der EWG einigt sich auf die Fusion der Kommissionen von EWG und der Hohen Behörde der EGKS.

13. 3. 1965: Ein Gesetz über die Berechnung strafrechtlicher Verjährungsfristen verlängert die Verjährung für Mord.

23. 3. 1965: Verabschiedung des zweiten Aktionsprogrammes des DGB mit Forderung nach 13. Monatsgehalt, tarifpolitischen Maßnahmen zur gerechten Vermögensverteilung, einem Mindesturlaub von 4 Wochen, Herabsetzung der Altersgrenze in der Rentenversicherung, Ausbau des Mieterschutzes, Einführung eines zehnten Schuljahres und bezahltem Bildungsurlaub.

24. 3. 1965: Otto Winzer wird neuer Außenminister der DDR.

25. 3. 1965: Die Verjährungsfrist für NS-Verbrechen wird verlängert.

6. 4. 1965: Die Vereinigten Staaten schaffen mit »Early Bird« den ersten kommerziell genutzten Nachrichtensatelliten.

7. 4. 1965: Sowjetische und DDR-Behörden blockieren zeitweilig die Zugänge zu Wasser und zu Lande nach Berlin-West.

8. 4. 1965: Das Raumordnungsgesetz verpflichtet zu Natur- und Landschaftsschutz sowie Ausbau und Pflege von Erholungsgebieten.

10. 4. 1965: Der NATO wird die zwölfte Bundeswehr-Division unterstellt.

28. 4. 1965: Das Ausländergesetz regelt Rechte und Pflichten der in der Bundesrepublik lebenden Ausländer.
Militärische Intervention der USA in der Dominikanischen Republik. Damit soll eine angeblich drohende kommunistische Machtübernahme verhindert werden.

5. 5. 1965: Proklamation des Staatsrats, des Ministerrats und des »Nationalrats der Nationalen Front«, daß ein wiedervereinigtes Deutschland nur sozialistisch sein könne.

13. 5. 1965: Der Staat Israel und die Bundesrepublik Deutschland nehmen diplomatische Beziehungen auf. Einige arabische Staaten brechen daraufhin die Beziehungen zur Bundesrepublik ab.

24. 5. 1965: Die Zeichnung von VEBA-Volksaktien (Vereinigte Elektrizitäts- und Bergwerks-AG) beginnt im Rahmen der Privatisierung von Bundesvermögen.

3./4. 6. 1965: Grundsätze der Ausländerpolitik werden durch die ständige Konferenz der Innenminister beschlossen.

12. 6. 1965: Gesetz über die Vermögensbildung (»624-DM-Gesetz«). Es soll vor allem die Vermögensbildung der Arbeiter verbessert werden.

Antrittsbesuch des ersten deutschen Botschafters in Israel, Rolf Pauls (im Vordergrund links), bei Präsident Schasar, daneben Außenministerin Golda Meir.

Aktie des VEBA-Konzerns, der 1965 teilprivatisiert wird.

Abschluß des ersten Bauabschnitts und Eröffnung der Ruhr-Universität Bochum am 30. Juni 1965.

Gerichtssaal während des Auschwitz-Prozesses 1965; im Hintergrund eine Tafel mit Lageplänen des KZ Auschwitz.

Vereidigung des 2. Kabinetts Erhard am 26. Oktober 1965.

Beendigung des II. Vatikanischen Konzils am 8. Dezember 1965.

24. 6. 1965: Im Bundestag scheitert eine Grundgesetzänderung zugunsten der Notstandsverfassung am Widerstand der SPD.

1. 7. 1965: Zum Ausgleich des Bundeshaushaltes beschließt das Bundeskabinett ein Sparprogramm.
Frankreich bleibt den Ratssitzungen der Europäischen Wirtschaftsgemeinschaft (EWG) fern. Dies führt zur EWG-Krise.

15. 7. 1965: Abkommen der Bundesländer und des Bundes über die Errichtung eines Deutschen Bildungsrates. Aufgabe ist die Entwicklung von Bildungsplänen, die auch Struktur und Finanzbedarf des Bildungswesens berücksichtigen. Er tritt an die Stelle des am 1. 7. 1965 aufgelösten Deutschen Ausschusses für das Erziehungs- und Bildungswesen.

12. 8. 1965: Gesetz zur Förderung des Absatzes im Steinkohlenbergbau.

19. 8. 1965: Verkündung der Urteile des Auschwitz-Prozesses in Frankfurt. Die zum Teil milden Urteile führen zu starken Protesten im In- und Ausland.

24. 8. 1965: Gesetz zur Änderung des Mutterschutzgesetzes und der Reichsversicherungsordnung.
Gesetz zur Sicherung der Zweckbestimmung von Sozialwohnungen und verstärkter Eigentumsbildung im Wohnungsbau.

4. 9. 1965: Albert Schweitzer stirbt in Lambaréné (Gabun).

9. 9. 1965: Frankreich kündigt seinen Rückzug aus der Militärorganisation der NATO an.

19. 9. 1965: Bei Wahlen zum 5. Deutschen Bundestag erhält die CDU/CSU 47,6%, die SPD 39,3% und die FDP 9,5% der Stimmen.

1. 10. 1965: In einer »Ostdenkschrift« der EKD wird die »Lage der Vertriebenen und das Verhältnis des deutschen Volkes zu seinen östlichen Nachbarn« dargestellt.

6. 10. 1965: Die Finanzgerichts-Ordnung regelt Aufgaben und Verfahren im Finanzgerichtswesen.

7./8. 10. 1965: Anwerbevereinbarung für Gastarbeiter mit Tunesien.

8. 10. 1965: Das Internationale Olympische Komitee beschließt, daß an den Olympischen Spielen 1968 zwei getrennte deutsche Mannschaften teilnehmen sollen.

16. 10. 1965: Denkschrift des Rates der EKD kritisiert die Ostpolitik der Bundesregierung.

20. 10. 1965: Ludwig Erhard (CDU) wird erneut zum Bundeskanzler gewählt.

26. 10. 1965: Das 2. Kabinett unter Bundeskanzler Erhard, eine Koalition aus CDU/CSU und FDP, wird vereidigt.

27.–29. 11. 1965: Besuch des Ersten Sekretärs der KPdSU, Leonid Breschnew, in der DDR.

3. 12. 1965: Die Sowjetunion und die DDR schließen ein Handelsabkommen, das die DDR wirtschaftlich noch mehr als bisher an die UdSSR bindet. Der stellvertretende Vorsitzende des DDR-Ministerrats und Vorsitzende der staatlichen DDR-Plankommission, Erich Apel, lehnt den Abschluß dieses Handelsabkommens ab und begeht am Tag der Unterzeichnung in Ost-Berlin Selbstmord.

8. 12. 1965: Das II. Vatikanische Konzil in Rom beendet seine Arbeit.

15.–18. 12. 1965: Tagung des ZK der SED, in der sich ein schärferer Kurs in der Kulturpolitik ankündigt; unter anderem werden Stefan Heym und Wolf Biermann angegriffen.

20. 12. 1965: Volkskammer verabschiedet das »Familiengesetzbuch« der DDR, das unter anderem eheliche und uneheliche Kinder rechtlich gleichstellt.

21. 12. 1965: Altbundeskanzler Adenauer erklärt seinen Verzicht auf erneute Kandidatur als CDU-Vorsitzender.

31. 12. 1965: Walter Ulbricht legt ein Sieben-Punkte-Programm zur Lösung der Deutschlandfrage vor. Der Staatsratsvorsitzende fordert unter anderem die Herstellung normaler Beziehungen, Rüstungsstopp und Verzicht auf Atomrüstung.
In der Bundesrepublik sind 10 000 000 Fernsehempfänger in Betrieb; in der DDR 3 000 000.
Die Arbeitslosenquote betrug im Jahresdurchschnitt 0,7% in der Bundesrepublik.

1966

7. 1. 1966: In einer Erklärung unterstützt die Bundesregierung den Krieg der Vereinigten Staaten von Amerika in Vietnam.

12. 1. 1966: DDR-Schriftstellerverband billigt die kulturpolitische Linie der SED.

29./30. 1. 1966: Ein Kompromiß über das Problem der Mehrheitsentscheidung (Prinzip der Einstimmigkeit der Beschlüsse) legt in Luxemburg die EWG-Krise bei. Frankreich nimmt wieder an den Ratssitzungen teil.

Protestkundgebung der IG Bergbau und Energie während der Kohlenkrise im Februar 1966.

11. 2. 1966: Das ZK der SED richtet einen offenen Brief an die SPD. In einer Antwort am 19. 3. stellt der Vorstand der SPD seine Bedingungen für einen Redneraustausch. Die Verhandlungen führen jedoch zu keinem Erfolg, weil A. Norden (SED) seine Teilname in Hannover absagt, da erst ein bundesdeutsches Gesetz über »freies Geleit für SED-Funktionäre« verabschiedet werden müßte. SED und SPD bleiben in einem indirekten Dialog.

17./18. 2. 1966: Nach dem Scheitern der Pläne einer multilateralen NATO-Streitmacht wird unter Beteiligung der Bundesrepublik eine nukleare Planungsgruppe der NATO eingerichtet.

22. 2. 1966: Großbritannien gibt den geplanten Abbau seiner Verpflichtungen »östlich von Suez« bekannt.

28. 2. 1966: Der Staatsrat der DDR beantragt die Mitgliedschaft der DDR in der UNO.

7. 3. 1966: Frankreich tritt aus dem militärischen Bereich der NATO aus (NATO-Krise).

21.–23. 3. 1966: Auf dem 14. Bundesparteitag der CDU löst Ludwig Erhard Altbundeskanzler Adenauer im Vorsitz ab.
Rainer Barzel wird zum 1. stellvertretenden Vorsitzenden gewählt.

25. 3. 1966: Eine »Note zur deutschen Friedenspolitik« der Bundesregierung erfährt im Westen positive Resonanz, im Osten Ablehnung.

9. 5. 1966: Das erste Atomkraftwerk der DDR bei Rheinsberg nimmt den Betrieb auf.

13. 5. 1966: Der Bundeskongreß des DGB lehnt mit 251 gegen 182 Stimmen jede Art von Notstandsgesetzgebung ab.

Eröffnungskundgebung des Deutschen Katholikentages in Bamberg.

Kundgebung des Kongresses »Notstand der Demokratie« am 30. Oktober 1966 auf dem Frankfurter Römerberg.

Große Koalition 1966: Bundeskanzler Kiesinger (rechts) und Außenminister Brandt.

26. 5. 1966: Kommuniqué von SPD und SED über den sogenannten Redneraustausch zwischen beiden Parteien.

3. 6. 1966: Der Parteitag der SPD fordert Ablösung der alliierten Vorbehaltsrechte durch deutsche Gesetze.

29. 6. 1966: Die SED sagt den mit der SPD vereinbarten Redneraustausch ab.

Juli 1966: Evangelische Weltkonferenz unter dem Motto »Kirche und Gesellschaft« in Genf.

6. 7. 1966: Warschauer Pakt schlägt europäische Konferenz über Sicherheit und Zusammenarbeit vor.

17. 7. 1966: Der Deutsche Katholikentag in Bamberg verabschiedet eine vielbeachtete Erklärung zur Aussöhnung mit Polen.

19. 7. 1966: Das Bundesverfassungsgericht erklärt die bisherige Parteienfinanzierung aus dem Bundeshaushalt für unzulässig. Den Parteien dürfen aber in begrenztem Umfang Wahlkampfkosten erstattet werden.

1. – 8. 8. 1966: Das Plenum des Zentralkomitees der Kommunistischen Partei Chinas proklamiert die »Große Proletarische Kulturrevolution«.

25. 8. 1966: General Ulrich de Maizière wird neuer Generalinspekteur der Bundeswehr. General Heinz Trettner erklärt am 23. 8. wegen Differenzen mit dem Bundesverteidigungsminister seinen Rücktritt.

10. 9. 1966: Cassius Clay besiegt in Frankfurt Karl Mildenberger beim Kampf um die Boxweltmeisterschaft.

15. 9. 1966: Der Leiter des Bundeskanzleramts, Ludger Westrick, bittet Ludwig Erhard um seine Entlassung.

1. 10. 1966: Albert Speer (führender Architekt des Dritten Reiches; von 1942 bis 1945 war er Reichsminister für Rüstung und Kriegsproduktion) und Baldur von Schirach (Reichsjugendführer, ab 1940 Reichsstatthalter in Wien) werden nach Verbüßung ihrer Strafen aus dem Kriegsverbrechergefängnis Berlin-Spandau entlassen.

27. 10. 1966: Rücktritt der FDP-Minister des Kabinetts Erhard. Vorzeitige Beendigung der Bonner Regierungskoalition durch Mehrheitsentscheidung der FDP-Fraktion. Neue Verhandlungen mit der CDU/CSU-Fraktion scheitern an Meinungsverschiedenheiten.

30. 10. 1966: Die Kampagne »Notstand der Demokratie«, die sich gegen die Verabschiedung der Notstandsgesetze richtet, beginnt.

6. 11. 1966: Die NPD gewinnt bei Wahlen zum hessischen Landtag 7,9% der Stimmen und damit 8 Landtagssitze.

20. 11. 1966: Bei Landtagswahlen in Bayern erhält die NPD 7,4% der Stimmen.

30. 11. 1966: Bundeskanzler Ludwig Erhard erklärt seinen Rücktritt.

1. 12. 1966: Der baden-württembergische Ministerpräsident Kurt Georg Kiesinger (CDU) wird zum neuen Bundeskanzler gewählt und bildet eine große Koalition aus CDU/CSU und SPD. Vizekanzler und Außenminister wird Willy Brandt (SPD).

2. 12. 1966: Als Nachfolger von Willy Brandt wird Heinrich Albertz (SPD) neuer Regierender Bürgermeister von Berlin.

14. 12. 1966: Herbert Wehner erklärt als neuer Bundesminister für gesamtdeutsche Fragen, daß eine diplomatische Anerkennung der DDR erst nach deren demokratischer Legitimierung möglich sei.

21. 12. 1966: Deutsch-französische Regierungsvereinbarung über den Status und das Aufenthaltsrecht der französischen Truppen nach deren Ausscheiden aus der NATO.

31.12. 1966: Die Arbeitslosenquote betrug im Jahresdurchschnitt 0,7% in der Bundesrepublik.

Baldur von Schirach (Mitte) nach Verbüßung seiner Haft in Spandau am 1. Oktober 1966 mit seinem Sohn. Durch sein Nürnberger Bekenntnis, daß er die deutsche Jugend für einen Mörder erzogen habe, half er großen Teilen jener damaligen deutschen Jugend aus ihrer gefühlsmäßigen Bindung an das Dritte Reich heraus.

1967

1. 1. 1967: Die 40-Stunden-Woche wird in der Metallindustrie eingeführt.
Gründung der »Kommune I« in Berlin.

27. 1. 1967: Gleichzeitige Unterzeichnung eines Vertrages über die friedliche Erforschung und Nutzung des Weltraumes in Washington, London und Moskau.

31. 1. 1967: Die Bundesrepublik vereinbart die Wiederaufnahme diplomatischer Beziehungen zu Rumänien und gibt damit praktisch die Hallstein-Doktrin auf.
Gleichzeitig kommt es zu einer heftigen öffentlichen Kontroverse zwischen der SED und der KP Rumäniens.

14. 2. 1967: Erste Gespräche der neugegründeten und von Bundeswirtschaftsminister Schiller angeregten »Konzertierten Aktion«.

20. 2. 1967: Die DDR-Volkskammer beschließt ein Gesetz über eine eigene DDR-Staatsbürgerschaft.

22. 2. 1967: Der SPD-Fraktionsvorsitzende Fritz Erler stirbt im Alter von 53 Jahren in Pforzheim.

Herbert Wehner (links) mit Kurt Georg Kiesinger am Abend nach dessen Wahl zum neuen Regierungschef.

Das Kabinett Kiesinger (1. Reihe dritter von rechts) am 1. Dezember 1966 bei Bundespräsident Lübke.

Totenwache für den am 19. April 1967 verstorbenen Konrad Adenauer im Kölner Dom.

Begegnung im Anschluß an die Trauerfeierlichkeiten für Konrad Adenauer. Von links nach rechts: de Gaulle, Lübke und Johnson.

Israelische Truppen nach der Einnahme des ägyptischen Luftwaffen-stützpunktes El Arish während des Sechs-Tage-Krieges 1967.

23. 2. 1967: Der Bundestag beschließt das Kreditfinanzierungsge-setz, das die Regierung ermächtigt, mit Investitionszuschüssen von bis zu 2,5 Milliarden DM Investitionen zu fördern.

10. 3. 1967: Im Bundestag wird der 3. Entwurf des Gesetzes zur Einführung einer Notstandsverfassung vorgelegt.

12. 3. 1967: Der Bundesschatzmeister Rubin (FDP) tritt für eine umfassende Änderung der Deutschlandpolitik ein.

3. – 5. 4. 1967: Der 18. Bundesparteitag der FDP verabschiedet ein Aktionsprogramm, die sogenannten 107 Thesen.

12. 4. 1967: Bundeskanzler Kiesinger gibt eine Regierungserklä-rung zur Deutschlandfrage ab. Er bietet der DDR ein geregeltes Nebeneinander an und schlägt Kontakte auf den Gebieten Wirt-schaft, Verkehr und Technik vor.

17.–22. 4. 1967: VII. Parteitag der SED in Ost-Berlin. Annahme des Programms zur »Industrialisierung der Landwirtschaft«.

19. 4. 1967: Konrad Adenauer stirbt im Alter von 91 Jahren in Rhöndorf am Rhein.

24.–26. 4. 1967: Konferenz der kommunistischen Parteien Euro-pas in Karlsbad mit Wiederholung des Vorschlags zur Einberufung einer europäischen Sicherheitskonferenz.

10. 5. 1967: Brief des Ministerpräsidenten der DDR, Willi Stoph, an Bundeskanzler Kiesinger. Das Schreiben wird angenommen und der Bundeskanzler erklärt sich in seinem Antwortbrief zu Verhandlun-gen über die »Normalisierung der Beziehungen« durch Beauftragte beider deutschen Regierungen bereit.

11. 5. 1967: Der Bundestag beschließt eine »Untersuchung der Gefährdung der wirtschaftlichen Existenz von Presseunterneh-men und der Folgen der Konzentration«. Die Einsetzung der sogenannten Günther-Kommission erfolgt am 6. 6.

22./23. 5. 1967: Der 15. Bundesparteitag der CDU beschließt Änderungen in der Führungsstruktur: Bundeskanzler Kiesinger wird zum neuen CDU-Vorsitzenden gewählt und damit Nachfol-ger von Ludwig Erhard. Neuer Generalsekretär wird Bruno Heck.

26. 5. 1967: Volkskammer beschließt »Perspektivplan« zur Ent-wicklung der Volkswirtschaft bis 1970.

29. 5. 1967: Das Mehrwertsteuergesetz wird verabschiedet.

2. 6. 1967: Der Student Benno Ohnesorg wird bei Demonstra-tionen anläßlich des Schah-Besuchs in Berlin-West von einem Poli-zisten erschossen.

5.–10. 6. 1967: »Sechs-Tage-Krieg« zwischen Israel und den arabi-schen Staaten.

8. 6. 1967: Eine Grundgesetzänderung ermöglicht es dem Bund, in den gesamtwirtschaftlichen Ablauf regulierend einzugreifen (Stabilitätsgesetz).

14. 6. 1967: Gesetz zur Förderung von Stabilität und Wachstum der Wirtschaft (StWG) tritt in Kraft.

28. 6. 1967: Das Parteiengesetz wird durch den Bundestag verabschiedet. Es regelt Status, Struktur und Aufgaben der politischen Parteien.

1. 7. 1967: Fusionierung von EGKS, EWG und EURATOM (EG).

2. 7. 1967: Volkskammerwahlen nach Einheitslisten in der DDR.

13./14. 7. 1967: Ulbricht und Stoph werden als Staatsratsvorsitzender bzw. Ministerratsvorsitzender wiedergewählt.

6. 7. 1967: Das zweite Konjunkturprogramm des Bundes wird mit einem Eventualhaushalt von 5,3 Milliarden DM gebilligt.

17. 7. 1967: Der Bundesausschuß des DGB lehnt für den Deutschen Gewerkschaftsbund den vorliegenden Entwurf der Notstandsverfassung ab.

21. 7. 1967: Thomas Dehler (FDP-Vorsitzender von 1954 bis 1957) stirbt im Alter von 69 Jahren in Streitberg.

3. 8. 1967: Der ehemalige Reichstagspräsident Paul Löbe stirbt im Alter von 92 Jahren in Bonn.
Die Bundesrepublik und die Tschechoslowakei vereinbaren die Errichtung von Handelsvertretungen.

25. 8. 1967: Start des Farbfernsehens in der Bundesrepublik und Ausstrahlung einer farbigen Fernsehshow.

28. 8. 1967: Einführung der Fünf-Tage-Woche mit 43¾ Stunden wöchentlicher Arbeitszeit in der DDR.

18. 9. 1967: Willi Stoph, Ministerpräsident der DDR, schlägt Bundeskanzler Kiesinger einen Vertragsentwurf über die Herstellung und Pflege normaler Beziehungen vor.

26. 9. 1967: Heinrich Albertz, Regierender Bürgermeister von Berlin, tritt im Zusammenhang mit den Studentenunruhen vom Juni zurück.

13. 10. 1967: Außenminister Brandt setzt sich für bessere Beziehungen zu den Staaten Osteuropas ein.

19. 10. 1967: Klaus Schütz (SPD) wird zum neuen Regierenden Bürgermeister von Berlin gewählt.

11. 11. 1967: Die neue Universität Regensburg nimmt den Lehrbetrieb auf.

Wegen der sommerlichen Hitze wurde die bis dahin längste Kabinettssitzung im Juli 1967 mitunter ins Freie verlegt. Sie galt der Sanierung der Bonner Staatsfinanzen.

Nach dem Ausscheiden Frankreichs aus dem militärischen Bereich der NATO werden am 16. Oktober 1967 nach dem Umzug von Paris nach Brüssel vor dem neuen Hauptquartier erstmals die Fahnen gehißt.

Sitzung der »Konzertierten Aktion« am 9. November 1967 im Bonner Wirtschaftsministerium.

Die beiden erfolgreichen Minister der Großen Koalition: Karl Schiller (Wirtschaft), rechts, und Franz Josef Strauß (Finanzen), genannt »Plisch und Plum«.

Hinrichtung in Süd-Vietnam 1968; ein Bild, das Empörung in aller Welt – vor allem bei der Jugend – auslöste.

Aktion in Hamburg: „Unter den Talaren Muff von 1000 Jahren" – so richtete sich Studentenprotest gegen die sogenannte Ordinarien-Universität.

1. 12. 1967: Bildung einer Kommission unter Leitung von W. Ulbricht zur Ausarbeitung einer neuen sozialistischen Verfassung.

10. 12. 1967: Manfred Eigen erhält zusammen mit den Engländern Ronald G. W. Norrish und George Porter den Nobelpreis für Chemie.

14. 12. 1967: Der NATO-Rat übernimmt die Aufgabenbeschreibung der NATO im Harmel-Plan (Verteidigung und Entspannung) und beschließt formell die Übernahme der Strategie der flexiblen Reaktion.

22. 12. 1967: Verkündung des Filmförderungsgesetzes. Mit seiner Hilfe sollen die Herstellung deutscher Filme, die technische Ausstattung von Filmtheatern und die Werbung für den deutschen Film unterstützt werden.

31. 12. 1967: Die Arbeitslosenquote betrug im Jahresdurchschnitt 2,1% in der Bundesrepublik.

1968

1. 1. 1968: Das Umsatzsteuergesetz tritt in der Bundesrepublik Deutschland in Kraft. Die sogenannte Mehrwertsteuer, eine Nettoumsatzsteuer, ersetzt die bisherige Bruttoumsatzsteuer.

12. 1. 1968: Die Volkskammer billigt ein neues Strafgesetzbuch und eine neue Strafprozeßordnung, die am 1. 7. in Kraft treten.

15. 1. 1968: Der 2. Jugendbericht wird vorgelegt. Themen sind »Jugend und Bundeswehr« sowie Aus- und Fortbildung der Mitarbeiter in der Jugendhilfe.

29./30. 1. 1968: Auf dem ordentlichen Bundesparteitag der FDP in Freiburg im Breisgau wird Walter Scheel zum Parteivorsitzenden gewählt und damit Nachfolger von Erich Mende.

31. 1. 1968: Wiederaufnahme diplomatischer Beziehungen zu Jugoslawien, die aufgrund der »Hallstein-Doktrin« seit dem 19. 10. 1957 unterbrochen waren.
Die sogenannte Tet-Offensive des Vietcong in Süd-Vietnam beginnt.

9. 2. 1968: Der Bundestag debattiert über Unruhe in der Jugend der Bundesrepublik.

18. 2. 1968: Studentenausschreitungen in Berlin-West gegen die Vereinigten Staaten in Verbindung mit dem Vietnam-Krieg. Auch der Berliner Politiker Henry Ristock nimmt an einem Protestmarsch gegen den Vietnam-Krieg teil.

26. 2.–5. 3. 1968: Konsultativtreffen von 64 kommunistischen und Arbeiterparteien in Budapest; DDR-Delegation unter Leitung von Erich Honecker.

1. 3. 1968: Bundespräsident Lübke (CDU) weist Vorwürfe wegen Beteiligung am Bau von Konzentrationslagern zurück.

3. 3. 1968: Der Bensberger Kreis veröffentlicht ein Memorandum zur Aussöhnung mit Polen.

17.–21. 3. 1968: Der ordentliche Bundesparteitag der SPD in Nürnberg beschließt, die Behandlung einer Wahlrechtsänderung auf den nächsten Parteitag zu verschieben.

23. 3. 1968: Treffen führender Politiker der UdSSR, der ČSSR, Ungarns, Polens, Bulgariens und der DDR in Dresden; Diskussion über die innenpolitische Entwicklung in der Tschechoslowakei.

26. 3. 1968: Die Volkskammer billigt die neue Verfassung der DDR und beschließt einen Volksentscheid darüber für den 6. 4.: 94% stimmen für die Verfassung.

27. 3. 1968: Die Wissenschaftlichen Hochschulen erlassen Numerus clausus.

28. 3. 1968: Bundesinnenminister Paul Lücke tritt zurück, weil Entscheidung über die von der Großen Koalition geplante Wahlrechtsreform verschoben wurde. Nachfolger wird Ernst Benda.

2. 4. 1968: In der Nacht vom 2. April werden auf zwei Kaufhäuser in Frankfurt Brandanschläge verübt. Andreas Baader (24), Thorwald Proll (26), Horst Söhnlein (25) und Gudrun Ensslin (27) werden wegen Verdachtes auf Brandstiftung festgenommen. Die Brandanschläge markieren die Trennung zwischen der Außerparlamentarischen Opposition (APO) und dem Terrorismus.

4. 4. 1968: Martin Luther King wird in Memphis (Tennessee) ermordet.

8. 4. 1968: Die neue Verfassung der DDR tritt in Kraft.

9. 4. 1968: Gewaltverzichtserklärung der Bundesregierung an die Adresse der Sowjetregierung.

11. 4. 1968: Der Vorsitzende des Sozialistischen Deutschen Studentenbundes (SDS), Rudi Dutschke, wird bei einem Mordanschlag schwer verletzt. Das Attentat führt in vielen Teilen der Bundesrepublik zu Demonstrationen und teilweise blutigen Auseinandersetzungen mit der Polizei.

11.–17. 4. 1968: Studentische Osterunruhen nach dem Dutschke-Attentat: Höhepunkt der Kampagne »Enteignet Springer«.

13. 4. 1968: Rundfunk- und Fernsehansage von Bundeskanzler Kiesinger aus Anlaß des Attentats auf Rudi Dutschke und der darauffolgenden Osterunruhen.

Der am 4. April 1968 ermordete schwarze Bürgerrechtler Martin Luther King.

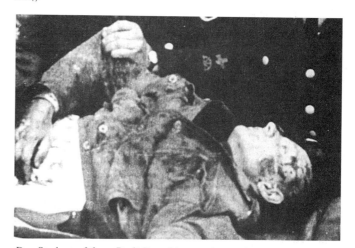

Der Studentenführer Rudi Dutschke wurde am 11. April 1968 durch drei Pistolenschüsse niedergestreckt.

Erich Fried (rechts) am 11. Mai 1968 bei der Kundgebung des »Kuratoriums Notstand der Demokratie« im Bonner Hofgarten.

Studentenführer Daniel Cohn-Bendit bei den Mai-Unruhen in Paris 1968.

Schweigemarsch in Berlin für den ermordeten US-Senator Robert F. Kennedy am 7. Juni 1968.

20./21. August 1968: Der Einmarsch von Truppen des Warschauer Paktes setzte dem »Prager Frühling« ein jähes Ende. Ein Prager Arbeiter vor einem sowjetischen Panzer.

14. 4. 1968: Bundesjustizminister Gustav Heinemann hält aus Anlaß des Dutschke-Attentats und der Osterunruhen eine selbstkritische Rundfunk- und Fernsehansprache.

30. 4. 1968: Sondersitzung des Deutschen Bundestags wegen der studentischen Osterunruhen.

10. 5. 1968: Beginn der amerikanisch-nordvietnamesischen Kontakte in Paris wegen Beendigung des Vietnam-Krieges.

11. 5. 1968: Gegner der Notstandsgesetzgebung unternehmen einen Sternmarsch nach Bonn mit rund 30000 Teilnehmern aus dem ganzen Bundesgebiet.

13. 5. 1968: Höhepunkt der studentischen Mai-Unruhen in Paris.

27. 5. 1968: In Erklärungen der drei Westmächte wird die Ablösung der alliierten Vorbehalte zugesichert für den Fall, daß eine deutsche Notstandsverfassung zustandekommt.

30. 5. 1968: Der Bundestag verabschiedet die Notstandsverfassung (Vorsorgegesetze für den Fall eines Krieges und von Katastrophen und Gefahren für die Verfassungsordnung im Inneren), die als 17. Gesetz zur Ergänzung des Grundgesetzes am 28. 6. 1968 in Kraft tritt.

31. 5. 1968: Hans-Jürgen Wischnewski wird die neu geschaffene Position des SPD-Bundesgeschäftsführers übertragen.

Mai/Juni 1968: Der Bundesvorstand des DGB protestiert mehrfach gegen Annahme der Notstandsgesetze.

6. 6. 1968: Robert Kennedy wird in Los Angeles (Kalifornien) erschossen.

10./11. 6. 1968: Die DDR führt Paß- und Visazwang zwischen Berlin-West und der Bundesrepublik im Transitverkehr ein.

14. 6. 1968: Die Günther-Kommission legt ihren Schlußbericht vor und empfiehlt Maßnahmen gegen Pressekonzentrationen.

19. 6. 1968: Durch das Gesetz zur Wahrung der Einheitlichkeit der Rechtsprechung der obersten Gerichtshöfe des Bundes und eine ausgleichende Änderung des Grundgesetzes wird anstelle eines Obersten Bundesgerichtes der Gemeinsame Senat der Bundesgerichte eingerichtet.

1. 7. 1968: Unterzeichnung des Atomwaffensperrvertrages in Moskau, Washington und London. Die Bundesrepublik ratifiziert diesen Vertrag über die Nichtverbreitung von Kernwaffen am 28. 11. 1969.
Der Gemeinsame Zolltarif der EWG tritt in Kraft.

20./21. 8. 1968: Beendigung des sogenannten Prager Frühlings durch Einmarsch von Truppen des Warschauer Paktes in die Tschechoslowakei.

8. 9. 1968: Im KZ Dachau wird ein Mahnmal eingeweiht. Das am 20. 3. 1933 als erstes offizielles KZ von der SS eingerichtete Lager war von 1933 bis 1945 für 200000 Häftlinge aus ganz Europa Zwangsaufenthalt. Mindestens 34000 von ihnen sind in den Jahren zwischen 1940 und 1945 umgekommen.

22. 9. 1968: Gründung der Deutschen Kommunistischen Partei (DKP) als Nachfolgeorganisation der verbotenen KPD.

12.–27. 10. 1968: Erstmals Teilnahme zweier deutscher Mannschaften bei den Olympischen Spielen in Mexiko.

12. 10. 1968: Anwerbevereinbarung für Gastarbeiter mit Jugoslawien.

14. 10. 1968: Bundespräsident Lübke gibt bekannt, er werde am 30. Juni 1969 vorzeitig aus dem Amt scheiden.

28. 10. 1968: Brandt erklärt die Bereitschaft, von der Existenz der DDR als eines zweiten deutschen Staates auszugehen und der Regierung der DDR auf der Basis der Gleichberechtigung zu begegnen.

4. 11. 1968: In Berlin-West kommt es bei einer Demonstration zu blutigen Auseinandersetzungen zwischen Studenten und der Polizei. Auslöser ist das Berufsverbot für den APO-Anwalt Horst Mahler, das bis 1988 in Kraft bleibt.

4. – 7. 11. 1968: 16. ordentlicher Bundesparteitag der CDU in Berlin.

8. 11. 1968: Die Arbeitnehmer in der Europäischen Gemeinschaft erhalten die sogenannte Freizügigkeit.

12. 11. 1968: Breschnew rechtfertigt den Einmarsch in die ČSSR mit der sogenannten Breschnew-Doktrin, die die beschränkte Souveränität der sozialistischen Staaten im Falle einer Bedrohung für das sozialistische Weltsystem besagt.

20.–22. 11. 1968: Die Notenbankpräsidenten und Fachminister von Belgien, der Bundesrepublik, Frankreich, Großbritannien, Italien, Japan, Kanada, Niederlande, Schweden und den USA erörtern in Berlin die durch Gerüchte über eine Aufwertung der D-Mark ausgelöste internationale Währungskrise.

27. 11. 1968: Gründung der Ruhrkohle AG.

13./14. 12. 1968: Auf dem CSU-Parteitag wird ein neues Grundsatzprogramm verabschiedet.

16. 12. 1968: Eröffnung der neuen Universität Dortmund.

24. 12. 1968: Das bemannte amerikanische Raumschiff »Apollo 8« umkreist erstmals den Mond.

31. 12. 1968: Die Arbeitslosenquote betrug im Jahresdurchschnitt 1,5% in der Bundesrepublik.

1969

22./23. 1. 1969: »Schrittmacherkonferenz« in Halle zur Erhöhung der Arbeitsproduktivität.

24. 1. 1969: Die FDP legt den Entwurf eines Generalvertrages mit der DDR vor.

30./31. 1. 1969: Der Deutsche Bildungsrat empfiehlt die Einrichtung von Schulversuchen mit Gesamtschulen.

5. 2. 1969: Der bisherige Bundesvertriebenenminister Kai-Uwe von Hassel (CDU) wird neuer Bundestagspräsident. Er tritt die Nachfolge des zurückgetretenen Eugen Gerstenmaier (CDU) an.

15. 2. 1969: Konstituierung eines »Ständigen Internationalen Komitees für die Anerkennung der DDR« in Helsinki.

26./27. 2. 1969: US-Präsident Nixon hält sich zu einem Staatsbesuch in der Bundesrepublik und in Berlin-West auf und regt Gespräche über Spannungsminderungen in Berlin an.

2. 3. 1969: Gefechte am sowjetisch-chinesischen Grenzfluß Ussuri.

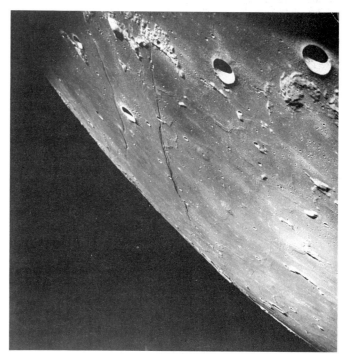

Aufnahmen der Mondoberfläche aus dem Raumschiff »Apollo 8« am 1. Januar 1969.

US-Präsident Nixon wird am 27. Februar 1969 in West-Berlin jubelnd empfangen.

Vereidigung von Bundespräsident Heinemann.

SPD-Parteitag in Frankfurt im April 1969: von links nach rechts, vordere Reihe: Willy Brandt, Herbert Wehner, Alfred Nau, hintere Reihe: Karl Schiller, Helmut Schmidt und Hans-Jürgen Wischnewski.

5. 3. 1969: Die Bundesversammlung wählt in Berlin-West im dritten Wahlgang Justizminister Gustav Heinemann (SPD) mit 512 von 1023 Stimmen bei 5 Enthaltungen zum Bundespräsidenten. Auf den Kandidaten der CDU/CSU, Bundesverteidigungsminister Gerhard Schröder, entfallen 506 Stimmen.

17. 3. 1969: Die Staats- und Parteichefs der Warschauer-Pakt-Staaten unterbreiten bei einer Tagung des Politischen Beratenden Ausschusses in Budapest den Vorschlag einer Konferenz über Sicherheit und Zusammenarbeit in Europa (»Budapester Appell«).

26. 3. 1969: Horst Ehmke (SPD) wird neuer Bundesjustizminister und tritt die Nachfolge von Gustav Heinemann (SPD) an.

1.–24. 4. 1969: Ende der chinesischen Kulturrevolution.

16.–18. 4. 1969: Willy Brandt wird auf dem außerordentlichen Parteitag der SPD in Bad Godesberg erneut zum Bundeskanzlerkandidaten nominiert.

28. 4. 1969: Charles de Gaulle tritt aufgrund eines negativen Volksentscheids über die Regionalisierung zurück. Nachfolger wird Georges Pompidou.

8. 5. 1969: Die DDR und Kambodscha nehmen diplomatische Beziehungen auf. 1969 wird zum »Anerkennungsjahr« für die DDR: Aufnahme diplomatischer Beziehungen zum Irak, Sudan, zu Syrien, zur Demokratischen Volksrepublik Jemen und zu Ägypten.

9. 5. 1969: Das Gesetz gegen unlauteren Wettbewerb wird durch den Bundestag gebilligt.

12. 5. 1969: Das Finanzreformgesetz verändert die bundesdeutsche Finanzverfassung durchgreifend, vor allem im Hinblick auf die Verteilung des Steueraufkommens.

17. 5. 1969: In Warschau erklärt Wladyslaw Gomulka seine Bereitschaft, mit der Bundesrepublik einen internationalen Vertrag über die Anerkennung der bestehenden polnischen Grenze schließen zu wollen.

21. 5. 1969: Zum Nachfolger von Ludwig Rosenberg als Vorsitzender des DGB wird Heinz Oskar Vetter gewählt.

22./23. 5. 1969: Konferenz des ZK der SED und des Ministerrats in Halle zur Entwicklung der Energiewirtschaft.

28.–30. 5. 1969: VI. Deutscher Schriftstellerkongreß in Ost-Berlin: Annahme eines neuen Statuts nach den Anforderungen des »entwickelten gesellschaftlichen Systems des Sozialismus«.

30. 5. 1969: Die Bundesregierung erklärt, daß jede Anerkennung der DDR weiterhin als unfreundlicher Akt gewertet werde (modifizierte Hallstein-Doktrin).

Juni 1969: Die Zahl der offenen Stellen erreicht mit 949 000 Nachkriegsrekord. Die Arbeitslosenquote liegt bei 0,5%.

4. 6. 1969: Die Bundesregierung beschließt, die diplomatischen Beziehungen zu Kambodscha »einzufrieren«.

8. 6. 1969: Gründung des »Verbands deutscher Schriftsteller e. V.« (VS) als Nachfolgeorganisation der »Bundesvereinigung Deutscher Schriftsteller e. V.« (BDS, gegründet 1952).

10.–14. 6. 1969: 1. Synodaltagung des neugegründeten Bundes der Evangelischen Kirche in der DDR in Potsdam.

11. 6. 1969: Kambodscha bricht die diplomatischen Beziehungen zur Bundesrepublik ab.

25. 6. 1969: Ein Arbeitsförderungsgesetz zur Sicherung alter und Schaffung neuer Arbeitsplätze tritt in Kraft.

Verabschiedung des ersten Strafrechtsreformgesetzes.

1. 7. 1969: Arbeitsförderungsgesetz als Hilfe für Arbeitslose durch Beratung und Vermittlung, Umschulung, Fortbildung und Unterstützung.

3. 7.–27. 11. 1969: Vereinbarungen der Kultusministerkonferenz zur Durchführung von Schulversuchen mit Ganztags- und Gesamtschulen.

3. 7. 1969: Das Auswärtige Amt übergibt dem sowjetischen Botschafter in Bonn die Antwort auf die sowjetische Note vom 5. 7. 1968 bezüglich einer Fortsetzung des Dialogs über einen beiderseitigen Gewaltverzicht.

4. 7. 1969: Verabschiedung des zweiten Strafrechtsreformgesetzes.

10. 7. 1969: Außenminister Gromyko erklärt die Bereitschaft der Sowjetunion zum Meinungsaustausch mit der Bundesrepublik Deutschland über Verzicht auf Gewaltanwendung bis zum Abschluß eines entsprechenden Abkommens und zu Gesprächen über Berlin.

20. 7. 1969: Den amerikanischen Astronauten Armstrong und Aldrin gelingt als ersten Menschen die Landung auf dem Mond.

22. 7. 1969: Haushaltspolitische Maßnahmen zur Konjunkturdämpfung treten in Kraft.

24. 7. 1969: Der amerikanische Präsident Nixon erklärt, daß die Vereinigten Staaten zwar grundsätzlich zu ihren sicherheitspolitischen Verpflichtungen stünden, aber nicht erneut intervenieren würden. Die Länder Asiens müßten ihre Sicherheitsprobleme zunehmend selbst lösen (Reaktion Nixons auf den Vietnam-Krieg).

Start der Apollo-Rakete mit der Mondlandefähre »Eagle« an Bord.

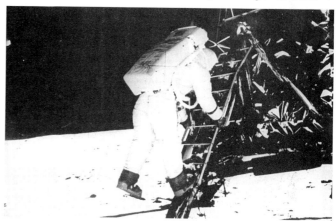

Astronaut Edwin Aldrin beim Ausstieg aus der Mondlandefähre »Eagle« am 20. Juli 1969, fotografiert von Neil Armstrong.

Besuch der FDP-Spitze im Juli 1969 in Moskau; von links nach rechts: Hans Dietrich Genscher, Wolfgang Mischnick, Walter Scheel, ein Dolmetscher und Andrej Kossygin.

Führende SPD-Politiker zu Gesprächen im Kreml in Moskau im August 1969, 2. von rechts Helmut Schmidt.

Der neue DGB-Vorsitzende Vetter (links) im Gespräch mit Kemper vom Unternehmensverband Ruhrbergbau (rechts) und Bundeswirtschaftsminister Schiller am 16. September 1969 in Bonn über die neue Kohle-Einheitsgesellschaft.

Blick in die geschlossene Frankfurter Devisenbörse im September 1969.

24./25. 7. 1969: Der FDP-Bundesvorsitzende Walter Scheel reist in Begleitung von Hans-Dietrich Genscher und Wolfgang Mischnick nach Moskau. Gespräche mit dem Ministerpräsidenten Kossygin.

27. 7. 1969: Die Fortzahlung des Arbeitsentgelts im Krankheitsfall wird geregelt durch das Lohnfortzahlungsgesetz.

4. 8. 1969: Verlängerung der Verjährung für Mord auf 30 Jahre, um weitere Verfolgung von NS-Verbrechen zu ermöglichen.

7. 8. 1969: Westmächte unternehmen mit der Sowjetunion den Versuch einer neuen Initiative zur Regelung der Berlin-Frage.

14. 8. 1969: Das neue Berufsbildungsgesetz regelt die Ausbildungsverhältnisse bundeseinheitlich. Statt »Lehrlinge« gibt es künftig »Auszubildende«.

19. 8. 1969: Reform des Rechts für nichteheliche Kinder.

20.–23. 8. 1969: Unter Helmut Schmidt als Delegationsleiter halten sich führende Politiker der SPD auf Einladung des Obersten Sowjet in Moskau auf.

16. 9. 1969: Vertreter beider deutscher Verkehrsministerien nehmen in Ost-Berlin Verhandlungen über Fragen des Eisenbahn- und Transitbinnenschiffahrtsverkehrs und der Straßenbauplanung auf.

19. 9. 1969: Vertreter beider deutscher Postministerien nehmen in Ost-Berlin Verhandlungen über Ausgleichszahlungen im Post- und Fernmeldewesen auf.

25. 9. 1969: Auf Vorschlag der Bundesbank werden die deutschen Devisenmärkte bis zum Wahltag geschlossen.

28. 9. 1969: Bei Wahlen zum 6. Deutschen Bundestag erhalten CDU/CSU 46,1% der Stimmen, SPD 42,7% und FDP 5,8%.

29. 9. 1969: Auf Wunsch der Bundesregierung stellt die Deutsche Bundesbank ihre Interventionen auf den Devisenmärkten ein und gibt die Wechselkurse der D-Mark frei. Der erste freie Dollar-Kurs beträgt DM 3,84.
DDR unterzeichnet Atomwaffensperrvertrag.

29. 9.–15. 10. 1969: Koalitionsverhandlungen zwischen SPD und FDP einerseits sowie CDU/CSU und FDP andererseits. Der SPD-Vorsitzende Willy Brandt erklärt den Anspruch seiner Partei, die Führung der Bundesregierung zu übernehmen und mit der FDP eine Regierung zu bilden. Am 3. 10. stimmt die FDP einer Koalition mit der SPD zu.

Oktober 1969: Das Bundesministerium für wissenschaftliche Forschung wird zum Bundesministerium für Bildung und Wissenschaft ausgebaut.

6. 10. 1969: Gesetz über die »Verbesserung der regionalen Wirtschaftsstruktur«.

21. 10. 1969: Der Bundestag wählt Willy Brandt mit 251 gegen 235 Stimmen bei 5 Enthaltungen und 4 ungültigen Stimmen zum Bundeskanzler.

22. 10. 1969: Das Kabinett Brandt/Scheel, eine Koalition aus SPD und FDP, wird im Bundeshaus vereidigt.

24. 10. 1969: Die Bundesregierung beschließt die Aufwertung der D-Mark um 8,5%.

28. 10. 1969: Regierungserklärung von Bundeskanzler Willy Brandt vor dem Deutschen Bundestag. Er kündigt das umfangreichste Reformprogramm der deutschen Nachkriegsgeschichte an. Bereitschaft zu gleichberechtigten Verhandlungen mit der DDR; »Zwei Staaten-eine Nation«-Konzept.

8. 11. 1969: Der erste deutsche Forschungssatellit »Azur« wird in eine Umlaufbahn um die Erde gebracht. Aufgabe ist die Messung magnetischer Störungen und Partikelenergien.

15. 11. 1969: Die Proteste gegen das amerikanische Engagement in Vietnam finden in einer Massendemonstration in Washington ihren Höhepunkt.

16.−18. 11. 1969: Kurt Georg Kiesinger wird auf dem Bundesparteitag der CDU in Mainz erneut Bundesvorsitzender der CDU. Vorgespräche zwischen USA und Sowjetunion in Helsinki über die Begrenzung strategischer Rüstung (SALT).

20. 11. 1969: Karl Klasen wird Nachfolger von Karl Blessing als Präsident der Deutschen Bundesbank.

24./25. 11. 1969: Die Bundesregierung bietet der polnischen Regierung Verhandlungen über alle anstehenden deutsch-polnischen Fragen ohne Vorbedingungen an.

28. 11. 1969: Die Bundesrepublik unterzeichnet den Atomwaffensperrvertrag.

1./2. 12. 1969: Konferenz der Staats- beziehungsweise Regierungschefs der Europäischen Gemeinschaft in Den Haag. Sie erzielen Einigkeit über einen gemeinsamen Markt. Frankreich stimmt einer Erweiterung der EG zu.
Senator Mike Mansfield bringt im amerikanischen Senat einen Resolutionsentwurf zur Verringerung der amerikanischen Streitkräfte in Europa ein (Mansfield-Amendment).

3./4. 12. 1969: Führende Funktionäre der Warschauer-Pakt-Staaten geben bei einem Treffen in Moskau Stellungnahmen zur Frage einer gesamteuropäischen Sicherheitskonferenz, zur neuen Bonner Koalitionsregierung, zu Fragen der Abrüstung und zum Vietnamkrieg ab.

Vereidigung des 1. Kabinetts Brandt durch Bundespräsident Gustav Heinemann.

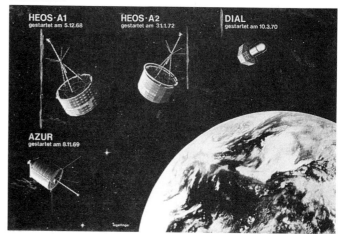

Vier von MBB entwickelte und erfolgreich gestartete Forschungssatelliten.

Der neue Präsident der Deutschen Bundesbank Karl Klasen (rechts) und sein Vorgänger Karl Blessing am 22. November 1969.

Staatssekretär Egon Bahr (links) am 4. März 1970 im Gespräch mit dem sowjetischen Außenminister Gromyko in Moskau.

Schriftstellerkongreß in Stuttgart 1970; von links: Heinrich Böll, Günter Grass, Bundeskanzler Brandt.

Staatssekretär Ferdinand Duckwitz bei seiner Ankunft in Warschau.

8. 12. 1969: Beginn von Sondierungsgesprächen zwischen der Bundesrepublik Deutschland und der Sowjetunion über Gewaltverzicht und Verbesserung des deutsch-sowjetischen Verhältnisses.

12./13. 12. 1969: Ulbricht fordert die Normalisierung der Beziehungen zwischen beiden deutschen Staaten, das heißt die Anerkennung der DDR als gleichberechtigten Staat.

18. 12. 1969: Der DDR-Staatsratsvorsitzende Walter Ulbricht übermittelt Bundespräsident Gustav Heinemann einen Vertragsentwurf über die Aufnahme gleichberechtigter Beziehungen zwischen der Bundesrepublik Deutschland und der DDR.

19. 12. 1969: Bundespräsident Heinemann beantwortet das Schreiben des DDR-Staatsratsvorsitzenden und teilt die Weiterleitung an die Bundesregierung mit.

31. 12. 1969: Die Arbeitslosenquote betrug im Jahresdurchschnitt 0,9% in der Bundesrepublik.

1970

1. 1. 1970: Lohnfortzahlungsgesetz tritt in Kraft. Es bewirkt die Gleichstellung von Arbeitern und Angestellten im Krankheitsfalle.
Die Verbesserung der regionalen Wirtschaftsstruktur wird gesetzlich geregelt.

18. 1. 1970: In Berlin wird die Gesamtschule zur Regelschule.

22. 1. 1970: Die Bundesregierung beschließt ein binnenwirtschaftliches Stabilisierungsprogramm.
Bundeskanzler Brandt schlägt Willi Stoph, dem Vorsitzenden des Ministerrats der DDR, Verhandlungen über den Austausch von Gewaltverzichtserklärungen vor.

30. 1.–18. 2. 1970: Egon Bahr, Staatssekretär im Bundeskanzleramt, führt in Moskau mit Außenminister Gromyko die ersten Gespräche über einen Gewaltverzichtsvertrag zwischen der Sowjetunion und der Bundesrepublik Deutschland.

1. 2. 1970: Der deutsch-sowjetische Vertrag über die Lieferung von Erdgas gegen Großröhren wird in Essen abgeschlossen.

2. 2. 1970: Grundsätze der Bundesregierung zur Eingliederung ausländischer Arbeitnehmer veröffentlicht.

5./6. 2. 1970: Ferdinand Duckwitz, Staatssekretär im Auswärtigen Amt, führt in Warschau erste vertrauliche Gespräche mit der Regierung Polens über Probleme des deutsch-polnischen Verhältnisses.

7. 2. 1970: Kardinal Höffner veröffentlicht Thesen zur Verteidigung des Zölibats.

18. 2. 1970: Präsident Nixon legt dem Kongreß einen Bericht über die amerikanische Außenpolitik für die siebziger Jahre vor, wonach die Vereinigten Staaten entschlossen seien, ein neues Verhältnis zu den Nationen der freien Welt zu entwickeln (Nixon-Doktrin).

24.−27. 2. 1970: Offizieller Freundschaftsbesuch von Außenminister Andrej Gromyko in Ost-Berlin.

27. 2. 1970: Einberufung einer Studienkommission zur Reform des öffentlichen Dienstrechts auf Beschluß des Deutschen Bundestages.

28. 2.−21. 3. 1970: Erneute Gespräche Egon Bahrs in Moskau bezüglich des Gewaltverzichtvertrages zwischen beiden Ländern.

9.−11. 3. 1970: Staatssekretär Duckwitz setzt in Warschau die vertraulichen Gespräche über das deutsch-polnische Verhältnis fort.

11. 3. 1970: Fritz-Rudolf Schultz (FDP) wird neuer Wehrbeauftragter des Bundestages.

18. 3. 1970: Erstmals wird eine Enquête-Kommission für auswärtige Kulturpolitik eingesetzt.

19. 3. 1970: Bundeskanzler Brandt und der Vorsitzende des Ministerrats der DDR, Willi Stoph, treffen sich in Erfurt zu Gesprächen über die Beziehungen zwischen beiden deutschen Staaten.

26. 3. 1970: Die Botschafter der drei Westmächte in der Bundesrepublik und der sowjetische Botschafter in der DDR nehmen Verhandlungen zu einem Viermächte-Abkommen über Berlin auf.

5. 4. 1970: Graf von Spreti (62), Botschafter der Bundesrepublik in Guatemala, wird durch mehrere Kopfschüsse ermordet. Die Regierung Guatemalas hatte sich geweigert, die für seine Freilassung gestellten Bedingungen zu erfüllen.

5.−11. 4. 1970: Staatsbesuch von Bundeskanzler Brandt in den USA. Präsident Nixon sichert Unterstützung bei Ost-Politik zu.

16. 4. 1970: In Wien Beginn der amerikanisch-sowjetischen SALT-Verhandlungen.

20. 4. 1970: Erster Sozialbericht der Bundesregierung.

22.−24. 4. 1970: Weitere Gesprächsrunde von Staatssekretär Duckwitz und Vertretern der polnischen Regierung in Warschau über Probleme des deutsch-polnischen Verhältnisses.

11.−14. 5. 1970: Der SPD-Parteitag beschließt die Erarbeitung eines »gesellschaftspolitischen Langzeitprogramms« auf der Basis des Godesberger Programms.

Deutsch-deutsches Treffen am 19. März 1970 in Erfurt zwischen Bundeskanzler Willy Brandt (links) und dem Vorsitzenden des Ministerrates der DDR, Willi Stoph.

Bundeskanzler Brandt am 10. April 1970 in den USA: Begrüßung vor dem Weißen Haus in Washington durch Präsident Nixon (rechts).

Der deutsche Botschafter Karl Graf von Spreti wird am 6. April 1970 in Guatemala ermordet. Hier Präsident Montenegro (Mitte) und Außenminister Mohr am Sarg Spretis.

Verabschiedung der DDR-Delegation durch Kanzler Brandt am Bahnhof von Kassel nach dem Treffen Stoph – Brandt am 21. Mai 1970.

Unterzeichnung des Moskauer Vertrages am 12. August 1970.

Begräbnis des am 9. November 1970 gestorbenen Charles de Gaulle. Den Sarg tragen jugendliche Einwohner von Colombey-Les-Deux-Eglises.

12.–22. 5. 1970: Egon Bahr führt in Moskau letzte Gespräche über ein Gewaltverzichtsabkommen zwischen beiden Ländern (»Bahr-Papier«).

14. 5. 1970: Andreas Baader wird durch Ulrike Meinhof, Ingrid Schubert und Irene Goergens gewaltsam aus der Haft befreit.

16. 5. 1970: Aufhebung des Freistellungsgesetzes, das bisher als Grundlage für die Verhaftung von DDR-Funktionären beim Betreten der Bundesrepublik gedient hatte.

20. 5. 1970: Das Demonstrationsrecht wird durch das dritte Strafrechtsreformgesetz liberalisiert. Zugleich tritt das Straffreiheitsgesetz für Demonstrationsdelikte in Kraft. Beide Gesetze werden als Versuch verstanden, den »inneren Frieden« mit kompromißwilligen Teilen der APO (Außerparlamentarischen Opposition) herzustellen.

21. 5. 1970: Willy Brandt und Willi Stoph treffen sich in Kassel zu weiteren Gesprächen.

4. 6. 1970: Gesetz zur Verbesserung der Vermögensbildung der Arbeitnehmer wird verabschiedet. Höchstbetrag jetzt DM 624.–.

12. 6. 1970: Teile des geheimen »Bahr-Papiers« werden in der Bild-Zeitung vorzeitig abgedruckt.

22. 6. 1970: Der Warschauer Pakt fordert erneut eine europäische Sicherheitskonferenz, auf der auch über Truppenverminderung beraten werden soll.

23. 6. 1970: Ein Abkommen zwischen der Bundesrepublik Deutschland und der Volksrepublik Polen über Warenverkehr und wirtschaftliche Zusammenarbeit wird unterzeichnet.

25. 6. 1970: Eine gemeinsame Bund-Länder-Kommission für Bildungsplanung wird eingerichtet.

27. 6. 1970: Verbesserung der Stellung von nichtehelichen Kindern und der rechtlichen Stellung der Mutter durch Ergänzung und Verbesserung des Jugendwohlfahrtsgesetzes.

1. 7. 1970: Quick und die Bild-Zeitung veröffentlichen jetzt das geheime »Bahr-Papier« vollständig.

7. 7. 1970: Das Bundeskabinett beschließt steuerliche Konjunkturdämpfungsmaßnahmen.

23. 7. 1970: Die Erhebung eines rückzahlbaren Konjunkturzuschlags zur Einkommens- und Körperschaftssteuer wird durch Gesetz festgelegt.

26. 7.–7. 8. 1970: Walter Scheel führt in Moskau Verhandlungen über einen deutsch-sowjetischen Gewaltverzichtsvertrag.

31. 7. 1970: Herabsetzung des aktiven Wahlalters auf 18 Jahre durch eine Grundgesetzänderung.

11.–13. 8. 1970: Besuch Bundeskanzler Brandts in der Sowjetunion: Am 12. 8. Unterzeichnung des deutsch-sowjetischen Vertrages über Gewaltverzicht und Anerkennung der in Europa bestehenden Grenzen (Moskauer Vertrag).

18. 9. 1970: Der Contergan-Prozeß endet ohne Urteil, da das persönliche Verschulden einzelner nicht bewiesen werden kann.

29. 9. 1970: Bei Banküberfällen in Berlin werden DM 220000 erbeutet. Die Polizei vermutet die Baader/Meinhof-Gruppe hinter den Tätern.

1. 10. 1970: Papst Paul VI. warnt öffentlich vor Mischehen.

9. 10. 1970: Fraktionswechsel von Erich Mende, Heinz Starke und Siegfried Zoglmann von der FDP zur CDU/CSU aus Protest gegen die sozialliberale Koalition.

28. 10. 1970: In Bonn wird die Deutsche Gesellschaft für Friedens- und Konfliktforschung (DGFK) gegründet.

30. 10. 1970: Andrej Gromyko trifft Walter Scheel zu einem Meinungsaustausch in Kronberg im Taunus.

5. 11. 1970: Die Bundesregierung beschließt Verbesserung der Qualifikation der Ausbilder und die Schaffung neuer Ausbildungsplätze.

9. 11. 1970: Charles de Gaulle stirbt.

13. 11. 1970: Außenminister Walter Scheel und der polnische Außenminister Jedrychowski paraphieren den Warschauer Vertrag.

14. 11. 1970: Abgrenzungsbeschluß der SPD gegenüber der DKP.

19. 11. 1970: Erstes Außenministertreffen im Rahmen der Europäischen Politischen Zusammenarbeit (EPZ) in München.

27. 11. 1970: Verhandlungen über Verkehrsfragen, Transitabkommen und Grundlagenvertrag beginnen zwischen dem Staatssekretär im Bundeskanzleramt, Egon Bahr, und dem DDR-Staatssekretär Michael Kohl.

1. 12. 1970: Der Städtebaubericht der Bundesregierung stellt fest, daß etwa 800000 Haushalte in Baracken oder sonstigen Wohngelegenheiten untergebracht und circa eine Million Wohnungen abbruchreif sind.

7. 12. 1970: Unterzeichnung des Warschauer Vertrages durch Bundeskanzler Brandt und Ministerpräsident Cyrankiewicz. Der Vertrag bildet die Grundlage der Normalisierung der Beziehungen zwischen der Bundesrepublik Deutschland und der Volksrepublik Polen bei gleichzeitiger Anerkennung der Oder-Neiße-Linie.

Abschluß des Warschauer Vertrages am 7. Dezember 1970.

Ein Bild, das um die Welt ging: der Kniefall Bundeskanzler Brandts vor dem Mahnmal im Warschauer Getto.

8. 12. 1970: Laut Bundesanstalt für Arbeit hat die Zahl ausländischer Gastarbeiter die Zwei-Millionen-Grenze überschritten.

9.–11. 12. 1970: Tagung des ZK der SED: Kontinuität und Stabilität sollen in der Planwirtschaft den Vorrang haben vor strukturpolitischen Maßnahmen.

17. 12. 1970: Ulbricht spricht in einem Referat die Fortexistenz der einheitlichen deutschen Nation ab, statt dessen habe sich in der DDR ein »sozialistischer deutscher Nationalstaat« entwickelt.

31. 12 1970: Die Arbeitslosenquote betrug im Jahresdurchschnitt 0,7% in der Bundesrepublik.

Deutsche Aussiedler aus Polen im Grenzdurchgangslager Friedland.

Amtswechsel am 13. Mai 1971: Alex Möller tritt zurück, Karl Schiller wird Nachfolger als Bundesminister für Wirtschaft und Finanzen.

Eröffnung des VIII. SED-Parteitages in Ost-Berlin am 15. Juni 1971; Mitte vorn Erich Honecker, 1. Reihe 2. von links Leonid Breschnew.

1971

1. 1. 1971: 3. Volkszählung der DDR seit 1945: 17 053 699 Einwohner.

3. 1. 1971: Der Vatikan lehnt es ab, den Bann gegen Martin Luther aufzuheben.

23. 1. 1971: Die ersten Umsiedler aus Polen treffen in der Bundesrepublik ein.

25.–27. 1. 1971: Der CDU-Bundesparteitag verabschiedet die 2. Fassung des »Berliner Programms«.

29. 1. 1971: Der Ministerrat beschließt sozialpolitische Maßnahmen (unter anderem Erhöhung der Mindestrenten, Preissenkungen für einige Industriewaren).

31. 1. 1971: Wiederaufnahme des Telefonverkehrs zwischen Ost- und West-Berlin nach 19 Jahren.

2. 3. 1971: Arbeitserlaubnisverordnung für ausländische Arbeitnehmer.

18. 3. 1971: Gesetz zur Vereinheitlichung und Neuregelung des Besoldungsrechts in Bund und Ländern tritt in Kraft.

24. 3. 1971: Bundeskanzler Brandt erläutert im Bundestag die Reformpolitik der sozialliberalen Koalition.

1. 4. 1971: Die Mindestanforderungen für Unterbringung ausländischer Arbeitnehmer werden durch Erlaß erhöht.

3. 5. 1971: Walter Ulbricht tritt vom Amt des Ersten Sekretärs des ZK der SED zurück. Erich Honecker wird sein Nachfolger.

9. 5. 1971: Die Bundesregierung gibt die Wechselkurse der D-Mark frei und beschließt ein konjunkturpolitisches Stabilitätsprogramm.

12. 5. 1971: Horst Sindermann wird Erster Stellvertreter des Vorsitzenden des Ministerrats der DDR.

13. 5. 1971: Finanzminister Alex Möller tritt wegen der Haushaltslage zurück. Der bisherige Bundeswirtschaftsminister Karl Schiller wird Bundesminister für Wirtschaft und Finanzen.
Als erste westdeutsche Firma eröffnen die Farbwerke Hoechst eine ständige Vertretung in Moskau.

18. 5. 1971: Eröffnung der Ausstellung »Fragen an die deutsche Geschichte« in der Frankfurter Paulskirche.

15.–19. 6. 1971: VIII. Parteitag der SED. Neue ökonomische Hauptaufgabe: »Einheit von Wirtschafts- und Sozialpolitik«.

24. 6. 1971: Die Volkskammer wählt Erich Honecker zum Vorsitzenden des Nationalen Verteidigungsrats und setzt die Wahlen zu Volkskammer und Bezirkstagen für den 14. 11. 1971 fest.

29. 6. 1971: Die Verbesserung der regionalen Wirtschaftsstruktur wird beschlossen. Der Rahmenplan weist 59% der Fläche der Bundesrepublik als Fördergebiet aus.

1. 7. 1971: Die DDR führt Auslandstarife für Post- und Telefongebühren nach West-Berlin und in die Bundesrepublik ein.

19. 7. 1971: Das neue Städtebauförderungsgesetz gilt als Einstieg in die Reform des Bodenrechts und gibt Kommunen mehr Eingriffsrechte für Sanierungsmaßnahmen. Es tritt am 1. 8. 1971 in Kraft.

23. 7. 1971: Gründung des Instituts »Wohnen und Umwelt« in Darmstadt.

5. 8. 1971: Gesetz zur Verminderung von Luftverunreinigungen in Otto-Kraftstoffen (Benzinbleigesetz).

10. 8. 1971: Gesetz zur Änderung des Einkommenssteuergesetzes und anderer steuerrechtlicher Vorschriften (Zweites Steueränderungsgesetz).

15. 8. 1971: Die USA führen eine zehnprozentige Importsteuer ein und heben die Konvertibilität des Dollar in Gold auf.

16. 8. 1971: Die Devisenbörsen bleiben bis 22. 8. geschlossen.

23. 8. 1971: Eine Sondersitzung des GATT-Rates erklärt die amerikanische Importabgabe für illegal.

26. 8. 1971: Für alle Zweige schulischer Ausbildung einschließlich der Hochschulen wird das Bundesausbildungsförderungsgesetz (BAföG) erlassen, das staatliche Beihilfen gewährt. Es soll die Chancengleichheit im Bildungswesen vergrößern.

2. 9. 1971: Zur staatlichen Förderung hochqualifizierten Hochschulnachwuchses wird das Graduiertenförderungsgesetz erlassen.

3. 9. 1971: Das Viermächteabkommen über Berlin wird von den USA, Großbritannien, Frankreich und der UdSSR unterzeichnet.

8. 9. 1971: Zwischen Katholiken und Protestanten werden auf dem Augsburger Treffen gemeinsame Stellungnahmen zu Fragen des Gottesdienstes, der Ausländer und der Mischehe erarbeitet.

11. 9. 1971: Nikita Chruschtschow stirbt.

16.–18. 9. 1971: Treffen zwischen Bundeskanzler Brandt und Generalsekretär Breschnew in Oreanda auf der Krim während eines Besuches in der UdSSR.

29. 9. 1971: Ein Umweltprogramm der Bundesregierung sieht auch die Kooperation zwischen staatlichen Kräften und Bürgerinitiativen vor.

Beerdigung Nikita Chruschtschows auf einem Moskauer Friedhof am 13. September 1971.

Kurt Georg Kiesinger (links) und Gerhard Stoltenberg (rechts) gratulieren dem neuen CDU-Parteivorsitzenden Rainer Barzel.

Bundeskanzler Brandt und Leonid Breschnew (rechts) während eines Treffens auf der Krim im September 1971.

30. 9. 1971: Das Post- und Fernmeldeabkommen zwischen der Bundesrepublik Deutschland und der DDR wird abgeschlossen. Wichtigster Punkt: Verbesserungen im Fernsprechverkehr.

4./5. 10. 1971: Rainer Barzel wird neuer CDU-Vorsitzender. Sein Stellvertreter ist Helmut Kohl.

20. 10. 1971: Bundeskanzler Willy Brandt wird in Oslo aufgrund seiner Ostpolitik der Friedensnobelpreis 1971 zuerkannt.

22. 10. 1971: Der Polizist Norbert Schmid wird von Terroristen in Hamburg erschossen.

25.−27. 10. 1971: Die FDP verabschiedet auf ihrem Bundesparteitag die »Freiburger Thesen«. Karl-Hermann Flach wird Generalsekretär.

Verleihung des Friedensnobelpreises an Willy Brandt für seine Verdienste um die Ost-Westverständigung durch die Vorsitzende des Nobelpreiskomitees, Aase Lionaes, am 10. Dezember 1971 in Oslo.

FDP-Bundesparteitag im Oktober 1971: Verabschiedung der »Freiburger Thesen« als neues Parteiprogramm.

4. 11. 1971: Gesetz zur Verbesserung des Mietrechts, vor allem zur Begrenzung des Anstiegs von Mieten.

10. 11. 1971: Eine Reform des Betriebsverfassungsgesetzes verbessert die rechtliche Stellung von Jugendvertretungen in Betrieben.

11. 11. 1971: Als erste sowjetische Bank in der Bundesrepublik wird die Ost-West-Handelsbank AG in Frankfurt am Main eröffnet.

18. 11. 1971: Einführung eines Preisstopps für Konsumgüter und Dienstleistungen bis 1975 in der DDR.

18.−20. 11. 1971: Außerordentlicher Bundesparteitag der SPD in Bad Godesberg (Steuerparteitag).

22. 11. 1971: Streikbeginn der IG Metall in Nord-Württemberg/Nord-Baden, die Arbeitgeber antworten mit Aussperrung. Der Arbeitskampf wird am 10. 12. beendet.

23. 11. 1971: Grundsatzentscheidung des Hamburger Senats über die Unzulässigkeit der Ernennung von Rechts- und Linksradikalen zu Beamten auf Lebenszeit.

25. 11. 1971: Das Wohnraumkündigungsschutzgesetz verbessert grundsätzlich die Rechtsstellung der Mieter.

26. 11. 1971: Konstituierende Sitzung der Volkskammer nach den Wahlen am 14. 11. Wiederwahl Ulbrichts zum Vorsitzenden des Staatsrats, Stophs zum Vorsitzenden des Ministerrats und Honeckers zum Vorsitzenden des Verteidigungsrats.

29. 11. 1971: Rainer Barzel wird von einer Kommission der CDU/CSU zum Kanzlerkandidaten gewählt.

3. 12. 1971: Die Kultusministerkonferenz beschließt die Integration ausländischer Kinder in das Schulsystem der Bundesrepublik.

4. 12. 1971: In Berlin wird der zur Terroristen-Szene zählende Student Georg von Rauch erschossen.

8. 12. 1971: Ernst Benda (CDU) wird als Nachfolger von Gebhard Müller (CDU) neuer Präsident des Bundesverfassungsgerichts.

10. 12. 1971: Bundeskanzler Willy Brandt wird in Oslo der Friedensnobelpreis verliehen.

15. 12. 1971: Gründung der Bundesanstalt für Arbeitsschutz und Unfallforschung.

16. 12. 1971: Der entführte Kaumann Theo Albrecht wird gegen ein Lösegeld von sieben Millionen DM dem als Vermittler eingesetzten Ruhr-Bischof Hengsbach übergeben.

17. 12. 1971: Der Staatssekretär im Bundeskanzleramt, Bahr, und der Staatssekretär beim Ministerrat der DDR, Kohl, unterzeichnen in Bonn das von ihnen ausgehandelte Abkommen über den Transitverkehr zwischen der Bundesrepublik und Berlin-West.

18. 12. 1971: Festlegung neuer Leitkurse zwischen den Währungen des Zehnerblocks (»Smithsonian-Agreement«).

19. 12. 1971: 11. und 12. Strafrechtsänderungsgesetz (Geiselnahme und Luftpiraterie) tritt in Kraft.

20. 12. 1971: Volkskammer beschließt Fünfjahrsplan 1971–1975. Vereinbarungen des DDR-Ministerrats und des Senats von Berlin-West über Reise- und Besucherverkehr.

22. 12. 1971: Bei einem Banküberfall in Kaiserslautern wird der Polizist Herbert Schoner getötet.
Kurt Waldheim wird als Nachfolger U Thants Generalsekretär der Vereinten Nationen.

31. 12 1971: Die Arbeitslosenquote betrug im Jahresdurchschnitt 0,8% in der Bundesrepublik.

1972

6. 1. 1972: In einer Rede vor NVA-Soldaten bezeichnet Honecker die Bundesrepublik als »imperialistisches Ausland«.

15. 1. 1972: Ein verbessertes Betriebsverfassungsgesetz wird durch die sozialliberale Regierung verabschiedet. Es bringt unter anderem ausländischen Arbeitnehmern aktives und passives Wahlrecht für den Betriebsrat.
Paß- und Visafreiheit für DDR-Bürger im Verkehr mit der Tschechoslowakei. (Ein gleiches Abkommen gibt es bereits seit 20. 9. 1971 mit Polen.)

22. 1. 1972: Die Beitrittsurkunden Großbritanniens, Norwegens, Dänemarks und Irlands zur EG werden in Brüssel unterzeichnet.

28. 1. 1972: Regierungschefs von Bund und Ländern verabschieden unter Vorsitz von Bundeskanzler Brandt »Grundsätze über die Mitgliedschaft von Beamten in extremen Organisationen« (Radikalen-Erlaß).

4. 2. 1972: Appell Bundeskanzler Brandts im Fernsehen, dem Terrorismus Einhalt zu gebieten.

21.–28. 2. 1972: US-Präsident Nixon besucht die Volksrepublik China. Die Normalisierung der amerikanisch-chinesischen Beziehungen wird angekündigt.

Der Lebensmittel-Filialist Theo Albrecht (Mitte) bei Beginn des Prozesses gegen seine Entführer im Januar 1973 in Essen.

Unterzeichnung der Beitrittsurkunden Großbritanniens, Norwegens, Dänemarks und Irlands zur EG in Brüssel am 22. Januar 1972.

Staatsbegräbnis für den ehemaligen Bundespräsidenten Heinrich Lübke am 13. April 1972.

Nach dem gescheiterten Mißtrauensvotum am 27. April 1972 gratuliert der Kontrahent, Kanzlerkandidat der CDU/CSU-Fraktion, Rainer Barzel, Bundeskanzler Brandt.

Bundeskanzler Brandt dankt den USA in einer Rede in der Harvard-Universität in Boston am 5. Juni 1972 für die Nachkriegshilfe. Zugleich gibt er die Einrichtung einer Marshall-Gedächtnisstiftung bekannt.

Sprengstoffanschlag der RAF auf das US-Hauptquartier in Heidelberg am 24. Mai 1972.

23.–25. 2. 1972: Beginn der Bundestagsdebatte über die Ostverträge.

29. 2. 1972: Herbert Hupka verläßt die SPD-Fraktion, am 3. März Übertritt in die CDU/CSU-Fraktion.

2. 3. 1972: Franz Seume tritt aus der SPD-Fraktion aus. Er gehört später der CDU/CSU-Fraktion als Gast an.

9. 3. 1972: Die Volkskammer verabschiedet bei 14 Gegenstimmen und acht Enthaltungen die Fristenlösung beim Schwangerschaftsabbruch.

10. 3. 1972: Oppositionsführer Rainer Barzel erwägt vor der Presse in Bonn die Möglichkeit eines konstruktiven Mißtrauensvotums.

15. 3. 1972: Rücktritt des parteilosen Hans Leussink als Bundesminister für Bildung und Wissenschaft. Nachfolger wird Klaus von Dohnanyi (SPD).

29. 3. 1972: Die Einwohner von Berlin-West dürfen nach Jahren erstmals wieder nach Ost-Berlin, da die DDR-Regierung die Reiseerleichterungen des Berlin-Abkommens vorzeitig – befristet auf Ostern und Pfingsten – in Kraft setzt.

6. 4. 1972: Heinrich Lübke stirbt.

11.–14. 4. 1972: Internationaler Kongreß der IG Metall. Thema »Aufgabe Zukunft: Qualität des Lebens«.

12. 4. 1972: Das 30. Gesetz zur Änderung des Grundgesetzes wird verkündet: Der Bund erhält die Kompetenz zur konkurrierenden Gesetzgebung für Abfallbeseitigung, Luftreinhaltung und Lärmbekämpfung.

15. 4. 1972: Tod des IG-Metall-Vorsitzenden Otto Brenner im Alter von 64 Jahren. Nachfolger wird Eugen Loderer.

19./20. 4. 1972: Die deutsch-sowjetische Kommission für wirtschaftliche und wissenschaftlich-technische Zusammenarbeit tritt zusammen.

23. 4. 1972: Die sozialliberale Koalition verliert mit dem Austritt von Wilhelm Helms aus der FDP die absolute Mehrheit im Bundestag.

26. 4. 1972: Die Staatssekretäre Bahr und Kohl schließen in Ost-Berlin die Verhandlungen über einen Verkehrsvertrag zwischen der Bundesrepublik und der DDR erfolgreich ab.

27. 4. 1972: Das erstmals in der Geschichte der Bundesrepublik angestrebte konstruktive Mißtrauensvotum der CDU/CSU gegen Bundeskanzler Brandt scheitert. Rainer Barzel sollte Bundeskanzler werden.

Gemeinsamer Beschluß des ZK der SED, des Bundesvorstandes des FDGB und des Ministerrats über sozialpolitische Maßnahmen in der DDR, die am 1. 7. und 1. 9. in Kraft treten.

11. 5. 1972: Anschlag auf das Hauptquartier der V. amerikanischen Armee in Frankfurt/Main. Oberst Paul A. Bloomquist wird getötet, 13 Personen werden verletzt. Das »Kommando Petra Schelm« übernimmt die Verantwortung.

15. 5. 1972: Anschlag auf Bundesrichter Wolfgang Buddenberg; seine Frau wird schwer verletzt.
Bundesvorstand der CDU gibt Abstimmung über Ostverträge frei. Die Abgeordneten sollen nach ihrem Gewissen entscheiden.

16. 5. 1972: Heftige, die Abstimmung betreffende, Auseinandersetzungen in der CDU/CSU-Fraktion.

17. 5. 1972: CDU/CSU-Fraktion entscheidet am Vormittag für Enthaltung bei der Abstimmung über die Ostverträge. Der Bundestag beschließt die Ratifizierung der Verträge (der Moskauer Vertrag wird mit 248 gegen 10 Stimmen bei 238 Enthaltungen, der Warschauer Vertrag mit 248 gegen 17 Stimmen bei 231 Enthaltungen ratifiziert). Eine gemeinsame Erklärung zu den Ostverträgen wird mit 491 Stimmen bei 5 Enthaltungen gebilligt.

19. 5. 1972: Bombenanschlag auf das Springer-Hochhaus in Hamburg. 17 Personen werden verletzt.
Willy Brandt und Walter Scheel erklären gegenüber den Bundestagsfraktionen die Bereitschaft zu Neuwahlen.

24. 5. 1972: Auf das europäische Hauptquartier der US-Armee in Heidelberg werden Anschläge verübt, wobei drei Soldaten ums Leben kommen. Ein Kommando der »Roten Armee Fraktion« übernimmt die Verantwortung.

26. 5. 1972: Die Staatssekretäre Bahr und Kohl unterzeichnen in Ost-Berlin den Verkehrsvertrag.
Der SALT-Vertrag (Strategic Arms Limitation Talks) zwischen den USA und der Sowjetunion wird unterzeichnet.

1. 6. 1972: Die RAF-Terroristen Andreas Baader, Holger Meins und Jan-Carl Raspe werden in Frankfurt verhaftet.

3. 6. 1972: Der Moskauer Vertrag, der Warschauer Vertrag und das Berlin-Abkommen treten in Kraft.

6. 6. 1972: Beim Besuch Ost-Berlins erhalten Bundesbürger Visa anstelle der bisherigen Tagesaufenthaltsgenehmigungen.

15. 6. 1972: Erste Gespräche über einen deutsch-deutschen Grundlagenvertrag beginnen in Ost-Berlin.

23. 6. 1972: Maßnahmen zur Förderung des Wohnhausbaus in der DDR.

Unterzeichnung des Berlin-Abkommens durch die Außenminister der Vier Mächte am 3. Juni 1972.

Der Wirtschafts- und Finanzminister Karl Schiller (links) erhält am 7. Juli 1972 von Bundespräsident Gustav Heinemann seine Entlassungsurkunde.

Olympische Spiele 1972 in München: Das deutsche Krisen-Komitee verhandelt mit dem Wortführer der arabischen Terroristen (rechts) im Olympischen Dorf nach dem Anschlag auf das israelische Team.

25.–30. 6. 1972: Verabschiedung eines dritten Aktionsprogramms des DGB mit Forderungen nach vorausschauender Arbeitsmarktpolitik auf der Grundlage von volkswirtschaftlicher Rahmenplanung, Reform des Dienstrechts mit dem Ziel, Beamten das Streikrecht zu verschaffen und die Arbeitsbedingungen aller Beschäftigten einander anzunähern, Forderung nach Humanisierung der Arbeitsbedingungen und nach Verbesserung des Umweltschutzes.

5. 7. 1972: Ein deutsch-sowjetisches Abkommen über Handel und Zusammenarbeit zwischen beiden Ländern wird unterzeichnet.

6./7. 7. 1972: Tagung des ZK der SED, unter anderem Beratung über Kulturpolitik.

7. 7. 1972: Rücktritt Karl Schillers als Wirtschafts- und Finanzminister. Nachfolger wird der bisherige Verteidigungsminister Helmut Schmidt. Georg Leber wird neuer Verteidigungsminister.

14.–28. 7. 1972: Gerhard Schröder, Vorsitzender des Auswärtigen Ausschusses des Bundestages, reist als erster prominenter Politiker in die Volksrepublik China.

28. 7. 1972: Ein Gesetz zur Änderung des Grundgesetzes ermöglicht den Einsatz von Polizeikräften des Bundes und der Länder im Zuge der Amtshilfe.

14. 8. 1972: Die deutsch-chinesischen Verhandlungen über die Aufnahme diplomatischer Beziehungen beginnen.

16. 8. 1972: Beginn der offiziellen Verhandlungen zu einem Vertrag über die Grundlagen der Beziehungen zwischen der Bundesrepublik Deutschland und der DDR.

26. 8.–11. 9. 1972: Die XX. Olympischen Sommerspiele finden in München und Kiel statt.

Kronprinz Carl Gustav von Schweden (links) überreicht Heinrich Böll im Dezember 1972 den Nobelpreis für Literatur.

1. 9. 1972: An der »Staatsgrenze West« werden Schutzstreifen und Sperrzonen festgelegt; die Anwendung der Schußwaffe durch die DDR-Grenztruppen ist gemäß den Bestimmungen des Ministeriums für Nationale Verteidigung zulässig.

5./6. 9. 1972: Mitglieder der Organisation »Schwarzer September« verüben im Olympischen Dorf in München ein Attentat auf die israelische Olympiamannschaft, bei dem elf Israelis, ein Polizist und fünf Terroristen getötet werden.

13./14. 9. 1972: Die Bundesrepublik nimmt diplomatische Beziehungen zu Polen auf.

22. 9. 1972: Abstimmung über die von Bundeskanzler Brandt gestellte Vertrauensfrage. Das Kabinett enthält sich der Stimme, so daß 233 Abgeordnete für, 248 gegen Brandt stimmen. Damit wird der Weg für Neuwahlen frei. Bundespräsident Heinemann löst noch am gleichen Tag den Bundestag auf.

10.–14. 10. 1972: Besuch Außenminister Scheels in der Volksrepublik China. Am 11. 10. erfolgt die Aufnahme diplomatischer Beziehungen.

16. 10. 1972: Durch das Rentenreformgesetz wird die gesetzliche Rentenversicherung auch für Hausfrauen geöffnet.
DDR-Bürgern, die vor dem 1. Januar 1972 die DDR verließen, wird die DDR-Staatsbürgerschaft aberkannt. Sie werden strafrechtlich nicht mehr verfolgt.
Volkskammer überträgt wieder mehr Macht vom Staatsrat auf den Ministerrat der DDR.

19./20. 10. 1972: Offizieller Meinungsaustausch von Vertretern des FDGB unter Paul Warnke und DGB unter Heinz Oskar Vetter in Ost-Berlin. Ein neues Treffen findet am 14./15. 3. 1973 in Düsseldorf statt.
Erste Gipfelkonferenz der erweiterten Europäischen Gemeinschaft in Paris; die Staats- beziehungsweise Regierungschefs bekunden ihren Willen, bis 1980 die Europäische Union errichten zu wollen.

27. 10. 1972: Finanzminister Schmidt legt einen 15-Punkte-Katalog für eine gemeinsame europäische Stabilitätspolitik vor.

19. 11. 1972: Vorgezogene Bundestagswahlen. Das Wahlalter wird erstmals auf 18 Jahre herabgesetzt. Die SPD erhält 45,8% der Stimmen, CDU/CSU 44,9% und FDP 8,4%.

22. 11. 1972: Alle Staaten Europas – mit Ausnahme Albaniens –, sowie die USA und Kanada beginnen in Helsinki Vorgespräche für eine »Konferenz über Sicherheit und Zusammenarbeit in Europa« (KSZE).

23. 11.–8. 12. 1972: Koalitionsverhandlungen zwischen SPD und FDP.

Dezember 1972: Die DDR nimmt zu 20 weiteren Staaten diplomatische Beziehungen auf, darunter Österreich, Schweiz, Schweden und Belgien.

1. 12. 1972: Die Botschaften in Peking und Bonn werden eröffnet.

10. 12. 1972: Heinrich Böll erhält in Stockholm den Literaturnobelpreis.

13. 12. 1972: Konstituierung des neuen Bundestages. Mit Annemarie Renger (SPD) wird erstmals eine Frau Bundestagspräsidentin.

14. 12. 1972: Willy Brandt wird erneut Bundeskanzler.

15. 12. 1972: Fortsetzung der sozialliberalen Koalition durch das zweite Kabinett Brandt/Scheel.

21. 12. 1972: Die Staatssekretäre Egon Bahr und Michael Kohl unterzeichnen den Grundlagenvertrag: Anerkennung der Vier-Mächte-Verantwortung, Unverletzlichkeit der Grenzen, Beschränkung der Hoheitsgewalt auf das jeweilige Staatsgebiet, Austausch »ständiger Vertreter«, Beibehaltung des innerdeutschen Handels, Antrag beider Staaten auf UNO-Mitgliedschaft.

31. 12. 1972: Die Arbeitslosenquote betrug im Jahresdurchschnitt 1,1% in der Bundesrepublik.

1973

1. 1. 1973: Durch den Beitritt Dänemarks, Großbritanniens und Irlands wird die EG zur »Gemeinschaft der Neun«.

5. 1.–9. 2. 1973: Weitere 15 Staaten (darunter auch Frankreich und Großbritannien) nehmen diplomatische Beziehungen zur DDR auf.

15. 1. 1973: Die Vereinigten Staaten stellen die Kriegshandlungen gegen Nord-Vietnam ein.

27. 1. 1973: Unterzeichnung eines Waffenstillstandes zwischen USA, Nord- und Süd-Vietnam und der Nationalen Befreiungsfront in Paris.

31. 1. 1973: Beginn der MBFR-(Mutual Balanced Forces Reductions-)Vorgespräche in Wien.
Zum Jahresanfang weitet sich die internationale Dollarkrise aus.

12. 2. 1973: Schließung der Devisenmärkte durch die Bundesregierung, nachdem die Deutsche Bundesbank innerhalb weniger Tage rund 5,8 Milliarden Dollar zur Stützung der US-Währung aufnahm. Die Dresdner Bank eröffnet eine ständige Vertretung in Moskau.

Die Staatssekretäre Egon Bahr und Michael Kohl (rechts) nach Abschluß des Grundlagenvertrages am 21. Dezember 1972.

17. 2. 1973: Die Bundesregierung beschließt stabilitätspolitische Maßnahmen zur Steuerung der überhitzten Wirtschaftskonjunktur.

1. 3. 1973: Der Ministerrat erläßt eine Verordnung über die Tätigkeit von Korrespondenten in der DDR. In der Folge werden die Korrespondenten von ARD und ZDF sowie von Zeitungen und Zeitschriften aus der Bundesrepublik akkreditiert.

2.–18. 3. 1973: Die europäischen Devisenbörsen bleiben geschlossen.

8. 3. 1973: Die DDR lehnt Wiedergutmachungszahlungen an Israel in jedweder Form ab.

12. 3. 1973: Die Bundesrepublik und fünf weitere europäische Länder beschließen in Brüssel, den Dollar-Kurs freizugeben.

Bundeskanzler Brandt besucht mit Bundesaußenminister Scheel (rechts) die USA, 1./2. Mai 1973 bei US-Präsident Nixon (Mitte).

Generalsekretär Breschnew und Außenminister Gromyko im Mai 1973 in Bonn.

19. 3. 1973: Die D-Mark wird um 3% aufgewertet.

29. 3. 1973: Die letzten amerikanischen Truppen verlassen Vietnam.

April 1973: Beginn der Bauarbeiten für den Schnellen Brüter in Kalkar am Niederrhein.

9. 5. 1973: Weiteres Stabilitätsprogramm der Bundesregierung zur Bekämpfung der inflationären Entwicklung.

11. 5. 1973: Nach kontroversen Debatten wird der Grundlagenvertrag mit der DDR verabschiedet. Er tritt am 21. 6. in Kraft.

14. 5. 1973: Weitere sozialpolitische Maßnahmen (z. B. Frauen- und Übergangsrenten) in der DDR beschlossen, die am 1. 7. 1973 in Kraft treten.

18.–22. 5. 1973: Generalsekretär Breschnew besucht die Bundesrepublik.

19. 5. 1973: Unterzeichnung des deutsch-sowjetischen Abkommens über die Entwicklung der wirtschaftlichen, industriellen und technischen Zusammenarbeit.

22. 5. 1973: Bayern beantragt beim Bundesverfassungsgericht Erlaß einer einstweiligen Verfügung gegen den Grundlagenvertrag mit der DDR.

30./31. 5. 1973: Die Fraktionsvorsitzenden Wolfgang Mischnik (FDP) und Herbert Wehner (SPD) treffen in Ost-Berlin mit Erich Honecker zusammen.

1. 6. 1973: Der frühere CDU-Abgeordnete Steiner erklärt, beim Mißtrauensvotum 1972 gegen Rainer Barzel für Willy Brandt gestimmt zu haben. Daraufhin wird ein Untersuchungsausschuß eingesetzt, der klären soll, ob Korruption im Spiel war.
Die Organisation erdölexportierender Länder (OPEC) erhöht die Rohölpreise um 11,9%.

7.–11. 6. 1973: Als erster Bundeskanzler besucht Willy Brandt Israel.

12. 6. 1973: Der Ministerpräsident von Rheinland-Pfalz, Helmut Kohl, wird neuer CDU-Vorsitzender als Nachfolger des zurückgetretenen Rainer Barzel. Kurt Biedenkopf übernimmt das Amt des Generalsekretärs.

15. 6. 1973: Verabschiedung eines Bildungsplanes durch die Bund-Länder-Kommission.

18.–25. 6. 1973: Generalsekretär Breschnew besucht die USA, dabei am 22. 6. Unterzeichnung des »Amerikanisch-Sowjetischen Abkommens zur Verhinderung eines Atomkrieges«, das beide Staaten bei Kriegsgefahr zu gegenseitigen Konsultationen verpflichtet.

20. 6. 1973: Bundesaußenminister Scheel und Außenminister Chňoupek paraphieren in Bonn den Prager Vertrag.

26. 6. 1973: Steueränderungsgesetz, vor allem Erhebung von Stabilitätszuschlag und Investitionssteuer.

29. 6. 1973: Die Bundesregierung beschließt die Aufwertung der D-Mark um 5,5% (die fünfte Aufwertung seit 1961).

30. 6. 1973: Übergabe des wiederaufgebauten Reichstagsgebäudes in Berlin an den Deutschen Bundestag.

Willy Brandt besucht im Juni 1973 als erster Bundeskanzler Israel, hier mit Ministerpräsidentin Golda Meir.

1. 7. 1973: Der zivile Ersatzdienst wird gesetzlich dem Wehrdienst gleichgestellt.

In Bayern wird durch einen Volksentscheid die öffentlich-rechtliche Struktur des Rundfunks verfassungsmäßig gesichert.

3.–8. 7. 1973: Eröffnungssitzung der KSZE in Helsinki auf der Ebene der Außenminister.

Gespräche zwischen Außenminister Scheel und DDR-Außenminister Winzer.

31. 7. 1973: Das Bundesverfassungsgericht in Karlsruhe entscheidet, daß der Grundlagenvertrag mit der DDR mit dem Grundgesetz vereinbar ist.

1. 8. 1973: Walter Ulbricht stirbt.

25. 8. 1973: Der FDP-Generalsekretär Karl-Hermann Flach stirbt.

30. 8. 1973: Durch spontane Arbeitsniederlegung von über 50 000 Metallarbeitern werden Teuerungszulagen durchgesetzt.

1. 9. 1973: Erhöhung der Anwerbepauschale für Gastarbeiter von 300/500 DM auf 1000 DM.

3. 9. 1973: Erste Journalisten aus der Bundesrepublik werden in der DDR akkreditiert.

18. 9. 1973: Die Bundesrepublik und die DDR werden in die Vereinten Nationen aufgenommen.

Beginn der zweiten KSZE-Phase in Genf.

24. 9.–1. 10. 1973: Eine Bundestagsdelegation stattet der Sowjetunion einen offiziellen Besuch ab. Herbert Wehner kritisiert in Interviews von Moskau aus die Ostpolitik der Bundesregierung und den Bundeskanzler.

25. 9. 1973: USA und Sowjetunion beginnen in Genf die SALT-II-Verhandlungen.

26. 9. 1973: Verabschiedung eines Energieprogramms, um die Abhängigkeit der Bundesrepublik vom Erdöl zu mindern.

1. 10. 1973: Beginn der Erdgas-Lieferungen aus der Sowjetunion. Die Bundeswehr-Hochschulen in München und Hamburg nehmen den Lehrbetrieb auf.

3. 10. 1973: Die Volkskammer wählt Willi Stoph zum Vorsitzenden des Staatsrats und Horst Sindermann zum Vorsitzenden des Ministerrats.

6. 10. 1973: Die Angriffe ägyptischer und syrischer Streitkräfte auf Israel lösen den »Jom-Kippur-Krieg« aus.

17. 10. 1973: Erste Anzeichen einer weltweiten Ölkrise: Die Erdöl exportierenden arabischen Staaten erhöhen die Rohölpreise um 17 %, um auf die israelfreundliche Politik der westlichen Staaten Druck auszuüben.

Unterzeichnung des Normalisierungsvertrages zwischen der Bundesrepublik und der ČSSR durch die beiden Außenminister Chňoupek (links) und Scheel (rechts) am 20. Juni 1973 in Bonn.

Bundesaußenminister Walter Scheel vor der Vollversammlung der UNO aus Anlaß der Aufnahme der Bundesrepublik als Vollmitglied im September 1973.

Eröffnungssitzung der Konferenz über Sicherheit und Zusammenarbeit in Europa (KSZE) mit den 35 Außenministern der beteiligten Staaten im Juli 1973 in Helsinki.

Die Bundeswehrhochschule München/Neubiberg nimmt im Oktober 1973 ihre Vorlesungen auf.

Ein israelischer Soldat beobachtet die Front am Suezkanal während des »Jom-Kippur-Krieges« im Oktober 1973.

Der neue CDU-Parteivorsitzende Helmut Kohl auf dem Bundesparteitag in Hamburg am 18. November 1973.

Erstes Sonntagsfahrverbot in der Bundesrepublik aufgrund der Ölkrise am 25. November 1973, hier am »Frankfurter Kreuz«.

19. 10. 1973: Lieferboykotts der Ölländer gegen die USA wegen israelfreundlicher Haltung.

30. 10. 1973: MBFR-Verhandlungen beginnen in Wien.

5. 11. 1973: Die DDR verdoppelt den Mindestumtausch-Satz für Besucher von Ost-Berlin auf DM 10,–, der übrigen DDR auf DM 20,– täglich.
Die arabischen Erdölausfuhrländer beschließen, ihre Ölförderungen um 25% einzuschränken, bis die von Israel 1967 besetzten Gebiete befreit und die Rechte des palästinensischen Volkes wiederhergestellt sind.

9. 11. 1973: Das Energiesicherungsgesetz soll die Energieversorgung der Bundesrepublik sichern.

14. 11. 1973: Gustav Heinemann gibt bekannt, daß er aus Altersgründen auf eine zweite Amtsperiode als Bundespräsident verzichtet.

23. 11. 1973: Anwerbestopp für ausländische Arbeiter.

25. 11. 1973: Im Zuge des Energiesicherungsgesetzes tritt eine Verordnung über Fahrverbote an Sonntagen und über Geschwindigkeitsbegrenzungen in Kraft.

11. 12. 1973: Zwischen der Bundesrepublik und der Tschechoslowakei werden diplomatische Beziehungen aufgenommen. Das Münchner Abkommen vom 29. September 1938 wird durch den Prager Vertrag annulliert.

14. 12. 1973: Die FDP nominiert Walter Scheel als Kandidaten für das Amt des Bundespräsidenten.

19. 12. 1973: Aufhebung einzelner stabilitätspolitischer Maßnahmen aus dem Stabilitätsprogramm vom Mai dieses Jahres.

21. 12. 1973: Aufnahme von diplomatischen Beziehungen zu Bulgarien und Ungarn.

31. 12. 1973: Die Arbeitslosenquote betrug im Jahresdurchschnitt 1,2% in der Bundesrepublik.

1974

1. 1. 1974: Einführung des Autokennzeichens »DDR« statt »D«.

9. 1. 1974: »Rahmenprogramm Energieforschung« zur besseren und sparsameren Verwendung von Energie beschlossen.

19. 1. 1974: Frankreich scheidet aus dem Währungsverbund der EG aus.

Januar/Februar 1974: Warnstreiks und begrenzte Arbeitsniederlegungen im öffentlichen Dienst.

6. 2. 1974: Bund und Länder beschließen Sofortprogramm für Gebiete mit besonderen Strukturproblemen.

11.–13. 2. 1974: Internationale Energie-Konferenz in Washington berät gemeinsames Vorgehen zur Bewältigung der Energiekrise und beschließt die Gründung einer internationalen Energie-Agentur.

12./13. 2. 1974: Die Sowjetunion erkennt dem Schriftsteller und Literaturnobelpreisträger Alexander I. Solschenizyn die Staatsbürgerschaft ab und weist ihn aus. Die ersten Tage nach der Ausweisung verbringt Solschenizyn bei Heinrich Böll.

13. 2. 1974: Löhne und Gehälter im öffentlichen Dienst werden um 11% erhöht.

14. 3. 1974: Der stellvertretende Außenminister der DDR, Kurt Nier, und Staatssekretär Günter Gaus unterzeichnen in Bonn das Protokoll über die Errichtung »Ständiger Vertretungen«.

15. 3. 1974: Neues Bundespersonalvertretungsgesetz stärkt die Unabhängigkeit der Personalräte und die Position der Gewerkschaften.
Bundesimmissionsschutzgesetz (Kernstück der Umweltschutzgesetzgebung).

22. 3. 1974: Die Volljährigkeit wird von 21 auf 18 Jahre herabgesetzt, die Ehemündigkeit der Frauen von 16 auf 18 Jahre heraufgesetzt.

4. 4. 1974: Schaffung einer Monopolkommission zur Begutachtung von Unternehmenskonzentrationen.

19.–24. 4. 1974: Staatsbesuch von Bundeskanzler Brandt in Algerien und Ägypten (erster offizieller Besuch eines Bundeskanzlers in diesen arabischen Ländern).

25. 4. 1974: Der persönliche Referent von Bundeskanzler Brandt, Günter Guillaume, wird unter dem Verdacht der Spionage für die DDR festgenommen.
Zweiter Familienbericht der Bundesregierung.
Unterzeichnung des deutsch-amerikanischen Abkommens zum Ausgleich der amerikanischen Kosten bei der Stationierung von Streitkräften in der Bundesrepublik.

Nach der Ausweisung durch die sowjetischen Behörden im Februar 1974 trifft Alexander Solschenizyn (links) in Langenbroich in der Eifel ein, wo er Gast des Schriftstellers Heinrich Böll (rechts) ist.

Ausdruck des Sonderverhältnisses zwischen den beiden deutschen Staaten ist die Einrichtung von »Ständigen Vertretungen« anstelle von Botschaften.

Abkommen mit der DDR über nichtkommerziellen Verrechnungs- und Zahlungsverkehr und über das Gesundheitswesen (kostenlose Behandlung im jeweils anderen Staat).

26. 4. 1974: Der Bundestag beschließt mit 247 gegen 233 Stimmen ein Gesetz zur Reform des Strafrechtsparagraphen 218 (Fristenlösung).
Gründung eines Wissenschaftlichen Rates für Umweltfragen unter Leitung von Prof. Dr. Heinz Mottek an der Akademie der Wissenschaften der DDR in Ost-Berlin.

30. 4. 1974: Maßnahmen zur Durchführung des sozialpolitischen Programms des VII. Parteitages der SED (unter anderem Mindesturlaub von 15 auf 18 Tage erhöht).

Bundeskanzler Brandt reicht am 6. Mai 1974 im Zusammenhang mit der Guillaume-Affäre seinen Rücktritt ein.

Bundeskanzler Schmidt (links) bei seiner Vereidigung durch Bundestagspräsidentin Annemarie Renger am 16. Mai 1974.

Das erste Kabinett Schmidt am 16. Mai 1974 vor der Villa Hammerschmidt.

2. 5. 1974: Die »Ständigen Vertretungen« in Bonn und Ost-Berlin nehmen die Arbeit auf.

6. 5. 1974: Bundeskanzler Willy Brandt erklärt im Zusammenhang mit der Spionageaffäre Guillaume seinen Rücktritt.

7. 5. 1974: Bundespräsident Heinemann überreicht den Mitgliedern des Kabinetts Brandt die Entlassungsurkunden.

9. 5. 1974: Auf Vorschlag Willy Brandts nominiert die SPD den amtierenden Finanzminister Helmut Schmidt zum Kandidaten für die Wahl des neuen Bundeskanzlers am 16. 5. 1974.

15. 5. 1974: Walter Scheel wird als Nachfolger Gustav Heinemanns von der Bundesversammlung im 1. Wahlgang mit 530 Stimmen bei 5 Stimmenthaltungen zum Bundespräsidenten gewählt. Auf den Kandidaten der CDU/CSU, Richard von Weizsäcker, entfallen 498 Stimmen.

16. 5. 1974: Der Deutsche Bundestag wählt Helmut Schmidt zum Bundeskanzler. Die sozialliberale Koalition wird fortgesetzt.

6. 6. 1974: Ein parlamentarischer Untersuchungsausschuß zum Fall Guillaume wird vom Bundestag eingesetzt.

19. 6. 1974: Der Bundestag verabschiedet einstimmig ein Gesetz über die Errichtung eines Umweltbundesamtes in Berlin-West. Dagegen protestiert am 20. 6. das DDR-Außenministerium.

26./27. 6. 1974: Wirtschaftswissenschaftskonferenz zur »Wirkungsweise der ökonomischen Gesetze des Sozialismus« in Ost-Berlin.

4. 7. 1974: Der Bundesminister für wirtschaftliche Zusammenarbeit, Erhard Eppler, tritt wegen Kürzung der Entwicklungshilfe zurück. Nachfolger wird Egon Bahr.

7. 7. 1974: Die Bundesrepublik Deutschland wird durch einen 2:1 Sieg gegen die Niederlande in München Fußballweltmeister.

17. 7. 1974: Der Iran erwirbt 25,04% der Krupp Hüttenwerke.

31. 7. 1974: Die UN-Friedenstruppe nimmt im Zypernkonflikt ihre Tätigkeit auf.

5. 8. 1974: Das Gesetz zur Reform der Einkommenssteuer regelt Familienlastenausgleich und Sparförderung (Einkommenssteuerreformgesetz).

7. 8. 1974: Die Bundesrepublik nimmt die diplomatischen Beziehungen mit Syrien, die seit Mai 1965 unterbrochen waren, wieder auf.

9. 8. 1974: Richard M. Nixon tritt aufgrund der »Watergate-Affäre« zurück. Nachfolger wird Gerald Ford.

21. 8. 1974: Die Bundesrepublik wird Mitglied der Ständigen Abrüstungskonferenz der UNO in Genf.

4. 9. 1974: Die USA nehmen diplomatische Beziehungen zur DDR auf.

5. 9. 1974: Erdgasliefervertrag zwischen der Bundesrepublik und der Sowjetunion sieht sowjetische Lieferungen bis zum Jahr 2000 vor.

14. 9. 1974: Die Staatsbank der DDR beginnt mit der Herausgabe neuer Banknoten mit der Währungsbezeichnung »Mark der DDR«.

27. 9. 1974: Die Volkskammer beschließt Änderungen der DDR-Verfassung, der Begriff »deutsche Nation« wird getilgt.

1. 10. 1974: Hans-Dietrich Genscher wird auf dem Bundespartei-tag in Hamburg als Nachfolger Walter Scheels zum neuen FDP-Vorsitzenden gewählt.

2. 10. 1974: Unterzeichnung eines Liefervertrages für Schwerlast-kraftwagen in Höhe von einer Milliarde DM an die Sowjetunion.

18. 10. 1974: Sonderprogramm zur Belebung der Konjunktur (950 Millionen DM).

26. 10. 1974: Der im Vorjahr verdoppelte Mindestumtausch für Besucher der DDR wird auf 6,50 DM bzw. 13 DM gesenkt.

29. 10. 1974: Der Mindesturlaub, auch bei Heimarbeit, wird gesetzlich geregelt.
Es gibt 135 Industrieroboter in der Bundesrepublik.

1. 11. 1974: In Bonn wird ein deutsch-polnisches Zehnjahres-Abkommen über die wirtschaftliche, industrielle und technische Zusammenarbeit unterzeichnet.

9. 11. 1974: Holger Meins, ein Mitglied der Baader/Meinhof-Gruppe, stirbt an den Folgen seines Hungerstreiks. Protestde-monstrationen und Anschläge in mehreren Städten.

10. 11. 1974: Der Präsident des Berliner Kammergerichts, Günter von Drenkmann, wird von Terroristen ermordet.

22. 11. 1974: Vertrag zwischen ADN und dpa über den Austausch von Nachrichten.

29. 11. 1974: Horst Mahler und Ulrike Meinhof werden in Berlin zu 14 beziehungsweise 8 Jahren Gefängnis verurteilt.

4. 12. 1974: Jean-Paul Sartre besucht Andreas Baader im Stamm-heimer Gefängnis und spricht sich gegen die Haftbedingungen aus.

9. 12. 1974: Die DDR gibt offiziell die Befreiung der Rentner vom verbindlichen Mindestumtausch bekannt. Die Regelung tritt am 20. 12. 1974 in Kraft.

Bundespräsident Heinemann spricht während des Festaktes zum 25jäh-rigen Bestehen des Grundgesetzes im Deutschen Bundestag.

Rücktritt Präsident Nixons (hier inmitten seiner Familie) aufgrund der sogenannten Watergate-Affäre im August 1974.

Bundeskanzler Schmidt im November 1974 während eines Staatsbesuchs in der UdSSR; hier auf dem Flugplatz in Kiew.

Von links nach rechts: Bundesaußenminister Hans-Dietrich Genscher und Bundeskanzler Helmut Schmidt im Dezember 1974 bei US-Präsident Gerald Ford und US-Außenminister Henry Kissinger vor dem Weißen Haus in Washington.

Eröffnung des Elbtunnels am 26. Dezember 1974 in Hamburg in Anwesenheit von Bundeskanzler Helmut Schmidt und Bürgermeister Hans-Ulrich Klose (Mitte).

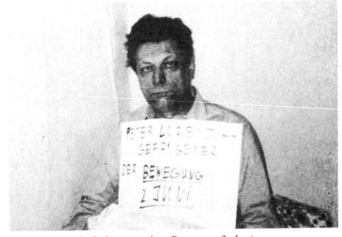

Peter Lorenz als Gefangener der »Bewegung 2. Juni«.

9./10. 12. 1974: Konferenz der Staats- beziehungsweise Regierungschefs der EG in Paris. Sie beschließen, dreimal jährlich als Rat der Gemeinschaft und im Rahmen der politischen Zusammenarbeit zusammenzutreten (Gründung des »Europäischen Rates«).

11. 12. 1974: Abkommen über den Transport West-Berliner Mülls in die DDR.

12. 12. 1974: Die Bundesregierung beschließt Konjunkturprogramm zur Förderung der Investitionstätigkeit und Verbesserung der Lage auf dem Arbeitsmarkt (1,7 Milliarden DM).

19. 12. 1974: Gesetz zur Verbesserung der betrieblichen Altersversorgung.

26. 12. 1974: In Hamburg wird der neue Elbtunnel eröffnet.

31. 12. 1974: Die Arbeitslosenquote betrug im Jahresdurchschnitt 2,6% in der Bundesrepublik.

1975

1. 1. 1975: Kündigungsschutzbestimmungen werden zum Dauerrecht.

11. 1. 1975: Die rheinland-pfälzische FDP spricht sich als erster Landesverband für eine Koalition mit der CDU aus.

16. 1. 1975: Der CSU-Vorsitzende Franz Josef Strauß wird als erster deutscher Politiker von Mao Tse-tung empfangen.

18. 1. 1975: Die Bundesrepublik nimmt die diplomatischen Beziehungen zu Kuba wieder auf.

20. 1. 1975: Nach dem Rücktritt von Otto Winzer wird Oskar Fischer neuer Außenminister der DDR.

31. 1. 1975: Eine neue Kindergeldregelung erweitert den Kreis der anspruchsberechtigten Ausländerkinder.

21. 2. 1975: Das Zeugnisverweigerungsrecht von Journalisten wird gesetzlich geregelt.

24. 2. 1975: Das Investitionszulagen-Gesetz tritt in Kraft.
Der ehemalige sowjetische Ministerpräsident Nikolai Bulganin stirbt.

25. 2. 1975: Das Bundesverfassungsgericht korrigiert die Fristenregelung, indem es die völlige Freigabe des Schwangerschaftsabbruches in den ersten zwölf Wochen für verfassungswidrig erklärt.

27. 2. 1975: Der Vorsitzende der Berliner CDU, Peter Lorenz, wird von Terroristen der »Bewegung 2. Juni« entführt.

28. 2. 1975: Unterzeichnung eines Abkommens zwischen der Europäischen Gemeinschaft und 46 Ländern Afrikas, des Karibischen Raumes und des Pazifiks in Lomé.

19. 3. 1975: Karl Wilhelm Berkhan wird zum neuen Wehrbeauftragten gewählt.

31. 3. 1975: Der Bau des Kernkraftwerks Wyhl wird durch Gerichtsbeschluß gestoppt.

24. 4. 1975: Die deutsche Botschaft in Stockholm wird durch Terroristen des »Kommando Holger Meins« überfallen. Die Bundesregierung lehnt deren Forderungen ab.

28. 4. 1975: Wahl von Harry Tisch, Kandidat des Politbüros der SED, zum Vorsitzenden des Bundesvorstands des FDGB anstelle des am 26. 3. verstorbenen Herbert Warnke.

20./21. 5. 1975: Der »Baader-Meinhof-Prozeß« beginnt in Stuttgart-Stammheim.

22. 5. 1975: Urteil des Bundesverfassungsgerichts zur Beschäftigung von Extremisten im öffentlichen Dienst.

5. 6. 1975: Volksabstimmung in Großbritannien: Die Wähler sprechen sich mit 67,2% für den Verbleib in der EG aus.

11. 6. 1975: Die Bundesrepublik und die Sowjetunion vereinbaren den Austausch von Touristik-Büros.

19. 6. 1975: Der rheinland-pfälzische Ministerpräsident und CDU-Vorsitzende Helmut Kohl wird zum Kanzlerkandidaten der Union nominiert.

Die Volkskammer verabschiedet ein neues Zivilgesetzbuch, das noch geltende Bestimmungen des alten BGB in der DDR ersetzt und am 1. 1. 1976 in Kraft tritt; Beschluß über die Verlängerung der Wahlperiode der Volkskammer und der Bezirkstage von vier auf fünf Jahre.

23.–25. 6. 1975: Bundesparteitag der CDU in Mannheim. »Mannheimer Erklärung« zur »Neuen Sozialen Frage«.

10. 7. 1975: Frankreich tritt in den Europäischen Währungsverbund wieder ein.

25. 7. 1975: Die bisherige Praxis des Extremisten-Beschlusses wird durch das Bundesverfassungsgericht bestätigt.

1. 8. 1975: Nach zweijährigen Verhandlungen in Genf und Helsinki wird die KSZE-Schlußakte unterzeichnet. Erich Honecker wurde vom Politbüro der SED und Ministerrat am 28. 7. zur Unterzeichnung bevollmächtigt; am Rande der KSZE finden Gespräche zwischen Helmut Schmidt und Erich Honecker statt.

Demonstration gegen das geplante Kernkraftwerk Wyhl am 31. März 1975.

Die Bundesrepublik ehrt den früheren US-Hochkommissar John McCloy durch die Errichtung einer nach ihm benannten Stiftung. Von rechts: Präsident Gerald Ford, John McCloy, US-Außenminister Kissinger, Bundespräsident Scheel und Außenminister Genscher.

KSZE-Schlußkonferenz am 30. Juli 1975 in Helsinki: Bundeskanzler Schmidt (rechts) im Gespräch mit Generalsekretär Honecker über den trennenden Gang hinweg.

27. 8. 1975: Ein Bauinvestitionsprogramm in Höhe von 5,75 Milliarden DM wird von der Bundesregierung beschlossen.

23. 9. 1975: Die Bundesrepublik nimmt diplomatische Beziehungen zu Vietnam auf.

3. 10. 1975: Generalsekretär Martin Bangemann tritt nach Meinungsverschiedenheiten mit dem FDP-Parteivorstand vom Amt zurück.

7. 10. 1975: Der 26. Gründungstag der DDR wird erstmals als Nationalfeiertag begangen. Zwischen der DDR und der Sowjetunion wird ein Vertrag über Freundschaft, Zusammenarbeit und gegenseitige Hilfe mit einer Laufzeit von 25 Jahren geschlossen.

Bundeskanzler Schmidt mit Frau Loki im Herbst 1975 an der Chinesischen Mauer, rechts außen Regierungssprecher Bölling.

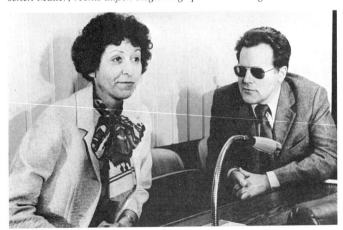

Günter Guillaume mit seiner ebenfalls verurteilten Ehefrau Christel beim Prozeß 1975.

28. 10.–2. 11. 1975: Helmut Schmidt besucht als erster Bundeskanzler die Volksrepublik China und trifft mit Mao Tse-tung zusammen.

5. 11. 1975: Bundesverfassungsgericht erklärt Steuerfreiheit von Grunddiäten der Abgeordneten sowie die Regelung für Beamte und andere Angehörige des öffentlichen Dienstes, denen neben Diäten Ruhegehalt gezahlt wird, für nicht vereinbar mit dem Grundgesetz.

10.–15. 11. 1975: Als erster Bundespräsident besucht Walter Scheel die Sowjetunion.

14. 11. 1975: Der SPD-Parteitag in Mannheim verabschiedet den »Ökonomisch-politischen Orientierungsrahmen 1975–1985« als Langzeitprogramm der SPD.

15.–17. 11. 1975: Erster Weltwirtschaftsgipfel in Rambouillet in Frankreich. Die wichtigsten westlichen Industriestaaten beginnen, ihre Wirtschafts- und Finanzpolitik aufeinander abzustimmen.

20. 11. 1975: Der spanische Diktator Franco stirbt.

10. 12. 1975: Andrej Sacharow wird der Friedensnobelpreis verliehen.

11. 12. 1975: Der Bundestag verabschiedet das neue Ehe- und Familienrecht. Das »Zerrüttungsprinzip« ersetzt das »Schuldprinzip«.

15. 12. 1975: Günter Guillaume wird zu 13 Jahren Haft verurteilt, seine Ehefrau zu acht Jahren.

16. 12. 1975: Ausweisung des Spiegel-Korrespondenten Jörg Mettke aus der DDR unter anderem wegen »grober Verleumdung«.

21. 12. 1975: Die Tagung der OPEC-Ölminister in Wien wird von Terroristen überfallen.

31. 12. 1975: Die Arbeitslosenquote betrug im Jahresdurchschnitt 4,7% in der Bundesrepublik.

1976

13. 1. 1976: Novellierung des Jugendarbeitsschutzgesetzes führt für Jugendliche die Fünf-Tage-Woche, den Acht-Stunden-Tag, die Vierzig-Stunden-Woche und die Erhöhung des Urlaubs von 24 auf 25–30 Urlaubstage ein, erweitert den Katalog der Beschäftigungsverbote und verbessert den Gesundheitsschutz.

21. 1. 1976: Maßnahmen zum Abbau der Jugendarbeitslosigkeit im Umfang von 300 Millionen DM werden von der Bundesregierung beschlossen.

26. 1. 1976: Das Hochschulrahmengesetz regelt erstmals einheitlich für das Bundesgebiet Grundsätze für die zeitgemäße Hochschule (als Leitziel unter anderem die Gesamthochschule und die studentische Mitbestimmung).

19. 2. 1976: Zweite Lesung und Schlußabstimmung im Bundestag zu den Vereinbarungen mit Polen. Die Verträge werden mit 276 zu 191 Stimmen gebilligt. Auch 15 Abgeordnete der Opposition stimmen mit Ja.

20. 2. 1976: Ablehnung einer bundeseinheitlichen gesetzlichen Regelung zur Beschäftigung von Extremisten im öffentlichen Dienst.

12./13. 3. 1976: CSU-Parteitag in München verabschiedet neues Grundsatzprogramm.

14. 3. 1976: Frankreich scheidet aus dem Europäischen Währungsverbund aus.

16. 3. 1976: Strafvollzugsgesetz reformiert den Strafvollzug und verstärkt die Resozialisierungsmöglichkeiten für Strafgefangene.

30. 3. 1976: Die Staatsekretäre Dietrich Elias vom Bundesministerium und Manfred Calov vom DDR-Postministerium unterzeichnen Regierungsabkommen auf dem Gebiet des Post- und Fernmeldewesens sowie Verwaltungsabkommen.
Einrichtung des Durchwählverkehrs bei Telefonaten.

1. 4. 1976: Mitteilung von Bundesminister Franke, daß 1975 durch Verhandlungen mit der DDR 5 499 Personen eine Ausreisegenehmigung erhielten und 1 200 politische Gefangene in die Bundesrepublik entlassen wurden.

15. 4. 1976: Erweiterung der Befugnisse des Ministerrats auf Kosten des Staatsrats der DDR.

22. 4. 1976: Ein Strafrechtsänderungsgesetz stellt verfassungsfeindliche Befürwortung von Gewalt und Schriften, die Gewalttaten befürworten, unter Strafe.

23. 4. 1976: Auf dem Platz des ehemaligen Berliner Stadtschlosses in Ost-Berlin wird der »Palast der Republik« eingeweiht.

30. 4. 1976: Streik in der Druckindustrie nach einer Urabstimmung der IG Druck und Papier. Viele Tageszeitungen erscheinen für mehrere Tage nicht.

4. 5. 1976: Gesetz über die paritätische Mitbestimmung der Arbeitnehmer in Großunternehmen mit über 2 000 Beschäftigten. Vollständige Parität von Kapital und Arbeit wird nicht erreicht.

Austausch der Ratifikationsurkunden zum Abkommen zwischen der Bundesregierung und Polen über Renten- und Unfallversicherung vom 9. Oktober 1975 durch die Außenminister Waclaw Piatkowski (links) und Hans-Dietrich Genscher am 24. März 1976.

Der Palast der Republik am Marx-Engels-Platz in Ost-Berlin.

Im Zuge des Druckerstreiks demonstrieren am 13. Mai 1976 in Hamburg die Zeitungsdrucker.

Die Beisetzung von Ulrike Meinhof auf dem Westberliner Dreifaltig-keitsfriedhof in Anwesenheit von Verwandten und etwa 4000 Trau-ernden.

9. 5. 1976: Ulrike Meinhof wird in Stuttgart-Stammheim in ihrer Zelle tot aufgefunden.

18. 5. 1976: Reform des Paragraphen 218 StGB (Indikationsmo-dell).

18.–22. 5. 1976: IX. Parteitag der SED in Ost-Berlin. Annahme eines neuen Programms und eines neuen Parteistatuts. Wahl Erich Honeckers zum Generalsekretär.

19. 5. 1976: Das Bundeskabinett verabschiedet neue Richtlinien zur Abwehr von Extremisten im öffentlichen Dienst.

20. 5. 1976: Bundestag beschließt Gesetz über Pressefusionskon-trolle.

27. 5. 1976: Gemeinsamer Beschluß des ZK der SED, des FDGB-Vorstands und des Ministerrats über die planmäßige Verbesserung der »Arbeits- und Lebensbedingungen der Werktätigen« für 1976–1980, unter anderem Erhöhung der Mindestlöhne und Min-destrenten.

28. 5. 1976: Unterzeichnung eines Abkommens zwischen der Sowjetunion und den USA über die Begrenzung unterirdischer Kernwaffenversuche.

31. 5. 1976: Erstmals seit Dezember 1974 sinkt die Zahl der Arbeitslosen unter die Millionengrenze (953000).

4. 6. 1976: Treffen von Hermann Axen, Mitglied des Politbüros und Vorsitzender des außenpolitischen Ausschusses der Volkskammer, mit Wolfgang Mischnik in Ost-Berlin.

21. 6. 1976: Die für verfassungswidrig erklärte Fristenlösung wird durch eine medizinisch-soziale Indikationslösung ersetzt (15. Straf-

rechtsänderungsgesetz). Die Diskussion um den Paragraphen 218 ist damit vorläufig beendet.

24. 6. 1976: Gesetz zur Verlängerung der Legislaturperiode von Volkskammer und Bezirkstagen auf fünf Jahre.

7. 7. 1976: Gustav Heinemann stirbt in Essen im Alter von 76 Jahren.

24. 7. 1976: Erhebliche Belastung des Verhältnisses zwischen der DDR und der Bundesrepublik wegen schweren Grenzzwischenfäl-len, in denen unter anderem die Grenzsoldaten der DDR von der Schußwaffe Gebrauch machten.

29. 7. 1976: Erstes Gesetz zur Bekämpfung der Wirtschaftskrimi-nalität.

4. 8. 1976: Bildung einer Bund-Länder-Kommission zur Entwick-lung der Ausländerbeschäftigungspolitik.

18. 8. 1976: Anti-Terror-Gesetz stellt die »Bildung terroristischer Vereinigungen« unter Strafe.

23. 8. 1976: 33. und 34. Gesetz zur Änderung des Grundgesetzes (Neugliederung der Bundesländer wird Kannvorschrift).

7. 9. 1976: Das Ausbildungsplatzförderungsgesetz soll Mängel abstellen. Gründung eines Bundesinstituts für Berufsbildung in Berlin.

9. 9. 1976: Der Tod von Mao Tse-tung wird bekanntgegeben.

13. 9. 1976: Abwasserabgabengesetz.

3. 10. 1976: Wahl zum 8. Deutschen Bundestag. Die CDU/CSU erhält 48,6% der Stimmen, die SPD 42,2% und die FDP 7,9%.

Bundespräsident Scheel geleitet die Witwe des verstorbenen Gustav Heinemann, Hilda, in den Plenarsaal des Bundestages zum Staatsakt.

17. 10. 1976: Wahlen zur Volkskammer der DDR nach Einheitslisten. In der konstituierenden Sitzung der Volkskammer am 29. 10. gibt es folgende personelle Veränderungen: Horst Sindermann, bisher Vorsitzender des Ministerrats, wird zum Präsidenten der Volkskammer, Erich Honecker zum Vorsitzenden des Staatsrats und gleichzeitig des Verteidigungsrats, Willi Stoph zum Vorsitzenden des Ministerrats gewählt.

22. 10. 1976: Die Bundesrepublik wird für zwei Jahre als Mitglied in den UN-Sicherheitsrat gewählt.

26. 10. 1976: Vatikan bildet die Organisation der katholischen Kirche in der DDR um: »Bischofskonferenz für das Kirchengebiet der DDR«.

5. 11. 1976: Der UNO-Sozialausschuß verurteilt sechs westliche Staaten, darunter auch die Bundesrepublik, wegen nuklearer und militärischer Zusammenarbeit mit dem »rassistischen Minderheitenregime Südafrikas«.

10. 11. 1976: Verabschiedung eines arbeitsmarktpolitischen Programms für Schwerbehinderte (439 Millionen DM).

12. 11. 1976: Das umstrittene Datenschutzgesetz, von der CDU/CSU-Opposition im Bundestag abgelehnt, wird von den CDU-regierten Ländern Niedersachsen und Saarland im Bundesrat gebilligt. Diese Durchbrechung der Unionsfront wird als koalitionspolitisches Signal an die FDP gewertet.

13. 11. 1976: Etwa 20000 Bürger protestieren in Brokdorf gegen den geplanten Bau eines Atomkraftwerkes. 160 Personen werden bei Ausschreitungen verletzt.

16. 11. 1976: Während einer West-Tournee wird Wolf Biermann von den Behörden der DDR ausgebürgert.

18. 11. 1976: Das Bundesverfassungsgericht feiert mit einem Festakt sein 25jähriges Bestehen.

19. 11. 1976: Die CSU-Landesgruppe beschließt in Wildbad Kreuth die Auflösung der Fraktionsgemeinschaft mit der CDU. Der Beschluß wird am 12. 12. 1976 aufgehoben.

26. 11. 1976: Willy Brandt wird Vorsitzender der Sozialistischen Internationale.
Robert Havemann, Kritiker des DDR-Regimes, wird unter Hausarrest gestellt. Bereits am 3. 11. ist der Schriftsteller Rainer Kunze aus dem Schriftstellerverband ausgeschlossen worden und übersiedelt wie andere oppositionelle Schriftsteller am 14. 7. 1977 in die Bundesrepublik.

Bundestagswahlen 1976: Die Parteivorsitzenden Brandt (SPD), Kohl (CDU) und Genscher (FDP) bei ihrem Auftritt im gemeinsamen Wahlstudio von ARD und ZDF in der Wahlnacht vom 3. Oktober.

Wildbad Kreuth, Sitz der CSU-nahen Hanns-Seidel-Stiftung, wo die Auflösung der Fraktionsgemeinschaft von CDU und CSU beschlossen wurde (oben). Unten: Helmut Kohl (CDU) und Franz Josef Strauß (CSU) bei Abgabe der öffentlichen Erklärung über den Trennungsbeschluß im November 1976.

Das zweite Kabinett Schmidt bei Bundespräsident Scheel.

Atomwissenschaftler Dr. Klaus Robert Traube am 1. März 1977 während einer Pressekonferenz in Zusammenhang mit der gegen ihn gerichteten Abhöraffäre.

Generalbundesanwalt Siegfried Buback wird am 7. April 1977 auf offener Straße in Karlsruhe ermordet.

29. 11. 1976: Der Karstadt-Konzern übernimmt das in Bedrängnis geratene Großversandhaus Neckermann.

2. 12. 1976: Bernhard Vogel (CDU) wird als Nachfolger von Helmut Kohl neuer Ministerpräsident von Rheinland-Pfalz.

7. 12. 1976: Der Generalsekretär der Vereinten Nationen, Kurt Waldheim, wird im Amt bestätigt.

9. 12. 1976: Gesetz über allgemeine Geschäftsbedingungen mit verbessertem Verbraucherschutz.

14. 12. 1976: Der Industriellensohn Richard Oetker wird entführt. Der neue Bundestag wählt Karl Carstens zum Bundestagspräsidenten.

15. 12. 1976: Der Bundestag wählt Helmut Schmidt erneut zum Bundeskanzler einer SPD/FDP-Koalition.
DDR-Volkskammer beschließt den Fünfjahrplan für 1976–1980.

20. 12. 1976: Das Bundesnaturschutzgesetz koordiniert Rahmenbedingungen für Natur- und Landschaftsschutz sowie für Landschaftsplanung.

22. 12. 1976: Dem ARD-Korrespondenten Lothar Loewe wird von den DDR-Behörden die Akkreditierung entzogen.

31. 12. 1976: Die Arbeitslosenquote betrug im Jahresdurchschnitt 4,6% in der Bundesrepublik.

1977

1. 1. 1977: Wohnungsmodernisierungs-, Energieeinsparungs- und Strafvollzugsgesetz treten in Kraft.

10. 1. 1977: Der Bundesrichter Albrecht Mayer hat vertrauliche Unterlagen aus dem schwebenden Stammheimer Verfahren an den »Welt«-Chefredakteur Herbert Kremp weitergeleitet und wird von seinem Amt entbunden.

11. 1. 1977: Beginn der Behinderungen von DDR-Bürgern, die die Ständige Vertretung der Bundesrepublik aufsuchen wollen, durch die Volkspolizei.

20. 1. 1977: Wegen Befangenheit muß Theodor Prinzing am 174. Verhandlungstag den Vorsitz im Stuttgarter Baader-Meinhof-Prozeß abgeben.

26. 1. 1977: Alice Schwarzers Zeitschrift »Emma« erscheint erstmals.

27. 1. 1977: Bundesdatenschutzgesetz verkündet.

9. 2. 1977: Das Verwaltungsgericht Schleswig bestätigt den Baustopp für das Kernkraftwerk Brokdorf.

16. 2. 1977: Moskau erkennt erstmals die EG als Verhandlungspartner an.

17. 2. 1977: Erich Honecker bestätigt in einem Interview mit der »Saarbrücker Zeitung«, daß ca. 10000 DDR-Bürger Ausreiseanträge gestellt hätten; generelle Reisefreiheit in das westliche Ausland könne es nur bei Anerkennung der DDR-Staatsbürgerschaft geben.

22. 2. 1977: Die Grenzgemeinde Gorleben in Niedersachsen soll Standort einer zentralen Atommüll-Deponie werden.

28. 2. 1977: Das Magazin »Der Spiegel« deckt die »Lauschaffäre Traube« auf.

2. 3. 1977: Entscheidung des Bundesverfassungsgerichtes zur Öffentlichkeitsarbeit von Staatsorganen.

7. 3. 1977: Der CDU-Bundesparteitag in Düsseldorf bestätigt Helmut Kohl als Parteivorsitzenden. Heiner Geißler wird als Generalsekretär Nachfolger von Kurt Biedenkopf.

14./15. 3. 1977: Protest von Staatsminister Hans-Jürgen Wischnewski gegen die Zurückweisung von Besuchern der Leipziger Messe aus der Bundesrepublik.

17. 3. 1977: In Stuttgart wird am Tag nach der Bundestagsdebatte über die »Lauschaffäre Traube« bestätigt, daß in Stuttgart-Stammheim Gespräche zwischen RAF-Häftlingen und Verteidigern abgehört wurden. Die »Vertrauensanwälte« fordern Einstellung des Verfahrens.

Staatsbegräbnis für den früheren Bundeskanzler Ludwig Erhard in Gmund am Tegernsee am 12. Mai 1977.

Weltwirtschaftsgipfel in London am 7. Mai 1977 unter Beteiligung der sieben wichtigsten Industrienationen.

23. 3. 1977: Die Bundesregierung beschließt Programm für Zukunftsinvestitionen (Modernisierung der Infrastruktur, Verbesserung der Umweltbedingungen, des Verkehrssystems und der Berufsausbildung).

22./25. 3. 1977: Besuch des ungarischen Partei- und Regierungschefs János Kádár in Ost-Berlin. Unterzeichnung eines neuen Abkommens über Freundschaft, Zusammenarbeit und gegenseitigen Beistand zwischen der DDR und Ungarn. Ein gleicher Vertrag wird am 29. 5. mit Polen und am 5. 10. mit der ČSSR in Ost-Berlin unterzeichnet.

5. 4. 1977: Die Mitgliedstaaten der EG verpflichten sich in einer gemeinsamen Erklärung, die Entscheidungen des Europäischen Gerichtshofs in Menschenrechtsangelegenheiten als verbindlich anzuerkennen.

7. 4. 1977: Generalbundesanwalt Siegfried Buback wird zusammen mit seinem Fahrer in Karlsruhe auf offener Straße von RAF-Terroristen ermordet.

22. 4. 1977: Eine Umweltkatastrophe bisher ungekannten Ausmaßes droht acht Tage lang der Nordsee und ihren Anliegerstaaten. Nach dem Bruch eines Sicherheitsventils auf der norwegischen Bohrinsel »Bravo« ergießen sich stündlich 170 Tonnen Rohöl ins Meer.

27. 4. 1977: Die Bundesregierung beschließt Sanierungskonzept für die Deutsche Bundesbahn.

28. 4. 1977: Am 192. Verhandlungstag verurteilt das Stuttgarter Oberlandesgericht Andreas Baader, Gudrun Ensslin und Jan-Carl Raspe zu lebenslangen Freiheitsstrafen.

5. 5. 1977: Ludwig Erhard stirbt im Alter von 80 Jahren in Bonn.

7./8. 5. 1977: Der dritte Weltwirtschaftsgipfel findet in London statt.

11. 5. 1977: Gründung der Umweltschutzpartei (USP) Niedersachsen (am 16. 11. 1977 umbenannt in: Grüne Liste Umweltschutz [GLU]).

13. 5. 1977: Der Bundestag verabschiedet ein Rentensanierungsgesetz und das Krankenkostendämpfungsgesetz.

18. 5. 1977: In Genf unterzeichnen die Vertreter von 33 Staaten eine »Konvention über das Verbot der Anwendung umweltverändernder Techniken für militärische oder andere feindselige Zwecke«.

25. 5. 1977: Das Bundeskabinett beschließt ein arbeitsmarktpolitisches Programm zur Bekämpfung der Arbeitslosigkeit.

27. 5. 1977: Gegen die Stimmen der Opposition verabschiedet der Bundestag eine Wehrdienst-Novelle: Wehrpflichtige dürfen danach künftig ohne Gewissensprüfung zwischen Bundeswehr und Zivildienst wählen.

2. 6. 1977: Im sogenannten kleinen Baader-Meinhof-Prozeß verurteilt das Landesgericht Kaiserslautern Manfred Grashof und Klaus Jünschke wegen gemeinschaftlich begangenen Mordes zu lebenslanger Haft.

15. 6. 1977: Vorbereitungstreffen für die erste Folgekonferenz der KSZE wird in Belgrad eröffnet.

16. 6. 1977: Die Volkskammer verabschiedet ein neues Arbeitsgesetzbuch, das am 1. 1. 1978 in Kraft tritt.

17. 6. 1977: Der aus der SPD ausgetretene Oberstadtdirektor Hans-Günther Weber aus Braunschweig gründet die »Soziale Demokratische Union« (SDU).

Der Vorstandsvorsitzende der Dresdner Bank, Jürgen Ponto, der am 30. Juli 1977 in seiner Villa im Taunus bei einem Entführungsversuch von Terroristen ermordet wird.

Willy Brandt (links) im Gespräch mit UNO-Generalsekretär Kurt Waldheim im September 1977 in New York, nachdem Brandt auf Vorschlag McNamaras den Vorsitz einer Kommission zur Förderung des Ausgleichs zwischen Nord und Süd angetreten hatte.

30. 6. 1977: Krankenversicherungs-Kostendämpfungsgesetz.

12. 7. 1977: In Anwendung der KSZE-Schlußakte nehmen erstmals auch Beobachter der Bundesrepublik an einem Manöver des Ostblocks teil.

20. 7. 1977: Das Oberlandesgericht Düsseldorf verurteilt die vier Terroristen, die 1975 die deutsche Botschaft in Stockholm überfielen, zu lebenslanger Haft. Damals waren zwei Diplomaten ums Leben gekommen.

26. 7. 1977: Der US-Dollar sinkt mit DM 2,249 auf den tiefsten amtlichen Mittelkurs nach dem Krieg.

30. 7. 1977: Der Vorsitzende der Dresdner Bank, Jürgen Ponto, wird in seiner Villa im Taunus bei einem Entführungsversuch von Terroristen erschossen.

9. 8. 1977: Bundeskanzler Schmidt beruft während der Sommerpause überraschend das Bonner Wirtschaftskabinett in Hamburg ein. Die neuesten Daten zur wirtschafts- und arbeitsmarktpolitischen Entwicklung wirken alarmierend, daher wird über weitere Maßnahmen zur Konjunkturbelebung beraten.

23. 8. 1977: Festnahme des DDR-Regimekritikers Rudolf Bahro (30. 6. 1978 zu acht Jahren Haft verurteilt) wegen seines Buches »Die Alternative«, das nur in der Bundesrepublik veröffentlicht werden konnte; Ausbürgerung und Ausreise in die Bundesrepublik erfolgen 1979.

27. 8. 1977: Die DDR schiebt nach monatelanger Haft Jürgen Fuchs, Gerulf Pannach, Christian Kunert, Hellmuth Nitsche und Dr. Karl-Heinz Nitsche ab.

5. 9. 1977: Terroristen verschleppen in Köln den Arbeitgeberpräsidenten Hanns-Martin Schleyer, um elf Baader-Meinhof-Häftlinge freizupressen. Schleyers Fahrer und drei Sicherheitsbeamte werden von den Geiselnehmern erschossen.

14. 9. 1977: Maßnahmen zur Förderung von Wirtschaftswachstum und Beschäftigung (Steuerentlastungen und Verbesserung der Abschreibungsmöglichkeiten) von der Bundesregierung beschlossen.

22./23. 9. 1977: USA und UdSSR vereinbaren eine Verlängerung des SALT-I-Vertrages.

28. 9. 1977: Der Bundestag verabschiedet im Schnellverfahren ein Kontaktsperregesetz während der Schleyer-Entführung.

4. 10. 1977: Beginn der ersten KSZE-Folgekonferenz in Belgrad. Wegen antisemitischer Äußerungen werden an der Bundeswehrhochschule München elf Leutnants dienstenthoben; sie müssen mit ihrer Entlassung rechnen.

13. 10. 1977: Palästinensische Terroristen kapern die Lufthansa-Boeing »Landshut«, um die Entlassung inhaftierter RAF-Terroristen zu erpressen.

18. 10. 1977: Die Spezialeinheit des Bundesgrenzschutzes GSG 9 stürmt in Mogadischu (Somalia) das von Terroristen entführte Flugzeug der Lufthansa und befreit alle Geiseln. Am gleichen Tag begehen die zu lebenslanger Freiheitsstrafe verurteilten Terroristen Baader, Ensslin und Raspe in Stuttgart-Stammheim Selbstmord.

19. 10. 1977: Hanns-Martin Schleyer wird 44 Tage nach seiner Entführung in Mühlhausen (Frankreich) ermordet aufgefunden. Beginn einer Großfahndung nach 16 namentlich bekannten Terroristen, denen die Morde an Buback, Ponto und Schleyer sowie an deren Begleitern vorgeworfen werden.

31. 10. 1977: Bis zur Unabhängigkeit von Südafrika schließt Bonn das Konsulat in Windhuk, der Hauptstadt von Namibia. Damit folgt die Bundesrepublik Deutschland der internationalen Rechtsauffassung, daß das ehemalige Mandatsgebiet direkt der UN-Kontrolle untersteht und in die Unabhängigkeit zu entlassen ist.

4. 11. 1977: Gesetz zur Steuerentlastung und Investitionsförderung. Der UNO-Sicherheitsrat beschließt einstimmig ein unbefristetes Verbot von Waffenlieferungen an Südafrika.

6.–8. 11. 1977: Der Bundesparteitag der FDP in Kiel verabschiedet die »Kieler Thesen«.

10. 11. 1977: Nach einem Schußwechsel mit der Polizei werden in Amsterdam Christoph Wackernagel und Gert Schneider festgenommen. Wackernagel soll am Schleyer-Attentat beteiligt gewesen sein.

16. 11. 1977: Klaus Croissant, der ehemalige Baader-Meinhof-Anwalt, wird auf Empfehlung des Pariser Appellationsgerichts an die Bundesrepublik ausgeliefert.

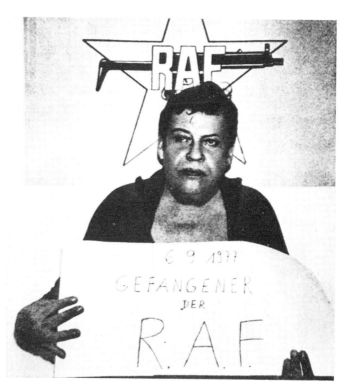

Terroristen-Foto des am 5. September 1977 entführten und später ermordeten Arbeitgeberpräsidenten Hanns-Martin Schleyer.

Fahndungsplakat der Polizei für die bundesweite Suchaktion nach Terroristen.

Die in eine Spionage-Affäre verwickelte Sekretärin im Verteidigungsministerium, Renate Lutze.

Hans Peter Bull (links), der Datenschutzbeauftragte, bei seiner Amtseinführung durch Bundesinnenminister Maihofer.

Wechsel im Verteidigungsministerium: Georg Leber (links) nach seinem Rücktritt wegen der »Wanzenaffäre« mit seinem Nachfolger Hans Apel.

18. 11. 1977: Willy Brandt wird als Parteivorsitzender wiedergewählt.

9. 12. 1977: Unter Vorsitz von Willy Brandt konstituiert sich die internationale »Nord-Süd-Kommission«.

12. 12. 1977: Die Spionage-Affäre um die Sekretärin im Verteidigungsministerium, Renate Lutze, wird bekannt.

14. 12. 1977: Zur Verbesserung der Zusammenarbeit von CDU und CSU setzt die gemeinsame Strategiekommission der Unionsparteien drei Arbeitsgruppen ein.

20. 12. 1977: Der deutsche Terrorist Knut Folkerts wird in Holland wegen Mordes zu 20 Jahren Freiheitsstrafe verurteilt. In der Schweiz werden Gabriele Kröcher-Tiedemann und Christian Möller verhaftet.

Einigung über den Autobahnausbau zwischen den Grenzkontrollstellen Helmstedt (Bundesrepublik Deutschland) und Marienborn (DDR).

31. 12. 1977: Die Arbeitslosenquote betrug im Jahresdurchschnitt 4,5% in der Bundesrepublik.

1978

1. 1. 1978: Bundesdatenschutzgesetz tritt in Kraft. Erster Bundesbeauftragter für den Datenschutz wird im Februar Hans Peter Bull.

10. 1. 1978: Das Büro des Nachrichtenmagazins »Der Spiegel« in Ost-Berlin wird durch die DDR-Behörden geschlossen. Begründet wird diese Maßnahme mit dem Vorwurf fortgesetzter und böswilliger Verleumdung der DDR.

19. 1. 1978: Der letzte in Deutschland gefertigte VW-Käfer läuft in Emden vom Band.

2. 2. 1978: Rücktritt von Verteidigungsminister Georg Leber (SPD). Damit übernimmt Leber die politische Verantwortung für Abhöraktionen des Militärischen Abschirmdienstes (MAD). Neuer Verteidigungsminister wird Hans Apel.

9.–15. 2. 1978: Eröffnung des Brecht-Hauses und eines Brecht-Dialogs über »Kunst und Politik« in Ost-Berlin.

12. 2. 1978: In Hofheim/Taunus wählen die Jungsozialisten den 33jährigen Rechtsanwalt Gerhard Schröder aus Hannover zum neuen Vorsitzenden.

13. 2. 1978: Der Auslandsreferent der CSU-Landesleitung, Dieter Huber, verschwindet in München unter rätselhaften Umständen; 44 Stunden später taucht er wieder auf.

16. 2. 1978: Der Bundestag verabschiedet mit nur einer Stimme Mehrheit das zweite Anti-Terror-Gesetz.

17. 2. 1978: Die Regierungschefs von Bund und Ländern beschließen Programm zur Minderung von Beschäftigungsrisiken bei Jugendlichen mit Investitionen von 1,1 Milliarden DM. Es soll bis 1982 reichen.

1. 3. 1978: Der Dollar sinkt erstmals unter die Grenze von 2 DM ab. Der Mittelkurs beträgt 1,992 DM.

Den in Deutschland stationierten US-Soldaten macht der niedrige Dollar-Kurs 1978 zu schaffen.

6. 3. 1978: Gespräch zwischen Erich Honecker und dem Vorstand der Evangelischen Kirchenleitung der DDR unter Leitung von Bischof Albrecht Schönherr: Die Kirche erhält mehr Spielraum, der allerdings nach den Unruhen in Polen 1980 wieder eingeschränkt wird.

9. 3. 1978: Die drei bundesdeutschen Nachrichtendienste MAD, BND und Bundesamt für Verfassungsschutz werden durch Gesetz der parlamentarischen Kontrolle unterworfen.
Die KSZE-Folgetreffen in Belgrad enden mit Verabschiedung eines »Abschließenden Dokuments«, in dem die Menschenrechte unerwähnt bleiben, das jedoch die Schlußakte von Helsinki im Ganzen bestätigt.

Streik in der Druck-Industrie. Viele Bundesbürger mußten auf ihre gewohnte Zeitungslektüre verzichten.

15. 3. 1978: Die Streiks in der Druckindustrie weiten sich aus. Bundesweite Aussperrungsmaßnahmen der Arbeitgeber. In der Metallindustrie von Nordwürttemberg/Nordbaden kommt es ebenfalls zu Schwerpunktstreiks. Auch hier reagieren die Unternehmer mit Aussperrungen.

21. 3. 1978: Ende der mehrwöchigen Arbeitskämpfe im Druckgewerbe; Tarifvertrag regelt den Einsatz elektronischer Textverarbeitungssysteme.

3. 4. 1978: Einigung im Tarifkonflikt der Metallindustrie von Nordwürttemberg/Nordbaden.

7. 4. 1978: US-Präsident Carter gibt bekannt, die Entscheidung über die Produktion der Neutronenwaffe auf unbestimmte Zeit zu verschieben.

10. 4. 1978: Im neu errichteten VW-Werk in New Stanton/Pennsylvania läuft der erste in den USA gebaute »Golf«, der dort »Rabbit« heißt, vom Band.

Gespräche über die Ausbildungsplatzsituation am 10. März 1978 auf Einladung des Bundeskanzlers.

Staatsbesuch der britischen Königin Elisabeth II. im Mai 1978 in der Bundesrepublik, hier in Bremen.

Bundeskanzler Schmidt vor der UNO-Vollversammlung in New York am 23. Mai 1978.

Explosion eines Tanklastzuges auf dem spanischen Campingplatz »Los Alfaques« am 11. Juli 1978.

13. 4. 1978: Das Bundesverfassungsgericht erklärt das 1977 vom Bundestag beschlossene Wehrpflichtänderungsgesetz, mit dem die Gewissensprüfung von Kriegsdienstverweigerern abgeschafft wurde, für verfassungswidrig.

24. 4. 1978: Nach dem Vorbild der »Sozialistischen Internationale« gründen 18 konservative und christdemokratische Parteien aus 14 Ländern die »Europäische Demokratische Union«.

4.–7. 5. 1978: Der sowjetische Staats- und Parteichef, Leonid Breschnew, besucht die Bundesrepublik. Unterzeichnung eines langfristigen Abkommens über enge wirtschaftliche Zusammenarbeit bei Großprojekten der Energieentwicklung, im Transportwesen und Maschinenbau.

5. 5. 1978: Der baden-württembergische Ministerpräsident Hans Filbinger weist die Vorwürfe zurück, die gegen ihn wegen seiner Tätigkeit als Jurist in der NS-Zeit erhoben wurden.

11. 5. 1978: Die deutschen Terroristen Brigitte Mohnhaupt, Rolf Clemens Wagner, Peter Boock und Sieglinde Hofmann werden in Jugoslawien verhaftet.

22.–26. 5. 1978: Die britische Königin, Elisabeth II., besucht die Bundesrepublik. In Berlin-West erneuert sie die britischen Garantien für die Stadt.

23. 5. 1978: UNO-Generalsekretär Kurt Waldheim eröffnet in New York in Anwesenheit zahlreicher Staats- und Regierungschefs eine Sonder-Vollversammlung der Vereinten Nationen über Abrüstungsfragen. Bundeskanzler Schmidt spricht zu Problemen der Abrüstung.

6. 6. 1978: Rücktritt von Bundesinnenminister Werner Maihofer (FDP). Maihofer übernimmt damit die politische Verantwortung für eine schwere Fahndungspanne im Entführungsfall Schleyer. Nachfolger wird Gerhart Baum (FDP).

8. 6. 1978: Gegen die Stimmen der Union verabschiedet der Bundestag das 21. Rentenanpassungsgesetz. Um ein Milliarden-Defizit in der Rentenversicherung zu vermeiden, sieht es eine befristete Abkehr von der bruttolohnbezogenen Rentendynamik vor.

12. 6. 1978: Der neue Präsident der Bundesvereinigung der Deutschen Arbeitgeberverbände, Otto Esser, macht seinen Antrittsbesuch beim DGB-Vorsitzenden Heinz Oskar Vetter.

21. 6. 1978: Der als Terrorist gesuchte Till Meyer wird in einem bulgarischen Ferienort zusammen mit drei Begleiterinnen gefaßt und noch am gleichen Tag in die Bundesrepublik abgeschoben.

23. 6. 1978: Gespräche über Währungsfragen zwischen Bundeskanzler Schmidt und dem französischen Staatspräsidenten Giscard d'Estaing in Hamburg.

6. 7. 1978: Gipfelkonferenz der Staats- und Regierungschefs der EG-Länder: Einigung auf die Grundzüge eines europäischen Währungssystems, unter anderem zur Stabilisierung des Dollars.

7. 7. 1978: Neufassung der Verwaltungsvorschriften zum Ausländergesetz.

11. 7. 1978: Der Umwelt-Experte Herbert Gruhl tritt aus der CDU/CSU-Fraktion aus. Am 13. 7. gründet Gruhl die Umweltpartei »Grüne Aktion Zukunft«.
Explosion eines Tanklastzuges auf dem spanischen Campingplatz »Los Alfaques«. Über 150 Urlauber kommen ums Leben, darunter 30 Deutsche.

16./17. 7. 1978: Der 3. Weltwirtschaftsgipfel findet in Bonn statt. Umfangreiche Maßnahmen zur Belebung der Weltkonjunktur, zur Inflationsbekämpfung und zur Sicherung der Energieversorgung werden beschlossen.

28. 7. 1978: Aufgrund der Entscheidungen des Weltwirtschaftsgipfels beschließt die Bundesregierung Maßnahmen zur Verbesserung des Wirtschaftswachstums und zur Stärkung der Nachfrage.

7. 8. 1978: Der baden-württembergische Ministerpräsident Hans Filbinger tritt auf Drängen seiner Parteifreunde zurück. Nachfolger wird Lothar Späth (CDU).

17. 8. 1978: Geiselnahme im Generalkonsulat der Bundesrepublik in Chicago: Zwei Kroaten wollen die Freilassung ihres Landsmannes Stjepan Bilandžić erzwingen.

24./25. 8. 1978: Beratung des ZK der SED mit leitenden Wirtschaftsfunktionären über die Entwicklung der vorhandenen und die Schaffung neuer Kombinate, zur Überwindung der Stagnation in der Wirtschaft und im Lebensstandard der Bürger.

Weltwirtschaftsgipfel in Bonn im Juli 1978; 4. von links US-Präsident Carter, flankiert von Ministerpräsident Nenni (links) und Bundeskanzler Schmidt.

Rückkehr der Kosmonauten Waleri Bykowski (links) und Sigmund Jähn (DDR). Hier setzen sie ihre Namen auf die Außenhaut des Raumschiffes.

26. 8.–3. 9. 1978: Als erster Deutscher nimmt der DDR-Kosmonaut Sigmund Jähn an einem Weltraumflug teil.

1. 9. 1978: Einführung des Wehrunterrichts in den Klassen 9 und 10 in der DDR.

5. 9. 1978: Ein Erdbeben richtet in Südwestdeutschland Schäden in Millionenhöhe an.

6. 9. 1978: Der als Terrorist gesuchte Willy Peter Stoll wird von Polizisten in Düsseldorf erschossen.

14./15. 9. 1978: Bundeskanzler Schmidt und Staatspräsident Giscard d'Estaing treffen sich in Aachen zu weiteren Erörterungen des Europäischen Währungssystems (EWS).

15. 9. 1978: Das seit 1974 gesuchte mutmaßliche Gründungsmitglied der »Rote Armee Fraktion«, Astrid Proll, wird in London festgenommen.

20.–25. 9. 1978: Polnische Bischöfe, unter ihnen Primas Wyszynski und der spätere Papst Johannes Paul II., besuchen die Bundesrepublik.

22. 9. 1978: Vertreter der deutschen Wirtschaft unterzeichnen in Peking ein Protokoll über ein langfristig angelegtes Acht-Milliarden-Geschäft mit der Volksrepublik China.

28. 9. 1978: Ewald Moldt wird neuer Leiter der Ständigen Vertretung der DDR in Bonn.

29. 9. 1978: Der Namibia-Plan, den eine Gruppe von fünf westlichen UN-Mitgliedern ausgehandelt hat, wird verabschiedet. Er sieht freie Wahlen unter UN-Aufsicht vor.

4. 10. 1978: Laut Kabinettsbeschluß wird die Bundesrepublik den 30 ärmsten Entwicklungsländern auf Antrag die Schulden erlassen.

16. 10. 1978: Karol Kardinal Wojtyla, Erzbischof von Krakau, wird zum neuen Papst gewählt.

23.–25. 10. 1978: Auf dem Parteitag in Ludwigshafen verabschiedet die CDU das erste Grundsatzprogramm in ihrer Geschichte.

6. 11. 1978: Franz Josef Strauß wird als Nachfolger von Alfons Goppel (CSU) bayerischer Ministerpräsident.

8. 11. 1978: Bundeskabinett beschließt Reform der Jugendhilfe.

16. 11. 1978: Unterzeichnung von Abkommen zwischen beiden deutschen Staaten über Bau der Autobahn Berlin – Hamburg, Wiedereröffnung des Teltow-Kanals in Berlin und den nichtkommerziellen Zahlungsverkehr.

21. 11. 1978: Der ehemalige nordrhein-westfälische Ministerpräsident Heinz Kühn wird zum Beauftragten der Bundesregierung für Gastarbeiterfragen ernannt.

28. 11. 1978: Bei Arbeitskämpfen in der nordrhein-westfälischen Stahlindustrie mißlingt der IG Metall der »Einstieg in die 35-Stunden-Woche«.

29. 11. 1978: Innerdeutsche Grenzkommission unterzeichnet in Bonn Regierungsprotokoll über Überprüfung und Regulierung der innerdeutschen Grenzen.
Neues Verkehrsabkommen zwischen der Bundesrepublik und der DDR sieht den Ausbau der Autobahnverbindungen und die Verbesserung der Wasserwege nach Berlin vor.

4./5. 12. 1978: Die Staats- und Regierungschefs der EG beschließen das Europäische Währungssystem.

7. 12. 1978: Der Deutsche Presserat rügt eine Reihe von Zeitungen wegen vorschneller Urteile im Fall des SPD-Bundestagsabgeordneten Holtz und des Referenten Broudré-Gröger. Beide waren im September von einigen Presseorganen als Landesverräter bezeichnet worden, obwohl der Spionagevorwurf rasch widerlegt wurde.

14. 12. 1978: Mit knapper Mehrheit beschließt der Bundestag den Weiterbau des »Schnellen Brüters« in Kalkar.

17. 12. 1978: Die OPEC erhöht den Erdölpreis für 1979 um durchschnittlich 10% und bewirkt damit den zweiten Ölschock.

31. 12. 1978: Die Arbeitslosenquote betrug im Jahresdurchschnitt 4,3% in der Bundesrepublik.

1979

5./6. 1. 1979: Informelles Treffen der Staats- beziehungsweise Regierungschefs der Bundesrepublik, Großbritanniens, Frankreichs und der USA auf der Insel Guadeloupe in der Karibik; unter anderem politische Entscheidung über den späteren NATO-Doppelbeschluß.

13. 1. 1979: Sondierungsgespräche zwischen Hans-Jürgen Wischnewski und Außenminister Oskar Fischer in Ost-Berlin über die Zusammenarbeit beider deutscher Staaten auf dem Energiesektor und dem Gebiet des Gewässerschutzes.

17. 1. 1979: Verabschiedung eines neuen Verfahrens zur Überprüfung der Verfassungstreue im öffentlichen Dienst. Die Regelanfrage wird ersetzt durch die Prüfung des Einzelfalles.
Im Ruhrgebiet wird erstmals in der Geschichte der Bundesrepublik ein großflächiger Smog-Alarm ausgelöst.

19. 1. 1979: Aufgrund der Hinweise des in den Westen übergelaufenen DDR-Geheimdienst-Leutnants Werner Stiller werden in der Bundesrepublik fünf mutmaßliche DDR-Spione festgenommen. Bis zum Monatsende gelingt es der Spionageabwehr, insgesamt 14 Ost-Spione zu enttarnen.

22.–27. 1. 1979: Die Dritten Programme des Deutschen Fernsehens strahlen den amerikanischen Film »Holocaust« in vier Folgen aus.

1. 2. 1979: Ajatollah Khomeini kehrt aus dem französischen Exil in den Iran zurück. Zugleich Umwandlung des Iran in eine islamische Republik.

6. 2. 1979: Eine Mehlstaub-Explosion in der Rolandmühle in Bremen fordert 14 Tote und 11 Verletzte und verursacht Sachschaden von über 70 Millionen DM.

Unter Spionageverdacht für Rumänien: SPD-Bundestagsmitglied Uwe Holtz. Der Verdacht erweist sich als unbegründet.

7. 2. 1979: Das Bundeskartellamt verhängt gegen drei Großverlage und sechs leitende Mitarbeiter wegen Preis- und Rabattabsprachen für Programmzeitschriften Bußgelder von insgesamt 26,6 Millionen DM.

16. 2. 1979: Das Landgericht Stuttgart verurteilt den ehemaligen RAF-Anwalt Klaus Croissant wegen Unterstützung einer kriminellen Vereinigung zu zweieinhalb Jahren Freiheitsstrafe und einem vierjährigen Berufsverbot.

1. 3. 1979: Das Bundesverfassungsgericht erklärt das Mitbestimmungsgesetz für verfassungszulässig.

6. 3. 1979: ADN meldet, daß die westdeutsche NATO-Sekretärin Ursel Lorenzen am Vortag in die DDR übergelaufen sei.

13. 3. 1979: Das Europäische Währungssystem (EWS) tritt in Kraft.

17./18. 3. 1979: Gründung der Sonstigen politischen Vereinigung »Die Grünen« in Frankfurt.

20. 3. 1979: Nach einem Grundsatzurteil des Bundesgerichtshofs müssen nicht angeschnallte Autofahrer bei Unfallschäden möglicherweise wegen Mitverschuldens eine Kürzung ihrer Ersatzansprüche hinnehmen.

21. 3. 1979: Bonn lockert Ausländerpolitik. Kinder und Ehegatten von Gastarbeitern aus Nicht-EG-Ländern sollen nach bestimmten Wartefristen in der Bundesrepublik Arbeitserlaubnis erhalten.

26. 3. 1979: Abschluß des israelisch-ägyptischen Friedensvertrages als Ergebnis amerikanisch-ägyptisch-israelischer Verhandlungen in Camp David.

28. 3. 1979: Im Druckwasserreaktor »Three Miles Island« in Harrisburg/Pennsylvania kommt es zum bislang schwersten Unfall in der Geschichte der zivilen Kernenergie.

31. 3. 1979: Bei der bislang größten Demonstration von Kernkraftgegnern protestieren in Hannover mindestens 40000 Teilnehmer gegen die geplante Atommüll-Deponie Gorleben.

3. 4. 1979: Bundeskanzler Schmidt reist zum ersten Besuch eines Bonner Regierungschefs nach Lateinamerika (Brasilien, Peru, Dominikanische Republik).

4. 4. 1979: Das Bundeskabinett beschließt die Überprüfung des Sicherheitskonzepts für die deutschen Kernkraftwerke, eine Folge des schweren Reaktorunfalls in dem amerikanischen Kraftwerk in Harrisburg.

4.–8. 4. 1979: Besuch des Generalsekretärs der UN, Kurt Waldheim, in Ost-Berlin.

Giscard d'Estaing (vorn), Callaghan (links), Carter (Mitte) und Schmidt (rechts) im Januar 1979 auf Guadeloupe. Hier wurden unter anderem die Weichen für den NATO-Doppelbeschluß gestellt.

Meryl Streep als Inga Helms-Weiss in dem Film »Holocaust«, der nach der Ausstrahlung im Deutschen Fernsehen im Januar 1979 die deutsche Öffentlichkeit außerordentlich bewegte.

Helmut Kohl (im Vordergrund) am 22. Februar 1979 bei der Fernsehdiskussion »Bürger fragen – Politiker antworten« in Den Haag/Niederlande.

Kraftwerk »Three Miles Island« in Harrisburg/Pennsylvania, in dem sich der bislang schwerste Unfall in der Geschichte der zivilen Nutzung der Kernenergie ereignete.

Demonstranten vor dem Landgericht Düsseldorf während des Majdanek-Prozesses.

Gelände des geplanten »Entsorgungsparks« für nukleare Abfälle in Gorleben.

11. 4. 1979: Verschärfung der Arbeitsbedingungen für westliche Korrespondenten in der DDR, unter anderem werden alle geplanten Interviews genehmigungspflichtig. Am 14. 5. wird der ZDF-Korrespondent Peter van Loyen aus der DDR ausgewiesen.

19. 4. 1979: Nach 328 Verhandlungstagen spricht die 17. Schwurgerichtskammer des Landgerichts Düsseldorf vier wegen Mordbeihilfe im Konzentrationslager Majdanek angeklagte Personen frei.

26. 4. 1979: Der Bundesgerichtshof verschärft durch ein Grundsatzurteil die bisherige Rechtsprechung bei Verwendung nationalsozialistischer Embleme: Wer künftig Kinderspielzeug oder Modellflugzeuge mit NS-Symbolen verkauft, macht sich strafbar.

29. 4. 1979: Hans Filbinger tritt von seinem Amt als Landesvorsitzender der baden-württembergischen CDU zurück.

4. 5. 1979: Die mutmaßliche Terroristin Elisabeth von Dyck wird in Nürnberg erschossen.

8./9. 5. 1979: In Castrop-Rauxel kündigt die nordrhein-westfälische Landesregierung ein Fünfjahresprogramm für das Ruhrgebiet an: Mit insgesamt 5 Milliarden DM sollen bis 1985 Strukturprobleme und Arbeitslosigkeit im Revier überwunden werden.

16. 5. 1979: Ernst Albrecht will in Gorleben nur ein Zwischenlager für verbrauchte Brennelemente zulassen. Die Wiederaufarbeitungsanlage lehnt er als politisch nicht durchsetzbar ab.

23. 5. 1979: Karl Carstens (CDU) wird zum Bundespräsidenten gewählt.

24. 5. 1979: Franz Josef Strauß meldet seinen Anspruch auf die Kanzlerkandidatur bei der Bundestagswahl 1980 an. Die Nominierung Albrechts wird von der CSU als Kampfansage interpretiert.

31. 5. 1979: Der Bundestag wählt Richard Stücklen (CSU) zum Bundestagspräsidenten.

7.–10. 6. 1979: Das Europäische Parlament wird erstmals direkt gewählt.

18. 6. 1979: Der SALT-II-Vertrag wird in Wien von Präsident Carter und Generalsekretär Breschnew unterzeichnet.

25. 6. 1979: Gesetz zur Einführung von Mutterschaftsurlaub und Mutterschaftsgeld für berufstätige Mütter in der Bundesrepublik.

28. 6. 1979: Die DDR-Volkskammer beschließt 3. Strafrechtsänderungsgesetz (am 1. 8. in Kraft) mit erheblichen Verschärfungen des politischen Strafrechts und Änderung des Wahlgesetzes: Die bisherige Entsendung der Abgeordneten von Ost-Berlin durch die Stadtverordnetenversammlung wird durch deren direkte Wahl in die Volkskammer ersetzt.

28./29. 6. 1979: Vierter Weltwirtschaftsgipfel in Tokio.

2. 7. 1979: Die CDU/CSU-Bundestagsfraktion entscheidet sich für den bayerischen Ministerpräsidenten Franz Josef Strauß als Kanzlerkandidaten der Union bei den Bundestagswahlen 1980.

3. 7. 1979: Der Bundestag hebt mit 255 gegen 222 Stimmen die Verjährungsfrist für Mord auf, so daß auch neu entdeckte NS-Verbrechen verfolgt werden können.

7. 7. 1979: Der österreichische Bundeskanzler Bruno Kreisky und der SPD-Vorsitzende Willy Brandt treffen in Wien mit dem PLO-Chef Jassir Arafat zu Gesprächen über den Nahostkonflikt zusammen.

10. 7. 1979: Bei dem durch Bundesinnenminister Baum vorgelegten Verfassungsschutzbericht werden erstmals auch terroristische Aktivitäten von Rechtsextremisten registriert.

24. 7. 1979: Das Bundesverfassungsgericht entscheidet, daß nur die begrenzte steuerliche Abzugsfähigkeit von Parteispenden mit dem Grundgesetz vereinbar ist.

14. 8. 1979: In Bonn legt Forschungsminister Volker Hauff eine Studie über die Sicherheit in deutschen Kernkraftwerken vor. Man müsse davon ausgehen, daß es pro Anlage nur einmal in 10 000 Jahren zu der sogenannten Kernschmelze im Reaktor kommen könne. Diese Studie lehnt sich an den amerikanischen Rasmussen-Report an.

16. 8. 1979: Als letztes Mitgliedsland der EG nimmt die Bundesrepublik mit der Volksrepublik Angola diplomatische Beziehungen auf.

23. 8. 1979: Erstmals seit zehn Jahren wenden sich die evangelischen Kirchen der Bundesrepublik und der DDR mit einem »Wort zum Frieden« in einer gemeinsamen Erklärung an die Öffentlichkeit. Anlaß ist der Ausbruch des Zweiten Weltkrieges vor 40 Jahren.
In Nordrhein-Westfalen (Lengerich) wird ein Umweltskandal bekannt. Eine Zementfabrik hat mit ihrem Produktionsstaub hochgiftiges Thallium in einer gefährlichen Konzentration ausgestoßen. Obst und Gemüse werden im Umkreis von zwei Kilometern für ungenießbar erklärt.

5. 9. 1979: Unterzeichnung eines Energievertrages zwischen der DDR und der Bundesrepublik in Leipzig.

9. 9. 1979: Der israelische Außenminister Moshe Dayan trifft zu Gesprächen in Bonn ein. Das Eintreten deutscher Politiker für das Selbstbestimmungsrecht der Palästinenser wird von israelischer Seite scharf kritisiert.

13. 9. 1979: Das Oberlandesgericht Celle verurteilt im ersten großen Prozeß gegen Rechtsextremisten sechs junge Neonazis zu Freiheitsstrafen zwischen vier und elf Jahren.

Weltwirtschaftsgipfel in Tokio im Juni 1979. Wie immer waren die sieben führenden Industrienationen der Welt beteiligt.

Bankier Iwan D. Herstatt vor dem Landgericht Köln nach dem ruinösen Zusammenbruch seiner Bank.

Israels Außenminister Moshe Dayan (Mitte) wird am 9. September 1979 von Hans-Dietrich Genscher auf dem Venusberg in Bonn begrüßt.

Franz Josef Strauß und Edmund Stoiber (rechts) auf dem CSU-Parteitag in München im September 1979.

16. 9. 1979: Zwei Familien gelingt in einem selbstgebastelten Heißluftballon die Flucht aus der DDR in die Bundesrepublik.

28./29. 9. 1979: In München wird Franz Josef Strauß mit 857 von 866 gültigen Stimmen als Parteivorsitzender bestätigt. Helmut Kohl sichert dem gemeinsamen Kanzlerkandidaten die vorbehaltlose Unterstützung der Schwesterpartei im Bundestagswahlkampf zu.

3. 10. 1979: Die Hamburger Bürgerschaft beschließt die Einführung der Gesamtschule als Regelschule.

4.–8. 10. 1979: Besuch Breschnews in Ost-Berlin; Abzug sowjetischer Truppen angekündigt.

6./7. 10. 1979: Erste Direktwahl zum Europäischen Parlament.

7. 10. 1979: Die »Grünen« erringen in den Bürgerschaftswahlen in Bremen erstmals Mandate in einem Landesparlament (6,8% Zweitstimmen).

11. 10. 1979: Die DDR läßt bei der Amnestie zum 30jährigen Bestehen den Regimekritiker Rudolf Bahro und den Ost-Berliner Wehrdienstverweigerer Nico Hübner frei.

14. 10. 1979: Rund 100000 Menschen demonstrieren im Bonner Hofgarten friedlich gegen die Kernenergie.

16./17. 10. 1979: Die Kultusministerkonferenz der Länder hält in Berlin ihre 200. Sitzung.

21.–28. 10. 1979: Der chinesische Partei- und Regierungschef Hua Guofeng besucht die Bundesrepublik Deutschland. Am 24. 10. wird ein Kulturabkommen abgeschlossen.

31. 10. 1979: Vereinbarungen zwischen der Bundesrepublik Deutschland und der DDR über Verkehrsfragen: Statt der bisherigen Straßenbenutzungsgebühren tritt eine Pauschale von jährlich 50 Millionen DM in Kraft.

4. 11. 1979: Besetzung der amerikanischen Botschaft in Teheran durch Demonstranten und Revolutionäre Garden. Die Botschaftsangehörigen werden als Geiseln genommen. Die Besetzer fordern die Auslieferung des gestürzten Schahs.

5./6. 12. 1979: Tagung der Außenminister der Warschauer-Pakt-Staaten in Ost-Berlin; Befürwortung von SALT II, Forderung nach SALT III.

10. 12. 1979: Das Bundesverfassungsgericht erklärt das Ausbildungsförderungsgesetz für grundgesetzwidrig und damit für nichtig.
Der Chemiker Georg Wittig erhält zusammen mit Herbert C. Brown den Nobelpreis für Chemie.

11. 12. 1979: Carlo Schmid stirbt im Alter von 83 Jahren.

12. 12. 1979: Doppelbeschluß der NATO zur Stationierung von Mittelstreckenraketen, die aber Gegenstand von Rüstungskontrollverhandlungen werden sollen.

15. 12. 1979: Dem Tübinger Theologieprofessor Hans Küng wird die Lehrbefugnis entzogen.

14. 12. 1979: Abschluß einer vom DDR-Staatsrat am 24. 9. zum 30. Jahrestag der Staatsgründung beschlossenen Amnestie.

13. 12. 1979: ZK der SED wendet sich gegen den NATO-Doppelbeschluß, Honecker bekräftigt jedoch gleichzeitig seine Bereitschaft zur Zusammenarbeit im Rahmen der friedlichen Koexistenz.

Nobelpreisträger des Jahrs 1979 für Chemie, Georg Wittig.

Russische Panzer rollen im Dezember 1979 in Afghanistan ein.

21. 12. 1979: Die DDR-Volkskammer beschließt eine Erhöhung des Verteidigungshaushalts für 1980 um 8,4% auf 9,4 Milliarden DM.

24. 12. 1979: Rudi Dutschke stirbt in Aarhus, Dänemark.

27. 12. 1979: Offizieller militärischer Einmarsch der Sowjetunion in Afghanistan.

31. 12. 1979: Die Arbeitslosenquote betrug im Jahresdurchschnitt 3,8% in der Bundesrepublik.

1980

1. 1. 1980: Gesetz zur Neuregelung des Rechts der elterlichen Sorge tritt in Kraft. Es schränkt die elterliche Gewalt zugunsten des Kindes ein.
Die DDR wird Mitglied des UNO-Sicherheitsrats für zwei Jahre.
Bundesbürger und Westberliner brauchen bei Transitfahrten durch die DDR keine Straßenbenutzungsgebühren mehr zu entrichten. Die Bundesregierung zahlt dafür eine Jahrespauschale: 50 Millionen DM.

3. 1. 1980: Der Dollar erreicht mit 1,7062 DM einen neuen Tiefstand.
Präsident Carter ersucht den Senat wegen der sowjetischen Intervention in Afghanistan um Aufschub der Ratifizierung des SALT-II-Abkommens.

13. 1. 1980: Die »Grünen« konstituieren sich auf ihrem Kongreß in Karlsruhe als Bundespartei.

17. 1. 1980: General Gert Bastian wird wegen seiner Kritik am NATO-Nachrüstungsbeschluß vom Kommando der 12. Panzerdivision abgelöst.

30. 1. 1980: Helmut Schmidt sagt wegen der Intervention in Afghanistan ein Treffen mit Honecker ab.
Ein Programm der Bundesregierung zur Gewinnung von Energie aus Kohle und zur Erforschung alternativer Energiequellen soll Ölabhängigkeit vermindern und die Zahlungsbilanz verbessern.
Die rechtsextremistische »Wehrsportgruppe Hoffmann« in Nürnberg wird verboten.

3.–5. 2. 1980: In Paris finden deutsch-französische Konsultationen statt. Eine gemeinsame Erklärung zur internationalen Lage im Hinblick auf die Ereignisse in Afghanistan wird veröffentlicht.

20. 2. 1980: Die Bundesregierung beschließt das »Steuerentlastungsgesetz 1981«, das bis 1982 Steuererleichterungen und Leistungsverbesserungen in Höhe von 17,5 Milliarden DM vorsieht.

7.–9. 3. 1980: Der Parteitag der maoistischen KPD beschließt die Selbstauflösung der Partei.

7. 3. 1980: Ein Kooperationsabkommen zwischen der EG und dem Verband Südostasiatischer Nationen (ASEAN) wird unterzeichnet.

18. 3. 1980: Beschluß des Politbüros der SED über die Aufgaben der Universitäten in der »entwickelten sozialistischen Gesellschaft« der DDR.

Baldur Springmann (links) und Rudolf Bahro bei der Gründungsversammlung der »Grünen« im Januar 1980 in Bonn.

115

Nach dem Verbot der rechtsextremen »Wehrsportgruppe Hoffmann« wird der Garten des Anführers von Kriegsgerät geräumt.

Einsturz der Berliner Kongreßhalle im Mai 1980 durch Materialermüdung.

Errichtung der »Freien Republik Wendland« von Gegnern der Atommülldeponie Gorleben.

21.–23. 3. 1980: Auf einem Bundesparteitag in Saarbrücken verabschieden die »Grünen« erstmals ihr Bundesprogramm.

28. 3. 1980: Gesetz zur Bekämpfung der Umweltkriminalität.

6. 4. 1980: Die Bundesrepublik führt die Mitteleuropäische Sommerzeit ein.

23. 4. 1980: Der Bundestag plädiert für einen Boykott der Olympischen Spiele in Moskau wegen der sowjetischen Besetzung Afghanistans und schließt sich damit den USA an.

25. 4. 1980: Präsident Carter gibt das Scheitern einer militärischen Aktion zur Befreiung der amerikanischen Geiseln im Iran bekannt.

30. 4. 1980: Weitere Rahmenvereinbarung zwischen der Bundesrepublik und der DDR über den Ausbau der Verkehrswege.

3. 5. 1980: Rund 5 000 Atomkraftgegner besetzen das Gelände der Tiefbohrstelle 3 bei Gorleben und errichten ein Runddorf (Freie Republik Wendland).

4. 5. 1980: Josip Broz Tito stirbt.

6. 5. 1980: Bei einer öffentlichen Gelöbnisfeier der Bundeswehr in Bremen – anläßlich des 25. Jahrestages des Beitritts der Bundesrepublik zur NATO – kommt es zu schweren Krawallen.

19. 5. 1980: In Schloß Wilanow südlich von Warschau treffen sich der sowjetische Staats- und Parteichef Breschnew und der französische Staatspräsident Giscard d'Estaing zu Gesprächen, in deren Mittelpunkt der Afghanistankonflikt steht.

21. 5. 1980: Honecker tritt für die Fortsetzung des Dialogs zwischen Ost und West ein.

26.–30. 5. 1980: Unter dem Motto »Symposium '80 – Internationale Kulturbeziehungen – Brücke über Grenzen« findet in Bonn ein Kongreß statt, an dem etwa 500 Vertreter aus 30 Staaten teilnehmen.

27.–30. 5. 1980: Bundesforschungsminister Volker Hauff zu Gesprächen über die Zusammenarbeit in den Bereichen Forschung, Wissenschaft und Technologie in Ost-Berlin.

4. 6. 1980: Die »Freie Republik Wendland« bei Gorleben wird von Polizei und Bundesgrenzschutz geräumt.

12. 6. 1980: Steuerreformgesetz zur Entlastung von Unternehmen.

18. 6. 1980: Sofortmaßnahmen gegen »Scheinasylanten« werden beschlossen.

20. 6. 1980: Bei der Bundesanstalt für Arbeitsschutz und Unfallforschung in Dortmund wird ein Bundeszentrum zur Humanisierung des Arbeitslebens eingerichtet.

22./23. 6. 1980: Der fünfte Weltwirtschaftsgipfel findet in Venedig statt.

30. 6.–1. 7. 1980: Bundeskanzler Schmidt und Außenminister Genscher besuchen Moskau. Die sowjetische Führung erklärt sich bereit, über die Mittelstreckenwaffen (INF) mit den USA zu verhandeln.

3. 7. 1980: Seit 1964 sind 13000 politische DDR-Häftlinge durch »besondere Bemühungen« der Bundesregierung vorzeitig aus der Haft entlassen worden und wie 30000 DDR-Bürger im Rahmen der Familienzusammenführung in die Bundesrepublik ausgereist.

19. 7. 1980: Die Bundesrepublik nimmt wegen der Afghanistan-Krise an den Olympischen Spielen in Moskau nicht teil.

11. 8. 1980: Erich Honecker richtet an Bundeskanzler Schmidt die Einladung zu einem Arbeitsbesuch in der DDR für den 28./29. 8. 1980. Angesichts der Streikbewegung sagt Schmidt den Besuch am 22. 8. ab.

17. 9. 1980: Rüdiger von Wechmar, deutscher UN-Botschafter, wird für ein Jahr zum Präsidenten der UN-Vollversammlung gewählt.
Der Irak beschließt, das 1975 in Algier mit dem Iran geschlossene Abkommen über den Grenzverlauf zu kündigen. Es kommt zu ersten Kriegshandlungen zwischen beiden Staaten. Beginn des sogenannten Golfkrieges.

26. 9. 1980: Auf dem Münchner Oktoberfest werden bei einem Bombenanschlag 13 Menschen getötet und 219 verletzt.

5. 10. 1980: Bei den Wahlen zum 9. Bundestag erhalten CDU/CSU 44,5% der Stimmen, die SPD 42,9% und die FDP 10,6%.

9. 10. 1980: Die DDR erhöht den sogenannten Zwangsumtausch für West-Besucher auf 25 DM pro Tag.

13. 10. 1980: In einer Rede vor Parteifunktionären in Gera hält Honecker eine »Abgrenzungs«-Rede gegenüber der Bundesrepublik.

17. 10. 1980: Zwischen Delegationen der USA und der UdSSR werden in Genf Gespräche über eine Begrenzung amerikanischer und sowjetischer Mittelstreckenwaffen in Europa (INF) aufgenommen.

1. 11. 1980: Die rechtsliberale Jugendorganisation »Arbeitskreis Junger Liberaler« (Julis) wird in Bad Godesberg als Gegengewicht gegen die Deutschen Jungdemokraten (Judos) gegründet.

4. 11. 1980: Ronald Reagan siegt bei den amerikanischen Präsidentschaftswahlen mit 51% der abgegebenen Stimmen über seinen Vorgänger Jimmy Carter.

Bundeskanzler Schmidt besucht im Juli 1980 die Sowjetunion; hier zusammen mit Gromyko, Breschnew und Genscher.

Erste-Hilfe-Aktion nach dem rechtsextremen Anschlag am Haupteingang des Münchner Oktoberfestes am 26. September 1980.

Sowjetbotschafter Julij Kwizinski (links) und sein amerikanischer Kollege Paul Nitze nehmen in Genf die INF-Verhandlungen (Intercontinental Nuclear Forces) wieder auf.

117

Helmut Schmidt nimmt am 5. 11. 1980 erneut die Wahl zum Bundes-kanzler an.

Ronald Reagan (links) bei seiner Vereidigung im Januar 1981 zum 40. Präsidenten der Vereinigten Staaten in Anwesenheit seiner Frau Nancy.

Demonstration gegen den Bau des Kernkraftwerks Brokdorf im Februar 1981.

5. 11. 1980: Helmut Schmidt wird erneut Bundeskanzler einer SPD/FDP-Koalition.

15.–19. 11. 1980: Papst Johannes Paul II. besucht die Bundesrepublik.

11. 12. 1980: Bei einer Tagung des ZK der SED hält DDR-Außenminister Fischer für gefährdet, was in den letzten zehn Jahren zwischen Ost und West erreicht sei.

24./25. 12. 1980: Straßenschlachten in Berlin-West (Kreuzberg) zwischen Hausbesetzern und der Polizei.

31. 12. 1980: Die Arbeitslosenquote betrug im Jahresdurchschnitt 3,8% in der Bundesrepublik.

1981

1. 1. 1981: Griechenland wird 10. Mitglied der EG.
Die Einführung von Beratungs- und Prozeßkostenhilfe soll den Zugang zu den Gerichten erleichtern.
Die Bundeswehr leistet im süditalienischen Erdbebengebiet Kampanien und Lukanien Katastrophenhilfe.

20. 1. 1981: Ronald Reagan wird als 40. Präsident der USA in sein Amt eingeführt.
Teheran läßt die amerikanischen Geiseln frei.

23. 1. 1981: Das Berliner Abgeordnetenhaus wählt Hans-Jochen Vogel in Nachfolge von Dietrich Stobbe zum neuen Regierenden Bürgermeister und bestätigt einen neuen SPD/FDP-Senat.

2. 2. 1981: Der SPD-Landesparteitag in Hamburg lehnt den Weiterbau des Kernkraftwerks Brokdorf ab.

9. 2. 1981: Der neue Ständige Vertreter der Bundesrepublik in der DDR ist Klaus Bölling.

11.–16. 3. 1981: Der X. Parteitag der SED mit der Wiederwahl Erich Honeckers als Generalsekretär steht im Zeichen der Kontinuität.

12.–14. 3. 1981: Auf seinem Bundeskongreß in Düsseldorf verabschiedet der DGB ein neues Grundsatzprogramm. Erreichtes wird fortgeschrieben und für die Zukunft größeres Gewicht auf Humanisierung des Arbeitslebens gelegt.

30. 3. 1981: Der amerikanische Präsident Reagan wird bei einem Attentat durch einen Schuß verletzt, kann aber sein Amt weiterführen.

12.–14. 4. 1981: Erster Weltraumflug der amerikanischen Raumfähre Columbia (Space Shuttle).

16. 4. 1981: Der Terrorist Sigurd Debus stirbt an den Folgen eines Hungerstreiks.

28. 4. 1981: Das Bundesministerium für Forschung und Technologie schließt mit der NASA eine Vereinbarung über die Nutzung der Raumfähre Space Shuttle.

11. 5. 1981: Heinz Herbert Karry (FDP), hessischer Wirtschaftsminister, wird von Terroristen erschossen.

13. 5. 1981: Attentat auf Papst Johannes Paul II., bei dem er schwer verletzt wird.

15. 5. 1981: Erster Spatenstich für das Windkraftwerk GROWIAN im Kaiser-Wilhelm-Koog an der Nordseeküste bei Marne.

16./17. 5. 1981: Helmut Schmidt verknüpft sein politisches Schicksal mit der Zustimmung der SPD zum NATO-Doppelbeschluß.

26. 5. 1981: Die Einsetzung der Enquête-Kommission »Jugendprotest im demokratischen Staat« wird durch den Bundestag beschlossen.

29.–31. 5. 1981: Hans-Dietrich Genscher droht mit seinem Rücktritt für den Fall, daß sich die FDP gegen den NATO-Doppelbeschluß ausspricht.

6. 6. 1981: Der kommerzielle Handel mit Großwalen und daraus gewonnenen Erzeugnissen wird verboten.

11. 6. 1981: Richard von Weizsäcker (CDU) wird als Nachfolger von Hans-Jochen Vogel (SPD) Regierender Bürgermeister von Berlin-West.

14. 6. 1981: Wahlen zur DDR-Volkskammer nach den Einheitslisten. 25. 6. konstituierende Sitzung der Volkskammer; der Ministerrat bleibt personell im wesentlichen unverändert.

14. 7. 1981: Der bayerische Ministerrat beschließt die Ausrüstung der Polizei mit dem umstrittenen Reizgas CS.

16. 7. 1981: Die Gesamtschule wird auch in Nordrhein-Westfalen zur Regelschule erklärt.

20. 7. 1981: Der neue polnische Ministerpräsident, General Jaruzelski, kündigt ein Programm zur Überwindung der Krise und zur Stabilisierung der Wirtschaft an.

20./21. 7. 1981: Der sechste Weltwirtschaftsgipfel findet in Ottawa statt.

30. 7. 1981: Ein Sparprogramm für den Bundeshaushalt 1982 wird beschlossen.

Die amerikanische Raumfähre Columbia im Landeanflug.

Von links nach rechts Frau Hannelore Schmidt, Präsident Ronald Reagan, Frau Nancy und Bundeskanzler Helmut Schmidt anläßlich eines Banketts im Weißen Haus am 21. 5. 1981.

6. Weltwirtschaftsgipfel im Juli 1981 in Ottawa, Kanada.

Der beschädigte Wagen nach dem Attentat auf US-General Kroesen am 15. September 1981 in Heidelberg.

Massendemonstration der Friedensbewegung im Oktober 1981 gegen den NATO-Doppelbeschluß im Bonner Hofgarten.

Proteste gegen den Bau der Startbahn West des Frankfurter Flughafens.

3. 8. 1981: Erstmals seit 1976 überschreitet der Dollar die 2,50-DM-Grenze.

9. 8. 1981: Der Beschluß Ronald Reagans zur Produktion der Neutronenwaffe stößt in der SPD und bei Teilen der FDP auf Kritik, bei den Unionsparteien auf Zustimmung.

13. 8. 1981: Anläßlich des 20. Jahrestages des Mauerbaus (»antifaschistischer Schutzwall«) kritisiert Honecker Reagans Entscheidung für den Bau der Neutronenbombe.

20. 8. 1981: Der »Wende-Brief« des FDP-Vorsitzenden Genscher.

26. 8. 1981: In Dänemark stürzt der 200. Starfighter der Bundeswehr ab.

31. 8. 1981: Auf das Hauptquartier der US-Luftstreitkräfte in Ramstein wird ein Sprengstoffanschlag verübt, bei dem zwei Deutsche und 18 Amerikaner verletzt werden.
Antwortschreiben Honeckers an Helmut Schmidt (24. 7.): Übereinkunft, daß trotz international schwieriger Situation der konstruktive Dialog zwischen beiden deutschen Staaten notwendig ist.

4. 9. 1981: Egon Bahr – inzwischen Vorsitzender des Unterausschusses für Abrüstung und Rüstungskontrolle – zu Gesprächen mit Erich Honecker und Hermann Axen in Ost-Berlin.

15. 9. 1981: Attentat auf den Oberbefehlshaber der amerikanischen Landstreitkräfte in Europa, General Kroesen, in Heidelberg durch das »Kommando Gudrun Ensslin«.

22. 9. 1981: Klaus-Jürgen Rattay wird bei einer Hausbesetzer-Demonstration in Berlin getötet. Es kommt zu schweren Ausschreitungen und massivem Polizeieinsatz.

1. 10. 1981: Günter Guillaume wird im Zuge einer Austausch-Aktion der DDR übergeben.

6. 10. 1981: Anwar el-Sadat, der ägyptische Staatspräsident, wird bei einer Militärparade anläßlich des Oktoberkrieges von 1973 ermordet.

10. 10. 1981: Massendemonstration der »Friedensbewegung« mit 300 000 Teilnehmern in Bonn gegen den NATO-Doppelbeschluß.

13. 10. 1981: Zusammenstöße zwischen Rüstungsgegnern und der Polizei aus Anlaß des Besuches des amerikanischen Außenministers Alexander Haig in Berlin.

5. 11. 1981: Friedensdenkschrift der EKD.

7. 11. 1981: DGB-Demonstration in Stuttgart gegen die Wirtschafts- und Sozialpolitik der Bundesregierung.

12. 11. 1981: Der Bundestag verabschiedet Spargesetze zur Sanierung des Bundeshaushalts 1982. Der Bundesrat lehnt die Gesetze mit der Mehrheit der unionsregierten Länder am 27. 11. ab. Am 18. 12. 1981 einigen sich Bundestag und Bundesrat nach Einschaltung des Vermittlungsausschusses.

13. 11. 1981: Carl Hahn, bisher Vorstandsvorsitzender der »Continental«, wird als Nachfolger des kranken Toni Schmücker zum neuen VW-Chef verpflichtet.

15. 11. 1981: Schwere Ausschreitungen von Gegnern der Startbahn West mit der Polizei auf dem Frankfurter Flughafen-Gelände.

18. 11. 1981: Im Rahmen der regelmäßigen deutsch-britischen Konsultationen besucht Premierministerin Thatcher die Bundesrepublik.
Präsident Reagan nennt in einer Rede als wesentliches Ziel der Genfer INF-Verhandlungen die »Null-Lösung«, das heißt den Abbau der sowjetischen Mittelstreckenraketen (SS-20, SS-4, SS-5) und den Verzicht auf die Stationierung der amerikanischen Pershing II und Marschflugkörper in Europa.

19./20. 11. 1981: ZK der SED verabschiedet den Entwurf des Fünfjahrplan 1981–1985, der eine Steigerung des Nationaleinkommens um 5% vorsieht.

20. 11. 1981: Neuer Erdgas-Liefervertrag zwischen der Ruhrgas AG und der sowjetischen Sojusgas-Export in Essen unterzeichnet.

22. 11. 1981: Staats- und Parteichef Leonid Breschnew besucht zum dritten Mal die Bundesrepublik. Es ist seine erste Visite seit der Intervention in Afghanistan.

Bundeskanzler Schmidt im Dezember 1981 beim Spaziergang am Döllnsee in der DDR mit Erich Honecker (rechts).

30. 11. 1981: Alfred Mechtersheimer, als Friedensforscher und Nachrüstungskritiker prominentes CSU-Mitglied, wird wegen »parteischädigendem Verhalten« aus der CSU ausgeschlossen.

4. 12. 1981: Wegen Mittäterschaft bei der Entführung und Ermordung Hanns-Martin Schleyers verurteilt das Oberlandesgericht Düsseldorf das RAF-Mitglied Stefan Wisniewski zu lebenslanger Haft.

11. 12. 1981: Ausschluß des Bundestagsabgeordneten Karl-Heinz Hansen aus der SPD wegen wiederholter Kritik an der Regierung.

11.–13. 12. 1981: Besuch von Bundeskanzler Schmidt in der DDR. Die Gespräche mit Staats- und Parteichef Honecker finden am Werbellinsee und am Döllnsee statt. Während des Besuches wird in Polen das Kriegsrecht verhängt.

15. 12. 1981: Der peruanische Diplomat Javier Pérez de Cuéllar wird als Nachfolger von Kurt Waldheim per 1. 1. 1982 zum Generalsekretär der Vereinten Nationen gewählt.

20. 12. 1981: Vierter und letzter erfolgreicher Start der europäischen Trägerrakete ARIANE in Französisch-Guayana vor der Markteinführung.

22. 12. 1981: Das Kostendämpfungs-Ergänzungsgesetz beschränkt die Leistungen der Krankenversicherungen. Das Krankenhaus-Kostendämpfungsgesetz dient der Sicherung der Krankenhaus-Finanzierung bei ausreichender Versorgung der Bevölkerung.

31. 12. 1981: Die Arbeitslosenquote betrug im Jahresdurchschnitt 5,5% in der Bundesrepublik.

Breschnew bei seinem Staatsbesuch im November 1981 in der Bundesrepublik, hier beim Abschreiten der Ehrenformation der Bundeswehr.

121

Bundeskanzler Schmidt im Januar 1982 bei Präsident Reagan (links) im Oval Office des Weißen Hauses in Washington.

Herbert Wehner gratuliert Helmut Schmidt zu der erfolgreich überstandenen Vertrauensfrage am 5. Februar 1982.

Neue-Heimat-Chef Albert Vietor nach Aufdeckung seiner korrupten Amtsführung.

1982

1. 1. 1982: Zum Jahresanfang treten Gesetzesänderungen in Kraft, die den Abbau von Sozialleistungen betreffen.

5. 1. 1982: Bundeskanzler Schmidt besucht die USA, um Meinungsunterschiede über die Lage und Entwicklung in Polen auszuräumen.

13. 1. 1982: Die Staatsministerin im Auswärtigen Amt, Hildegard Hamm-Brücher, wird mit der Koordination der deutsch-amerikanischen Beziehungen beauftragt.

18. 1. 1982: In seinem Tätigkeitsbericht für das letzte Jahr rügt der Bundesbeauftragte für Datenschutz, Professor Bull, erhebliche Verstöße der Sicherheitsbehörden gegen einschlägige Bestimmungen; diesem Tadel wird vom Bundesinnenministerium jedoch widersprochen.

27. 1. 1982: Der Bundestagsabgeordnete Manfred Coppik tritt aus der SPD aus. Er beabsichtigt, eine neue Linkspartei zu gründen. Bundesinnenminister Baum verbietet die neonazistische »Volkssozialistische Bewegung Deutschlands« wegen zunehmender Militanz und ihrer Wesensverwandtschaft zur NSDAP.

30. 1. 1982: Bei neuerlichen Demonstrationen gegen die Startbahn West in Frankfurt werden ca. 140 Personen verletzt und 90 Demonstranten festgenommen. Am 15. Januar lehnte der hessische Staatsgerichtshof ein Volksbegehren gegen den Bau der Startbahn West ab.

31. 1. 1982: Im Salzburger Tennengebirge kommen bei einem schweren Lawinenunglück zehn deutsche Schüler und drei Lehrer ums Leben.

4. 2. 1982: Bundestagsdebatte zur Ausländerpolitik: Die Regierungsparteien wollen die Integration, die Oppositionsparteien dagegen die Rückkehr von Ausländern in ihre Heimat fördern.

5. 2. 1982: Bundeskanzler Schmidt stellt im Bundestag die Vertrauensfrage, um sich Klarheit über den weiteren politischen Kurs zu verschaffen. Alle SPD- und FDP-Abgeordneten sprechen ihm das Vertrauen aus.

8. 2. 1982: Das Hamburger Magazin »Der Spiegel« erhebt Vorwürfe gegen die Spitze des gewerkschaftseigenen Wohnungsbaukonzerns »Neue Heimat«: Albert Vietor und zwei Vorstandskollegen sollen sich unter Mißbrauch ihrer Stellung persönlich bereichert haben. Sie werden daraufhin fristlos entlassen.

9. 2. 1982: Wiederaufnahme des KSZE-Folgetreffens in Madrid.

14. 2. 1982: Friedensforum von 5000 Anhängern der Friedensbewegung in der Kreuzkirche in Dresden.

Die wiederaufgebaute »Alte Oper« in Frankfurt.

24. 2. 1982: Die Bonner Staatsanwaltschaft ermittelt in der Parteispendenaffäre gegen Spitzenpolitiker der im Bundestag vertretenen Parteien und gegen Manager des Flick-Konzerns.

24./25. 2. 1982: In Paris vereinbaren Bundeskanzler Schmidt und Staatspräsident Mitterrand, die sicherheitspolitische Zusammenarbeit gemäß den Bestimmungen des deutsch-französischen Vertrages von 1963 zu beleben.

2. 3. 1982: Der Leiter des bayerischen Staatsschutzes, Hans Langemann, wird wegen des Verdachts auf Landesverrat beurlaubt.

5. 3. 1982: Der Bundesrat beschließt eine Änderung des atomrechtlichen Verfahrens, um die Genehmigungsprozedur für Kernenergieanlagen abzukürzen und die Bürgerbeteiligung bei Veränderungen an Kernkraftwerken zu präzisieren.

13. 3. 1982: Der bisherige ZDF-Programmdirektor, Dieter Stolte, tritt die Nachfolge Karl-Günther Hases als ZDF-Intendant an.

14. 3. 1982: Der Staatsratsvorsitzende Erich Honecker nimmt die Einladung des Bundeskanzlers an und erklärt, er werde noch 1982 in die Bundesrepublik reisen.

17./18. 3. 1982: Anläßlich der Leipziger Messe finden Gespräche statt zwischen Bundeswirtschaftsminister Graf Lambsdorff und Günter Mittag sowie Außenminister Horst Sölle.

20. 3. 1982: Die Abgeordneten Coppik und Hansen, bis zu ihrem Ausschluß der SPD zugehörig, gründen die Partei »Demokratische Sozialisten«.

25. 3. 1982: Bonn legt auf der Genfer Abrüstungskonferenz einen Entwurf zur wirksamen Kontrolle des Verbots chemischer Kampfstoffe vor.

26. 3. 1982: Der Bundestag verabschiedet das Beschäftigungsförderungsgesetz. Der Bundesrat lehnt das Gesetz jedoch am 30. 4. ab. Nach Einschaltung des Vermittlungsausschusses einigen sich Bundestag und Bundesrat am 27./28. 5. auf eine Investitionszulage ohne Erhöhung der Mehrwertsteuer.

29. 3. 1982: Walter Hallstein stirbt in Stuttgart.
Die Bund-Länder-Kommission für Bildungsplanung stellt mit der Begründung, daß es an Geld fehle, ihre Arbeit ein.

31. 3. 1982: Die Bundesregierung erweitert die »Zumutbarkeitsregelung« für Arbeitslose.

2. 4. 1982: Argentinische Streitkräfte besetzen die Falkland-Inseln, für die Argentinien die Souveränität beansprucht. Die britische Regierung bricht die diplomatischen Beziehungen mit Argentinien ab. Gleichzeitig beschließt sie, am 5. 4. Marine-Einheiten zu den Inseln zu entsenden.

7. 4. 1982: Familienministerin Antje Huber (SPD) tritt zurück.

16. 4. 1982: Das erste deutsche Retortenbaby kommt in Erlangen zur Welt.

19.–23. 4. 1982: In München fordert der SPD-Parteitag eine sozialdemokratische Wirtschaftspolitik. Gleichzeitig Kritik am Koalitionspartner FDP.

25. 4. 1982: Britische Truppen erobern die von Argentinien besetzte Insel Süd-Georgien zurück.

28. 4. 1982: Im Zuge der Bonner Kabinettsumbildung werden vier SPD-Minister neu ernannt: Anke Fuchs (Gesundheit), Manfred Lahnstein (Finanzen), Heinz Westphal (Arbeit) und Hans Matthöfer (Post).

Otto Graf Lambsdorff im Gespräch mit dem DDR-Wirtschaftsexperten Günter Mittag am 17. März 1982 in Ost-Berlin.

123

Von links nach rechts: Hans Matthöfer (Post), Anke Fuchs (Gesundheit), Manfred Lahnstein (Finanzen) und Heinz Westphal (Arbeit) erhalten von Bundespräsident Carstens (Mitte) ihre Ernennungsurkunden zu Bundesministern.

Ein zwei Monate altes Weißkopfseeadler-Pärchen schenkte Helmut Schmidt dem US-Präsidenten Ronald Reagan bei dessen Besuch in Bonn im Juni 1982.

Britische Marinesoldaten verlassen die Landungsboote bei ihrer erfolgreichen Rückeroberung der Falkland-Inseln.

19. 5. 1982: Als Nachfolger von Heinz Oskar Vetter wird Ernst Breit neuer Vorsitzender des DGB.

21. 5. 1982: Im Verlauf des sogenannten Falkland-Kriegs zwischen Großbritannien und Argentinien landen britische Truppen an verschiedenen Stellen der Inseln und errichten feste Brückenköpfe.

24. 5. 1982: Hans-Otto Bräutigam wird neuer Ständiger Vertreter Bonns in der DDR und löst Klaus Bölling ab, der in sein Amt als Sprecher der Bundesregierung zurückkehrt.

27./28. 5. 1982: Die Kultusministerkonferenz verabschiedet Rahmenvereinbarungen über die gegenseitige Anerkennung von Gesamtschulabschlüssen durch die einzelnen Bundesländer.

30. 5. 1982: Beitritt Spaniens zur NATO.

31. 5. 1982: Semra Ertan Bilir, eine Türkin, verbrennt sich in Hamburg aus Protest gegen die Ausländerfeindlichkeit in der Bundesrepublik.

4.–6. 6. 1982: Siebter Weltwirtschaftsgipfel in Versailles.

6. 6. 1982: Israelische Truppen marschieren im Libanon ein (Beginn des Libanon-Krieges).

9.–11. 6. 1982: US-Präsident Reagan besucht im Rahmen einer zehntägigen Europareise die Bundesrepublik und Berlin-West.

10. 6. 1982: NATO-Gipfeltreffen in Bonn. Neuerliche Friedensdemonstration mit 400 000 bis 500 000 Teilnehmern in Bonn.

14. 6. 1982: Der Befehlshaber der argentinischen Truppen auf den Falkland-Inseln unterzeichnet die bedingungslose Kapitulation.

16. 6. 1982: Die RAF-Terroristin Sieglinde Hofmann wird im Prozeß um die Ermordung des Bankiers Jürgen Ponto wegen Beteiligung an der Planung zu 15 Jahren Freiheitsentzug verurteilt.

17. 6. 1982: Koalitionsaussage der hessischen FDP zugunsten der CDU für die Landtagswahlen im Herbst.

18. 6. 1982: Zwischen der DDR und der Bundesrepublik Deutschland bzw. Berlin-West werden unter anderem folgende Vereinbarungen getroffen: schrittweise Reduzierung des zinslosen Überziehungskredits (Swing) von 850 Millionen auf 600 Millionen Verrechnungseinheiten jährlich bis 1. 1. 1985.

24. 6. 1982: In Nürnberg erschießt der Rechtsextremist Helmut Oxner drei Ausländer und tötet sich anschließend selbst.

25. 6. 1982: US-Außenminister Haig tritt zurück. Nachfolger wird George P. Shultz.

29. 6. 1982: START-Verhandlungen über den Abbau der strategischen Waffen zwischen USA und UdSSR in Genf eröffnet.

8. 7. 1982: Nürnbergs Oberbürgermeister Andreas Urschlechter tritt aus der SPD aus.

14. 7. 1982: Das Bundeskabinett beschließt, durch finanzielle Anreize Ausländern die Rückkehr in die Heimat zu erleichtern.

16. 7. 1982: Am Rande der offiziellen Genfer Verhandlungen über die Reduzierung der Mittelstreckenwaffen skizzieren die Unterhändler Nitze und Kwizinski einen Kompromißvorschlag (»Waldspaziergang«), der aber in beiden Hauptstädten abgelehnt wird.

20. 7. 1982: Bundeskanzler Schmidt tritt eine zehntägige USA- und Kanada-Reise an. Hauptprogrammpunkt ist der Meinungsaustausch mit US-Außenminister Shultz wegen Amerikas Boykott gegen den europäischen Erdgashandel mit Moskau.

22. 7. 1982: Die neue Pershing-II-Rakete, mit der in Westeuropa nachgerüstet werden soll, explodiert in Florida beim Probestart.

24. 7. 1982: Die Entscheidung der Internationalen Walfang-Kommission, die Jagd von 1986 an zu verbieten, findet den Beifall der Umweltschützer.

31. 7. 1982: Auf dem Münchner Flughafen detoniert vor der Abfertigungshalle für Israel-Passagiere eine Bombe und verletzt sieben Personen.

9. 8. 1982: Wegen Zahlungsunfähigkeit beantragt in Frankfurt der zweitgrößte deutsche Elektrokonzern, AEG-Telefunken, das gerichtliche Vergleichsverfahren.

14. 8. 1982: Ein Grundsatzbeschluß des Bundesgerichtshofes legt fest, daß Mieter-Kautionen auch dann zu verzinsen sind, wenn der Mietvertrag dies nicht vorsieht.

31. 8. 1982: Otto Graf Lambsdorff (FDP) erklärt in der Bild-Zeitung, daß der hessische Wähler darüber entscheide, was er von einem Wechsel der FDP in eine andere Koalition halte.

9. 9. 1982: Bundeskanzler Schmidt verlangt im Deutschen Bundestag in seinem Bericht zur Lage der Nation von den Freien Demokraten ein eindeutiges Bekenntnis zur Koalition.

13. 9. 1982: Staatsminister Wischnewski zu Gesprächen mit Honecker in Ost-Berlin.

17. 9. 1982: Die vier Minister der FDP, Hans-Dietrich Genscher, Gerhart Baum, Otto Graf Lambsdorff und Josef Ertl, treten aus dem Kabinett Schmidt aus. Bundeskanzler Schmidt bildet ein SPD-Minderheitskabinett und schlägt vorgezogene Neuwahlen vor.

20. 9. 1982: CDU/CSU und FDP nehmen Koalitionsgespräche auf und einigen sich darauf, Bundeskanzler Schmidt am 1. 10. 1982 durch ein konstruktives Mißtrauensvotum zu stürzen.

Weltwirtschaftsgipfel in Versailles im Juni 1982. Es wurde vor allem versucht, die USA zur Änderung ihrer Haushaltspolitik und Senkung des hohen Zinsniveaus zu veranlassen.

Walfang im Atlantik, wogegen die Umweltschützer der ganzen Welt seit langem Sturm laufen.

Rücktritt der vier FDP-Minister Genscher, Baum, Lambsdorff und Ertl am 17. September 1982.

Die Regierungsbank mit den Lücken der zurückgetretenen FDP-Minister.

Helmut Schmidt gratuliert seinem Amtsnachfolger Helmut Kohl (Mitte), 1. Oktober 1982.

Die FDP-Abgeordnete Hildegard Hamm-Brücher bei ihrer Rede im Deutschen Bundestag, in der sie weniger die »Wende« als solche als vielmehr die Form, in der sie sich vollzog, beklagte.

22. 9. 1982: Erklärung der Bundesregierung, in der das Massaker in Palästinenserlagern im Libanon verurteilt wird.

25. 9. 1982: In Norderstedt üben linksliberale FDP-Mitglieder scharfe Kritik am Entschluß ihrer Parteiführung, ohne Wählermandat eine Koalition mit der CDU/CSU einzugehen. FDP-Generalsekretär Günter Verheugen tritt am 29. 9. zurück.

28. 9. 1982: Die Bundesrepublik und die DDR schließen ein Abkommen über Maßnahmen zum Gewässerschutz in Berliner Flüssen und Seen.

29. 9. 1982: Monika Wulf-Mathies wird Nachfolgerin von Heinz Kluncker als Vorsitzende der Gewerkschaft Öffentliche Dienste, Transport und Verkehr.

1. 10. 1982: Der Bundestag wählt durch ein konstruktives Mißtrauensvotum Helmut Kohl (CDU) zum 6. Bundeskanzler.

4. 10. 1982: Bundespräsident Karl Carstens empfängt Bundeskanzler Kohl und die neuen Bundesminister zur Überreichung der Ernennungsurkunden.
Alfred Dregger wird Nachfolger Helmut Kohls als Fraktionsvorsitzender.

13. 10. 1982: Bundeskanzler Kohl gibt seine Regierungserklärung ab. Darin bekennt er sich zum NATO-Nachrüstungsbeschluß und zur Fortführung guter Beziehungen zur DDR bei entsprechenden Gegenleistungen.

26. 10. 1982: Helmut Schmidt verzichtet aus Gesundheitsgründen auf eine weitere Kanzlerkandidatur.

28. 10. 1982: Das Oberverwaltungsgericht Lüneburg erklärt den Bebauungsplan für das Atommüll-Zwischenlager bei Gorleben für nichtig.

3. 11. 1982: Das Bundeskabinett beschließt, die Ausbildungsförderung für Studenten künftig nur noch als Darlehen zu gewähren.

5.–7. 11. 1982: Auf dem FDP-Parteitag in Berlin setzt sich der FDP-Vorsitzende Hans-Dietrich Genscher gegen starke innerparteiliche Kritik durch. Prominente Mitglieder treten aus.

10. 11. 1982: Tod Leonid Breschnews; am Rande der Trauerfeierlichkeiten Treffen zwischen Bundespräsident Karl Carstens und dem DDR-Staatsratsvorsitzenden Erich Honecker in Moskau.

15. 11. 1982: Der DDR-Minister für Bauwesen, Wolfgang Junker, und der Bundesminister für Wohnungsbau, Oscar Schneider, treffen sich in Magdeburg.

20. 11. 1982: Eröffnung der Transitautobahn Berlin – Hamburg.

2. 12. 1982: Treffen zwischen dem Staatsminister im Bundeskanzleramt, Philipp Jenninger, und DDR-Außenminister Oskar Fischer sowie Günter Mittag in Ost-Berlin.

10. 12. 1982: Gegen die Stimmen der SPD verabschiedet der Bundestag ein Gesetz zur Lockerung des Mietrechts.

16. 12. 1982: Das Gesetz zur Neuordnung des Rechts der Kriegsdienstverweigerung und des Zivildienstes wird vom Deutschen Bundestag verabschiedet.

17. 12. 1982: Durch eine Vertrauensfrage im Bundestag erreicht Bundeskanzler Kohl die Auflösung des Bundestages. Der Weg zu Neuwahlen am 6. März 1983 ist frei.

31. 12. 1982: Die Arbeitslosenquote betrug im Jahresdurchschnitt 7,5% in der Bundesrepublik.

1983

1. 1. 1983: Die zu den Sparmaßnahmen der neuen Bundesregierung gehörenden Gesetzesänderungen treten in Kraft: Kürzung des Kindergeldes, Kostenbeteiligung bei Krankenhausaufenthalten und Kuren, höhere Beiträge in der Renten- und Arbeitslosenversicherung und anderes. Für höhere Einkommensgruppen wird eine Investitionshilfeabgabe eingeführt.

7. 1. 1983: Bundespräsident Carstens löst den Bundestag auf und bestimmt den 6. 3. zum Termin für Neuwahlen.

11. 1. 1983: Der SPD-Fraktionsvorsitzende Herbert Wehner erklärt seinen Verzicht auf eine erneute Kandidatur für den Bundestag.

15. 1. 1983: Das seit 1930 bestehende deutsche Zündholzmonopol läuft aus.

20./21. 1. 1983: In Bonn und Paris finden aus Anlaß des 20jährigen Bestehens des Freundschaftsvertrages Feiern statt. Der französische Staatspräsident Mitterrand spricht vor dem Bundestag, am Tag darauf nimmt Bundeskanzler Kohl an einer Feierstunde im Pariser Elysée-Palast teil.

2. 2. 1983: Der Weiterbau des Rhein-Main-Donau-Kanals wird durch das Bundeskabinett beschlossen.

4. 2. 1983: Der Bundesrat stimmt einer Reihe von Verordnungen und Gesetzen zu, so unter anderem der Novelle zur Technischen Anleitung Luft (TA Luft), der Einführung fälschungssicherer Personalausweise ab Ende 1984, der Neuregelung des Rechts auf Kriegsdienstverweigerung und des Zivildienstes.

5. 2. 1983: Der ehemalige SS-Hauptsturmführer und Gestapo-Chef von Lyon, Klaus Barbie, wird nach seiner Ausweisung aus Bolivien in Frankreich verhaftet.

Das 1. Kabinett Kohl bei Bundespräsident Karl Carstens am 4. Oktober 1982.

Das neue Kabinett am 4. Oktober 1982 bei seiner ersten Sitzung.

Der französische Staatspräsident François Mitterrand spricht am 20. Januar 1983 vor dem Deutschen Bundestag.

Aus Anlaß des 20. Jahrestages der Deutsch-Französischen Freundschaft finden in Bonn und Paris viele Zeremonien statt. Hier legt Bundeskanzler Kohl in Paris am Grab des unbekannten Soldaten einen Kranz nieder.

Bundesverkehrsminister Werner Dollinger (rechts) und Landwirtschaftsminister Josef Ertl (links unten) bei Beratungen über den Rhein-Main-Donau-Kanal.

Die Wartburg bei Eisenach, die am 21. April 1983 anläßlich des 500. Geburtstages Martin Luthers nach Restaurierung wiedereröffnet wird.

7. 2. 1983: Brief Honeckers an Bundeskanzler Kohl, in dem der schwedische Vorschlag aufgegriffen wird, an den Grenzen zwischen der Bundesrepublik und der Tschechoslowakei sowie der DDR eine 150 km breite kernwaffenfreie Zone zu bilden; der Bundeskanzler lehnt am 18. 2. ab.

14. 2. 1983: In Dresden demonstrieren rund 100000 Teilnehmer für den Frieden.

20. 2. 1983: Das Bundesjustizministerium teilt mit, daß alle Urteile des nationalsozialistischen Volksgerichtshofes im Bundeszentralregister gelöscht worden sind.

3. 3. 1983: Die Arbeitslosenzahl in der Bundesrepublik erreicht im Februar mit 2535836 ihren Höchststand seit Kriegsende.

6. 3. 1983: Bei den vorgezogenen Wahlen zum 10. Deutschen Bundestag erhalten CDU/CSU 48,8% der Stimmen, die SPD 38,2% und die FDP 6,9%. Die Grünen halten mit 5,6% der Stimmen erstmals Einzug in den Bundestag.

13. 3. 1983: Honecker erklärt auf der Leipziger Messe, daß er noch 1983 die Bundesrepublik besuchen werde.

14. 3. 1983: Thesen der SED anläßlich des 100. Todestags von Karl Marx über den »realen Sozialismus« in der DDR.

18. 3. 1983: Der Staatsvertrag der Länder über Bildschirmtext (Btx) wird von den Ministerpräsidenten unterzeichnet.

21. 3. 1983: Aufwertung der DM um 5,5%.
Nach vorausgegangenen Spekulationen erklärt Franz Josef Strauß, daß er nicht als Minister nach Bonn gehe, sondern bayerischer Ministerpräsident bleibe.

29. 3. 1983: Rainer Barzel wird neuer Bundestagspräsident und der 10. Deutsche Bundestag eröffnet.
Helmut Kohl wird zum Bundeskanzler gewählt.

1.–4. 4. 1983: Die traditionellen Ostermärsche wenden sich im »Raketenjahr 1983« gegen die Überrüstung in Ost und West.

10. 4. 1983: Tod eines Transitreisenden aus der Bundesrepublik bei der Vernehmung durch DDR-Sicherheitsorgane. (Darauf sagt Honecker seinen Besuch wegen »Hetzkampagne« am 28. 4. wieder ab.)

13. 4. 1983: Das Bundesverfassungsgericht erläßt eine einstweilige Anordnung, welche die für den 27. April als »Stichtag« geplante und vom Gesetzgeber in den Einzelheiten geregelte Volkszählung aussetzt.

21. 4. 1983: Bei Feierlichkeiten zum 500. Geburtstag von Martin Luther wird die restaurierte Wartburg wiedereröffnet.

25. 4. 1983: Das Magazin »Stern« kündigt auf einer Pressekonferenz die Entdeckung und Veröffentlichung von Tagebüchern Adolf Hitlers an. Am 6. 5. werden diese als Fälschung entlarvt.

26. 4. 1983: Das Bundeskabinett beschließt, fortgeschrittene Reaktorprojekte in Schmehausen und Kalkar – mit erheblich höherer finanzieller Beteiligung der Elektrizitätswirtschaft und der Herstellerfirmen – fertigzustellen und in Betrieb zu nehmen.

27. 4. 1983: Mit dem Hirtenwort »Gerechtigkeit schafft Frieden« wenden sich die katholischen Bischöfe gegen das Wettrüsten. Sie erklären, daß nukleare Abschreckung auf Dauer kein verläßliches Instrument der Kriegsverhütung sei.

4. 5. 1983: Bundeskanzler Kohl bezeichnet in seiner Regierungserklärung den Abbau der Arbeitslosigkeit, die Wiedergewinnung wirtschaftlichen Wachstums und die Sanierung der Bundesfinanzen als Schwerpunkte der Regierungstätigkeit.

16. 5. 1983: Der Friedenspreis des Deutschen Buchhandels wird dem Schriftsteller Manès Sperber zuerkannt.

19. 5. 1983: Zur Klärung der Flick-Spendenaffäre wird auf Antrag der SPD ein Untersuchungsausschuß des Bundestags eingesetzt.

28.–30. 5. 1983: Gipfeltreffen der führenden Industrienationen in Williamsburg/USA.

8.–15. 6. 1983: Der 20. Deutsche Evangelische Kirchentag kommt in Hannover zusammen.

8. 6. 1983: Zwangsweise Abschiebung des Mitglieds der Jenaer Friedensgruppe, Roland Jahn, in die Bundesrepublik; damit sind bereits 20 Mitglieder der Friedensbewegung aus der DDR abgeschoben worden.

19. 6. 1983: Die Regierungschefs der zehn EG-Mitgliedstaaten unterzeichnen zum Abschluß ihres dreitägigen Treffens in Stuttgart die »Feierliche Deklaration zur Europäischen Union«.

25. 6. 1983: Bei dem Deutschland-Besuch von Vizepräsident Bush im Rahmen der 300-Jahr-Feier des Beginns der organisierten deutschen Auswanderung nach den USA kommt es in Krefeld zu Demonstrationen gegen die Sicherheitspolitik der USA.

29. 6. 1983: Durch Kabinettbeschluß wird die Bürgschaft für einen Bankenkredit in Höhe von 1 Milliarde DM an die DDR übernommen. Die Rolle von Franz Josef Strauß beim Zustandekommen stößt auf Kritik auch in der eigenen Partei.

4.–7. 7. 1983: Bundeskanzler Kohl stattet der Sowjetunion zusammen mit Außenminister Genscher einen offiziellen Besuch ab, der eine neue und bessere Qualität der gegenseitigen Beziehungen begründen soll.

Stern-Chefredakteur Koch (rechts) gibt die Entdeckung und Veröffentlichung der »Hitler-Tagebücher« auf einer Pressekonferenz im April 1983 in Hamburg bekannt. Schon wenige Tage später erweisen sie sich als Fälschung.

Die Fraktion der Grünen bringt am 11. Mai 1983 im Bundestag eine große Anfrage im Zusammenhang mit der Parteispendenaffäre ein. Von links nach rechts: Otto Schily, Antje Vollmer und Eberhard Walde.

Pressekonferenz am 17. Mai 1983 im Anschluß an eine deutsch-französische Gipfelkonferenz im Elysée-Palast in Paris.

Politischer Meinungsaustausch zwischen Erich Honecker und Franz Josef Strauß am 24. Juli 1983 im Jagdschloß Hubertusstock am Werbellinsee.

Bundespräsident Karl Carstens (rechts) im Oktober 1983 in den USA anläßlich der 300-Jahrfeierlichkeiten zur deutschen Einwanderung nach Nordamerika in Philadelphia.

Menschenkette von Stuttgart nach Ulm gegen die geplante Stationierung von Pershing II-Raketen.

12. 7. 1983: Das größte europäische Sonnenkraftwerk nimmt auf der Nordseeinsel Pellworm seinen Betrieb auf.

24. 7. 1983: Honecker empfängt Franz Josef Strauß in Schloß Hubertusstock am Werbellinsee.

10. 8. 1983: Die Umweltschutzorganisation Greenpeace stoppt die Verklappung von Dünnsäure der Firma Kronos Titan vor der Nordseeinsel Helgoland.

1. 9. 1983: Die Bundespost beginnt mit der bundesweiten Einführung von Bildschirmtext (Btx).
EG-Richtlinie zum Verbot der Einfuhr von Jungrobbenfellen tritt in Kraft.
Eine Blockade des US-Depots in Mutlangen durch prominente Rüstungsgegner bildet den Auftakt zu Protesten gegen die Stationierung der Pershing-II-Raketen in der Bundesrepublik.
Südkoreanischer Jumbo-Jet mit 269 Menschen von russischem Kampfflugzeug abgeschossen.

6. 9. 1983: Verabschiedung des Aktionsprogrammes »Rettet den Wald«.

15. 9. 1983: Der Regierende Bürgermeister von Berlin, Richard von Weizsäcker, trifft im Ostteil der Stadt im Schloß Niederschönhausen mit Erich Honecker zusammen. Es ist die erste Begegnung dieser Art in der Geschichte der geteilten Stadt.

28. 9. 1983: Die DDR beginnt mit dem Abbau von Selbstschußanlagen an der innerdeutschen Grenze (am 30. 11. 1984 beendet).

5. 10. 1983: In einem Gespräch mit österreichischen Journalisten wird von Honecker erstmals die Existenz von Selbstschußanlagen an der Grenze zwischen beiden deutschen Staaten zugegeben.

22. 10. 1983: Höhepunkt einer »Aktionswoche« der Friedensbewegung gegen die NATO-Nachrüstung: eine 108 km lange »Menschenkette« zwischen Neu-Ulm und Stuttgart sowie eine Großkundgebung in Bonn.

26. 10. 1983: Beschluß der Bundesregierung zur Übernahme der derzeit in den USA geltenden Grenzwerte für Schadstoffe im Kfz-Abgas und der dort angewandten Test-Verfahren.

2. 11. 1983: Verbot und Auflösung des kriminellen Vereins »Hell's Angels Motor-Club e. V.« durch den Bundesminister des Inneren.

5. 11. 1983: Die hessische SPD spricht sich auf ihrem Landesparteitag in Baunatal für Verhandlungen mit den Grünen aus.

10. 11. 1983: Der Bundestag verabschiedet ein Gesetz, das arbeitslos gewordenen Ausländern finanzielle Anreize zur Rückkehr in die Heimat bietet.

14. 11. 1983: Als erste Gemeinde führt Buxtehude in seiner Innenstadt versuchsweise Tempo 30 ein.

22. 11. 1983: Gegen die Stimmen von SPD und Grünen beschließt der Bundestag, am NATO-Doppelbeschluß festzuhalten.

23. 11. 1983: Das Bundesgesundheitsamt verbietet 43 Schmerzmittel, die neben dem Aspirin-Wirkstoff Acetylsalicylsäure noch andere Substanzen enthalten, wegen des Risikos der Nebenwirkungen.

27. 11. 1983: Die Bonner Abgeordneten Franz Handlos und Ekkehard Voigt treten aus der CSU aus und gründen eine neue Partei (»Die Republikaner«).

28. 11. 1983: Richard von Weizsäcker wird von der CDU als Kandidat für das Amt des Bundespräsidenten nominiert.
Der Physiker Ulf Merbold nimmt als erster Bundesbürger an einem Raumflug mit der Weltraumfähre »Columbia« teil.

29. 11. 1983: Die Bonner Staatsanwaltschaft gibt vor der Bundespressekonferenz das Ergebnis zweijähriger Ermittlungen in der Flick-Spendenaffäre bekannt. Bundeswirtschaftsminister Graf Lambsdorff, sein Vorgänger Friderichs sowie die früheren Flick-Manager von Brauchitsch und Nemitz werden wegen Bestechung beziehungsweise Bestechlichkeit angeklagt.

1. 12. 1983: Der Bundestag beschließt ein Gesetz über die Neuregelung der Parteienfinanzierung.

2. 12. 1983: Der Bundestag hebt die Immunität von Graf Lambsdorff auf.

6. 12. 1983: Die Bundesregierung, die Bundesländer Niedersachsen und Bayern sowie private Spender ersteigern in London das Evangeliar Heinrichs des Löwen für 32,5 Millionen DM.
Die Bundesregierung verbietet die »Aktionsfront Nationaler Sozialisten/Nationale Aktivisten«, die größte neonazistische Organisation in der Bundesrepublik.

15. 12. 1983: Wegen Beeinträchtigung des Datenschutzes verwirft das Bundesverfassungsgericht in der Hauptverhandlung Teile des Volkszählungsgesetzes.

28. 12. 1983: Das Bundeswirtschaftsministerium widerruft Steuervergünstigungen, die der Flick-Konzern in den 70er Jahren für eine US-Beteiligung erhielt. Gegen die drohende Nachforderung von 450 Millionen DM wehrt sich die Firma durch Klage vor Gericht.

30. 12. 1983: Zwischen dem Senat von Berlin-West und der DDR-Reichsbahn wird die Übernahme der S-Bahn auf Westberliner Gebiet durch den Berliner Senat zum 9. Januar 1984 vereinbart.

31. 12. 1983: Verteidigungsminister Wörner entläßt den Vier-Sterne-General Günter Kießling als »Sicherheitsrisiko«. Kießling wird am 1. 2. 1984 rehabilitiert.
Die Arbeitslosenquote betrug im Jahresdurchschnitt 9,1% in der Bundesrepublik.

Günter Grass, Luise Rinser und Alfred Mechtersheimer bei einem Protest gegen die Pershing II-Raketen in Heilbronn.

Die Astronauten Furrer, Ockels, Merbold und Messerschmid (von rechts): hier bei ihrer Vorstellung durch Bundesminister Riesenhuber am 17. Dezember 1982 in Köln.

Feierliche Verabschiedung von General Kießling durch Verteidigungsminister Wörner.

Fahndungsfotos der RAF-Terroristen Brigitte Mohnhaupt und Christian Klar.

Deutsche und französische Bauteile für den neuen Airbus A 320 werden bei der Endmontage in Toulouse miteinander verbunden.

Neuartiges Meßfahrzeug für Strahlenschutz. Es kann bei Störfällen von der Feuerwehr eingesetzt werden.

1984

1. 1. 1984: Neue Gesetze und Verordnungen zur Kranken-, Arbeitslosen- und Rentenversicherung sowie zur Vermögenssteuer treten in Kraft.

9. 1. 1984: Übernahme der Westberliner S-Bahn in westliche Regie.

17.–19. 1. 1984: In Stockholm wird die Konferenz über Vertrauensbildung und Abrüstung in Europa (KVAE) eröffnet.

24. 1. 1984: In einem Grundsatzurteil entscheidet der Bundesgerichtshof, daß für den Gesamtschaden einer Demonstration einzelne Teilnehmer nicht haftbar gemacht werden können.
DDR-Bürger, die in die Ständige Vertretung der Bundesrepublik geflüchtet waren, dürfen ausreisen.

1. 2. 1984: In Stuttgart-Stammheim beginnt der Prozeß gegen die RAF-Terroristen Christian Klar und Brigitte Mohnhaupt.

9. 2. 1984: Mit den Stimmen von CDU und FDP im Berliner Abgeordnetenhaus wird Eberhard Diepgen zum neuen Regierenden Bürgermeister von Berlin gewählt.
Honecker übergibt die zweimillionste Wohnung, die seit dem Wohnungsbauprogramm von 1971 fertiggestellt wurde.

10. 2. 1984: Angesichts der privaten Konkurrenz kaufen die ARD-Anstalten in Hollywood für 80 Millionen Dollar Senderechte für Filmproduktionen ein. Am 2. März stimmt das ZDF dem Erwerb von 1264 Spielfilmen zu.

13. 2. 1984: Am Vorabend der Beisetzungsfeierlichkeiten für den am 9. 2. verstorbenen Generalsekretär der KPdSU, Jurij Andropow, treffen sich Kohl und Honecker in Moskau.

22. 2. 1984: Bonn bewilligt einen Zuschuß von 1,5 Milliarden DM für die Entwicklung des A 320 der europäischen »Airbus«-Familie.

23. 2. 1984: Der Bundestag regelt die Kontrolle der Geheimdienst-Etats neu, indem er sie einem Sondergremium überträgt. Abgeordnete der Grünen bleiben ausgeschlossen.

24. 2. 1984: Die Ministerpräsidenten der Länder kommen überein, am künftigen Satellitenfernsehen auch private Programmanbieter zu beteiligen.

5. 3. 1984: Der Fraktionsvorsitzende der FDP, Wolfgang Mischnik, übermittelt Honecker das Interesse der Bundesregierung an einem Besuch des Staatsratsvorsitzenden in der Bundesrepublik.

8. 3. 1984: Eine Delegation der SPD-Bundestagsfraktion hält sich zu einem Besuch der DDR-Volkskammer in Ost-Berlin auf. Es ist der erste offizielle Meinungsaustausch von Abgeordneten aus beiden deutschen Staaten.

Europäischer Gerichtshof mit Eurocenter in Luxemburg.

11. 3. 1984: Erich Honecker erklärt sich auf der Leipziger Messe bereit, im Herbst die Bundesrepublik zu besuchen.

20. 3. 1984: Ingrid Berg, die Nichte des DDR-Ministerpräsidenten Stoph, trifft mit ihrer Familie in Gießen ein, nachdem sie im Februar in der Prager Botschaft der Bundesrepublik Zuflucht gesucht hatte.
Der EG-Gipfel in Brüssel scheitert zum zweiten Mal innerhalb von vier Monaten am Problem der britischen Beitragszahlungen.

22. 3. 1984: Das Bundeskabinett stimmt dem »Programm Umweltforschung und Umwelttechnologie 1984–1987« zu, nach dem umweltrelevante Forschungs- und Entwicklungsvorhaben mit insgesamt 2 Milliarden DM gefördert werden sollen.

29. 3. 1984: CDU/CSU und FDP stimmen im Bundestag für eine bis 1988 geltende Vorruhestandsregelung.

31. 3. 1984: Einigung der EG-Agrarminister über Agrarpreise 1984/85, Milchmengenregelung, Währungsausgleich und flankierende Maßnahmen.

3. 4. 1984: In der westdeutschen Druckindustrie scheitert im Streit um die 35-Stunden-Woche die Schlichtung. Ab 12. 4. wird die Branche schwerpunktmäßig bestreikt.

5. 4. 1984: Als erstes Land der Bundesrepublik verankert Bayern den Umweltschutz in der Verfassung.

10. 4. 1984: Auf Antrag von drei Klägerinnen aus der Bundesrepublik legt der Europäische Gerichtshof fest, daß Frauen, die im Beruf gegenüber Männern diskriminiert werden, Anspruch auf Schadensersatz haben.

15. 4. 1984: Schwere Ausschreitungen gegen die am 12. 4. in Betrieb genommene Startbahn West in Frankfurt.

2. 5. 1984: Das erste vollautomatische Nahverkehrssystem der Bundesrepublik, die führerlose Schwebebahn in Dortmund, geht in Betrieb.

3. 5. 1984: Der »Gesetzentwurf zur Strafbefreiung für Steuervergehen bei Parteispenden« wird von der Koalition vorgelegt. Die Amnestiepläne werden am 16. 5. unter dem Druck der Öffentlichkeit und Teilen der FDP-Fraktion wieder zurückgezogen.

7. 5. 1984: Das Oberlandesgericht Stuttgart spricht mit dreimal lebenslänglicher Haft für den ehemaligen RAF-Angehörigen Peter Boock das bislang härteste Urteil in einem Terroristen-Prozeß.

10. 5. 1984: In der Metallindustrie beginnen die Streiks um die 35-Stunden-Woche. Die Automobil-Zulieferindustrie und später auch die Autoproduktion kommen zum Erliegen. Gegen Monatsende antworten die Arbeitgeber mit Aussperrungen.
Das NOK der DDR teilt die Absage für die Olympischen Spiele in Los Angeles mit.

23. 5. 1984: Mit großer Mehrheit wird Richard von Weizsäcker (CDU) als Nachfolger von Karl Carstens zum Bundespräsidenten gewählt. Luise Rinser, Kandidatin der Grünen, bekommt 68 Stimmen.

15. 6. 1984: Die Volkskammer wählt Egon Krenz und Günter Mittag zu stellvertretenden Staatsratsvorsitzenden.

17. 6. 1984: Bei der zweiten Direktwahl zum Europaparlament behaupten die konservativen, christdemokratischen und liberalen Parteien ihre gemeinsame Mehrheit.

20. 6. 1984: Die Regierungskoalition einigt sich auf eine Steuerreform, die rund 20 Milliarden DM Entlastung für die Bürger bringen soll.

25. 6. 1984: Beginn der Multilateralen Umweltkonferenz in München mit Delegierten aus 31 Ländern einschließlich des Ostblocks.

Vereidigung des neuen Bundespräsidenten Richard von Weizsäcker am 1. Juli 1984 im Deutschen Bundestag.

Georg Leber – hier mit dem Stuttgarter IG-Metall-Bezirksleiter Ernst Eisenmann (links) und dem Vorsitzenden des Verbands der Metallindustrie Hans Peter Stihl – gelingt ein Kompromiß zur Beendigung des Arbeitskampfes in der Metallindustrie.

26. 6. 1984: Vor Eröffnung des Hauptverfahrens wegen Bestechlichkeit tritt Bundeswirtschaftsminister Otto Graf Lambsdorff von seinem Amt zurück. Nachfolger wird Martin Bangemann (FDP). Schließung der Ständigen Vertretung Bonns in Ost-Berlin wegen »Überbelastung«, da mehr als 50 DDR-Bürger von dort ihre Ausreise erzwingen wollen.

1. 7. 1984: Richard von Weizsäcker wird als neuer Bundespräsident vereidigt.
Nach Schlichtung durch Georg Leber wird in der Metallindustrie ab 1. 4. 1985 eine Regelarbeitszeit von 38,5 Stunden unter Zulassung von Ausnahmeregelungen vereinbart.

6. 7. 1984: Die Druckindustrie übernimmt den Kompromiß der Metallindustrie.

10. 7. 1984: Familienminister Geißler (CDU) fordert die Länderregierungen auf, »Pro Familia« nicht länger als Beratungsstelle für schwangere Frauen anzuerkennen.

13. 7. 1984: Gegen den Widerstand der SPD-regierten Länder billigt der Bundesrat die Stiftung »Mutter und Kind«, die notleidenden werdenden Müttern im Einzelfall bis zu 5000 DM gewähren soll. Abkommen der Bundesrepublik mit Frankreich über den Abbau der Grenzkontrollen.

17. 7. 1984: Das Bundesverfassungsgericht veranlaßt die Bundesregierung, dem Flick-Untersuchungsausschuß alle einschlägigen Akten zu übergeben.

25. 7. 1984: Wie schon 1983 verbürgt sich die Bundesregierung für einen 950 Millionen-DM-Kredit an die DDR. Ost-Berlin stellt Reise-Erleichterungen in Aussicht.

28. 7. 1984: Ronald Reagan eröffnet in Los Angeles die 23. Olympischen Sommerspiele, die mit Ausnahme Rumäniens vom Ostblock boykottiert werden.

31. 7. 1984: Nach fünfwöchiger Schließung wird die Ständige Vertretung der Bundesrepublik in der DDR unter verstärkten Sicherheitsmaßnahmen wieder geöffnet.

1. 8. 1984: In der Bundesrepublik wird das Anlegen von Sicherheitsgurten auf Pkw-Rücksitzen Pflicht, das Nichtanlegen auf Vordersitzen mit Bußgeld bestraft.

15. 8. 1984: Bundesbildungsministerin Dorothee Wilms appelliert an die Wirtschaft, noch mehr Lehrstellen zu schaffen. Laut Bundesanstalt für Arbeit fehlen 213000 Plätze.

31. 8. 1984: Das Verwaltungsgericht Braunschweig erläßt eine einstweilige Anordnung, wonach das Kohlekraftwerk Buschhaus nicht ohne Rauchgasentschwefelungs-Anlage in Betrieb genommen werden darf.

4. 9. 1984: SED-Generalsekretär Honecker sagt seinen für die Zeit vom 26.–30. 9. 1984 geplanten Besuch in der Bundesrepublik ab. Begründung: Der Stil der Diskussion über den Besuch Honeckers ist »äußerst unwürdig«, dem Besuch »abträglich« und im Verkehr zwischen souveränen Staaten »absolut unüblich«.
Egon Bahr übernimmt von Wolf Graf Baudissin die Leitung des Hamburger Friedensforschungsinstituts.

5. 9. 1984: Hans Friderichs läßt sich im Hinblick auf den 1985 anstehenden Flick-Parteispendenprozeß als Vorstandssprecher der Dresdner Bank vorübergehend freistellen.

18. 9. 1984: Das Bundeskabinett beschließt, daß Neuwagen ab 1989 mit Katalysatoren auszurüsten sind.

Ein Mechaniker in Norderstedt bei Hamburg demonstriert den Einbau eines Abgaskatalysators.

21. 9. 1984: Im Bundestag stimmen CDU/CSU und FDP einer Jugendarbeitsschutz-Reform zu, welche früheren Arbeitsbeginn und längere Schichtzeiten für Lehrlinge zuläßt.

22. 9. 1984: Helmut Kohl und François Mitterrand gedenken in Verdun gemeinsam der Toten beider Weltkriege.

7. 10. 1984: Bundeskanzler Kohl trifft in Begleitung ranghoher Wirtschaftsfunktionäre zu einem einwöchigen Besuch in China ein.

16. 10. 1984: Die von der Bundesregierung vorgelegte Waldschadenserhebung 1984 registriert 50% (im Vorjahr 34%) der Waldfläche in der Bundesrepublik als geschädigt; 1,5% sind stark geschädigt oder abgestorben.
Bischof Tutu aus Südafrika erhält für seine Anti-Apartheids-Bemühungen den Friedensnobelpreis. Der deutsche Immunologe Georges Köhler teilt sich den Nobelpreis für Medizin mit zwei Kollegen.

23. 10. 1984: Die Bonner Koalition einigt sich auf Einführung eines fälschungssicheren, maschinenlesbaren Personalausweises.

25. 10. 1984: Weil eine Beratertätigkeit ihn in Zusammenhang mit der Flick-Affäre brachte, tritt Rainer Barzel als Präsident des Deutschen Bundestages zurück. Nachfolger wird Philipp Jenninger.

31. 10. 1984: Die indische Ministerpräsidentin Indira Gandhi wird ermordet.

5. 11. 1984: Das Kölner Amtsgericht verhängt in dem bislang größten Parteispendenprozeß gegen den Pharma-Unternehmer John-Werner Madaus eine Geldstrafe von 420000 DM wegen fortgesetzter Steuerhinterziehung.

8. 11. 1984: Der FDP-Vorsitzende Genscher gibt bekannt, daß eine 6-Millionen-DM-Spende an seine Partei im Vorjahr von dem ehemaligen Kaufhausbesitzer Helmut Horten stammt.

20. 11. 1984: Bei der Auseinandersetzung um die Hanauer Nuklearfabriken kündigt die Landtagsgruppe der Grünen die Zusammenarbeit mit der SPD in Hessen auf.

30. 11. 1984: Die DDR baut die letzten »Todesautomaten« an der deutsch-deutschen Grenze ab.

3./4. 12. 1984: Tagung der Außenminister der Warschauer-Pakt-Staaten in Ost-Berlin.

6. 12. 1984: Treffen von DDR-Außenminister Fischer und Politbüromitglied Herbert Häber mit dem Chef des Bundeskanzleramts, Wolfgang Schäuble, in Ost-Berlin.

Verleihung des Friedensnobelpreises an den südafrikanischen Bischof Tutu.

Staatspräsident Mitterrand und Bundeskanzler Kohl gedenken am 22. September 1984 auf den Schlachtfeldern von Verdun der Toten beider Weltkriege.

Bundeskanzler Kohl auf Staatsbesuch in China vom 6. bis 13. Oktober 1984, hier zusammen mit Deng Xiaoping.

135

Auf Einladung von US-Präsident Reagan hält sich Bundeskanzler Kohl am 30. November 1984 in Washington auf, hier zusammen mit US-Außenminister Shultz.

Begräbnis von Dr. Ernst Zimmermann in Gauting bei München am 7. Februar 1985. Er war einem Terroranschlag zum Opfer gefallen.

Glückwünsche für den Wahlsieger im Saarland, Oskar Lafontaine (SPD), am 10. März 1985.

13. 12. 1984: In der deutschen Botschaft in Prag treten 40 der dort auf ihre Ausreise in den Westen wartenden DDR-Flüchtlinge in den Hungerstreik.

18. 12. 1984: Das Bundesverfassungsgericht erklärt die Zustimmung der Bundesregierung zur Nachrüstung für verfassungskonform.
Das Bundeskabinett beschließt eine 1986 beginnende, stufenweise Steuerreform.
Bundesaußenminister Genscher besucht die Tschechoslowakei. Dabei sucht er auch die DDR-Flüchtlinge in der Botschaft der Bundesrepublik auf.

31. 12. 1984: Die Arbeitslosenquote betrug im Jahresdurchschnitt 9,1% in der Bundesrepublik.

1984: Die wachsende Unzufriedenheit der Bevölkerung mit den politischen und ökonomischen Verhältnissen in der DDR spiegelt sich in den Ausreiseanträgen: 35 000 Bürger dürfen in die Bundesrepublik übersiedeln.

1985

1. 1. 1985: Start des ersten privaten Satelliten-Fernsehprogramms SAT 1 in der Bundesrepublik.
Erweiterung der Territorialgewässer der DDR von 3 auf maximal 12 Seemeilen unter Berufung auf die UN-Seerechtskonvention.

11. 1. 1985: Besuch des nordrheinwestfälischen Ministerpräsidenten Johannes Rau bei Honecker in Ost-Berlin.

15. 1. 1985: Die letzten sechs von insgesamt etwa 350 DDR-Flüchtlingen in der bundesdeutschen Botschaft in Prag kehren in die DDR zurück, nachdem ihnen Straffreiheit und Bearbeitung ihrer Ausreiseanträge zugesagt wurde.

23. 1. 1985: Auf ihrem gemeinsam organisierten »Tag für Afrika« rufen die großen Hilfswerke der Bundesrepublik zum Kampf gegen den Hunger in Afrika auf.

1. 2. 1985: Der Vorstandsvorsitzende der Motoren- und Turbinen-Union, Ernst Zimmermann, wird in Gauting bei München von Terroristen erschossen.

4. 2. 1985: Die Arbeitslosenzahl erreicht mit 2,61 Millionen den höchsten Stand seit 1948.

9. 2. 1985: Die europäische Trägerrakete Ariane bringt erstmals zwei Nachrichtensatelliten außereuropäischer Kunden in den Weltraum.

23. 2. 1985: Martin Bangemann wird vom Parteitag der FDP in Saarbrücken als Nachfolger von Hans-Dietrich Genscher zum neuen Parteivorsitzenden gewählt.

5. 3. 1985: Der Iran greift die irakische Provinzhauptstadt Basra an, worauf der Irak am 7. März mit dem Beschuß iranischer Städte beginnt. Der Golfkrieg verschärft sich.

10. 3. 1985: Der sowjetische Staats- und Parteichef Konstantin Tschernenko stirbt. Neuer Generalsekretär der KPdSU wird Michail Gorbatschow.

12. 3. 1985: Bundeskanzler Kohl und SED-Generalsekretär Erich Honecker treffen in Moskau am Rande der Trauerfeierlichkeiten für Tschernenko zu einem zweistündigen Meinungsaustausch zusammen.

14. 3. 1985: Willy Weißkirch (CDU) wird zum Wehrbeauftragten des Deutschen Bundestags gewählt.

18. 3. 1985: Gemeinsame Friedenserklärung der Evangelischen Kirche in Deutschland und des Bundes der Evangelischen Kirchen in der DDR zum 40. Jahrestag des Kriegsendes.

20. 3. 1985: Helmut Kohl wird auf dem 33. Bundesparteitag der CDU für weitere zwei Jahre als Parteivorsitzender bestätigt.

26. 3. 1985: Das Bundeskabinett beschließt die steuerliche Förderung neuer energiesparender Technologien.

29. 3. 1985: Einigung über den Beitritt Spaniens und Portugals zur Europäischen Gemeinschaft zum 1. 1. 1986 nach achtjährigen Verhandlungen.

3. 4. 1985: Die Deutsche Bank gibt für 1984 ein Rekordergebnis von 3,7 Milliarden DM bekannt.

8.–10. 4. 1985: Besuch des britischen Außenministers Sir Geoffrey Howe in Ost-Berlin.

10. 4. 1985: Das Bundeskabinett beschließt die Anpassung der steuerlichen Erleichterungen für abgasarme Autos an die EG-Beschlüsse vom März.

13. 4. 1985: Die Finanzminister und Notenbankpräsidenten der EG einigen sich in Palermo auf eine erweiterte Nutzung der EG-Währungseinheit ECU.

15. 4. 1985: Sensationeller Sieger des bedeutendsten Golfturniers der Welt in Augusta/USA wird der deutsche Profi Bernhard Langer.

Martin Bangemann, Nachfolger Hans-Dietrich Genschers als FDP-Vorsitzender.

Bundeskanzler Kohl nimmt auf dem 33. Parteitag der CDU in Mainz den Applaus der Delegierten entgegen, rechts Generalsekretär Geißler.

Der 11. Weltwirtschaftsgipfel in Bonn vom 2. bis 4. Mai 1985.

Zusammen mit Helmut Kohl besucht Ronald Reagan am 5. Mai 1985 den Soldatenfriedhof in Bitburg; hier der symbolische Händedruck zwischen dem US-General Ridgeway und dem deutschen Fliegergeneral Steinhoff (rechts).

Friedhelm Ost (rechts) wird am 14. Juni 1985 Nachfolger des zurückgetretenen Peter Boenisch als Regierungssprecher und Chef des Bundespresseamtes.

Helmut Kohl bei seiner Ansprache auf dem Schlesiertreffen in Hannover am 16. Juni 1985.

18. 4. 1985: In seiner Regierungserklärung unterstützt Bundeskanzler Kohl das amerikanische Forschungsprojekt für ein Weltraumraketenabwehrsystem (SDI), läßt aber die Beteiligung der Bundesrepublik offen.

19. 4. 1985: Nach heftigen Diskussionen verabschiedet der Bundestag die Erhöhung der Rentenbeiträge und die Reduzierung der Beiträge zur Arbeitslosenversicherung.

24. 4. 1985: Das Bundesverfassungsgericht erklärt die gegenüber dem Wehrdienst um fünf Monate längere Zivildienstzeit für verfassungskonform.

1. 5. 1985: Ronald Reagan kommt in die Bundesrepublik und besucht am 5. 5. 1985 mit dem Bundeskanzler den Soldatenfriedhof Bitburg. Der Besuch ruft in der Öffentlichkeit teilweise heftige Kritik hervor, da sich dort auch Gräber von Angehörigen der Waffen-SS befinden.

2.–4. 5. 1985: 11. Weltwirtschaftsgipfel in Bonn.

4. 5. 1985: Erich Honecker macht einen Freundschaftsbesuch bei Gorbatschow.

8. 5. 1985: Bundespräsident Richard von Weizsäcker hält auf einer gemeinsamen Veranstaltung von Bundestag und Bundesrat eine viel beachtete Gedenkrede anläßlich des 40. Jahrestages der deutschen Kapitulation.

13. 5. 1985: Mildred Scheel, Vorsitzende der Deutschen Krebshilfe, stirbt im Alter von 52 Jahren an Krebs.

16. 5. 1985: Bundeskanzler Kohl lehnt es ab, die Teilnahme am Deutschlandtreffen der Schlesier im Juni rückgängig zu machen, nachdem Bundespräsident von Weizsäcker im Verbandsorgan »Der Schlesier« wegen seiner Rede vom 8. Mai massiv angegriffen worden war.
Die EG-Agrarminister erzielen eine Teileinigung über neue Garantiepreise für Agrarprodukte. Die geforderte Senkung der Getreidepreise scheitert am deutschen Widerstand.

17. 5. 1985: DGB-Vorsitzender Ernst Breit wird Präsident des Europäischen Gewerkschaftsbundes.

22. 5. 1985: Die NATO-Verteidigungsminister einigen sich auf ihrer Frühjahrstagung in Brüssel auf eine Verstärkung der konventionellen Rüstung.

24. 5. 1985: Der Bundestag verabschiedet die lang diskutierte Steuerreform, die den Bürgern in zwei Stufen eine Entlastung von circa 20 Milliarden DM bringen soll.

29. 5. 1985: Der hessische Ministerpräsident Börner macht den Grünen in Hessen ein förmliches Koalitionsangebot.

Exhumierung der Leiche des ehemaligen KZ-Arztes von Auschwitz, Josef Mengele, in São Paulo am 5. Juni 1985.

38 Tote bei Ausschreitungen anläßlich des Europacup-Endspiels zwischen dem FC Liverpool und Juventus Turin in Brüssel.

31. 5. 1985: Joseph Kardinal Höffner und Landesbischof Eduard Lohse fordern eine verstärkte Umweltentlastung.

5. 6. 1985: In der Nähe von São Paulo wird die Leiche des gesuchten KZ-Arztes Josef Mengele exhumiert.

6. 6. 1985: Beginn der Frühjahrstagung der Außenminister der NATO in Portugal, auf der Differenzen bezüglich SALT II und SDI zu Tage treten.

10./11. 6. 1985: Staatsbesuch des französischen Premierministers, Laurent Fabius, in Ost-Berlin.

11. 6. 1985: Auf der Glienicker Brücke in Berlin findet der größte Agentenaustausch seit 1945 statt.

12. 6. 1985: Spanien und Portugal unterzeichnen die Verträge über den Beitritt ihrer Länder zur EG.

13. 6. 1985: Der Bundestag stimmt der Frühpensionierung von Bundeswehroffizieren zu.

14. 6. 1985: Regierungssprecher Peter Boenisch tritt zurück. Nachfolger wird Friedhelm Ost vom ZDF.

16. 6. 1985: Bundeskanzler Kohl bekräftigt auf dem Schlesiertreffen in Hannover die Unverletzlichkeit der Grenzen.

19. 6. 1985: Ein Bombenanschlag auf dem Frankfurter Flughafen fordert drei Menschenleben und 42 Verletzte.

25. 6. 1985: Das Saarland hebt als erstes Bundesland den sogenannten Extremistenerlaß auf. Aktive Mitglieder von DKP und NPD werden nicht mehr von vornherein vom Beamtendienst ausgeschlossen.

28. 6. 1985: Der Bundestag verschärft das Demonstrationsstrafrecht: Vermummung und das Tragen von »Schutzwaffen« wird verboten.

1. 7. 1985: Eine Hausfrau in Niedersachsen gewinnt 6,97 Millionen DM im Lotto, den höchsten Betrag, der jemals in Europa einer Einzelperson zufiel.

3. 7. 1985: Der Kieler Landtag beschließt die Umwandlung des nordfriesischen Wattenmeers zum Nationalpark.

4. 7. 1985: Die Koalitionsparteien einigen sich über das Erziehungsgeld und die Arbeitsplatzgarantie während des Erziehungsjahres.

5. 7. 1985: Der Bundesrat billigt eine Anzahl wichtiger Gesetzesvorlagen, unter anderem die Neuordnung der Hinterbliebenenrenten, die Frühpensionierung von Bundeswehroffizieren, die Verschärfung des Demonstrationsstrafrechtes, die Erhöhung des Wohngeldes sowie Änderungsverordnungen im Zusammenhang mit der Reduzierung der Autoabgase.

Im innerdeutschen Handel wird eine Erhöhung des zinslosen Überziehungskredites (Swing) für die DDR von 600 Millionen auf 850 Millionen DM vereinbart.

7. 7. 1985: Boris Becker gewinnt als bislang jüngster Tennisspieler und als erster Deutscher das Tennisturnier in Wimbledon.

Als bisher jüngster Tennisspieler der Welt gewinnt Boris Becker am 7. Juli 1985 das Tennisturnier in Wimbledon.

Der Weinskandal im Jahre 1985 macht auch vor deutschen Weinen nicht halt.

Eberhard von Brauchitsch (links) und Hans Friderichs (rechts) am Ende des ersten Prozeßtages vor dem Landgericht Bonn in der Flick-Spendenaffäre.

Bundespräsident Richard von Weizsäcker (links) ernennt Rita Süssmuth (rechts) am 26. September 1985 zur Nachfolgerin von Heiner Geißler (Mitte) als Ministerin für Jugend, Familie und Gesundheit.

9. 7. 1985: Erste Meldungen über mit dem Frostschutzmittel Diäthylenglykol versetzten österreichischen Wein tauchen in der Öffentlichkeit auf. In der Folgezeit dehnt sich der Weinskandal aus.

10. 7. 1985: Im neuseeländischen Hafen Auckland wird ein Schiff der Umweltorganisation Greenpeace versenkt, das sich auf dem Weg zum Mururoa-Atoll befand, um gegen französische Atombombenversuche zu demonstrieren. Ein Fotograf kommt ums Leben.

16. 7. 1985: Trotz des Widerstandes von Bundeslandwirtschaftsminister Kiechle werden die EG-Getreidepreise um 1,8% gesenkt.

17. 7. 1985: Die Außen- und Wissenschaftsminister von 17 europäischen Staaten beschließen auf einer Konferenz in Paris, das von Frankreich initiierte europäische Technologieprojekt Eureka gemeinsam anzugehen.

23.7. 1985: Das Bundesverfassungsgericht fällt in einem Verfahren um das Verbot einer Demonstration gegen das Atomkraftwerk Brokdorf aus dem Jahre 1981 ein aufsehenerregendes Urteil, in dem der verfassungsrechtlich garantierte Schutz der Versammlungsfreiheit auch dann betont wird, wenn mit Ausschreitungen durch Minderheiten gerechnet werden muß.

August 1985: Anläßlich der Weltjugendfestspiele in Moskau schreiben 34 junge Menschen aus der DDR, darunter Pfarrer Rainer Eppelmann, einen Protestbrief, in dem sie unter anderem Meinungs- und Versammlungsfreiheit verlangen.

8. 8. 1985: Einem Sprengstoffanschlag auf den militärischen Teil des Frankfurter Flughafens fallen zwei Menschen zum Opfer; elf werden verletzt.

22. 8. 1985: Das Bundesamt für Verfassungsschutz gibt das Verschwinden von Hans Joachim Tiedge bekannt, der für die Abwehr der DDR-Spionage in diesem Amt zuständig war. Der Fall entwickelt sich zu einem der größten Spionageskandale der deutschen Nachkriegszeit.

28. 8. 1985: Der Leiter des Bundesnachrichtendienstes, Heribert Hellenbroich, wird aufgrund der Tiedge-Affäre in den Ruhestand versetzt.

29. 8. 1985: Vor dem Landgericht Bonn beginnt der Parteispendenprozeß gegen Otto Graf Lambsdorff, Hans Friderichs und Eberhard von Brauchitsch.

10. 9. 1985: Die EG-Außenminister einigen sich in Luxemburg auf ein Bündel von acht restriktiven Maßnahmen gegen Südafrika.

13. 9. 1985: Schreiben Honeckers an Bundeskanzler Kohl mit der Forderung auf Abschaffung chemischer Waffen in beiden deutschen

Staaten; am 2. 10. antwortet Kohl, auch die Bundesrepublik sei für die Abschaffung, die Frage müsse an die Delegation in Genf weitergegeben werden.

16. 9. 1985: Die SPD nominiert Johannes Rau, Ministerpräsident von Nordrhein-Westfalen, zum Kanzlerkandidaten.

26. 9. 1985: Rita Süssmuth löst Heiner Geißler als Bundesminister für Jugend, Familie und Gesundheit ab.

27. 9. 1985: Das bayerische Umweltministerium erteilt die erste Teilerrichtungsgenehmigung für die Wiederaufbereitungsanlage für Atombrennstoffe in Wackersdorf.

28. 9. 1985: Bei einer Anti-NPD-Demonstration in Frankfurt wird ein Demonstrant von einem Wasserwerfer überrollt und getötet. In den nachfolgenden Tagen kommt es in mehreren Städten zu gewalttätigen Ausschreitungen.

2. 10. 1985: Das Bundeskabinett beschließt die Verlängerung des Wehrdienstes ab Mitte 1989 auf 18 Monate.

16. 10. 1985: Nach mehr als dreiwöchigen Koalitionsverhandlungen kommt es in Hessen zu einer Einigung zwischen SPD und Grünen. Joschka Fischer (Die Grünen) wird hessischer Minister für Umwelt und Energie.
Klaus von Klitzing erhält den Nobelpreis für Physik.

30. 10. 1985: Zum ersten Mal startet unter deutscher Leitung eine Weltraummission mit der amerikanischen Raumfähre »Challenger«.

1. 11. 1985: Abschluß der Räumung der Minenfelder an der innerdeutschen Grenze.

Nach zehn Jahren Widerstand erfolgreich: die Gegner des geplanten Kernkraftwerks Wyhl, hier bei einem Protestmarsch am 31. März 1975.

König Carl Gustav von Schweden überreicht Klaus von Klitzing den Nobelpreis des Jahres 1985 für Physik.

5./6. 11. 1985: In Hannover findet eine Ministerkonferenz über das europäische Forschungsprogramm EUREKA statt.

11. 11. 1985: Der Intendant der Städtischen Bühnen Frankfurt gibt dem Druck der Öffentlichkeit nach und setzt das Fassbinder-Stück »Der Müll, die Stadt und der Tod«, dem antisemitische Tendenzen vorgeworfen werden, ab.

19. 11. 1985: Das Bundeskabinett verzichtet nach dem Vorliegen der ersten Ergebnisse des Großversuchs »Tempo 100« auf die Einführung eines Tempolimits auf Autobahnen.

19.–21. 11. 1985: Erstes Gipfeltreffen zwischen Ronald Reagan und Michail Gorbatschow in Genf.

15. 12. 1985: Der Bundesvorstand der SPD nominiert Johannes Rau formell zum Kanzlerkandidaten der Partei für die Bundestagswahl 1987.

19. 12. 1985: Das Bundesverwaltungsgericht weist als letzte Instanz die Klage gegen den Bau eines Atomkraftwerkes in Wyhl zurück. Die Landesregierung verzichtet jedoch auf den Bau der Anlage.

27. 12. 1985: Bei zwei blutigen Terroranschlägen in Rom und Wien finden 19 Menschen den Tod. Italien, Israel und die USA werfen der libyschen Regierung vor, sie hätte bei den Mordanschlägen ihre Hände im Spiel gehabt.

31. 12. 1985: Die Arbeitslosenquote betrug im Jahresdurchschnitt 9,3% in der Bundesrepublik.

1986

1. 1. 1986: Zum Jahresbeginn treten eine Reihe von Gesetzesänderungen in Kraft: Das Wohngeld wird erhöht, erstmals wird das neu geschaffene Kindererziehungsgeld gewährt, beim Arbeitslosengeld treten Verbesserungen vor allem für die älteren Arbeitnehmer ein.

7. 1. 1986: Mehrere tausend Polizisten räumen das Hüttendorf, das Gegner der Wiederaufbereitungsanlage Wackersdorf im Taxöldner Forst errichtet haben.

8. 1. 1986: Die Bundesregierung ist – wie auch andere europäische Staaten – nicht bereit, sich dem von US-Präsident Reagan wegen der Mordanschläge in Wien und Rom gegen Libyen verhängten Wirtschaftsboykott anzuschließen.

14. 1. 1986: Das Bundesverfassungsgericht erklärt den Ausschluß der Grünen von den Beratungen der Geheimdienstetats im Deutschen Bundestag für verfassungskonform.

16. 1. 1986: Anträge der SPD und der Grünen, den Umweltschutz als Staatsziel ins Grundgesetz aufzunehmen, scheitern im Bundestag an der Haltung der CDU/CSU.

Demonstration gegen die geplante Wiederaufbereitungsanlage Wackersdorf im Januar 1986.

Explosion der Raumfähre »Challenger« kurz nach dem Start am 28. Januar 1986. Alle sieben Besatzungsmitglieder kommen ums Leben.

24. 1. 1986: In einer aktuellen Stunde befaßt sich der Bundestag mit der Sanierung des Gewerkschaftskonzerns »Neue Heimat«. Die Koalitionsparteien lehnen in heftiger Debatte die von der Opposition geforderte Staatshilfe ab.

28. 1. 1986: Kurz nach dem Start explodiert die amerikanische Raumfähre »Challenger«. Alle sieben Besatzungsmitglieder, darunter zwei Frauen, kommen bei der schwersten Katastrophe der bemannten Raumfahrt ums Leben. Die NASA setzt daraufhin alle bemannten Raumflüge auf unbestimmte Zeit aus.

29. 1. 1986: Der Mehrheitsbericht des Flick-Untersuchungsausschusses wird in seinen Grundzügen der Öffentlichkeit vorgelegt. Die Parteien beharren auf ihren Vorwürfen.

3. 2. 1986: Der »Spiegel« berichtet, daß der Bundestagsabgeordnete Otto Schily (Die Grünen) gegen Bundeskanzler Kohl Strafanzeige wegen des Verdachts der uneidlichen Falschaussage vor den Untersuchungsausschüssen im Bundestag und im Mainzer Landtag in der Parteispenden-Affäre erstattet hat.

6. 2. 1986: Ministerium für Staatssicherheit (»Stasi«) wird »für vorbildliche Pflichterfüllung . . . im Interesse des ganzen werktätigen Volkes« mit dem Karl-Marx-Orden und einem Ehrenbanner des ZK der SED ausgezeichnet.

11. 2. 1986: Auf der Glienicker Brücke zwischen Berlin-West und Potsdam werden der sowjetische Regimekritiker Anatoli Schtscharanski sowie drei westliche Spione vom Osten freigegeben; im Gegenzug lassen die USA und die Bundesrepublik fünf Ostagenten frei.

13. 2. 1986: Das Bundeskartellamt genehmigt die Übernahme von AEG durch den Daimler-Konzern mit einigen Verkaufsauflagen.

17. 2. 1986: Neun EG-Staaten unterzeichnen in Luxemburg die auf dem Dezember-Gipfel vereinbarten EG-Reformen. Dänemark, Italien und Griechenland ziehen am 18. 2. 1986 nach.

19. 2. 1986: Der Präsident der DDR-Volkskammer, Horst Sindermann, trifft zu einem viertägigen Besuch in Bonn ein. Er ist der ranghöchste DDR-Politiker, der bisher die Bundesrepublik besucht hat.

20. 2. 1986: Die Koblenzer Staatsanwaltschaft nimmt aufgrund der Anzeige von Otto Schily ein Ermittlungsverfahren wegen uneidlicher Falschaussage gegen den Bundeskanzler auf. Am 21. 5. 1986 wird das Verfahren eingestellt.

25. 2. 1986: SPD-Fraktionschef Hans-Jochen Vogel weist die Forderung des linken Parteiflügels nach einer Streichung des Wiedervereinigungsgebotes aus dem Grundgesetz zurück.

26. 2. 1986: Unter dem Druck der Opposition und der USA sowie der Rebellion von eigenen Anhängern verläßt der philippinische Präsident Marcos an Bord eines amerikanischen Flugzeugs die Philippinen. Neue Präsidentin wird Corazón Aquino.

28. 2. 1986: Nach einer äußerst kontroversen Debatte werden die ersten beiden Sicherheitsgesetze zur Einführung eines fälschungssicheren und maschinenlesbaren Personalausweises und des Europapasses verabschiedet.

Agentenaustausch auf der Glienicker Brücke in Berlin; hier der US-Botschafter Richard R. Burt (Mitte), links neben ihm mit Pelzmütze der sowjetische Regimekritiker Anatoli Schtscharanski.

Begräbnis des am 1. März 1986 in Stockholm ermordeten schwedischen Ministerpräsidenten Olof Palme.

1. 3. 1986: Der schwedische Ministerpräsident Olof Palme wird in Stockholm von einem Unbekannten ermordet. Zur Tat bekennen sich zwei Organisationen aus der deutschen Terrorszene.

8. 3. 1986: Die CDU-Landesverbände Rheinland und Westfalen-Lippe schließen sich zum Landesverband Nordrhein-Westfalen zusammen.

13. 3. 1986: Der Bundestag debattiert über den Abschlußbericht des 1983 eingesetzten Parlamentarischen Untersuchungsausschusses zur Flick-Parteispendenaffäre.

19. 3. 1986: Bundeskanzler Helmut Kohl und der amerikanische Verteidigungsminister Weinberger einigen sich über die Grundzüge einer deutschen Beteiligung an SDI.

Die strahlende Siegerin Corazón Aquino (links) nach ihrem Sieg über den Diktator Marcos (rechts) bei den philippinischen Präsidentschaftswahlen.

US-Botschafter Richard Burt (im weißen Mantel) und der Regierende Bürgermeister von Berlin, Eberhard Diepgen (rechts hinter ihm), besichtigen die Schäden des Bombenanschlags auf die Berliner Diskothek »La Belle Club« am 5. April 1986.

Blick auf den stark zerstörten Block Vier des Atomkraftwerks von Tschernobyl Ende April 1986.

12. Weltwirtschaftsgipfel im Mai 1986 in Tokio unter Beteiligung der sieben größten Industrienationen.

26. 3. 1986: Der italienische Weinskandal, der bereits mehrere Menschenleben in Italien gefordert hat, greift auf die Bundesrepublik über. Erstmals wird auch hier mit Methylalkohol vergifteter Wein sichergestellt.

5. 4. 1986: Ein Bombenanschlag auf die Berliner Diskothek »La Belle«, in der auch US-Soldaten verkehren, kostet zwei Menschenleben und ca. 200 Verletzte. Die amerikanische Regierung erklärt, sie habe Beweise, daß der Anschlag von einer libyschen Terrororganisation verübt worden sei.

12. 4. 1986: Bundesweit demonstrieren Bauern gegen die EG-Agrarpolitik und gegen das Höfe-Sterben. Bundeskanzler Kohl verspricht am 14. 4. 1986 den Bauern finanzielle Unterstützung.

15. 4. 1986: Als Vergeltung für frühere Terroranschläge und das Berliner Bombenattentat bombardieren die Amerikaner das Hauptquartier Khadhafis in Tripolis und militärische Einrichtungen in Bengasi.
Wegen des amerikanischen Luftangriffs auf Libyen sagt die Sowjetunion ein für Mitte Mai in Washington geplantes amerikanisch-sowjetisches Außenministertreffen ab.

17. 4. 1986: Der Bundestag beschließt eine Novelle des Tierschutzgesetzes, mit dem Tierversuche eingeschränkt werden.

17.–21. 4. 1986: XI. Parteitag der SED: Verabschiedung des Fünfjahrplan 1986–1990; Betonung der »Geborgenheit« für die Bürger der DDR.

21. 4. 1986: Die EG-Außenminister einigen sich bei einem Treffen in Luxemburg auf gemeinsame Maßnahmen zur Terrorbekämpfung, die sich vor allem gegen Libyen richten.

23. 4. 1986: Die Bundesregierung verlangt von Libyen, ihr Botschaftspersonal in Bonn um mehr als die Hälfte zu reduzieren und erschwert die Einreise für libysche Staatsbürger.
Die Oberbürgermeister von Eisenhüttenstadt (DDR) und Saarlouis einigen sich auf die erste deutsch-deutsche Städtepartnerschaft.

25. 4. 1986: Nach fünftägigen Verhandlungen einigen sich die EG-Landwirtschaftsminister gegen den Widerstand von Bundeslandwirtschaftsminister Kiechle auf eine Anzahl von preis- und produktionsbegrenzenden Maßnahmen. Die Bundesregierung kündigt daraufhin nationale Hilfsmaßnahmen für die Landwirtschaft an.

26. 4. 1986: In einem Kernkraftwerk in Tschernobyl nördlich von Kiew schmilzt der Reaktorkern und verursacht die bisher größte Katastrophe in der Geschichte der Kernenergie, die zunächst 15 Menschenleben fordert. Auch in der Bundesrepublik werden erhöhte Strahlungswerte gemessen.

4.–6. 5. 1986: 12. Weltwirtschaftsgipfel in Tokio.

6. 5. 1986: Nach 12jährigen Verhandlungen wird ein Kulturabkommen zwischen beiden deutschen Staaten unterzeichnet.

12. 5. 1986: Die EG stoppt die Einfuhr strahlengeschädigter Lebensmittel aus den osteuropäischen Ländern bis zum 31. 5. 1986.

13. 5. 1986: Das Bundeskabinett beschließt finanzielle Hilfen für die deutschen Bauern in Höhe von 808 Millionen DM.

17.–19. 5. 1986: Mehr als 300 Menschen – darunter 157 Polizisten – werden bei den bislang heftigsten Ausschreitungen am Bauzaun der Wiederaufbereitungsanlage in Wackersdorf verletzt.

26. 5. 1986: Die DDR verlangt von den in Ost-Berlin akkreditierten westlichen Diplomaten beim Grenzübergang nach West-Berlin die Vorlage ihrer Diplomatenpässe statt der bisher ausreichenden Dienstausweise. Großbritannien, Frankreich und die USA sehen darin einen Verstoß gegen den Viermächtestatus Berlins und drohen der DDR mit dem Abbruch der diplomatischen Beziehungen für den Fall, daß auch ihre Diplomaten von diesen Maßnahmen betroffen würden. Im Juni macht die DDR ihre Maßnahmen weitgehend rückgängig.

2. 6. 1986: Die Bundestagsfraktionen der CDU/CSU und der FDP einigen sich auf die Einsetzung eines Untersuchungsausschusses, der die Geschäftspraktiken der »Neuen Heimat« durchleuchten soll.

3. 6. 1986: Bundeskanzler Kohl gibt die Einrichtung eines Umweltministeriums bekannt. Erster Bundesumweltminister wird Walter Wallmann.

8. 6. 1986: Volkskammerwahlen nach den Einheitslisten.

9. 6. 1986: Trotz heftiger Proteste aufgrund seiner angeblichen nationalsozialistischen Vergangenheit wird der ehemalige Generalsekretär der Vereinten Nationen, Kurt Waldheim, zum neuen österreichischen Bundespräsidenten gewählt.

10./11. 6. 1986: Gipfeltreffen der Staats- und Regierungschefs der Staaten des Warschauer Pakts in Budapest.

16./17. 6. 1986: Konstituierende Sitzung der Volkskammer; Bestätigung der gesamten Staatsführung ohne bedeutende Änderungen.

26./27. 6. 1986: Auf ihrem Gipfeltreffen in Den Haag fordern die Staats- und Regierungschefs der EG die Regierung von Südafrika auf, binnen drei Monaten konkrete Maßnahmen zur Beendigung der Apartheidspolitik einzuleiten, andernfalls werde die EG Wirtschaftssanktionen gegen Südafrika verhängen.

28. 6. 1986: Die bayerische Staatsregierung verhängt für 322 Österreicher, die an einer Demonstration gegen die Wiederaufbereitungsanlage in Wackersdorf teilnehmen wollen, ein Einreiseverbot.

1. 7. 1986: Eine Koalitionsrunde unter dem Vorsitz des Bundeskanzlers einigt sich auf eine Stufenlösung bei der Einbeziehung der sogenannten Trümmerfrauen in die Regelung über die Anrechnung von Erziehungszeiten für die Rente.

9. 7. 1986: Der Siemens-Manager Karl Heinz Beckurts und sein Fahrer Eckhard Groppler werden von einem ferngezündeten Sprengkörper in Straßlach bei München getötet. Zu dem Mordanschlag bekennt sich ein Kommando »Mara Cagol« der RAF.

14. 7. 1986: Das Bundesverfassungsgericht entscheidet, daß das Gesetz zur Parteienfinanzierung geändert werden muß. Künftig liegt die Höchstgrenze für steuerlich abzugsfähige Parteispenden bei 100 000 DM.

25.–27. 7. 1986: DDR-Staatsratsvorsitzender Honecker zu einem Staatsbesuch in Schweden.

26. 7. 1986: Wegen der Einleitung hochgiftiger Cyanide in einen Zufluß der Saar kommt es zum bisher größten bekanntgewordenen Fischsterben in der Saar. Auch entlang der Mosel muß die Trinkwassergewinnung eingestellt werden.
Der Bundeskanzler wehrt sich in einem Interview gegen das Vorgehen der DDR, Asylanten über West-Berlin in die Bundesrepublik einzuschleusen.

Der durch eine ferngezündete Bombe zerstörte Dienstwagen des Siemens-Vorstands Karl Heinz Beckurts kurz nach dem Anschlag am 9. Juli 1986 in Straßlach bei München. Er wird auf der Stelle getötet.

Rassenunruhen in Soweto in Südafrika.

Diplomat Gerold von Braunmühl (rechts), enger Mitarbeiter von Bundesaußenminister Genscher (links), fiel am 19. Oktober 1986 einem Mordanschlag der RAF zum Opfer.

Der deutsche Gerd Binnig (rechts) und der Schweizer Heinrich Rohrer (links) erhalten zusammen mit Ernst Ruska den Nobelpreis für Physik 1986.

10. 8. 1986: Erklärung des DDR-Außenministeriums zur Asylantenfrage: Die DDR habe als Transitland keinen Grund, die Durchreise von Ausländern nach West-Berlin zu verweigern.

27. 8. 1986: In Südafrikas größter Schwarzensiedlung Soweto bei Johannesburg kommt es zu den blutigsten Zusammenstößen zwischen der Polizei und schwarzen Demonstranten seit der Verhängung des Ausnahmezustandes am 12. 6. 1986.

8. 9. 1986: Mehr als 1 Million DM Sachschaden entsteht bei einem Anschlag auf das Bundesamt für Verfassungsschutz in Köln.

16. 9. 1986: In Brüssel verständigen sich die Außenminister der EG-Staaten auf Wirtschaftssanktionen gegen Südafrika. Das Bundeskabinett erklärt sich außerstande, den Beschlüssen zuzustimmen.

18. 9. 1986: Die DDR verschärft die Einreisebestimmungen und dämmt damit die Flut der Asylsuchenden, die über Ost-Berlin in die Bundesrepublik einreisen, ein.

26. 9. 1986: Ber DGB verkauft den finanziell angeschlagenen Wohnungskonzern »Neue Heimat« für den symbolischen Wert von 1 DM an den Westberliner Brotfabrikanten Horst Schiesser.

2./3. 10. 1986: Gespräche Honeckers mit Gorbatschow in Moskau.

7. 10. 1986: Trotz zahlreicher Proteste wird Brokdorf an der Unterelbe als erstes deutsches Kernkraftwerk nach der Reaktorkatastrophe von Tschernobyl in Betrieb genommen.

10. 10. 1986: In Bonn wird Gerold von Braunmühl, Leiter der politischen Abteilung des Auswärtigen Amtes, auf offener Straße von RAF-Terroristen erschossen.

11./12. 10. 1986: Gespräche zwischen Präsident Ronald Reagan und Parteichef Michail Gorbatschow in Reykjavik enden ohne Vereinbarungen.

15. 10. 1986: Die Deutschen Ernst Ruska und Gerd Binnig erhalten zusammen mit dem Schweizer Heinrich Rohrer den Nobelpreis für Physik.

16. 10. 1986: Die Bundesrepublik Deutschland wird für zwei Jahre in den Sicherheitsrat der Vereinten Nationen gewählt.

1. 11. 1986: Bei einem Großbrand in dem Schweizer Chemiekonzern Sandoz in der Nähe von Basel gelangen mit dem Löschwasser große Mengen giftiger Chemikalien in den Rhein und verursachen ein großes Fischsterben.

11. 11. 1986: Das Bundesverfassungsgericht entscheidet, daß Sitzblockaden vor militärischen Einrichtungen grundsätzlich strafbar sind.

12. 11. 1986: Die Gewerkschaftsholding BGAG kauft die »Neue Heimat« von dem Berliner Brotfabrikanten Schiesser zurück.

13. 11. 1986: Der Bundestag verabschiedet ein neues Asylrecht, nach dem rechtskräftig abgewiesene Asylbewerber schneller in ihre Heimat zurückgeschickt werden können, während Bewerber ohne berechtigte Gründe weniger leicht in die Bundesrepublik gelangen können.

Präsident Reagan erklärt, die Erlaubnis zu geheimen amerikanischen Waffenlieferungen in den Iran gegeben zu haben.

26. 11. 1986: Gegen die Howaldtwerke-Deutsche Werft (Kiel) wird ermittelt, weil sie Konstruktionspläne für U-Boote illegal an Südafrika verkauft haben soll. Zwei Tage später wird in Bonn bestätigt, daß Bundeskanzler Helmut Kohl informelle Gespräche über den Verkauf von U-Booten an Südafrika geführt hat.

5. 12. 1986: Das Bundesverwaltungsgericht in Berlin-West erlaubt den Weiterbau des Großflughafens München II im Erdinger Moos.

6. 12. 1986: Die Staats- und Regierungschefs der EG-Mitgliedstaaten verständigen sich auf ihrer 35. Gipfelkonferenz in London auf ein gemeinsames Vorgehen gegen Terrorismus und Rauschgifthandel sowie auf Maßnahmen gegen Krebs und Aids.

18. 12. 1986: Der Bundestag setzt auf Antrag der SPD und der Grünen einen Untersuchungsausschuß ein, der sich mit den Vorgängen beim Verkauf von U-Boot-Plänen an Südafrika befassen soll.

22. 12. 1986: Der Bundesminister für wirtschaftliche Zusammenarbeit, Jürgen Warnke, kündigt eine Steigerung der bundesdeutschen Entwicklungshilfe auf knapp 7 Milliarden DM an.

27. 12. 1986: Bei einer Explosion infolge einer defekten Flüssiggasleitung kommen im Sporthotel »Rießersee« in Garmisch-Partenkirchen sieben Menschen ums Leben.

31. 12. 1986: Die Arbeitslosenquote betrug im Jahresdurchschnitt 9,0% in der Bundesrepublik.

1987

4. 1. 1987: Auf dem Deutschlandtreffen der CDU in Dortmund bezeichnet Helmut Kohl die DDR als Regime, das 2000 »politische Gefangene in Gefängnissen und Konzentrationslagern hält«. Wegen des Begriffs »Konzentrationslager« legt der Ständige Vertreter der DDR in Bonn zwei Tage später offiziellen Protest ein.

7. 1. 1987: Abschlußbericht des Bundestags-Untersuchungsausschusses über die Neue Heimat endet kontrovers.

Die Brandkatastrophe im November 1986 im Schweizer Chemie-Werk Sandoz in Basel führt zu einer starken Verschmutzung des Rheins.

U-Boot-Untersuchungsausschuß: der Ausschußvorsitzende Willfried Penner (SPD, rechts), Bundestagspräsident Philipp Jenninger (Mitte) und Ausschußmitglied Norbert Gansel (SPD, links).

Bei dem Gas-Explosionsunglück im Garmischer Sporthotel »Rießersee« am 27. Dezember 1986 werden sieben Menschen getötet und zwölf verletzt.

Das erste Foto von Rudolf Cordes wurde erst nach einem Jahr – am 4. Januar 1988 – von seinen Entführern einer westlichen Presseagentur zugespielt.

11. 1. 1987: Zum 11. Mal seit 1979 werden die Kurse der im Europäischen Währungssystem verbundenen Währungen verändert.

17. 1. 1987: In Beirut wird der Hoechst-Manager Rudolf Cordes von Mitgliedern der schiitischen »Hisbollah«-Bewegung entführt. In der Nacht zum 21. Januar wird der Siemens-Techniker Alfred Schmidt ebenfalls in Beirut entführt. Damit soll die Freilassung von Mohammed Ali Hamadei erzwungen werden, der an der Entführung eines amerikanischen Flugzeugs und an der Ermordung eines Passagiers beteiligt gewesen sein soll und in der Bundesrepublik inhaftiert ist.

25. 1. 1987: Bei der Wahl zum 11. Deutschen Bundestag erhalten CDU/CSU 44,3 % der Stimmen, SPD 37 %, FDP 9,1 % und die Grünen 8,3 %. CDU/CSU erzielen damit ihr schlechtestes Ergebnis seit 1949.

3.–5. 2. 1987: Der sowjetische Außenminister Schewardnadse zu Gesprächen mit Staatschef Honecker und Außenminister Fischer in Ost-Berlin.

5. 2. 1987: DDR-Spionagechef Markus Wolf scheidet auf eigenen Wunsch aus dem Ministerium für Staatssicherheit aus.

9. 2. 1987: In Hessen zerbricht die rot-grüne Koalition an der Diskussion über das umstrittene Genehmigungsverfahren für die Plutoniumfabrik Alkem (Hanau). Einen Tag später erklärt Ministerpräsident Börner seinen Rücktritt.

15. 2. 1987: Die EG-Kommission veröffentlicht ein Programm zur Reform der Gemeinsamen Agrarpolitik, der Strukturfonds und der Haushaltsregeln (Delors-Paket).

16. 2. 1987: Wegen Steuerhinterziehung verurteilt das Bonner Landgericht Otto Graf Lambsdorff und Hans Friderichs zu 180 000 und 61 500 DM. Eberhard von Brauchitsch erhält eine Haftstrafe von zwei Jahren auf Bewährung sowie eine Geldstrafe von 550 000 DM.

25. 2. 1987: Die bayerische Staatsregierung verabschiedet einen Maßnahmenkatalog zur Bekämpfung von Aids, der unter anderem Aids-Pflichttests für bestimmte Personengruppen vorsieht.

1. 3. 1987: Der Ständige Vertreter der DDR in Bonn, Ewald Moldt, übermittelt Bundeskanzler Kohl die Botschaft Honeckers, Ost-Berlin und Bonn sollten ein gesondertes Abkommen über Mittelstreckenraketen abschließen.

11. 3. 1987: Helmut Kohl wird als Bundeskanzler in seinem Amt für weitere vier Jahre bestätigt.

12. 3. 1987: Der Europäische Gerichtshof erklärt das 471 Jahre alte deutsche Brau-Reinheitsgebot im Rahmen der EG für unzulässig.

17. 3. 1987: Regierungserklärung von Bundeskanzler Kohl.

23. 3. 1987: Nach innerparteilichen Streitigkeiten über den Vorschlag Willy Brandts, die parteilose Griechin Margarita Mathiopoulos zur neuen SPD-Sprecherin zu machen, tritt dieser zurück.

25. 3. 1987: Erstmals nehmen zwei Offiziere der Bundeswehr als Beobachter an einem Manöver der Sowjetunion und DDR teil.

3. 4. 1987: Erneuter Vorschlag Honeckers an Bundeskanzler Kohl für einen atomwaffenfreien Korridor in Mitteleuropa.

Das zweite Kabinett Kohl zusammen mit Bundespräsident Richard von Weizsäcker am 12. März 1987 auf der Treppe der Villa Hammerschmidt.

13. 4. 1987: DDR-Staats- und Parteichef Erich Honecker lehnt die Einladung des Regierenden Bürgermeisters von Berlin-West, Eberhard Diepgen, ab, zur 750-Jahr-Feier von Berlin in den Westteil der Stadt zu kommen. Am 29. 4. sagt Diepgen seine Teilnahme an einen Treffen von Oberbürgermeistern in Ost-Berlin ab.

25. 5. 1987: Stichtag für die Volkszählung. Die Volkszählung verläuft nach offiziellen Angaben trotz vereinzelter Übergriffe auf Zähler und Boykottaufrufe von Volkszählungsgegnern zufriedenstellend.

28. 5. 1987: Der bundesdeutsche Sportpilot Mathias Rust landet auf dem Roten Platz in Moskau. Zwei Tage nach der Landung wird Verteidigungsminister Sergej Sokolow pensioniert und Luftabwehrchef Alexander Koldunow abgesetzt. Am 4. September verurteilt der Oberste Gerichtshof der UdSSR Rust zu vier Jahren allgemeinem Arbeitslager.

4. 6. 1987: In einer Regierungserklärung plädiert Bundeskanzler Kohl für eine doppelte Null-Lösung beim Abbau der Mittelstreckenraketen in Europa.

8./9. 6. 1987: 13. Weltwirtschaftsgipfel in Venedig.

9. 6. 1987: Trotz großen Polizeiaufgebots fordern rund 3000 Menschen in der Straße Unter den Linden in Sprechchören den Abriß der Mauer und Freiheit; auch »Gorbatschow«-Rufe werden laut.

12. 6. 1987: Besuch Ronald Reagans zur 750-Jahr-Feier Berlins; Aufforderung an Gorbatschow, die Mauer niederzureißen.

13.–16. 6. 1987: Besuch des UN-Generalsekretärs Javier Pérez de Cuéllar in Ost-Berlin.

14. 6. 1987: Auf einem Sonderparteitag der SPD wird Willy Brandt zum Ehrenvorsitzenden auf Lebenszeit ernannt, ein Amt, das eigens für ihn geschaffen wurde. Neuer Parteivorsitzender wird Hans-Jochen Vogel.

16. 6. 1987: Die Deutsche Bundesbank beschließt, die private Verwendung des ECU in der Bundesrepublik zuzulassen.

1. 7. 1987: Reduzierung des Devisenumtauschsatzes bei West-Reisen von 75 auf 15 Mark im Verhältnis 1:1 in DM.

4. 7. 1987: In Lyon wird Klaus Barbie, der ehemalige Gestapo-Chef von Lyon, zu lebenslanger Haft verurteilt.

6.–11. 7. 1987: Bundespräsident Richard von Weizsäcker stattet der Sowjetunion einen Staatsbesuch ab.

7. 7. 1987: Fünf Menschen kommen ums Leben, als ein mit 36 000 Liter Benzin beladener Tanklaster wegen überhöhter Geschwindigkeit in Herborn (Hessen) umkippt; das auslaufende Benzin explodiert und setzt neun Häuser in Brand, die teilweise völlig zerstört werden.

Appell zur Beteiligung an der Volkszählung.

Prozeßbeginn in Moskau am 3. September 1987 gegen den Sportflieger Mathias Rust (Mitte). Zu vier Jahren Arbeitslager verurteilt, wird er im August 1988 begnadigt.

In der Innenstadt von Herborn, kurz nachdem am 7. Juli 1987 ein Tankzug in eine Eisdiele gerast und dort explodiert war.

Am 7. September 1987 in Bonn: Generalsekretär Honecker und Bundeskanzler Kohl am Ende der Begrüßungszeremonie.

17. 7. 1987: Aus Anlaß des 38. Jahrestages ihrer Gründung schafft die DDR die Todesstrafe ab.

22. 7. 1987: Der sowjetische Parteichef Gorbatschow bietet eine globale »Doppel-Null-Lösung« zur Abrüstung an.

23. 7. 1987: Bundesarbeitsminister Norbert Blüm tritt in Chile für die Einhaltung der Menschenrechte ein. Über Blüms Auftreten kommt es in der Bundesrepublik zu heftigen Kontroversen zwischen CDU und CSU, zumal Blüm für die Aufnahme der 14 zum Tode verurteilten Chilenen in die Bundesrepublik plädiert.

29. 7. 1987: In Moskau werden die Urteile gegen sechs für die Reaktorkatastrophe in Tschernobyl Verantwortliche verkündet. Die Strafen belaufen sich auf zwei bis zehn Jahre Arbeitslager.

17. 8. 1987: Rudolf Heß, der ehemalige Stellvertreter Hitlers, stirbt im Alter von 93 Jahren im britischen Militärhospital in Berlin.

26. 8. 1987: Bundeskanzler Kohl gibt vor der Presse bekannt, daß er bereit sei, unter bestimmten Bedingungen auf die Pershing-1A-Raketen zu verzichten.
Die Bundesregierung beschließt Erhöhung des Begrüßungsgeldes für DDR-Besucher von bisher zweimal jährlich 30 DM auf einmal 100 DM pro Besucher und Jahr.

27. 8. 1987: SED und SPD veröffentlichen ein gemeinsames Papier, in dem zum ersten Mal versucht wird, die ideologischen Gegensätze zwischen Sozialdemokraten und Kommunisten herauszuarbeiten und gleichzeitig ein Konzept für eine langfristige Zusammenarbeit zu entwerfen.

7. 9. 1987: Der im Libanon verschleppte Alfred Schmidt wird freigelassen.

7.–11. 9. 1987: Zum ersten Mal in der Geschichte der beiden deutschen Staaten besucht mit Erich Honecker ein Staats- und Parteichef der DDR die Bundesrepublik. Es werden Abkommen zum Umwelt- und Strahlenschutz sowie über die Zusammenarbeit in Wissenschaft und Technik vereinbart.

12. 9. 1987: Dem schleswig-holsteinischen Ministerpräsidenten Uwe Barschel (CDU) wird von dem Nachrichtenmagazin »Spiegel« vorgeworfen, den SPD-Spitzenkandidaten für die bevorstehenden Landtagswahlen, Björn Engholm, bespitzeln zu lassen.

16. 9. 1987: 46 Staaten unterzeichnen in Montreal das Internationale Abkommen zum Schutz der Ozon-Schicht.

18. 9. 1987: Mit seinem persönlichen Ehrenwort und eidesstattlichen Erklärungen weist Uwe Barschel öffentlich alle Vorwürfe zurück.

25. 9. 1987: Auf massiven Druck der FDP und der Öffentlichkeit kündigt Barschel seinen Rücktritt an.

11. 10. 1987: Uwe Barschel wird in einem Genfer Hotel tot aufgefunden. Der Obduktionsbericht ergibt, daß Barschel an einer Medikamentenvergiftung gestorben ist.
In Kiel wird ein Untersuchungsausschuß eingerichtet, der sich mit dem gesamten Fall Barschel auseinandersetzt. Die Aussagen Barschels werden schwer erschüttert.

13. 10. 1987: Georg Bednorz und der Schweizer Karl Alexander Müller erhalten den Nobelpreis für Physik.

16. 10. 1987: Der ehemalige Erzbischof von Köln Joseph Kardinal Höffner stirbt im Alter von 80 Jahren.

Erich Honecker (2. von rechts) besucht im September 1987 die Bundesrepublik; hier bei einem Privatbesuch in Wiebelskirchen zusammen mit der Schalmeienkapelle, deren Mitglied er bis 1933 war.

19. 10. 1987: Drastischer Kurssturz an den internationalen Wertpapierbörsen.

2. 11. 1987: Bei einer nicht genehmigten Demonstration am Bauzaun der Startbahn West des Frankfurter Flughafens werden zwei Polizisten erschossen und neun durch Schüsse verletzt.

19. 11. 1987: Ende des Konflikts um die Hafenstraße in Hamburg: Nach Beseitigung aller Barrikaden in und außerhalb der besetzten Häuser verzichtet der Hamburger Senat auf eine polizeiliche Räumung und unterschreibt den Pachtvertrag mit dem Verein Hafenstraße.

24./25. 11. 1987: 2. Konferenz der Umweltminister aus den Nordsee-Anrainerstaaten in London über den ökologischen Zustand der Nordsee.

8.–10. 12. 1987: Beim Gipfeltreffen von US-Präsident Ronald Reagan und dem sowjetischen Parteichef Michail Gorbatschow in Washington kommt es zum Abschluß des Vertrages zur Beseitigung der Mittelstreckenwaffen (INF).

31. 12. 1987: Die Arbeitslosenquote betrug im Jahresdurchschnitt 8,9% in der Bundesrepublik.

1988

5. 1. 1988: In Düsseldorf beginnt der Prozeß gegen Abbas Ali Hamadi. Ihm wird Nötigung der Bundesregierung wegen der Beteiligung an der Entführung von Alfred Schmidt und Rudolf Cordes vorgeworfen.

17. 1. 1988: Bei Demonstrationen zum 69. Jahrestag der Ermordung von Rosa Luxemburg und Karl Liebknecht verhaftet der DDR-Staatssicherheitsdienst rund 120 Menschen, davon werden 54 zur Ausreise in die Bundesrepublik genötigt.

3. 2. 1988: Der Untersuchungsausschuß zur Aufklärung der Barschelaffäre legt seinen Abschlußbericht vor, in dem dem verstorbenen Ministerpräsidenten Machtmißbrauch vorgeworfen wird.

11. 2. 1988: Der Regierende Bürgermeister von West-Berlin, Eberhard Diepgen, trifft Honecker zu Gesprächen in Ost-Berlin. Ankündigungen von Verbesserungen im Reise- und Besuchsverkehr.

15.–19. 2. 1988: »Deklaration über den Schutz der Meeresumwelt des Ostseegebietes« durch die Konferenz der Umweltminister der sieben Ostsee-Anrainerstaaten in Helsinki.

Trauerfeier für die bei Unruhen an der Frankfurter Startbahn West ermordeten zwei Polizisten: Anita Eichhoefer (Mitte), Witwe des ermordeten Polizeibeamten Klaus Eichhoefer, mit ihrem Sohn Sven (links) und Bundespräsident Richard von Weizsäcker.

Beginn des EG-Gipfels in Brüssel am 11. 2. 1988. Hier Bundeskanzler Kohl und Außenminister Genscher bei der Eröffnung.

Staatsakt für den am 9. März 1988 verstorbenen ehemaligen Bundeskanzler Kurt Georg Kiesinger.

Seehundjäger Detlef Dethlefs beim Bergen einer toten Robbe auf Sylt.

24. 2. 1988: Ruhrgebietskonferenz in Bonn mit Vertretern des Bundes, der Landesregierung und des Landtages von Nordrhein-Westfalen sowie Vorsitzenden von Gewerkschafts- und Wirtschaftsverbänden über Strukturmaßnahmen für das von der Stahl- und Kohlekrise betroffene Ruhrgebiet.

25. 2. 1988: Die Gruppe der sowjetischen Streitkräfte in der DDR beginnt in Bischofswalde mit dem Abzug von Mittelstreckenraketen.

1. 3. 1988: Einwohner von West-Berlin können künftig bei Tagesreisen nach Ost-Berlin dort einmal übernachten.

3. 3. 1988: Erstmals nach zehn Jahren kommt es zu einem Spitzentreffen von Staat und Evangelischer Kirche in der DDR.

9. 3. 1988: Der frühere Bundeskanzler Kurt Georg Kiesinger stirbt in Tübingen im Alter von 83 Jahren.

22. 3. 1988: Die Bonner Koalition verabschiedet das Steuerreformpaket.

26. 3. 1988: Andauernder heftiger Regen und die Schneeschmelze führen in der Bundesrepublik zu einer Hochwasserkatastrophe.

31. 3. 1988: Berlin-West und die DDR vereinbaren den bisher umfangreichsten Gebietsaustausch.

14. 4. 1988: Nach fast sechsjährigen Verhandlungen unterzeichnen die Außenminister der USA, der Sowjetunion, Pakistans und Afghanistans in Genf das Abkommen zur Lösung des Afghanistan-Konflikts. Es sieht den vollständigen Abzug der sowjetischen Soldaten und die Rückkehr der rund fünf Millionen Flüchtlinge in ihre Heimat vor.

19. 4. 1988: Abbas Hamadi wird zu 13 Jahren Freiheitsstrafe verurteilt.

20. 4. 1988: Als erste Partei gründet die CDU eine Senioren-Union. Vorsitzender wird der bisherige Seniorenbeauftragte Gerhard Braun.

Mai 1988: Aufgrund von Viren, die eine Lungenentzündung hervorrufen, kommt es an den Küsten der Nord- und Ostsee zu einem anhaltenden großen Robbensterben.

3. 5. 1988: Nach mehr als fünfmonatigen Auseinandersetzungen wird der Konflikt um die Stillegung des Krupp-Stahlwerks Rheinhausen beigelegt.

8. 5. 1988: François Mitterrand wird für eine zweite Amtszeit von sieben Jahren zum Präsidenten von Frankreich gewählt.

15. 5. 1988: Die Sowjetunion leitet den Rückzug ihrer Soldaten aus Afghanistan ein.

18. 5. 1988: Der Berliner Senator für Bundesangelegenheiten, Rupert Scholz, wird neuer Bundesverteidigungsminister. Sein Vorgänger Manfred Wörner übernimmt zum 1. Juli das Amt des Generalsekretärs der NATO.

19. 5. 1988: Der FDP-Vorsitzende und Bundeswirtschaftsminister Martin Bangemann kündigt seine Kandidatur für das Amt des Präsidenten der EG-Kommission an.

25. 5. 1988: Der Deutsche Fußball-Bund entscheidet sich trotz heftiger Proteste, die Rechte zur Übertragung von Bundesliga-Spielen im Fernsehen für die nächsten drei Jahre erstmals an einen privaten Anbieter, die Ufa Film- und Fernseh-GmbH, zu verkaufen.

29. 5.–2. 6. 1988: Viertes Gipfeltreffen zwischen Ronald Reagan und Michail Gorbatschow in Moskau. Höhepunkt ist der Austausch der Ratifizierungsurkunden zum INF-Vertrag am 1. Juni.

US-Präsident Ronald Reagan und Michail Gorbatschow am 31. Mai 1988 auf dem Roten Platz in Moskau am Rande des vierten Gipfeltreffens.

Der alte und der neue Bundesminister der Verteidigung: Manfred Wörner (rechts) zusammen mit seinem Nachfolger Rupert Scholz.

In einem Gespräch mit dem Vorsitzenden des Zentralrats der Juden in Deutschland, Heinz Galinski, erklärt Honecker die grundsätzliche Bereitschaft der DDR, Entschädigungen für die am jüdischen Volk begangenen Verbrechen zu zahlen.

1. 6. 1988: Bei einem schweren Grubenunglück in der nordhessischen Stadt Borken kommen 50 Bergleute ums Leben.

6. 6. 1988: Bundesaußenminister Genscher hält im Namen der EG-Staaten vor der UNO-Sonderkommission eine Rede zur Abrüstung.

10. 6. 1988: Der Deutsche Bundestag debattiert über die Belastung der Nord- und Ostsee infolge der Einleitung von Schadstoffen aus Industrie, Landwirtschaft und Privathaushalten.

19.–21. 6. 1988: 14. Weltwirtschaftsgipfel in Toronto.

23. 6. 1988: Verabschiedung des Steuerreformgesetzes durch den Bundestag. Heftige Auseinandersetzungen um die Befreiung des Flugbenzins für Privatflieger von der Mineralölsteuer.

25. 6. 1988: Vertreter der Europäischen Gemeinschaft und des Rates für gegenseitige Wirtschaftshilfe (RGW) unterzeichnen eine gemeinsame Erklärung zur Aufnahme offizieller Beziehungen.

27./28. 6.1988: Auf dem EG-Gipfeltreffen in Hannover beschließen die Staats- und Regierungschefs die Einsetzung einer Expertengruppe, die sich um konkrete Schritte in Richtung auf eine Wirtschafts- und Währungsunion bemühen soll.

30. 6. 1988: Der traditionalistische Erzbischof Marcel Lefebvre weiht vier eigene Bischöfe, was für den Vatikan einen endgültigen Bruch mit der katholischen Kirche in Rom und damit ein Schisma (Kirchenspaltung) bedeutet.

2. 7. 1988: Steffi Graf gewinnt das Tennisturnier von Wimbledon.

3. 7. 1988: Die US-Fregatte Vincennes schießt über der Straße von Hormus am Persischen Golf einen iranischen Airbus mit 298 Menschen an Bord ab. Die Besatzung der Vincennes gibt an, sie habe den Airbus für einen angreifenden F-14 Jagdbomber gehalten.

7. 7. 1988: Mit einer Serie von Explosionen auf der Ölplattform Piper Alpha, die fast 170 Menschen das Leben kostet, ereignet sich das bisher schwerste Unglück auf einer Ölplattform in der Nordsee.

8. 7. 1988: Der Bundesrat stimmt gegen die Stimmen der SPD-regierten Länder der Steuerreform zu.

18. 7. 1988: Der Iran stimmt der Resolution 598 des UN-Sicherheitsrates zu, die zur Beendigung des Golfkrieges mit dem Irak führen soll. Am 8. 8. einigen sich beide Staaten auf einen Waffenstillstand.

26. 7. 1988: In Potsdam treffen 40 Beobachter aus 20 KSZE-Staaten ein, um die gemeinsame Truppenübung von sowjetischen Streitkräften in Deutschland und der NVA zu beobachten.

3. 8. 1988: Der Oberste Sowjet begnadigt den Sportflieger Mathias Rust und weist ihn aus der Sowjetunion aus.

Steffi Graf bezwingt am 2. Juli 1988 die achtmalige Wimbledonsiegerin Martina Navratilova.

Bundesfinanzminister Gerhard Stoltenberg bei der Debatte um die Steuerreform am 8. Juli 1988 vor dem Bundesrat.

Am 18. August 1988 findet das Geiseldrama von Gladbeck vor laufenden Kameras ein blutiges Ende.

Entzünden des Olympischen Feuers im Stadion des südkoreanischen Seoul am 17. September 1988. 160 Nationen und etwa 12000 Sportler und Funktionäre nehmen an den 24. Spielen teil.

9. 8. 1988: DDR-Verteidigungsminister Heinz Kessler regt in einem Zeitungsartikel Gespräche zwischen den Verteidigungsministerien und Militärexperten der beiden deutschen Saaten an.

10. 8. 1988: Mit der Beschlagnahmung von 29 000 Kälbern bei Großmästern in Nordrhein-Westfalen wird der bisher größte Hormonskandal in der Bundesrepublik bekannt.

15. 8. 1988: DDR nimmt diplomatische Beziehungen mit der EG auf.

16.–18. 8. 1988: Ein grausames Geiseldrama hält die Republik in Atem: Zwei Gangster überfallen eine Bank in Gladbeck, erbeuten 420 000 DM und fliehen mit zwei Geiseln nach Bremen. Dort kapern sie einen voll besetzten Linienbus und erschießen auf einer Raststelle einen 15jährigen Insassen. Bei der Verfolgungsjagd in Bremen stirbt ein Polizist. Am 18. 9. überrascht die Polizei die Verbrecher, die zu diesem Zeitpunkt noch zwei Geiseln in ihrem Gewahrsam haben, auf der Autobahn bei Siegburg und beendet die Geiselnahme in einer blutigen Schießerei, bei der eine 18jährige Geisel ums Leben kommt. Der Polizei werden schwere Vorwürfe gemacht.

18. 8. 1988: Der amerikanische Vizepräsident George Bush wird offiziell zum Präsidentschaftskandidaten der Republikanischen Partei nominiert.

28. 8. 1988: Bei einer Flugschau auf dem amerikanischen Luftwaffenstützpunkt Ramstein in der Pfalz kommen durch den Absturz dreier Flugzeuge 70 Menschen ums Leben. Mehr als 300 Zuschauer werden verletzt. Das Unglück löst heftige politische Diskussionen über die Durchführung derartiger Veranstaltungen aus.

30. 8.–2. 9. 1988: Auf ihrem Parteitag in Münster nimmt die SPD mit einer überraschend großen Mehrheit von 87% die zuvor heftig umstrittene Frauenquote an. Bis 1998 sollen etappenweise 40% aller Mandate und Ämter an Frauen vergeben werden.

14. 9. 1988: Die Bundesrepublik und die DDR unterzeichnen eine Vereinbarung über Neuregelungen im Transitverkehr.

15./16. 9. 1988: Besuch von Bundeskanzler Kohl, Außenminister Genscher und Verteidigungsminister Scholz in Moskau.

20. 9. 1988: Die RAF verübt auf den Staatssekretär im Bundesfinanzministerium, Hans Tietmeyer, einen Terroranschlag, bei dem dieser aber unverletzt bleibt.

17. 9.–2. 10. 1988: Bei den olympischen Sommerspielen in Seoul erreicht die Bundesrepublik mit 60 Medaillen das Rekordergebnis der Spiele in München 1972.

27.–29. 9. 1988: Honecker erklärt nach Gesprächen mit Michail Gorbatschow in Moskau die »Unterstützung für den Kurs der Erneuerung der sowjetischen Gesellschaft«.

1. 10. 1988: Der Generalsekretär der KPdSU, Michail Gorbatschow, wird zum Vorsitzenden des Obersten Sowjets gewählt.

3. 10. 1988: Der CSU-Vorsitzende und bayerische Ministerpräsident Franz Josef Strauß stirbt an einem Herz-Kreislauf-Versagen. Der bisherige Finanzminister Max Streibl wird neuer bayerischer Ministerpräsident, Theo Waigel Parteivorsitzender.

8. 10. 1988: Die FDP wählt den früheren Bundeswirtschaftsminister Otto Graf Lambsdorff auf ihrem Parteitag in Wiesbaden zum neuen Parteivorsitzenden. Die bei der Abstimmung unterlegene Staatsministerin im Auswärtigen Amt, Irmgard Adam-Schwaetzer, wird seine Stellvertreterin.

16.–18. 10. 1988: Besuch des Vorsitzenden des Jüdischen Weltkongresses, Edgar Bronfman, in der DDR. Er gibt bekannt, daß sich die DDR zu einer symbolischen Entschädigungszahlung für die noch lebenden NS-Opfer bereiterklärt habe.

28./29. 10. 1988: Die Außenminister der Warschauer-Pakt-Staaten schlagen auf einer Tagung in Budapest weitere Abrüstungsmaßnahmen vor.

8. 11. 1988: George Bush wird zum 41. Präsidenten der Vereinigten Staaten von Amerika gewählt. Die Amtseinführung erfolgt am 20. Januar 1989.

9./10. 11. 1988: Kanzleramtsminister Schäuble zu Gesprächen über die deutsch-deutschen Beziehungen mit Erich Honecker und Außenminister Fischer in Ost-Berlin.

11. 11. 1988: Bundestagspräsident Philipp Jenninger (CDU) tritt aufgrund der Kritik an seiner Rede bei der Gedenkstunde des Bundestages zum 50. Jahrestag der Reichspogromnacht zurück. Die bisherige Familienministerin Rita Süssmuth wird am 25. 11. zur neuen Bundestagspräsidentin gewählt. Ursula Maria Lehr wird am 9. 12. als Bundesministerin für Jugend, Familie, Frauen und Gesundheit vereidigt.

Der rheinland-pfälzische Ministerpräsident Bernhard Vogel kündigt seinen Rücktritt zum 2. Dezember 1988 an. Er zieht damit die Konsequenz aus seiner Niederlage gegen den bisherigen Umweltminister Hans-Otto Wilhelm beim Kampf um den CDU-Landesvorsitz.

15. 11. 1988: Der Palästinensische Nationalrat proklamiert einen unabhängigen Staat Palästina auf dem Gebiet des Westjordanlandes und des Gazastreifens mit Ost-Jerusalem als Hauptstadt.

20.–24. 11. 1988: Erster Besuch einer offiziellen Delegation des Europäischen Parlaments bei der Volkskammer der DDR.

25. 11. 1988: Der Bundestag verabschiedet die umstrittene Gesundheitsreform, die den gesetzlichen Krankenversicherungen jährlich Einsparungen von 14 Milliarden DM bringen soll.

1. September 1988: Nach der Abrüstungsvereinbarung der USA mit der Sowjetunion werden die ersten der in der Bundesrepublik stationierten Pershing II-Raketen abgezogen.

Moskau, 24. Oktober 1988: Staats- und Parteichef Michail Gorbatschow begrüßt Bundeskanzler Helmut Kohl zu Beginn seines Moskau-Besuches.

Den Deutschen Hartmut Michel, Robert Huber und Johann Deisenhofer (von links nach rechts) wurde am 19. November der Nobelpreis für Chemie zuerkannt und am 10. Dezember 1988 in Stockholm verliehen.

30. 11. 1988: Der rheinland-pfälzische Ministerpräsident Bernhard Vogel begnadigt das frühere RAF-Mitglied Manfred Grashof.

1. 12. 1988: Benazir Bhutto, die Wahlsiegerin der pakistanischen Parlamentswahlen vom 16. 11., wird zur neuen Ministerpräsidentin Pakistans ernannt und ist damit die erste Frau an der Spitze eines islamischen Staates.

Am 9. Dezember 1988 wird die Heidelberger Gerontologie-Professorin Ursula Maria Lehr (links) als Nachfolgerin der bisherigen Familienministerin und jetzigen Bundestagspräsidentin Rita Süssmuth (CDU) vereidigt.

Teil des Flugzeugrumpfes der im Dezember 1988 bei Lockerbie in Schottland nach einer Bombenexplosion abgestürzten Maschine. 270 Menschen kamen dabei ums Leben.

Vermißtensuche, hier in Leninakan: Zehntausende Opfer und eine Vielzahl fast oder völlig zerstörter Dörfer und Städte fordert das schwere Erdbeben in Armenien. Weltweite Solidarität und Hilfe mindern die Not der Überlebenden.

7. 12. 1988: Ein verheerendes Erdbeben in Armenien fordert mindestens 25 000 Todesopfer. Erstmals seit dem Zweiten Weltkrieg nimmt die Sowjetunion umfangreiche Hilfe von etwa 40 Ländern an.

8. 12. 1988: Bei dem Absturz eines amerikanischen Kampfflugzeuges in der Innenstadt von Remscheid werden fünf Menschen getötet und etwa 50 verletzt. Die Reduzierung von Tiefflügen im Luftraum der Bundesrepublik wird daraufhin von Politikern aller Parteien gefordert.

10. 12. 1988: Den Friedenstruppen der Vereinten Nationen (UNO) wird der Friedensnobelpreis verliehen.

15. 12. 1988: Die amerikanische Nahostpolitik nimmt eine Wende: Erstmals zeigen die USA gegenüber der PLO Dialogbereitschaft.

20. 12. 1988: Der Berliner Kardinal Joachim Meisner wird neuer Erzbischof von Köln.

21. 12. 1988: Auf dem Flug von London nach New York stürzt in Lockerbie, im Südwesten Schottlands, ein Jumbo der amerikanischen Fluggesellschaft PanAm ab und reißt 281 Menschen in den Tod. Als Unglücksursache wird eine Bombenexplosion ermittelt.

31. 12. 1988: Die Arbeitslosenquote betrug im Jahresdurchschnitt 8,7% in der Bundesrepublik.

1989

1. 1. 1989: Die Gesetze zur Gesundheitsreform und zur Quellensteuer, die in den vergangenen Monaten für heftige Diskussionen sorgten, treten in Kraft.

7. 1. 1989: Im Alter von 87 Jahren stirbt nach 62jähriger Herrschaft der japanische Kaiser Hirohito.

11. 1. 1989: 20 ausreisewillige DDR-Bürger verlassen die Ständige Vertretung Bonns in Ost-Berlin, in der sie sich seit Anfang des Jahres befanden. Zuvor waren ihnen Straffreiheit und die Überprüfung ihrer Ausreiseanträge zugesichert worden.

15. 1. 1989: Die Teilnehmer des dritten KSZE-Folgetreffens sprechen sich in ihrem Schlußdokument für konventionelle Abrüstung in Europa und die Beachtung der Menschenrechte aus.

18. 1. 1989: Mehrere tausend Studenten demonstrieren in verschiedenen Städten der Bundesrepublik gegen die schlechten Studienbedingungen und die Wohnungsnot. Bildungsminister Möllemann kündigt Aufstockung der Finanzmittel an.

20. 1. 1989: George Bush tritt die Nachfolge von Ronald Reagan als 41. Präsident der USA an.

23. 1. 1989: DDR-Staats- und Parteichef Erich Honecker kündigt anläßlich des Besuches des schwedischen Ministerpräsidenten Ingvar Carlsson einseitige Abrüstungsschritte an.

27. 1. 1989: Das niederländische Parlament entläßt nach heftigen Diskussionen die letzten beiden deutschen Kriegsverbrecher Ferdinand Aus der Fünten und Franz Fischer aus dem Bredaer Gefängnis.

29. 1. 1989: Bei den Wahlen zum Berliner Abgeordnetenhaus verliert die CDU/FDP-Koalition ihre Mehrheit, da die CDU nur 37,8% (1985: 46,4%) erreicht und die FDP mit 3,9% (1985: 8,5%) an der Fünfprozent-Klausel scheitert. Walter Momper (SPD, 37,3%) wird am 16. 3. Regierender Bürgermeister eines rot-grünen Senates. Die Alternative Liste (AL) erhält 11,8%. Die rechtsgerichteten Republikaner ziehen erstmals mit 7,5% in das Abgeordnetenhaus ein.

1. 2.–12. 5. 1989: Am 1. Februar treten 28 Gefangene der Rote Armee Fraktion (RAF) in der gesamten Bundesrepublik in Hungerstreik, um die Zusammenlegung aller RAF-Gefangenen zu erzwingen. Die letzten Gefangenen nehmen erst am 12. Mai wieder Nahrung zu sich.

2. 2. 1989: Franz Bertele wird neuer Leiter der Ständigen Vertretung Bonns in Ost-Berlin.
Die zwischen 19 Teilnehmerstaaten aus NATO und Warschauer Pakt geführten Verhandlungen über den Truppenabbau in Mitteleuropa enden nach 15jähriger Dauer ergebnislos.

6. 2. 1989: Ein 20jähriger Schlosser wird bei seinem Versuch, nach Berlin-West zu flüchten, an der Mauer von DDR-Grenzsoldaten erschossen.

9. 2. 1989: Die rechtsextreme »Nationale Sammlung« des Michael Kühnen wird vom Bundesinnenministerium wegen verfassungsfeindlicher Ziele verboten.

14. 2. 1989: Als erstes Bundesland beschließt Schleswig-Holstein das kommunale Wahlrecht für Ausländer. Einen Tag später schließt sich Hamburg an. Dagegen will Bundesinnenminister Friedrich Zimmermann beim Bundesverfassungsgericht Klage einreichen. Ayatollah Khomeini ruft alle Moslems zur Ermordung des britisch-indischen Schriftstellers Salman Rushdie wegen seines Romans »Die Satanischen Verse« auf.

15. 2. 1989: Die Sowjetunion zieht ihre letzten Truppen aus Afghanistan ab.

16. 2. 1989: Vier ausreisewillige DDR-Bürger dringen mit ihrem Wagen in die Bonner Vertretung in Ost-Berlin ein. Dabei wird ein Volkspolizist verletzt.

24. 2. 1989: Hamburgs Erster Bürgermeister Henning Voscherau (SPD) spricht mit Erich Honecker über die Elb-Verschmutzung und die Einbeziehung Hamburgs in den kleinen Grenzverkehr.
Die Ungarische Sozialistische Arbeiterpartei verzichtet auf ihren in der Verfassung verankerten Führungsanspruch.

1. 3. 1989: Das ehemalige RAF-Mitglied Manfred Grashof wird nach der Begnadigung durch Ministerpräsident Bernhard Vogel vorzeitig aus der Haft entlassen.

1. 3.–10. 3. 1989: Arbeitsniederlegungen in der Druckindustrie; viele Zeitungen erscheinen nur mit Notausgaben.

3. 3. 1989: Die DDR-Volkskammer verabschiedet für die ständig in der DDR lebenden Ausländer das kommunale Wahlrechtsgesetz.

6. 3. 1989: Vertrag über die Städtepartnerschaft zwischen Bonn und Potsdam.

8. 3. 1989: Bundespräsident Richard von Weizsäcker begnadigt die ehemalige RAF-Angehörige Angelika Speitel zum 30. Juni 1990.

11.–13. 3. 1989: Bundeswirtschaftsminister Helmut Haussmann und Bundesbauminister Oscar Schneider sagen ihren geplanten Besuch bei der Leipziger Frühjahrsmesse aus Protest gegen die von DDR-Grenzsoldaten zwei Tage zuvor auf flüchtende Bürger abgegebenen Schüsse ab.
In Leipzig demonstrieren 600 Ausreisewillige.

16. 3. 1989: Die DDR lädt Bundesumweltminister Töpfer wegen der Absagen der Minister Haussmann und Schneider zur Leipziger Messe wieder aus.

Der Regierende Bürgermeister von Berlin, Walter Momper, stellt am 21. März 1989 den neuen SPD/AL-Senat vor, dem acht Frauen angehören.

23. 3. 1989: Bei albanischen Protesten gegen eine Verfassungsreform zur Einschränkung der Autonomie des Kosovo werden bis zum 30. 3. 29 Menschen getötet. Der jugoslawische Vielvölkerstaat befindet sich am Rande eines Bürgerkriegs.

24. 3. 1989: Im Prinz-William-Sund vor der Südküste Alaskas läuft der mit 206 000 Tonnen Rohöl beladene Tanker »Exxon Valdez« auf ein Riff und schlägt leck. Es kommt zur bis dahin größten Ölpest in der amerikanischen Geschichte.

26. 3. 1989: Bei den Wahlen zum sowjetischen Volksdeputiertenkongreß können sich die Bürger erstmals zwischen mehreren Kandidaten entscheiden. Die Befürworter der Perestroika finden breite Zustimmung.

28./29. 3. 1989: Hohe Offiziere der Bundeswehr und der NVA treffen sich in Hamburg zu einem Meinungsaustausch.

7. 4. 1989: 42 Matrosen sterben, als ein sowjetisches Atom-U-Boot vor der norwegischen Küste in Brand gerät und sinkt. Befürchtungen, daß radioaktive Strahlung austrat, bestätigen sich aber nicht.

8. 4. 1989: In der georgischen Hauptstadt Tiflis treten nationalistische Unruhen auf. Demonstranten fordern den Austritt Georgiens aus der UdSSR.

9. 4. 1989: Inspekteure aus der Bundesrepublik inspizieren die NVA-Truppenübung »Zyklus 89«.

13. 4. 1989: Bundeskanzler Kohl kündigt eine Kabinettsumbildung an: Neuer Finanzminister wird Theo Waigel (CSU), der Gerhard Stoltenberg (CDU), seinerseits Nachfolger von Rupert Scholz (CDU) als Verteidigungsminister, ablöst. Friedrich Zimmermann (CSU) wechselt vom Innenministerium, das der bisherige Kanzleramtsminister Wolfgang Schäuble (CDU) übernimmt, ins Verkehrsministerium. Neuer Regierungssprecher wird Hans Klein (CSU).

14. 4. 1989: Der SPD-Vorstand beschließt die endgültige Einstellung des Parteiblattes »Vorwärts«.

15. 4. 1989: Im Sheffielder Fußballstadion ereignet sich die größte Katastrophe in der europäischen Sportgeschichte. Als etwa 4000 zu spät kommende Fans in das bereits überfüllte Stadion drängen, werden 94 Menschen erdrückt oder zu Tode getreten.
In China beginnt die größte Demonstrationswelle seit mehr als zehn Jahren. Tausende von Studenten gehen für mehr Demokratie und Freiheit auf die Straße.

17. 4. 1989: Die polnische Gewerkschaft Solidarität wird nach jahrelanger Untergrundarbeit legalisiert.

20. 4. 1989: Das Bundeskartellamt untersagt die Fusion von Daimler-Benz und Messerschmitt-Bölkow-Blohm (MBB).

21. 4. 1989: Der Bundestag verabschiedet gegen die Stimmen der Opposition ein schärferes Demonstrationsstrafrecht und die befristete Einführung einer Kronzeugenregelung.

2. 5. 1989: Ungarn beginnt mit dem Abbau der Grenzbefestigungen zu Österreich.

5. 5. 1989: Der Memminger Frauenarzt Horst Theissen wird wegen illegaler Abtreibung zu zweieinhalb Jahren Gefängnis und dreijährigem Berufsverbot verurteilt.
In Wien beginnt die 2. Verhandlungsrunde der Mitgliedstaaten von NATO und Warschauer Pakt über konventionelle Streitkräfte in Europa (VKSE).

13. 5. 1989: Auf dem Platz des Himmlischen Friedens in Peking beginnen mehrere tausend Studenten einen Hungerstreik.

Am 24. März läuft der Tanker »Exxon Valdez« auf ein Riff im Prinz-William-Sund vor Alaska. 40 000 Tonnen Öl verursachen eine Umweltkatastrophe.

Begleitet von Protestkundgebungen wird am 5. Mai 1989 der Memminger Frauenarzt Horst Theissen wegen »illegaler Abtreibungen« zu zweieinhalb Jahren Gefängnis und einem dreijährigen Berufsverbot verurteilt.

15. 5. 1989: Nach dreißig Jahren findet zum ersten Mal wieder ein Gipfeltreffen zwischen der Sowjetunion und China statt. Michail Gorbatschows Besuch in Peking wird allerdings von Studentendemonstrationen begleitet, die die Übernahme der Perestroika fordern.

17. 5. 1989: Das Frankfurter Landgericht verurteilt nach zehnmonatigem Prozeß den Libanesen Mohammed Ali Hamadi wegen Geiselnahme bei einer Flugzeugentführung und Mordes zu lebenslanger Freiheitsstrafe.
Bei Kommunalwahlen in der DDR erreicht nach amtlichen Angaben die Zustimmung zu der Liste der Nationalen Front, dem Zusammenschluß der fünf Parteien (SED, CDU, LDPD, NDPD, DBD), der Massenorganisationen und Verbände 98,85%. Opposition und Kirche in der DDR sprechen von Wahlfälschung.

23. 5. 1989: Bundespräsident Richard von Weizsäcker wird mit 86,2% der Stimmen wiedergewählt.

25. 5. 1989: Der sowjetische Parteichef Michail Gorbatschow wird vom neugeschaffenen Kongreß der Volksdeputierten zum neuen, mit besonderen Vollmachten ausgestatteten Staatspräsidenten gewählt.

26. 5. 1989: Ein Ostberliner landet nach spektakulärer Flucht in einem Ultraleichtflugzeug vor dem Reichstagsgebäude in Berlin-West.

30. 5. 1989: Die Berliner Philharmoniker spielen unter der Leitung des amerikanischen Dirigenten James Levine erstmals seit dem Bau der Mauer 1961 in Ost-Berlin.

30.–31. 5. 1989: Besuch des amerikanischen Präsidenten George Bush in der Bundesrepublik.

3. 6. 1989: Ayatollah Ruhollah Khomeini stirbt 89jährig in Teheran. Seine Beisetzung wird von massenhysterischen Szenen begleitet, bei denen sechs Menschen getötet werden. Neuer iranischer Staatspräsident wird Ali Akbar Haschemi Rafsandschani.
Im Ural explodiert eine Flüssiggasleitung. Zwei Personenzüge werden völlig zerstört, 600 Menschen finden den Tod.
In der sowjetischen Republik Usbekistan kommt es zu blutigen Unruhen gegen die türkischstämmigen Meschtscheren. Mehr als 80 Menschen kommen ums Leben.

4. 6. 1989: Das chinesische Militär richtet auf dem Platz des Himmlischen Friedens ein blutiges Massaker unter den seit Wochen protestierenden Studenten an. Die Angaben über die Zahl der Toten schwanken zwischen 2500 und 7000. Nach einer großen Verhaftungswelle kehrt China zu seinen früheren autoritären Strukturen zurück und unterdrückt von da an jegliche Demokratiebewegung mit brutaler Gewalt.
Zum ersten Mal finden in Polen Wahlen zum Abgeordnetenhaus, dem Sejm, unter Beteiligung der Opposition statt. Die amtierende Regierung erleidet eine schwere Niederlage. Die »Solidarität« erhält 99 der 100 Senatssitze.

7. 6. 1989: In Ost-Berlin löst der Staatssicherheitsdienst eine Demonstration gegen die Fälschung der Kommunalwahlergebnisse vom 7. Mai auf.

8. 6. 1989: Die DDR-Volkskammer zeigt in einer einstimmig angenommenen Erklärung Verständnis für die Maßnahmen der Partei- und Staatsführung der VR China zur »Wiederherstellung von Ordnung und Sicherheit unter Einsatz bewaffneter Kräfte«, also Niederschlagung der Demokratiebewegung.

Der in Teheran aufgebahrte Sarg des am 4. Juni 1989 verstorbenen Ayatollah Ruhollah Khomeini. Bei der Beerdigung kommt es zu emotionalen Ausbrüchen der trauernden Massen.

Das sowjetische Kreuzfahrtschiff »Maxim Gorkij« nach einer Kollision mit dem Packeis vor der Küste von Svalbard (Norwegen). Alle 600 Passagiere können das Schiff rechtzeitig verlassen.

Tausende von Moskauer Bürgern nehmen von dem am 2. Juli 1989 verstorbenen langjährigen Außenminister und ehemaligen Staatschef der UdSSR, Andrej Gromyko, Abschied.

In der ersten Sitzung des polnischen Parlaments seit Verhängung des Kriegsrechts am 13. Dezember 1981 stellt Wojciech Jaruzelski die schrittweise Aufhebung des Kriegsrechts in Aussicht.

12.–15. 6. 1989: Michail Gorbatschow wird bei seinem Staatsbesuch in Bonn von der Bevölkerung mit großem Jubel empfangen. Zum Abschluß seines Besuches erklärt Gorbatschow auf einer Pressekonferenz: »Die (Berliner) Mauer kann wieder verschwinden, wenn die Voraussetzungen entfallen, die sie hervorgebracht haben.«

16. 6. 1989: Der Bundestag hebt das zu Jahresbeginn in Kraft getretene Gesetz zur Quellensteuer zum 30. 6. wieder auf.

18. 6. 1989: Bei den dritten Wahlen zum Europaparlament können die Sozialisten Gewinne erzielen, während die christdemokratischen und konservativen Gruppierungen Verluste hinnehmen müssen. Erstmals ziehen die Republikaner mit 7,1% der Stimmen in das Parlament ein.

19. 6. 1989: Vor Spitzbergen kollidiert das sowjetische Kreuzfahrtschiff »Maxim Gorki« mit einem Eisberg. Die fast tausend Passagiere und Besatzungsmitglieder können in einer groß angelegten Hilfsaktion gerettet werden.

2. 7. 1989: Der langjährige ehemalige sowjetische Außenminister und Staatspräsident Andrej A. Gromyko stirbt 79jährig in Moskau.

6. 7. 1989: Die Umweltminister Töpfer und Reichelt unterzeichnen eine Umweltvereinbarung zur Säuberung der Elbe und zur Verringerung der Luftverschmutzung in der DDR.
Der ehemalige Chef der ungarischen Kommunistischen Partei, János Kádár, stirbt im Alter von 77 Jahren.

7. 7. 1989: Michail Gorbatschow gesteht in Bukarest, auf der ersten Ostblock-Gipfelkonferenz seit 1968, jedem sozialistischen Staat seine eigene Entwicklung zu.

9. 7. 1989: Deutscher Doppelerfolg in Wimbledon: Steffi Graf und Boris Becker gewinnen das bedeutendste Tennisturnier der Welt.

10. 7. 1989: Der bis Ende des Monats andauernde Massenstreik im sowjetischen Bergbau bedroht den Perestroika-Prozeß in der Sowjetunion.

12. 7. 1989: Die »Grauen Panther« gründen eine eigene Partei »Die Grauen«. Vorsitzende wird Trude Unruh.

14. 7. 1989: Gleichzeitig mit den Feierlichkeiten zum 200. Jahrestag der französischen Revolution findet in Paris der Weltwirtschaftsgipfel statt.

16. 7. 1989: Der Dirigent und ehemalige Leiter der Berliner Philharmoniker, Herbert von Karajan, stirbt im Alter von 81 Jahren bei Salzburg.

17. 7. 1989: Österreich beantragt formell seine Aufnahme in die EG.

19. 7. 1989: Der KP-Chef General Wojciech Jaruzelski wird zum polnischen Staatspräsidenten gewählt.

27. 7. 1989: Die drei baltischen Sowjetrepubliken Estland, Lettland und Litauen erhalten ab 1990 nach Beschluß des Obersten Sowjets weitgehende wirtschaftliche Autonomie.

1. 8. 1989: Die Blätter des Axel Springer Verlages verzichten von nun an auf die Anführungszeichen bei der Erwähnung der DDR.

4. 8. 1989: In Bonn wird inoffiziell mitgeteilt, rund 130 DDR-Bürger hielten sich in der Botschaft der Bundesrepublik Deutschland in Budapest auf, um ihre Ausreise zu erzwingen.

8. 8. 1989: Die Ständige Vertretung der Bundesrepublik in Ost-Berlin wird für den Besucherverkehr geschlossen, da sich 131 DDR-Bürger dort aufhalten, um ihre Ausreise zu erzwingen.

10./11. 8. 1989: Die Lufthansa und die DDR-Gesellschaft Interflug eröffnen den innerdeutschen Luftverkehr mit der Verbindung Frankfurt a. M.–Leipzig bzw. Leipzig–Düsseldorf.

13. 8. 1989: Auch die Bonner Botschaft in Budapest muß wegen Überfüllung schließen. Von dort wollen rund 180 DDR-Bürger ausreisen. Immer mehr Ostdeutsche nutzen die »grüne Grenze« zwischen Österreich und Ungarn zur Flucht in den Westen.

19. 8. 1989: 661 DDR-Bürger flüchten anläßlich des »Paneuropäischen Picknicks« von Ungarn in den Westen.

21. 8. 1989: Beim Versuch, die ungarisch-österreichische Grenze zu überqueren, wird ein DDR-Bürger von ungarischen Grenzsoldaten erschossen. Nach behördlichen Angaben handelte es sich um einen Unfall.
Zum 21. Jahrestag der Niederschlagung des »Prager Frühlings« kommt es in Prag zu Demonstrationen für Demokratie und Freiheit.

22. 8. 1989: Mit 650 kg Kokain stellt die Polizei in München die bis dahin größte Menge dieser Droge sicher.
Die Botschaft der Bundesrepublik Deutschland in Prag wird wegen Überfüllung geschlossen. 140 DDR-Bürger wollen von dort ausreisen. Die Zahl der Flüchtlinge, die über Ungarn und Österreich in die Bundesrepublik kommen, steigt ständig an.

24. 8. 1989: 108 DDR-Bürger, die sich in der deutschen Botschaft in Budapest aufhielten, erhalten Ausreiseerlaubnis.
Als erster nicht-kommunistischer Politiker eines Ostblocklandes wird Tadeusz Mazowiecki, Kandidat des »Bürgerkomitees Solidarität«, zum polnischen Ministerpräsidenten gewählt.

28. 8. 1989: Bundespräsident Richard von Weizsäcker bekräftigt in einem Schreiben an den polnischen Staatspräsidenten Jaruzelski den Verzicht der Bundesrepublik auf Gebietsansprüche an Polen.
Ein schwerer Sturm verursacht an der schleswig-holsteinischen Ostseeküste Schäden in Millionenhöhe.

Der Hamburger Oberbürgermeister Henning Voscherau am 24. Juli 1989 auf Staatsbesuch in der DDR; hier mit Erich Honecker (rechts).

Wegen Überfüllung schließt die Ständige Vertretung Bonns in Ost-Berlin am 8. August 1989 ihre Tore für den Publikumsverkehr.

Beamte des Bundesgrenzschutzes vor ihrem Abflug nach Namibia, wo sie als erste Uniformierte aus der Bundesrepublik an einer Friedensmission der UNO teilnehmen.

Übertritt einer DDR-Familie an der österreichisch-ungarischen Grenze im September 1989 zur Weiterreise in die Bundesrepublik.

30. 8. 1989: Das Bundeskabinett beschließt die Abstellung von 50 Beamten des Bundesgrenzschutzes für die Truppen der Vereinten Nationen zur Überwachung der ersten freien Wahlen in Namibia.
In Bayern wird mit den Vorbereitungen zur Errichtung von Notaufnahmelagern für DDR-Flüchtlinge begonnen.

31. 8. 1989: Auf einem Treffen mit DDR-Außenminister Fischer erklärt der ungarische Außenminister Horn – nach einem Bericht von Radio Budapest – zur Frage der DDR-Ausreisewilligen in Ungarn, seine Regierung sei nur an einer solchen Regelung teilzunehmen bereit, die im Einklang mit den Verpflichtungen seines Landes hinsichtlich der internationalen Menschenrechte und seiner humanitären politischen Praxis stehe.
Der DDR-Botschafter in der ČSSR erklärt in Prag, die »DDR möchte, daß ihre Staatsbürger . . . nach Hause zurückkehren und dort ihre legale Ausreise betreiben«.

1. 9. 1989: Die Regierungsmehrheit lehnt den SPD-Antrag zur endgültigen Festlegung der polnischen Westgrenze ab. Sie bekennt sich aber zum Warschauer Vertrag von 1970.

2. 9. 1989: Mehr als 3500 Ausreisewillige in den ungarischen Auffanglagern. In einem Brief an Erich Honecker fordert die Konferenz der Evangelischen Kirchenleitungen in der DDR »erneut und dringlich« zu gesellschaftlichen Reformen in der DDR auf.

3. 9. 1989: Nach Angaben des Magazins »Der Spiegel« soll der CDU-Bundestagsabgeordnete Heinrich Lummer während seiner Amtszeit als Innensenator von Berlin ein Verhältnis mit einer DDR-Agentin gehabt haben.

4. 9. 1989: Vor der Nikolaikirche in Leipzig demonstrieren Hunderte von Menschen für mehr Reisefreiheit.

6. 9. 1989: Der mit den rechtsradikalen Republikanern sympathisierende niedersächsische CDU-Landtagsabgeordnete Kurt Vajen tritt aus seiner Partei aus. Damit verliert die CDU-Fraktion ihre Mehrheit.

7. 9. 1989: Auf dem Ostberliner Alexanderplatz unterbinden DDR-Sicherheitskräfte eine Aktion von DDR-Bürgern, die gegen vermutete Wahlfälschung bei den Kommunalwahlen vom 7. Mai protestieren, etwa 80 Personen werden vorübergehend festgenommen.

8. 9. 1989: Die inzwischen 117 ausreisewilligen DDR-Bürger, die in die Ständige Vertretung Bonns in Ost-Berlin geflüchtet waren, kehren nach Zusicherung von Straffreiheit und wohlwollender Prüfung ihrer Ausreiseanträge in ihre Wohnorte zurück.
Bundeswirtschaftsminister Helmut Haussmann genehmigt die umstrittene Fusion von Daimler-Benz und Messerschmitt-Bölkow-Blohm (MBB).

10./11. 9. 1989: Ungarn genehmigt die Ausreise aller DDR-Flüchtlinge in den Westen. Dafür war die Außerkraftsetzung eines 1969 mit der DDR geschlossenen Reiseabkommens notwendig. Tausende von DDR-Bürgern treffen in Bayern ein.
Bei Ost-Berlin gründet sich das »Neue Forum«.
Das Wuppertaler Schwurgericht verurteilt die ehemalige Krankenschwester Michaela Roeder zu elf Jahren Freiheitsstrafe. Sie hatte fünf Patienten eine tödliche Medikamentenmischung gespritzt.

12./13. 9. 1989: Die DDR protestiert scharf gegen Bonn und Budapest. Die amtliche DDR-Nachrichtenagentur ADN spricht gar von einem »organisierten Menschenhandel«.

21. 9. 1989: Das DDR-Innenministerium lehnt den Antrag des »Neuen Forum« auf Zulassung als politische Vereinigung ab und erklärt die Gruppe für staatsfeindlich.

24. 9. 1989: Die 80 Teilnehmer des ersten landesweiten Treffens von DDR-Reformgruppen einigen sich auf das »Neue Forum« als Dachorganisation.
In der Warschauer bundesdeutschen Botschaft halten sich mehrere hundert DDR-Bewohner auf.

25. 9. 1989: Etwa 5000 Menschen protestieren in Leipzig für Reformen und gegen das Verbot des »Neuen Forum«.
Der Abschlußbericht der Genfer Untersuchungsrichterin Nardin enthält keinen Hinweis auf Fremdeinwirkung beim Tod des ehemaligen schleswig-holsteinischen Ministerpräsidenten Uwe Barschel 1987.

30. 9. 1989: Am Abend verkündet Bundesaußenminister Hans-Dietrich Genscher auf dem Balkon in der deutschen Botschaft in Prag, daß alle DDR-Flüchtlinge, die sich in den deutschen Botschaften in Prag und Warschau befinden, ausreisen dürfen.
Die ersten Sonderzüge der DDR-Reichsbahn bringen die Flüchtlinge in die Bundesrepublik.

Im Anschluß an das traditionelle Friedensgebet in der Nikolaikirche formieren sich am 2. Oktober 1989 in der Leipziger Innenstadt 20 000 DDR-Bürger zur Demonstration für demokratische Reformen.

1. 10. 1989: Die erste Massenausreise beginnt. Nach der als »einmalig« deklarierten Regelung treffen aus Prag rund 6000 DDR-Flüchtlinge in der Bundesrepublik ein, aus Warschau etwa 800.

1.–3. 10. 1989: Vor der Botschaft in Prag versammeln sich erneut 7600 Menschen, obwohl die tschechoslowakische Polizei dies zu verhindern sucht. Am 3. 10. gewährt Ost-Berlin auch ihnen die Ausreise.

2. 10. 1989: Mit Gewalt beendet die Volkspolizei in Leipzig die mit rund 20 000 Teilnehmern bisher größte Demonstration für Demokratie in der DDR.
In Ost-Berlin gründet sich die Oppositionsgruppe »Demokratischer Aufbruch« (DA).

4. 10. 1989: Die zweite Massenausreise beginnt mit eintägiger Verspätung, weil Gleise und Bahnhöfe in der DDR von Menschen geräumt werden mußten, die auf die Flüchtlingszüge aufspringen wollten.

5. 10. 1989: Erstmals dürfen die Läden in der Bundesrepublik donnerstags bis 20.30 Uhr geöffnet bleiben.
Unmittelbar vor den großen Jubiläumsfeierlichkeiten zur DDR-Gründung sagt die DDR-Regierung auch den 633 Zufluchtsuchenden in der deutschen Botschaft in Warschau die Ausreise zu.
In Magdeburg und Dresden werden Demonstrationen von DDR-Sicherheitskräften zum Teil mit Gewalt aufgelöst.
An den Übergängen von West- nach Ost-Berlin wird zahlreichen Personen die Einreise nach Ost-Berlin verweigert.

6. 10. 1989: Bei seinem Besuch in der DDR anläßlich der 40-Jahr-Feier fordert der sowjetische Staats- und Parteichef Michail Gorbatschow die DDR-Führung indirekt zu Reformen auf.

Auf einer Festveranstaltung zum 40. Jahrestag der DDR-Gründung bezeichnet Erich Honecker die Gründung der DDR als eine historische Notwendigkeit und einen »Wendepunkt in der Geschichte des deutschen Volkes«.

7. 10. 1989: Bei den Feierlichkeiten zum 40. Jubiläum der DDR-Gründung kommt es zu den größten Protestkundgebungen seit dem 17. Juni 1953.
In Schwante (Bezirk Potsdam) wird die »Sozialdemokratische Partei in der DDR« (SDP) gegründet.

8. 10. 1989: In Budapest löst sich als erste regierende kommunistische Partei die ungarische KP selbst auf.

9. 10. 1989: Erstmals duldet die DDR-Regierung eine Demonstration von 50 000 bis 70 000 Teilnehmern in Leipzig. Die Menschen fordern eine demokratische Erneuerung. Der Ruf »Wir sind das Volk – keine Gewalt« und ein von dem Kapellmeister des Gewandhausorchesters, Kurt Masur, und drei Sekretären der SED-Bezirksleitung unterzeichneter Aufruf, der über Rundfunk übertragen wird, verhindern einen blutigen Zusammenstoß mit Sicherheitskräften.

12. 10. 1989: Das Bundesverfassungsgericht erläßt auf Antrag der CDU/CSU-Bundestagsfraktion eine Einstweilige Anordnung gegen das kommunale Ausländerwahlrecht.
Der Bonner Physiker Wolfgang Paul erhält zusammen mit dem Deutsch-Amerikaner Hans Dehmelt eine Hälfte des Nobelpreises für Physik. Die zweite Hälfte geht an den Amerikaner Norman Ramsey.

15. 10. 1989: Vaclav Havel erhält den Friedenspreis des Deutschen Buchhandels. Die tschechoslowakische Regierung aber erteilt ihm keine Ausreisegenehmigung für die Preisverleihung.

Über 120 000 Menschen demonstrieren am 16. Oktober 1989 in Leipzig für eine demokratische Erneuerung der DDR.

Volkskammerpräsident Horst Sindermann gratuliert Egon Krenz nach dessen Wahl zum DDR-Staatsratsvorsitzenden und Chef des Nationalen Verteidigungsrates am 24. Oktober 1989.

16. 10. 1989: Die deutsche Wertpapierbörse erleidet ihren massivsten Kurseinbruch der Nachkriegsgeschichte.
Bei der bislang größten Demonstration seit dem Aufstand vom 17. Juni 1953 ziehen mehr als 120000 Menschen durch Leipzig.

18. 10. 1989: DDR-Staats- und Parteichef Erich Honecker wird durch Egon Krenz abgelöst.

20. 10. 1989: Das Landgericht Frankfurt spricht einen Arzt frei, der wegen der Aussage, alle Soldaten seien potentielle Mörder, vor Gericht stand.
Die neue Ostberliner Führung kündigt ein neues Reisegesetz an.

21. 10. 1989: Zehntausende demonstrieren in Ost-Berlin, Dresden, Plauen, Potsdam und Karl-Marx-Stadt.

23. 10. 1989: Am Abend vor der geplanten Wahl von Egon Krenz zum Staatsratsvorsitzenden demonstrieren in Leipzig nach Schätzungen aus Kirchenkreisen etwa 300000 Menschen für freie Wahlen, demokratische Reformen und gegen eine »neue Machtkonzentration«.
Vor jubelnden Menschenmassen wird die »Volksrepublik Ungarn« zur »Republik« umbenannt.

24. 10. 1989: Die Volkskammer der DDR wählt SED-Generalsekretär Egon Krenz zum neuen Staatsoberhaupt und zum Vorsitzenden des Nationalen Verteidigungsrates.
Das SED-Politbüro empfiehlt dem DDR-Ministerrat, künftig alle Bürger frei in den Westen und nach West-Berlin reisen zu lassen.

27. 10. 1989: Der DDR-Staatsrat verkündet eine weitgehende Amnestie für Flüchtlinge und inhaftierte Teilnehmer nichtgenehmigter Demonstrationen.

29. 10. 1989: In Ost-Berlin fordern etwa 20000 Menschen den Abriß der Mauer.

1. 11. 1989: DDR-Bürger dürfen wieder ohne Visum in die Tschechoslowakei reisen.
SED-Generalsekretär und DDR-Staatsratsvorsitzender Egon Krenz, der sich zu einem eintägigen Besuch in Moskau aufhält, trifft mit dem sowjetischen Partei- und Staatschef Michail Gorbatschow zusammen.

2. 11. 1989: Der Bundestagsabgeordnete der Grünen Otto Schily tritt aus seiner Partei aus und wird später Mitglied der SPD.
Prominente DDR-Politiker wie Harry Tisch, Margot Honecker, Gerald Götting und Heinrich Homann treten zurück.

3. 11. 1989: Die DDR gestattet die direkte Ausreise der etwa 4500 DDR-Bürger in Prag, die bei der Botschaft der Bundesrepublik Zuflucht gesucht haben.

4. 11. 1989: In Ost-Berlin demonstrieren über 500000 Menschen für demokratische Reformen und gegen das Machtmonopol der SED.

5. 11. 1989: Rund 15000 DDR-Bürger kommen innerhalb von zwei Tagen über die ČSSR in die Bundesrepublik Deutschland.

6. 11. 1989: In der DDR-Presse wird der Entwurf für ein neues Reisegesetz veröffentlicht und bis zum 30. 11. zur öffentlichen Diskussion gestellt; es ruft heftigen Protest hervor.

7. 11. 1989: Ministerpräsident Willi Stoph und die gesamte DDR-Regierung treten zurück.

Otto Schily verläßt die Grünen und wird am 10. November 1989 Mitglied der SPD.

8. 11. 1989: Das ZK der SED wählt ein neues Politbüro.

9. 11. 1989: Die DDR-Führung gibt die Öffnung der Grenzen zur Bundesrepublik und zu West-Berlin bekannt. Visa zur ständigen Ausreise sollen unverzüglich ausgestellt werden. Privatreisen ins Ausland könne ohne besondere Voraussetzungen beantragt werden. Daraufhin drängen noch am selben Abend Tausende von Ostberlinern nach West-Berlin
Bundeskanzler Helmut Kohl trifft zu seinem Besuch in Polen ein. Im Vorfeld war es zu heftigen Auseinandersetzungen wegen der Festlegung der endgültigen polnischen Westgrenze gekommen.

10. 11. 1989: Aufgrund der Öffnung der Grenzen besuchen Millionen von DDR-Bürgern die grenznahen bundesdeutschen Städte und West-Berlin. Riesige Freudenszenen spielen sich ab. Bundeskanzler Kohl unterbricht seinen Polenbesuch, um am Abend vor dem Schöneberger Rathaus in West-Berlin auf einer Kundgebung zu sprechen. Weitere Redner sind Außenminister Genscher, der Regierende Bürgermeister von Berlin, Momper, und der SPD-Ehrenvorsitzende Brandt. Dieser prägt den Satz: »Jetzt wächst zusammen, was zusammengehört«.
Günter Mittag und Joachim Herrmann werden aus dem ZK der SED ausgeschlossen.
Der bulgarische Staats- und Parteichef Todor Schiwkow tritt unter dem allgemeinen Reformdruck zurück.

11. 11. 1989: Bundeskanzler Helmut Kohl und SED-Generalsekretär Egon Krenz sprechen sich in einem Telefongespräch für eine Intensivierung der Zusammenarbeit auf vielen Gebieten aus und einigen sich grundsätzlich auf eine baldige persönliche Begegnung in der DDR.

12. 11. 1989: In mehreren Städten der DDR finden Kundgebungen und Versammlungen der SED statt, auf denen die Basis eine »Erneuerung der Partei von unten« fordert.

13. 11. 1989: Hans Modrow wird neuer DDR-Ministerpräsident. Der Vorsitzende der Demokratischen Bauernpartei, Günther Maleuda, tritt nach der ersten geheimen Abstimmung in der DDR-Volkskammer das Amt des Präsidenten an.

16. 11. 1989: Als erstes Mitglied des Warschauer Paktes stellt Ungarn einen Aufnahmeantrag für den Europarat.

17. 11. 1989: Hans Modrow plädiert in seiner Regierungserklärung für eine weitreichende Vertragsgemeinschaft der beiden deutschen Staaten und stellt sein neues Kabinett vor.

20. 11. 1989: Nicolae Ceauşescu lehnt auf dem Parteikongreß der KP in Bukarest jegliche Reformen ab.

20.–23. 11. 1989: Hunderttausende demonstrieren in Prag gegen das Machtmonopol der Kommunisten.

22. 11. 1989: Das SED-Politbüro bietet Gespräche am »Runden Tisch« an.

Am 7. November 1989 tritt die gesamte DDR-Regierung unter Führung von Ministerpräsident Willi Stoph zurück, am 8. November das Politbüro der SED.

Der neue DDR-Ministerpräsident Hans Modrow – hier bei seiner Regierungserklärung am 17. November 1989 – kündigt radikale Umgestaltungen in Politik und Wirtschaft an.

Etwa 200 000 Menschen demonstrieren am 21. November 1989 auf dem Wenzelsplatz in Prag gegen die Regierung und für demokratische Reformen.

Der Vorstandssprecher der Deutschen Bank, Alfred Herrhausen, wird am 30. November 1989 bei einem Bombenanschlag in Bad Homburg getötet.

23. 11. 1989: Günter Mittag wird aus der SED ausgeschlossen. Der DDR-Ministerrat beschließt Zollkontrollen gegen den Ausverkauf der DDR durch Besucher aus anderen Ländern.
In Ost-Berlin wird eine Grüne Partei in der DDR gegründet, die sich »über den nationalen Rahmen hinaus als Teil der globalen, insbesondere der europäischen Bewegung der Grünen« versteht.
Die Führung der tschechoslowakischen Kommunistischen Partei tritt zurück.

28. 11. 1989: Bundeskanzler Helmut Kohl legt ein »Zehn-Punkte-Programm zur Überwindung der Teilung Deutschlands und Europas«, das letztendlich zur Wiedervereinigung führen soll, vor. Nach anfänglicher Zustimmung rücken FDP und SPD von dem Plan ab, weil weder die Alliierten vorab unterrichtet wurden, noch die polnische Westgrenze zugesichert sei.

29. 11. 1989: SED-Generalsekretär und DDR-Staatsratsvorsitzender Egon Krenz sowie DDR-Ministerpräsident Hans Modrow schließen sich einem Aufruf »Für unser Land – zur Bewahrung der Eigenständigkeit der DDR« an.
Das Prager Parlament beschließt, die führende Rolle der KP aus der Verfassung zu streichen. Nach einem Generalstreik am 26. 11. sichert die Regierung freie Wahlen zu.

30. 11. 1989: Der Vorstandssprecher der Deutschen Bank, Alfred Herrhausen, wird in Bad Homburg von einem Kommando der RAF durch einen Bombenanschlag ermordet. Sein Fahrer überlebt schwerverletzt.
Der Vorsitzende des Kreises Waren (Bezirk Neubrandenburg) und die DDR-Oppositionsgruppe Neues Forum stellen Strafantrag gegen die ehemaligen SED-Politbüromitglieder Erich Honecker, Willi Stoph und Günther Kleiber.
Die tschechoslowakische Regierung gibt bekannt, daß die Grenzsperren zu Österreich abgebaut werden.

1. 12. 1989: Die DDR-Volkskammer streicht den Führungsanspruch der SED aus der Verfassung.

2. 12. 1989: Ein Bericht des Untersuchungsausschusses der DDR-Volkskammer legt Korruptionen an der SED-Spitze offen.
US-Präsident George Bush und der sowjetische Staats- und Parteichef Michail Gorbatschow treffen sich zu einem Gipfelgespräch auf Malta.

3. 12. 1989: DDR-Politbüro und Zentralkomitee mit Egon Krenz an der Spitze treten zurück.
Erich Honecker und andere führende Parteimitglieder werden aus der Partei ausgeschlossen.

4. 12. 1989: DDR-CDU und LDPD erklären ihren Austritt aus dem Demokratischen Block der Parteien und der Massenorganisationen.

5. 12. 1989: DDR-Ministerpräsident Hans Modrow hebt den Mindestumtausch und die Visumpflicht für Bundesbürger zum 1. 1. 1990 auf.
Der stellvertretende DDR-Generalstaatsanwalt Harri Harrland teilt mit, daß ehemalige SED-Politbüromitglieder – darunter auch Honecker –, bei denen die strafrechtliche Verfolgung erst noch beginnt, in der Waldsiedlung Wandlitz unter Hausarrest gestellt worden sind.

6. 12. 1989: Egon Krenz tritt auch als Staatsratsvorsitzender zurück, sein Nachfolger wird Manfred Gerlach, Vorsitzender der LDPD.

7. 12. 1989: Erstmals treffen sich in Ost-Berlin die fünf ehemaligen Blockparteien und sieben Oppositionsgruppen am Runden Tisch. Sie beschließen, das Amt für »Nationale Sicherheit« aufzulösen und schlagen den 6. Mai 1990 als Termin für die ersten freien Wahlen vor.

8./9. 12. 1989: Auf dem vorgezogenen Parteitag der SED in Ost-Berlin wird der Rechtsanwalt Gregor Gysi neuer Parteivorsitzender.

Gregor Gysi nach seiner Wahl am 9. Dezember 1989 zum neuen Vorsitzenden der SED, die sich wenig später in PDS umbenennt.

11. 12. 1989: Erstmals wird bei den mittlerweile traditionellen Montags-Demonstrationen in der DDR der Ruf nach Wiedervereinigung deutlicher.
In Berlin findet erstmals seit 18 Jahren eine Viermächtekonferenz statt.

13. 12. 1989: Die Ostberliner Stadtverordnetenversammlung beschließt auf einer Tagung, dem ehemaligen SED-Generalsekretär und DDR-Staatsratsvorsitzenden Erich Honecker wegen Amtsmißbrauch die 1982 verliehene Ehrenbürgerschaft von Ost-Berlin abzuerkennen.

14. 12. 1989: Der sowjetische Friedensnobelpreisträger und Bürgerrechtler Andrej Sacharow stirbt 68jährig in Moskau.

15./16. 12. 1989: Sonderparteitag der Ost-CDU; Rechtsanwalt Lothar de Maizière wird am 16. 12. zum Vorsitzenden gewählt.

16./17. 12. 1989: Auf dem fortgesetzten Sonderparteitag gibt sich die SED den neuen Namen SED-PDS (Sozialistische Einheitspartei Deutschlands – Partei des Demokratischen Sozialismus).
Gründungsparteitag des »Demokratischen Aufbruch«. Vorsitzender wird Rechtsanwalt Wolfgang Schnur.

17. 12. 1989: Die rumänischen Sicherheitsbehörden Securitate schlagen in den Städten Temesvár und Arad Demonstrationen gegen die katastrophale Versorgungslage blutig nieder. Zahlreiche Demonstranten werden niedergeschossen.

19. 12. 1989: Bundeskanzler Helmut Kohl besucht erstmals Ministerpräsident Hans Modrow in Dresden. Eine Vertragsgemeinschaft wird für Frühjahr 1990 in Aussicht gestellt.

20. 12. 1989: Trotz Ausnahmezustand demonstrieren in Temesvár 50000 Menschen für die Absetzung des Ceauşescu-Regimes.
US-Truppen greifen in Panama ein, um General Manuel Noriega zu stürzen.

22. 12. 1989: Das Brandenburger Tor wird wieder geöffnet, allerdings nur für Fußgänger.
Obwohl der Diktator Nicolae Ceauşescu noch am Morgen den Ausnahmezustand über Rumänien verhängt, kann er seinen Sturz nicht mehr verhindern.

23. 12. 1989: Auch ohne Ceauşescu an der Spitze verübt die Securitate weiterhin Massaker an der rumänischen Bevölkerung.

24. 12. 1989: Erstmals können Bundesbürger und Westberliner ohne Visum und Zwangsumtausch in die DDR reisen.

25. 12. 1989: Nicolae Ceauşescu und seine Frau Elena werden von einem Militärgericht zum Tode verurteilt und sofort hingerichtet. Tribunal und Exekution (nachgestellt) werden vom Fernsehen in alle Welt übertragen.

Der sowjetische Dichter Jewgeni Jewtuschenko spricht vor dem Sarg des am 14. Dezember 1989 verstorbenen Friedensnobelpreis-trägers Andrej Sacharow.

Der rumänische Diktator Ceauşescu und seine Frau vor einem Militärtribunal im Dezember 1989. Das Todesurteil wird am gleichen Tag von einem Erschießungskommando vollstreckt.

Öffnung des Brandenburger Tors am 22. Dezember 1989. Tausende von Ost- und Westberlinern feiern dieses Ereignis.

167

Szenen von der Öffnung der Mauer am 9. November 1989

Eine Bildreportage von Sabine Berloge, Berlin

26. 12. 1989: Rund 1500 Schweriner Bürger demonstrieren für eine »souveräne DDR«.

Der frühere ZK-Sekretär Ion Iliescu wird neuer rumänischer Staatspräsident. Die Securitate wird zur Aufgabe gezwungen.

29. 12. 1989: Der Schriftsteller Vaclav Havel wird neuer Staatspräsident der Tschechoslowakei. Bereits einen Tag vorher wurde Alexander Dubček zum Parlamentspräsidenten gewählt.

31. 12. 1989: Hunderttausende von Berlinern aus beiden Teilen der Stadt feiern Silvester am Brandenburger Tor. Übermütige Besucher klettern auf ein Stahlgerüst, das daraufhin zusammenbricht und rund 300 Personen verletzt.

Der ehemalige Innen-, Außen- und Verteidigungsminister Gerhard Schröder stirbt 79jährig.

Die Arbeitslosenquote in der Bundesrepublik Deutschland betrug im Jahresdurchschnitt 7,9%.

1990

3. 1. 1990: Panamas General Noriega stellt sich den amerikanischen Truppen, nachdem er sich zuvor in die päpstliche Nuntiatur in Panama-Stadt geflüchtet hatte. Er wird sofort in die USA gebracht, wo ihm ein Prozeß wegen Drogenhandels gemacht werden soll.

5. 1. 1990: Nach Angaben des Bonner Innenministeriums kamen 1989 343 854 Übersiedler in die Bundesrepublik.

7. 1. 1990: Die Polnische Vereinigte Arbeiterpartei (PVAP) beschließt, sich ein neues Programm und einen neuen Namen zu geben.

9. 1. 1990: Der frühere Staats- und Parteichef Egon Krenz legt sein Mandat als Abgeordneter der DDR-Volkskammer nieder und gibt damit auch sein letztes politisches Amt auf.

11. 1. 1990: Die Volkskammer verabschiedet das neue Reisegesetz.

12. 1. 1990: In Wien beginnt eine weitere Runde der Verhandlungen über Konventionelle Streitkräfte in Europa (VKSE).

13. 1. 1990: Die SDP beschließt auf ihrer ersten Landesdelegiertenkonferenz in Ost-Berlin die Umbenennung in SPD.

15. 1. 1990: In Leipzig demonstrieren rund 150 000 Menschen für die Wiedervereinigung.

Ministerpräsident Modrow schlägt dem Runden Tisch die Teilnahme an der Regierungsarbeit vor.

Zehntausende Demonstranten stürmen die Zentrale des Staatssicherheitsdienstes in Ost-Berlin.

Das bulgarische Parlament streicht die Führungsrolle der KP aus der Verfassung.

Auch die Verhängung des Ausnahmezustands im Kaukasus und Nagornyj-Karabach kann den blutigen Nationalitätenkonflikt zwischen Armeniern und Aserbeidschanern nicht mildern.

19. 1. 1990: Der SPD-Politiker Herbert Wehner stirbt im Alter von 83 Jahren.

20. 1. 1990: In Leipzig gründen zwölf christlich-liberal-konservative Gruppen und Parteien die »Deutsche Soziale Union« (DSU). Vorsitzender wird der Pfarrer Hans-Wilhelm Ebeling.

21. 1. 1990: Eine Mehrheit des SED-PDS-Parteivorstandes, der am Vortag in Ost-Berlin zu einer zweitägigen Sitzung zusammengetreten ist, entscheidet sich dafür, die SED-PDS nicht aufzulösen, jedoch den Namen SED aufzugeben.

Der Dresdner Bürgermeister und stellvertretende Vorsitzende der SED-PDS, Wolfgang Berghofer, tritt zusammen mit 39 weiteren Mitgliedern aus der Partei aus.

Egon Krenz und fast alle Mitglieder der früheren SED-Führung werden aus der Partei ausgeschlossen.

23. 1. 1990: Zur ersten Sitzung tritt in Ost-Berlin die deutsch-deutsche Wirtschaftskommission unter Vorsitz von Bundeswirtschaftsminister Helmut Haussmann und DDR-Außenwirtschaftsminister Gerhard Beil zusammen. Die Bundesregierung bietet zur Unterstützung kleiner und mittlerer Betriebe in der DDR zinsgünstige Kredite in Höhe von 6 Milliarden DM an.

Der Dramatiker und Bürgerrechtler Vaclav Havel wird am 29. Dezember 1989 einstimmig zum neuen Staatspräsident der ČSSR gewählt. Im Frühjahr erfolgt die Umbenennung des Staates in ČSFR.

25. 1. 1990: Die DDR-Regierung beschließt die volle Gewerbefreiheit für Handwerks-, Handels- und Dienstleistungsbetriebe und verabschiedet eine Verordnung über die Gründung von Unternehmen mit ausländischer Beteiligung. Diese Beteiligung kann bis zu 49% des Stammkapitals betragen, bei kleinen und mittleren Betrieben auch mehr

Mehr als 200 Wirtschaftsexperten aus beiden deutschen Staaten beraten auf den in Hannover beginnenden 1. deutsch-deutschen Unternehmertagen über Möglichkeiten der Zusammenarbeit.

25./26. 1. 1990: Ein Orkan richtet in West- und Mitteleuropa verheerende Schäden an und fordert 90 Todesopfer.

28. 1. 1990: Die SPD kann ihre absolute Mehrheit im Saarland mit 54,4% ausbauen. Damit steht Ministerpräsident Lafontaine als Kanzlerkandidat der SPD für die Bundestagswahl im Dezember 1990 fest.

Der Runde Tisch einigt sich mit Ministerpräsident Modrow auf den Eintritt von Oppositionsgruppen in eine »Regierung der nationalen Verantwortung«. Am 6. 5. sollen Kommunalwahlen stattfinden. Die für den 6. 5. vorgesehenen Wahlen zur Volkskammer werden auf den 18. 3. vorgezogen.

1. 2. 1990: Ministerpräsident Modrow gibt seine »Konzeption für den Weg zur deutschen Einheit« bekannt. Der Stufenplan sieht als Schritte vor: Vertragsgemeinschaft, Konföderation, Übertragung von Souveränitätsrechten auf die Konföderation.

4. 2. 1990: Der Parteivorstand der SED-PDS beschließt auf einer Tagung in Ost-Berlin eine Änderung des Parteinamens in »Partei des Demokratischen Sozialismus« (PDS).

Gründungsparteitag der »Freien Demokratischen Partei« (FDP) in der DDR.

5. 2. 1990: Auf Vorschlag des DDR-Ministerratsvorsitzenden Hans Modrow wählt die Volkskammer acht Politiker von oppositionellen Parteien und Gruppierungen als Minister ohne Geschäftsbereich in den Ministerrat.

In West-Berlin einigen sich DDR-CDU, DSU und DA auf ein Wahlbündnis »Allianz für Deutschland« für die Volkskammerwahlen am 18. 3. in Anwesenheit von Bundeskanzler Kohl, Vorsitzender der CDU, der die Unterstützung seiner Partei für das Wahlbündnis ankündigt.

Am 7. 2. schließen sich »Neues Forum«, »Demokratie Jetzt« und »Initiative für Frieden und Menschenrechte« zum »Bündnis 90« zusammen.

5./6. 2. 1990: Das Zentralkomitee der KPdSU beschließt, auf seinem nächsten Parteitag auf den Führungsanspruch der Partei zu verzichten.

7. 2. 1990: Unter Vorsitz von Bundeskanzler Kohl konstituiert sich ein Kabinettausschuß »Deutsche Einheit«. Kohl schlägt der DDR

sofortige Verhandlungen über eine Währungsunion mit Wirtschaftsreform vor. Grund dafür ist der nicht abreißende Übersiedlerstrom.

8. 2. 1990: In einer Erklärung des DDR-Ministerratsvorsitzenden Hans Modrow, die dem Jüdischen Weltkongreß sowie der Regierung Israels übermittelt wird, erkennt die DDR erstmals die Verantwortung des gesamten deutschen Volkes für die Verbrechen des Hitler-Faschismus am jüdischen Volk an und äußert ihre Bereitschaft, den jüdischen Opfern des Nationalsozialismus eine Entschädigung zu bezahlen.

10. 2. 1990: Bundeskanzler Helmut Kohl, der in Begleitung von Bundesaußenminister Hans-Dietrich Genscher in Moskau weilt, wird vom sowjetischen Partei- und Staatschef Michail Gorbatschow zu einem Gespräch empfangen. Er erhält die Zusicherung, daß sich Moskau einer deutschen Einheit nicht in den Weg stellen wird.

11. 2. 1990: Der südafrikanische Schwarzenführer Nelson Mandela wird nach 28 Jahren Haft entlassen.

12. 2. 1990: Unter dem Namen »Bund freier Demokraten« schließen sich die LDP, FDP und Deutsche Forum-Partei zum Wahlbündnis zusammen.

12./13. 2. 1990: NATO und Warschauer Pakt einigen sich auf eine Reduzierung ihrer in Mitteleuropa stationierten Soldaten auf jeweils 195000 Mann.

Am Rande der in Ottawa stattfinden Konferenz »Offener Himmel« treffen die Außenminister der Bundesrepublik Deutschland und der DDR sowie der vier Siegermächte des Zweiten Weltkrieges, Frankreich, Großbritannien, Sowjetunion, USA, zu Gesprächen zusammen. Dabei vereinbaren sie die Abhaltung einer Konferenz nach der Formel »Zwei plus Vier«.

13./14. 2. 1990: DDR-Ministerpräsident Hans Modrow besucht die Bundesrepublik.

Oskar Lafontaine nach dem Sieg der SPD bei der Landtagswahl im Saarland am 28. Januar 1990 (SPD: 54,4%).

15. 2. 1990: Erich Honecker, früherer SED-Generalsekretär und DDR-Staatsratsvorsitzender, übernimmt die »politische Verantwortung für die Krise« in der DDR.

20. 2. 1990: Aufgrund einer Empfehlung des Runden Tisches, die Subventionen für Lebensmittel zu streichen, kommt es in der DDR zu Panikkäufen.

Die DDR beschließt ein neues Wahlgesetz für die Volkskammerwahl am 18. 3. Künftig soll die Volkskammer statt wie bisher aus 500 nur noch aus 400 Abgeordneten bestehen, die frei, allgemein, gleich, direkt und geheim gewählt werden sollen.

Mit einer Verfassungsänderung wird in der DDR die Einführung eines zwölfmonatigen Zivildienstes als Alternative zum einjährigen Wehrdienst beschlossen.

In Ost-Berlin tritt die deutsch-deutsche Expertenkommission zur Vorbereitung einer Währungs- und Wirtschaftsunion zusammen.

In München wird zwischen dem DDR-Kombinat Robotron und der Firma Reiner E. Pilz GmbH der erste Vertrag über ein deutsch-deutsches Joint-Venture geschlossen. Vorgesehen ist der Bau eines gemeinsamen Werkes für die Produktion von Compact Discs (CD) in Zella-Mehlis (Thüringen).

21. 2. 1990: Die Volkskammer verabschiedet bei 16 Gegenstimmen das Gesetz über Parteien und andere politische Vereinigungen sowie ein Versammlungsgesetz.

21.–24. 2. 1990: Erster Parteitag der DDR-SPD. Vorsitzender wird der Historiker Ibrahim Böhme. Willy Brandt wird zum Ehrenvorsitzenden gewählt.

24./25. 2. 1990: In den USA treffen sich Bundeskanzler Kohl und Präsident Bush zu Gesprächen. Beide sprechen sich dafür aus, daß auch ein geeintes Deutschland Mitglied in der NATO bleiben solle.

Violeta Chamorro, die neue nicaraguanische Staatspräsidentin, mit ihrem Vorgänger, dem Sandinisten Daniel Ortega, am 25. April 1990 bei der Feier anläßlich ihrer Vereidigung.

25. 2. 1990: Violeta Chamorro, Spitzenkandidatin des Mitterechts-Bündnisses, gewinnt die Parlamentswahlen in Nicaragua. Damit ist die zehnjährige Herrschaft der marxistisch orientierten Sandinisten unter General Daniel Ortega beendet.

27. 2. 1990: Der Oberste Sowjet billigt den Gesetzentwurf für die Schaffung eines mit weitreichenden Vollmachten ausgestatteten Präsidentenamtes in der UdSSR.

Bei orkanartigen Stürmen kommen in Europa während der letzten Februarwoche 79 Menschen ums Leben. Der Schaden geht in Milliardenhöhe.

1. 3. 1990: Entsprechend einer Verordnung des Ministerrats sollen die volkseigenen Betriebe und Kombinate in Kapitalgesellschaften umgewandelt werden.

5./6. 3. 1990: DDR-Ministerpräsident Hans Modrow besucht die Sowjetunion. Er stimmt mit Michail Gorbatschow darin überein, daß die Vereinigung der beiden deutschen Staaten ein langsamer, gleichberechtigter Prozeß sein müsse.

7. 3. 1990: Die DDR-Volkskammer verabschiedet eine Sozialcharta (Recht auf Arbeit und Wohnen, Gleichberechtigung von Mann und Frau) und ein Wirtschaftsgesetz, das die Gründung von privaten Unternehmen zuläßt.

In ihrem »Fahrplan zur deutschen Einheit« erklärt die bundesdeutsche SPD, sie sei auch für einen Beitritt der DDR zur Bundesrepublik nach Artikel 23 Grundgesetz offen; bevorzugt werden jedoch eine Volksabstimmung und eine neue Verfassung.

8. 3. 1990: Der Bundestag gibt mit den Stimmen der Koalition eine Garantie-Erklärung für die polnische Westgrenze ab. Zuvor mußte Bundeskanzler Kohl seine Forderung aufgeben, die Grenzgarantie mit einem vertraglich geregelten erneuten Verzicht Polens auf Reparationen und der Zusicherung von Rechten für die deutschstämmige Minderheit zu verbinden.

Der Ministerrat beschließt, die 109 000 »inoffiziellen« Mitarbeiter des Staatssicherheitsdienstes offiziell von ihren Verpflichtungen zu entbinden.

9. 3. 1990: Erstmals treffen sich in Ost-Berlin Vertreter beider deutschen Staaten, um eine Konferenz mit den vier Siegermächten vorzubereiten.

In der »Dresdner Erklärung« spricht sich der Vorstand der CDU/CSU-Bundestagsfraktion für eine Verwirklichung des »einheitlichen Bundesstaat Deutschland« auf dem Wege des Grundgesetzartikels 23 aus.

11. 3. 1990: Mit einer Reihe bedeutender innerdeutscher Unternehmensvereinbarungen beginnt die Leipziger Frühjahrsmesse. Im Beisein von Wirtschaftsministerin Christa Luft unterzeichnen die Adam Opel AG und das Automobilwerk Eisenach einen Vertrag zur Gründung eines Joint-Ventures.

Die Republik Litauen erklärt ihren Austritt aus der UdSSR.

12. 3. 1990: Der Runde Tisch lehnt auf seiner letzten Sitzung die Übernahme des Grundgesetzes der Bundesrepublik für die DDR ab.

14. 3. 1990: Der Vorsitzende der konservativen DDR-Partei »Demokratischer Aufbruch«, Wolfgang Schnur, muß wegen des Bekanntwerdens seiner Tätigkeit für den ehemaligen Staatssicherheitsdienst der DDR zurücktreten und wird am nächsten Tag aus der Partei ausgeschlossen.

In Bonn treffen erstmals auf Beamtenebene die beiden deutschen Staaten und die vier Siegermächte des Zweiten Weltkrieges (»Zwei plus Vier«) zu Gesprächen über die deutsche Einheit zusammen. In einer gemeinsamen Erklärung wird der Wunsch Polens nach Teilnahme an den Verhandlungen befürwortet.

15. 3. 1990: Richard von Weizsäcker betont bei seinem Staatsbesuch in der Tschechoslowakei zusammen mit Präsident Vaclav Havel die Wichtigkeit, sich des in der Vergangenheit von beiden Seiten begangenen Unrechts zu erinnern, ohne gegenseitig aufzurechnen.

In Hamburg wird der erste Landesverband der PDS (früher SED) in der Bundesrepublik Deutschland gegründet.

Nachdem Michail Gorbatschow vom Volksdeputiertenkongreß in Moskau zum ersten Präsidenten der Sowjetunion gewählt wurde, kündigt er in seiner Antrittsrede einschneidende Wirtschaftsreformen an.

16. 3. 1990: Mit einem Gottesdienst in der Ostberliner Marienkirche eröffnet Bischof Gottfried Forck die Tagung der evangelischen Kirchenparlamente von Berlin-Brandenburg Ost und West.

18. 3. 1990: Bei den ersten freien Wahlen zur Volkskammer der DDR erringt die konservative »Allianz für Deutschland« aus CDU, DSU und DA mit 48,15% der abgegebenen Stimmen einen überwältigenden Sieg. Die CDU erreicht allein 40,59%. Die SPD erhält 21,84%, während die SED-Nachfolgepartei PDS immerhin 16,33% der Wählerstimmen für sich verbuchen kann. Die Wahlbeteiligung liegt bei 93,22%.

Die Außenminister der Mitgliedstaaten des Warschauer Pakts erkennen bei ihrem Treffen in Prag das Recht beider deutscher Staaten auf Einheit an.

19. 3. 1990: Der saarländische Ministerpräsident und stellvertretende Parteivorsitzende der SPD, Oskar Lafontaine, wird zum Kanzlerkandidaten für die Bundestagswahl 1990 nominiert.

20. 3. 1990: Um die Massenabwanderung aus der DDR zu stoppen, beschließt die Bundesregierung, zum 1. 7. 1990 das Notaufnahmeverfahren für Übersiedler aus der DDR abzuschaffen.

22. 3. 1990: Die »Allianz«-Parteien vereinbaren mit dem »Bund freier Demokraten« eine Koalition.

Ein erstmals am 19. 3. ausgesprochenes Koalitionsangebot an die DDR-SPD wird erneuert.

DDR-Ministerpräsident Hans Modrow bei seinem Besuch in Bonn am 13. Februar 1990; hier mit Bundespräsident Richard von Weizsäcker.

Der Vorsitzende des »Demokratischen Aufbruch«, Wolfgang Schnur, tritt am 14. März 1990 wegen seiner Kontakte zur Staatssicherheit zurück.

Warteschlangen bei der Wahl zur DDR-Volkskammer am 18. März 1990 in Plauen. Wahlsieger wird die konservative »Allianz für Deutschland«.

Mehr als 70 000 Besucher feiern Winnie und Nelson Mandela am 16. April 1990 bei einem Rock-Konzert zu Ehren von Nelson Mandela im Londoner Wembley-Stadion.

Nach einer Volksabstimmung am 23. April 1990 wird Karl-Marx-Stadt am 6. Juni 1990 in Chemnitz rückbenannt.

Erste Expertengespräche am 25. April 1990 in Ost-Berlin zum deutsch-deutschen Staatsvertrag in Anwesenheit von DDR-Ministerpräsident Lothar de Maizière (links) und Bundesbankdirektor Hans Tietmeyer (2. von rechts).

26. 3. 1990: Erstmals in der bundesdeutschen Justizgeschichte wird die Kronzeugenregelung angewandt. Ein kurdischer Terrorist erhält eine nur fünfjährige Haftstrafe, da seine Aussagen zur Aufklärung anderer Straftaten beigetragen haben.

27. 3. 1990: Präsident Gorbatschow kündigt den »kontrollierten Übergang« zur Marktwirtschaft an.

28. 3. 1990: Der Bundestag beschließt eine Reform des Bundes-Ausbildungsförderungsgesetz (BAföG). BAföG wird künftig zu 50% als Zuschuß und nicht mehr wie bisher als Volldarlehen gezahlt.

1. 4. 1990: Der Vorschlag der Bundesbank, bei einer Währungs-union die Einkommen und Renten in der DDR im Verhältnis 2:1 umzustellen, löst bei der DDR-Bevölkerung große Unruhe aus. Die DDR-Parteien äußern sich ablehnend.

2. 4. 1990: Ibrahim Böhme, Partei- und Fraktionsvorsitzender der DDR-SPD, erklärt den Rücktritt von seinen Ämtern. Gegen ihn waren Vorwürfe wegen einer Tätigkeit für den Staatssicherheits-dienst erhoben worden.

3. 4. 1990: Die DDR-SPD tritt mit den »Allianzparteien« und den Liberalen in Koalitionsgespräche.

4. 4. 1990: Auf Beschluß des Bundeskabinetts sollen Investitionen bundesdeutscher Unternehmen in der DDR steuerlich erleichtert werden.

5. 4. 1990: Die neugewählte Volkskammer konstituiert sich und wählt die Ärztin Sabine Bergmann-Pohl (CDU) zur Parlamentspräsi-dentin. Der CDU-Vorsitzende Lothar de Maizière wird mit der Regierungsbildung beauftragt.
Der VEB Elektromaschinenbau Dresden wird als erstes Kombinat in eine Kapitalgesellschaft umgewandelt.

8. 4. 1990: Den zweiten Gang der ersten freien Wahlen in Ungarn gewinnt das national-konservative »Ungarische Demokratische Forum« mit 42,75%. Im ersten Wahlgang am 25. 3. 1990 erreichte keine der Parteien mehr als 25%.

11. 4. 1990: Nach dreiwöchigen Beratungen verabschieden die 35 Teilnehmerstaaten der Bonner KSZE-Wirtschaftskonferenz ein Do-kument, in dem sich erstmals auch die osteuropäischen Staaten für freies Unternehmertum und ein Mehrparteiensystem aussprechen.

12. 4. 1990: Die DDR-Volkskammer wählt Lothar de Maizière (CDU) zum Ministerpräsidenten. Seinem Kabinett der Großen Koa-lition gehören 23 Minister an.

19. 4. 1990: In einer informellen Note an die Bundesregierung meldet die sowjetische Führung Bedenken gegen die Vereinigung Deutschlands nach Artikel 23 Grundgesetz an.

21. 4. 1990: In Dublin stimmen die EG-Außenminister einem Dreistufenplan zur Eingliederung der DDR in die Gemeinschaft zu.

22. 4. 1990: Vor der Volkskammer demonstrieren Tausende für die Beibehaltung der Fristenlösung beim Schwangerschaftsabbruch.

23. 4. 1990: Bei einer Volksabstimmung in Karl-Marx-Stadt sprechen sich mehr als 75% für die Rückbenennung ihrer Stadt in Chemnitz aus.

25. 4. 1990: Die drei westlichen Alliierten geben ihre Vorbehalte zum Wahlrecht der West-Berliner auf.
Auf den saarländischen Ministerpräsidenten und SPD-Kanzlerkandidaten, Oskar Lafontaine, wird bei einer Wahlveranstaltung in Köln-Mühlheim ein Attentat verübt. Er wird lebensgefährlich verletzt.

27. 4. 1990: In Ost-Berlin beginnt die erste offizielle Verhandlungsrunde zum innerdeutschen Staatsvertrag über die Wirtschafts-, Währungs- und Sozialunion.
Verteidigungsminister Stoltenberg und Abrüstungs- und Verteidigungsminister Eppelmann (DA) vereinbaren in Bonn Zusammenarbeit auf breiter Basis und enge Kontakte zwischen Bundeswehr und Nationaler Volksarmee.

28. 4. 1990: Das Treffen der Staats- und Regierungschefs der EG-Mitgliedstaaten in Dublin endet mit der Zustimmung zur Vereinigung Deutschlands.

28./29. 4. 1990: DDR-Ministerpräsident de Maizière hält sich in Begleitung einer Regierungsdelegation in Moskau auf. Gorbatschow lehnt eine gesamtdeutsche NATO-Mitgliedschaft ab, hält sie aber für überlegenswert, wenn die NATO ihre Struktur und Strategie ändere.

1. 5. 1990: Nach 44 Jahren findet wieder eine gesamtdeutsche Maikundgebung statt. Zu der DGB-Veranstaltung in West-Berlin kommen auch Menschen aus dem Ostteil der Stadt.

2. 5. 1990: Die beiden deutschen Regierungen vereinbaren die Umtauschkurse für die Währungsunion. Im Verhältnis 1:1 werden umgestellt: Löhne, Gehälter, Mieten, Stipendien und Renten. Sparguthaben und Bargeld werden gestaffelt umgetauscht: Kinder bis 14 Jahre können 2000 Mark, 15- bis 59jährige 4000 Mark, Ältere 6000 Mark im Verhältnis 1:1 einwechseln. Für darüber hinausgehende Beträge gilt ein Kurs von 2:1.

2.–5. 5. 1990: Bundespräsident Richard von Weizsäcker besucht die Republik Polen. Er bekräftigt die Unantastbarkeit der polnischen Westgrenze.

5. 5. 1990: In Bonn eröffnet Bundesaußenminister Genscher die erste Ministerrunde der Zwei-plus-Vier-Konferenzen, an der die Außenminister der beiden deutschen Staaten, der USA, der Sowjetunion, Frankreich und Großbritanniens teilnehmen. Hauptthema dieser Runde ist die Bündniszugehörigkeit eines vereinten Deutschlands.

6. 5. 1990: In der DDR finden die ersten freien Kommunalwahlen statt. Die CDU gewinnt 34,37%, die SPD 21,27%, die PDS 14,59% der Stimmen.

8. 5. 1990: In Brüssel unterzeichnen die EG und die DDR ein Handels- und Kooperationsabkommen.

9. 5.1990: Nach Beschluß der Vorsitzenden der 20 Einzelgewerkschaften soll sich der Gewerkschaftsdachverband FDGB als politisches Organ auflösen.

10. 5. 1990: In der DDR kommt es zu landesweiten Protestaktionen, in denen sich die Sorge um die soziale Sicherheit in einem geeinten Deutschland ausdrückt. Gefordert werden unter anderem Tarifverhandlungen über höhere Einkommen, der Erhalt von Arbeitsplätzen und ein Schutz des Binnenmarktes.

11. 5. 1990: Im Bundesrat werden ein Gesetzespaket zum Kampf gegen die Drogenkriminalität sowie das sehr umstrittene Gentechnikgesetz, das am 1. 7. 1990 in Kraft tritt, beschlossen.

13. 5. 1990: Bei der Landtagswahl in Niedersachsen verlieren CDU und FDP die Regierungsmehrheit, die SPD wird stärkste Kraft.
Bei der Landtagswahl in Nordrhein-Westfalen gewinnt die SPD erneut über 50% der Stimmen.
DDR-Innenminister Peter-Michael Diestel (DSU) erklärt, die gesamte frühere SED-Führung sei, mit Ausnahme von Günter Mittag, verhandlungs- und strafunfähig.

16. 5. 1990: In Bonn einigen sich Bund und Länder auf die Gründung eines Fonds »Deutsche Einheit« zur Unterstützung der DDR. Der Fonds hat ein Volumen von 115 Milliarden DM.

Eröffnung der ersten Zwei-plus-Vier-Gespräche durch Bundesaußenminister Genscher in Bonn am 5. Mai 1990.

Warnstreik der Belegschaft einer Schuhfabrik in Cottbus am 3. Mai 1990.

18. 5. 1990: Die Finanzminister Waigel und Romberg unterzeichnen in Anwesenheit von Bundeskanzler Kohl und DDR-Ministerpräsident de Maizière den Staatsvertrag über die Währungs-, Wirtschafts- und Sozialunion zwischen der Bundesrepublik Deutschland und der DDR. Bundeskanzler Kohl bezeichnet dies als die »Geburtsstunde eines freien und einigen Deutschlands«.

20. 5. 1990: Bei den ersten freien Präsidenten-, Parlaments- und Senatswahlen in Rumänien gewinnt der Kandidat der Front zur Nationalen Rettung, Übergangspräsident Ion Iliescu. Von den 506 Sitzen in den beiden Kammern des Parlaments entfallen 325 auf die Front.

23. 5. 1990: Auf Beschluß des Bundestages können die Westberliner ihre Bundestagsabgeordneten künftig direkt wählen.
Die NATO reagiert auf ihrer Frühjahrstagung in Brüssel mit weitreichenden Beschlüssen auf die veränderte Lage in Osteuropa. Die Beschlüsse betreffen unter anderem die Militärstrategie und den Umfang der Streitkräfte.

28. 5. 1990: Auf der ersten gemeinsamen Sitzung der CDU/CSU-Fraktion mit den Volkskammerfraktionen von CDU/DA und DSU, die im Berliner Reichstag stattfindet, wird unter anderem über die geplante Umweltunion debattiert.

30. 5. 1990: Die DDR-Regierung beschließt, daß mit Einführung der D-Mark am 1. 7. die Preise in der DDR frei kalkuliert und Subventionen, von wenigen Ausnahmen abgesehen, abgeschafft werden sollen.
Die von Innenminister Diestel einberufene Regierungskommission zur Auflösung des ehemaligen Ministeriums für Staatssicherheitsdienst/Amtes für Nationale Sicherheit konstituiert sich in Ost-Berlin.

31. 5.–3. 6. 1990: Gipfeltreffen der Präsidenten Bush und Gorbatschow. Beide erklären auf der Pressekonferenz am 3. 6., daß die Frage der Bündniszugehörigkeit eines vereinten Deutschlands von den Deutschen selbst entschieden werden muß.

7. 6. 1990: Mit der Festnahme der mutmaßlichen RAF-Terroristin Susanne Albrecht, die seit zehn Jahren – unterstützt vom Staatssicherheitsdienst – in der DDR gelebt haben soll, wird eine Serie von Fahndungserfolgen gegen weitere langgesuchte RAF-Terroristen eingeleitet, die in der DDR untergetaucht waren.
Die Mitgliedstaaten des Warschauer Pakts unterzeichnen in Moskau ein Deklaration, die die Absicht beinhaltet, das Bündnis in eine politische Vertragsgemeinschaft umzuwandeln.

9.–13. 6. 1990: Ministerpräsident de Maizière besucht als erster DDR-Regierungschef die USA.

10. 6. 1990: Die Grünen wählen auf ihrem Parteitag einen neuen Bundesvorstand. Der Parteitag spricht sich gegen den Staatsvertrag mit der DDR aus.

12. 6. 1990: Nach 42 Jahren kommen der Ostberliner Magistrat und der Westberliner Senat zur ersten gemeinsamen Sitzung zusammen.

13. 6. 1990: In Berlin wird mit dem endgültigen Abriß der 47 km langen Mauer begonnen. An vier Stellen bleiben Reste als Mahnmal erhalten.

16. 6. 1990: Rund 10 000 Menschen demonstrieren in Bonn für die ersatzlose Streichung des Paragraphen 218, 3000 dagegen. Mit der Blockade eines Grenzübergangs in Berlin richten sich DDR-Bürger gegen die mögliche Einführung des bundesdeutschen Abtreibungsparagraphen.

Unterzeichnung des Staatsvertrages zwischen der Bundesrepublik Deutschland und der DDR am 18. Mai 1990 durch die Finanzminister Walter Romberg (DDR, links) und Theo Waigel (rechts).

Erstmals nach 42 Jahren kommt es am 12. Juni 1990 zu einer gemeinsamen Sitzung des Westberliner Senats und des Ostberliner Magistrats im Roten Rathaus im östlichen Teil der Stadt.

17. 6. 1990: In Ost-Berlin gedenken Parlamentarier beider deutscher Staaten in einer gemeinsamen Feierstunde des Volksaufstands vom 17. 6. 1953.

18. 6. 1990: Beschlüsse der Führungsgremien von CDU, SPD und FDP machen den Weg frei für die im Herbst geplanten Vereinigungen mit den Schwesterparteien in der DDR. CSU und DSU geben bekannt, daß sie sich nicht über ihre bisherigen Regionen hinaus ausdehnen wollen.

19. 6. 1990: In Schengen (Luxemburg) wird von Regierungsvertretern der Bundesrepublik, Frankreichs und der Benelux-Staaten das Schengener Abkommen unterzeichnet. Danach entfallen ab 1992 die Personenkontrollen an den gemeinsamen Binnengrenzen.

21. 6. 1990: Gleichzeitig verabschieden der Deutsche Bundestag in Bonn und die DDR-Volkskammer in Ost-Berlin den Staatsvertrag über die Währungs-, Wirtschafts- und Sozialunion zwischen der Bundesrepublik Deutschland und der DDR sowie eine Entschließung über die endgültige Anerkennung der polnischen Westgrenze. Die Volkskammer beschließt außerdem das Mantelgesetz über die Inkraftsetzung von Rechtsvorschriften der Bundesrepublik Deutschland in der DDR (unter anderem das Betriebsverfassungsgesetz und das Kündigungsschutzgesetz).
Der niedersächsische Landtag wählt Gerhard Schröder (SPD) zum Ministerpräsidenten. Dieser bildet eine rot-grüne Regierungskoalition. Dadurch verschiebt sich im Bundesrat die Mehrheit zugunsten der SPD.

22. 6. 1990: Der Bundesrat stimmt dem Staatsvertrag über die Währungs-, Wirtschafts- und Sozialunion mit der DDR sowie der Entschließung über die deutsch-polnische Grenze zu. Die SPD-geführten Länder Niedersachsen und Saarland lehnen den Staatsvertrag ab. Im Vorfeld ist er von der SPD als »unzureichend« kritisiert worden, die ihre Zustimmung von Nachbesserungen abhängig gemacht hatte.

Die Außenminister beider deutscher Staaten sowie der vier Siegermächte des Zweiten Weltkriegs treffen in Ost-Berlin zur zweiten Runde der Zwei-plus-Vier-Verhandlungen zusammen.

Die Sowjetunion erhält von einem Konsortium deutscher Banken einen Kredit in Höhe von 5 Milliarden DM, für den die Bundesregierung die Garantie übernimmt.

DDR-Innenminister Peter Michael Diestel (ganz links) bei der Kranzniederlegung im ehemaligen Staatssicherheitsgefängnis Hohenschönhausen aus Anlaß des Gedenkens an die Opfer des 17. Juni 1953.

Bundestagspräsidentin Rita Süssmuth und DDR-Volkskammerpräsidentin Sabine Bergmann-Pohl bei einem gemeinsamen Besuch des Mahnmals Yad Vashem in Israel am 26. Juni 1990.

Einführung der DM und Auszahlung des neuen Geldes am 2. Juli 1990.
Vor allen Banken und Sparkassen drängen sich wartende DDR-Bürger.

26. 6. 1990: Die evangelischen und katholischen Kirchen in beiden deutschen Staaten veröffentlichen erstmals eine gemeinsame Erklärung »Für eine gemeinsame Zukunft«. Die Teilung Deutschlands könne nur durch Teilen überwunden werden.

25.–27. 6. 1990: Bundestagspräsidentin Süssmuth und Volkskammerpräsidentin Bergmann-Pohl halten sich zu einem Besuch in Israel auf. Sie treffen mit Staatspräsident Herzog und Ministerpräsident Shamir zusammen. Die Präsidentinnen bekräftigen am 26. 6. die Verantwortung Gesamtdeutschlands gegenüber dem jüdischen Staat. Zum Abschluß ihres Besuches erklären sie, es gebe in Israel keinen grundlegenden Widerstand gegen die Wiedervereinigung Deutschlands.

30. 6. 1990: Auf dem 2. Parteitag der DSU erklärt unter anderem DDR-Innenminister Diestel seinen Parteiaustritt. Diestel ist zuvor von Parteimitgliedern wegen der Beschäftigung von Stasimitarbeitern mehrfach zum Rücktritt von seinen Ämtern aufgefordert worden. Er tritt am 3. 8. der CDU bei.

1. 7. 1990: Der zwischen der Bundesrepublik Deutschland und der DDR geschlossene Staatsvertrag über die Währungs-, Wirtschafts- und Sozialunion tritt in Kraft. Damit gibt die DDR die Hoheit über die Finanz- und Geldpolitik an die Bundesrepublik ab. Die Bundesrepublik bezuschußt den Staatshaushalt der DDR und subventioniert den Aufbau der Renten-, Kranken- und Arbeitslosenversicherungen. Die DDR übernimmt zahlreiche bundesdeutsche Bestimmungen, Gesetze und Verordnungen. Die Angst vor negativen sozialen Folgen des Vertrags führt in der DDR in den nächsten Tagen und Wochen zu Demonstrationen.

2.–13. 7. 1990: Auf dem XXVIII. Parteitag der KPdSU kann Präsident Gorbatschow trotz scharfer Kritik seine Machtstellung gegen die Konservativen behaupten. Das Politbüro wird völlig umgestaltet, die Trennung zwischen Partei- und Regierungsämtern vollzogen.

5./6. 7. 1990: Die NATO bietet dem Warschauer Pakt eine gemeinsam zu unterzeichnende Nichtangriffserklärung an. Sie reicht ihm die »Hand zur Freundschaft«.

6. 7. 1990: In Ost-Berlin beginnen die Verhandlungen zum Einigungsvertrag, dem zweiten Staatsvertrag zwischen der Bundesrepublik Deutschland und der DDR.

8. 7. 1990: Die Bundesrepublik Deutschland wird nach einem 1:0 über Argentinien Fußballweltmeister.

14.–16. 7. 1990: Bundeskanzler Kohl trifft mit Präsident Gorbatschow in der Sowjetunion zu Gesprächen zusammen. Ein Generalvertrag, der die künftigen Beziehungen regelt, wird in Aussicht genommen. Gorbatschow billigt einem vereinten Deutschland die volle Souveränität und freie Wahl der Bündniszugehörigkeit zu.

15. 7. 1990: Der Delegiertenrat der »Grünen Partei der DDR« beschließt, den Parteinamen um den Zusatz »Die Grünen« zu ergänzen, um ein mögliches Zusammengehen mit den bundesdeutschen Grünen zu erleichtern.

16. 7. 1990: Konstituierende Sitzung des Verwaltungsrates der DDR-Treuhandanstalt. Die Treuhandanstalt ist zuständig für die Sanierung der 8000 Volkseigenen Betriebe (VEB).

Kurze Rast von Bundeskanzler Helmut Kohl, Bundesaußenminister Hans-Dietrich Genscher und Michail Gorbatschow in dessen Heimat im Kaukasus nahe Archiz am 15. Juli 1990.

17. 7. 1990: Bei den dritten Zwei-plus-Vier-Verhandlungen in Paris bestätigen die Außenminister beider deutscher Staaten und der vier Siegermächte des Zweiten Weltkriegs in Anwesenheit des polnischen Außenministers die Oder-Neiße-Grenze als polnische Westgrenze.

22. 7. 1990: Die DDR-Volkskammer verabschiedet mit Wirkung zum 14. 10. 1990 das Ländereinführungsgesetz (Wiedereinrichtung der Länder Mecklenburg-Vorpommern, Brandenburg, Sachsen-Anhalt, Sachsen und Thüringen) sowie das Gesetz zur Wahl der Landtage.

23. 7. 1990: Gemäß einer Vereinbarung der Verkehrsministerien beider deutscher Regierungen gelten ab dem 1. 1. 1991 auf dem Gebiet der DDR neue, dem bundesdeutschen System entsprechende KFZ-Kennzeichen.

24. 7. 1990: Die DDR-Liberalen treten aus der Ost-Berliner Regierungskoalition aus, weil innerhalb der Koalition keine Einigung über den Modus der gesamtdeutschen Wahlen erzielt werden kann.

26. 7. 1990: Die Ausschüsse »Deutsche Einheit« des Bundestages und der Volkskammer vereinbaren für die ersten gesamtdeutschen Wahlen am 2. 12. 1990 ein gemeinsames Wahlgebiet und ein einheitliches Wahlrecht (Fünf-Prozent-Klausel, Möglichkeit zu Listenverbindungen).
Beginn des Abtransports amerikanischer C-Waffen aus dem Munitionslager in Clausen. Sie werden zunächst in Miesau zwischengelagert.

27. 7. 1990: Staatssekretär Hans Neusel wird bei einem vermutlich von Terroristen der Roten Armee Fraktion verübten Bombenanschlag in Bonn leicht verletzt.

2. 8. 1990: In Ost-Berlin wird der gesamtdeutsche Wahlvertrag unterzeichnet.

3. 8. 1990: Ministerpräsident Lothar de Maizière nennt überraschend den 14. 10. 1990 als Termin für gesamtdeutsche Wahlen.

4. 8. 1990: Der Sonderparteitag des »Demokratischen Aufbruchs« (DA) beschließt die Fusion mit der DDR-CDU.

8. 8. 1990: Die Volkskammer bittet Bonn, gesamtdeutsche Wahlen und den Beitritt der DDR am 14. 10. 1990 zu ermöglichen.

9. 8. 1990: In Bonn verweigert die Opposition die Zustimmung zu einer Grundgesetzänderung, die vorgezogene Wahlen ermöglicht hätte. Die Bundesregierung legt sich danach auf den 2. 12. 1990 als gesamtdeutschen Wahltermin fest.
In der Volkskammer scheitert der Wahlvertrag. Mangels Präsenz kommt die erforderliche Zwei-Drittel-Mehrheit nicht zustande.

11. 8. 1990: Unter dem Namen »Freie Demokratische Partei – die Liberalen« schließen sich auf dem Vereinigungsparteitag in Hanno-

Zwei-plus-Vier-Runde in Paris berät über die polnische Grenzfrage am 17. Juli 1990 in Anwesenheit des polnischen Außenministers. Von links nach rechts die Außenminister: Hans-Dietrich Genscher (Bundesrepublik), James Baker (USA), Krzysztof Skubiszewski (Polen), Roland Dumas (Frankreich), Eduard Schewardnadse (UdSSR), Douglas Hurd (Großbritannien) und Markus Meckel (DDR).

ver die drei liberalen Parteien der DDR und die bundesdeutsche FDP zu einer Partei zusammen. Vorsitzender wird Otto Graf Lambsdorff.

15. 8. 1990: Ministerpräsident Lothar de Maizière entläßt überraschend vier Minister aus ihren Ämtern, darunter zwei von der SPD.
In Ost-Berlin und anderen Städten der DDR protestieren mehr als 250 000 Menschen gegen die Agrarpolitik der Regierung.

Auf Staatssekretär Hans Neusel wird am 27. Juli 1990 ein Attentat verübt, für das vermutlich die Rote Armee Fraktion verantwortlich ist. Entgegen seiner Gewohnheit saß er selbst am Steuer seines Wagens, was ihm das Leben rettete.

Am 31. August 1990 unterzeichnen Bundesinnenminister Wolfgang Schäuble (links) und der Parlamentarische Staatssekretär Günther Krause (rechts) den Vertrag zur Herstellung der Einheit Deutschlands.

6. September 1990: Mahnwache vor der ehemaligen Zentrale der Staatssicherheit für die Durchsetzung der Beschlüsse der Volkskammer zum Umgang mit den Stasi-Akten.

Das Abschlußdokument der Zwei-plus-Vier-Gespräche wird am 12. September 1990 in Moskau von den Außenministern der beteiligten Länder unterzeichnet.

19. 8. 1990: Die SPD verläßt die Koalition; damit verliert Ministerpräsident de Maizière die Regierungsmehrheit. Einen Tag später übernimmt er zusätzlich den Posten des Außenministers.

22. 8. 1990: Die Volkskammer verabschiedet das Wahlgesetz mit der erforderlichen Mehrheit. In der Nacht zum 23. beschließt sie nach langer Debatte den Beitritt der DDR zur Bundesrepublik Deutschland nach Artikel 23 Grundgesetz zum 3. 10. 1990.

23. 8. 1990: Der Bundestag verabschiedet das Wahlgesetz.

24. 8. 1990: Die Volkskammer passiert ein Gesetz, das die Vernichtung der etwa sechs Millionen Akten des ehemaligen Staatssicherheitsdienstes der DDR verbietet und die Überführung in Sonderarchive oder in Archive der künftigen Länder vorsieht.

29. 8. 1990: Nach heftigem Streit zwischen Union und SPD um die strafrechtliche Regelung bei Abtreibungen verzichtet die CDU/CSU-Fraktion auf die Festschreibung des »Wohnortprinzips«, nach dem sich Bundesbürgerinnen bei einer Abtreibung in der DDR strafbar gemacht hätten, und sichert damit die Zustimmung von SPD und FDP zum Einigungsvertrag. Anwendung findet nun das »Tatortprinzip«.

30. 8. 1990: Auf der Konferenz für Verhandlungen über Konventionelle Streitkräfte in Europa (VKSE) in Wien garantieren Bundesaußenminister Genscher und Ministerpräsident de Maizière, die Streitkräfte im geeinten Deutschland innerhalb von vier Jahren um fast die Hälfte auf 370 000 Mann zu reduzieren.

31. 8. 1990: In Ost-Berlin unterzeichnen Bundesinnenminister Wolfgang Schäuble und DDR-Staatssekretär Günther Krause den Vertrag über die Herstellung der Einheit Deutschlands. Im Einigungsvertrag wird der 3. 10. zum neuen deutschen Nationalfeiertag erklärt.

4. 9. 1990: Mehr als 20 Angehörige von DDR-Bürgerrechtsbewegungen besetzen in Ost-Berlin die Zentrale des ehemaligen Staatssicherheitsdienstes, um gegen eine drohende Verlagerung der Stasi-Akten in die Bundesrepublik zu protestieren.

6. 9. 1990: Die Volkskammer verabschiedet ein Rehabilitierungsgesetz, das eine Entschädigung von Opfern des SED-Regimes vorsieht.

10. 9. 1990: Acht Abgeordnete der CDU/CSU-Fraktion reichen eine Verfassungsklage gegen den Einigungsvertrag ein. Ihr Ziel ist, den vertraglichen Verzicht auf ehemals deutsche Gebiete zu verhindern.

12. 9. 1990: In Moskau wird mit Unterzeichnung des Vertrags über die außenpolitischen Aspekte der deutschen Einheit der »Zwei-plus-Vier«-Prozeß abgeschlossen. Damit erhält das geeinte Deutschland die volle Souveränität. Die alliierten Hoheitsrechte werden mit Wirkung zum 3. 10. 1990 ausgesetzt.

13. 9. 1990: Auf Beschluß des Bundestages wird mit Wirkung zum 1. 10. 1990 der Wehrdienst von 15 auf 12 Monate und der Zivildienst von 20 auf 15 Monate verkürzt.

Die Außenminister Genscher und Schewardnadse unterzeichnen einen Vertrag über enge deutsch-sowjetische Zusammenarbeit in allen Bereichen sowie über den Verzicht auf Gebietsansprüche und Gewalt.

14. 9. 1990: In Ost-Berlin beschließen Delegierte des Freien Deutschen Gewerkschaftsbundes (FDGB) auf einem Kongreß die endgültige Auflösung der früheren Einheitsgewerkschaft.

20. 9. 1990: Bundestag und Volkskammer verabschieden den Einigungsvertrag. Die Grünen und die PDS lehnen den Vertrag ab.

21. 9. 1990: Der Einigungsvertrag passiert den Bundesrat. Das neue Wehrgesetz wird von ihm jedoch abgelehnt. Die SPD-regierten Länder fordern, auch den Zivildienst auf 12 Monate zu verkürzen. Letzter Transport von amerikanischen C-Waffen aus dem Munitionsdepot in Clausen.

23. 9. 1990: Auf einer Sondersitzung in Bayreuth beschließen die Grünen, sich mit ihrer Schwesterpartei erst nach der Bundestagswahl zu vereinen.

24. 9. 1990: Bundespräsident Richard von Weizsäcker unterschreibt den Einigungsvertrag.
In Ost-Berlin wird zwischen der DDR und der Sowjetunion ein Vertrag unterzeichnet, nach dem mit dem 3. 10. 1990 die Mitgliedschaft der DDR im Warschauer Pakt erlischt.
Präsident Gorbatschow erhält befristet bis zum 31. 3. 1992 Sondervollmachten.

24.–28. 9. 1990: In Fulda findet die erste gesamtdeutsche Bischofskonferenz statt.

27. 9. 1990: In Berlin vereinigen sich die beiden sozialdemokratischen Parteien Deutschlands. Vorsitzender wird Hans-Jochen Vogel. Einen Tag später wird Oskar Lafontaine in geheimer Abstimmung mit 99% der Stimmen zum Kanzlerkandidaten gewählt.

28. 9. 1990: Als Reaktion auf die Meuterei in den DDR-Gefängnissen beschließt die Volkskammer eine Teilamnestie für die Häftlinge in der DDR, die damit nur zwei Drittel ihrer Haftstrafe absitzen müssen.

29. 9. 1990: Das Bundesverfassungsgericht lehnt das Wahlgesetz als verfassungswidrig ab. Am 5. 10. 1990 verabschiedet der Bundestag in seiner ersten Sitzung nach der Vereinigung ein neues Wahlgesetz: Fünf-Prozent-Klausel in getrennten Wahlgebieten, Möglichkeit zu Listenvereinigungen in den neuen Bundesländern. Der Bundesrat stimmt dem Gesetz am 8. 10. 1990 zu.

1./2. 10. 1990: Vereinigungsparteitag der beiden christdemokratischen Parteien in Hamburg. Mit 98,5% wird Helmut Kohl zum

21. September 1990: Mit den letzten, unter strengsten Sicherheitsvorkehrungen durchgeführten Giftgastransporten vom Zwischenlager Miesau nach Nordenham wird die Bundesrepublik Deutschland nach 30 Jahren chemiewaffenfrei.

Vorsitzenden der CDU Deutschlands gewählt. Lothar de Maizière wird Stellvertreter.

3. 10. 1990: Die DDR tritt der Bundesrepublik Deutschland bei. Berlin wird neue Hauptstadt der Bundesrepublik.
Bundespräsident Weizsäcker ernennt 5 ehemalige DDR-Politiker zu Ministern ohne Geschäftsbereich.

Redaktionsschluß: 3. Oktober 1990

Mitglieder der Volkskammer applaudieren der Verabschiedung des Einigungsvertrages am 20. September 1990 in Ost-Berlin. Zur gleichen Zeit verabschiedet auch der Bundestag in Bonn den Vertrag, so daß der Vereinigung am 3. Oktober 1990 nichts mehr im Weg steht.

Die deutsche Fahne wird am 3. Oktober 1990, um 0.00 Uhr, dem Zeitpunkt des Beitritts der DDR zur Bundesrepublik, vor dem Berliner Reichstag gehißt. Wie in Berlin wird vielerorts die ganze Nacht gefeiert.

Dokumente zur deutschen Frage

Im folgenden sind die den jeweiligen rechtlichen Status Deutschlands in den 45 Jahren nach dem Zweiten Weltkrieg konstituierenden Dokumente wiedergegeben. Sie beziehen sich auf das in vier Zonen geteilte und von den Alliierten regierte und verwaltete Territorium, dann auf die Gründung und Entwicklung der beiden daraus hervorgegangenen Staaten Bundesrepublik (amerikanische, britische und französische Besatzungszone) und DDR (sowjetische Besatzungszone), auf Berlin sowie auf wesentliche Außenbeziehungen (Ostverträge) und die Beziehungen der beiden deutschen Staaten zueinander.

Die Dokumente sind von unterschiedlicher juristischer Qualität, denn die entscheidenden Regelungen sind auf mannigfache Art und Weise fixiert worden, als Deklaration oder Proklamation der Siegermächte, als Protokoll oder internationales Abkommen, als völkerrechtlicher Vertrag, als Verfassungsgerichtsurteil, Pressekommuniqué, Brief, Bekanntmachung, Statut, Ratifizierungsgesetz. Gemeinsam ist allen diesen Dokumenten, daß sie die wichtigsten politischen und rechtlichen Rahmenbedingungen Deutschlands zwischen der bedingungslosen Kapitulation des Deutschen Reiches und der Vereinigung der beiden deutschen Nachkriegsstaaten bilden.

Alle Texte werden im vollen, ungekürzten Wortlaut nach dem jeweils verbindlichen Originaldruckort (Amtsblatt des Alliierten Kontrollrats, Verordnungsblatt für die britische Zone, Bundesgesetzblatt und anderen amtlichen oder offiziösen Quellen) reproduziert. Auch die Mehrsprachigkeit einiger Dokumente wie zum Beispiel Besatzungsstatut oder Ostverträge wurde, um die Authentizität zu wahren, beibehalten. Zugunsten des inneren Zusammenhangs der Dokumente wurde gelegentlich die rein chronologische Abfolge durchbrochen.

Erklärung
in Anbetracht der Niederlage Deutschlands und der Übernahme der obersten
Regierungsgewalt hinsichtlich Deutschlands durch die Regierungen des Vereinigten Königreichs, der Vereinigten Staaten von Amerika und der Union der Sozialistischen Sowjet-Republiken und durch die Provisorische Regierung der
Französischen Republik

5. Juni 1945

Die deutschen Streitkräfte zu Lande, zu Wasser und in der Luft sind vollständig geschlagen und haben bedingungslos kapituliert, und Deutschland, das für den Krieg verantwortlich ist, ist nicht mehr fähig, sich dem Willen der siegreichen Mächte zu widersetzen. Dadurch ist die bedingungslose Kapitulation Deutschlands erfolgt, und Deutschland unterwirft sich allen Forderungen, die ihm jetzt oder später auferlegt werden.

Es gibt in Deutschland keine zentrale Regierung oder Behörde, die fähig wäre, die Verantwortung für die Aufrechterhaltung der Ordnung, für die Verwaltung des Landes und für die Ausführung der Forderungen der siegreichen Mächte zu übernehmen.

Unter diesen Umständen ist es notwendig, unbeschadet späterer Beschlüsse, die hinsichtlich Deutschlands getroffen werden mögen, Vorkehrungen für die Einstellung weiterer Feindseligkeiten seitens der deutschen Streitkräfte, für die Aufrechterhaltung der Ordnung in Deutschland und für die Verwaltung des Landes zu treffen und die sofortigen Forderungen zu verkünden, denen Deutschland nachzukommen verpflichtet ist.

Die Vertreter der obersten Kommandobehörden des Vereinigten Königreichs, der Vereinigten Staaten von Amerika, der Union der Sozialistischen Sowjet-Republiken und der Französischen Republik, im folgenden „Alliierte Vertreter" genannt, die mit der Vollmacht ihrer betreffenden Regierungen und im Interesse der Vereinten Nationen handeln, geben dementsprechend die folgende Erklärung ab:

Die Regierungen des Vereinigten Königreichs, der Vereinigten Staaten von Amerika, der Union der Sozialistischen Sowjet-Republiken und die Provisorische Regierung der Französischen Republik übernehmen hiermit die oberste Regierungsgewalt in Deutschland, einschließlich aller Befugnisse der deutschen Regierung, des Oberkommandos der Wehrmacht und der Regierungen, Verwaltungen oder Behörden der Länder, Städte und Gemeinden. Die Übernahme zu den vorstehend genannten Zwecken der besagten Regierungsgewalt und Befugnisse bewirkt nicht die Annektierung Deutschlands.

Die Regierungen des Vereinigten Königreichs, der Vereinigten Staaten von Amerika, der Union der Sozialistischen Sowjet-Republiken und die

Provisorische Regierung der Französischen Republik werden später die Grenzen Deutschlands oder irgendeines Teiles Deutschlands und die rechtliche Stellung Deutschlands oder irgendeines Gebietes, das gegenwärtig einen Teil deutschen Gebietes bildet, festlegen.

Kraft der obersten Regierungsgewalt und Befugnisse, die die vier Regierungen auf die Weise übernommen haben, verkünden die Alliierten Vertreter die folgenden Forderungen, die sich aus der vollständigen Niederlage und der bedingungslosen Kapitulation Deutschlands ergeben und denen Deutschland nachzukommen verpflichtet ist:

Artikel 1

Deutschland und alle deutschen Behörden des Heeres, der Kriegsmarine und der Luftwaffe und alle Streitkräfte unter deutschem Befehl stellen sofort auf allen Kriegsschauplätzen die Feindseligkeiten gegen die Streitkräfte der Vereinten Nationen zu Lande, zu Wasser und in der Luft ein.

Artikel 2

a) Sämtliche deutschen oder von Deutschland kontrollierten Streitkräfte, einschließlich Land-, Luft-, Flugabwehr- und Seestreitkräfte, die Schutzstaffeln, die Sturmabteilungen, die Geheime Staatspolizei und alle sonstigen mit Waffen ausgerüsteten Verbände und Hilfsorganisationen, wo sie sich auch immer befinden mögen, werden restlos entwaffnet, indem sie Waffen und Gerät an die örtlichen Alliierten Befehlshaber bzw. an die von den Alliierten Vertretern namhaft zu machenden Offiziere abliefern.

b) Nach dem Ermessen des Obersten Befehlshabers der Streitkräfte des betreffenden Alliierten Staates wird, bis weitere Entscheidungen getroffen werden, das Personal der Verbände und Einheiten sämtlicher im Absatz a) bezeichneten Streitkräfte für Kriegsgefangene erklärt und unterliegt den von den betreffenden Alliierten Vertretern festzulegenden Bestimmungen und Weisungen.

c) Sämtliche im Absatz a) bezeichneten Streitkräfte, wo sie sich auch immer befinden mögen, verbleiben bis zur Erteilung von Anweisungen der Alliierten Vertreter an ihren jeweiligen Stellen.

d) Gemäß den von den Alliierten Vertretern zu erteilenden Anweisungen räumen die genannten

Streitkräfte sämtliche außerhalb der deutschen Grenzen (nach dem Stande vom 31. Dezember 1937) liegenden Gebiete.

f) Zivile Polizeiabteilungen, die zum Zwecke der Aufrechterhaltung der Ruhe und Ordnung und der Leistung des Wachdienstes nur mit Handwaffen auszurüsten sind, werden von den Alliierten Vertretern bestimmt.

Artikel 3

a) Alle Militär- Marine- und Zivilflugzeuge jeder Art und jeder Nationalität, die sich in Deutschland und in von Deutschland besetzten oder beherrschten Gebieten und Gewässern befinden, verbleiben bis zur Erteilung von weiteren Anweisungen auf dem Boden bzw. auf dem Wasser oder an Bord Schiff. Ausgenommen sind die in Alliierten Diensten stehenden Flugzeuge.

b) Alle deutschen oder von Deutschland beherrschten Flugzeuge, die sich auf oder über Gebieten und Gewässern außerhalb des deutschen Machtgebietes befinden, haben sich sofort nach Deutschland oder an irgendeinen anderen von den Alliierten Vertretern zu bestimmenden Ort zu begeben.

Artikel 4

a) Alle deutschen und von Deutschland beherrschten Über- und Unterwasserkriegsschiffe, Marinehilfsfahrzeuge, Handelsschiffe und sonstigen Wasserfahrzeuge, wo sie sich zur Zeit der Abgabe dieser Erklärung auch immer befinden mögen, sowie alle anderen in deutschen Häfen befindlichen Handelsschiffe jeder Nationalität haben in den von den Alliierten Vertretern zu bestimmenden Häfen oder Stützpunkten zu verbleiben bzw. sich sofort dorthin zu begeben. Die Besatzungen der genannten Fahrzeuge bleiben bis zur Erteilung weiterer Anweisungen an Bord.

b) Alle Schiffe und sonstigen Wasserfahrzeuge der Vereinten Nationen, die zur Zeit der Abgabe dieser Erklärung zur Verfügung Deutschlands stehen oder von Deutschland beherrscht sind, begeben sich an die von den Alliierten Vertretern zu bestimmenden Häfen oder Stützpunkte, und zwar zu den Zeiten, die ebenfalls von den Alliierten Vertretern bestimmt werden. Es ist unerheblich, ob der Rechtstitel nach prisengerichtlichen oder sonstigen Verfahren übertragen worden ist.

Artikel 5

a) Alle oder jeder einzelne der folgenden Gegenstände im Besitz der deutschen Streitkräfte oder unter deutschem Befehl oder zur deutschen Verfügung sind unversehrt und in gutem Zustand zur Verfügung der Alliierten Vertreter zu halten für die Zwecke, zu den Zeiten und an den Orten, die von letzteren bestimmt werden:

I. alle Waffen, Munition, Sprengstoffe, Kriegsgerät, Kriegsvorräte und alle anderen Kriegsmittel sowie sonstiges Kriegsmaterial jeder Art;

II. alle Über- und Unterwasserkriegsschiffe jeder Kategorie, Marinehilfsfahrzeuge und Handelsschiffe, ob schwimmend, zur Reparatur aufgelegt oder im Bau befindlich;

III. alle Flugzeuge jeder Art sowie alle Geräte und Vorrichtungen, die der Luftfahrt und der Flugabwehr dienen;

IV. alle Einrichtungen und Gegenstände des Verkehrs und des Nachrichtenwesens, zu Lande, zu Wasser und in der Luft;

V. alle militärischen Einrichtungen und Anlagen, einschließlich Flugplätze, Wasserflugzeughäfen, See- und Kriegshäfen Lagerplätze, ständige und vorläufige Land- und Küstenbefestigungen, Festungen und sonstige befestigte Gebiete sowie Pläne und Zeichnungen aller derartigen Befestigungen, Einrichtungen und Anlagen.

VI. alle Fabriken, Industrieanlagen, Betriebe, Forschungsinstitute, Laboratorien. Prüfstellen, technischen Unterlagen, Patente, Pläne, Zeichnungen und Erfindungen, die bestimmt oder geeignet sind, die unter I., II., III., IV. und V. oben bezeichneten Gegenstände und Einrichtungen zu erzeugen bzw. deren Erzeugung oder Gebrauch zu fördern oder überhaupt die Kriegsführung zu unterstützen.

b) Auf Verlangen sind den Alliierten Vertretern zur Verfügung zu stellen:

I. die Arbeitskräfte, Versorgungsmittel und Betriebsanlagen, die zur Erhaltung oder zum Betrieb jeder der sechs unter a) oben bezeichneten Kategorien erforderlich sind; und

II. alle Auskünfte und Unterlagen, die in diesem Zusammenhang von den Alliierten Vertretern verlangt werden können.

c) Auf Verlangen der Alliierten Vertreter sind alle Mittel und Einrichtungen für die Beförderung alliierter Truppen und Dienststellen mit deren Ausrüstung und Vorräten, auf Eisenbahnen, Straßen und sonstigen Landverkehrswegen oder zur See, auf Wasserstraßen und in der Luft zur Verfügung zu stellen. Sämtliche Verkehrsmittel sind in gutem Zustand zu erhalten und die hierzu notwendigen Arbeitskräfte, Versorgungsmittel und Betriebsanlagen müssen zur Verfügung gestellt werden.

Artikel 6

a) Die deutschen Behörden übergeben den Alliierten Vertretern nach einem von letzteren vorzuschreibenden Verfahren sämtliche zur Zeit in ihrer Gewalt befindlichen kriegsgefangenen Angehörigen der Streitkräfte der Vereinten Nationen und liefern vollständige Namenslisten dieser Personen unter Angabe der Orte ihrer Gefangenhaltung in Deutschland bzw. in von Deutschland besetzten Gebieten. Bis zur Freilassung solcher Kriegsgefangenen haben die deutschen Behörden und das deutsche Volk ihre Person und ihren Besitz zu schützen und sie ausreichend mit Lebensmitteln, Bekleidung, Unterkunft, ärztlicher Betreuung und Geld gemäß ihrem Dienstrang oder ihrer amtlichen Stellung zu versorgen.

b) Die deutschen Behörden und das deutsche Volk haben auf gleiche Weise alle anderen Angehörigen der Vereinten Nationen zu versorgen und freizulassen, die eingesperrt, interniert oder irgendwelchen anderen Einschränkungen ausgesetzt sind, sowie alle sonstigen Personen, die aus politischen Gründen oder infolge nationalsozialistischer Handlungen, Gesetze oder Anordnungen, die hinsichtlich der Rasse, der Farbe, des Glaubensbekenntnisses oder der politischen Einstellung diskriminiert, eingesperrt, interniert oder irgendwelchen anderen Einschränkungen ausgesetzt sind.

c) Die deutschen Behörden haben auf Verlangen der Alliierten Vertreter die Befehlsgewalt über Orte der Gefangenhaltung den von den Alliierten Vertretern zu diesem Zweck namhaft zu machenden Offizieren zu übergeben.

Artikel 7

Die zuständigen deutschen Behörden geben den Alliierten Vertretern:

a) alle Auskünfte über die im Artikel 2, Absatz a), bezeichneten Streitkräfte; insbesondere liefern sie sofort sämtliche von den Alliierten Vertretern verlangten Informationen über die Anzahl, Stellung und Disposition dieser Streitkräfte sowohl innerhalb wie auch außerhalb Deutschlands;

b) vollständige und ausführliche Auskünfte über Minen, Minenfelder und sonstige Hindernisse gegen Bewegungen zu Lande, zu Wasser und in der Luft sowie über die damit verbundenen sicheren Durchlässe. Alle solche Durchlässe werden offengehalten und deutlich gekennzeichnet; alle Minen, Minenfelder und sonstigen gefährlichen Hindernisse werden soweit wie möglich unschädlich gemacht und alle Hilfsmittel für die Navigation werden wieder in Betrieb genommen. Unbewaffnetes deutsches Militär- und Zivilpersonal mit der notwendigen Ausrüstung wird zur Verfügung gestellt und zu obigen Zwecken sowie zum Entfernen von Minen, Minenfeldern und sonstigen Hindernissen nach den Weisungen der Alliierten Vertreter eingesetzt.

Artikel 8

Die Vernichtung, Entfernung, Verbergung, Übertragung, Versenkung oder Beschädigung von Militär-, Marine-, Luftfahrt-, Schiffs-, Hafen-, Industrie- und ähnlichem Eigentum und Einrichtungen aller Art sowie von allen Akten und Archiven, wo sie sich auch immer befinden mögen, ist verboten. Ausnahmen können nur von den Alliierten Vertretern angeordnet werden.

Artikel 9

Bis zur Herbeiführung einer Aufsicht über alle Nachrichtenverkehrsmittel durch die Alliierten Vertreter hören alle von Deutschland beherrschten Funk- und Fernnachrichtenverkehrseinrichtungen und sonstigen Draht- und drahtlosen Nachrichtenmittel auf dem Lande oder auf dem Wasser zu senden auf; Ausnahmen können nur von den Alliierten Vertretern angeordnet werden.

Artikel 10

Die in Deutschland befindlichen, von Deutschland beherrschten und in deutschem Dienst oder zu deutscher Verfügung stehenden Streitkräfte, Angehörigen, Schiffe und Flugzeuge sowie das Militärgerät und sonstige Eigentum eines jeden anderen mit irgendeinem der Alliierten im Kriegszustand befindlichen Staates unterliegen den Bestimmungen dieser Erklärung und aller etwaigen kraft derselben erlassenen Proklamationen, Befehle, Anordnungen oder Anweisungen.

Artikel 11

a) Die hauptsächlichen Naziführer, die von den Alliierten Vertretern namhaft gemacht werden, und alle Personen, die von Zeit zu Zeit von den Alliierten Vertretern genannt oder nach Dienstgrad, Amt oder Stellung beschrieben werden weil sie im Verdacht stehen, Kriegs- oder ähnliche Verbrechen begangen, befohlen oder ihnen Vorschub geleistet zu haben, sind festzunehmen und den Alliierten Vertretern zu übergeben.

b) Dasselbe trifft zu für alle die Angehörigen irgendeiner der Vereinten Nationen, von denen behauptet wird, daß sie sich gegen die Gesetze ihres Landes vergangen haben, und die jederzeit von den Alliierten Vertretern namhaft gemacht oder nach Dienstgrad, Amt oder Stellung beschrieben werden können.

c) Allen Anweisungen der Alliierten Vertreter, die zur Ergreifung und Übergabe solcher Personen zweckdienlich sind, ist von den deutschen Behörden und dem deutschen Volke nachzukommen

Artikel 12

Die Alliierten Vertreter werden nach eigenem Ermessen Streitkräfte und zivile Dienststellen in jedem beliebigen Teil oder auch in allen Teilen Deutschlands stationieren.

Artikel 13

a) In Ausübung der obersten Regierungsgewalt in Deutschland, die von den Regierungen des Vereinigten Königreichs, der Vereinigten Staaten von Amerika und der Union der Sozialistischen Sowjet-Republiken sowie der Provisorischen Regierung der Französischen Republik übernommen wird, werden die vier Alliierten Regierungen diejenigen Maßnahmen treffen, die sie zum künftigen Frieden und zur künftigen Sicherheit für erforderlich halten, darunter auch die vollständige Abrüstung und Entmilitarisierung Deutschlands

b) Die Alliierten Vertreter werden Deutschland zusätzliche politische, verwaltungsmäßige, wirtschaftliche, finanzielle, militärische und sonstige Forderungen auferlegen, die sich aus der vollständigen Niederlage Deutschlands ergeben. Die Alliierten Vertreter bzw. die ordnungsmäßig dazu ermächtigten Personen oder Dienststellen werden Proklamationen, Befehle, Verordnungen und Anweisungen ergehen lassen, um solche zusätzlichen Forderungen festzulegen und die übrigen Bestimmungen dieser Erklärung auszuführen. Alle deutschen Behörden und das deutsche Volk haben den Forderungen der Alliierten Vertreter bedingungslos nachzukommen und alle solche Proklamationen, Befehle, Anordnungen und Anweisungen uneingeschränkt zu befolgen.

Artikel 14

Diese Erklärung tritt in Kraft und Wirkung an dem Tage und zu der Stunde, die nachstehend angegeben werden. Im Fall einer Versäumnis seitens der deutschen Behörden oder des deutschen Volkes, ihre hierdurch oder hiernach auferlegten Verpflichtungen pünktlich und vollständig zu erfüllen, werden die Alliierten Vertreter die Maßnahmen treffen, die sie unter den Umständen für zweckmäßig halten.

Artikel 15

Diese Erklärung ist in englischer, russischer, französischer und deutscher Sprache ausgefertigt. Die englischen, russischen und französischen Fassungen sind allein maßgebend.

Berlin, den 5. Juni 1945.
18 00 Uhr mitteleuropäischer Zeit.

(Die in den drei maßgebenden Sprachen abgefaßten Texte dieser Erklärung sind von *Dwight D. Eisenhower*, General der Armee, *G. Shukow*, Marschall der Sowjetunion, *B. L. Montgomery*, Feldmarschall, und *T de Lattre-Tassigny*, Armeegeneral, unterzeichnet.)

Quelle: Amtsblatt des Kontrollrats in Deutschland, Supplement Nr. 1, Berlin 1946, Seite 7–9.

II.

»Potsdamer Abkommen«

2. August 1945

Mitteilung über die Dreimächtekonferenz von Berlin

I.

Am 17. Juli 1945 trafen sich der Präsident der Vereinigten Staaten von Amerika, Harry S. Truman, der Vorsitzende des Rates der Volkskommissare der Union der Sozialistischen Sowjetrepubliken, Generalissimus J. W. Stalin, und der Premierminister Großbritanniens, Winston S. Churchill, sowie Herr Clement R. Attlee auf der von den drei Mächten beschickten Berliner Konferenz. Sie wurden begleitet von den Außenministern der drei Regierungen, W. M. Molotow, Herrn D. F. Byrnes und Herrn A. Eden, den Stabschefs und anderen Beratern.

In der Periode vom 17. bis 25. Juli fanden neun Sitzungen statt. Darauf wurde die Konferenz für zwei Tage unterbrochen, an denen in England die Wahlergebnisse verkündet wurden.

Am 28. Juli kehrte Herr Attlee in der Eigenschaft als Premierminister in Begleitung des neuen Außenministers, Herrn E. Bevin, zu der Konferenz zurück. Es wurden noch vier Sitzungen abgehalten. Während der Konferenz fanden regelmäßige Begegnungen der Häupter der drei Regierungen, von den Außenministern begleitet, und regelmäßige Beratungen der Außenminister statt.

Die Kommissionen, die in den Beratungen der Außenminister für die vorherige Vorbereitung der Fragen eingesetzt worden waren, tagten gleichfalls täglich. Die Sitzungen der Konferenz fanden in Cäcilienhof bei Potsdam statt.

Die Konferenz schloß am 2. August 1945. Es wurden wichtige Entscheidungen und Vereinbarungen getroffen. Es fand ein Meinungsaustausch über eine Reihe anderer Fragen statt. Die Beratung dieser Probleme wird durch den Rat der Außenminister, der auf dieser Konferenz geschaffen wurde, fortgesetzt.

Präsident Truman, Generalissimus Stalin und Premierminister Attlee verlassen diese Konferenz, welche das Band zwischen den drei Regierungen fester geknüpft und den Rahmen ihrer Zusammenarbeit und Verständigung erweitert hat, mit der verstärkten Überzeugung, daß ihre Regierungen und Völker, zusammen mit anderen Vereinten Nationen, die Schaffung eines gerechten und dauerhaften Friedens sichern werden.

II.

Die Einrichtung eines Rates der Außenminister

Die Konferenz erreichte eine Einigung über die Errichtung eines Rates der Außenminister, welche die fünf Hauptmächte vertreten, zur Fortsetzung der notwendigen vorbereitenden Arbeit zur friedlichen Regelung und zur Beratung anderer Fragen, welche nach Übereinstimmung zwischen den Teilnehmern in dem Rat der Regierungen von Zeit zu Zeit an den Rat übertragen werden können.

Der Text der Übereinkunft über die Errichtung des Rates der Außenminister lautet:

1. Es ist ein Rat zu errichten, bestehend aus den Außenministern des Vereinigten Königreiches, der Union der Sozialistischen Sowjetrepubliken, Chinas, Frankreichs und der Vereinigten Staaten von Amerika.

2. (I) Der Rat tagt normalerweise in London, wo der ständige Sitz des Vereinigten Sekretariats sein wird, das durch den Rat zu schaffen ist. Jeder Außenminister wird durch einen Stellvertreter von hohem Rang begleitet werden, welcher gegebenenfalls bevollmächtigt ist, während seiner des Außenministers Abwesenheit die Arbeit weiterzuführen, sowie von einem kleinen Stab technischer Mitarbeiter.

   (II) Die erste Sitzung des Rates findet in London nicht später als am 1. September 1945 statt. Die Sitzungen können nach allgemeiner Übereinkunft nach anderen Hauptstädten einberufen werden; diese Übereinkunft kann von Zeit zu Zeit herbeigeführt werden.

3. (I) Als eine vordringliche und wichtige Aufgabe des Rates wird ihm aufgetragen, Friedensverträge für Italien, Rumänien, Bulgarien, Ungarn und Finnland aufzusetzen, um sie den

Vereinten Nationen vorzulegen und Vorschläge zur Regelung der ungelösten territorialen Fragen, die in Verbindung mit der Beendigung des Krieges in Europa entstehen, auszuarbeiten. Der Rat wird zur Vorbereitung einer friedlichen Regelung für Deutschland benutzt werden, damit das entsprechende Dokument durch die für diesen Zweck geeignete Regierung Deutschlands angenommen werden kann, nachdem eine solche Regierung gebildet sein wird.

   (II) Zwecks Lösung jeder dieser Aufgaben wird der Rat aus Mitgliedern bestehen, welche diejenigen Regierungen vertreten, die die Bedingungen in der Kapitulation unterschrieben haben, diktiert an den Feindstaat, den die gegebene Aufgabe betrifft. Bei der Betrachtung der Fragen der Friedensregelung mit Italien wird Frankreich als Unterschriftleistende der Kapitulationsbedingungen Italiens betrachtet werden. Andere Mitglieder werden zur Teilnahme am Rat eingeladen werden, wenn Fragen erörtert werden, die sie direkt betreffen.

   (III) Andere Angelegenheiten werden von Zeit zu Zeit dem Rat übertragen werden nach Übereinkunft zwischen den Regierungen, die seine Mitglieder sind.

4. (I) Wenn der Rat eine Frage erörtern wird, an der unmittelbar ein Staat interessiert ist, der in ihm nicht vertreten ist, so muß dieser Staat eingeladen werden, seine Vertreter zur Teilnahme an der Beratung und Prüfung dieser Frage zu entsenden.

   (II) Der Rat kann seine Arbeitsweise dem Charakter des gestellten, von ihm zu prüfenden Problems anpassen. In gewissen Fällen kann er die Frage zunächst in seiner Zusammensetzung vor der Teilnahme anderer interessierter Staaten vorberaten. In anderen Fällen kann der Rat zu einer offiziellen Konferenz den Staat einberufen, der hauptsächlich an der Lösung eines besonderen Problems interessiert ist.

Der Entschließung der Konferenz entsprechend, schickte jede der drei Regierungen gleichlautende Einladungen an die Regierungen von China und Frankreich, diesen Text anzunehmen und sich ihnen zur Errichtung des Rates anzuschließen.

Die Errichtung des Rates der Außenminister für besondere Ziele, die in diesem Text genannt worden sind, widerspricht nicht der auf der Krim-Konferenz erzielten Übereinkunft über die Abhaltung periodischer Beratungen der Außenminister der Vereinigten Staaten, der Union der Sozialistischen Sowjetrepubliken und des Vereinigten Königreiches.

Die Konferenz überprüfte auch die Situation der europäischen konsultativen Kommission im Sinne der Übereinkunft über die Errichtung des Rates der Außenminister. Mit Genugtuung wurde festgestellt, daß die Kommission erfolgreich ihre Hauptaufgaben bewältigt hat, indem sie die Vorschläge betreffend die bedingungslose Kapitulation, die Besatzungszonen Deutschlands und Österreichs und das internationale Kontrollsystem in diesen Ländern vorlegte. Es wurde für richtig befunden, daß die speziellen Fragen, die die gegenseitige Angleichung der Politik der Alliierten hinsichtlich der Kontrolle über Deutschland und Österreich betreffen, in Zukunft der Zuständigkeit des Kontrollrats in Berlin und der Alliierten Kommission in Wien unterliegen sollen. Demgemäß ist man darüber einig geworden, die Auflösung der Europäischen Konsultativen Kommission zu empfehlen.

III.

Deutschland

Alliierte Armeen führen die Besetzung von ganz Deutschland durch, und das deutsche Volk fängt an, die furchtbaren Verbrechen zu büßen, die unter der Leitung derer, welche es zur Zeit ihrer Erfolge offen gebilligt hat und denen es blind gehorcht hat, begangen wurden. Auf der Konferenz wurde eine Übereinkunft erzielt über die politischen und wirtschaftlichen Grundsätze der gleichgeschalteten Politik der Alliierten in bezug auf das besiegte Deutschland in der Periode der alliierten Kontrolle.

Das Ziel dieser Übereinkunft bildet die Durchführung der Krim-Deklaration über Deutschland. Der deutsche Militarismus und Nazismus werden ausgerottet, und die Alliierten treffen nach gegenseitiger Vereinbarung in der Gegenwart und in der Zukunft auch andere Maßnahmen, die notwendig sind, damit Deutschland niemals mehr seine Nachbarn oder die Erhaltung des Friedens in der ganzen Welt bedrohen kann.

Es ist nicht die Absicht der Alliierten, das deutsche Volk zu vernichten oder zu versklaven. Die Alliierten wollen dem deutschen Volk die Möglichkeit geben, sich darauf vorzubereiten, sein Leben auf einer demokratischen und friedlichen Grundlage von neuem wiederaufzubauen. Wenn die eigenen Anstrengungen des deutschen Volkes unablässig auf die Erreichung dieses Zieles gerichtet sein werden, wird es ihm möglich sein, zu gegebener Zeit seinen Platz unter den freien und friedlichen Völkern der Welt einzunehmen.

Der Text dieser Übereinkunft lautet:

„Politische und wirtschaftliche Grundsätze, deren man sich bei der Behandlung Deutschlands in der Anfangsperiode der Kontrolle bedienen muß:

A. Politische Grundsätze

1. Entsprechend der Übereinkunft über das Kontrollsystem in Deutschland wird die höchste Regierungsgewalt in Deutschland durch die Oberbefehlshaber der Streitkräfte der Vereinigten Staaten von Amerika, des Vereinigten Königreichs, der Union der Sozialistischen Sowjetrepubliken und der Französischen Republik nach den Weisungen ihrer entsprechenden Regierungen ausgeübt, und zwar von jedem in seiner Besatzungszone, sowie gemeinsam in ihrer Eigenschaft als Mitglieder des Kontrollrates in den Deutschland als Ganzes betreffenden Fragen.

2. Soweit dieses praktisch durchführbar ist, muß die Behandlung der deutschen Bevölkerung in ganz Deutschland gleich sein.

3. Die Ziele der Besetzung Deutschlands, durch welche der Kontrollrat sich leiten lassen soll, sind:

(I) Völlige Abrüstung und Entmilitarisierung Deutschlands und die Ausschaltung der gesamten deutschen Industrie, welche für eine Kriegsproduktion benutzt werden kann oder deren Überwachung. Zu diesem Zweck:

a) werden alle Land-, See- und Luftstreitkräfte Deutschlands. SS, SA, SD und Gestapo mit allen ihren Organisationen, Stäben und Ämtern. einschließlich des Generalstabes, des Offizierkorps, der Reservisten, der Kriegsschulen, der Kriegervereine und aller anderen militärischen und halbmilitärischen Organisationen zusammen mit ihren Vereinen und Unterorganisationen, die den Interessen der Erhaltung der militärischen Tradition dienen, völlig und endgültig aufgelöst, um damit für immer der Wiedergeburt oder Wiederaufrichtung des deutschen Militarismus und Nazismus vorzubeugen;

b) müssen sich alle Waffen, Munition und Kriegsgerät und alle Spezialmittel zu deren Herstellung in der Gewalt der Alliierten befinden oder vernichtet werden. Der Unterhaltung und Herstellung aller Flugzeuge und aller Waffen, Ausrüstung und Kriegsgeräte wird vorgebeugt werden.

(II) Das deutsche Volk muß überzeugt werden, daß es eine totale militärische Niederlage erlitten hat und daß es sich nicht der Verantwortung entziehen kann für das, was es selbst dadurch auf sich geladen hat, daß seine eigene mitleidlose Kriegführung und der fanatische Widerstand der Nazis die deutsche Wirtschaft zerstört und Chaos und Elend unvermeidlich gemacht haben.

(III) Die Nationalsozialistische Partei mit ihren angeschlossenen Gliederungen und Unterorganisationen ist zu vernichten; alle nationalsozialistischen Ämter sind aufzulösen; es sind Sicherheiten dafür zu schaffen, daß sie in keiner Form wieder auferstehen können; jeder nazistischen und militaristischen Betätigung und Propaganda ist vorzubeugen.

(IV) Die endgültige Umgestaltung des deutschen politischen Lebens auf demokratischer Grundlage und eine eventuelle friedliche Mitarbeit Deutschlands am internationalen Leben sind vorzubereiten.

4. Alle nazistischen Gesetze, welche die Grundlagen für das Hitlerregime geliefert haben oder eine Diskriminierung auf Grund der Rasse, Religion oder politischer Überzeugung errichteten, müssen abgeschafft werden. Keine solche Diskriminierung, weder eine rechtliche noch eine administrative oder irgendeiner anderen Art, wird geduldet werden.

5. Kriegsverbrecher und alle diejenigen, die an der Planung oder Verwirklichung nazistischer Maßnahmen, die Greuel oder Kriegsverbrechen nach sich zogen oder als Ergebnis hatten, teilgenommen haben, sind zu verhaften und dem Gericht zu übergeben. Nazistische Parteiführer, einflußreiche Nazianhänger und die Leiter der nazistischen Ämter und Organisationen und alle anderen Personen, die für die Besetzung und ihre Ziele gefährlich sind, sind zu verhaften und zu internieren.

6. Alle Mitglieder der nazistischen Partei, welche mehr als nominell an ihrer Tätigkeit teilgenommen haben, und alle anderen Personen, die den alliierten Zielen feindlich gegenüberstehen, sind aus den öffentlichen oder halböffentlichen Ämtern und von den verantwortlichen Posten in wichtigen Privatunternehmungen zu entfernen. Diese Personen müssen durch Personen ersetzt werden, welche nach ihren politischen und moralischen Eigenschaften fähig erscheinen, an der Entwicklung wahrhaft demokratischer Einrichtungen in Deutschland mitzuwirken.

7. Das Erziehungswesen in Deutschland muß so überwacht werden, daß die nazistischen und militaristischen Lehren völlig entfernt werden und eine erfolgreiche Entwicklung der demokratischen Ideen möglich gemacht wird.

8. Das Gerichtswesen wird entsprechend den Grundsätzen der Demokratie und der Gerechtigkeit auf der Grundlage der Gesetzlichkeit und der Gleichheit aller Bürger vor dem Gesetz ohne Unterschied der Rasse, der Nationalität und der Religion reorganisiert werden.

9. Die Verwaltung Deutschlands muß in Richtung auf eine Dezentralisation der politischen Struktur und der Entwicklung einer örtlichen Selbstverantwortung durchgeführt werden. Zu diesem Zwecke:

(I) Die lokale Selbstverwaltung wird in ganz Deutschland nach demokratischen Grundsätzen, und zwar durch Wahlausschüsse (Räte), so schnell wie es mit der Wahrung der militärischen Sicherheit und den Zielen der militärischen Besatzung vereinbar ist, wiederhergestellt.

(II) In ganz Deutschland sind alle demokratischen politischen Parteien zu erlauben und zu fördern mit der Einräumung des Rechtes, Versammlungen einzuberufen und öffentliche Diskussionen durchzuführen.

(III) Der Grundsatz der Wahlvertretung soll in die Gemeinde-, Kreis-, Provinzial- und Landesverwaltungen, so schnell wie es durch die erfolgreiche Anwendung dieser Grundsätze in der örtlichen Selbstverwaltung gerechtfertigt werden kann, eingeführt werden.

(IV) Bis auf weiteres wird keine zentrale deutsche Regierung errichtet werden. Jedoch werden einige wichtige zentrale deutsche Verwaltungsabteilungen errichtet werden, an deren Spitze Staatssekretäre stehen, und zwar auf den Gebieten des Finanzwesens, des Transportwesens, des Verkehrswesens, des Außenhandels und der Industrie. Diese Abteilungen werden unter der Leitung des Kontrollrates tätig sein.

10. Unter Berücksichtigung der Notwendigkeit zur Erhaltung der militärischen Sicherheit wird die Freiheit der Rede, der Presse und der Religion gewährt. Die religiösen Einrichtungen sollen respektiert werden. Die Schaffung Freier Gewerkschaften, gleichfalls unter Berücksichtigung der Notwendigkeit der Erhaltung der militärischen Sicherheit, wird gestattet werden.

B. Wirtschaftliche Grundsätze

11. Mit dem Ziele der Vernichtung des deutschen Kriegspotentials ist die Produktion von Waffen, Kriegsausrüstung und Kriegsmitteln, ebenso die Herstellung aller Typen von Flugzeugen und Seeschiffen zu verbieten und zu unterbinden. Die Herstellung von Metallen und Chemikalien, der Maschinenbau und die Herstellung anderer Gegenstände, die unmittelbar für die Kriegswirtschaft notwendig sind, ist streng zu überwachen und zu beschränken, entsprechend dem genehmigten Stand der friedlichen Nachkriegs-

bedürfnisse Deutschlands, um die in dem Punkt 15 angeführten Ziele zu befriedigen. Die Produktionskapazität, entbehrlich für die Industrie, welche erlaubt sein wird, ist entsprechend dem Reparationsplan, empfohlen durch die interalliierte Reparationskommission und bestätigt durch die beteiligten Regierungen, entweder zu entfernen oder, falls sie nicht entfernt werden kann, zu vernichten

12 In praktisch kürzester Frist ist das deutsche Wirtschaftsleben zu dezentralisieren mit dem Ziel der Vernichtung der bestehenden übermäßigen Konzentration der Wirtschaftskraft, dargestellt insbesondere durch Kartelle, Syndikate, Trusts und andere Monopolvereinigungen.

13 Bei der Organisation des deutschen Wirtschaftslebens ist das Hauptgewicht auf die Entwicklung der Landwirtschaft und der Friedensindustrie für den inneren Bedarf (Verbrauch) zu legen.

14. Während der Besatzungszeit ist Deutschland als eine wirtschaftliche Einheit zu betrachten. Mit diesem Ziel sind gemeinsame Richtlinien aufzustellen hinsichtlich:

a) der Erzeugung und der Verteilung der Produkte der Bergbau- und der verarbeitenden Industrie;

b) der Landwirtschaft, Forstwirtschaft und der Fischerei;

c) der Löhne, der Preise und der Rationierung;

d) des Import- und Exportprogramms für Deutschland als Ganzes;

e) der Währung und des Bankwesens; der zentralen Besteuerung und der Zölle;

f) der Reparationen und der Beseitigung des militärischen Industriepotentials;

g) des Transport- und Verkehrswesens.

Bei der Durchführung dieser Richtlinien sind gegebenenfalls die verschiedenen örtlichen Bedingungen zu berücksichtigen.

15. Es ist eine alliierte Kontrolle über das deutsche Wirtschaftsleben zu errichten, jedoch nur in den Grenzen, die notwendig sind:

a) zur Erfüllung des Programms der industriellen Abrüstung und Entmilitarisierung, der Reparationen und der erlaubten Aus- und Einfuhr;

b) zur Sicherung der Warenproduktion und der Dienstleistungen, die zur Befriedigung der Bedürfnisse der Besatzungsstreitkräfte und der verpflanzten Personen in Deutschland notwendig sind und die wesentlich sind für die Erhaltung eines mittleren Lebensstandards in Deutschland, der den mittleren Lebensstandard der europäischen Länder nicht übersteigt. (Europäische Länder in diesem Sinne sind alle europäischen Länder mit Ausnahme des Vereinigten Königreiches und der Sowjetunion);

c) zur Sicherung — in der Reihenfolge, die der Kontrollrat festsetzt — einer gleichmäßigen Verteilung der wesentlichsten Waren unter den verschiedenen Zonen, um ein ausgeglichenes Wirtschaftleben in ganz Deutschland zu schaffen und die Einfuhrnotwendigkeit einzuschränken;

d) zur Überwachung der deutschen Industrie und aller wirtschaftlichen und finanziellen internationalen Abkommen einschließlich der Aus- und Einfuhr mit dem Ziel der Unterbindung einer Entwicklung des Kriegspotentials Deutschlands und der Erreichung der anderen genannten Aufgaben;

e) zur Überwachung aller deutschen öffentlichen oder privaten wissenschaftlichen Forschungs- oder Versuchsanstalten, Laboratorien usw., die mit einer Wirtschaftstätigkeit verbunden sind.

16. Zur Einführung und Unterstützung der wirtschaftlichen Kontrolle, die durch den Kontrollrat errichtet worden ist, ist ein deutscher Verwaltungsapparat zu schaffen. Den deutschen Behörden ist nahezulegen, in möglichst vollem Umfange die Verwaltung dieses Apparates zu fördern und zu übernehmen. So ist dem deutschen Volk klarzumachen, daß die Verantwortung für diese Verwaltung und deren Versagen auf ihm ruhen wird. Jede deutsche Verwaltung, die dem Ziel der Besatzung nicht entsprechen wird, wird verboten werden.

17. Es sind unverzüglich Maßnahmen zu treffen zur:

a) Durchführung der notwendigen Indstandsetzungen des Verkehrswesens,

b) Hebung der Kohlenerzeugung,

c) weitestmöglichen Vergrößerung der landwirtschaftlichen Produktion und

d) Durchführung einer beschleunigten Instandsetzung der Wohnungen und der wichtigsten öffentlichen Einrichtungen.

18. Der Kontrollrat hat entsprechende Schritte zur Verwirklichung der Kontrolle und der Verfügung über alle deutschen Guthaben im Auslande zu übernehmen, welche noch nicht unter die Kontrolle der alliierten Nationen, die an dem Krieg gegen Deutschland teilgenommen haben, geraten sind.

19. Die Bezahlung der Reparationen soll dem deutschen Volke genügend Mittel belassen, um ohne eine Hilfe von außen zu existieren. Bei der Aufstellung des Haushaltsplanes Deutschlands sind die nötigen Mittel für die Einfuhr bereitzustellen, die durch den Kontrollrat in Deutschland genehmigt worden ist. Die Einnahmen aus der Ausfuhr der Erzeugnisse der laufenden Produktion und der Warenbestände dienen in erster Linie der Bezahlung dieser Einfuhr. Die hier erwähnten Bedingungen werden nicht angewandt bei den Einrichtungen und Produkten, die in den Punkten 4a und 4b der Übereinkunft über die deutschen Reparationen erwähnt sind.

IV.

Reparationen aus Deutschland

In Übereinstimmung mit der Entscheidung der Krim-Konferenz, wonach Deutschland gezwungen werden soll, in größtmöglichem Ausmaß für die Verluste und die Leiden, die es den Vereinten Nationen verursacht hat, und wofür das deutsche Volk der Verantwortung nicht entgehen kann, Ausgleich zu schaffen, wurde folgende Übereinkunft über Reparationen erreicht:

1. Die Reparationsansprüche der UdSSR sollen durch Entnahmen aus der von der UdSSR besetzten Zone in Deutschland und durch angemessene deutsche Auslandsguthaben befriedigt werden.

2. Die UdSSR wird die Reparationsansprüche Polens aus ihrem eigenen Anteil an den Reparationen befriedigen.

3. Die Reparationsansprüche der Vereinigten Staaten, des Vereinigten Königreiches und der anderen zu Reparationsforderungen berechtigten Länder werden aus den westlichen Zonen und den entsprechenden deutschen Auslandsguthaben befriedigt werden.

4. **In Ergänzung der Reparationen, die die UdSSR aus ihrer eigenen Besatzungszone erhält, wird die UdSSR zusätzlich aus den westlichen Zonen erhalten:**

   a) 15 % derjenigen verwendungsfähigen und vollständigen industriellen Ausrüstung, vor allem der metallurgischen, chemischen und Maschinen erzeugenden Industrien, soweit sie für die deutsche Friedenswirtschaft unnötig und aus den westlichen Zonen Deutschlands zu entnehmen sind, im Austausch für einen entsprechenden Wert an Nahrungsmitteln, Kohle, Kali, Zink, Holz, Tonprodukten, Petroleumprodukten und anderen Waren, nach Vereinbarung.

   b) 10 % derjenigen industriellen Ausrüstung, die für die deutsche Friedenswirtschaft unnötig ist und aus den westlichen Zonen zu entnehmen und auf Reparationskonto an die Sowjetregierung zu übertragen ist ohne Bezahlung oder Gegenleistung irgendwelcher Art.

   Die Entnahmen der Ausrüstung, wie sie oben in a) und b) vorgesehen sind, sollen gleichzeitig erfolgen.

5. Der Umfang der aus den westlichen Zonen zu entnehmenden Ausrüstung, der auf Reparationskonto geht, muß spätestens innerhalb sechs Monaten von jetzt ab bestimmt sein.

6. Die Entnahme der industriellen Ausrüstung soll so bald wie möglich beginnen und innerhalb von zwei Jahren, gerechnet vom Zeitpunkt der in § 5 spezifizierten Bestimmung, abgeschlossen sein. Die Auslieferung der in § 4 a) genannten Produkte soll so schnell wie möglich beginnen, und zwar in durch Vereinbarung bedingten Teillieferungen seitens der Sowjetunion, und innerhalb von fünf Jahren von dem erwähnten Datum ab erfolgen. Die Bestimmung des Umfanges und der Art der industriellen Ausrüstung, die für die deutsche Friedenswirtschaft unnötig ist und der Reparation unterliegt, soll durch den Kontrollrat gemäß den Richtlinien erfolgen, die von der alliierten Kontrollkommission für Reparationen, unter Beteiligung Frankreichs, festgelegt sind, wobei die endgültige Entscheidung durch den Kommandierenden der Zone getroffen wird, aus der die Ausrüstung entnommen werden soll.

7. Vor der Festlegung des Gesamtumfanges der der Entnahme unterworfenen Ausrüstung sollen Vorschußlieferungen solcher Ausrüstung erfolgen, die als zur Auslieferung verfügbar bestimmt werden in Übereinstimmung mit dem Verfahren, das im letzten Satz des § 6 vorgesehen ist.

8. Die Sowjetregierung verzichtet auf alle Ansprüche bezüglich der Reparationen aus Anteilen an deutschen Unternehmungen, die in den westlichen Besatzungszonen in Deutschland gelegen sind. Das gleiche gilt für deutsche Auslandsguthaben in allen Ländern, mit Ausnahme der weiter unten in § 9 gekennzeichneten Fälle.

9. Die Regierungen der USA und des Vereinigten Königreichs verzichten auf ihre Ansprüche im Hinblick auf Reparationen hinsichtlich der Anteile an deutschen Unternehmungen, die in der östlichen Besatzungszone in Deutschland gelegen sind. Das gleiche gilt für deutsche Aus-

landsguthaben in Bulgarien, Finnland, Ungarn, Rumänien und Ostösterreich.

10. Die Sowjetregierung erhebt keine Ansprüche auf das von den alliierten Truppen in Deutschland erbeutete Gold.

V.

Die deutsche Kriegs- und Handelsmarine

Die Konferenz erzielte im Prinzip eine Einigung hinsichtlich der Maßnahmen über die Ausnutzung und die Verfügung über die ausgelieferte deutsche Flotte und die Handelsschiffe. Es wurde beschlossen, daß die drei Regierungen Sachverständige bestellen, um gemeinsam detaillierte Pläne zur Verwirklichung der vereinbarten Grundsätze auszuarbeiten. Eine weitere gemeinsame Erklärung wird von den drei Regierungen gleichzeitig zu gegebener Zeit veröffentlicht werden.

VI.

Stadt Königsberg und das anliegende Gebiet

Die Konferenz prüfte einen Vorschlag der Sowjetregierung, daß vorbehaltlich der endgültigen Bestimmung der territorialen Fragen bei der Friedensregelung derjenige Abschnitt der Westgrenze der Union der Sozialistischen Sowjetrepubliken, der an die Ostsee grenzt, von einem Punkt an der östlichen Küste der Danziger Bucht in östlicher Richtung nördlich von Braunsberg—Goldap und von da zu dem Schnittpunkt der Grenzen Litauens, der Polnischen Republik und Ostpreußens verlaufen soll.

Die Konferenz hat grundsätzlich dem Vorschlag der Sowjetregierung hinsichtlich der endgültigen Übergabe der Stadt Königsberg und des anliegenden Gebietes an die Sowjetunion gemäß der obigen Beschreibung zugestimmt, wobei der genaue Grenzverlauf einer sachverständigen Prüfung vorbehalten bleibt.

Der Präsident der USA und der britische Premierminister haben erklärt, daß sie den Vorschlag der Konferenz bei der bevorstehenden Friedensregelung unterstützen werden.

VII.

Kriegsverbrecher

Die drei Regierungen haben von dem Meinungsaustausch Kenntnis genommen, der in den letzten Wochen in London zwischen britischen, USA-, sowjetischen und französischen Vertretern mit dem Ziele stattgefunden hat, eine Vereinbarung über die Methoden des Verfahrens gegen alle Hauptkriegsverbrecher zu erzielen, deren Verbrechen nach der Moskauer Erklärung vom Oktober 1943 räumlich nicht besonders begrenzt sind.

Die drei Regierungen bekräftigen ihre Absicht, diese Verbrecher einer schnellen und sicheren Gerichtsbarkeit zuzuführen. Sie hoffen, daß die Verhandlungen in London zu einer schnellen Vereinbarung führen, die diesem Zwecke dient, und sie betrachten es als eine Angelegenheit von größter Wichtigkeit, daß der Prozeß gegen diese Hauptverbrecher zum frühestmöglichen Zeitpunkt beginnt.

Die erste Liste der Angeklagten wird vor dem 1. September dieses Jahres veröffentlicht werden.

VIII.

Österreich

Die Konferenz hat einen Vorschlag der Sowjetregierung über die Ausdehnung der Autorität der österreichischen provisorischen Regierung auf ganz Österreich geprüft.

Die drei Regierungen stimmten darin überein, daß sie bereit seien, diese Frage nach dem Einzug der britischen und amerikanischen Streitkräfte in die Stadt Wien zu prüfen.

IX.

Polen

Die Konferenz hat die Fragen, die sich auf die Polnische Provisorische Regierung der Nationalen Einheit und auf die Westgrenze Polens beziehen, der Betrachtung unterzogen.

Hinsichtlich der Polnischen Provisorischen Regierung der Nationalen Einheit definierten sie ihre Haltung in der folgenden Feststellung:

a) Wir haben mit Genugtuung von dem Abkommen Kenntnis genommen, das die polnischen Vertreter aus Polen selbst und diejenigen aus dem Auslande erzielt haben, durch das die in Übereinstimmung mit den Beschlüssen der Krim-Konferenz erfolgte Bildung einer Polnischen Provisorischen Regierung der Nationalen Einheit möglich geworden ist, die von den drei Mächten anerkannt worden ist. Die Herstellung diplomatischer Beziehungen mit der Polnischen Provisorischen Regierung durch die britische Regierung und die Regierung der Vereinigten Staaten hatte die Zurückziehung ihrer Anerkennung der früheren polnischen Regierung in London zur Folge, die nicht mehr besteht.

Die Regierungen der Vereinigten Staaten und Großbritanniens haben Maßnahmen zum Schutze der Interessen der Polnischen Provisorischen Regierung der Nationalen Einheit als der anerkannten Regierung des polnischen Staates hinsichtlich des Eigentums getroffen, das dem polnischen Staate gehört, in ihren Gebieten liegt und unter ihrer Kontrolle steht, unabhängig davon, welcher Art dieses Eigentum auch sein mag.

Sie haben weiterhin Maßnahmen zur Verhinderung einer Übereignung derartigen Eigentums an Dritte getroffen.

Der Polnischen Provisorischen Regierung der Nationalen Einheit werden alle Möglichkeiten zur Anwendung der üblichen gesetzlichen Maßnahmen geboten werden zur Wiederherstellung eines beliebigen Eigentumsrechtes des Polnischen Staates, das ihm ungesetzlich entzogen worden sein sollte.

Die drei Mächte sind darum besorgt, der Polnischen Provisorischen Regierung der Nationalen Einheit bei der Angelegenheit der Erleichterung der möglichst baldigen Rückkehr aller Polen im Ausland nach Polen behilflich zu sein, und zwar für alle Polen im Ausland, die nach Polen zurückzukehren wünschen, einschließlich der Mitglieder der polnischen bewaffneten Streitkräfte und der polnischen Handelsmarine. Sie erwarten, daß den in die Heimat zurückkehrenden Polen die gleichen persönlichen und eigentumsmäßigen Rechte zugebilligt werden wie allen übrigen polnischen Bürgern.

Die drei Mächte nehmen zur Kenntnis, daß die Polnische Provisorische Regierung der Nationalen Einheit in Übereinstimmung mit den Beschlüssen der Krim-Konferenz der Abhaltung freier und ungehinderter Wahlen, die so bald wie möglich auf der Grundlage des allgemeinen Wahlrechts und der geheimen Abstimmung durchgeführt werden sollen, zugestimmt hat, wobei alle demokratischen und antinazistischen Parteien das Recht zur Teilnahme und zur Aufstellung von Kandidaten haben und die Vertreter der alliierten Presse volle Freiheit genießen sollen, der Welt über die Entwicklung der Ereignisse in Polen vor und während der Wahlen zu berichten.

b) Bezüglich der Westgrenze Polens wurde folgendes Abkommen erzielt:

In Übereinstimmung mit dem bei der Krim-Konferenz erzielten Abkommen haben die Häupter der drei Regierungen die Meinung der Polnischen Provisorischen Regierung der Nationalen Einheit hinsichtlich des Territoriums im Norden und Westen geprüft, das Polen erhalten soll. Der Präsident des Nationalrates Polens und die Mitglieder der Polnischen Provisorischen Regierung der Nationalen Einheit sind auf der Konferenz empfangen worden und haben ihre Auffassungen in vollem Umfange dargelegt. Die Häupter der drei Regierungen bekräftigen ihre Auffassung, daß die endgültige Festlegung der Westgrenze Polens bis zu der Friedenskonferenz zurückgestellt werden soll.

Die Häupter der drei Regierungen stimmen darin überein, daß bis zur endgültigen Festlegung der Westgrenze Polens, die früher deutschen Gebiete östlich der Linie, die von der Ostsee unmittelbar westlich von Swinemünde und von dort die Oder entlang bis zur Einmündung der westlichen Neiße und die westliche Neiße entlang bis zur tschechoslowakischen Grenze verläuft, einschließlich des Teiles Ostpreußens, der nicht unter die Verwaltung der Union der Sozialistischen Sowjetrepubliken in Übereinstimmung mit den auf dieser Konferenz erzielten Vereinbarungen gestellt wird und einschließlich des Gebietes der früheren Freien Stadt Danzig, unter die Verwaltung des polnischen Staates kommen und in dieser Hinsicht nicht als Teil der sowjetischen Besatzungszone in Deutschland betrachtet werden sollen.

X.

Der Abschluß der Friedensverträge und Zulassung zur Organisation der Vereinten Nationen

Die Konferenz einigte sich auf die folgende Erklärung über eine gemeinsame Politik zur möglichst baldigen Schaffung der Bedingungen für einen dauerhaften Frieden nach der siegreichen Beendigung des Krieges in Europa.

Die drei Regierungen betrachten es als wünschenswert, daß die gegenwärtige anormale Stellung Italiens, Bulgariens, Finnlands, Ungarns und Rumäniens durch den Abschluß von Friedensverträgen beendigt werden soll. Sie vertrauen darauf, daß auch die anderen interessierten alliierten Regierungen diese Ansicht teilen.

Für ihren Teil haben die drei Regierungen die Vorbereitung eines Friedensvertrages für Italien als erste unter den vordringlichen und wichtigen Aufgaben vorgesehen, denen sich der Rat der Außenminister unterziehen soll. Italien war die erste der Achsenmächte, die mit Deutschland gebrochen hat, zu dessen Niederlage es materiell erheblich beigetragen hat, und es hat sich jetzt den Alliierten in ihrem Kampf gegen Japan angeschlossen. Italien hat sich selbst vom faschistischen Regime befreit und macht gute Fortschritte auf dem Wege zur Wiederherstellung einer demokratischen Regierung und demokratischer Einrichtungen. Der Abschluß eines solchen Friedensvertrages mit einer anerkannten und demokratischen italienischen Regierung würde es den drei Regierungen ermöglichen, ihrem Wunsche entsprechend einen Antrag Italiens auf die Mitgliedschaft in der Organisation der Vereinten Nationen zu unterstützen.

Die drei Regierungen haben ferner den Rat der Außenminister mit der Aufgabe einer Vorbereitung von Friedensverträgen für Bulgarien, Finnland, Ungarn und Rumänien beauftragt. Der Abschluß von Friedensverträgen mit anerkannten demokratischen Regierungen in diesen

Staaten würde ebenfalls die drei Regierungen befähigen, deren Anträge auf Mitgliedschaft in den Vereinten Nationen zu unterstützen.

Die drei Regierungen kommen überein, jede für sich in naher Zukunft im Lichte der dann vorherrschenden Bedingungen die Herstellung diplomatischer Beziehungen zu Finnland, Rumänien, Bulgarien und Ungarn zu untersuchen, soweit dies vor Abschluß von Friedensverträgen mit diesen Ländern möglich ist.

Die drei Regierungen zweifeln nicht, daß im Hinblick auf die veränderten Umstände, bedingt durch das Kriegsende in Europa, die Vertreter der alliierten Presse volle Freiheit genießen, der Welt über die Ereignisse in Rumänien, Bulgarien, Ungarn und Finnland zu berichten.

Hinsichtlich der Zulassung anderer Staaten zur Organisation der Vereinten Nationen erklärt Artikel 4 der Charte der Vereinten Nationen folgendes:

„1. Die Mitgliedschaft in den Vereinten Nationen steht allen anderen friedliebenden Staaten offen, die die in der vorliegenden Charte enthaltenen Verpflichtungen akzeptieren und nach dem Urteil der Organisation willens und in der Lage sind, diese Verpflichtungen durchzuführen.

2. Die Zulassung jedes derartigen Staates zur Mitgliedschaft der Vereinten Nationen erfolgt durch Beschluß der Generalversammlung auf Empfehlung des Sicherheitsrates."

Die drei Regierungen werden ihrerseits Anträge auf Mitgliedschaft seitens solcher Staaten, die während des Krieges neutral geblieben sind und die oben aufgeführten Bedingungen erfüllen werden, unterstützen.

Die drei Regierungen fühlen sich jedoch verpflichtet, klarzustellen, daß sie für ihren Teil einen Antrag auf Mitgliedschaft seitens der gegenwärtigen spanischen Regierung, die sich mit Unterstützung der Achsenmächte gebildet hat, nicht begünstigen werden, da diese angesichts ihres Ursprunges, ihres Charakters, ihrer Geschichte und ihrer engen Verbindung mit den Angreiferstaaten nicht die notwendigen Qualifikationen zur Rechtfertigung einer derartigen Mitgliedschaft besitzt.

XI.

Territoriale Treuhänderschaft

Die Konferenz prüfte einen Vorschlag der Sowjetregierung hinsichtlich einer Treuhänderschaft über Territorien, wie sie in dem Beschluß der Krim-Konferenz und in der Charte der Vereinten Nationen definiert sind.

Nach einem Meinungsaustausch über diese Frage wurde beschlossen, daß die Verfügung über frühere italienische Kolonialgebiete im Zusammenhang mit der Vorbereitung eines Friedensvertrages für Italien geklärt und im September vom Rat der Außenminister beraten werden soll.

XII.

Verfahrensrevision bei der alliierten Kontrollkommission in Rumänien, Bulgarien und Ungarn

Die drei Regierungen nahmen zur Kenntnis, daß die Sowjetvertreter bei den alliierten Kontrollkommissionen in Rumänien, Bulgarien und Ungarn ihren britischen und amerikanischen Kollegen Vorschläge zur Verbesserung der Arbeit der Kontrollkommissionen übermittelt haben, nachdem die Feindseligkeiten in Europa aufgehört haben.

Die drei Regierungen kamen überein, daß die Revision des Verfahrens der alliierten Kontrollkommission in diesen Ländern jetzt durchgeführt werden könne, wobei die Interessen und Verantwortlichkeiten der drei Regierungen berücksichtigt sind, die gemeinsam die Waffenstillstandsbedingungen den jeweiligen Ländern vorgelegt haben, und wobei die vereinbarten Vorschläge als Grundlage dienen sollen.

XIII.

Ordungsmäßige Überführung deutscher Bevölkerungsteile

Die Konferenz erzielte folgendes Abkommen über die Ausweisung Deutscher aus Polen, der Tschechoslowakei und Ungarn:

Die drei Regierungen haben die Frage unter allen Gesichtspunkten beraten und erkennen an, daß die Überführung der deutschen Bevölkerung oder Bestandteile derselben, die in Polen, Tschechoslowakei und Ungarn zurückgeblieben sind, nach Deutschland durchgeführt werden muß. Sie stimmen darin überein, daß jede derartige Überführung, die stattfinden wird, in ordnungsgemäßer und humaner Weise erfolgen soll. Da der Zustrom einer großen Zahl Deutscher nach Deutschland die Lasten vergrößern würde, die bereits auf den Besatzungsbehörden ruhen, halten sie es für wünschenswert, daß der alliierte Kontrollrat in Deutschland zunächst das Problem unter besonderer Berücksichtigung der Frage einer gerechten Verteilung dieser Deutschen auf die einzelnen Besatzungszonen prüfen soll. Sie beauftragen demgemäß ihre jeweiligen Vertreter beim Kontrollrat, ihren Regierungen so bald wie möglich über den Umfang zu berichten, in dem derartige Personen schon aus Polen, der Tschechoslowakei und Ungarn nach Deutschland gekommen sind, und eine Schätzung über Zeitpunkt und Ausmaß vorzulegen, zu dem die weiteren Überführungen durchgeführt werden könnten, wobei die gegenwärtige Lage in Deutschland zu berücksichtigen ist. Die tschechoslowakische Regierung, die Polnische Provisorische Regierung und der Alliierte Kontrollrat in Ungarn werden gleichzeitig von obigem in Kenntnis gesetzt und ersucht werden, inzwischen weitere Ausweisungen der deutschen Bevölkerung einzustellen, bis die betroffenen Regierungen die Berichte ihrer Vertreter an den Kontrollausschuß geprüft haben.

XIV.
Militärische Besprechungen

Während der Konferenz fanden Sitzungen zwischen den Stabschefs der drei Regierungen über militärische Themen gemeinsamen Interesses statt.

2. August 1945.

(Dieser Bericht ist von *J. W. Stalin, Harry S. Truman* und *C. R. Attlee* unterzeichnet.)

Quelle: Amtsblatt des Alliierten Kontrollrats in Deutschland, Supplement Nr. 1, Berlin 1946, Seite 13–20.

III.

»Frankfurter Dokumente«
1. Juli 1948

Am 1. Juli 1948 wurden den elf Ministerpräsidenten der Länder der drei Westzonen in Frankfurt von den Militärgouverneuren der USA, Großbritanniens und Frankreichs drei Dokumente übergeben, die den Gründungsauftrag für die Bundesrepublik enthielten: I: Grundlinien für die Verfassung, II: Aufforderung zur Überprüfung der Ländergrenzen, III: Grundsätze eines Besatzungsstatuts.

Wortlaut der von den Militärgouverneuren am 1. Juli 1948 den elf Ministerpräsidenten in Frankfurt am Main übergebenen Dokumente

a) Dokument Nr. I

In Übereinstimmung mit den Beschlüssen ihrer Regierungen autorisieren die Militärgouverneure der Amerikanischen, Britischen und Französischen Besatzungszone in Deutschland die Ministerpräsidenten der Länder ihrer Zonen, eine Verfassunggebende Versammlung einzuberufen, die spätestens am 1. September 1948 zusammentreten sollte. Die Abgeordneten zu dieser Versammlung werden in jedem der bestehenden Länder nach dem Verfahren und Richtlinien ausgewählt, die durch die gesetzgebende Körperschaft in jedem dieser Länder angenommen werden. Die Gesamtzahl der Abgeordneten zur Verfassunggebenden Versammlung wird bestimmt, indem die Gesamtzahl der Bevölkerung nach der letzten Volkszählung durch 750 000 oder eine ähnliche von den Ministerpräsidenten vorgeschlagene und von den Militärgouverneuren gebilligte Zahl geteilt wird. Die Anzahl der Abgeordneten von jedem Land wird im selben Verhältnis zur Gesamtzahl der Mitglieder der Verfassunggebenden Versammlung stehen, wie seine Bevölkerung zur Gesamtbevölkerung der beteiligten Länder.

Die Verfassunggebende Versammlung wird eine demokratische Verfassung ausarbeiten, die für die beteiligten Länder eine Regierungsform des föderalistischen Typs schafft, die am besten geeignet ist, die gegenwärtig zerrissene deutsche Einheit schließlich wieder herzustellen, und die Rechte der beteiligten Länder schützt, eine angemessene Zentral-Instanz schafft und die Garantien der individuellen Rechte und Freiheiten enthält.

Wenn die Verfassung in der von der Verfassunggebenden Versammlung ausgearbeiteten Form mit diesen allgemeinen Grundsätzen nicht in Widerspruch steht, werden die Militärgouverneure ihre Vorlage zur Ratifizierung genehmigen. Die Verfassunggebende Versammlung wird daraufhin aufgelöst. Die Ratifizierung in jedem beteiligten Land erfolgt durch ein Referendum, das eine einfache Mehrheit der Abstimmenden in jedem Land erfordert, nach von jedem Land jeweils anzunehmenden Regeln und Verfahren. Sobald die Verfassung von zwei Dritteln der Länder ratifiziert ist, tritt sie in Kraft und ist für alle Länder bindend. Jede Abänderung der Verfassung muß künftig von einer gleichen Mehrheit der Länder ratifiziert werden. Innerhalb von 30 Tagen nach dem Inkrafttreten der Verfassung sollen die darin vorgesehenen Einrichtungen geschaffen sein.

b) Dokument Nr. II

Die Ministerpräsidenten sind ersucht, die Grenzen der einzelnen Länder zu überprüfen, um zu bestimmen, welche Änderungen sie etwa vorzuschlagen wünschen. Solche Änderungen sollten den überlieferten Formen Rechnung tragen und möglichst die Schaffung von Ländern vermeiden, die im Vergleich mit den anderen Ländern zu groß oder zu klein sind.

Wenn diese Empfehlungen von den Militärgouverneuren nicht mißbilligt werden, sollten sie zur Annahme durch die Bevölkerung der betroffenen Gebiete spätestens zur Zeit der Auswahl der Mitglieder der Verfassunggebenden Versammlung vorgelegt werden.

Bevor die Verfassunggebende Versammlung ihre Arbeiten beendet, werden die Ministerpräsidenten die notwendigen Schritte für die Wahl der Landtage derjenigen Länder unternehmen, deren Grenzen geändert worden sind, so daß diese Landtage sowie die Landtage der Länder, deren Grenzen nicht geändert worden sind, in der Lage sind, die Wahlverfahren und Bestimmungen für die Ratifizierung der Verfassung festzusetzen.

c) Dokument Nr. III

Die Schaffung einer verfassungsmäßigen deutschen Regierung macht eine sorgfältige Definition der Beziehungen zwischen dieser Regierung und den Alliierten Behörden notwendig.

Nach Ansicht der Militärgouverneure sollten diese Beziehungen auf den folgenden Grundsätzen beruhen:

A. Die Militärgouverneure werden den deutschen Regierungen Befugnisse der Gesetzgebung, der Verwaltung und der Rechtsprechung gewähren und sich solche Zuständigkeiten vorbehalten, die nötig sind, um die Erfüllung des grundsätzlichen Zwecks der Besatzung sicherzustellen. Solche Zuständigkeiten sind diejenigen, welche nötig sind, um die Militärgouverneure in die Lage zu setzen:

a) Deutschlands auswärtige Beziehungen vorläufig wahrzunehmen und zu leiten.

b) Das Mindestmaß der notwendigen Kontrollen über den deutschen Außenhandel und über innenpolitische Richtlinien und Maßnahmen, die den Außenhandel nachteilig beeinflussen könnten, auszuüben, um zu gewährleisten, daß die Verpflichtungen, welche die Besatzungsmächte in Bezug auf Deutschland eingegangen sind, geachtet werden und daß die für Deutschland verfügbar gemachten Mittel zweckgemäß verwendet werden.

c) Vereinbarte oder noch zu vereinbarende Kontrollen, wie zum Beispiel in Bezug auf die Internationale Ruhrbehörde, Reparationen, Stand der Industrie, Dekartellisierung, Abrüstung und Entmilitarisierung und gewisse Formen wissenschaftlicher Forschung auszuüben.

d) Das Ansehen der Besatzungsstreitkräfte zu schützen und sowohl ihre Sicherheit als auch die Befriedigung ihrer Bedürfnisse innerhalb bestimmter zwischen den Militärgouverneuren vereinbarten Grenzen zu gewährleisten.

e) Die Beachtung der von ihnen gebilligten Verfassungen zu sichern.

B. Die Militärgouverneure werden die Ausübung ihrer vollen Machtbefugnisse wieder aufnehmen, falls ein Notstand die Sicherheit bedroht, und um nötigenfalls die Beachtung der Verfassungen und des Besatzungsstatutes zu sichern.

C. Die Militärgouverneure werden die oben erwähnten Kontrollen nach folgendem Verfahren ausüben:

a) Jede Verfassungsänderung ist den Militärgouverneuren zur Genehmigung vorzulegen.

b) Auf den in den Absätzen a) und e) zu Paragraph A oben erwähnten Gebieten werden die deutschen Behörden den Beschlüssen oder Anweisungen der Militärgouverneure Folge leisten.

c) Sofern nicht anders bestimmt, insbesondere bezüglich der Anwendung des vorhergehenden Paragraphen b), treten alle Gesetze und Bestimmungen der föderativen Regierung ohne weiteres innerhalb von 21 Tagen in Kraft, wenn sie nicht von den Militärgouverneuren verworfen werden.

Die Beobachtung, Beratung und Unterstützung der föderativen Regierung und der Länderregierungen bezüglich der Demokratisierung des politischen Lebens, der sozialen Beziehungen und der Erziehung werden eine besondere Verantwortlichkeit der Militärgouverneure sein. Dies soll jedoch keine Beschränkungen der diesen Regierungen zugestandenen Vollmachten auf den Gebieten der Gesetzgebung, Verwaltung und Rechtsprechung bedeuten.

Die Militärgouverneure ersuchen die Ministerpräsidenten, sich zu den vorstehenden Grundsätzen zu äußern. Die Militärgouverneure werden daraufhin diese allgemeinen Grundsätze mit von ihnen etwa genehmigten Abänderungen der Verfassunggebenden Versammlung als Richtlinien für deren Vorbereitung der Verfassung übermitteln und werden die von ihr etwa dazu vorgebrachten Äußerungen entgegennehmen. Wenn die Miligouverneure ihre Zustimmung zur Unterbreitung der Verfassung an die Länder ankündigen, werden sie gleichzeitig ein diese Grundsätze in ihrer endgültig abgeänderten Form enthaltendes Besatzungsstatut veröffentlichen, damit sich die Bevölkerung der Länder darüber im Klaren ist, daß sie die Verfassung im Rahmen dieses Besatzungsstatutes annimmt.

Beilage zu Dokument Nr. III

Beauftragte der Militärgouverneure werden bereit sein, die Ministerpräsidenten und die Verfassunggebende Versammlung in allen Angelegenheiten, die diese vorzubringen wünschen, zu beraten und zu unterstützen.

Quelle: Büro der Ministerpräsidenten des amerikanischen, britischen und französischen Besatzungsgebietes (Hrsg.), Dokumente betreffend die Begründung einer neuen staatlichen Ordnung in den amerikanischen, britischen und französischen Besatzungszonen, Wiesbaden 1948, Seite 15–17.

IV.

Genehmigungsschreiben zum Grundgesetz*)

Frankfurt, den 12. Mai 1949.

Herrn Dr. Konrad Adenauer
Präsident des Parlamentarischen Rates
Bonn

Sehr geehrter Herr Dr. Adenauer!

1. Das am 8. Mai vom Parlamentarischen Rat angenommene Grundgesetz ist hier mit beachtlichem Interesse zur Kenntnis genommen worden. Nach unserer Auffassung verbindet es sehr glücklich deutsche demokratische Überlieferung mit den Begriffen repräsentativer Regierung und einer Herrschaft des Rechts, wie sie in der Welt als Erfordernis für das Leben eines freien Volkes anerkannt worden sind.

*) Übersetzung des Parlamentarischen Rates.

2. Indem wir diese Verfassung zwecks Ratifizierung durch das deutsche Volk in Übereinstimmung mit den Bestimmungen des Artikels 144 (1) genehmigen, nehmen wir an, daß Sie verstehen werden, wenn wir verschiedene Vorbehalte machen müssen. In erster Linie sind die Vollmachten, die dem Bund durch das Grundgesetz übertragen werden sowie die Machtbefugnisse, die die Länder und örtlichen Regierungsstellen ausüben, den Vorschriften des Besatzungsstatuts unterworfen, das wir Ihnen schon übermittelt haben und das mit dem heutigen Datum verkündet wird.

3. Zweitens versteht es sich, daß die Polizeibefugnisse, wie sie in Artikel 91 (2) enthalten sind, nicht ausgeübt werden dürfen, bis sie von den Besatzungsbehörden ausdrücklich gebilligt sind. In gleicher Weise sollen die übrigen Polizeifunktionen des Bundes im Einklang mit dem in dieser Frage an Sie gerichteten Schreiben vom 14. 4. 49 ausgeübt werden.

4. Ein dritter Vorbehalt betrifft die Beteiligung Groß-Berlins am Bund. Wir interpretieren den Inhalt der Artikel 23 und 144 (2) des Grundgesetzes dahin, daß er die Annahme unseres früheren Ersuchens darstellt, demzufolge Berlin keine abstimmungsberechtigte Mitgliedschaft im Bundestag oder Bundesrat erhalten und auch nicht durch den Bund regiert werden wird, daß es jedoch eine beschränkte Anzahl Vertreter zur Teilnahme an den Sitzungen dieser gesetzgebenden Körperschaften benennen darf.

5. Ein vierter Vorbehalt bezieht sich auf die Artikel 29 und 118 und die allgemeinen Fragen der Neufestsetzung der Ländergrenzen. Abgesehen von Württemberg-Baden und Hohenzollern hat sich unsere Haltung in dieser Frage, seitdem wir die Angelegenheit mit Ihnen am 2. März besprochen haben, nicht geändert. Sofern nicht die Hohen Kommissare einstimmig eine Änderung dieser Haltung beschließen, sollen die in den genannten Artikeln festgelegten Befugnisse nicht ausgeübt werden, und die Grenzen aller Länder mit Ausnahme von Württemberg-Baden und Hohenzollern bis zum Zeitpunkt des Friedensvertrages, so wie sie jetzt festgelegt sind, bestehen bleiben.

6. Wir sind fünftens der Auffassung, daß Artikel 84, Absatz 5, und Artikel 87, Absatz 3, dem Bund sehr weitgehende Befugnisse auf dem Gebiet der Verwaltung geben. Die Hohen Kommissare werden der Ausübung dieser Befugnisse sorgfältige Beachtung schenken müssen, um sicherzustellen, daß sie nicht zu einer übermäßigen Machtkonzentration führen.

7. Bei unserer Zusammenkunft mit Ihnen am 25. 4. unterbreiteten wir Ihnen eine Formel, in der auf englisch der Sinn des Artikels 72 (2), 3, wiedergegeben war. Diese Formel, die Sie annahmen, da sie Ihre Auffassung wiedergebe, lautete wie folgt:

„... weil die Wahrung der Rechts- oder wirtschaftlichen Einheit sie erfordert, um die wirtschaftlichen Interessen des Bundes zu fördern oder eine angemessene Gleichheit wirtschaftlicher Möglichkeiten für Alle sicherzustellen."

Wir möchten Sie davon unterrichten, daß die Hohen Kommissare diesen Artikel in Übereinstimmung mit dem vorliegenden Text auslegen werden.

8. Um die Möglichkeit zukünftiger Rechtsstreitigkeiten auszuschalten, möchten wir klarstellen, daß wir bei der Genehmigung der Verfassungen für die Länder bestimmten, daß nichts in diesen Verfassungen als Beschränkung der Bestimmungen der Bundesverfassung ausgelegt werden kann. Ein Konflikt zwischen den Länderverfassungen und der vorläufigen Bundesverfassung muß daher zugunsten der letzteren entschieden werden.

9. Wir möchten es auch klar verstanden wissen, daß nach Zusammentritt der gesetzgebenden Körperschaften, die das Grundgesetz vorsieht und nachdem entsprechend dem im Grundgesetz festgelegten Verfahren die Wahl des Präsidenten sowie die Wahl und Ernennung des Kanzlers bzw. der Bundesminister erfolgt sind, die Regierung der Bundesrepublik Deutschland konstituiert ist und das Besatzungsstatut daraufhin in Kraft tritt.

10. Nach Vollendung seiner letzten Aufgabe, wie sie in Artikel 145, Absatz 1, festgelegt ist, wird der Parlamentarische Rat aufgelöst. Wir möchten diese Gelegenheit benützen, um die Mitglieder des Parlamentarischen Rates zur erfolgreichen Vollendung ihrer unter kritischen Verhältnissen durchgeführten schwierigen Aufgabe sowie zu der offenkundigen Sorgfalt und Gründlichkeit, mit der sie ihre Arbeit geleistet haben und zu der Hingabe an demokratische Ideale, nach deren Erreichung wir alle streben, zu beglückwünschen.

B. H. ROBERTSON	PIERRE KOENIG	LUCIUS D. CLAY
General	General d'Armee	General, US Army
Militärgouverneur	Militärgouverneur	Militärgouverneur
Britische Zone	Französische Zone	Amerikanische Zone

Quelle: Verordnungsblatt für die Britische Zone. Amtliches Organ zur Verkündung von Rechtsverordnungen der Zentralverwaltungen, Hamburg 7. 9. 1949, Seite 416–417.

Besatzungsstatut für die Bundesrepublik Deutschland

verkündet am 12. Mai 1949,
in Kraft vom 21. September 1949 bis 4. Mai 1955

Besatzungsstatut *)

In Ausübung der obersten Gewalt, die bei den Regierungen Frankreichs, der Vereinigten Staaten und des Vereinigten Königreichs verbleibt, erlassen

wir,

General Pierre K o e n i g , Militärgouverneur und Oberbefehlshaber der französischen Zone Deutschlands,

General Lucius D. C l a y , Militärgouverneur und Oberbefehlshaber der amerikanischen Zone Deutschlands,

General Sir Brian Hubert R o b e r t s o n , Militärgouverneur und Oberbefehlshaber der britischen Zone Deutschlands,

hierdurch gemeinsam das folgende Besatzungsstatut **):

1. Während des Zeitraumes, in dem die Besatzung noch fortdauern muß, wünschen und beabsichtigen die Regierungen Frankreichs, der Vereinigten Staaten und des Vereinigten Königreichs, daß dem deutschen Volk Selbstregierung in dem höchstmöglichen Maße, das mit dieser Besatzung vereinbar ist, zuteil werden soll. Der Bundesstaat und die an ihm beteiligten Länder sollen, lediglich durch die Bestimmungen dieses Statuts beschränkt, die volle gesetzgebende, vollziehende und rechtsprechende Gewalt gemäß dem Grundgesetz bzw. ihren Verfassungen haben.

2. Um die Verwirklichung der grundlegenden Besatzungszwecke sicherzustellen, bleiben Sonderbefugnisse, einschließlich des Rechts, die von den Besatzungsbehörden benötigten Auskünfte und statistischen Angaben anzufordern und zu prüfen, auf folgenden Gebieten vorbehalten:

(a) Abrüstung und Entmilitarisierung einschließlich der damit zusammenhängenden naturwissenschaftlichen Forschungsgebiete, der Verbote und die Beschränkungen für die Industrie und die zivile Luftfahrt;

(b) Kontrollmaßnahmen hinsichtlich der Ruhr, Rückerstattungen, Reparationen, Dekartellisierung, Entflechtung, Nicht-Diskriminierung im Geschäftsverkehr, ausländische Vermögenswerte in Deutschland und vermögensrechtliche Ansprüche***) gegen Deutschland;

(c) auswärtige Angelegenheiten, einschließlich völkerrechtlicher Abkommen, die von Deutschland oder mit Wirkung für Deutschland abgeschlossen werden;

(d) Verschleppte und die Zulassung von Flüchtlingen;

(e) Schutz, Ansehen und Sicherheit der alliierten Streitkräfte, Familienangehörigen, Arbeitnehmer und Vertreter, ihre Immunitätsrechte, sowie die Deckung der Besatzungskosten und ihrer sonstigen Bedürfnisse;

(f) Beachtung des Grundgesetzes und der Landesverfassungen;

(g) Kontrolle über Außenhandel und Devisenwirtschaft;

(h) Kontrolle über innenpolitische Maßnahmen, jedoch nur in dem Mindestmaße, das notwendig ist, um eine Verwendung von Geldern, Nahrungsmitteln und anderen Gütern in der Weise zu gewährleisten, daß die Notwendigkeit ausländischer Unterstützung für Deutschland auf ein Mindestmaß herabgesetzt wird;

(i) Kontrolle der Verwahrung und Behandlung derjenigen Personen in deutschen Gefängnissen, die vor den Gerichten der Besatzungsmächte oder Besatzungsbehörden angeklagt oder von ihnen verurteilt worden sind, sowie Kontrolle über die Vollstreckung der gegen sie verhängten Strafen und über Fragen ihrer Amnestierung, Begnadigung und Freilassung.

3. Die Regierungen Frankreichs, der Vereinigten Staaten und des Vereinigten Königreichs hoffen und erwarten, daß die Besatzungsbehörden keine Veranlassung haben werden, auf anderen Gebieten als den oben besonders vorbehaltenen, Maßnahmen zu treffen. Die Besatzungsbehörden behalten sich jedoch das Recht vor, auf Anweisung ihrer Regierungen die Ausübung der vollen Regierungsgewalt ganz oder teilweise wieder aufzunehmen, wenn sie der Ansicht sind, daß dies aus Sicherheitsgründen oder zur Aufrechterhaltung der demokratischen Regierungsform in Deutschland oder in Verfolg der internationalen Verpflichtungen ihrer Regierungen unumgänglich ist. Bevor sie dies tun, werden sie die zuständigen deutschen Behörden von ihrem Entschluß und seinen Gründen offiziell unterrichten.

4. Die deutsche Bundesregierung und die Regierungen der Länder werden befugt sein, nach ordnungsmäßiger Benachrichtigung der Besatzungsbehörden auf den diesen Behörden vorbehaltenen Gebieten Gesetze zu erlassen und Maßnahmen zu treffen, es sei denn, daß die Besatzungsbehörden etwas anderes besonders anordnen, oder daß die Gesetze oder Maßnahmen mit den eigenen Entscheidungen oder Maßnahmen der Besatzungsbehörden unvereinbar sein würden.

5. Jede Änderung des Grundgesetzes bedarf vor Inkrafttreten der ausdrücklichen Genehmigung der Besatzungsbehörden. Länderverfassungen, Änderungen dieser Verfassungen, sowie alle anderen Gesetze*) und alle Abkommen, die zwischen der Bundesregierung und auswärtigen Regierungen getroffen werden, treten 21 Tage nach ihrem amtlichen Eingang bei den Besatzungsbehörden in Kraft, falls sie nicht vorher vorläufig oder endgültig beanstandet worden sind. Die Besatzungsbehörden werden Gesetze*) nicht beanstanden, es sei denn, daß diese nach ihrer Auffassung mit dem Grundgesetz, einer Länderverfassung, mit Rechtsvorschriften**) oder sonstigen Anordnungen der Besatzungsbehörden selbst oder mit Bestimmungen dieses Statuts unvereinbar sind, oder daß sie eine schwere Bedrohung für die grundlegenden Zwecke der Besatzung darstellen.

6. Mit der alleinigen Einschränkung, die sich aus den Erfordernissen ihrer Sicherheit ergibt, verbürgen sich die Besatzungsbehörden dafür, daß alle Besatzungsdienststellen die Grundrechte jeden Staatsbürgers auf Schutz gegen willkürliche Verhaftung, Haussuchung oder Beschlagnahme, auf anwaltliche Vertretung, auf Haftentlassung gegen Sicherheitsleistung, wenn die Umstände das rechtfertigen, auf Verkehr mit den Angehörigen, und auf eine unparteiische und unverzügliche Gerichtsverhandlung achten werden.

---

*) Der vorliegende Text ist eine nichtamtliche Übersetzung des Rechtsamts der Verwaltung des Vereinigten Wirtschaftsgebietes.

**) Zeitpunkt des Inkrafttretens des Besatzungsstatuts siehe Ziffer 9 des Genehmigungsschreibens zum Grundgesetz (VO.Bl.BZ. 1949 S. 416).

***) Die hier gewählte spezielle Übersetzung von interests und claims ergibt sich aus der Parallele mit dem Versailler Vertrag.

7. Rechtsvorschriften**), die von der Besatzungsbehörde vor dem Inkrafttreten des Grundgesetzes erlassen sind, bleiben in Kraft, bis sie von den Besatzungsbehörden gemäß den folgenden Bestimmungen aufgehoben oder abgeändert werden:

(a) Rechtsvorschriften**), die mit den vorstehenden Bestimmungen unvereinbar sind, werden aufgehoben oder durch Abänderung mit ihnen in Übereinstimmung gebracht;

(b) Rechtsvorschriften **), die auf den vorbehaltenen vorstehend in Art. 2 angeführten Befugnissen beruhen, werden kodifiziert;

(c) Rechtsvorschriften **), die nicht unter (a) und (b) fallen, werden von den Besatzungsbehörden auf Ersuchen zuständiger deutscher Stellen aufgehoben.

8. Jede Maßnahme ist als ein Akt der Besatzungsbehörden gemäß den hier vorbehaltenen Befugnissen anzusehen und ist als solcher gemäß diesem Besatzungsstatut wirksam, falls sie in irgendeiner durch Vereinbarung zwischen ihnen vorgesehenen Form getroffen oder verlautbart worden ist. Die Besatzungsbehörden können nach ihrem Ermessen ihre Entscheidungen entweder un-

mittelbar oder durch Weisungen an die zuständigen deutschen Behörden bewirken.

9. Nach 12 Monaten, mindestens aber innerhalb von 18 Monaten nach Inkrafttreten dieses Statuts werden die Besatzungsbehörden eine Überprüfung seiner Bestimmungen unter Berücksichtigung der bei seiner Anwendung gemachten Erfahrungen vornehmen mit dem Ziel, die Zuständigkeit der deutschen Behörden auf dem Gebiet der Gesetzgebung, Verwaltung und Rechtsprechung zu erweitern.

*) wörtlich: „Gesetzgebung".
**) wörtlich: „Gesetzgebung".

(Amtl. engl. Text) *)

Occupation Statute

In the exercise of the supreme authority which is retained by the Governments of France, the United States and the United Kingdom,

We,

General Pierre Koenig, Military Governor and Commander-in-Chief of the French-Zone of Germany,

General Lucius D. Clay, Military Governor and Commander-in-Chief of the United States Zone of Germany and

General Sir Brian Hubert Robertson, Military Governor and Commander-in-Chief of the British Zone of Germany

DO HEREBY JOINTLY PROCLAIM THE FOLLOWING OCCUPATION STATUTE:

1. During the period in which it is necessary that the Occupation continue, the Governments of France, the United States and the United Kingdom desire and intend that the German people shall enjoy self-government to the maximum possible degree consistent with such Occupation. The Federal State and the Participating Laender shall have, subject only to the limitations in this instrument, full legislative, executive and judicial powers in accordance with the Basic Law and with their respective constituitons.

2. In order to ensure the accomplishment of the basic purposes of the Occupation, powers in the following fields are specifically reserved, including the right to request and verify information and statistics needed by the Occupation Authorities:

a) Disarmament and demilitarisation, including related fields of scientific research, prohibitions and restrictions on industry and civil aviation;

b) Controls in regard to the Ruhr, restitution, reparations, decartelisation, deconcentration, non-discrimination in trade-matters, foreign interests in Germany and claims against Germany;

c) Foreign affairs, including international agreements made by or on behalf of Germany;

d) Displaced persons and the admission of refugees;

e) Protection, prestige, and security of Allied Forces, dependents, employees and representatives, their immunities and satisfaction of Occupation costs and their other requirements;

f) Respect for the Basic Law and the Land constitutions;

g) Control over foreign trade and exchange;

h) Control over Internal action, only to the minimum extent necessary to ensure use of funds, food and other supplies in such manner as to reduce to a minimum the need for external assistance to Germany;

i) Control of the care and treatment in German prisons of persons charged before or sentenced by the courts or tribunals of the Occupying Powers or Occupation Authorities, over the carrying out of sentences imposed on them, and over questions of amnesty, pardon or release in relation tho them.

3. It is the hope and expectation of the Governments of France, the United States and the United Kingdom, that the Occupation Authorities will not have occasion to take action in fields other than those specifically reserved above. The Occupation authorities, however, reserve the right, acting under instructions of their Governments, to resume, in whole or in part, the exercise of full authority if they consider that to do so is essential to security or to preserve democratic Government in Germany or in pursuance of the international obligations of their Governments. Before so doing, they formally advise the appropriate German Authorities of their decision and of the reasons therefor.

4. The German Federal Government and the Governments of the Laender shall have the power, after due notification to the Occupation Authorities, to legislate and act in fields reserved to these Authorities, except as the Occupation Authorities otherwise specifically direct or as such legislation or action would be inconsistent with decisions or actions taken by the Occupation Authorities themselves.

5. Any amendment of the Basic Law will require the express approval of the Occupation Authorities before becoming effective. Land constitutions, amendments thereof, all other legislation, and any agreements made between the Federal State and foreign Governments will become effective twenty-one days after official receipt by the Occupation Authorities unless previously disapproved by them, provisionally or finally. The Occupation Autho-

rities will not disapprove legislation unless in their opinion it is inconsistent with the Basic Law, a Land constitution, legislation or other directives of the Occupation Authorities themselves or the provision of this instrument, or unless it constitutes a grave threat to the basic purposes of the occupation.

6. Subject only to the requirements of their security the Occupation Authorities guarantee that all agencies of the Occupation will respect the civils rights of every person to be protected against arbitrary arrest, search or seizure, to be represented by counsel to be admitted to bail as circumstances warrant, to communicate with relatives, and to have a fair and prompt trial.

7. Legislations of the Occupation Authorities enacted before the effective date of the Basic Law shall remain in force until repealed or amended by the Occupation Authorities in accordance with the following provisions:

(a) Legislation inconsistent with the foregoing will be repealed or amended to make it consistent herewith;

(b) Legislation based upon the reserved powers referred to in paragraph 2 above, will be codified;

(c) Legislation not referred to in (a) and (b) will be repealed by the Occupation Authorities on request from appropriate German Authorities.

8. Any action shall be deemed to be the act of the Occupation Authorities under the powers herein reserved, and effective as such under this instrument, when taken or evidenced in any manner provided by any agreement between them. The Occupation Authorities may in their discretion effectuate their decision either directly or through instructions to the appropriate German Authorities.

9. After twelve month and in any event within eighteen months of the effective date of this instrument the Occupying powers will undertake a review of its provisions in the light of experience with its operation and with a view to extending the jurisdiction of the German Authorities in the legislative, executive and judicial fields.

*) Der hier abgedruckte engl. und franz. Text ist der Beilage zum Amtsblatt der Hauptverwaltung für das Post- und Fernmeldewesen des Vereinigten Wirtschaftsgebietes in Nr. 48 v. 8. 7. 49 entnommen, wobei offensichtliche Unrichtigkeiten berichtigt wurden.

(Amtl. franz. Text) *)

Statut d'occupation définissant les pouvoirs devant etre conservés par les Autorités occupantes

Dans l'exercice de l'autorité suprême qui est conservée par les Gouvernements de la France, du Royaume-Uni et des Etats-Unis,

Nous,

Général Pierre KOENIG, Gouverneur militaire, Commandant en Chef de la zone française d'occupation en Allemagne,

Général Lucius D. CLAY, Gouverneur militaire, Commandant en Chef de la zone américaine d'occupation en Allemagne,

Général Sir Brian Hubert ROBERTSON, Gouverneur militaire, Commandant en Chef de la zone britannique d'occupation en Allemagne,

proclamons conjointement par le présent Statut d'occupation ci-après:

1. Au cours de la période pendant laquelle il sera nécessaire de poursuivre l'occupation, le voeu comme l'intention des Gouvernements français, britannique et américain est que le peuple allemand puisse se gouverner lui-même au degré maximum compatible avec une telle occupation. L'Etat fédéral et les Länder participants détiendront, sous les seules réserves prévues par le présent instrument, les pleins pouvoirs législatif, exécutif et judiciaire en conformité avec la Loi fondamentale et avec leurs constitutions respectives.

2. En vue d'assurer la mise en ouvre des objectifs fondamentaux de l'occupation, les pouvoirs sont specifiquement réservés dans les domaines suivants y compris le droit de requérir et de vérifier les informations et statistiques nécessaires aux autorités d'occupation:

a) le désarmement et la démilitarisation, y compris les domaines en matière de recherche scientifique, les prohibitions et les limitations portant sur l'industrie et l'aviation civile;

(b) le contrôle concernant la Ruhr, les restitutions, les réparations, la décartellisation, la déconcentration, la nondiscrimination en matière commerciale, les intérêts étrangers en Allemagne et les créances sur l'Allemagne;

(c) les Affaires étrangères, y compris les accords internationaux conclus par ou au nom de l'Allemagne;

(d) les personnes déplacées, l'admission des réfugiés;

(e) la protection, le prestige et la sécurité des forces alliées, de leurs familles, des personnes à leur service et de leurs représentants, leurs immunités ainsi que la couverture des frais d'occupation et la satisfaction de leurs autres besoins;

(f) le respect de la Loi fondamentale et des constitutions des Etats;

(g) le contrôle sur le commerce extérieur et les changes;

(h) le contrôle sur l'administration intérieure, seulement dans la mesure nécessaire pour assurer l'utilisation des fonds du ravitaillement et des autres approvisionnements, dans des conditions permettant de réduire au minimum les besoins d'une aide extérieure pour l'Allemagne;

(i) le contrôle du régime et des conditions de détention appliqués dans les prisons allemandes aux personnes déférées aux Cours et tribunaux des Puissances occupantes ou des autorités d'occupation, ou condamnées par elles; le contrôle de l'exécution des condamnations prononcées contre ces personnes; le contrôle sur toutes les questions relatives à leurs amnisties, à leurs grâces et à leurs mises en liberté.

3. Le souhait et l'intention des Gouvernements français, britannique et américain sont que les autorités d'occupation n'aint pas à prendre de mesures dans des domaines autres que ceux spécifiquement réservés ci-dessus. Toutefois les autorités d'occupation se reservent le droit de reprendre, sur l'instruction de leurs Gouvernements, en tout ou en partie, l'exercice de leur pleine autorité, si elles estiment que cela est essentiel, soit pour leur sécurité, soit pour sauvegarder une forme démocratique de gouvernement en Allemagne, soit pour s'acquitter des obligations internationales de leurs gouvernements. Avant d'y recourir, elles informeront formellement les autorités allemandes compétentes de leurs décisions et des raisons qui les motivent.

4. Le Gouvernement fédéral allemand et les gouvernements des Etats auront le pouvoir, après en avoir dûment informé les autorités d'occupation, de légiférer et d'agir dans le domaine réservé à ces autorités; sauf si les autorités d'occupation en décident autrement de manière spécifique, ou si ces mesures législatives et administratives sont en contradiction avec les décisions ou les actes des autorités d'occupation elles-mêmes.

5. Tout amendement à la Loi fondamentale devra être expressement autorisé par les autorités d'occupation avant d'entrer en vigueur. Les constitutions des Etas et les amendements à ces constitutions, toutes autres législations et tous accords conclus entre l'Etat fédéral et les Gouvernements étrangers entreront en vigueur 21 jours après avoir été officiellement recus par les autorités d'occupation, à moins que celles-ci les aient au préalable désapprouvés provisoirement ou définitivement. Les autorités d'occupation ne désapprouveront la législation que si, à leurs avis, elle est incompatible avec la Loi fondamentale, la constitution d'un Etat, la législation, toute autre directive des autorités d'occupation elles-mêmes, ou les clauses du présent instrument, ou si cette législation constitue une grave menace aux objectifs fondamentaux de l'occupation.

6. Sous la seule réserve des exigences de leur sécurité les autorités d'occupation garantissent le respect par tous les organismes d'occupation du droit de chacun à être protégé contre toute arrestation, perquisition ou saisie arbitraire; à être représenté par un avocat; à être admis au bénéfice de la liberté provisoire sous caution, lorsque les circonstances le justifient; à communiquer avec sa famille et à être jugé impartialement et promptement.

7. La législation des autorités d'occupation, promulguée avant la date d'entrée en vigueur de la Loi fondamentale, demeurera en vigueur jusqu'à ce qu'elle soit abrogée ou amendée par les autorités d'occupation, conformément aux dispositions suivantes:

(a) la législation incompatible avec ce qui précède sera abrogée ou amendée, afin de s'harmoniser avec les présentes dispositions;

(b) la législation fondée sur les pouvoirs réservés décrits au paragraphe 2 ci-dessus sera codifiée;

(c) la législation non visée aux alinéas (a) et (b) sera abrogée par les autorités d'occupation sur la requête des autorités allemandes compétentes.

8. Toute mesure sera considérée comme une mesure des autorités d'occupation en vertu des pouvoirs réservés par les présentes dispositions, et appliquée comme telle aux termes du présent instrument lorsqu'elle sera prise et justifiée en quelque manière que ce soit par un accord passé entre elles. Les autorités d'occupation peuvent à leur discrétion, mettre en oeuvre leurs décisions, soit directement, soit par des instructions données aux autorités allemandes compétentes.

9. A l'expiration d'un délai de 12 mois, et en tout cas dans les 18 mois qui suivront la date de mise en application du présent instrument, les Puissances occupantes entreprendront une révision de ses dispositions à la lumière de l'expérience résultant de son fonctionnement et en vue d'étendre la compétence des autorités allemandes dans les domaines législatif, exécutif et judiciaire.

Quelle: Verordnungsblatt für die Britische Zone. Amtliches Organ zur Verkündung von Rechtsverordnungen der Zentralverwaltungen, Hamburg 7. 9. 1949, Seite 399–415.

Vertrag
über die Beziehungen
zwischen der Bundesrepublik Deutschland
und den Drei Mächten

(in der gemäß Liste I zu dem am 23. Oktober 1954 in Paris
unterzeichneten Protokoll über
die Beendigung des Besatzungsregimes
in der Bundesrepublik Deutschland geänderten Fassung)

DIE BUNDESREPUBLIK
DEUTSCHLAND,

DIE VEREINIGTEN STAATEN
VON AMERIKA,

DAS VEREINIGTE KÖNIGREICH
VON GROSSBRITANNIEN
UND NORDIRLAND

und

DIE FRANZÖSISCHE REPUBLIK

HABEN zur Festlegung der Grundlagen ihres neuen Verhältnisses den folgenden Vertrag geschlossen:

Artikel 1

(1) Mit dem Inkrafttreten dieses Vertrags werden die Vereinigten Staaten von Amerika, das Vereinigte Königreich von Großbritannien und Nordirland und die Französische Republik (in diesem Vertrag und in den Zusatzverträgen auch als „Drei Mächte" bezeichnet) das Besatzungsregime in der Bundesrepublik beenden, das Besatzungsstatut aufheben und die Alliierte Hohe Kommission sowie die Dienststellen der Landeskommissare in der Bundesrepublik auflösen.

(2) Die Bundesrepublik wird demgemäß die volle Macht eines souveränen Staates über ihre inneren und äußeren Angelegenheiten haben.

Artikel 2

Im Hinblick auf die internationale Lage, die bisher die Wiedervereinigung Deutschlands und den Abschluß eines Friedensvertrags verhindert hat, behalten die Drei Mächte die bisher von ihnen ausgeübten oder innegehabten Rechte und Verantwortlichkeiten in bezug auf Berlin und auf Deutschland

---

Convention
on Relations between the Three Powers
and the Federal Republic of Germany

(as amended by Schedule I to the Protocol on the Termination
of the Occupation Regime in the Federal Republic of Germany,
signed at Paris on 23 October 1954)

THE UNITED STATES OF
AMERICA,

THE UNITED KINGDOM
OF GREAT BRITAIN
AND NORTHERN IRELAND,

THE FRENCH REPUBLIC

and

THE FEDERAL REPUBLIC
OF GERMANY

HAVE entered into the following Convention setting forth the basis for their new relationship:

Article 1

1. On the entry into force of the present Convention the United States of America, the United Kingdom of Great Britain and Northern Ireland and the French Republic (hereinafter and in the related Conventions sometimes referred to as "the Three Powers") will terminate the Occupation regime in the Federal Republic, revoke the Occupation Statute and abolish the Allied High Commission and the Offices of the Land Commissioners in the Federal Republic.

2. The Federal Republic shall have accordingly the full authority of a sovereign State over its internal and external affairs.

Article 2

In view of the international situation, which has so far prevented the reunification of Germany and the conclusion of a peace settlement, the Three Powers retain the rights and the responsibilities, heretofore exercised or held by them, relating to Berlin and to Germany as a whole, including the

---

Convention
sur les Relations entre les Trois Puissances
et la République Fédérale d'Allemagne

(texte amendé conformément à l'Annexe I
du Protocole sur la Cessation du Régime d'Occupation
dans la République Fédérale d'Allemagne,
signé à Paris le 23 Octobre 1954)

LA REPUBLIQUE FRANÇAISE,

LES ETATS-UNIS D'AMERIQUE,

LE ROYAUME-UNI
DE GRANDE-BRETAGNE
ET D'IRLANDE DU NORD

et

LA REPUBLIQUE FEDERALE
D'ALLEMAGNE,

ONT conclu la Convention suivante qui définit les bases de leurs nouvelles relations :

Article 1

1. — Lors de l'entrée en vigueur de la présente Convention, la République Française, les Etats-Unis d'Amérique, le Royaume-Uni de Grande-Bretagne et d'Irlande du Nord (parfois dénommés dans la présente Convention et dans les Conventions rattachées « les Trois Puissances ») mettront fin au régime d'occupation dans la République Fédérale, abrogeront le Statut d'Occupation et supprimeront la Haute Commission Alliée et les Commissariats de Land dans la République Fédérale.

2. — La République Fédérale exercera, en conséquence, la pleine autorité d'un Etat souverain sur ses affaires intérieures et extérieures.

Article 2

En raison de la situation internationale, qui a, jusqu'à ce jour, empêché la réunification de l'Allemagne et la conclusion d'un règlement de paix, les Trois Puissances se réservent les droits et les responsabilités antérieurement exercés ou détenus par elles en ce qui concerne Berlin et l'Allemagne

als Ganzes einschließlich der Wiedervereinigung Deutschlands und einer friedensvertraglichen Regelung. Die von den Drei Mächten beibehaltenen Rechte und Verantwortlichkeiten in bezug auf die Stationierung von Streitkräften in Deutschland und der Schutz der Sicherheit dieser Streitkräfte bestimmen sich nach den Artikeln 4 und 5 dieses Vertrags.

reunification of Germany and a peace settlement. The rights and responsibilities retained by the Three Powers relating to the stationing of armed forces in Germany and the protection of their security are dealt with in Articles 4 and 5 of the present Convention.

dans son ensemble, y compris la réunification de l'Allemagne et un règlement de paix. Les droits et les responsabilités que se réservent les Trois Puissances en ce qui concerne le stationnement des forces armées en Allemagne et la protection de leur sécurité font l'objet des Articles 4 et 5 de la présente Convention.

Artikel 3

(1) Die Bundesrepublik wird ihre Politik in Einklang mit den Prinzipien der Satzung der Vereinten Nationen und mit den im Statut des Europarates aufgestellten Zielen halten.

(2) Die Bundesrepublik bekräftigt ihre Absicht, sich durch ihre Mitgliedschaft in internationalen Organisationen, die zur Erreichung der gemeinsamen Ziele der freien Welt beitragen, mit der Gemeinschaft der freien Nationen völlig zu verbinden. Die Drei Mächte werden zu gegebener Zeit Anträge der Bundesrepublik unterstützen, die Mitgliedschaft in solchen Organisationen zu erlangen.

(3) Bei Verhandlungen mit Staaten, mit denen die Bundesrepublik keine Beziehungen unterhält, werden die Drei Mächte die Bundesrepublik in Fragen konsultieren, die deren politische Interessen unmittelbar berühren.

(4) Auf Ersuchen der Bundesregierung werden die Drei Mächte die erforderlichen Vorkehrungen treffen, die Interessen der Bundesrepublik in ihren Beziehungen zu anderen Staaten und in gewissen internationalen Organisationen oder Konferenzen zu vertreten, soweit die Bundesrepublik dazu nicht selbst in der Lage ist.

Article 3

1. The Federal Republic agrees to conduct its policy in accordance with the principles set forth in the Charter of the United Nations and with the aims defined in the Statute of the Council of Europe.

2. The Federal Republic affirms its intention to associate itself fully with the community of free nations through membership in international organizations contributing to the common aims of the free world. The Three Powers will support applications for such membership by the Federal Republic at appropriate times.

3. In their negotiations with States with which the Federal Republic maintains no relations, the Three Powers will consult with the Federal Republic in respect of matters directly involving its political interests.

4. At the request of the Federal Government, the Three Powers will arrange to represent the interests of the Federal Republic in relations with other States and in certain international organizations or conferences, whenever the Federal Republic is not in a position to do so itself.

Article 3

1. — La République Fédérale convient qu'elle se conformera dans la conduite de sa politique aux principes inscrits dans la Charte des Nations-Unies et aux buts définis dans le statut du Conseil de l'Europe.

2. — La République Fédérale affirme son intention de s'associer pleinement à la communauté des Nations libres en devenant membre des organisations internationales destinées à promouvoir les objectifs communs du monde libre. Les Trois Puissances soutiendront aux moments appropriés la candidature de la République Fédérale à de telles organisations.

3. — Lorsque les Trois Puissances mèneront des négociations avec des États avec lesquels la République Fédérale n'entretient pas de relations, elles consulteront la République Fédérale au sujet des questions mettant directement en cause ses intérêts politiques.

4. — A la demande du Gouvernement Fédéral, et dans tous les cas où celui-ci ne sera pas en mesure de le faire lui-même, les Trois Puissances prendront les dispositions nécessaires pour représenter les intérêts de la République Fédérale dans ses rapports avec d'autres États et dans certaines organisations ou conférences internationales.

Artikel 4

(1) Bis zum Inkrafttreten der Abmachungen über den deutschen Verteidigungsbeitrag behalten die Drei Mächte weiterhin ihre bisher ausgeübten oder innegehabten Rechte in bezug auf die Stationierung von Streitkräften in der Bundesrepublik. Die Aufgabe dieser Streitkräfte wird die Verteidigung der freien Welt sein, zu der die Bundesrepublik und Berlin gehören. Vorbehaltlich der Bestimmungen des Artikels 5 Absatz (2) dieses Vertrags bestimmen sich die Rechte und Pflichten dieser Streitkräfte nach dem Vertrag über die Rechte und Pflichten ausländischer Streitkräfte und ihrer Mitglieder in der Bundesrepublik Deutschland (im folgenden als „Trup-

Article 4

1. Pending the entry into force of the arrangements for the German Defence Contribution, the Three Powers retain the rights, heretofore exercised or held by them, relating to the stationing of armed forces in the Federal Republic. The mission of these forces will be the defence of the free world, of which Berlin and the Federal Republic form part. Subject to the provisions of paragraph 2 of Article 5 of the present Convention, the rights and obligations of these forces shall be governed by the Convention on the Rights and Obligations of Foreign Forces and their Members in the Federal Republic of Germany (hereinafter referred to as "the Forces

Article 4

1. — Jusqu'à l'entrée en vigueur des arrangements sur la Contribution Allemande à la Défense, les Trois Puissances se réservent les droits antérieurement exercés ou détenus par elles en ce qui concerne le stationnement de forces armées sur le territoire de la République Fédérale. La mission de ces forces sera la défense du monde libre, dont la République Fédérale et Berlin font partie. Sous réserve des dispositions du paragraphe 2 de l'Article 5 de la présente Convention, les droits et les obligations de ces forces seront régis par la Convention relative aux Droits et Obligations des Forces étrangères et de leurs Membres sur le Territoire de la République Fédé-

penvertrag" bezeichnet), auf den in Artikel 8 Absatz (1) dieses Vertrags Bezug genommen ist.

(2) Die von den Drei Mächten bisher ausgeübten oder innegehabten und weiterhin beizubehaltenden Rechte in bezug auf die Stationierung von Streitkräften in Deutschland werden von den Bestimmungen dieses Artikels nicht berührt, soweit sie für die Ausübung der im ersten Satz des Artikels 2 dieses Vertrags genannten Rechte erforderlich sind. Die Bundesrepublik ist damit einverstanden, daß vom Inkrafttreten der Abmachungen über den deutschen Verteidigungsbeitrag an Streitkräfte der gleichen Nationalität und Effektivstärke wie zur Zeit dieses Inkrafttretens in der Bundesrepublik stationiert werden dürfen. Im Hinblick auf die in Artikel 1 Absatz (2) dieses Vertrags umschriebene Rechtsstellung der Bundesrepublik und im Hinblick darauf, daß die Drei Mächte gewillt sind, ihre Rechte betreffend die Stationierung von Streitkräften in der Bundesrepublik, soweit diese betroffen ist, nur in vollem Einvernehmen mit der Bundesrepublik auszuüben, wird diese Frage in einem besonderen Vertrag geregelt.

Convention") referred to in paragraph 1 of Article 8 of the present Convention.

2. The rights of the Three Powers, heretofore exercised or held by them, which relate to the stationing of armed forces in Germany and which are retained, are not affected by the provisions of this Article insofar as they are required for the exercise of the rights referred to in the first sentence of Article 2 of the present Convention. The Federal Republic agrees that, from the entry into force of the arrangements for the German Defence Contribution, forces of the same nationality and effective strength as at that time may be stationed in the Federal Republic. In view of the status of the Federal Republic as defined in Article 1, paragraph 2 of the present Convention and in view of the fact that the Three Powers do not desire to exercise their rights regarding the stationing of armed forces in the Federal Republic, insofar as it is concerned, except in full accord with the Federal Republic, a separate Convention deals with this matter.

rale d'Allemagne (ci-après dénommée « la Convention sur les Forces »), visée au paragraphe 1 de l'Article 8 de la présente Convention.

2. — Les droits des Trois Puissances, antérieurement exercés ou détenus par elles, en ce qui concerne le stationnement des forces armées en Allemagne, qui sont réservés, ne sont pas affectés par les dispositions du présent Article dans la mesure où ils sont nécessaires pour l'exercice des droits visés dans la première phrase de l'Article 2 de la présente Convention. La République Fédérale est d'accord pour qu'après l'entrée en vigueur des arrangements sur la Contribution Allemande à la Défense, des forces armées de même nationalité et de même importance que celles qui se trouveront sur son territoire au moment de cette entrée en vigueur y soient stationnées. Etant donné le statut de la République Fédérale défini à l'Article 1, paragraphe 2, de la présente Convention et étant donné le fait que les Trois Puissances ne désirent pas exercer leurs droits relatifs au stationnement de forces armées sur le territoire de la République Fédérale, pour ce qui concerne celle-ci, sauf en plein accord avec elle, une Convention séparée règle cette question.

Artikel 5

(1) Für die in der Bundesrepublik stationierten Streitkräfte gelten bis zum Inkrafttreten der Abmachungen über den deutschen Verteidigungsbeitrag die folgenden Bestimmungen:

(a) Die Drei Mächte werden die Bundesregierung in allen die Stationierung dieser Streitkräfte betreffenden Fragen konsultieren, soweit es die militärische Lage erlaubt. Die Bundesrepublik wird nach Maßgabe dieses Vertrags und der Zusatzverträge im Rahmen ihres Grundgesetzes mitwirken, um diesen Streitkräften ihre Aufgabe zu erleichtern.

(b) Die Drei Mächte werden nur nach vorheriger Einwilligung der Bundesrepublik Truppen eines Staates, der zur Zeit keine Kontingent stellt, als Teil ihrer Streitkräfte im Bundesgebiet stationieren. Jedoch dürfen solche Kontingente im Falle eines Angriffs oder unmittelbar drohenden Angriffs ohne Einwilli-

Article 5

1. Pending the entry into force of the arrangements for the German Defence Contribution, the following provisions shall be applicable to the forces stationed in the Federal Republic:

(a) the Three Powers will consult with the Federal Republic, insofar as the military situation permits, with regard to all questions concerning the stationing of these forces. The Federal Republic will, according to the present Convention and the related Conventions, co-operate, within the framework of its Basic Law, to facilitate the mission of these forces;

(b) the Three Powers will obtain the consent of the Federal Republic before bringing into the Federal territory, as part of their forces, contingents of the armed forces of any nation not now providing such contingents. Such contingents may nevertheless be brought into the Federal territory without the con-

Article 5

1. — Jusqu'à l'entrée en vigueur des arrangements sur la Contribution Allemande à la Défense, les dispositions suivantes seront applicables aux forces stationnées sur le territoire de la République Fédérale :

(a) les Trois Puissances consulteront la République Fédérale, dans la mesure où la situation militaire le permettra, en ce qui concerne toutes les questions relatives au stationnement de ces forces. La République Fédérale apportera sa pleine coopération, conformément à la présente Convention et aux Conventions rattachées et dans le cadre de sa Loi Fondamentale, en vue de faciliter la mission de ces forces;

(b) les Trois Puissances devront obtenir le consentement de la République Fédérale avant de faire venir sur le territoire fédéral, pour faire partie de leurs propres forces, des contingents appartenant aux forces armées de toute nation qui ne fournit pas actuellement de tels contingents. Toutefois, ces contin-

gung der Bundesrepublik in das Bundesgebiet gebracht werden, dürfen dagegen nach Beseitigung der Gefahr nur mit Einwilligung der Bundesrepublik dort verbleiben.

(2) Die von den Drei Mächten bisher innegehabten oder ausgeübten Rechte in bezug auf den Schutz der Sicherheit von in der Bundesrepublik stationierten Streitkräften, die zeitweilig von den Drei Mächten beibehalten werden, erlöschen, sobald die zuständigen deutschen Behörden entsprechende Vollmachten durch die deutsche Gesetzgebung erhalten haben und dadurch in Stand gesetzt sind, wirksame Maßnahmen zum Schutz der Sicherheit dieser Streitkräfte zu treffen, einschließlich der Fähigkeit, einer ernstlichen Störung der öffentlichen Sicherheit und Ordnung zu begegnen. Soweit diese Rechte weiterhin ausgeübt werden können, werden sie nur nach Konsultation mit der Bundesregierung ausgeübt werden, soweit die militärische Lage eine solche Konsultation nicht ausschließt, und wenn die Bundesregierung darin übereinstimmt, daß die Umstände die Ausübung derartiger Rechte erfordern. Im übrigen bestimmt sich der Schutz der Sicherheit dieser Streitkräfte nach den Vorschriften des Truppenvertrags oder den Vorschriften des Vertrags, welcher den Truppenvertrag ersetzt, und nach deutschem Recht, soweit nicht in einem anwendbaren Vertrag etwas anderes bestimmt ist.

Artikel 6

(1) Die Drei Mächte werden die Bundesrepublik hinsichtlich der Ausübung ihrer Rechte in bezug auf Berlin konsultieren.

(2) Die Bundesrepublik ihrerseits wird mit den Drei Mächten zusammenwirken, um es ihnen zu erleichtern, ihren Verantwortlichkeiten in bezug auf Berlin zu genügen.

Artikel 7

(1) Die Unterzeichnerstaaten sind darüber einig, daß ein wesentliches Ziel ihrer gemeinsamen Politik eine zwischen Deutschland und seinen ehemaligen Gegnern frei vereinbarte friedensvertragliche Regelung für ganz Deutschland ist, welche die Grundlage für einen dauerhaften Frieden bilden soll. Sie sind weiterhin darüber einig, daß die endgültige Festlegung der Grenzen Deutschlands bis zu dieser Regelung aufgeschoben werden muß.

sent of the Federal Republic in the event of external attack or imminent threat of such attack, but, after the elimination of the danger, may only remain with its consent.

2. The rights of the Three Powers, heretofore held or exercised by them, which relate to the protection of the security of armed forces stationed in the Federal Republic and which are temporarily retained, shall lapse when the appropriate German authorities have obtained similar powers under German legislation enabling them to take effective action to protect the security of those forces, including the ability to deal with a serious disturbance of public security and order. To the extent that such rights continue to be exercisable they shall be exercised only after consultation, insofar as the military situation does not preclude such consultation, with the Federal Government and with its agreement that the circumstances require such exercise. In all other respects the protection of the security of those forces shall be governed by the Forces Convention or by the provisions of the Agreement which replaces it and, except as otherwise provided in any applicable agreement, by German law.

Article 6

1. The Three Powers will consult with the Federal Republic in regard to the exercise of their rights relating to Berlin.

2. The Federal Republic, on its part, will co-operate with the Three Powers in order to facilitate the discharge of their responsibilities with regard to Berlin.

Article 7

1. The Signatory States are agreed that an essential aim of their common policy is a peace settlement for the whole of Germany, freely negotiated between Germany and her former enemies, which should lay the foundation for a lasting peace. They further agree that the final determination of the boundaries of Germany must await such a settlement.

gents pourront être amenés sur le territoire fédéral sans le consentement de la République Fédérale en cas d'attaque extérieure ou de menace imminente d'une telle attaque, mais ne pourront être maintenus après disparition du danger qu'avec son consentement.

2. — Les droits des Trois Puissances antérieurement détenus ou exercés par elles en ce qui concerne la protection de la sécurité des forces armées stationnées sur le territoire de la République Fédérale, et qui sont temporairement conservés, disparaîtront lorsque les autorités allemandes compétentes auront obtenu des pouvoirs similaires en vertu de la législation allemande, leur permettant de prendre des mesures effectives pour protéger la sécurité de ces forces, y compris la possibilité de faire face à une atteinte grave portée à la sécurité et à l'ordre publics. Dans la mesure où ces droits continuent à pouvoir être exercés, ils ne seront exercés qu'après consultation du Gouvernement Fédéral, pour autant que la situation militaire n'exclura pas une telle consultation, et si le Gouvernement Fédéral reconnait que les circonstances requièrent que ces droits soient exercés. Sous tous ses autres aspects, la protection de la sécurité de ces forces sera régie par les dispositions de la Convention sur les Forces ou par les dispositions de l'Accord qui la remplace, et, sauf dispositions contraires figurant dans tout accord applicable, par le droit allemand.

Article 6

1. — Les Trois Puissances consulteront la République Fédérale au sujet de l'exercice de leurs droits en ce qui concerne Berlin.

2. — La République Fédérale, pour sa part, coopérera avec les Trois Puissances en vue d'aider celles-ci à s'acquitter de leurs responsabilités à l'égard de Berlin.

Article 7

1. — Les Etats Signataires conviennent qu'un but essentiel de leur politique commune est un règlement de paix pour l'ensemble de l'Allemagne, librement négocié entre l'Allemagne et ses anciens ennemis et qui devrait poser les bases d'une paix durable. Ils conviennent aussi que la fixation définitive des frontières de l'Allemagne doit attendre ce règlement.

(2) Bis zum Abschluß der friedens-vertraglichen Regelung werden die Unterzeichnerstaaten zusammenwirken, um mit friedlichen Mitteln ihr gemeinsames Ziel zu verwirklichen: Ein wiedervereinigtes Deutschland, das eine freiheitlich-demokratische Verfassung, ähnlich wie die Bundesrepublik, besitzt und das in die europäische Gemeinschaft integriert ist.

(3) (gestrichen)

(4) Die Drei Mächte werden die Bundesrepublik in allen Angelegenheiten konsultieren, welche die Ausübung ihrer Rechte in bezug auf Deutschland als Ganzes berühren.

2. Pending the peace settlement, the Signatory States will co-operate to achieve, by peaceful means, their common aim of a reunified Germany enjoying a liberal-democratic constitution, like that of the Federal Republic, and integrated within the European community.

3. Deleted.

4. The Three Powers will consult with the Federal Republic on all matters involving the exercise of their rights relating to Germany as a whole.

2. — En attendant le règlement de paix, les Etats Signataires coopéreront en vue d'atteindre par des moyens pacifiques leur but commun: une Allemagne réunifiée, dotée d'une constitution libérale et démocratique, telle que celle de la République Fédérale, et intégrée dans la communauté européenne.

3. — Supprimé.

4. — Les Trois Puissances consulteront la République Fédérale sur toutes les questions mettant en cause l'exercice de leurs droits en ce qui concerne l'Allemagne dans son ensemble.

Artikel 8

(1) (a) Die Unterzeichnerstaaten haben die folgenden Zusatzverträge geschlossen:

Vertrag über die Rechte und Pflichten ausländischer Streitkräfte und ihrer Mitglieder in der Bundesrepublik Deutschland;

Finanzvertrag;

Vertrag zur Regelung aus Krieg und Besatzung entstandener Fragen.

(b) Der Vertrag über die Rechte und Pflichten ausländischer Streitkräfte und ihrer Mitglieder in der Bundesrepublik Deutschland und das am 26. Mai 1952 in Bonn unterzeichnete Abkommen über die steuerliche Behandlung der Streitkräfte und ihrer Mitglieder in der durch das Protokoll vom 26. Juli 1952 abgeänderten Fassung bleiben bis zum Inkrafttreten neuer Vereinbarungen über die Rechte und Pflichten der Streitkräfte der Drei Mächte und sonstiger Staaten, die Truppen auf dem Gebiet der Bundesrepublik unterhalten, in Kraft. Die neuen Vereinbarungen werden auf der Grundlage des in London am 19. Juni 1951 zwischen den Parteien des Nordatlantikpakts über den Status ihrer Streitkräfte unterzeichneten Abkommens getroffen, ergänzt durch diejenigen Bestimmungen, die im Hinblick auf die besonderen Verhältnisse in bezug auf die in der Bundesrepublik stationierten Streitkräfte erforderlich sind.

(c) Der Finanzvertrag bleibt bis zum Inkrafttreten neuer Vereinbarungen in Kraft, über die gemäß Artikel 4 Absatz (4) jenes Vertrags mit anderen Mitgliedstaaten der Nordatlantikpakt-Organisa-

Article 8

1. (a) The Signatory States have concluded the following related Conventions:

Convention on the Rights and Obligations of Foreign Forces and their Members in the Federal Republic of Germany;

Finance Convention;

Convention on the Settlement of Matters Arising out of the War and the Occupation.

(b) The Convention on the Rights and Obligations of Foreign Forces and their Members in the Federal Republic of Germany and the Agreement on the Tax Treatment of the Forces and their Members, signed at Bonn on 26 May 1952, as amended by the Protocol signed at Bonn on 26 July 1952, shall remain in force until the entry into force of new arrangements setting forth the rights and obligations of the forces of the Three Powers and other States having forces in the territory of the Federal Republic. The new arrangements will be based on the Agreement Between the Parties to the North Atlantic Treaty Regarding the Status of Their Forces, signed at London on 19 June 1951, supplemented by such provisions as are necessary in view of the special conditions existing in regard to the forces stationed in the Federal Republic.

(c) The Finance Convention shall remain in force until the entry into force of the new arrangements negotiated in pursuance of paragraph 4 of Article 4 of that Convention with other member

Article 8

1. (a) — Les Etats Signataires ont conclu les Conventions rattachées suivantes:

— Convention relative aux Droits et Obligations des Forces étrangères et de leurs Membres sur le Territoire de la République Fédérale d'Allemagne;

— Convention Financière;

— Convention sur le Règlement de Questions issues de la Guerre et de l'Occupation.

(b) — La Convention relative aux Droits et Obligations des Forces étrangères et de leurs Membres sur le Territoire de la République Fédérale l'Allemagne et l'Accord relatif au Régime Fiscal applicable aux Forces et aux Membres des Forces signé à Bonn le 26 mai 1952 et amendé par le Protocole signé à Bonn le 26 juillet 1952 resteront en vigueur jusqu'à l'entrée en vigueur de nouveaux arrangements définissant les droits et obligations des forces des Trois Puissances et des autres Etats ayant des forces stationnées sur le territoire fédéral. Les nouveaux arrangements seront fondés sur l'Accord entre les Parties au Traité de l'Atlantique Nord concernant le Statut de leurs Forces, signé à Londres le 19 juin 1951, complété par les dispositions rendues nécessaires en raison des conditions spéciales existantes en ce qui concerne les forces stationnées dans la République Fédérale.

(c) — La Convention Financière restera en vigueur jusqu'à l'entrée en vigueur des nouveaux arrangements négociés, en vertu du paragraphe 4 de l'Article 4 de cette Convention, avec les autres

sation verhandelt wird, die Truppen im Bundesgebiet stationiert haben.

(2) Während der in Artikel 6 Absatz (4) des Ersten Teils des Vertrags zur Regelung aus Krieg und Besatzung entstandener Fragen vorgesehenen Übergangszeit bleiben die in jenem Absatz erwähnten Rechte der drei Unterzeichnerstaaten erhalten.

Governments of the North Atlantic Treaty Organization who have forces stationed in the Federal territory.

2. During the transitional period provided for in paragraph 4 of Article 6 of Chapter One of the Convention on the Settlement of Matters Arising out of the War and the Occupation, the rights of the three Signatory States referred to in that paragraph shall be retained.

Gouvernements membres de l'Organisation du Traité de l'Atlantique Nord ayant des Forces stationnées dans là République Fédérale.

2. — Au cours de la période transitoire prévue au paragraphe 4 de l'Article 6 du Chapitre Premier de la Convention sur le Règlement de Questions issues de la Guerre et de l'Occupation, les droits des Trois Etats Signataires, dont il est fait mention dans ce paragraphe, seront conservés.

Artikel 9

(1) Es wird ein Schiedsgericht errichtet werden, das gemäß den Bestimmungen der beigefügten Satzung tätig werden wird.

(2) Das Schiedsgericht ist ausschließlich zuständig für alle Streitigkeiten, die sich zwischen der Bundesrepublik und den Drei Mächten aus den Bestimmungen dieses Vertrags oder der beigefügten Satzung oder eines der Zusatzverträge ergeben und welche die Parteien nicht durch Verhandlungen oder auf eine andere zwischen allen Unterzeichnerstaaten vereinbarte Weise beizulegen vermögen, soweit sich nicht aus Absatz (3) dieses Artikels oder aus der beigefügten Satzung oder aus den Zusatzverträgen etwas anderes ergibt.

(3) Streitigkeiten, welche die in Artikel 2, den ersten beiden Sätzen des Absatzes (1) des Artikels 4, dem ersten Satz des Absatzes (2) des Artikels 4 und den ersten beiden Sätzen des Absatzes (2) des Artikels 5 angeführten Rechte der Drei Mächte oder Maßnahmen auf Grund der Rechte berühren, unterliegen nicht der Gerichtsbarkeit des Schiedsgerichtes oder eines anderen Gerichtes.

Article 9

1. There shall be established an Arbitration Tribunal which shall function in accordance with the provisions of the annexed Charter.

2. The Arbitration Tribunal shall have exclusive jurisdiction over all disputes arising between the Three Powers and the Federal Republic under the provisions of the present Convention or the annexed Charter or any of the related Conventions which the parties are not able to settle by negotiation or by other means agreed between all the Signatory States, except as otherwise provided by paragraph 3 of this Article or in the annexed Charter or in the related Conventions.

3. Any dispute involving the rights of the Three Powers referred to in Article 2, the first two sentences of paragraph 1 of Article 4, the first sentence of paragraph 2 of Article 4 and the first two sentences of paragraph 2 of Article 5, or action taken thereunder, shall not be subject to the jurisdiction of the Arbitration Tribunal or of any other tribunal or court.

Article 9

1. — Il sera institué un Tribunal d'Arbitrage dont le fonctionnement sera régi par les dispositions de la Charte ci-annexée.

2. — Sous réserve des exceptions prévues au paragraphe 3 du présent Article dans la Charte ci-annexée ou dans les Conventions rattachées, le Tribunal d'Arbitrage sera seul compétent pour régler tous les litiges entre les Trois Puissances et la République Fédérale, résultant de l'application de la présente Convention, de la Charte ci-annexée ou des Conventions rattachées, que les Parties ne parviennent pas à régler par des négociations ou par tous autres moyens agréés par l'ensemble des Etats Signataires.

3. — Aucun litige mettant en cause les droits des Trois Puissances visés à l'Article 2, dans les deux premières phrases du paragraphe 1 de l'Article 4, dans la première phrase du paragraphe 2 de l'Article 4 et dans les deux premières phrases du paragraphe 2 de l'Article 5, ou des mesures prises en application de ces droits, ne relève de la compétence du Tribunal d'Arbitrage ou de tout autre Tribunal ou instance judiciaire.

Artikel 10

Die Unterzeichnerstaaten überprüfen die Bestimmungen dieses Vertrags und der Zusatzverträge:

(a) auf Ersuchen eines von ihnen im Falle der Wiedervereinigung Deutschlands oder einer unter Beteiligung oder mit Zustimmung der Staaten, die Mitglieder dieses Vertrags sind, erzielten internationalen Verständigung über Maßnahmen zur Herbeiführung der Wiedervereinigung Deutschlands oder der Bildung einer europäischen Föderation, oder

Article 10

The Signatory States will review the terms of the present Convention and the related Conventions

(a) upon request of any one of them, in the event of the reunification of Germany, or an international understanding being reached with the participation or consent of the States parties to the present Convention on steps towards bringing about the reunification of Germany, or the creation of a European federation; or

Article 10

Les Etats Signataires reconsidéreront les termes de la présente Convention et des Conventions rattachées:

(a) à la demande de l'un d'eux, en cas de réunification de l'Allemagne, ou en cas de conclusion, avec la participation ou le consentement des Etats parties à la présente Convention, d'une entente internationale sur des mesures visant au rétablissement de l'unité, ou en cas de création d'une fédération européenne;

(b) in jeder Lage, die nach Auffassung aller Unterzeichnerstaaten aus einer Änderung grundlegenden Charakters in den zur Zeit des Inkrafttretens des Vertrags bestehenden Verhältnissen entstanden ist.

In beiden Fällen werden sie in gegenseitigem Einvernehmen diesen Vertrag und die Zusatzverträge in dem Umfang ändern, der durch die grundlegende Änderung der Lage erforderlich oder ratsam geworden ist.

Artikel 11

(1) (gestrichen)

(2) (gestrichen)

(3) Dieser Vertrag und die Zusatzverträge werden in den Archiven der Regierung der Bundesrepublik Deutschland hinterlegt; diese wird jedem Unterzeichnerstaat beglaubigte Ausfertigungen übermitteln und jeden Unterzeichnerstaat vom Zeitpunkt des Inkrafttretens dieses Vertrags und der Zusatzverträge in Kenntnis setzen.

ZU URKUND DESSEN haben die unterzeichneten auf ihren Regierungen gehörig beglaubigten Vertreter diesen Vertrag unterschrieben.

Geschehen zu BONN am sechsundzwanzigsten Tage des Monats Mai 1952 in deutscher, englischer und französischer Sprache, wobei alle drei Fassungen gleichermaßen authentisch sind.

Für die Bundesrepublik Deutschland
gezeichnet:

A d e n a u e r

Für das Vereinigte Königreich von Großbritannien und Nordirland
gezeichnet:

A n t h o n y   E d e n

Für die Vereinigten Staaten von Amerika
gezeichnet:

D e a n   A c h e s o n

Für die Französische Republik
gezeichnet:

R o b e r t   S c h u m a n

(b) in any situation which all of the Signatory States recognize has resulted from a change of a fundamental character in the conditions prevailing at the time of the entry into force of the present Convention.

In either case they will, by mutual agreement, modify the present Convention and the related Conventions to the extent made necessary or advisable by the fundamental change in the situation.

Article 11

1. Deleted.

2. Deleted.

3. The present Convention and the related Conventions shall be deposited in the Archives of the Government of the Federal Republic of Germany, which will furnish each Signatory State with certified copies thereof and notify each such State of the date of the entry into force of the present Convention and the related Conventions.

IN FAITH WHEREOF the undersigned representatives duly authorized thereto by their respective Governments have signed the present Convention

Done at BONN this twenty-sixth day of May, 1952, in three texts, in the English, French and German languages, all being equally authentic.

For the United States of America
signed:

D e a n   A c h e s o n

For the United Kingdom of Great Britain and Northern Ireland
signed:

A n t h o n y   E d e n

For the French Republic
signed:

R o b e r t   S c h u m a n

For the Federal Republic of Germany
signed:

A d e n a u e r

(b) dans toute situation dont les Etats Signataires seront unanimes à reconnaître qu'elle résulte d'un changement fondamental intervenu dans les conditions existant lors de l'entrée en vigueur de la présente Convention.

Dans l'un ou l'autre de ces cas ils modifieront, d'un commun accord, la présente Convention et les Conventions rattachées, dans la mesure rendue nécessaire ou appropriée par le changement fondamental intervenu dans la situation.

Article 11

1. — Supprimé.

2. — Supprimé.

3. — La présente Convention et les Conventions rattachées seront déposées dans les archives du Gouvernement de la République Fédérale d'Allemagne qui en remettra des copies certifiées conformes à chacun des Etats Signataires et qui notifiera à chacun de ces Etats la date d'entrée en vigueur de la Convention et des Conventions rattachées.

EN FOI DE QUOI, les Plénipotentiaires soussignés, dûment autorisés à cet effet par leurs Gouvernements, ont apposé leurs signatures au bas de la présente Convention.

Fait à BONN, le vingt sixième jour du mois de mai 1952, en trois textes, en langues française, anglaise et allemande, les trois versions faisant également foi.

Pour la République Française
signé :

R o b e r t   S c h u m a n

Pour les Etats-Unis d'Amérique
signé :

D e a n   A c h e s o n

Pour le Royaume-Uni de Grande-Bretagne et d'Irlande du Nord
signé :

A n t h o n y   E d e n

Pour la République Fédérale d'Allemagne
signé :

A d e n a u e r

Quelle: Bundesgesetzblatt Teil II, 1955, Seite 305–311.

VII.

Protokoll
über die Beendigung des Besatzungsregimes
in der Bundesrepublik Deutschland
unterzeichnet in Paris am 23. Oktober 1954

Die Bundesrepublik Deutschland, die Vereinigten Staaten von Amerika, das Vereinigte Königreich von Großbritannien und Nordirland und die Französische Republik kommen wie folgt überein:

Artikel 1

Der Vertrag über die Beziehungen zwischen der Bundesrepublik Deutschland und den Drei Mächten, der Vertrag über die Rechte und Pflichten ausländischer Streitkräfte und ihrer Mitglieder in der Bundesrepublik Deutschland, der Finanzvertrag, der Vertrag zur Regelung aus Krieg und Besatzung entstandener Fragen, die am 26. Mai 1952 in Bonn unterzeichnet wurden, das am 27. Juni 1952 in Bonn unterzeichnete Protokoll zur Berichtigung einiger textlicher Unstimmigkeiten in den vorstehend bezeichneten Verträgen und das am 26. Mai 1952 in Bonn unterzeichnete Abkommen über die steuerliche Behandlung der Streitkräfte und ihrer Mitglieder in der durch das am 26. Juli 1952 in Bonn unterzeichnete Protokoll geänderten Fassung, werden nach Maßgabe der fünf Listen zu diesem Protokoll geändert und treten in der so geänderten Fassung zusammen mit den zwischen den Unterzeichnerstaaten vereinbarten ergänzenden Dokumenten bezüglich der vorstehend erwähnten Vertragstexte und gleichzeitig mit diesem Protokoll in Kraft.

Artikel 2

Bis zum Inkrafttreten der Abmachungen über den deutschen Verteidigungsbeitrag gelten folgende Bestimmungen:

(1) Die bisher den Vereinigten Staaten von Amerika, dem Vereinigten Königreich von Großbritannien und Nordirland und der Französischen Republik zustehenden oder von ihnen ausgeübten Rechte auf den Gebieten der Abrüstung und Entmilitarisierung stehen ihnen weiterhin zu und werden von ihnen ausgeübt, und keine Bestimmung in einem der in Artikel 1 dieses Protokolls erwähnten Vertragstexte gestattet den Erlaß, die Änderung, Aufhebung oder Außerkraftsetzung von Rechtsvorschriften oder, vorbehaltlich der Bestimmungen in Absatz (2) dieses Artikels, Verwaltungsmaßnahmen seitens einer anderen Behörde auf diesen Gebieten.

Protocol
on the Termination of the Occupation Regime
in the Federal Republic of Germany
signed at Paris 23 October 1954

The United States of America, the United Kingdom of Great Britain and Northern Ireland, the French Republic and the Federal Republic of Germany agree as follows:

Article 1

The Convention on Relations between the Three Powers and the Federal Republic of Germany, the Convention on the Rights and Obligations of Foreign Forces and their Members in the Federal Republic of Germany, the Finance Convention, the Convention on the Settlement of Matters Arising out of the War and the Occupation, signed at Bonn on 26 May 1952, the Protocol signed at Bonn on 27 June 1952, to correct certain textual errors in the aforementioned Conventions, and the Agreement on the Tax Treatment of the Forces and their Members signed at Bonn on 26 May 1952, as amended by the Protocol signed at Bonn on 26 July 1952, shall be amended in accordance with the five Schedules to the present Protocol and as so amended shall enter into force (together with subsidiary documents agreed by the Signatory States relating to any of the aforementioned instruments) simultaneously with it.

Article 2

Pending the entry into force of the arrangements for the German Defence Contribution, the following provisions shall apply:

(1) The rights heretofore held or exercised by the United States of America, the United Kingdom of Great Britain and Northern Ireland and the French Republic relating to the fields of disarmament and demilitarisation shall be retained and exercised by them, and nothing in any of the instruments mentioned in Article 1 of the present Protocol shall authorize the enactment, amendment, repeal or deprivation of effect of legislation or, subject to the provisions of paragraph (2) of this Article, executive action in those fields by any other authority.

Protocole
sur la Cessation du Régime d'Occupation
dans la République Fédérale d'Allemagne
signé à Paris le 23 Octobre 1954

La République Française, les Etats-Unis d'Amérique, le Royaume-Uni de Grande-Bretagne et d'Irlande du Nord et la République Fédérale d'Allemagne sont convenus de ce qui suit:

Article 1

La Convention sur les Relations entre les Trois Puissances et la République Fédérale d'Allemagne, la Convention relative aux Droits et Obligations des Forces étrangères et de leurs Membres sur le Territoire de la République Fédérale d'Allemagne, la Convention Financière, la Convention sur le Règlement de Questions issues de la Guerre et de l'Occupation, signées à Bonn le 26 mai 1952, le Protocole, signé à Bonn le 27 juin 1952, relatif à la correction de certaines erreurs matérielles figurant dans les Conventions précitées et l'Accord relatif au Régime fiscal applicable aux Forces et aux Membres des Forces signé à Bonn le 26 mai 1952 et amendé par le Protocole signé à Bonn le 26 juillet 1952, seront amendés conformément aux cinq Annexes du présent Protocole et, ainsi amendés, entreront en vigueur (ainsi que les documents complémentaires se rapportant aux instruments précités et sur lesquels les Etats Signataires se sont mis d'accord) en même temps que celui-ci.

Article 2

Jusqu'à l'entrée en vigueur des arrangements sur la Contribution Allemande à la Défense, les dispositions suivantes s'appliqueront:

(1) La France, les Etats-Unis et le Royaume-Uni conserveront et exerceront les droits antérieurement détenus ou exercés par eux dans les domaines du désarmement et de la démilitarisation. Aucune disposition d'aucun des instruments mentionnés à l'Article 1 du présent Protocole n'autorisera la promulgation, l'amendement, l'abrogation ou la privation d'effet d'aucune législation ou, sous réserve des dispositions du paragraphe 2 du présent Article, aucun acte administratif, par aucune autre autorité dans ces domaines.

(2) Mit dem Inkrafttreten dieses Protokolls wird das Militärische Sicherheitsamt aufgelöst (unbeschadet der Gültigkeit der von ihm getroffenen Maßnahmen oder Entscheidungen); die Kontrolle auf den Gebieten der Abrüstung und Entmilitärisierung wird in der Folge durch einen Gemeinsamen Viermächte-Ausschuß ausgeübt, in den jeder der Unterzeichnerstaaten einen Vertreter entsendet und der mit Stimmenmehrheit der vier Mitglieder entscheidet.

(3) Die Regierungen der Unterzeichnerstaaten schließen ein Verwaltungsabkommen, das im Einklang mit den Bestimmungen dieses Artikels die Errichtung des Gemeinsamen Viermächte-Ausschusses, die Ernennung seines Personals und die Organisation seiner Arbeit regelt.

Artikel 3

(1) Dieses Protokoll ist von den Unterzeichnerstaaten in Übereinstimmung mit ihren verfassungsmäßigen Verfahren zu ratifizieren oder zu genehmigen. Die Ratifikations- oder Genehmigungsurkunden sind von den Unterzeichnerstaaten bei der Regierung der Bundesrepublik Deutschland zu hinterlegen.

(2) Dieses Protokoll und die zwischen den Unterzeichnerstaaten vereinbarten ergänzenden Dokumente treten mit der gemäß Absatz (1) dieses Artikels erfolgten Hinterlegung der Ratifikations- oder Genehmigungsurkunden aller Unterzeichnerstaaten in Kraft.

(3) Dieses Protokoll wird in den Archiven der Regierung der Bundesrepublik Deutschland hinterlegt; diese übermittelt allen Unterzeichnerstaaten beglaubigte Abschriften und unterrichtet jeden Staat vom Zeitpunkt des Inkrafttretens dieses Protokolls.

ZU URKUND DESSEN haben die unterzeichneten, gehörig bevollmächtigten Vertreter dieses Protokoll unterschrieben.

Geschehen zu PARIS am dreiundzwanzigsten Tage des Monats Oktober 1954 in deutscher, englischer und französischer Sprache, wobei alle drei Fassungen gleichermaßen verbindlich sind.

(2) On the entry into force of the present Protocol, the Military Security Board shall be abolished (without prejudice to the validity of any action or decisions taken by it) and the controls in the fields of disarmament and demilitarisation shall thereafter be applied by a Joint Four-Power Commission to which each of the Signatory States shall appoint one representative and which shall take its decisions by majority vote of the four members.

(3) The Governments of the Signatory States will conclude an administrative agreement which shall provide, in conformity with the provisions of this Article, for the establishment of the Joint Four-Power Commission and its staff and for the organization of its work.

Article 3

1. The present Protocol shall be ratified or approved by the Signatory States in accordance with their respective constitutional procedures. The Instruments of Ratification or Approval shall be deposited by the Signatory States with the Government of the Federal Republic of Germany.

2. The present Protocol and subsidiary documents relating to it agreed between the Signatory States shall enter into force upon the deposit by all the Signatory States of the Instruments of Ratification or Approval as provided in paragraph 1 of this Article.

3. The present Protocol shall be deposited in the Archives of the Government of the Federal Republic of Germany, which will furnish each Signatory State with certified copies thereof and notify each State of the date of entry into force of the present Protocol.

IN FAITH WHEREOF the undersigned Representatives duly authorized thereto have signed the present Protocol.

Done at PARIS this twenty-third day of October, 1954, in three texts, in the English, French and German languages, all being equally authentic.

(2) Lors de l'entrée en vigueur du présent Protocole, l'Office Militaire de Sécurité sera dissous (sans que soit affectée la validité d'aucun de ses actes ou d'aucune de ses décisions). A partir de cette date, les contrôles dans les domaines du désarmement et de la démilitarisation seront appliqués par une Commission Quadripartite Mixte à laquelle chacun des Etats Signataires désignera un représentant et qui prendra ses décisions par vote à la majorité des quatre membres.

(3) Les Gouvernements des Etats Signataires concluront un accord administratif qui portera, conformément aux dispositions du présent Article, sur la création de la Commission Quadripartite, son personnel et l'organisation de son travail.

Article 3

(1) Le présent Protocole sera ratifié ou approuvé par les Etats Signataires conformément à leurs procédures constitutionnelles respectives. Les instruments de ratification ou d'approbation seront déposés par les Etats Signataires auprès du Gouvernement de la République Fédérale d'Allemagne.

(2) Le présent Protocole, ainsi que les documents complémentaires qui s'y rapportent et sur lesquels les Etats Signataires se sont mis d'accord, entreront en vigueur dès que les instruments de ratification ou d'approbation visés au paragraphe 1 du présent Article auront été déposés par tous les Etats Signataires.

(3) Le présent Protocole sera déposé dans les archives du Gouvernement de la République Fédérale d'Allemagne, qui en remettra des copies certifiées conformes à chacun des Etats Signataires, et qui notifiera à chacun de ces Etats la date d'entrée en vigueur du Protocole.

EN FOI DE QUOI, les Plénipotentiaires soussignés, dûment autorisés à cet effet, ont apposé leurs signatures au bas du présent Protocole.

Fait à PARIS, le vingt-troisième jour du mois d'octobre 1954, en trois textes en langues française, anglaise et allemande, les trois versions faisant également foi.

Für die Bundesrepublik Deutschland gezeichnet: A d e n a u e r	For the United States of America signed: John Foster D u l l e s	Pour la République Française: signé: Pierre M e n d è s - F r a n c e
Für die Vereinigten Staaten von Amerika gezeichnet: John Foster D u l l e s	For the United Kingdom of Great Britain and Northern Ireland signed: Anthony E d e n	Pour les Etats-Unis d'Amérique signé: John Foster D u l l e s
Für das Vereinigte Königreich von Großbritannien und Nordirland gezeichnet: Anthony E d e n	For the French Republic signed: Pierre M e n d è s - F r a n c e	Pour le Royaume-Uni de Grande- Bretagne et d'Irlande du Nord: signé: Anthony E d e n
Für die Französische Republik gezeichnet: Pierre M e n d è s - F r a n c e	For the Federal Republic of Germany signed: A d e n a u e r	Pour la République Fédérale d'Allemagne: signé: A d e n a u e r

Quelle: Bundesgesetzblatt Teil II, 1955, Seite 215–217.

VIII. »Görlitzer Vertrag« (Oder-Neiße-Grenze)

6. Juli 1950

Abkommen zwischen der Deutschen Demokratischen Republik und der Republik Polen über die Markierung der festgelegten und bestehenden deutsch-polnischen Staatsgrenze*

Der Präsident der Deutschen Demokratischen Republik und der Präsident der Republik Polen
geleitet von dem Wunsche, dem Willen zur Festigung des allgemeinen Friedens Ausdruck zu verleihen und gewillt, einen Beitrag zum großen Werke der einträchtigen Zusammenarbeit friedliebender Völker zu leisten,
in Anbetracht, daß diese Zusammenarbeit zwischen dem deutschen und dem polnischen Volke dank der Zerschlagung des deutschen Faschismus durch die UdSSR und dank der Entwicklung der demokratischen Kräfte in Deutschland möglich wurde – sowie gewillt, nach den tragischen Erfahrungen aus der Zeit des Hitlersystems eine unerschütterliche Grundlage für ein friedliches und gutnachbarliches Zusammenleben beider Völker zu schaffen,
geleitet von dem Wunsche, die gegenseitigen Beziehungen in Anlehnung an das die Grenze an der Oder und Lausitzer Neiße festlegende Potsdamer Abkommen zu stabilisieren und zu festigen,
in Durchführung der Bestimmungen der Warschauer Deklaration der Delegation der Provisorischen Regierung der Deutschen Demokratischen Republik und der Regierung der Republik Polen vom 6. Juni 1950,**
in Anerkennung, daß die festgelegte und bestehende Grenze die unantastbare Friedens- und Freundschaftsgrenze ist, die die beiden Völker nicht trennt, sondern einigt –

haben beschlossen, das vorliegende Abkommen abzuschließen und zu ihren Bevollmächtigten ernannt:
Der Präsident der Deutschen Demokratischen Republik
Herrn Otto Grotewohl, Ministerpräsident,
Herrn Georg Dertinger,
Minister für Auswärtige Angelegenheiten;
der Präsident der Republik Polen
Herrn Józef Cyrankiewicz, Ministerpräsident,
Herrn Stefan Wierblowski, Leiter des Ministeriums
für Auswärtige Angelegenheiten,
die nach Austausch ihrer in guter und gehöriger Form befundenen Vollmachten über folgende Bestimmungen übereingekommen sind:

Art. 1

Die Hohen Vertragschließenden Parteien stellen übereinstimmend fest, daß die festgelegte und bestehende Grenze, die von der Ostsee entlang die Linie westlich von der Ortschaft Swino-ujście und von dort entlang den Fluß Oder bis zur Einmündung der Lausitzer Neiße und die Lausitzer Neiße entlang bis zur tschechoslowakischen Grenze verläuft, die Staatsgrenze zwischen Deutschland und Polen bildet.

Art. 2

Die laut vorliegendem Abkommen markierte deutsch-polnische Staatsgrenze grenzt in vertikaler Linie auch den Luft- und Seeraum sowie das Innere der Erde ab.

Art. 3

Zwecks Markierung im Terrain der im Art. 1 genannten deutsch-polnischen Staatsgrenze berufen die Hohen Vertragschließenden Parteien eine gemischte deutsch-polnische Kommission mit dem Sitz in Warszawa.

Diese Kommission besteht aus acht Mitgliedern, von denen vier von der Provisorischen Regierung der Deutschen Demokratischen Republik und vier von der Regierung der Republik Polen ernannt werden.

Art. 4

Zwecks Aufnahme der in Artikel 3 bestimmten Tätigkeit wird die gemischte deutsch-polnische Kommission spätestens bis zum 31. August 1950 zusammentreten.

Art. 5

Nach Durchführung der Markierung der Staatsgrenze im Terrain werden die Hohen Vertragschließenden Parteien einen Akt über die Ausführung der Markierung der Staatsgrenze zwischen Deutschland und Polen abschließen.*

Art. 6

In Ausführung der Markierung der deutsch-polnischen Staatsgrenze werden die Hohen Vertragschließenden Parteien Verein-barungen betreffs der Grenzübergänge, des lokalen Grenzverkehrs sowie der Schiffahrt auf den Grenzgewässern abschließen. Diese Vereinbarungen werden innerhalb eines Monats nach Inkrafttreten des im Art. 5 genannten Aktes über die Ausführung der Markierung der Staatsgrenze zwischen Deutschland und Polen abgeschlossen werden.

Art. 7

Das vorliegende Abkommen unterliegt einer Ratifikation, die in möglichst kürzester Frist stattfinden soll. Das Abkommen tritt in Kraft mit dem Austausch der Ratifikationsurkunden, der in Berlin stattfinden wird.**

Zu Urkund dessen haben die Bevollmächtigten dieses Abkommen unterzeichnet und mit ihren Siegeln versehen.

Art. 8

Ausgefertigt am 6. Juli 1950 in Zgorzelec in zwei Urschriften, beide in deutscher und polnischer Sprache, wobei beide Wortlaute die gleiche Gültigkeit haben.

In Vollmacht
des Präsidenten der Deutschen
Demokratischen Republik
gez. O. Grotewohl
G. Dertinger

In Vollmacht
des Präsidenten der
Republik Polen
gez. J. Cyrankiewicz
Stefan Wierblowski

Quelle: Dokumente zur Außenpolitik der Regierung der Deutschen Demokratischen Republik, Band 4, Berlin 1957, Seite 125–127.

IX.

Kommuniqué über die Verhandlungen zwischen der Deutschen Demokratischen Republik und der Republik Polen über die Markierung der festgelegten und bestehenden deutsch-polnischen Staatsgrenze

Zwecks Unterzeichnung des Abkommens zwischen der Deutschen Demokratischen Republik mit der Republik Polen über die Markierung der festgelegten und bestehenden Grenze zwischen Deutschland und Polen traf am 6. Juli 1950 in der an der Lausitzer Neiße gelegenen Grenzstadt Zgorzelec eine Regierungsdelegation der Deutschen Demokratischen Republik ein. Die Regierungsdelegation der Deutschen Demokratischen Republik wurde von einer polnischen Regierungsdelegation begrüßt.

Bei der Begrüßung erwies eine Kompanie der polnischen Armee die militärischen Ehren, und ein Militärorchester spielte die deutsche und die polnische Nationalhymne.

Nach der Begrüßungszeremonie begaben sich die Mitglieder beider Regierungsdelegationen in das Haus der Kultur der Stadt Zgorzelec, wo das Abkommen über die Markierung der festgelegten und bestehenden Staatsgrenze zwischen Deutschland und Polen unterzeichnet wurde.

Nach dem Eintreffen beider Regierungsdelegationen versammelten sich auf dem Marktplatz von Zgorzelec die Ortseinwohner sowie zahl-reiche Delegationen, die von den Fabriken und Betrieben, von politischen Parteien, Gewerkschaften und von den Massenorganisationen der polnischen Grenzortschaften entsandt wurden.

Aus den angrenzenden Ortschaften der Deutschen Demokratischen Republik trafen zur Volkskundgebung zahlreiche Delegationen deutscher Betriebe sowie politischer und sozialer Organisationen ein. Sie schlossen sich der Versammlung der polnischen Bevölkerung an und veranstalteten anläßlich der Unterzeichnung des Abkommens eine gemeinsame deutsch-polnische Kundgebung für die Sache des Friedens und der Freundschaft zwischen den beiden Völkern.

Stürmisch begrüßt, sprachen der Ministerpräsident Józef Cyrankiewicz und der Ministerpräsident Otto Grotewohl zu der deutschen und der polnischen Bevölkerung. Der historische Akt der Unterzeichnung des Grenzabkommens wurde von den versammelten Massen der deutschen und der polnischen Bevölkerung mit Begeisterung begrüßt.

In den Abendstunden gab der Ministerpräsident Józef Cyrankiewicz zu Ehren der Gäste einen Empfang.

Die Regierungsdelegation der Deutschen Demokratischen Republik verließ Zgorzelec in den Abendstunden, verabschiedet von der polnischen Regierungsdelegation mit Ministerpräsident Józef Cyrankiewicz an der Spitze sowie von den Vertretern der Wojewodschafts-Stadtbehörden und von der versammelten Bevölkerung.

Quelle: Dokumente zur Außenpolitik der Regierung der Deutschen Demokratischen Republik, Band 1, Berlin 1954, Seite 341–342.

Erklärung der Sowjetregierung vom 25. März 1954 über die Herstellung der vollen Souveränität der Deutschen Demokratischen Republik

Die Regierung der UdSSR läßt sich unbeirrt von dem Bestreben leiten, zur Regelung des Deutschlandproblems in Übereinstimmung mit den Interessen der Festigung des Friedens und der Sicherung der nationalen Wiedervereinigung Deutschlands auf demokratischer Grundlage beizutragen.

Diesen Zielen sollen praktische Maßnahmen zur Annäherung Ost- und Westdeutschlands, die Durchführung freier gesamtdeutscher Wahlen und der Abschluß eines Friedensvertrages mit Deutschland dienen.

Ungeachtet der Bemühungen der UdSSR wurden auf der vor kurzem durchgeführten Berliner Konferenz der Außenminister der vier Mächte keine Schritte zur Wiederherstellung der nationalen Einheit Deutschlands und zum Abschluß eines Friedensvertrages unternommen.

Angesichts dieser Lage und im Ergebnis von Verhandlungen der Sowjetregierung mit der Regierung der Deutschen Demokratischen Republik hält es die Regierung der UdSSR für notwendig, schon jetzt, vor der Vereinigung Deutschlands und dem Abschluß eines Friedensvertrages, weitere Schritte zu unternehmen, die den Interessen des deutschen Volkes entgegenkommen, und zwar:

1. Die UdSSR nimmt mit der Deutschen Demokratischen Republik die gleichen Beziehungen auf wie mit anderen souveränen Staaten.

Die Deutsche Demokratische Republik wird die Freiheit besitzen, nach eigenem Ermessen über ihre inneren und äußeren Angelegenheiten einschließlich der Frage der Beziehungen zu Westdeutschland zu entscheiden.

2. Die UdSSR behält in der Deutschen Demokratischen Republik die Funktionen, die mit der Gewährleistung der Sicherheit in Zu-

sammenhang stehen und sich aus den Verpflichtungen ergeben, die der UdSSR aus den Viermächteabkommen erwachsen.

Die Sowjetregierung hat die Erklärung der Regierung der Deutschen Demokratischen Republik zur Kenntnis genommen, daß sie die Verpflichtungen einhalten wird, die sich für die Deutsche Demokratische Republik aus dem Potsdamer Abkommen über die Entwicklung Deutschlands als eines demokratischen und friedliebenden Staates ergeben, sowie die Verpflichtungen, die mit dem zeitweiligen Aufenthalt sowjetischer Truppen auf dem Gebiet der DDR in Zusammenhang stehen.

3. Die Überwachung der Tätigkeit der staatlichen Organe der Deutschen Demokratischen Republik, die bisher vom Hohen Kommissar der UdSSR in Deutschland wahrgenommen wurde, wird aufgehoben.

In Übereinstimmung damit werden die Funktionen des Hohen Kommissars der UdSSR in Deutschland auf den Kreis der Fragen beschränkt, die mit der obengenannten Gewährleistung der Sicherheit und mit der Aufrechterhaltung der entsprechenden Verbindungen mit den Vertretern der Besatzungsbehörden der USA, Großbritanniens und Frankreichs in den Fragen gesamtdeutschen Charakters in Zusammenhang stehen und die sich aus den vereinbarten Beschlüssen der vier Mächte über Deutschland ergeben.

*

Die Regierung der UdSSR ist der Ansicht, daß das Bestehen des „Besatzungsstatuts", das von den Vereinigten Staaten von Amerika, Großbritannien und Frankreich für Westdeutschland festgelegt wurde, nicht nur mit den demokratischen Prinzipien und den nationalen Rechten des deutschen Volkes unvereinbar ist, sondern unter den gegenwärtigen Verhältnissen, da es die Annäherung zwischen Ost- und Westdeutschland erschwert, auch eines der Haupthindernisse auf dem Wege zur nationalen Wiedervereinigung Deutschlands ist.

Quelle: Tägliche Rundschau, Berlin 26. 3. 1954; Dokumente zur Außenpolitik der Regierung der Deutschen Demokratischen Republik, Band 1, Seite 303.

Moskauer Vertrag vom 12. August 1970
mit Begleitdokumenten

1.

Gesetz
zu dem Vertrag vom 12. August 1970
zwischen der Bundesrepublik Deutschland
und der Union der Sozialistischen Sowjetrepubliken

Vom 23. Mai 1972

Der Bundestag hat das folgende Gesetz beschlossen:

Artikel 1

Dem in Moskau am 12. August 1970 unterzeichneten Vertrag zwischen der Bundesrepublik Deutschland und der Union der Sozialistischen Sowjetrepu-

bliken mit dem dazugehörigen Brief der Regierung der Bundesrepublik Deutschland zur deutschen Einheit an die Regierung der Union der Sozialistischen Sowjetrepubliken vom 12. August 1970 sowie dem Notenwechsel zwischen der Regierung der Bundesrepublik Deutschland und den Regierungen Frankreichs, des Vereinigten Königreichs und der Vereinigten Staaten vom 7. und 11. August 1970 wird zugestimmt. Der Vertrag, der Brief und der Notenwechsel werden nachstehend veröffentlicht.

Artikel 2

(1) Dieses Gesetz tritt am Tage nach seiner Verkündung in Kraft.

(2) Der Tag, an dem der Vertrag nach seinem Artikel 5 in Kraft tritt, ist im Bundesgesetzblatt bekanntzugeben.

Die verfassungsmäßigen Rechte des Bundesrates sind gewahrt.

Das vorstehende Gesetz wird hiermit verkündet.

Bonn, den 23. Mai 1972

Der Bundespräsident
Heinemann

Der Bundeskanzler
Brandt

Der Bundesminister des Auswärtigen
Scheel

2.

Vertrag
zwischen der Bundesrepublik Deutschland und der Union der Sozialistischen Sowjetrepubliken

ДОГОВОР
между Федеративной Республикой Германии и Союзом Советских Социалистических Республик

Die Hohen Vertragschließenden Parteien

IN DEM BESTREBEN, zur Festigung des Friedens und der Sicherheit in Europa und in der Welt beizutragen,

IN DER ÜBERZEUGUNG, daß die friedliche Zusammenarbeit zwischen den Staaten auf der Grundlage der Ziele und Grundsätze der Charta der Vereinten Nationen den sehnlichen Wünschen der Völker und den allgemeinen Interessen des internationalen Friedens entspricht,

IN WÜRDIGUNG der Tatsache, daß die früher von ihnen verwirklichten vereinbarten Maßnahmen, insbesondere der Abschluß des Abkommens vom 13. September 1955 über die Aufnahme der diplomatischen Beziehungen, günstige Bedingungen für neue wichtige Schritte zur Weiterentwicklung und Festigung ihrer gegenseitigen Beziehungen geschaffen haben,

IN DEM WUNSCHE, in vertraglicher Form ihrer Entschlossenheit zur Verbesserung und Erweiterung der Zusammenarbeit zwischen ihnen Ausdruck zu verleihen, einschließlich der wirtschaftlichen Beziehungen sowie der wissenschaftlichen, technischen und kulturellen Verbindungen, im Interesse beider Staaten,

Высокие Договаривающиеся Стороны,

Стремясь содействовать упрочению мира и безопасности в Европе и во всем мире,

Убежденные в том, что мирное сотрудничество между государствами на основе целей и принципов Устава Организации Объединенных Наций отвечает чаяниям народов и широким интересам международного мира,

Отмечая, что ранее осуществленные ими согласованные меры, в частности заключение 13 сентября 1955 года соглашения об установлении дипломатических отношений, создали благоприятные условия для новых важных шагов в направлении дальнейшего развития и укрепления их взаимоотношений,

Желая в договорной форме выразить свою решимость к улучшению и расширению сотрудничества между ними, включая область экономических отношений, а также научно-технических и культурных связей, в интересах обоих государств,

SIND wie folgt übereingekommen:

Artikel 1

Die Bundesrepublik Deutschland und die Union der Sozialistischen Sowjetrepubliken betrachten es als wichtiges Ziel ihrer Politik, den internationalen Frieden aufrechtzuerhalten und die Entspannung zu erreichen.

Sie bekunden ihr Bestreben, die Normalisierung der Lage in Europa und die Entwicklung friedlicher Beziehungen zwischen allen europäischen Staaten zu fördern und gehen dabei von der in diesem Raum bestehenden wirklichen Lage aus.

Artikel 2

Die Bundesrepublik Deutschland und die Union der Sozialistischen Sowjetrepubliken werden sich in ihren gegenseitigen Beziehungen sowie in Fragen der Gewährleistung der europäischen und der internationalen Sicherheit von den Zielen und Grundsätzen, die in der Charta der Vereinten Nationen niedergelegt sind, leiten lassen. Demgemäß werden sie ihre Streitfragen ausschließlich mit friedlichen Mitteln lösen und übernehmen die Verpflichtung, sich in Fragen, die die Sicherheit in Europa und die internationale Sicherheit berühren, sowie in ihren gegenseitigen Beziehungen gemäß Artikel 2 der Charta der Vereinten Nationen der Drohung mit Gewalt oder der Anwendung von Gewalt zu enthalten.

Artikel 3

In Übereinstimmung mit den vorstehenden Zielen und Prinzipien stimmen die Bundesrepublik Deutschland und die Union der Sozialistischen Sowjetrepubliken in der Erkenntnis überein, daß der Friede in Europa nur erhalten werden kann, wenn niemand die gegenwärtigen Grenzen antastet.

— Sie verpflichten sich, die territoriale Integrität aller Staaten in Europa in ihren heutigen Grenzen uneingeschränkt zu achten;

— sie erklären, daß sie keine Gebietsansprüche gegen irgend jemand haben und solche in Zukunft auch nicht erheben werden;

— sie betrachten heute und künftig die Grenzen aller Staaten in Europa als unverletzlich, wie sie am Tage der Unterzeichnung dieses Vertrages verlaufen, einschließlich der Oder-Neiße-Linie, die die Westgrenze der Volksrepublik Polen bildet, und der Grenze zwischen der Bundesrepublik Deutschland und der Deutschen Demokratischen Republik.

Artikel 4

Dieser Vertrag zwischen der Bundesrepublik Deutschland und der Union der Sozialistischen Sowjetrepubliken berührt nicht die von ihnen früher abgeschlossenen zweiseitigen und mehrseitigen Verträge und Vereinbarungen.

Договорились о нижеследующем:

Статья 1

Федеративная Республика Германии и Союз Советских Социалистических Республик рассматривают поддержание международного мира и достижение разрядки напряженности в качестве важной цели своей политики.

Они выражают стремление содействовать нормализации обстановки в Европе и развитию мирных отношений между всеми европейскими государствами, исходя при этом из существующего в этом районе действительного положения.

Статья 2

Федеративная Республика Германии и Союз Советских Социалистических Республик будут руководствоваться в своих взаимных отношениях, а также в вопросах обеспечения европейской и международной безопасности целями и принципами, сформулированными в Уставе Организации Объединенных Наций. В соответствии с этим они будут разрешать свои споры исключительно мирными средствами и берут на себя обязательство в вопросах, затрагивающих безопасность в Европе и международную безопасность, как и в своих взаимных отношениях, воздерживаться, согласно статье 2 Устава Организации Объединенных Наций, от угрозы силой или ее применения.

Статья 3

В соответствии с целями и принципами, изложенными выше, Федеративная Республика Германии и Союз Советских Социалистических Республик едины в признании ими того, что мир в Европе может быть сохранен только в том случае, если никто не будет посягать на современные границы.

Они берут на себя обязательство неукоснительно соблюдать территориальную целостность всех государств в Европе в их нынешних границах;

Они заявляют, что не имеют каких-либо территориальных претензий к кому бы то ни было и не будут выдвигать такие претензии в будущем;

Они рассматривают как нерушимые сейчас и в будущем границы всех государств в Европе, как они проходят на день подписания настоящего Договора, в том числе линию Одер-Нейсе, которая является западной границей Польской Народной Республики, и границу между Федеративной Республикой Германии и Германской Демократической Республикой.

Статья 4

Настоящий Договор между Федеративной Республикой Германии и Союзом Советских Социалистических Республик не затрагивает ранее заключенных ими двусторонних и многосторонних договоров и соглашений.

Artikel 5

Dieser Vertrag bedarf der Ratifikation und tritt am Tage des Austausches der Ratifikationsurkunden in Kraft, der in Bonn stattfinden soll.

GESCHEHEN ZU MOSKAU am 12. August 1970 in zwei Urschriften, jede in deutscher und russischer Sprache, wobei jeder Wortlaut gleichermaßen verbindlich ist.

Für die Bundesrepublik Deutschland
За Федеративную
Республику Германии
Willy B r a n d t
Walter S c h e e l

Статья 5

Настоящий Договор подлежит ратификации и вступит в силу в день обмена ратификационными грамотами, который будет произведен в г. БОННЕ.

Совершено в г. МОСКВЕ «12» Августа 1970 года в двух экземплярах, каждый на немецком и русском языках, причем оба текста имеют одинаковую силу.

Für die Union der Sozialistischen Sowjetrepubliken
За Союз Советских
Социалистических Республик
A. K o s s y g i n
A. G r o m y k o

---

3.   **Brief zur deutschen Einheit**

Die Bundesregierung übergab anläßlich der Vertragsunterzeichnung im sowjetischen Außenministerium folgenden Brief:

Moskau, 12. August 1970

Sehr geehrter Herr Minister,

im Zusammenhang mit der heutigen Unterzeichnung des Vertrages zwischen der Bundesrepublik Deutschland und der Union der Sozialistischen Sowjetrepubliken beehrt sich die Regierung der Bundesrepublik Deutschland festzustellen, daß dieser Vertrag nicht im Widerspruch zu dem politischen Ziel der Bundesrepublik Deutschland steht, auf einen Zustand des Friedens in Europa hinzuwirken, in dem das. deutsche Volk in freier Selbstbestimmung seine Einheit wiedererlangt.

Genehmigen Sie, Herr Minister, die Versicherung meiner ausgezeichnetsten Hochachtung.

Walter Scheel

Seiner Exzellenz
dem Minister für Auswärtige
Angelegenheiten der Union der
Sozialistischen Sowjetrepubliken
Herrn Andrej Andrejewitsch G r o m y k o
M o s k a u

---

4.   **Note der Bundesregierung an die drei Westmächte**

Den Botschaften der drei Westmächte in Moskau wurden am 7. August 1970, noch vor Paraphierung des Vertrages zwischen der Bundesrepublik Deutschland und der Union der Sozialistischen Sowjetrepubliken, gleichlautende Verbalnoten übergeben.

Nachstehend der Text der Verbalnote der Botschaft der Bundesrepublik Deutschland an die Botschaft der Vereinigten Staaten von Amerika:

7. August 1970

Die Botschaft der Bundesrepublik Deutschland begrüßt die Botschaft der Vereinigten Staaten von Amerika und hat die Ehre, im Auftrag ihrer Regierung folgende Note mit der Bitte zu übergeben, den Inhalt derselben auf dem schnellsten Wege der Regierung der Vereinigten Staaten zur Kenntnis zu bringen:

„Die Regierung der Bundesrepublik Deutschland beehrt sich, im Zusammenhang mit der bevorstehenden Unterzeichnung eines Vertrages zwischen der Bundesrepublik Deutschland und der Union der Sozialistischen Sowjetrepubliken folgendes mitzuteilen:

Der Bundesminister des Auswärtigen hat im Zusammenhang mit den Verhandlungen den Standpunkt der Bundesregierung hinsichtlich der Rechte und Verantwortlichkeiten der Vier Mächte in bezug auf Deutschland als Ganzes und Berlin dargelegt.

Da eine friedensvertragliche Regelung noch aussteht, sind beide Seiten davon ausgegangen, daß der beabsichtigte Vertrag die Rechte und Verantwortlichkeiten der Französischen Republik, des Vereinigten Königreichs Großbritannien und Nordirland, der Union der Sozialistischen Sowjetrepubliken und der Vereinigten Staaten von Amerika nicht berührt.

Der Bundesminister des Auswärtigen hat in diesem Zusammenhang dem sowjetischen Außenminister am 6. August 1970 erklärt:

‚Die Frage der Rechte der Vier Mächte steht in keinem Zusammenhang mit dem Vertrag, den die Bundesrepublik Deutschland und die Union der Sozialistischen Sowjetrepubliken abzuschließen beabsichtigen und wird von diesem auch nicht berührt.‘

Der Außenminister der Union der Sozialistischen Sowjetrepubliken hat darauf die folgende Erklärung abgegeben:

‚Die Frage der Rechte der Vier Mächte war nicht Gegenstand der Verhandlungen mit der Bundesrepublik Deutschland.

Die Sowjetregierung ging davon aus, daß die Frage nicht erörtert werden sollte.

Die Frage der Rechte der Vier Mächte wird auch von dem Vertrag, den die UdSSR und die Bundesrepublik Deutschland abzuschließen beabsichtigen, nicht berührt.

Dies ist die Stellungnahme der Sowjetregierung zu dieser Frage.‘ "

Die Botschaft der Bundesrepublik Deutschland benutzt auch diesen Anlaß, die Botschaft der Vereinigten Staaten von Amerika ihrer ausgezeichneten Hochachtung zu versichern.

5.   **Antwortnoten der drei Westmächte**

Die Regierungen der drei Westmächte haben der Bundesregierung am 11. August 1970 in Bonn als Antwort gleichlautende Noten übergeben. Nachstehend folgen die Texte der Noten und die Übersetzung der Note der Regierung der Vereinigten Staaten von Amerika.

Französische Note

AMBASSADE DE FRANCE
2601

BONN, le 11 août 1970

L'Ambassade de France présente ses compliments au Ministère Fédéral des Affaires Etrangères et a l'honneur, sur instructions de son Gouvernement, de lui faire la communication suivante:

Le Gouvernement français a l'honneur d'accuser réception de la note qui lui a été remise par le Gouvernement de la République fédérale d'Allemagne le 7 août 1970 et qui est rédigée comme suit:

Citation.

Le Gouvernement de la République fédérale d'Allemagne a l'honneur de communiquer ce qui suit au sujet de la signature prochaine d'un traité entre la République fédérale d'Allemagne et l'URSS.

Le Ministre fédéral des Affaires Etrangères a présenté à l'occasion des négociations le point de vue du Gouvernement fédéral au sujet des droits et responsabilités des quatre puissances en ce qui concerne l'Allemagne dans son ensemble et Berlin.

Comme un règlement de paix demeure en suspens, les deux parties ont considéré que le traité projeté n'affecte pas les droits et les responsabilités de la France, du Royaume-Uni, de l'URSS et des Etats-Unis.

Le Ministre fédéral des Affaires Etrangères a déclaré à ce propos le 6 août:

« La question des droits des quatre puissances est sans rapport avec le traité que la République fédérale d'Allemagne et l'URSS se proposent de conclure et elle n'est pas affectée par lui. »

Le Ministre des Affaires Etrangères de l'URSS a alors fait la déclaration suivante:

« La question des droits des quatre puissances n'a pas été un objet des négociations avec la République fédérale d'Allemagne.

Le Gouvernement soviétique est parti de l'idée que cette question ne devait pas être évoquée.

La question des droits des quatre puissances n'est pas non plus affectée par le traité que l'URSS et la République fédérale d'Allemagne se proposent de conclure.

Ceci est la position du Gouvernement soviétique au sujet de cette question. »

Fin de citation.

Ministère Fédéral des Affaires Etrangères
— BONN —

Le Gouvernement français prend acte de cette note, y compris les déclarations faites par le Ministre des Affaires Etrangères de la République fédérale d'Allemagne et par le Ministre des Affaires Etrangères de l'Union des Républiques Socialistes Soviétiques, en tant que partie de la négociation, avant le paraphe du traité qui va être conclu entre la République fédérale d'Allemagne et l'Union soviétique.

Pour sa part, le Gouvernement français considère lui aussi que les droits et responsabilités des quatre puissances pour Berlin et l'Allemagne dans son ensemble, qui découlent des résultats de la seconde guerre mondiale et qui s'expriment notamment dans l'Accord de Londres du 14 novembre 1944, dans la Déclaration quadripartite du 5 juin 1945 et dans d'autres accords du temps de guerre et d'après guerre, ne sont pas et ne sauraient être affectés par un traité bilatéral entre la République fédérale d'Allemagne et l'Union des Républiques socialistes soviétiques, y compris par le présent traité.

L'Ambassade de France saisit cette occasion pour renouveler au Ministère fédéral des Affaires Etrangères les assurances de sa très haute considération.

Britische Note

Her Britannic Majesty's Embassy present their compliments to the Federal Ministry for Foreign Affairs and, on the instructions of Her Majesty's Principal Secretary of State for Foreign and Commonwealth Affairs, have the honour to inform the Ministry that Her Majesty's Government in the United Kingdom have received the Note transmitted by the Government of the Federal Republic of Germany on the 7th of August 1970, containing the following text:

"The Government of the Federal Republic of Germany have the honour, in connexion with the imminent signing of a treaty between the Federal Republic of Germany and the Union of Soviet Socialist Republics, to inform them of the following:

The Federal Minister for Foreign Affairs has, in the context of the negotiations, set forth the position of the Federal Government as regards the rights and responsibilities of the Four Powers with regard to Germany as a whole and Berlin.

As a settlement by a peace treaty is still outstanding, both sides started from the principle that the proposed treaty does not affect the rights and responsibilities of the French Republic, the United Kingdom of Great Britain and Northern Ireland, the Union of Soviet Socialist Republics and the United States of America.

The Federal Minister for Foreign Affairs has, in this connexion, declared to the Soviet Foreign Minister on the 6th of August 1970 that:

'The question of the rights of the Four Powers is in no way connected with the treaty which the Federal Republic of Germany and the Union of Soviet Socialist Republics intend to conclude, and will not be affected by it.'

The Foreign Minister for the Union of Soviet Socialist Republics thereupon made the following declaration:

'The question of the rights of the Four Powers was not the subject of negotiations with the Federal Republic of Germany.

The Soviet Government proceeded from the principle that this question should not be discussed.

The question of the rights of the Four Powers is also not affected by the treaty which the Union of Soviet Socialist Republics and the Federal Republic of Germany intend to conclude.

This is the position of the Soviet Government regarding this question.' "

Her Majesty's Government take full cognizance of this Note, including the declarations made by the Foreign Minister of the Federal Republic of Germany and the Foreign Minister of the Union of Soviet Socialist Republics as part of the negotiations prior to the initialling of the treaty which is to be concluded between the Federal Republic of Germany and the Soviet Union.

For their part, Her Majesty's Government also consider that the rights and responsibilities of the Four Powers for Berlin and Germany as a whole, which derive from the outcome of the Second World War and which are reflected in the London Agreement of the 14th of November 1944, the Quadripartite Declaration of the 5th of June 1945, and in other wartime and post-war agreements, are not and cannot be affected by a bilateral treaty between the Federal Republic of Germany and the Union of Soviet Socialist Republics, including the present treaty.

Her Britannic Majesty's Embassy avail themselves of this opportunity to renew to the Ministry the assurance of their highest consideration.

11 August, 1970

British Embassy,
BONN.

Amerikanische Note

The Government of the United States of America has the honor of informing the Government of the Federal Republic of Germany that it has received the note transmitted by the Government of the Federal Republic of Germany on August 7, 1970, containing the following text:

„The Government of the Federal Republic of Germany has the honor, in connection with the imminent signing of a treaty between the Federal Republic of Germany and the Union of Soviet Socialist Republics, to inform it of the following:

The Federal Minister for Foreign Affairs has, in the context of the negotiations, set forth the position of the Federal Government as regards the rights and responsibilities of the Four Powers with regard to Germany as a whole and Berlin.

Since a settlement by a peace treaty is still outstanding, both sides started from the principle that the proposed treaty does not affect the rights and responsibilities of the French Republic, the United Kingdom of Great Britain and Northern Ireland, the Union of Soviet Socialist Republics and the United States of America.

The Federal Minister for Foreign Affairs has, in this connection, declared to the Soviet Foreign Minister on the 6th of August 1970 that:

'The question of the rights of the Four Powers is in no way connected with the treaty which the Federal Republic of Germany and the Union of Soviet Socialist Republics intend to conclude, and will not be affected by it.'

The Foreign Minister for the Union of Soviet Socialist Republics thereupon made the following declaration:

'The question of the rights of the Four Powers was not the subject of negotiations with the Federal Republic of Germany.

'The Soviet Government proceeded from the principle that this question should not be discussed.

'The question of the rights of the Four Powers is also not affected by the treaty which the Union of Soviet Socialist Republics and the Federal Republic of Germany intend to conclude.

'This is the position of the Soviet Government regarding this question.' "

The Government of the United States takes full cognizance of this Note, including the declarations made by the Foreign Minister of the Federal Republic of Germany and the Foreign Minister of the Union of Soviet Socialist Republics as part of the negotiations prior to the initialling of the treaty which is to be concluded between the Federal Republic of Germany and the Soviet Union.

For its part, the Government of the United States also considers that the rights and responsibilities of the Four Powers for Berlin and Germany as a whole which derive from the outcome of the Second World War and which are reflected in the London Agreement of November 14, 1944, and in the Quadripartite Declaration of June 5, 1945, and in other wartime and post-war agreements, are not and cannot be affected by a bilateral treaty between the Federal Republic of Germany and the Union of Soviet Socialist Republics, including the present treaty.

August 11, 1970

Embassy of the United States of America

Bonn-Bad Godesberg

Botschaft
der
Vereinigten Staaten von Amerika
Bonn-Bad Godesberg

11. August 1970

Die Regierung der Vereinigten Staaten von Amerika beehrt sich, der Regierung der Bundesrepublik Deutschland mitzuteilen, daß sie die Note der Regierung der Bundesrepublik Deutschland vom 7. August 1970 erhalten hat, die folgenden Wortlaut hat:

„Die Regierung der Bundesrepublik Deutschland beehrt sich, im Zusammenhang mit der bevorstehenden Unterzeichnung eines Vertrages zwischen der Bundesrepublik Deutschland und der Union der Sozialistischen Sowjetrepubliken folgendes mitzuteilen:

Der Bundesminister des Auswärtigen hat im Zusammenhang mit·den Verhandlungen den Standpunkt der Bundesregierung hinsichtlich der Rechte und Verantwortlichkeiten der Vier Mächte in bezug auf Deutschland als Ganzes und Berlin dargelegt.

Da eine friedensvertragliche Regelung noch aussteht, sind beide Seiten davon ausgegangen, daß der beabsichtigte Vertrag die Rechte und Verantwortlichkeiten der Französischen Republik, des Vereinigten Königreichs Großbritannien und Nordirland, der Union der Sozialistischen Sowjetrepubliken und der Vereinigten Staaten von Amerika nicht berührt.

Der Bundesminister des Auswärtigen hat in diesem Zusammenhang dem sowjetischen Außenminister am 6. August 1970 erklärt:

,Die Frage der Rechte der Vier Mächte steht in keinem Zusammenhang mit dem Vertrag, den die Bundesrepublik Deutschland und die Union der Sozialistischen Sowjetrepubliken abzuschließen beabsichtigen und wird von diesem auch nicht berührt.'

Quelle: Bundesgesetzblatt Teil II, 1972, Seite 353–360.

Der Außenminister der Union der Sozialistischen Sowjetrepubliken hat darauf die folgende Erklärung abgegeben:

,Die Frage der Rechte der Vier Mächte war nicht Gegenstand der Verhandlungen mit der Bundesrepublik Deutschland.

Die Sowjetregierung ging davon aus, daß die Frage nicht erörtert werden sollte.

Die Frage der Rechte der Vier Mächte wird auch von dem Vertrag, den die UdSSR und die Bundesrepublik Deutschland abzuschließen beabsichtigen, nicht berührt.

Dies ist die Stellungnahme der Sowjetregierung zu dieser Frage.' "

Die Regierung der Vereinigten Staaten nimmt diese Note einschließlich der Erklärungen, die der Außenminister der Bundesrepublik Deutschland und der Außenminister der Union der Sozialistischen Sowjetrepubliken als Teil der Verhandlungen vor der Paraphierung des zwischen der Bundesrepublik Deutschland und der Sowjetunion zu schließenden Vertrags abgegeben haben, in vollem Umfang zur Kenntnis.

Die Regierung der Vereinigten Staaten ist ihrerseits ebenfalls der Auffassung, daß die Rechte und Verantwortlichkeiten der Vier Mächte in bezug auf Berlin und Deutschland als Ganzes, die sich aus dem Ergebnis des Zweiten Weltkrieges herleiten und die im Londoner Übereinkommen vom 14. November 1944, in der Viererklärung vom 5. Juni 1945 sowie in anderen Kriegs- und Nachkriegsübereinkünften ihren Niederschlag gefunden haben, durch einen zweiseitigen Vertrag zwischen der Bundesrepublik Deutschland und der Union der Sozialistischen Sowjetrepubliken, einschließlich dieses Vertrags, nicht berührt werden und nicht berührt werden können.

221

3. September 1971

Viermächte-Abkommen

Die Regierungen der Französischen Republik, der Union der Sozialistischen Sowjetrepubliken, des Vereinigten Königreichs Großbritannien und Nordirland, der Vereinigten Staaten von Amerika,

vertreten durch ihre Botschafter, die in dem früher vom Alliierten Kontrollrat benutzten Gebäude im amerikanischen Sektor Berlins eine Reihe von Sitzungen abgehalten haben,

handelnd auf der Grundlage ihrer Viermächte-Rechte und -Verantwortlichkeiten und der entsprechenden Vereinbarungen und Beschlüsse der Vier Mächte aus der Kriegs- und Nachkriegszeit, die nicht berührt werden,

unter Berücksichtigung der bestehenden Lage in dem betreffenden Gebiet,

von dem Wunsch geleitet, zu praktischen Verbesserungen der Lage beizutragen,

unbeschadet ihrer Rechtspositionen,

haben folgendes vereinbart:

I

Allgemeine Bestimmungen

1. Die Vier Regierungen werden bestrebt sein, die Beseitigung von Spannungen und die Verhütung von Komplikationen in dem betreffenden Gebiet zu fördern.

2. Unter Berücksichtigung ihrer Verpflichtungen nach der Charta der Vereinten Nationen stimmen die Vier Regierungen darin überein, daß in diesem Gebiet keine Anwendung oder Androhung von Gewalt erfolgt und daß Streitigkeiten ausschließlich mit friedlichen Mitteln beizulegen sind.

3. Die Vier Regierungen werden ihre individuellen und gemeinsamen Rechte und Verantwortlichkeiten, die unverändert bleiben, gegenseitig achten.

4. Die Vier Regierungen stimmen darin überein, daß ungeachtet der Unterschiede in den Rechtsauffassungen die Lage, die sich in diesem Gebiet entwickelt hat und wie sie in diesem Abkommen sowie in den anderen in diesem Abkommen genannten Vereinbarungen definiert ist, nicht einseitig verändert wird.

II

Bestimmungen, die die Westsektoren Berlins betreffen

A. Die Regierung der Union der Sozialistischen Sowjetrepubliken erklärt, daß der Transitverkehr von zivilen Personen und Gütern zwischen den Westsektoren Berlins und der Bundesrepublik Deutschland auf Straßen, Schienen- und Wasserwegen durch das Territorium der Deutschen Demokratischen Republik ohne Behinderungen sein wird, daß dieser Verkehr erleichtert werden wird, damit er in der einfachsten und schnellsten Weise vor sich geht und daß er Begünstigung erfahren wird.

Die diesen zivilen Verkehr betreffenden konkreten Regelungen, wie sie in Anlage I niedergelegt sind, werden von den zuständigen deutschen Behörden vereinbart.

B. Die Regierungen der Französischen Republik, des Vereinigten Königreichs und der Vereinigten Staaten von Amerika erklärten, daß die Bindungen zwischen den Westsektoren Berlins und der Bundesrepublik Deutschland aufrechterhalten und entwickelt werden, wobei sie berücksichtigen, daß diese Sektoren so wie bisher kein Bestandteil (konstitutiver Teil) der Bundesrepublik Deutschland sind und auch weiterhin nicht von ihr regiert werden.

Konkrete Regelungen, die das Verhältnis zwischen den Westsektoren Berlins und der Bundesrepublik Deutschland betreffen, sind in Anlage II niedergelegt.

C. Die Regierung der Union der Sozialistischen Sowjetrepubliken erklärt, daß die Kommunikationen zwischen den Westsektoren Berlins und Gebieten, die an diese Sektoren grenzen, sowie denjenigen Gebieten der Deutschen Demokratischen Republik, die nicht an diese Sektoren grenzen, verbessert werden. Personen mit ständigem Wohnsitz in den Westsektoren Berlins werden aus humanitären, familiären, religiösen, kulturellen oder kommerziellen Gründen oder als Touristen in diese Gebiete reisen und sie besuchen können, und zwar unter Bedingungen, die denen vergleichbar sind, die für andere in diese Gebiete einreisende Personen gelten.

Die Probleme der kleinen Enklaven einschließlich Steinstückens und anderer kleiner Gebiete können durch Gebietsaustausch gelöst werden.

Konkrete Regelungen, die die Reisen, die Kommunikationen und den Gebietsaustausch betreffen, wie in Anlage III niedergelegt, werden zwischen den zuständigen deutschen Behörden vereinbart.

D. Die Vertretung der Interessen der Westsektoren Berlins im Ausland und die konsularische Tätigkeit der Union der Sozialistischen Sowjetrepubliken in den Westsektoren Berlins können wie in Anlage IV niedergelegt ausgeübt werden.

III

Schlußbestimmungen

Dieses Viermächte-Abkommen tritt an dem Tage in Kraft, der in einem Viermächte-Schlußprotokoll festgelegt wird, das abzuschließen ist, sobald die in Teil II dieses Viermächte-Abkommens und in seinen Anlagen vorgesehenen Maßnahmen vereinbart worden sind.

GESCHEHEN in dem früher vom Alliierten Kontrollrat benutzten Gebäude im amerikanischen Sektor Berlins am 3. September 1971, in vier Urschriften, jede in englischer, französischer und russischer Sprache, wobei jeder Wortlaut gleichermaßen verbindlich ist.

Für die Regierung der Französischen Republik

Für die Regierung der Union der Sozialistischen Sowjetrepubliken

Für die Regierung des Vereinigten Königreichs Großbritannien und Nordirland

Für die Regierung der Vereinigten Staaten von Amerika

Anlage I

Mitteilung der Regierung der Union der Sozialistischen Sowjetrepubliken an die Regierungen der Französischen Republik, des Vereinigten Königreiches und der Vereinigten Staaten von Amerika

Die Regierung der Union der Sozialistischen Sowjetrepubliken hat die Ehre, unter Bezugnahme auf Teil II Abschnitt A des Viermächte-Abkommens vom heutigen Tage und nach Konsultationen und in Übereinkunft mit der Regierung der Deutschen Demokratischen Republik den Regierungen der Französischen Republik, des Vereinigten Königreiches und der Vereinigten Staaten von Amerika folgendes mitzuteilen:

1. Der Transitverkehr von zivilen Personen und Gütern zwischen den Westsektoren Berlins und der Bundesrepublik Deutschland auf Straßen-, Schienen- und Wasserwegen durch das Territorium der Deutschen Demokratischen Republik wird erleichtert werden und ohne Behinderungen sein. Er wird in der einfachsten, schnellsten und günstigsten Weise erfolgen, wie es in der internationalen Praxis vorzufinden ist.

2. In Übereinstimmung damit

   a) können für die Beförderung von zivilen Gütern auf Straßen, Schienen- und Wasserwegen zwischen den Westsektoren Berlins und der Bundesrepublik Deutschland vor der Abfahrt verplombte Transportmittel benutzt werden. Die Kontrollverfahren werden auf die Prüfung der Plomben und der Begleitdokumente beschränkt werden.

   b) werden bei Transportmitteln, die nicht verplombt werden können, wie zum Beispiel offene Lastkraftwagen, die Kontrollverfahren auf die Prüfung der Begleitdokumente beschränkt werden. In besonderen Fällen, in denen hinreichende Verdachtsgründe dafür vorliegen, daß nichtverplombte Transportmittel Materialien enthalten, die zur Verbreitung auf den vorgesehenen Wegen bestimmt sind, oder daß sich in ihnen Personen oder Materialien befinden, die auf diesen Wegen aufgenommen worden sind, kann der Inhalt der nichtverplombten Transportmittel geprüft werden. Die Verfahren zur Behandlung derartiger Fälle werden zwischen den zuständigen deutschen Behörden vereinbart.

   c) können für Reisen zwischen den Westsektoren Berlins und der Bundesrepublik Deutschland durchgehende Züge und Autobusse benutzt werden. Die Kontrollverfahren umfassen außer der Identifizierung von Personen keine anderen Formalitäten.

223

d) werden Personen, die als Transitreisende identifiziert sind und individuelle Transportmittel zwischen den Westsektoren Berlins und der Bundesrepublik Deutschland auf den für den Durchgangsverkehr vorgesehenen Wegen benutzen, zu ihrem Bestimmungsort gelangen können, ohne individuelle Gebühren und Abgaben für die Benutzung der Transitwege zu zahlen. Die Verfahren, die auf solche Reisende Anwendung finden, werden keine Verzögerungen mit sich bringen. Die Reisenden, ihre Transportmittel und ihr persönliches Gepäck werden nicht der Durchsuchung und der Festnahme unterliegen oder von der Benutzung der vorgesehenen Wege ausgeschlossen werden, außer in besonderen Fällen, wie das zwischen den zuständigen deutschen Behörden vereinbart werden kann, in denen hinreichende Verdachtsgründe bestehen, daß ein Mißbrauch der Transitwege für Zwecke beabsichtigt ist, die nicht mit der direkten Durchreise von und nach den Westsektoren Berlins in Zusammenhang stehen und die den allgemein üblichen Vorschriften bezüglich der öffentlichen Ordnung zuwiderlaufen.

e) kann eine entsprechende Kompensation für Abgaben, Gebühren und andere Kosten, die den Verkehr auf den Verbindungswegen zwischen den Westsektoren Berlins und der Bundesrepublik Deutschland betreffen, einschließlich der Instandhaltung der entsprechenden Wege, Einrichtungen und Anlagen, die für diesen Verkehr benutzt werden, in Form einer jährlichen Pauschalsumme erfolgen, die von der Bundesrepublik Deutschland an die Deutsche Demokratische Republik gezahlt wird.

3. Regelungen zur Durchführung und Ergänzung der in den Absätzen 1 und 2 genannten Bestimmungen werden zwischen den zuständigen deutschen Behörden vereinbart.

Anlage II

Mitteilung der Regierung der Französischen Republik, des Vereinigten Königreichs und der Vereinigten Staaten von Amerika an die Regierung der Union der Sozialistischen Sowjetrepubliken

Die Regierungen der Französischen Republik, des Vereinigten Königreichs und der Vereinigten Staaten von Amerika beehren sich, unter Bezugnahme auf Teil II Abschnitt B des Viermächte-Abkommens vom heutigen Tage und nach Konsultation mit der Regierung der Bundesrepublik Deutschland der Regierung der Union der Sozialistischen Sowjetrepubliken folgendes mitzuteilen:

1. In Ausübung ihrer Rechte und Verantwortlichkeiten erklären sie, daß die Bindungen zwischen den Westsektoren Berlins und der Bundesrepublik Deutschland aufrechterhalten und entwickelt werden, wobei sie berücksichtigen, daß diese Sektoren wie bisher kein Bestandteil (konstitutiver Teil) der Bundesrepublik Deutschland sind und auch weiterhin nicht von ihr regiert werden. Die Bestimmungen des Grundgesetzes der Bundesrepublik Deutschland und der in den Westsektoren Berlins in Kraft befindlichen Verfassung, die zu dem Vorstehenden in Widerspruch stehen, sind suspendiert worden und auch weiterhin nicht in Kraft.

2. Der Bundespräsident, die Bundesregierung, die Bundesversammlung, der Bundesrat und der Bundestag, einschließlich ihrer Ausschüsse und Fraktionen, sowie sonstige staatliche Organe der Bundesrepublik Deutschland werden in den Westsektoren Berlins keine Verfassungs- oder Amtsakte vornehmen, die in Widerspruch zu Absatz 1 stehen.

3. Die Regierung der Bundesrepublik Deutschland wird in den Westsektoren Berlins bei den Behörden der Drei Regierungen und beim Senat durch eine ständige Verbindungsbehörde vertreten sein.

Anlage III

Mitteilung der Regierung der Union der Sozialistischen Sowjetrepubliken an die Regierungen der Französischen Republik, des Vereinigten Königreiches und der Vereinigten Staaten von Amerika

Die Regierung der Union der Sozialistischen Sowjetrepubliken hat die Ehre, unter Bezugnahme auf Teil II Abschnitt C des Viermächte-Abkommens vom heutigen Tage und nach Konsultationen und in Übereinkunft mit der Regierung der Deutschen Demokratischen Republik den Regierungen der Französischen Republik, des Vereinigten Königreiches und der Vereinigten Staaten von Amerika folgendes mitzuteilen:

1. Die Kommunikationen zwischen den Westsektoren Berlins und Gebieten, die an diese Sektoren grenzen, sowie denjenigen Gebieten der Deutschen Demokratischen Republik, die nicht an diese Sektoren grenzen, werden verbessert werden.

2. Personen mit ständigem Wohnsitz in den Westsektoren Berlins werden aus humanitären, familiären, religiösen, kulturellen oder kommerziellen Gründen oder als Touristen in diese Gebiete reisen und sie besuchen können, und zwar unter Bedingungen, die denen vergleichbar sind, die für andere in diese Gebiete einreisende Personen gelten. Zur Erleichterung der oben beschriebenen Besuche und Reisen von Personen mit ständigem Wohnsitz in den Westsektoren Berlins werden zusätzliche Übergangsstellen eröffnet.

3. Die Probleme der kleinen Enklaven einschließlich Steinstückens und anderer kleiner Gebiete können durch Gebietsaustausch gelöst werden.

4. Die Telefon-, Telegraphen-, Transport- und anderen Verbindungen der Westsektoren Berlins nach außen werden erweitert werden.

5. Regelungen zur Durchführung und Ergänzung der Bestimmungen der Absätze 1 bis 4 werden zwischen den zuständigen deutschen Behörden vereinbart.

Anlage IV

A

Mitteilung der Regierungen der Französischen Republik, des Vereinigten Königreiches und der Vereinigten Staaten von Amerika an die Regierung der Sozialistischen Sowjetrepubliken

Die Regierungen der Französischen Republik, des Vereinigten Königreiches und der Vereinigten Staaten von Amerika beehren sich, unter Bezugnahme auf Teil II D des Viermächte-Abkommens vom heutigen Tage und nach Konsultation mit der Regierung der Bundesrepublik Deutschland, der Regierung der Union der Sozialistischen Sowjetrepubliken folgendes mitzuteilen:

1. Die Regierungen der Französischen Republik, des Vereinigten Königreiches und der Vereinigten Staaten von Amerika behalten ihre Rechte und Verantwortlichkeiten hinsichtlich der Vertretung im Ausland der Interessen der Westsektoren Berlins und der Personen mit ständigem Wohnsitz in den Westsektoren einschließlich der Rechte und Verantwortlichkeiten, die Angelegenheiten der Sicherheit und des Status betreffen, sowohl in internationalen Organisationen als auch in Beziehungen zu anderen Ländern bei.

2. Unbeschadet des Vorstehenden und unter der Voraussetzung, daß Angelegenheiten der Sicherheit und des Status nicht berührt werden, haben sie sich einverstanden erklärt, daß

   a) die Bundesrepublik Deutschland die konsularische Betreuung für Personen mit ständigem Wohnsitz in den Westsektoren Berlins ausüben kann;

   b) in Übereinstimmung mit den festgelegten Verfahren völkerrechtliche Vereinbarungen und Abmachungen, die die Bundesrepublik Deutschland schließt, auf die Westsektoren Berlins ausgedehnt werden können, vorausgesetzt, daß die Ausdehnung solcher Vereinbarungen und Abmachungen jeweils ausdrücklich erwähnt wird;

   c) die Bundesrepublik Deutschland die Interessen der Westsektoren Berlins in internationalen Organisationen und auf internationalen Konferenzen vertreten kann;

   d) Personen mit ständigem Wohnsitz in den Westsektoren Berlins gemeinsam mit Teilnehmern aus der Bundesrepublik Deutschland am internationalen Austausch und an internationalen Ausstellungen teilnehmen können. Tagungen internationaler Organisationen und internationale Konferenzen sowie Ausstellungen mit internationaler Beteiligung können in den Westsektoren Berlins durchgeführt werden. Einladungen werden vom Senat oder gemeinsam von der Bundesrepublik Deutschland und dem Senat ausgesprochen.

3. Die drei Regierungen genehmigen die Errichtung eines Generalkonsulates der Union der Sozialistischen Sowjetrepubliken in den Westsektoren Berlins, das gemäß den üblichen in diesen Sektoren geltenden Verfahren bei den entsprechenden Behörden der drei Regierungen zum Zwecke der Ausübung konsularischer Betreuung nach Maßgabe der in einem gesonderten Dokument vom heutigen Tage niedergelegten Bestimmungen akkreditiert wird.

Anlage IV

B

Mitteilung der Regierung der Union der Sozialistischen Sowjetrepubliken an die Regierungen der Französischen Republik, des Vereinigten Königreichs und der Vereinigten Staaten von Amerika

Die Regierung der Union der Sozialistischen Sowjetrepubliken hat die Ehre, unter Bezugnahme auf Teil II D des Viermächte-Abkommens vom heutigen Tage und auf die Mitteilung der Regierungen der Französischen Republik, des Vereinigten Königreichs und der Vereinigten Staaten von Amerika, die die Vertretung im Ausland der Interessen der Westsektoren Berlins und der Personen mit ständigem Wohnsitz in den Westsektoren betreffen, den Regierungen der Französischen Republik, des Vereinigten Königreichs und der Vereinigten Staaten von Amerika folgendes mitzuteilen:

1. Die Regierung der Union der Sozialistischen Sowjetrepubliken nimmt die Tatsache zur Kenntnis, daß die drei Regierungen ihre Rechte und Verantwortlichkeiten in bezug auf die Vertretung im Ausland der Interessen der Westsektoren Berlins und der Personen mit ständigem Wohnsitz in den Westsektoren einschließlich der Rechte und Verantwortlichkeiten, die Angelegenheiten der Sicherheit und des Status betreffen, sowohl in internationalen Organisationen als auch in Beziehungen zu anderen Ländern beibehalten.

2. Unter der Voraussetzung, daß Angelegenheiten der Sicherheit und des Status nicht berührt werden, wird sie ihrerseits keine Einwände haben gegen

   a) die Ausübung der konsularischen Betreuung für Personen mit ständigem Wohnsitz in den Westsektoren Berlins durch die Bundesrepublik Deutschland;

   b) die Ausdehnung von völkerrechtlichen Vereinbarungen und Abmachungen, die die Bundesrepublik Deutschland schließt, auf die Westsektoren Berlins in Übereinstimmung mit den festgelegten Verfahren, vorausgesetzt, daß die Ausdehnung solcher Vereinbarungen und Abmachungen jeweils ausdrücklich erwähnt wird;

   c) die Vertretung der Interessen der Westsektoren Berlins durch die Bundesrepublik Deutschland in internationalen Organisationen und auf internationalen Konferenzen;

   d) die Teilnahme von Personen mit ständigem Wohnsitz in den Westsektoren Berlins gemeinsam mit Teilnehmern der Bundesrepublik Deutschland am internationalen Austausch und an internationalen Ausstellungen oder Tagungen internationaler Organisationen und internationaler Konferenzen in diesen Sektoren sowie Ausstellungen mit internationaler Beteiligung, wobei berücksichtigt wird, daß Einladungen durch den Senat oder gemeinsam durch die Bundesrepublik Deutschland und den Senat ausgesprochen werden.

3. Die Regierung der Union der Sozialistischen Sowjetrepubliken nimmt die Tatsache zur Kenntnis, daß die drei Regierungen der Errichtung eines Generalkonsulates der Regierung der Union der Sozialistischen Sowjetrepubliken in den Westsektoren Berlins zugestimmt haben. Es wird bei den entsprechenden Behörden der drei Regierungen für die Zwecke und in Übereinstimmung mit den Bestimmungen akkreditiert, die in ihrer Mitteilung genannt und in einem gesonderten Dokument vom heutigen Tage niedergelegt sind.

Viermächte-Schlußprotokoll

Die Regierungen der Französischen Republik, der Union der Sozialistischen Sowjetrepubliken, des Vereinigten Königreichs Großbritannien und Nordirland und der Vereinigten Staaten von Amerika,

eingedenk des Teils III des Viermächte-Abkommens vom 3. September 1971 und mit Befriedigung davon Kenntnis nehmend, daß die nachstehend genannten Vereinbarungen und Regelungen getroffen wurden,

sind wie folgt übereingekommen:

1. Die Vier Regierungen setzen mittels dieses Protokolls das Viermächte-Abkommen in Kraft, das ebenso wie dieses Protokoll die Viermächte-Vereinbarungen oder -Beschlüsse, die früher abgeschlossen oder gefaßt wurden, nicht berührt.

2. Die Vier Regierungen gehen davon aus, daß die Vereinbarungen und Regelungen, die zwischen den zuständigen deutschen Behörden getroffen wurden (Aufzählungen dieser Vereinbarungen und Regelungen), gleichzeitig mit dem Viermächte-Abkommen in Kraft treten.

3. Das Viermächte-Abkommen und die nachfolgenden Vereinbarungen und Regelungen zwischen den zuständigen deutschen Behörden, die in diesem Protokoll erwähnt werden, regeln wichtige Fragen, die im Verlaufe der Verhandlungen erörtert wurden, und bleiben zusammen in Kraft.

4. Bei Schwierigkeiten in der Anwendung des Viermächte-Abkommens oder einer der oben erwähnten Vereinbarungen oder Regelungen, die eine der Vier Regierungen als ernst ansieht, oder bei Nichtdurchführung eines Teils des Viermächte-Abkommens oder der Vereinbarungen und Regelungen hat diese Regierung das Recht, die drei anderen Regierungen auf die Bestimmungen des Viermächte-Abkommens und dieses Protokolls aufmerksam zu machen und die erforderlichen Viermächte-Konsultationen zu führen, um die Einhaltung der eingegangenen Verpflichtungen sicherzustellen und die Situation mit dem Viermächte-Abkommen und diesem Protokoll in Einklang zu bringen.

5. Dieses Protokoll tritt am Tage der Unterzeichnung in Kraft.

GESCHEHEN in dem früher vom Alliierten Kontrollrat benutzten Gebäude, im amerikanischen Sektor Berlins am .... 1971, in vier Urschriften, jede in englischer, französischer und in russischer Sprache, wobei jeder Wortlaut gleichermaßen verbindlich ist.

Für die Regierung der Französischen Republik

Für die Regierung der Union der Sozialistischen Sowjetrepubliken

Für die Regierung des Vereinigten Königreichs Großbritannien und Nordirland

Für die Regierung der Vereinigten Staaten von Amerika

Note der drei Botschafter an den sowjetischen Botschafter

Die Botschafter der Französischen Republik,, des Vereinigten Königreichs Großbritannien und Nordirland und der Vereinigten Staaten von Amerika beehren sich, unter Bezugnahme auf die Erklärungen bezüglich des Verhältnisses zwischen der Bundesrepublik Deutschland und den Westsektoren Berlins, die in der Anlage II des am heutigen Tage zu unterzeichnenden Viermächte-Abkommens enthalten sind, den Botschafter der Union der Sozialistischen Sowjetrepubliken von ihrer Absicht zu unterrichten, dem Bundeskanzler der Bundesrepublik Deutschland unmittelbar nach Unterzeichnung des Viermächte-Abkommens einen Brief zu senden, der Klarstellungen und Interpretationen enthält, die das wiedergeben, was ihre Regierungen unter den in Anlage II des Viermächte-Abkommens enthaltenen Erklärungen verstehen. Ein Doppel des Briefes, der an den Bundeskanzler der Bundesrepublik Deutschland gesandt werden wird, ist dieser Note beigefügt.

Die Botschafter benutzen diesen Anlaß, den Botschafter der UdSSR erneut ihrer ausgezeichnetsten Hochachtung zu versichern.

Anlage (vgl. den nachfolgend abgedruckten Brief der drei Botschafter an den Bundeskanzler)

Sowjetische Antwortnote

Der Botschafter der Union der Sozialistischen Sowjetrepubliken beehrt sich, den Empfang der Note der Botschafter der Französischen Republik, des Vereinigten Königreichs Großbritannien und Nordirland und der Vereinigten Staaten von Amerika vom 3. September 1971 zu bestätigen, und nimmt von der Mitteilung der drei Botschafter Kenntnis.

Schlußformel

Brief der drei Botschafter an den Bundeskanzler

Seiner Exzellenz
dem Bundeskanzler
der Bundesrepublik Deutschland

Bonn

Exzellenz,

unter Bezugnahme auf das am 3. September 1971 unterzeichnete Viermächte-Abkommen möchten unsere Regierungen mit diesem Brief die Regierung der Bundesrepublik Deutschland von folgenden Klarstellungen und Interpretationen der Erklärungen unterrichten, welche in Anlage II enthalten sind, die während der Viermächte-Verhandlungen Gegenstand von Konsultationen mit der Regierung der Bundesrepublik Deutschland waren.

Diese Klarstellungen und Interpretationen geben das wieder, was unsere Regierungen unter dem Teil des Viermächte-Abkommens verstehen, nämlich:

a. Der Satz in Anlage II Absatz 2 des Viermächte-Abkommens, der lautet „ . . . werden in den Westsektoren Berlins keine Verfassungs- oder Amtsakte vornehmen, die den Bestimmungen von Absatz 1 widersprechen", ist so auszulegen, daß darunter Akte in Ausübung unmittelbarer Staatsgewalt über die Westsektoren Berlins verstanden werden.

b. In den Westsektoren Berlins werden keine Sitzungen der Bundesversammlung und weiterhin keine Plenarsitzungen des Bundesrats und des Bundestags stattfinden. Einzelne Ausschüsse des Bundesrats und des Bundestags können in den Westsektoren Berlins im Zusammenhang mit der Aufrechterhaltung und Entwicklung der Bindungen zwischen diesen Sektoren und der Bundesrepublik Deutschland tagen. Im Falle der Fraktionen werden Sitzungen nicht gleichzeitig abgehalten werden.

c. Die Verbindungsbehörde der Bundesregierung in den Westsektoren Berlins umfaßt Abteilungen, denen in ihren jeweiligen Bereichen Verbindungsfunktionen obliegen.

d. Geltende Verfahren bezüglich der Anwendbarkeit der Gesetzgebung der Bundesrepublik Deutschland auf die Westsektoren Berlins bleiben unverändert.

e. Der Ausdruck „staatliche Organe" in Anlage II Absatz 2 bedeutet: der Bundespräsident, der Bundeskanzler, das Bundeskabinett, die Bundesminister und die Bundesministerien sowie die Zweigstellen dieser Ministerien, der Bundesrat und der Bundestag sowie alle Bundesgerichte.

Genehmigen Sie, Exzellenz, die erneute Versicherung unserer ausgezeichneten Hochachtung.

Für die Regierung der Französischen Republik

Für die Regierung des Vereinigten Königreichs Großbritannien und Nordirland

Für die Regierung der Vereinigten Staaten von Amerika

Vereinbartes Verhandlungsprotokoll I

Es wird davon ausgegangen, daß Personen mit ständigem Wohnsitz in den Westsektoren Berlins zur Erlangung eines Visums für die Einreise in die Union der Sozialistischen Sowjetrepubliken bei entsprechenden sowjetischen Stellen vorzulegen haben

a) einen Paß, der mit dem Stempel „ausgestellt in Übereinstimmung mit dem Viermächte-Abkommen vom 3. September 1971" versehen ist;

b) einen Personalausweis oder ein anderes entsprechend abgefaßtes Dokument, das bestätigt, daß die das Visum beantragende Person ihren ständigen Wohnsitz in den Westsektoren Berlins hat, und das die genaue Adresse des Inhabers und dessen Lichtbild enthält.

Personen mit ständigem Wohnsitz in den Westsektoren Berlins, die auf diese Weise ein Visum erhalten haben, steht es frei, während ihres Aufenthalts in der Union der Sozialistischen Sowjetrepubliken entweder beide Dokumente oder eines von beiden mit sich zu führen. Das von einer sowjetischen Stelle ausgestellte Visum wird als Grundlage für die Einreise in die Union der Sozialistischen Sowjetrepubliken und der Paß oder der Personalausweis als Grundlage für die konsularische Betreuung nach Maßgabe des Viermächte-Abkommens während des Aufenthalts solcher Personen im Gebiet der Union der Sozialistischen Sowjetrepubliken dienen.

Der oben erwähnte Stempel wird in allen Pässen erscheinen, die von Personen mit ständigem Wohnsitz in den Westsektoren Berlins für Reisen in Länder benutzt werden, die dies verlangen.

Vereinbartes Verhandlungsprotokoll II

Hiermit werden Vorkehrungen für die Errichtung eines Generalkonsulats der UdSSR in den Westsektoren Berlins getroffen. Es wird davon ausgegangen, daß die Einzelheiten bezüglich dieses Generalkonsulats Nachstehendes umfassen. Das Generalkonsulat wird bei den entsprechenden Behörden der Drei Regierungen gemäß den üblichen in diesen Sektoren geltenden Verfahren akkreditiert. Die geltenden alliierten und deutschen Rechtsvorschriften und Regelungen werden auf das Generalkonsulat Anwendung finden. Die Tätigkeiten des Generalkonsulats werden konsularischer Natur sein und keine politischen Funktionen sowie keine mit den Viermächte-Rechten und -Verantwortlichkeiten in Zusammenhang stehende Angelegenheiten umfassen.

Die Drei Regierungen sind bereit, eine Erweiterung der sowjetischen kommerziellen Aktivitäten in den Westsektoren Berlins wie nachfolgend beschrieben zu genehmigen. Es wird davon ausgegangen, daß die einschlägigen alliierten und deutschen Rechtsvorschriften und Regelungen auf diese Aktivitäten Anwendung finden. Diese Genehmigung wird unbefristet erteilt, vorbehaltlich der Beachtung der in diesem Verhandlungsprotokoll umrissenen Bestimmungen. Es werden angemessene Vorkehrungen für Konsultationen getroffen. Diese Erweiterung wird die Errichtung eines „Büros der Sowjetischen Außenhandelsvereinigungen in den Westsektoren Berlins" mit kommerziellem Status umfassen, das ermächtigt ist, Ankäufe und Verkäufe für Außenhandelsvereinigungen der Union der Sozialistischen Sowjetrepubliken zu tätigen. Sojuspuschnina, Prodintorg und Nowoexport können je ein Konsignationslager in den Westsektoren Berlins zur Lagerung und Ausstellung ihrer Waren errichten. Die Tätigkeiten des Intourist-Büros im britischen Sektor Berlins können auf den Verkauf von Fahrkarten und Gutscheinen für Reisen und Rundreisen in der Union der Sozialistischen Sowjetrepubliken und anderen Ländern ausgedehnt werden. Ein Aeroflot-Büro kann für den Verkauf von Flugkarten für Personen und für Luftfrachtdienste errichtet werden.

Die Zuweisung von Bediensteten an das Generalkonsulat und an zugelassene sowjetische kommerzielle Organisationen bedarf der Vereinbarung mit den entsprechenden Behörden der Drei Regierungen. Die Zahl dieser Bediensteten wird nicht mehr als 20 sowjetische Staatsangehörige in dem Generalkonsulat, 20 in dem Büro der Sowjetischen Außenhandelsvereinigungen, je einen in den Konsignationslagern, 6 in dem Intourist-Büro und 5 in dem Aeroflot-Büro betragen. Die Bediensteten des Generalkonsulats und zugelassener sowjetischer kommerzieller Organisationen sowie ihre Angehörigen können auf Grund von Einzelgenehmigungen in den Westsektoren Berlins ihren Wohnsitz nehmen.

Das Eigentum der Union der Sozialistischen Sowjetrepubliken in der Lietzenburger Straße 11 und Am Sandwerder 1 kann für Zwecke benutzt werden, die zwischen entsprechenden Vertretern der Drei Regierungen und der Regierung der Union der Sozialistischen Sowjetrepubliken zu vereinbaren sind.

Einzelheiten der Durchführung der oben genannten Maßnahmen und ein Zeitplan für ihre Durchführung werden zwischen den vier Botschaftern in der Zeit zwischen der Unterzeichnung des Viermächte-Abkommens und der Unterzeichnung des in dem Abkommen vorgesehenen Viermächte-Schlußprotokolls vereinbart.

Schreiben der Drei Botschafter
an den Bundeskanzler

Seiner Exzellenz
dem Bundeskanzler
der Bundesrepublik Deutschland

Herr Bundeskanzler,

wir beehren uns, mit diesem Brief der Regierung der Bundesrepublik Deutschland den Wortlaut des am heutigen Tage in Berlin unterzeichneten Viermächte-Abkommens zu übermitteln. Das Viermächte-Abkommen wurde von den Vier Mächten in Ausübung ihrer Rechte und Verantwortlichkeiten in bezug auf Berlin geschlossen.

Wir stellen fest, daß im Einklang mit den ausdrücklichen Formulierungen des Abkommens und des Viermächte-Schlußprotokolls, welches das Abkommen endgültig in Kraft setzen wird und über dessen Text Einigung hergestellt worden ist, diese Rechte und Verantwortlichkeiten nicht berührt werden und unverändert bleiben. Unsere Regierungen werden weiterhin, wie bisher im Rahmen der getragenen Viermächte-Verantwortung für Berlin als Ganzes, an der wir teilhaben, die oberste Gewalt in den Westsektoren Berlins ausüben.

Gemäß Teil II, Abschnitt A, des Viermächte-Abkommens werden Regelungen zur Durchführung und Ergänzung der Bestimmungen bezüglich des zivilen Verkehrs von den zuständigen deutschen Behörden vereinbart. Teil III des Viermächte-Abkommens bestimmt, daß das Abkommen an dem Tage in Kraft tritt, der in einem Viermächte-Schlußprotokoll festgelegt wird, das abgeschlossen wird, sobald die vorgesehenen Regelungen zwischen den zuständigen deutschen Behörden vereinbart worden sind. Unsere Regierungen bitten, daß die vorgesehenen Verhandlungen zwischen Behörden der Bundesrepublik Deutschland, die auch im Namen des Senats handeln, und Behörden der Deutschen Demokratischen Republik nunmehr stattfinden.

Teil II, Abschnitte B und C und Anlagen II und IV des Viermächte-Abkommens betreffen das Verhältnis zwischen den Westsektoren Berlins und der Bundesrepublik. In diesem Zusammenhang wird unter anderem an folgendes erinnert:

— die Mitteilungen der Drei Westlichen Militärgouverneure an den Parlamentarischen Rat vom 2. März, 22. April und 12. Mai 1949;

— das Schreiben der Drei Hohen Kommissare an den Bundeskanzler betreffend die Ausübung der alliierten Vorbehaltsrechte in bezug auf Berlin vom 26. Mai 1952 in der Fassung des Briefes X vom 23. Oktober 1954;

— das Aide-mémoire der Drei Regierungen vom 18. April 1967 betreffend die Entscheidung des Bundesverfassungsgerichts vom 20. Januar 1966 im Fall Niekisch.

Unsere Regierungen nehmen diese Gelegenheit zum Anlaß, in Ausübung der Rechte und Verantwortlichkeiten in bezug auf Berlin, die sie in Artikel 2 des Vertrags über die Beziehungen zwischen der Bundesrepublik Deutschland und den Drei Mächten vom 26. Mai 1952 in der Fassung vom 23. Oktober 1954 behalten haben, festzustellen, daß Teil II, Abschnitte B und D, und Anlagen II und IV des Viermächte-Abkommens betreffend das Verhältnis zwischen der Bundesrepublik Deutschland und den Westsektoren Berlins mit der Position in den genannten Dokumenten, die unberührt bleibt, übereinstimmen.

Bezüglich der bestehenden Bindungen zwischen der Bundesrepublik und den Westsektoren Berlins ist es die feste Absicht unserer Regierungen, daß wie in Teil II, Abschnitt B, Absatz 1, des Viermächte-Abkommens erklärt, diese Bindungen gemäß dem Schreiben der Drei Hohen Kommissare an den Bundeskanzler über die Ausübung der Vorbehaltsrechte in bezug auf Berlin vom 26. Mai 1952 in der Fassung des Briefs X vom 23. Oktober 1954 und gemäß den einschlägigen Entscheidungen der Alliierten Kommandatura Berlin, aufrechterhalten und entwickelt werden.

Schlußformel

Antwortschreiben
des Bundeskanzlers
an die Drei Botschafter

Exzellenz,

ich beehre mich, den Eingang des Schreibens der Botschafter Frankreichs, des Vereinigten Königreichs und der Vereinigten Staaten von Amerika vom 3. September 1971 zu bestätigen, mit dem der Regierung der Bundesrepublik Deutschland der Wortlaut des am 3. September 1971 in Berlin unterzeichneten Viermächte-Abkommens übermittelt wurde.

Des weiteren beehre ich mich, den Eingang des Schreibens der drei Botschafter vom gleichen Tage zu bestätigen, das Klarstellungen und Interpretationen enthält, welche das wiedergeben, was ihre Regierungen unter den in Anlage II zum Viermächte-Abkommen enthaltenen Erklärungen bezüglich des Verhältnisses zwischen der Bundesrepublik Deutschland und den Westsektoren Berlins verstehen.

Die Regierung der Bundesrepublik Deutschland beabsichtigt, sofort Schritte zu unternehmen, um Vereinbarungen über konkrete Regelungen betreffend den zivilen Verkehr wie in Teil II, Abschnitt A des Viermächte-Abkommens vorgesehen, zu erzielen.

Die Regierung der Bundesrepublik Deutschland hat den Inhalt des Briefes Ihrer Exzellenz zur Kenntnis genommen, der ihr in Ausübung der Rechte und Verantwortlichkeiten bezüglich Berlins übermittelt wurde, die gemäß Artikel 2 des Vertrags über die Beziehungen zwischen der Bundesrepublik Deutschland und den Drei Mächten vom 26. Mai 1952 in der Fassung vom 23. Oktober 1954 behalten wurden und die weiterhin von der Regierung der Bundesrepublik Deutschland geachtet werden.

Die Regierung der Bundesrepublik Deutschland teilt die Auffassung und die Entschlossenheit, daß die Bindungen zwischen der Bundesrepublik Deutschland und Berlin aufrechterhalten und entwickelt werden.

Schlußformel

Quelle: Presse- und Informationsamt der Bundesregierung, Bulletin, Sonderausgabe, 3. 9. 1971, Nr. 127, Seite 1360–1367.

XIII.

Vertrag zwischen der Bundesrepublik Deutschland
und der Deutschen Demokratischen Republik
über Fragen des Verkehrs

vom 26. Mai 1972

Die Bundesrepublik Deutschland

und

die Deutsche Demokratische Republik

sind,

in dem Bestreben, einen Beitrag zur Entspannung in Europa zu leisten und normale gutnachbarliche Beziehungen beider Staaten zueinander zu entwickeln, wie sie zwischen voneinander unabhängigen Staaten üblich sind,

geleitet von dem Wunsch, Fragen des grenzüberschreitenden Personen- und Güterverkehrs beider Vertragsstaaten in und durch ihre Hoheitsgebiete zu regeln,

übereingekommen,

diesen Vertrag abzuschließen:

I. Allgemeine Bestimmungen

Artikel 1

1. Gegenstand des Vertrages ist der gegenseitige Wechsel- und Transitverkehr auf Straßen, Schienen- und Wasserwegen mit Transportmitteln, die im Geltungsbereich dieses Vertrages zugelassen oder registriert sind — im folgenden Verkehr genannt.

Die innerstaatlichen Rechtsvorschriften über die Benutzung bestimmter Transportmittel bleiben unberührt.

2. Die Vertragsstaaten verpflichten sich, den Verkehr in und durch ihre Hoheitsgebiete entsprechend der üblichen internationalen Praxis auf der Grundlage der Gegenseitigkeit und Nichtdiskriminierung in größtmöglichem Umfang

zu gewähren, zu erleichtern und möglichst zweckmäßig zu gestalten.

Artikel 2

Der Verkehr unterliegt dem Recht desjenigen Staates, in dessen Gebiet er durchgeführt wird, soweit dieser Vertrag nichts anderes bestimmt.

Artikel 3

1. Die Verkehrsteilnehmer können die im anderen Vertragstaat für den öffentlichen Verkehr zugelassenen Verkehrseinrichtungen benutzen.

2. Soweit ein Vertragstaat bestimmte Verkehrswege festlegt, auf denen der Transitverkehr durch sein Gebiet zu erfolgen hat, wird er sich dabei von dem Gesichtspunkt einer möglichst zweckmäßigen Gestaltung dieses Verkehrs leiten lassen.

Artikel 4

Der Verkehr erfolgt über die vorgesehenen Grenzübergangsstellen. Über Veränderungen werden sich das Bundesministerium für Verkehr der Bundesrepublik Deutschland und das Ministerium für Verkehrswesen der Deutschen Demokratischen Republik vorher ins Benehmen setzen.

Artikel 5

Die vom anderen Vertragstaat ausgestellten amtlichen Dokumente, die zum Führen von Transportmitteln berechtigen, sowie die amtlichen Dokumente für die auf dessen Gebiet zugelassenen oder registrierten Transportmittel werden gegenseitig anerkannt, soweit in Artikel 20 nichts anderes vereinbart ist.

Die Verkehrsteilnehmer weisen sich durch von den zuständigen Behörden beziehungsweise Organen der Vertragstaaten ausgestellte amtliche Personaldokumente, die zum Grenzübertritt berechtigen, aus.

Artikel 6

1. Für bestimmte im Zusammenhang mit dem Verkehr erhobene Abgaben und Gebühren kann eine Pauschalabgeltung vereinbart werden.

2. Reisegebrauchs- und -verbrauchsgegenstände, die Verkehrsteilnehmer mit sich führen, bleiben frei von Ein- und Ausgangsabgaben sowie ähnlichen Gebühren.

Für die in üblicher Menge in Transportmitteln mitgeführten Treibstoff- und Schmiermittelvorräte sowie Ausrüstungs-, Ersatz- und Zubehörteile werden keine Ein- und Ausgangsabgaben sowie ähnliche Gebühren erhoben.

Artikel 7

1. Jeder Vertragstaat sorgt dafür, daß bei Unfällen und Havarien auf seinem Gebiet die notwendige Hilfe einschließlich Pannen- und Abschleppdienst, medizinischer Betreuung sowie Werft- und Werkstatthilfe geleistet wird.

2. Bei Havarien und Unfällen gelten für deren Untersuchung sowie für die Ausfertigung der erforderlichen Protokolle die Rechtsvorschriften am Unfallort. Die Protokolle, die für die Schadensregulierung erforderlich sind, werden gegenseitig übermittelt.

Artikel 8

Es erfolgt eine gegenseitige Information über den Straßenzustand, Umleitungen größeren Ausmaßes auf Autobahnen und wichtigen Fernstraßen, über Tauchtiefen, Pegelstände, Schleusenbetriebszeiten, Schiffahrtssperren sowie andere Nachrichten, die den Verkehrsablauf betreffen.

Artikel 9

Im Interesse einer möglichst einfachen und zweckmäßigen Gestaltung des Verkehrs werden sich die Vertragstaaten bei der Planung und Durchführung von Bauvorhaben, die Auswirkungen auf den grenzüberschreitenden Verkehr des anderen Vertragstaates haben, informieren und entsprechend den Erfordernissen einen Meinungsaustausch führen.

II. Eisenbahnverkehr

Artikel 10

1. Im Eisenbahnverkehr werden die Fahrpläne der Regel- und Bedarfszüge, die Zugbildung und die Wagengestellung für Reisezüge unter Berücksichtigung des Verkehrsaufkommens auf den internationalen Fahrplankonferenzen oder zwischen den zuständigen zentralen Stellen der Vertragstaaten vereinbart.

2. Bei außergewöhnlich umfangreichem Verkehrsaufkommen wird im Rahmen der betrieblichen Möglichkeiten der Eisenbahnen der Einsatz zusätzlicher Züge vereinbart.

Artikel 11

1. Für die Beförderung von Reisenden und Gepäck gelten das Internationale Übereinkommen über den Eisenbahn-Personen- und -Gepäckverkehr (CIV) und seine Zusatzabkommen.

2. Für die Beförderung von Frachtgut gelten das Internationale Übereinkommen über den Eisenbahnfrachtverkehr (CIM) und seine Zusatzabkommen.

Artikel 12

1. Grenzstrecke im Sinne dieses Vertrages ist der Abschnitt einer durchgehenden Bahnlinie — einschließlich an ihr liegender Betriebsdienststellen von untergeordneter Bedeutung — zwischen den jeweiligen Grenzbahnhöfen der Vertragstaaten. Auf diesen Strecken gelten im Gebiet jedes Vertragstaates dessen Rechtsvorschriften. Das gilt auch für die Betriebsvorschriften der Eisenbahnen. Ausnahmen können vereinbart werden.

2. Jede Eisenbahnverwaltung unterhält, wartet und erneuert die Eisenbahnanlagen und -einrichtungen auf

ihren Strecken. Soweit Ausnahmen nicht in diesem Vertrag geregelt sind, können sie vereinbart werden.

3. Die zuständigen zentralen Stellen der Vertragsstaaten informieren sich gegenseitig über beabsichtigte Veränderungen an den Anlagen und in der Technologie auf den Grenzstrecken und Grenzbahnhöfen, soweit diese Auswirkungen auf die Abwicklung des Verkehrs haben.

4. Die Eisenbahnverwaltungen stimmen den Zeitpunkt von Unterhaltungs-, Wartungs- oder Erneuerungsarbeiten auf den Grenzstrecken ab, wenn sich Auswirkungen auf den Verkehr ergeben können.

5. Die Eisenbahnverwaltungen vereinbaren die Unterhaltung, Wartung oder Erneuerung ihrer Sicherungs- und Fernmeldeanlagen, die sich auf dem Gebiet des anderen Vertragsstaates befinden.

6. Die zwischen den Betriebsstellen der Eisenbahnen beider Vertragsstaaten bestehenden Fernmeldeleitungen dürfen nur für eisenbahndienstliche Mitteilungen benutzt werden. Diese Leitungen dürfen nicht mit dem bahneigenen oder öffentlichen Netz verbunden sein.

7. Einzelfragen der Durchführung des Eisenbahnverkehrs auf den Grenzstrecken werden gesondert vereinbart.

Artikel 13

1. Die Ausweise für das Fahr- und Zugbegleitpersonal werden gegenseitig anerkannt.

2. Die Beschäftigten der Eisenbahnverwaltungen, die auf dem Gebiete des anderen Vertragsstaates eingesetzt sind, müssen ihre Dienstuniform tragen. Sie haben die Dienstvorschriften der anderen Eisenbahnverwaltung einzuhalten. Sie sind berechtigt, die für die Ausübung ihrer Tätigkeit erforderlichen Ge- und Verbrauchsgegenstände abgaben- und gebührenfrei mit sich zu führen. Auf den Grenzbahnhöfen werden ihnen Ruheräume zur Verfügung gestellt. Erforderlichenfalls wird ihnen medizinische Hilfe geleistet.

Artikel 14

1. Die Deutsche Demokratische Republik gestattet die Durchführung des Güterverkehrs der Deutschen Bundesbahn nach und von Heringen/Werra (Bundesrepublik Deutschland) durch ihr Gebiet auf den Strecken der Deutschen Reichsbahn zwischen Gerstungen und Dankmarshausen, soweit dieser Verkehr die Kaliproduktion in diesem Raum betrifft. Die kommerziellen und betriebstechnischen Bedingungen für diesen Verkehr werden gesondert vereinbart.

2. Kalitransporte aus Heringen/Werra für die Deutsche Demokratische Republik oder im Transit durch deren Gebiet in dritte Staaten werden auf direktem Wege dem Grenzbahnhof Gerstungen zugeführt. Die Grenzabfertigung in Gerstungen erfolgt in der gleichen Weise wie bei Sendungen, die die Grenzübergänge Bebra (Bundesrepublik Deutschlandland)/Gerstungen (Deutsche Demokratische Republik) passieren.

Artikel 15

1. Die Deutsche Demokratische Republik gestattet die Durchführung des Eisenbahnverkehrs der Deutschen Bundesbahn nach und von dem Bahnhof Obersuhl (Bundesrepublik Deutschland) über einen Grenzstreckenabschnitt durch ihr Gebiet. Die Gestattung umfaßt die unentgeltliche Nutzung des für die Strecke, die Hochbauten und Nebeneinrichtungen erforderlichen Geländes. Dieser Streckenabschnitt der Deutschen Reichsbahn wird von der Deutschen Bundesbahn auf ihre Kosten gewartet und unterhalten. Der Verkehr über die Grenzübergänge Bebra/Gerstungen darf dadurch nicht beeinträchtigt werden.

2. Die Deutsche Demokratische Republik gestattet die Durchführung des Eisenbahnverkehrs der Deutschen Bundesbahn zwischen den Bahnhöfen Schwebda (Bundesrepublik Deutschland) und Heldra (Bundesrepublik Deutschland) über einen Grenzstreckenabschnitt durch ihr Gebiet zu den gleichen Bedingungen, die in Ziffer 1 vereinbart sind.

Artikel 16

Die Bundesrepublik Deutschland gestattet die Durchführung des Eisenbahnverkehrs der Deutschen Reichsbahn auf dem zweigleisigen Abschnitt der Strecke Wartha/Werra (Deutsche Demokratische Republik)–Gerstungen durch ihr Gebiet. Dieser Streckenabschnitt wird von der Deutschen Reichsbahn auf ihre Kosten und mit ihren Beschäftigten betrieben, gewartet und unterhalten. Die Gestattung umfaßt die unentgeltliche Nutzung des für die Strecke, die Hochbauten und Nebeneinrichtungen erforderlichen Geländes.

III. Binnenschiffsverkehr

Artikel 17

1. Die Vertragsstaaten wirken in ihrem Gebiet darauf hin, daß die Voraussetzungen für einen schnellen und wirtschaftlichen Schiffsumlauf gegeben sind.

2. Auf der Basis der Gegenseitigkeit wird eine Erlaubnis zum Befahren der Wasserstraßen nicht verlangt.

Artikel 18

1. Die Beförderung von Gütern zwischen Häfen und Ladestellen des anderen Vertragsstaates (Kabotage) bedarf einer besonderen Genehmigung seiner zuständigen Behörden beziehungsweise Organe.

2. Einer Genehmigung bedarf es nicht, wenn auf dem Rückweg von einer Transitfahrt Güter in das Gebiet des anderen Vertragsstaates befördert werden (Anschlußkabotage).

Artikel 19

1. Werden Liegeplätze vorgeschrieben, so gilt Artikel 17 Ziffer 1 entsprechend. An besonders hierfür zugelassenen Liegeplätzen wird den Besatzungen der Binnenschiffe Landgang gewährt.

2. Soweit Liegeplätze vorgeschrieben werden, sind bei außergewöhnlichen Ereignissen wie Unfällen, Betriebsstörungen, Erkrankungen oder Naturkatastrophen sowie nach Aufforderung oder mit Genehmigung der zuständigen Behörden beziehungsweise Organe des betreffenden Vertragsstaates Fahrtunterbrechungen und Landgang auch an anderen geeigneten Plätzen gestattet. Der Schiffsführer hat die zuständigen Behörden beziehungsweise Organe über die Fahrtunterbrechung bei außergewöhnlichen Ereignissen und die dafür maßgebenden Gründe zu unterrichten.

3. Sofern eine Weiterfahrt infolge Hoch- oder Niedrigwasser, Vereisung oder Havarie nicht mehr oder nur mit Einschränkungen möglich ist, wird gegenseitig die Möglichkeit des Umschlags von Gütern oder die Leichterung von Binnenschiffen gewährt. Der vorgesehene Umschlag oder die Leichterung ist den zuständigen Behörden beziehungsweise Organen zu melden und darf nur in ihrer Gegenwart erfolgen.

Artikel 20

1. Die gegenseitige Anerkennung von Dokumenten gemäß Artikel 5 gilt in der Binnenschiffahrt nur für die Befähigungszeugnisse, die für Elbe und Mittellandkanal ausgestellt sind. Schiffszeugnisse (-atteste) der Deutschen Demokratischen Republik werden nur für die Wasserstraßen anerkannt, die zum Geltungsbereich der Binnenschiffahrtstraßen-Ordnung der Bundesrepublik Deutschland gehören. Schiffszeugnisse (-atteste) der Bundesrepublik Deutschland werden auf den Wasserstraßen der Deutschen Demokratischen Republik anerkannt.

2. Das Befahren der Binnenwasserstraßen des einen Vertragsstaates durch übermäßige Einzelfahrzeuge und Schiffsverbände des anderen Vertragsstaates bedarf der Zustimmung seiner zuständigen Behörden beziehungsweise Organe.

Übermäßig sind solche Einzelfahrzeuge oder Schiffsverbände, die die in den Rechtsvorschriften des jeweiligen Vertragsstaates für die Benutzung seiner Wasserstraßen festgelegten Abmessungen überschreiten.

3. Schwimmende Geräte und Schwimmkörper können transportiert, Schiffsneubauten überführt werden. Sportboote, Rennboote und andere individuelle Wasserfahrzeuge können als Deckladung oder im Schlepp befördert werden.

4. Soweit Fahrtrouten vorgeschrieben sind, bedarf das Abweichen von ihnen der Genehmigung der zuständigen Behörden beziehungsweise Organe.

Artikel 21

Binnenschiffe werden dann als zollverschlußsicher anerkannt, wenn sie entsprechend der allgemein üblichen internationalen Praxis zum Transport von Gütern unter Zollverschluß zugelassen sind.

Als Nachweis der zollverschlußsicheren Einrichtung werden Zollverschlußanerkenntnisse anerkannt.

Artikel 22

Für die Benutzung der Wasserstraßen einschließlich der Schleusen, Schiffshebewerke sowie Schiffsliegeplätze werden entsprechend den dort geltenden Rechtsvorschriften Abgaben und Gebühren erhoben.

Artikel 23

Die Vertragsstaaten gewährleisten einen reibungslosen Binnenschiffverkehr auf dem Abschnitt zwischen Kilometer 472,6 bis Kilometer 566,3 der Elbe.

IV. Kraftverkehr

Artikel 24

1. Gewerbliche Personenbeförderung im Sinne dieses Vertrages ist die entgeltliche oder geschäftsmäßige Beförderung von Personen mit Kraftfahrzeugen und Anhängern.

2. Gütertransporte mit Kraftfahrzeugen im Sinne dieses Vertrages sind der gewerbliche Güterkraftverkehr und der Werkverkehr mit Kraftfahrzeugen und Anhängern.

Artikel 25

1. Jeder Vertragsstaat wird das Recht auf die Anwendung des Genehmigungsverfahrens für die gewerbliche Beförderung von Personen im Gelegenheitsverkehr und für Gütertransporte mit Kraftfahrzeugen in oder durch sein Gebiet auf der Grundlage der Gegenseitigkeit nicht ausüben.

2. Unternehmen aus dem einen Vertragsstaat bedürfen für die gewerbliche Beförderung von Personen im Kraftomnibus-Linienverkehr in oder durch das Gebiet des anderen Vertragsstaates einer Beförderungsgenehmigung dieses Staates.

3. Jeder Vertragsstaat behält sich das Recht der Genehmigung für die gewerbliche Beförderung von Personen, die auf seinem Gebiet aufgenommen werden sollen, sowie für den Transport von Gütern vor, wenn dieser ausschließlich auf seinem Gebiet durchgeführt werden soll.

Artikel 26

Soweit Bau und Ausrüstung der Fahrzeuge den am Zulassungsort geltenden Vorschriften entsprechen, werden sie gegenseitig als ausreichend anerkannt. Kraftfahrzeuge und Anhänger, die einschließlich ihrer Ladung die im Gebiet des anderen Vertragsstaates vorgeschriebenen Maße oder Gewichte überschreiten, bedürfen für die Fahrt in oder durch diesen Vertragsstaat einer Ausnahmegenehmigung seiner zuständigen Behörden beziehungsweise Organe.

Artikel 27

Die im Verkehr eingesetzten Kraftfahrzeuge müssen haftpflichtversichert sein. Der Ausgleich von Schäden aus Kraftfahrzeugunfällen ist Gegenstand gesonderter Regelungen.

Artikel 28

Für Gütertransporte im Straßenverkehr gelten:

— das Zollübereinkommen vom 15. Januar 1959 über den internationalen Warentransport mit Carnets TIR,

— das Europäische Übereinkommen vom 30. September 1957 über die internationale Beförderung gefährlicher Güter auf der Straße (ADR).

V. Seeverkehr

Artikel 29

1. Die Vertragsstaaten kommen überein, sich gegenseitig die Benutzung von Seehäfen und anderen Einrichtungen des Seeverkehrs für den Transport und Umschlag von Gütern zu ermöglichen. Sie gewährleisten in ihren Seehäfen den Schiffen des anderen Vertragsstaates die gleiche Behandlung wie den Schiffen anderer Staaten; das gilt insbesondere für die Abfertigung, die Erhebung von Gebühren und Hafenabgaben, den freien Zugang zu ihren Seehäfen und deren Benutzung.

2. Seeschiffen, die die Flagge des einen Vertragsstaates führen, wird der Transport von Gütern aus und nach dem anderen Vertragsstaat ermöglicht. Die Beförderung von Gütern zwischen Häfen und Ladestellen des anderen Vertragsstaates (Kabotage) bedarf einer besonderen Genehmigung seiner zuständigen Behörden beziehungsweise Organe.

Artikel 30

1. Schiffe unter der Flagge eines der Vertragsstaaten, welche die nach seinem Recht zum Nachweis der Staatszugehörigkeit vorgeschriebenen Dokumente mit sich führen, gelten als Schiffe dieses Vertragsstaates.

2. Schiffe, die mit ordnungsgemäß ausgestellten Schiffsmeßbriefen versehen sind, werden von einer nochmaligen Ausmessung beziehungsweise Nachmessung befreit.

3. Der Berechnung der Hafengebühren wird das in den Schiffsmeßbriefen angegebene Volumen des Schiffes zugrunde gelegt.

Artikel 31

In den Hoheitsgewässern des einen Vertragsstaates unterliegen die Schiffe des anderen Vertragsstaates den Vorschriften über die Besatzung, Ausrüstung, Einrichtungen, Schiffssicherheitsmittel, Vermessung und Seetüchtigkeit, die in dem Staat gelten, unter dessen Flagge das Schiff fährt.

VI. Schlußbestimmungen

Artikel 32

1. Eventuell auftretende Meinungsverschiedenheiten über die Anwendung oder Auslegung dieses Vertrages werden durch eine Kommission beider Vertragsstaaten geklärt.

2. Die Delegationen werden in der Kommission durch bevollmächtigte Vertreter des Bundesministers für Verkehr der Bundesrepublik Deutschland beziehungsweise des Ministers für Verkehrswesen der Deutschen Demokratischen Republik geleitet.

3. Die Kommission tritt auf Ersuchen eines der beiden Vertragsstaaten zusammen.

4. Einzelheiten des Verfahrens werden durch die Kommission festgelegt.

5. Kann die Kommission eine ihr zur Behandlung vorgelegte Meinungsverschiedenheit nicht regeln, wird diese Frage den Regierungen unterbreitet, die sie auf dem Verhandlungswege beilegen.

Artikel 33

Dieser Vertrag wird auf unbestimmte Zeit geschlossen. Er kann fünf Jahre nach seinem Inkrafttreten mit einer Frist von drei Monaten zum Ende des jeweiligen Kalenderjahres gekündigt werden.

Dieser Vertrag tritt an dem Tage in Kraft, an dem die beiden Regierungen sich gegenseitig durch Notenwechsel mitteilen, daß die innerstaatlichen Voraussetzungen für das Inkrafttreten dieses Vertrages erfüllt sind.

ZU URKUND DESSEN haben die Bevollmächtigten der Vertragsstaaten diesen Vertrag unterzeichnet.

GESCHEHEN in Berlin am 26. Mai 1972 in zwei Urschriften in deutscher Sprache.

Für die Bundesrepublik Deutschland

Egon B a h r

Für die Deutsche Demokratische Republik

Michael K o h l

Quelle: Bundesgesetzblatt Teil II, 1972, Seite 1449–1453.

1. Gesetz
zu dem Vertrag vom 7. Dezember 1970 zwischen der Bundesrepublik Deutschland und der Volksrepublik Polen über die Grundlagen der Normalisierung ihrer gegenseitigen Beziehungen

Vom 23. Mai 1972

Der Bundestag hat das folgende Gesetz beschlossen:

Artikel 1

Dem in Warschau am 7. Dezember 1970 unterzeichneten Vertrag zwischen der Bundesrepublik Deutschland und der Volksrepublik Polen über die Grundlagen der Normalisierung ihrer gegenseitigen Beziehungen mit dem dazugehörigen Notenwechsel zwischen der Regierung der Bundesrepublik Deutschland und den Regierungen Frankreichs, der Vereinigten Staaten und des Vereinigten Königreichs vom 19. November 1970 wird zugestimmt. Der Vertrag und der Notenwechsel werden nachstehend veröffentlicht.

Artikel 2

(1) Dieses Gesetz tritt am Tage nach seiner Verkündung in Kraft.

(2) Der Tag, an dem der Vertrag nach seinem Artikel V in Kraft tritt, ist im Bundesgesetzblatt bekanntzugeben.

Die verfassungsmäßigen Rechte des Bundesrates sind gewahrt.

Das vorstehende Gesetz wird hiermit verkündet.

Bonn, den 23. Mai 1972

Der Bundespräsident
Heinemann

Der Bundeskanzler
Brandt

Der Bundesminister des Auswärtigen
Scheel

2. Vertrag
zwischen der Bundesrepublik Deutschland und der Volksrepublik Polen über die Grundlagen der Normalisierung ihrer gegenseitigen Beziehungen

Układ
między Republiką Federalną Niemiec a Polską Rzecząpospolitą Ludową o podstawach normalizacji ich wzajemnych stosunków

Die Bundesrepublik Deutschland
und
die Volksrepublik Polen

Republika Federalna Niemiec
i
Polska Rzeczpospolita Ludowa,

IN DER ERWÄGUNG, daß mehr als 25 Jahre seit Ende des Zweiten Weltkrieges vergangen sind, dessen erstes Opfer Polen wurde und der über die Völker Europas schweres Leid gebracht hat,

EINGEDENK DESSEN, daß in beiden Ländern inzwischen eine neue Generation herangewachsen ist, der eine friedliche Zukunft gesichert werden soll,

IN DEM WUNSCHE, dauerhafte Grundlagen für ein friedliches Zusammenleben und die Entwicklung normaler und guter Beziehungen zwischen ihnen zu schaffen,

IN DEM BESTREBEN, den Frieden und die Sicherheit in Europa zu festigen,

IN DEM BEWUSSTSEIN, daß die Unverletzlichkeit der Grenzen und die Achtung der territorialen Integrität und der Souveränität aller Staaten in Europa in ihren gegenwärtigen Grenzen eine grundlegende Bedingung für den Frieden sind,

SIND wie folgt übereingekommen:

Artikel I

(1) Die Bundesrepublik Deutschland und die Volksrepublik Polen stellen übereinstimmend fest, daß die bestehende Grenzlinie, deren Verlauf im Kapitel IX der Beschlüsse der Potsdamer Konferenz vom 2. August 1945 von der Ostsee unmittelbar westlich von Swinemünde und von dort die Oder entlang bis zur Einmündung der Lausitzer Neiße und die Lausitzer Neiße entlang bis zur Grenze mit der Tschechoslowakei festgelegt worden ist, die westliche Staatsgrenze der Volksrepublik Polen bildet.

(2) Sie bekräftigen die Unverletzlichkeit ihrer bestehenden Grenzen jetzt und in der Zukunft und verpflichten sich gegenseitig zur uneingeschränkten Achtung ihrer territorialen Integrität.

(3) Sie erklären, daß sie gegeneinander keinerlei Gebietsansprüche haben und solche auch in Zukunft nicht erheben werden.

Artikel II

(1) Die Bundesrepublik Deutschland und die Volksrepublik Polen werden sich in ihren gegenseitigen Beziehungen sowie in Fragen der Gewährleistung der Sicherheit in Europa und in der Welt von den Zielen und Grundsätzen, die in der Charta der Vereinten Nationen niedergelegt sind, leiten lassen.

(2) Demgemäß werden sie entsprechend den Artikeln 1 und 2 der Charta der Vereinten Nationen alle ihre Streitfragen ausschließlich mit friedlichen Mitteln lösen und sich in Fragen, die die europäische und internationale Sicherheit berühren, sowie in ihren gegenseitigen Beziehungen der Drohung mit Gewalt oder der Anwendung von Gewalt enthalten.

zważywszy, że ponad 25 lat minęło od zakończenia drugiej wojny światowej, której pierwszą ofiarą padła Polska i która przyniosła ciężkie cierpienia narodom Europy,

pomne tego, że w tym okresie w obu krajach wyrosło nowe pokolenie, któremu należy zapewnić pokojową przyszłość,

pragnąc stworzyć trwałe podstawy dla pokojowego współżycia oraz rozwoju normalnych i dobrych stosunków między nimi,

dążąc do umocnienia pokoju i bezpieczeństwa w Europie,

świadome, że nienaruszalność granic i poszanowanie integralności terytorialnej i suwerenności wszystkich państw w Europie w ich obecnych granicach jest podstawowym warunkiem pokoju,

uzgodniły, co następuje:

Artykuł I

1. Republika Federalna Niemiec i Polska Rzeczpospolita Ludowa zgodnie stwierdzają, że istniejąca linia graniczna, której przebieg został ustalony w rozdziale IX uchwał Konferencji Poczdamskiej z dnia 2 sierpnia 1945 roku od Morza Bałtyckiego bezpośrednio na zachód od Swinoujścia i stąd wzdłuż rzeki Odry do miejsca, gdzie wpada Nysa Łużycka, oraz wzdłuż Nysy Łużyckiej do granicy z Czechosłowacją, stanowi zachodnią granicę państwową Polskiej Rzeczypospolitej Ludowej.

2. Potwierdzają one nienaruszalność ich istniejących granic, teraz i w przyszłości, i zobowiązują się wzajemnie do bezwzględnego poszanowania ich integralności terytorialnej.

3. Oświadczają one, że nie mają żadnych roszczeń terytorialnych wobec siebie i nie będą takich roszczeń wysuwać także w przyszłości.

Artykuł II

1. Republika Federalna Niemiec i Polska Rzeczpospolita Ludowa będą kierowały się w swych wzajemnych stosunkach oraz w sprawach zapewnienia bezpieczeństwa w Europie i na świecie celami i zasadami sformułowanymi w Karcie Narodów Zjednoczonych.

2. Zgodnie z tym, stosownie do artykułów 1 i 2 Karty Narodów Zjednoczonych, będą one rozwiązywały wszystkie swe kwestie sporne wyłącznie za pomocą środków pokojowych, a w sprawach dotyczących bezpieczeństwa europejskiego i międzynarodowego, jak też w swych wzajemnych stosunkach, powstrzymają się od groźby przemocy lub stosowania przemocy.

Artikel III

(1) Die Bundesrepublik Deutschland und die Volksrepublik Polen werden weitere Schritte zur vollen Normalisierung und umfassenden Entwicklung ihrer gegenseitigen Beziehungen unternehmen, deren feste Grundlage dieser Vertrag bildet.

(2) Sie stimmen darin überein, daß eine Erweiterung ihrer Zusammenarbeit im Bereich der wirtschaftlichen, wissenschaftlichen, wissenschaftlich-technischen, kulturellen und sonstigen Beziehungen in ihrem beiderseitigen Interesse liegt.

Artikel IV

Dieser Vertrag berührt nicht die von den Parteien früher geschlossenen oder sie betreffenden zweiseitigen oder mehrseitigen internationalen Vereinbarungen.

Artikel V

Dieser Vertrag bedarf der Ratifikation und tritt am Tage des Austausches der Ratifikationsurkunden in Kraft, der in Bonn stattfinden soll.

ZU URKUND DESSEN haben die Bevollmächtigten der Vertragsparteien diesen Vertrag unterschrieben.

GESCHEHEN zu Warschau am 7. Dezember 1970 in zwei Urschriften, jede in deutscher und polnischer Sprache, wobei jeder Wortlaut gleichermaßen verbindlich ist.

Artykuł III

1. Republika Federalna Niemiec i Polska Rzeczpospolita Ludowa będą podejmować dalsze kroki zmierzające do pełnej normalizacji i wszechstronnego rozwoju swych wzajemnych stosunków, których trwałą podstawę będzie stanowić niniejszy Układ.

2. Są one zgodne co do tego, że we wspólnym ich interesie leży rozszerzenie ich współpracy w zakresie stosunków gospodarczych, naukowych, naukowo-technicznych, kulturalnych i innych.

Artykuł IV

Niniejszy Układ nie dotyczy wcześniej zawartych przez Strony lub ich dotyczących dwustronnych lub wielostronnych umów międzynarodowych.

Artykuł V

Układ niniejszy podlega ratyfikacji i wejdzie w życie w dniu wymiany dokumentów ratyfikacyjnych, która nastąpi w Bonn.

Na dowód czego, Pełnomocnicy Umawiających się Stron podpisali niniejszy Układ.

Układ niniejszy sporządzono w Warszawie, dnia 7 grudnia 1970 r. w dwóch egzemplarzach, każdy w językach niemieckim i polskim, przy czym oba teksty są jednakowo autentyczne.

Für die Bundesrepublik Deutschland

W imieniu
Republiki Federalnej Niemiec

Willy B r a n d t
Walter S c h e e l

Für die Volksrepublik Polen

W imieniu
Polskiej Rzeczypospolitej Ludowej

J. C y r a n k i e w i c z
St. J ę d r y c h o w s k i

3. **Note der Bundesregierung an die drei Westmächte**

Den Botschaften der drei Westmächte in Bonn wurden am 19. November 1970 nach der am 18. November erfolgten Paraphierung des Vertrages zwischen der Bundesrepublik Deutschland und der Volksrepublik Polen gleichlautende Verbalnoten übermittelt.

Nachstehend der Text der Verbalnote an die Botschaft des Vereinigten Königreichs Großbritannien und Nordirland:

AUSWÄRTIGES AMT

An die
Königlich Britische Botschaft
B o n n

Das Auswärtige Amt hat die Ehre, der Königlich Britischen Botschaft anliegend eine Note der Regierung der Bundesrepublik Deutschland vom heutigen Tage an die Regierung des Vereinigten Königreichs Großbritannien und Nordirland zu übermitteln.

Das Auswärtige Amt benutzt diesen Anlaß, die Königlich Britische Botschaft erneut seiner ausgezeichneten Hochachtung zu versichern.

Bonn, den 19. November 1970

Note

Die Regierung der Bundesrepublik Deutschland beehrt sich, der Regierung des Vereinigten Königreichs Großbritannien und Nordirland den anliegenden Wortlaut eines Vertrages über die Grundlagen der Normalisierung ihrer gegenseitigen Beziehungen zwischen der Bundesrepublik Deutschland und der Volksrepublik Polen zur Kenntnis zu bringen, der am 18. November in Warschau paraphiert worden ist.

Im Laufe der Verhandlungen, die zwischen der Regierung der Bundesrepublik Deutschland und der Regierung der Volksrepublik Polen über diesen Vertrag geführt worden sind, ist von der Bundesregierung klargestellt worden, daß der Vertrag zwischen der Bundesrepublik Deutschland und der Volksrepublik Polen die Rechte und Verantwortlichkeiten der Französischen Republik, des Vereinigten Königreichs Großbritannien und Nordirland, der Union der Sozialistischen Sowjetrepubliken und der Vereinigten Staaten von Amerika, wie sie in den bekannten Verträgen und Vereinbarungen ihren Niederschlag gefunden haben, nicht berührt und nicht berühren kann. Die Bundesregierung hat ferner darauf hingewiesen, daß sie nur im Namen der Bundesrepublik Deutschland handeln kann.

Die Regierung der Französischen Republik und die Regierung der Vereinigten Staaten von Amerika haben gleichlautende Noten erhalten.

Bonn, den 19. November 1970

Antwortnoten der drei Westmächte

Die Regierungen der drei Westmächte haben der Bundesregierung am 19. November 1970 in Bonn als Antwort gleichlautende Noten übergeben. Nachstehend folgen die Texte der Noten und die Übersetzung der Note der Regierung des Vereinigten Königreichs Großbritannien und Nordirland.

Französische Note

AMBASSADE DE FRANCE
BONN, le 19 novembre 1970

L'Ambassade de France présente ses compliments au Ministère fédéral des Affaires Etrangères et a l'honneur, sur instruction de son gouvernement, de lui faire la communication ci-jointe.

L'Ambassade de France saisit cette occasion pour renouveler au Ministère Fédéral des Affaires Etrangères les assurances de sa très haute considération.

Ministère fédéral des Affaires Etrangères
BONN

Le Gouvernement français a l'honneur d'accuser réception de la note du Gouvernement de la République fédérale d'Allemagne en date du 19 novembre 1970 contenant le texte du traité entre la République fédérale d'Allemagne et la République Populaire de Pologne sur les fondements de la normalisation de leurs relations mutuelles, qui a été paraphé à Varsovie le 18 novembre. Cette note est ainsi rédigée:

«Le Gouvernement de la République fédérale d'Allemagne a l'honneur de porter à la connaissance du Gouvernement français le texte ci-joint d'un traité entre la République fédérale d'Allemagne et la République Populaire de Pologne sur les fondements de la normalisation de leurs relations mutuelles, qui a été paraphé à Varsovie le 18 novembre.

Au cours des négociations menées en vue de ce traité par les Governements de la République fédérale d'Allemagne et de la République Populaire de Pologne, le Gouvernement fédéral a clairement indiqué que le traité entre la République fédérale d'Allemagne et la République Populaire de Pologne n'affecte pas et ne saurait affecter les droits et responsabilités de la République française, du Royaume-Uni de Grande-Bretagne et d'Irlande du Nord, de l'Union des Républiques socialistes soviétiques et des Etats-Unis d'Amérique, tels qu'ils s'expriment dans les traités et accords que l'on sait. Le gouvernement fédéral a de plus attiré l'attention sur le fait qu'il ne peut traiter qu'au nom de la RFA.

Les Gouvernements des Etats-Unis d'Amérique et du Royaume-Uni de Grande-Bretagne et d'Irlande du Nord ont reçu des notes identiques.»

Le Gouvernement français prend note avec satisfaction du paraphe de ce traité. Il considère lui aussi que le traité n'affecte pas et ne saurait affecter les droits et responsabilités des quatre Puissances, tels qu'ils s'expriment dans les traités et accords que l'on sait.

Bonn, le 19 novembre 1970

Amerikanische Note

The Embassy of the United States of America presents its compliments to the Federal Ministry for Foreign Affairs and on behalf of the Government of the United States of America has the honor to transmit the enclosed Note Verbale.

The Embassy avails itself of this opportunity to renew to the Ministry the assurances of its highest consideration.

Embassy of the United States of America
Bonn-Bad Godesberg, November 19, 1970

The Government of the United States of America has the honor to inform the Government of the Federal Republic of Germany that it has received the Note of the Government of the Federal Republic of Germany of November 19, 1970, enclosing the text of the Treaty between the Federal Republic of Germany and the People's Republic of Poland, concerning the Basis for Normalizing their Mutual Relations, which was initialed on November 18, 1970 in Warsaw and reading as follows:

"The Government of the Federal Republic of Germany has the honor to inform the Government of the United States of America of the attached text of a Treaty between the Federal Republic of Germany and the People's Republic of Poland, concerning the Basis for Normalizing their Mutual Relations, which was initialed on November 18, 1970 in Warsaw.

In the course of the negotiations which took place between the Government of the Federal Republic of Germany and the Government of the People's Republic of Poland concerning this Treaty, it was made clear by the Federal Government that the Treaty between the Federal Republic of Germany and the People's Republic of Poland does not and cannot affect the rights and resposibilities of the French Republic, the United Kingdom of Great Britain and Northern Ireland, the Union of Soviet Socialist Republics and the United States of America as reflected in the known treaties and agreements. The Federal Government further pointed out that it can act only in the name of the Federal Republic of Germany.

The Government of the French Republic and the Government of the United Kingdom have received identical notes."

The Government of the United States of America notes with approval the initialing of the Treaty. It shares the position that the Treaty does not and cannot affect the rights and responsibilities of the Four Powers as reflected in the known treaties and agreements.

November 19, 1970

Britische Note

Her Britannic Majesty's Embassy present their compliments to the Federal Ministry for Foreign Affairs and, on the instructions of Her Majesty's Principal Secretary of State for Foreign and Commonwealth Affairs, have the honour to transmit the enclosed Note Verbale.

Her Britannic Majesty's Embassy avail themselves of this opportunity to renew to the Ministry the assurance of their highest consideration.

British Embassy,
BONN.
19 November, 1970.

Her Majesty's Government in the United Kingdom have the honour to inform the Government of the Federal Republic of Germany that they have received the Note of the Government of the Federal Republic of Germany of the 19th of November, 1970, enclosing the text of the Treaty between the Federal Republic of Germany and the People's Republic of Poland concerning the Basis for Normalising their Mutual Relations, which was initialled on the 18th of November, 1970 in Warsaw and reading as follows:

"The Government of the Federal Republic of Germany has the honour to inform the Government of the United Kingdom of Great Britain and Northern Ireland of the attached text of a Treaty between the Federal Republic of Germany and the People's Republic of Poland concerning the Basis for Normalising their Mutual Relations, which was initialled on the 18th of November, 1970 in Warsaw.

In the course of the negotiations which took place between the Government of the Federal Republic of Germany and the Government of the People's Republic of Poland concerning this Treaty, it was made clear by the Federal Government that the Treaty between the Federal Republic of Germany and the People's Republic of Poland does not and cannot affect the rights and responsibilities of the French Republic, the United Kingdom of Great Britain and Northern Ireland, the Union of Soviet Socialist Republics and the United States of America as reflected in the known treaties and agreements. The Federal Government further pointed out that it can act only in the name of the Federal Republic of Germany.

The Government of the French Republic and the Government of the United States of America have received identical Notes."

Her Majesty's Government note with approval the initialling of the Treaty. They share the position that the Treaty does not and cannot affect the rights and responsibilities of the Four Powers as reflected in the known treaties and agreements.

19 November, 1970.

Übersetzung der britischen Note

Die Botschaft Ihrer Britischen Majestät begrüßt das Auswärtige Amt und beehrt sich, gemäß den Weisungen Ihrer Majestät Minister des Auswärtigen und der Angelegenheiten des Commonwealth die anliegende Verbalnote zu übermitteln.

Die Botschaft Ihrer Britischen Majestät benutzt diese Gelegenheit, das Auswärtige Amt erneut ihrer ausgezeichneten Hochachtung zu versichern.

Bonn, den 19. November 1970

Ihrer Majestät Regierung im Vereinigten Königreich beehrt sich, der Regierung der Bundesrepublik Deutschland mitzuteilen, daß sie die Note der Regierung der Bundesrepublik Deutschland vom 19. November erhalten hat, der der Text des Vertrages über die Grundlage der Normalisierung ihrer gegenseitigen Beziehungen zwischen der Bundesrepublik Deutschland und der Volksrepublik Polen beigefügt ist, der am 18. November 1970 in Warschau paraphiert wurde, und die folgenden Wortlaut hat:

„Die Regierung der Bundesrepublik Deutschland beehrt sich, der Regierung des Vereinigten Königreichs Großbritannien und Nordirland den anliegenden Wortlaut eines Vertrages über die Grundlagen der Normalisierung ihrer gegenseitigen Beziehungen zwischen der Bundesrepublik Deutschland und der Volksrepublik Polen zur Kenntnis zu bringen, der am 18. November in Warschau paraphiert worden ist.

Im Laufe der Verhandlungen, die zwischen der Regierung der Bundesrepublik Deutschland und der Regierung der Volksrepublik Polen über diesen Vertrag geführt worden sind, ist von der Bundesregierung klargestellt worden, daß der Vertrag zwischen der Bundesrepublik Deutschland und der Volksrepublik Polen die Rechte und Verantwortlichkeiten der Französischen Republik, des Vereinigten Königreichs Großbritannien und Nordirland, der Union der Sozialistischen Sowjetrepubliken und der Vereinigten Staaten von Amerika, wie sie in den be-kannten Verträgen und Vereinbarungen ihren Niederschlag gefunden haben, nicht berührt und nicht berühren kann. Die Bundesregierung hat ferner darauf hingewiesen, daß sie nur im Namen der Bundesrepublik Deutschland handeln kann.

Die Regierung der Französischen Republik und die Regierung der Vereinigten Staaten von Amerika haben gleichlautende Noten erhalten."

Die Regierung Ihrer Majestät nimmt von der Paraphierung des Vertrages zustimmend Kenntnis. Sie teilt die Auffassung, daß der Vertrag die Rechte und Verantwortlichkeiten der Vier Mächte, wie sie in den bekannten Verträgen und Vereinbarungen ihren Niederschlag gefunden haben, nicht berührt und nicht berühren kann.

19. November 1970

Quelle: Bundesgesetzblatt Teil II, 1972, Seite 361–368.

XV.

Grundlagenvertrag zwischen der Bundesrepublik und der DDR
vom 21. Dezember 1972 mit Begleitdokumenten

1.

Gesetz
zu dem Vertrag vom 21. Dezember 1972
zwischen der Bundesrepublik Deutschland
und der Deutschen Demokratischen Republik
über die Grundlagen der Beziehungen
zwischen der Bundesrepublik Deutschland
und der Deutschen Demokratischen Republik

Vom 6. Juni 1973

Der Bundestag hat das folgende Gesetz beschlossen:

Artikel 1

Dem am 21. Dezember 1972 unterzeichneten Vertrag über die Grundlagen der Beziehungen zwischen der Bundesrepublik Deutschland und der Deutschen Demokratischen Republik einschließlich

— des dazugehörigen Briefes der Regierung der Bundesrepublik Deutschland zur deutschen Einheit an die Regierung der Deutschen Demokratischen Republik vom 21. Dezember 1972,

— des Zusatzprotokolls zum Vertrag,

— des Protokollvermerks zu Vermögensfragen,

— des Vorbehalts zu Staatsangehörigkeitsfragen durch die Bundesrepublik Deutschland,

— des Briefwechsels vom 21. Dezember 1972 zur Familienzusammenführung, zu Reiseerleichterungen und Verbesserungen des nichtkommerziellen Warenverkehrs,

— des Briefwechsels vom 21. Dezember 1972 zur Öffnung weiterer Grenzübergangsstellen,

— des Briefwechsels vom 21. Dezember 1972 mit dem Wortlaut der Noten der Regierung der Bundesrepublik Deutschland an die Regierungen der Französischen Republik, des Vereinigten Königreichs Großbritannien und Nordirland und der Vereinigten Staaten von Amerika und der Note der Regierung der Deutschen Demokratischen Republik an die Regierung der Union der Sozialistischen Sowjetrepubliken zu Artikel 9 des Vertrages,

— der Erklärungen in bezug auf Berlin (West),

wird zugestimmt. Der Vertrag, der Brief, das Zusatzprotokoll, der Protokollvermerk, der Vorbehalt, die Briefwechsel und die Erklärungen werden nachstehend veröffentlicht.

Artikel 2

Dieses Gesetz gilt, soweit sich die Regelungen des Vertragswerkes auf das Land Berlin beziehen, auch im Land Berlin, sofern das Land Berlin die Anwendung dieses Gesetzes feststellt.

Artikel 3

(1) Dieses Gesetz tritt am Tage nach seiner Verkündung in Kraft.

(2) Der Tag, an dem der Vertrag nach seinem Artikel 10 in Kraft tritt, ist im Bundesgesetzblatt bekanntzugeben.

————

Die verfassungsmäßigen Rechte des Bundesrates sind gewahrt.

Das vorstehende Gesetz wird hiermit verkündet.

Bonn, den 6. Juni 1973

Der Bundespräsident
Heinemann

Der Bundeskanzler
Brandt

Der Bundesminister des Innern
Hans-Dietrich Genscher

Der Bundesminister der Justiz
Gerhard Jahn

Der Bundesminister
für innerdeutsche Beziehungen
E. Franke

2.

Vertrag
über die Grundlagen der Beziehungen zwischen der Bundesrepublik Deutschland und der Deutschen Demokratischen Republik

Die Hohen Vertragschließenden Seiten

eingedenk ihrer Verantwortung für die Erhaltung des Friedens,

in dem Bestreben, einen Beitrag zur Entspannung und Sicherheit in Europa zu leisten,

in dem Bewußtsein, daß die Unverletzlichkeit der Grenzen und die Achtung der territorialen Integrität und der Souveränität aller Staaten in Europa in ihren gegenwärtigen Grenzen eine grundlegende Bedingung für den Frieden sind,

in der Erkenntnis, daß sich daher die beiden deutschen Staaten in ihren Beziehungen der Androhung oder Anwendung von Gewalt zu enthalten haben,

ausgehend von den historischen Gegebenheiten und unbeschadet der unterschiedlichen Auffassungen der Bundesrepublik Deutschland und der Deutschen Demokratischen Republik zu grundsätzlichen Fragen, darunter zur nationalen Frage,

geleitet von dem Wunsch, zum Wohle der Menschen in den beiden deutschen Staaten die Voraussetzungen für die Zusammenarbeit zwischen der Bundesrepublik Deutschland und der Deutschen Demokratischen Republik zu schaffen,

sind wie folgt übereingekommen:

Artikel 1

Die Bundesrepublik Deutschland und die Deutsche Demokratische Republik entwickeln normale gutnachbarliche Beziehungen zueinander auf der Grundlage der Gleichberechtigung.

Artikel 2

Die Bundesrepublik Deutschland und die Deutsche Demokratische Republik werden sich von den Zielen und Prinzipien leiten lassen, die in der Charta der Vereinten Nationen niedergelegt sind, insbesondere der souveränen Gleichheit aller Staaten, der Achtung der Unabhängigkeit, Selbständigkeit und territorialen Integrität, dem Selbstbestimmungsrecht, der Wahrung der Menschenrechte und der Nichtdiskriminierung.

Artikel 3

Entsprechend der Charta der Vereinten Nationen werden die Bundesrepublik Deutschland und die Deutsche Demokratische Republik ihre Streitfragen ausschließlich mit friedlichen Mitteln lösen und sich der Drohung mit Gewalt oder der Anwendung von Gewalt enthalten.

Sie bekräftigen die Unverletzlichkeit der zwischen ihnen bestehenden Grenze jetzt und in der Zukunft und verpflichten sich zur uneingeschränkten Achtung ihrer territorialen Integrität.

Artikel 4

Die Bundesrepublik Deutschland und die Deutsche Demokratische Republik gehen davon aus, daß keiner der beiden Staaten den anderen international vertreten oder in seinem Namen handeln kann.

Artikel 5

Die Bundesrepublik Deutschland und die Deutsche Demokratische Republik werden friedliche Beziehungen zwischen den europäischen Staaten fördern und zur Sicherheit und Zusammenarbeit in Europa beitragen. Sie unterstützen die Bemühungen um eine Verminderung der Streitkräfte und Rüstungen in Europa, ohne daß dadurch Nachteile für die Sicherheit der Beteiligten entstehen dürfen.

Die Bundesrepublik Deutschland und die Deutsche Demokratische Republik werden mit dem Ziel einer allgemeinen und vollständigen Abrüstung unter wirksamer internationaler Kontrolle der internationalen Sicherheit dienende Bemühungen um Rüstungsbegrenzung und Abrüstung, insbesondere auf dem Gebiet der Kernwaffen und anderer Massenvernichtungswaffen, unterstützen.

Artikel 6

Die Bundesrepublik Deutschland und die Deutsche Demokratische Republik gehen von dem Grundsatz aus, daß die Hoheitsgewalt jedes der beiden Staaten sich auf sein Staatsgebiet beschränkt. Sie respektieren die Unabhängigkeit und Selbständigkeit jedes der beiden Staaten in seinen inneren und äußeren Angelegenheiten.

Artikel 7

Die Bundesrepublik Deutschland und die Deutsche Demokratische Republik erklären ihre Bereitschaft, im Zuge der Normalisierung ihrer Beziehungen praktische und humanitäre Fragen zu regeln. Sie werden Abkommen schließen, um auf der Grundlage dieses Vertrages und zum beiderseitigen Vorteil die Zusammenarbeit auf dem Gebiet der Wirtschaft, der Wissenschaft und Technik, des Verkehrs, des Rechtsverkehrs, des Post- und Fernmeldewesens, des Gesundheitswesens, der Kultur, des Sports, des Umweltschutzes und auf anderen Gebieten zu entwickeln und zu fördern. Einzelheiten sind in dem Zusatzprotokoll geregelt.

Artikel 8

Die Bundesrepublik Deutschland und die Deutsche Demokratische Republik werden ständige Vertretungen austauschen. Sie werden am Sitz der jeweiligen Regierung errichtet.

Die praktischen Fragen, die mit der Einrichtung der Vertretungen zusammenhängen, werden zusätzlich geregelt.

Artikel 9

Die Bundesrepublik Deutschland und die Deutsche Demokratische Republik stimmen darin überein, daß durch diesen Vertrag die von ihnen früher abgeschlossenen oder sie betreffenden zweiseitigen und mehrseitigen internationalen Verträge und Vereinbarungen nicht berührt werden.

Artikel 10

Dieser Vertrag bedarf der Ratifikation und tritt am Tage nach dem Austausch entsprechender Noten in Kraft.

ZU URKUND DESSEN haben die Bevollmächtigten der Hohen Vertragschließenden Seiten diesen Vertrag unterzeichnet.

GESCHEHEN in Berlin am 21. Dezember 1972 in zwei Urschriften in deutscher Sprache.

Für die Bundesrepublik Deutschland

Egon B a h r

Für die Deutsche Demokratische Republik

Michael K o h l

3.

**Brief
der Regierung der Bundesrepublik Deutschland zur deutschen Einheit
an die Regierung der Deutschen Demokratischen Republik
vom 21. Dezember 1972**

Bundesminister für besondere Aufgaben
beim Bundeskanzler

Bonn, den 21. Dezember 1972

An den
Staatssekretär beim Ministerrat
der Deutschen Demokratischen Republik
Herrn Dr. Michael K o h l
B e r l i n

Sehr geehrter Herr Kohl!

Im Zusammenhang mit der heutigen Unterzeichnung des Vertrages über die Grundlagen der Beziehungen zwischen der Bundesrepublik Deutschland und der Deutschen Demokratischen Republik beehrt sich die Regierung der Bundesrepublik Deutschland festzustellen, daß dieser Vertrag nicht im Widerspruch zu dem politischen Ziel der Bundesrepublik Deutschland steht, auf einen Zustand des Friedens in Europa hinzuwirken, in dem das deutsche Volk in freier Selbstbestimmung seine Einheit wiedererlangt.

Mit vorzüglicher Hochachtung

B a h r

4.

**Zusatzprotokoll
zum Vertrag über die Grundlagen der Beziehungen
zwischen der Bundesrepublik Deutschland
und der Deutschen Demokratischen Republik**

I

Zu Artikel 3:

Die Bundesrepublik Deutschland und die Deutsche Demokratische Republik kommen überein, eine Kommission aus Beauftragten der Regierungen beider Staaten zu bilden. Sie wird die Markierung der zwischen den beiden Staaten bestehenden Grenze überprüfen und, soweit erforderlich, erneuern oder ergänzen sowie die erforderlichen Dokumentationen über den Grenzverlauf erarbeiten. Gleichermaßen wird sie zur Regelung sonstiger mit dem Grenzverlauf im Zusammenhang stehender Probleme, zum Beispiel der Wasserwirtschaft, der Energieversorgung und der Schadensbekämpfung, beitragen.

Die Kommission nimmt nach Unterzeichnung des Vertrages ihre Arbeit auf.

II

Zu Artikel 7:

1. Der Handel zwischen der Bundesrepublik Deutschland und der Deutschen Demokratischen Republik wird auf der Grundlage der bestehenden Abkommen entwickelt.

Die Bundesrepublik Deutschland und die Deutsche Demokratische Republik werden langfristige Vereinbarungen mit dem Ziel abschließen, eine kontinuierliche Entwicklung der wirtschaftlichen Beziehungen zu fördern, überholte Regelungen anzupassen und die Struktur des Handels zu verbessern.

2. Die Bundesrepublik Deutschland und die Deutsche Demokratische Republik bekunden ihren Willen, zum beiderseitigen Nutzen die Zusammenarbeit auf den Gebieten der Wissenschaft und Technik zu entwickeln und die hierzu erforderlichen Verträge abzuschließen.

3. Die mit dem Vertrag vom 26. Mai 1972 begonnene Zusammenarbeit auf dem Gebiet des Verkehrs wird erweitert und vertieft.

4. Die Bundesrepublik Deutschland und die Deutsche Demokratische Republik erklären ihre Bereitschaft, im Interesse der Rechtsuchenden den Rechtsverkehr, insbesondere in den Bereichen des Zivil- und des Strafrechts, vertraglich so einfach und zweckmäßig wie möglich zu regeln.

5. Die Bundesrepublik Deutschland und die Deutsche Demokratische Republik stimmen überein, auf der Grundlage der Satzung des Weltpostvereins und des Internationalen Fernmeldevertrages ein Post- und Fernmeldeabkommen abzuschließen. Sie werden dieses Abkommen dem Weltpostverein (UPU) und der Internationalen Fernmelde-Union (UIT) notifizieren.

In dieses Abkommen werden die bestehenden Vereinbarungen und die für beide Seiten vorteilhaften Verfahren übernommen werden.

6. Die Bundesrepublik Deutschland und die Deutsche Demokratische Republik erklären ihr Interesse an einer Zusammenarbeit auf dem Gebiet des Gesundheitswesens. Sie stimmen überein, daß in dem entsprechenden Vertrag auch der Austausch von Medikamenten sowie die Behandlung in Spezialkliniken und Kuranstalten im Rahmen der gegebenen Möglichkeiten geregelt werden.

7. Die Bundesrepublik Deutschland und die Deutsche Demokratische Republik beabsichtigen, die kulturelle Zusammenarbeit zu entwickeln. Zu diesem Zweck werden sie Verhandlungen über den Abschluß von Regierungsabkommen aufnehmen.

8. Die Bundesrepublik Deutschland und die Deutsche Demokratische Republik bekräftigen ihre Bereitschaft, nach Unterzeichnung des Vertrages die zuständigen Sportorganisationen bei den Absprachen zur Förderung der Sportbeziehungen zu unterstützen.

9. Auf dem Gebiet des Umweltschutzes sollen zwischen der Bundesrepublik Deutschland und der Deutschen Demokratischen Republik Vereinbarungen geschlossen werden, um zur Abwendung von Schäden und Gefahren für die jeweils andere Seite beizutragen.

10. Die Bundesrepublik Deutschland und die Deutsche Demokratische Republik werden Verhandlungen mit dem Ziel führen, den gegenseitigen Bezug von Büchern, Zeitschriften, Rundfunk- und Fernsehproduktionen zu erweitern.

11. Die Bundesrepublik Deutschland und die Deutsche Demokratische Republik werden im Interesse der beteiligten Menschen Verhandlungen zur Regelung des nichtkommerziellen Zahlungs- und Verrechnungsverkehrs aufnehmen. Dabei werden sie im gegenseitigen Interesse vorrangig für den kurzfristigen Abschluß von Vereinbarungen unter sozialen Gesichtspunkten Sorge tragen.

5.
Protokollvermerk zum Vertrag

Wegen der unterschiedlichen Rechtspositionen zu Vermögensfragen konnten diese durch den Vertrag nicht geregelt werden.

Vorbehalt zu Staatsangehörigkeitsfragen durch die Bundesrepublik Deutschland

Die Bundesrepublik Deutschland erklärt:
„Staatsangehörigkeitsfragen sind durch den Vertrag nicht geregelt worden."

6.
Briefwechsel vom 21. Dezember 1972
zur Familienzusammenführung, zu Reiseerleichterungen und Verbesserungen des nichtkommerziellen Warenverkehrs

Staatssekretär beim Ministerrat
der Deutschen Demokratischen Republik

Berlin, den 21. Dezember 1972

Bundesminister für besondere Aufgaben
beim Bundeskanzler
Herrn Egon B a h r
B o n n

Bundeskanzleramt der
Bundesrepublik Deutschland

Sehr geehrter Herr Bahr!

Anläßlich der heute erfolgten Unterzeichnung des Vertrages über die Grundlagen der Beziehungen zwischen der Deutschen Demokratischen Republik und der Bundesrepublik Deutschland habe ich die Ehre, Ihnen folgendes mitzuteilen:

Bundesminister für besondere Aufgaben
beim Bundeskanzler

Bonn, den 21. Dezember 1972

An den
Staatssekretär
beim Ministerrat der
Deutschen Demokratischen Republik
Herrn Dr. Michael K o h l
B e r l i n

Sehr geehrter Herr Kohl!

Ich habe die Ehre, den Empfang Ihres Schreibens vom heutigen Tage zu bestätigen, das folgenden Wortlaut hat:

„Anläßlich der heute erfolgten Unterzeichnung des Vertrages über die Grundlagen der Beziehungen zwischen der Deutschen Demokratischen Republik und der Bundesrepublik Deutschland habe ich die Ehre, Ihnen folgendes mitzuteilen:

Die Regierung der Deutschen Demokratischen Republik wird im Zuge der Normalisierung der Beziehungen nach Inkrafttreten des Vertrages Schritte zur Regelung von Fragen auf folgenden Gebieten unternehmen:

1. Lösung von Problemen, die sich aus der Trennung von Familien ergeben.

2. In Fortführung des Briefwechsels vom 26. Mai 1972 Maßnahmen zur weiteren Verbesserung des grenzüberschreitenden Reise- und Besucherverkehrs einschließlich des Tourismus.

3. Verbesserung des nichtkommerziellen Warenverkehrs zwischen der Deutschen Demokratischen Republik und der Bundesrepublik Deutschland:

— Weitere Erleichterungen des grenzüberschreitenden Geschenkpaket- und -päckchenverkehrs;

— weitere Erleichterung des Mitführens nichtkommerzieller Güter im grenzüberschreitenden Reise- und Besucherverkehr;

— entsprechende Überprüfung der bestehenden Ein- und Ausfuhrbestimmungen;

— Vereinfachung des Genehmigungsverfahrens für Umzugs- und Erbschaftsgut.

Mit vorzüglicher Hochachtung

Dr. Kohl

Die Regierung der Deutschen Demokratischen Republik wird im Zuge der Normalisierung der Beziehungen nach Inkrafttreten des Vertrages Schritte zur Regelung von Fragen auf folgenden Gebieten unternehmen:

1. Lösung von Problemen, die sich aus der Trennung von Familien ergeben.

2. In Fortführung des Briefwechsels vom 26. Mai 1972 Maßnahmen zur weiteren Verbesserung des grenzüberschreitenden Reise- und Besucherverkehrs einschließlich des Tourismus.

3. Verbesserung des nichtkommerziellen Warenverkehrs zwischen der Deutschen Demokratischen Republik und der Bundesrepublik Deutschland:

— Weitere Erleichterungen des grenzüberschreitenden Geschenkpaket- und -päckchenverkehrs;

— weitere Erleichterung des Mitführens nichtkommerzieller Güter im grenzüberschreitenden Reise- und Besucherverkehr;

— entsprechende Überprüfung der bestehenden Ein- und Ausfuhrbestimmungen;

— Vereinfachung des Genehmigungsverfahrens für Umzugs- und Erbschaftsgut."

Mit vorzüglicher Hochachtung

Bahr

---

7. Briefwechsel vom 21. Dezember 1972 zur Öffnung weiterer Grenzübergangsstellen

Staatssekretär beim Ministerrat
der Deutschen Demokratischen Republik

Berlin, den 21. Dezember 1972

Bundesminister für besondere Aufgaben
beim Bundeskanzler
Herrn Egon Bahr
Bonn

Bundeskanzleramt der
Bundesrepublik Deutschland

Sehr geehrter Herr Bahr!

Ich beehre mich, Ihnen folgendes mitzuteilen:

Die Deutsche Demokratische Republik wird zum Zeitpunkt des Inkrafttretens des Vertrages über die Grundlagen der Beziehungen folgende Straßengrenzübergangsstellen an der Grenze zur Bundesrepublik Deutschland für den Personenverkehr öffnen:

— Salzwedel
— Worbis
— Meiningen
— Eisfeld

Mit vorzüglicher Hochachtung

Dr. Kohl

Bundesminister für besondere Aufgaben
beim Bundeskanzler

Bonn, den 21. Dezember 1972

An den
Staatssekretär beim Ministerrat
der Deutschen Demokratischen Republik
Herrn Dr. Michael Kohl
Berlin

Sehr geehrter Herr Kohl!

Unter Bezugnahme auf Ihr Schreiben vom 21. Dezember 1972 beehre ich mich, Ihnen folgendes mitzuteilen:

Die Bundesrepublik Deutschland wird zum Zeitpunkt des Inkrafttretens des Vertrages über die Grundlagen der Beziehungen folgende den von Ihnen mitgeteilten Straßengrenzübergangsstellen entsprechende Übergangsstellen für den Personenverkehr öffnen:

— Uelzen
— Duderstadt
— Bad Neustadt (Saale)
— Coburg

Mit vorzüglicher Hochachtung

Bahr

8. ## Briefwechsel vom 21. Dezember 1972
mit dem Wortlaut der Noten der Regierung der Bundesrepublik Deutschland
und der Regierung der Deutschen Demokratischen Republik
zu Artikel 9 des Vertrages

Bundesminister für besondere Aufgaben
beim Bundeskanzler

Bonn, den 21. Dezember 1972

An den
Staatssekretär beim Ministerrat
der Deutschen Demokratischen Republik
Herrn Dr. Michael K o h l
B e r l i n

Sehr geehrter Herr Kohl!

Ich beehre mich, Ihnen mitzuteilen, daß das Auswärtige Amt den Botschaftern der Französischen Republik, des Vereinigten Königreichs von Großbritannien und Nordirland und der Vereinigten Staaten von Amerika in der Bundesrepublik Deutschland heute folgenden Text in einer Note übermitteln wird:

„Die Bundesrepublik Deutschland und die Deutsche Demokratische Republik stellen unter Bezugnahme auf Artikel 9 des Vertrages über die Grundlagen der Beziehungen vom 21. Dezember 1972 fest, daß die Rechte und Verantwortlichkeiten der Vier Mächte und die entsprechenden diesbezüglichen vierseitigen Vereinbarungen, Beschlüsse und Praktiken durch diesen Vertrag nicht berührt werden können."

Mit vorzüglicher Hochachtung

B a h r

Staatssekretär beim Ministerrat
der Deutschen Demokratischen Republik

Berlin, den 21. Dezember 1972

Bundesminister für besondere Aufgaben
beim Bundeskanzler
Herrn Egon B a h r
B o n n

Bundeskanzleramt der
Bundesrepublik Deutschland

Sehr geehrter Herr Bahr!

Ich beehre mich, Ihnen mitzuteilen, daß das Ministerium für Auswärtige Angelegenheiten dem Botschafter der Union der Sozialistischen Sowjetrepubliken in der Deutschen Demokratischen Republik heute folgenden Text in einer Note übermitteln wird:

„Die Deutsche Demokratische Republik und die Bundesrepublik Deutschland stellen unter Bezugnahme auf Artikel 9 des Vertrages über die Grundlagen der Beziehungen vom 21. Dezember 1972 fest, daß die Rechte und Verantwortlichkeiten der vier Mächte und die entsprechenden diesbezüglichen vierseitigen Vereinbarungen, Beschlüsse und Praktiken durch diesen Vertrag nicht berührt werden können."

Mit vorzüglicher Hochachtung

Dr. K o h l

Erklärungen beider Seiten
in bezug auf Berlin (West)

Es besteht Einvernehmen, daß die Ausdehnung von Abkommen und Regelungen, die im Zusatzprotokoll zu Artikel 7 vorgesehen sind, in Übereinstimmung mit dem Viermächte-Abkommen vom 3. September 1971 auf Berlin (West) im jeweiligen Fall vereinbart werden kann.

Die ständige Vertretung der Bundesrepublik Deutschland in der Deutschen Demokratischen Republik wird in Übereinstimmung mit dem Viermächte-Abkommen vom 3. September 1971 die Interessen von Berlin (West) vertreten.

Vereinbarungen zwischen der Deutschen Demokratischen Republik und dem Senat bleiben unberührt.

Quelle: Bundesgesetzblatt Teil II, 1973, Seite 421–429.

XVI

Urteil des Bundesverfassungsgerichts

vom 31. Juli 1973

im Verfahren zur verfassungsrechtlichen Prüfung des Gesetzes zum Vertrag vom 21. Dezember 1972 zwischen der Bundesrepublik Deutschland und der Deutschen Demokratischen Republik über die Grundlagen der Beziehungen zwischen der Bundesrepublik Deutschland und der Deutschen Demokratischen Republik vom 6. Juni 1973

Leitsätze
zum Urteil des Zweiten Senats vom 31. Juli 1973

1. Art. 59 Abs. 2 GG verlangt für alle Verträge, die die politischen Beziehungen des Bundes regeln oder sich auf Gegenstände der Bundesgesetzgebung beziehen, die parlamentarische Kontrolle in der Form des Zustimmungsgesetzes, gleichgültig, ob der als Vertragspartner beteiligte Staat nach dem Recht des Grundgesetzes Ausland ist oder nicht.

2. Der Grundsatz des judicial self-restraint zielt darauf ab, den von der Verfassung für die anderen Verfassungsorgane garantierten Raum freier politischer Gestaltung offenzuhalten.

3. Mit der Entscheidung des Grundgesetzes für eine umfassende Verfassungsgerichtsbarkeit ist es unvereinbar, daß die Exekutive ein beim Bundesverfassungsgericht anhängiges Verfahren überspielt.

Ergibt sich, wie in diesem Fall, ausnahmsweise einmal eine Lage, in der das Inkrafttreten eines Vertrags vor Abschluß des verfassungsgerichtlichen Verfahrens nach Auffassung der Exekutive unabweisbar geboten erscheint, so haben die dafür verantwortlichen Verfassungsorgane für die sich daraus möglicherweise ergebenden Folgen einzustehen.

4. Aus dem Wiedervereinigungsgebot folgt: Kein Verfassungsorgan der Bundesrepublik Deutschland darf die Wiederherstellung der staatlichen Einheit als politisches Ziel aufgeben, alle Verfassungsorgane sind verpflichtet, in ihrer Politik auf die Erreichung dieses Zieles hinzuwirken — das schließt die Forderung ein, den Wiedervereinigungsanspruch im Inneren wachzuhalten und nach Außen beharrlich zu vertreten — und alles zu unterlassen, was die Wiedervereinigung vereiteln würde.

5. Die Verfassung verbietet, daß die Bundesrepublik Deutschland auf einen Rechtstitel aus dem Grundgesetz verzichtet, mittels dessen sie in Richtung auf Verwirklichung der Wiedervereinigung und der Selbstbestimmung wirken kann, oder einen mit dem Grundgesetz unvereinbaren Rechtstitel schafft oder sich an der Begründung eines solchen Rechtstitels beteiligt, der ihr bei ihrem Streben nach diesem Ziel entgegengehalten werden kann.

6. Der Vertrag hat einen Doppelcharakter; er ist seiner Art nach ein völkerrechtlicher Vertrag, seinem spezifischen Inhalt nach ein Vertrag, der vor allem inter-se-Beziehungen regelt.

7. Art. 23 GG verbietet, daß sich die Bundesregierung vertraglich in eine Abhängigkeit begibt, nach der sie rechtlich nicht mehr allein, sondern nur noch im Einverständnis mit dem Vertragspartner die Aufnahme anderer Teile Deutschlands verwirklichen kann.

8. Art. 16 GG geht davon aus, daß die „deutsche Staatsangehörigkeit", die auch in Art. 116 Abs. 1 GG in Bezug genommen ist, zugleich die Staatsangehörigkeit der Bundesrepublik Deutschland ist. Deutscher Staatsangehöriger im Sinne des Grundgesetzes ist also nicht nur der Bürger der Bundesrepublik Deutschland.

9. Ein Deutscher hat, wann immer er in den Schutzbereich der staatlichen Ordnung der Bundesrepublik Deutschland gelangt, einen Anspruch auf den vollen Schutz der Gerichte der Bundesrepublik Deutschland und aller Garantien der Grundrechte des Grundgesetzes.

IM NAMEN DES VOLKES

In dem Verfahren

zur verfassungsrechtlichen Prüfung des Gesetzes zum Vertrag vom 21. Dezember 1972 zwischen der Bundesrepublik Deutschland und der Deutschen Demokratischen Republik über die Grundlagen der Beziehungen zwischen der Bundesrepublik Deutschland und der Deutschen Demokratischen Republik vom 6. Juni 1973 (BGBl. II S. 421)

Antragsteller: Die Bayerische Staatsregierung, vertreten durch den Ministerpräsidenten, München, Staatskanzlei

Bevollmächtigter: Professor Dr. Dieter Blumenwitz, Herzog-Albrecht-Straße 26, 8011 Zorneding

Beteiligter: Die Bundesregierung, vertreten durch den Bundesminister der Justiz, Rosenburg, Bonn

Bevollmächtigte: Professor Dr. Martin Kriele, Köln, Rechtsanwalt Dr. Bernhard Leverenz, Karlsruhe

hat das Bundesverfassungsgericht — Zweiter Senat — unter Mitwirkung der Richter

Vizepräsident Seuffert als Vorsitzender,
Dr. v. Schlabrendorff,
Dr. Rupp,
Dr. Geiger,
Hirsch,
Dr. Rinck,
Wand

auf Grund der mündlichen Verhandlung vom 19. Juni 1973 durch

Urteil

für Recht erkannt:

Das Gesetz zu dem Vertrag vom 21. Dezember 1972 zwischen der Bundesrepublik Deutschland und der Deutschen Demokratischen Republik über die Grundlagen der Beziehungen zwischen der Bundesrepublik Deutschland und der Deutschen Demokratischen Republik vom 6. Juni 1973 (Bundesgesetzbl. Teil II S. 421) ist in der sich aus den Gründen ergebenden Auslegung mit dem Grundgesetz vereinbar.

Gründe:

A.

I.

Am 8. November 1972 wurde der zwischen der Bundesrepublik Deutschland und der Deutschen Demokratischen Republik ausgehandelte Vertrag über die Grundlagen der Beziehungen zwischen der Bundesrepublik Deutschland und der Deutschen Demokratischen Republik — im folgenden: der Vertrag — paraphiert. Er wurde am selben Tag zusammen mit einer Reihe ergänzender Texte im Bulletin Nr. 155, S. 1841 ff. veröffentlicht mit dem Hinweis (a. a. O. S. 1853), die Bundesregierung werde „vor der Unterzeichnung des Vertrags an die Regierung der Deutschen Demokratischen Republik ein Schreiben richten, in dem sie ihre Ziele in der nationalen Frage darlegt".

Der Vertrag lautet:

Artikel 1

Die Bundesrepublik Deutschland und die Deutsche Demokratische Republik entwickeln normale gutnachbarliche Beziehungen zueinander auf der Grundlage der Gleichberechtigung.

Artikel 2

Die Bundesrepublik Deutschland und die Deutsche Demokratische Republik werden sich von den Zielen und Prinzipien leiten lassen, die in der Charta der Vereinten Nationen niedergelegt sind, insbesondere der souveränen Gleichheit aller Staaten, der Achtung der Unabhängigkeit, Selbständigkeit und territorialen Integrität, dem Selbstbestimmungsrecht, der Wahrung der Menschenrechte und der Nichtdiskriminierung.

Artikel 3

Entsprechend der Charta der Vereinten Nationen werden die Bundesrepublik Deutschland und die Deutsche Demokratische Republik ihre Streitfragen ausschließlich mit friedlichen Mitteln lösen und sich der Drohung mit Gewalt oder der Anwendung von Gewalt enthalten.

Sie bekräftigen die Unverletzlichkeit der zwischen ihnen bestehenden Grenze jetzt und in der Zukunft und verpflichten sich zur uneingeschränkten Achtung ihrer territorialen Integrität.

Artikel 4

Die Bundesrepublik Deutschland und die Deutsche Demokratische Republik gehen davon aus, daß keiner der beiden Staaten den anderen international vertreten oder in seinem Namen handeln kann.

Artikel 5

Die Bundesrepublik Deutschland und die Deutsche Demokratische Republik werden friedliche Beziehungen zwischen den europäischen Staaten fördern und zur Sicherheit und Zusammenarbeit in Europa beitragen. Sie unterstützen die Bemühungen um eine Verminderung der Streitkräfte und Rüstungen in Europa, ohne daß dadurch Nachteile für die Sicherheit der Beteiligten entstehen dürfen.

Die Bundesrepublik Deutschland und die Deutsche Demokratische Republik werden mit dem Ziel einer allgemeinen und vollständigen Abrüstung unter wirksamer internationaler Kontrolle der internationalen Sicherheit dienende Bemühungen um Rüstungsbegrenzung und Abrüstung, insbesondere auf dem Gebiet der Kernwaffen und anderen Massenvernichtungswaffen, unterstützen.

Artikel 6

Die Bundesrepublik Deutschland und die Deutsche Demokratische Republik gehen von dem Grundsatz aus, daß die Hoheitsgewalt jedes der beiden Staaten sich auf sein Staatsgebiet beschränkt. Sie respektieren die Unabhängigkeit und Selbständigkeit jedes der beiden Staaten in seinen inneren und äußeren Angelegenheiten.

Artikel 7

Die Bundesrepublik Deutschland und die Deutsche Demokratische Republik erklären ihre Bereitschaft, im Zuge der Normalisierung ihrer Beziehungen praktische und humanitäre Fragen zu regeln. Sie werden Abkommen schließen, um auf der Grundlage dieses Vertrages und zum beiderseitigen Vorteil die Zusammenarbeit auf dem Gebiet der Wirtschaft, der Wissenschaft und Technik, des Verkehrs, des Rechtsverkehrs, des Post- und Fernmeldewesens, des Gesundheitswesens, der Kultur, des Sports, des Umweltschutzes und auf anderen Gebieten zu entwickeln und zu fördern. Einzelheiten sind in dem Zusatzprotokoll geregelt.

Artikel 8

Die Bundesrepublik Deutschland und die Deutsche Demokratische Republik werden ständige Vertretungen austauschen. Sie werden am Sitz der jeweiligen Regierung errichtet.

Die praktischen Fragen, die mit der Einrichtung der Vertretungen zusammenhängen, werden zusätzlich geregelt.

Artikel 9

Die Bundesrepublik Deutschland und die Deutsche Demokratische Republik stimmen darin überein, daß durch diesen Vertrag die von ihnen früher abgeschlossenen oder sie betreffenden zweiseitigen und mehrseitigen internationalen Verträge und Vereinbarungen nicht berührt werden.

Artikel 10

Dieser Vertrag bedarf der Ratifikation und tritt am Tage nach dem Austausch entsprechender Noten in Kraft.

Der Vertrag wurde am 21. Dezember 1972 durch die Bevollmächtigten der Vertragsparteien in Berlin unterzeichnet; dem Vertrag war ein Zusatzprotokoll, über das die Vertragsteile sich geeinigt hatten, beigefügt. Außerdem lagen im Zusammenhang mit dem Vertrag vor:

ein Protokollvermerk, wonach „wegen der unterschiedlichen Rechtspositionen zu Vermögensfragen ... diese durch den Vertrag nicht geregelt werden" konnten;

zwei „Erklärungen zu Protokoll", von denen die für die Bundesrepublik Deutschland abgegebene lautet: „Staatsangehörigkeitsfragen sind durch den Vertrag nicht geregelt worden" und die für die Deutsche Demokratische Republik abgegebene lautet: „Die Deutsche Demokratische Republik geht davon aus, daß der Vertrag eine Regelung der Staatsangehörigkeitsfragen erleichtern wird";

zwei Erklärungen der Vertragsteile zu Protokoll zum Antrag auf Mitgliedschaft in den Vereinten Nationen;

eine Erklärung beider Delegationsleiter zu Protokoll über die Aufgaben der Grenzkommission;

eine Erklärung des Delegationsleiters der Deutschen Demokratischen Republik zu Protokoll über den Verwaltungsverkehr;

eine Erklärung beider Seiten über die Ausdehnung von Abkommen und Regelungen auf Berlin (West);

eine Erklärung beider Seiten über „politische Konsultation";

Erklärungen zu Protokoll im Zusammenhang mit dem Briefwechsel über die Arbeitsmöglichkeiten für Journalisten;

eine Erklärung beider Seiten über die Ausdehnung der Vereinbarung über Arbeitsmöglichkeiten für Journalisten auf Berlin (West);

ein Schriftwechsel vom 21. Dezember 1972 zur Familienzusammenführung, zu Reiseerleichterungen und Verbesserungen des nichtkommerziellen Warenverkehrs;

ein Briefwechsel vom 21. Dezember 1972 zur Eröffnung weiterer (vier) Grenzübergangsstellen;

ein Briefwechsel vom 21. Dezember 1972 mit dem Wortlaut der Noten der Bundesrepublik Deutschland an die drei Westmächte und der Deutschen Demokratischen Republik an die Sowjetunion zu Art. 9 des Vertrages;

ein Briefwechsel zum Post- und Fernmeldewesen;

ein Briefwechsel zum Antrag auf Mitgliedschaft in den Vereinten Nationen;

ein Briefwechsel über die Arbeitsmöglichkeiten für Journalisten.

Unmittelbar vor der Unterzeichnung des Vertrags ging der Regierung der Deutschen Demokratischen Republik der Brief der Regierung der Bundesrepublik Deutschland zur deutschen Einheit vom 21. Dezember 1972 zu.

Nach Beratung und Behandlung in den gesetzgebenden Körperschaften erging das Gesetz vom 6. Juni 1973 zu dem Vertrag vom 21. Dezember 1972 zwischen der Bundesrepublik Deutschland und der Deutschen Demokratischen Republik über die Grundlagen der Beziehungen zwischen der Bundesrepublik Deutschland und der Deutschen Demokratischen Republik (BGBl. II S. 421) — im folgenden: das Vertragsgesetz — dessen Artikel 1 lautet:

Dem am 21. Dezember 1972 unterzeichneten Vertrag über die Grundlagen der Beziehungen zwischen der Bundesrepublik Deutschland und der Deutschen Demokratischen Republik einschließlich

— des dazugehörigen Briefes der Regierung der Bundesrepublik Deutschland zur deutschen Einheit an die Regierung der Deutschen Demokratischen Republik vom 21. Dezember 1972,

— des Zusatzprotokolls zum Vertrag,

— des Protokollvermerks zu Vermögensfragen,

— des Vorbehalts zu Staatsangehörigkeitsfragen durch die Bundesrepublik Deutschland,

— des Briefwechsels vom 21. Dezember 1972 zur Familienzusammenführung, zu Reiseerleichterungen und Verbesserungen des nichtkommerziellen Warenverkehrs,

— des Briefwechsels vom 21. Dezember 1972 zur Öffnung weiterer Grenzübergangsstellen,

— des Briefwechsels vom 21. Dezember 1972 mit dem Wortlaut der Noten der Regierung der Bundesrepublik Deutschland an die Regierung der Französischen Republik, des Vereinigten Königreichs Großbritannien und Nordirland und der Vereinigten Staaten von Amerika und der Note der Regierung der Deutschen Demokratischen Republik an die Regierung der Union der Sozialistischen Sowjetrepubliken zu Artikel 9 des Vertrages,

— der Erklärungen in bezug auf Berlin (West),

wird zugestimmt. Der Vertrag, der Brief, das Zusatzprotokoll, der Protokollvermerk, der Vorbehalt, die Briefwechsel und die Erklärungen werden nachstehend veröffentlicht.

Der Vertrag ist nach der Bekanntmachung über sein Inkrafttreten vom 22. Juni 1973 (BGBl. II S. 559) am 21. Juni 1973 „nach dem Austausch entsprechender Noten zwischen der Regierung der Bundesrepublik Deutschland und der Regierung der Deutschen Demokratischen Republik, der am 20. Juni 1973 in Bonn erfolgte", in Kraft getreten.

II.

1. Am 28. Mai 1973 hat die Bayerische Staatsregierung gemäß Art. 93 Abs. 1 Nr. 2 GG in Verbindung mit § 13 Nr. 6 und § 76 Nr. 1 BVerfGG beim Bundesverfassungsgericht beantragt festzustellen:

> Das Gesetz zu dem Vertrag vom 21. Dezember 1972 zwischen der Bundesrepublik Deutschland und der Deutschen Demokratischen Republik über die Grundlagen der Beziehungen zwischen der Bundesrepublik Deutschland und der Deutschen Demokratischen Republik ist mit dem Grundgesetz nicht vereinbar und deshalb nichtig.

Für die Zulässigkeit des Antrags bezieht sie sich auf die bisherige Rechtsprechung des Gerichts.

Zur Begründetheit ihres Antrags trägt sie im wesentlichen vor: Der Vertrag verstoße gegen das Gebot der Wahrung der staatlichen Einheit Deutschlands. Er beruhe auf der vom Grundgesetz verworfenen Rechtsauffassung vom Untergang des Deutschen Reiches und dem Neuentstehen zweier unabhängiger Staaten auf dem Gebiet des alten Reiches. Die Bundesrepublik könne nicht mehr für Gesamtdeutschland handeln. Daran ändere auch nichts der Brief zur deutschen Einheit, der weder auf das Selbstbestimmung*recht* noch auf das *Recht* auf Wiedervereinigung verweise, sondern nur auf das *politische* Ziel, eine Veränderung des Status quo mit friedlichen Mitteln anzustreben. Nach dem Grundgesetz bestehe die deutsche Einheit nicht nur in alliierten Vorbehaltsrechten, sondern auch in den Rechtsnormen und Organen der Bundesrepublik Deutschland fort.

Der Vertrag verletze auch das grundgesetzliche Wiedervereinigungsgebot. Der Vertrag erkenne die Deutsche Demokratische Republik als mit der Bundesrepublik Deutschland gleichberechtigten, unabhängigen und selbständigen Staat an. An die Stelle des Deutschen Reiches träten zwei souveräne Staaten, die sich gegenseitig ihren Bestand garantierten; das führe zur Teilung Deutschlands. Aus der bisherigen Demarkationslinie mache der Vertrag eine freiwillig und vertraglich vereinbarte Staatsgrenze. Das bedeute eine Vertiefung der schon bestehenden Spaltung und verstoße gegen das Wiedervereinigungsgebot. Deshalb lasse sich der Vertrag auch nicht damit rechtfertigen, daß der durch ihn geschaffene Zustand „näher beim Grundgesetz" stehe als der vorher bestehende.

Der Vertrag sei außerdem mit den Vorschriften des Grundgesetzes über Berlin unvereinbar: Die Berlinklausel des Vertragsgesetzes unterscheide sich von der üblichen Formel; sie bestimme nur, das Gesetz gelte, „soweit sich die Regelungen des Vertragswerks auf das Land Berlin beziehen, auch im Lande Berlin, sofern das Land Berlin die Anwendung dieses Gesetzes feststellt". Danach würden von der Klausel nur die Erklärungen beider Seiten in bezug auf Berlin

(West) erfaßt. Das Vertragswerk regle aber auch Fragen, die nicht den Status Berlins betreffen, beispielsweise Verbesserung des nichtkommerziellen Warenverkehrs, von denen das Vertragsgesetz Berlin nicht ausschließen dürfe. Auch die Erklärung, Berlin (West) betreffend, selbst sei verfassungswidrig, weil nur vereinbart sei, daß die im Zusatzprotokoll zu Artikel 7 vorgesehenen Abkommen und Regelungen im jeweiligen Falle auf Berlin (West) ausgedehnt werden *können*; das hänge aber künftig von der Zustimmung der Deutschen Demokratischen Republik ab, sei also nicht mehr gewährleistet und verstoße deshalb gegen Art. 23 Satz 1 GG. Mit dieser Vorschrift sei auch die Anerkennung der Souveränität der Deutschen Demokratischen Republik über Berlin (Ost) unvereinbar.

Der Vertrag verletze schließlich die im Grundgesetz begründete Schutz- und Fürsorgepflicht gegenüber den Deutschen in der Deutschen Demokratischen Republik. Die in der Deutschen Demokratischen Republik lebenden Menschen seien Deutsche im Sinne des Art. 116 GG. Art. 6 des Vertrags verwehre jedoch der Bundesrepublik Deutschland rechtlich, zugunsten der im Gebiet der Deutschen Demokratischen Republik beheimateten Deutschen zu intervenieren; als Folge davon müßten zusätzliche Schwierigkeiten entstehen, wenn die Vertretungen der Bundesrepublik Deutschland in Drittländern Deutschen aus der Deutschen Demokratischen Republik Hilfe leisten wollten. Der Vertrag habe zudem, auch wenn er Staatsangehörigkeitsfragen nicht geregelt habe, Auswirkungen auf das Staatsangehörigkeitsrecht des Grundgesetzes. Jedenfalls dürfe ein Vertrag mit der Deutschen Demokratischen Republik nur abgeschlossen werden, wenn in ihm — gewissermaßen als verfassungsrechtliches Minimum — ein Ausreiserecht für alle Deutschen aus der Deutschen Demokratischen Republik nach der Bundesrepublik Deutschland bindend vereinbart sei.

Insgesamt sei es nicht gelungen, im Vertrag ein „besonderes Verhältnis" zwischen der Bundesrepublik Deutschland und der Deutschen Demokratischen Republik zu konstituieren. Nicht einmal die Einheit der Nation sei vertraglich festgehalten. Auch als „modus vivendi" sei der Vertrag nicht interpretierbar, weil er ohne Befristung und ohne Kündigungsklausel abgeschlossen sei und nicht einmal den Vorbehalt einer friedensvertraglichen Regelung enthalte. Der Vertrag habe die deutsche Frage nicht dem Ziel des Grundgesetzes nähergebracht; das gelte auch, wenn man die begrüßenswerten menschlichen Erleichterungen berücksichtige, die mit dem Inkrafttreten des Vertrags verbunden seien.

Die Bayerische Staatsregierung legte außerdem zur Unterstützung ihrer Auffassung ein Rechtsgutachten von Professor Wengler, Berlin, vor.

2. Die Bundesregierung hat beantragt festzustellen:

Das Gesetz vom 6. Juni 1973 zu dem Vertrag vom 21. Dezember 1972 zwischen der Bundesrepublik Deutschland und der Deutschen Demokratischen Republik über die Grundlagen der Beziehungen zwischen der Bundesrepublik Deutschland und der Deutschen Demokratischen Republik ist mit dem Grundgesetz vereinbar.

Zur Begründung hat sie im wesentlichen folgendes vorgetragen:

Nach der bisherigen Rechtsprechung des Bundesverfassungsgerichts zur verfassungsrechtlichen Prüfung völkerrechtlicher Verträge müsse zunächst verlangt werden, daß der Antrag der Bayerischen Staatsregierung schlüssig sei; dazu gehöre, daß er die maßgebenden Erwägungen der Bundesregierung und der parlamentarischen Verhandlungen zur Kenntnis nehme und belege, daß ein Verfassungsverstoß ernstlich in Betracht gezogen werden müsse. Dabei sei im Antrag bereits erkennbar zu berücksichtigen, daß bei der Überprüfung völkerrechtlicher und zwischenstaatlicher Maßnahmen ein hohes Maß an Justitiabilität und Evidenz zu fordern sei. Entspreche ein Antrag diesen unverzichtbaren Erfordernissen nicht, sei vielmehr die von der Bundesregierung und von den gesetzgebenden Körperschaften beobachtete Sorgfalt in der Wahrnehmung des Verfassungsrechts evident, so genüge ein Antrag nicht den an eine eingehende Sachprüfung durch das Bundesverfassungsgericht zu stellenden Anforderungen. Er sei dann offensichtlich oder mindestens eindeutig unbegründet. Er müsse insbesondere scheitern, weil die Bayerische Staatsregierung ihre rein politischen Vorstellungen als Rechtssätze in das Grundgesetz hineininterpretiere, weil sie ihre politischen Wertungen auch bei der Auslegung des Vertrags in einseitiger Weise einführe, weil sie die politische Ausgangslage gänzlich außer Betracht lasse und weil sie die mit dem Vertrag in Übereinstimmung mit den elementaren Zielen des Grundgesetzes verfolgten Absichten entgegen dem eindeutigen Inhalt dieses Vertrags leugne.

Eine Alternative zum Vertrag gebe es nicht. Vergleiche man die Lage nach dem Inkrafttreten des Vertrags mit der Lage, die bestehen würde, wenn er nicht geschlossen worden wäre, so seien seine Vorteile evident. Der Vertrag diene praktisch dem Verfassungsziel der Friedenssicherung, er diene dem Verfassungsziel der Humanität, indem er den Menschen praktische Vorteile bringe, er halte in Übereinstimmung mit dem Grundgesetzgeber am Fortbestand Deutschlands fest, er sei gemäß den Vorstellungen des Grundgesetzgebers ein Dokument für eine Politik, die sich nicht an den Interessen der Bundesrepublik, sondern an den Belangen der ganzen Nation orientiere und er halte die deutsche Frage offen.

Das Grundgesetz enthalte keine Festlegung auf die „Identitätsthese", sondern unterscheide zwischen der Bundesrepublik Deutschland und *Deutschland.* Der Vertrag setze sich auch nicht in Widerspruch mit dem Wiedervereinigungsgebot. Denn die drei Westmächte blieben daran gebunden, den Viermächtevorbehalt auf Deutschland als Ganzes zu beziehen; der Vertrag gebe nicht die Fortexistenz Deutschlands als Rechtssubjekt auf; er vermeide die Qualifizierung der Deutschen Demokratischen Republik als Ausland; er halte fest an der Einheit der deutschen Nation und an der deutschen Staatsangehörigkeit; er enthalte auch keine völkerrechtliche Anerkennung der Deutschen Demokratischen Republik. Mit dem Vertrag sei das politisch Erreichbare erreicht worden. Er verbaue jedoch weder rechtlich noch praktisch die Wiedervereinigung, gleichgültig, in welcher Form sie einmal verwirklicht werden könne. Er bringe aber Verbesserungen sowohl im politischen als auch im menschlichen Bereich und begründe darüber hinaus den Anspruch auf Abkommen, die zu weiteren Verbesserungen führen könnten. Der Vertrag schließe nichts ab, regele nichts endgültig, sondern halte im Gegenteil die Situation für künftige Verbesserungen offen und schaffe die Grundlage dafür.

Der Status Berlins bleibe vom Vertrag unberührt, schon deshalb, weil er durch die Viermächte-Vereinbarung fixiert sei, an der die Vertragsteile nichts zu ändern vermöchten.

Eine Verpflichtung der Bundesregierung, innerhalb des Gebietes der Deutschen Demokratischen Republik für den Schutz und die Fürsorge der Deutschen, die dort ihren ständigen Aufenthalt haben, einzustehen, bestehe nach dem Grundgesetz nicht. An der Schutz- und Fürsorgebefugnis der Bundesorgane für Deutsche im Ausland ändere der Vertrag weder rechtlich noch faktisch etwas. Die Gewährung der Ausreisefreiheit für alle Deutschen aus der Deutschen Demokratischen Republik sei keine verfassungsrechtliche Voraussetzung für Vereinbarungen, die konkreten Verbesserungen in den menschlichen Beziehungen dienen sollen.

3. Dem Gericht lagen u. a. alle Protokolle über die Beratungen der gesetzgebenden Körperschaften vor, die den Vertrag betreffen, außerdem die den Verfahrensbeteiligten in der mündlichen Verhandlung eingeräumten Schriftsätze zu der in der mündlichen Verhandlung vorgelegten Urkunde über den Empfang des Briefes zur deutschen Einheit.

B.

I.

Der Antrag ist nach der Rechtsprechung des Bundesverfassungsgerichts, an der der Senat festhält, zulässig (vgl. insbesondere BVerfGE 4, 157 [161 ff.]). Das gilt auch, obwohl, wie im folgenden dargelegt wird, die Deutsche Demokratische Republik nach dem Recht des Grundgesetzes nicht Ausland ist. Denn Art. 59 Abs. 2 GG verlangt für alle Verträge, die die politischen Beziehungen des Bundes regeln oder sich auf Gegenstände der Bundesgesetzgebung beziehen, die parlamentarische Kontrolle in der Form des Zustimmungsgesetzes, gleichgültig ob der als Vertragspartner beteiligte Staat nach dem Recht des Grundgesetzes Ausland ist oder nicht.

II.

1. Gegenstand des Normenkontrollverfahrens ist das Vertragsgesetz vom 6. Juni 1973 und der in ihm in Bezug genommene Vertrag samt Zusatzprotokoll. Die in Art. 1 des Vertragsgesetzes nicht in Bezug genommenen Teile des Vertragswerks scheiden als Gegenstand der Normenkontrolle von vornherein aus. Sie sind für die Gesamtwürdigung des Vertrags von Bedeutung und können — neben anderem — als Material zur Auslegung des Vertrags herangezogen werden. Ob auch die in Art. 1 des Gesetzes in Bezug genommenen weiteren Vermerke, Vorbehalte, Erklärungen und Briefe *Gegenstand* der Normenkontrolle sein können, kann dahinstehen, weil sie in Abhängigkeit vom Vertrag stehen, zum Teil nur einen deklaratorischen Inhalt besitzen und im übrigen nach ihrem Inhalt nicht mit dem Grundgesetz unvereinbar sein können, wie sich aus den im folgenden zu dem Vertrag angestellten rechtlichen Erwägungen ergibt. Jedenfalls sind sie wichtige Mittel zur Auslegung des Vertrags, ebenso wie die Präambel des Vertrags selbst.

2. Maßstab im Normenkontrollverfahren ist das Grundgesetz. Es verbindlich auszulegen, ist Sache des Bundesverfassungsgerichts. Auf dieser Grundlage gibt es kein Spannungsverhältnis zwischen politischer Wirklichkeit und Verfassungsordnung, das behoben werden könnte durch die Überlegung, die geltende Verfassungsordnung könne durch einen Vertrag geändert werden. Er schafft weder materielles Verfassungsrecht noch kann er zur Auslegung des Grundgesetzes herangezogen werden. Es ist vielmehr umgekehrt: Ein Vertrag, der mit dem geltenden Verfassungsrecht in Widerspruch steht, kann verfassungsrechtlich nur durch eine entsprechende Verfassungsänderung mit dem Grundgesetz in Einklang gebracht werden.

Dies vorausgesetzt, gilt auch für die verfassungsrechtliche Prüfung eines Vertrags der Grundsatz, den das Bundesverfassungsgericht in Rücksicht auf die Verantwortung der anderen Verfassungsorgane im freiheitlich-demokratischen Rechtsstaat des Grundgesetzes allgemein entwickelt hat: Daß unter mehreren möglichen Auslegungen die Auslegung zu wählen ist, nach der der Vertrag vor dem Grundgesetz Bestand hat (vgl. BVerfGE 4, 157 [168]). Zu den gerade in der Verbindung mit der verfassungsrechtlichen Prüfung von Verträgen bedeutsamen Auslegungsgrundsätzen gehört außerdem, daß bei der Auslegung von Verfassungsbestimmungen, die sich auf Beziehungen der Bundesrepublik mit anderen Staaten beziehen, deren schrankensetzender, also Spielraum für die politische Gestaltung lassender Charakter nicht außer Betracht bleiben darf. In dieser Begrenzung setzt das Grundgesetz jeder politischen Macht, auch im Bereich der auswärtigen Politik, rechtliche Schranken; das ist das Wesen einer rechtsstaatlichen Ordnung, wie sie das Grundgesetz konstituiert hat. Die Durchsetzung dieser Verfassungsordnung obliegt letztverbindlich dem Bundesverfassungsgericht.

Der Grundsatz des judicial self-restraint, den sich das Bundesverfassungsgericht auferlegt, bedeutet nicht eine Verkürzung oder Abschwächung seiner eben dargelegten Kompetenz, sondern den Verzicht „Politik zu treiben", d. h. in den von der Verfassung geschaffenen und begrenzten Raum freier politischer Gestaltung einzugreifen. Er zielt also darauf ab, den von der Verfassung für die anderen Verfassungsorgane garantierten Raum freier politischer Gestaltung offen zu halten.

Aus diesen Überlegungen folgt, von welch entscheidender Bedeutung es ist, daß eine Entscheidung im Normenkontrollverfahren, die einen Vertrag betrifft, vor dessen Inkrafttreten ergeht. Dem müssen — entsprechend dem zwischen ihnen bestehenden verfassungsrechtlichen Grundverhältnis — alle Verfassungsorgane Rechnung tragen. Dies bedeutet einerseits, daß das Bundesverfassungsgericht die verfassungsrechtliche Prüfung so rasch wie möglich zu Ende führt. Es bedeutet andererseits, daß die übrigen Verfassungsorgane die Prüfungszuständigkeit des Bundesverfassungsgerichts in ihre Überlegungen zum zeitlichen Ablauf des Verfahrens, das zur Vertragsratifikation führt, einbeziehen und alles unterlassen, was dem Bundesverfassungsgericht eine rechtzeitige und wirksame Ausübung seiner Kompetenz erschweren oder unmöglich machen könnte. Mit der Entscheidung des Grundgesetzes für eine umfassende Verfassungsgerichtsbarkeit ist es unvereinbar, daß die Exekutive ein beim Bundesverfassungsgericht anhängiges Verfahren überspielt. Ergibt sich ausnahmsweise einmal, wie in diesem Fall, eine Lage, in der das Inkrafttreten eines Vertrags vor Abschluß des verfassungsgerichtlichen Verfahrens nach Auffassung der Exekutive unabweisbar geboten erscheint, so haben die dafür verantwortlichen Verfassungsorgane für die sich daraus möglicherweise ergebenden Folgen einzustehen (vgl. Urteil vom 16. Juni 1973, S. 6 f. — 2 BvQ 1/73 —.)

III.

Der Vertrag regelt die *Grundlagen* der Beziehungen zwischen der Bundesrepublik Deutschland und der Deutschen Demokratischen Republik. Seine Beurteilung macht erforderlich, sich mit den Aussagen des Grundgesetzes über den Rechtsstatus Deutschlands auseinanderzusetzen:

1. Das Grundgesetz — nicht nur eine These der Völkerrechtslehre und der Staatsrechtslehre! — geht davon aus, daß das Deutsche Reich den Zusammenbruch 1945 überdauert hat und weder mit der Kapitulation noch durch Ausübung fremder Staatsgewalt in Deutschland durch die alliierten Okkupationsmächte noch später untergegangen ist; das ergibt sich aus der Präambel, aus Art. 16, Art. 23, Art. 116 und Art. 146 GG. Das entspricht auch der ständigen Rechtsprechung des Bundesverfassungsgerichts, an der der Senat festhält. Das Deutsche Reich existiert fort (BVerfGE 2, 266 [277]; 3, 288 [319 f.]; 5, 85 [126]; 6, 309 [336, 363]), besitzt nach wie vor Rechtsfähigkeit, ist allerdings als Gesamtstaat mangels Organisation, insbesondere mangels institutionalisierter Organe selbst nicht handlungsfähig. Im Grundgesetz ist auch die Auffassung vom gesamtdeutschen Staatsvolk und von der gesamtdeutschen Staatsgewalt „verankert" (BVerfGE 2, 266 [277]). Verantwortung für „Deutschland als Ganzes" tragen — auch — die Vier Mächte (BVerfGE 1, 351 [362 f., 367]).

Mit der Errichtung der Bundesrepublik Deutschland wurde nicht ein neuer westdeutscher Staat gegründet, sondern ein Teil Deutschlands neu organisiert (vgl. Carlo Schmid in der 6. Sitzung des Parlamentarischen Rates — StenBer. S. 70). Die Bundesrepublik Deutschland ist also nicht „Rechtsnachfolger" des Deutschen Reiches, sondern als Staat identisch mit dem Staat „Deutsches Reich" — in bezug auf seine räumliche Ausdehnung allerdings „teilidentisch", so daß insoweit die Identität keine Ausschließlichkeit beansprucht. Die Bundesrepublik umfaßt also, was ihr Staatsvolk und ihr Staatsgebiet anlangt, nicht das ganze Deutschland, unbeschadet dessen, daß sie ein einheitliches Staatsvolk des Völkerrechtssubjekts „Deutschland" (Deutsches Reich), zu dem die eigene Bevölkerung als untrennbarer Teil gehört, und ein einheitliches Staatsgebiet „Deutschland" (Deutsches Reich), zu dem ihr eigenes Staatsgebiet als ebenfalls nicht abtrennbarer Teil gehört, anerkennt. Sie beschränkt staatsrechtlich ihre Hoheitsgewalt auf den „Geltungsbereich des Grundgesetzes" (vgl. BVerfGE 3, 288 [319 f.]; 6, 309 [338, 363]), fühlt sich aber auch verantwortlich für das ganze Deutschland (vgl. Präambel des Grundgesetzes). Derzeit besteht die Bundesrepublik aus den in Art. 23 GG genannten Ländern, einschließlich Berlin; der Status des Landes Berlin der Bundesrepublik Deutschland ist nur gemindert und belastet durch

den sog. Vorbehalt der Gouverneure der Westmächte (BVerfGE 7, 1 [7 ff.]; 19, 377 [388]; 20, 257 [266]). Die Deutsche Demokratische Republik gehört zu Deutschland und kann im Verhältnis zur Bundesrepublik Deutschland nicht als Ausland angesehen werden (BVerfGE 11, 150 [158]). Deshalb war z. B. der Interzonenhandel und ist der ihm entsprechende innerdeutsche Handel nicht Außenhandel (BVerfGE 18, 353 [354]).

2. Zum Wiedervereinigungsgebot und Selbstbestimmungsrecht, das im Grundgesetz enthalten ist, hat das Bundesverfassungsgericht bisher erkannt und daran hält der Senat fest: Dem Vorspruch des Grundgesetzes kommt nicht nur politische Bedeutung zu, er hat auch rechtlichen Gehalt. Die Wiedervereinigung ist ein verfassungsrechtliches Gebot. Es muß jedoch den zu politischem Handeln berufenen Organen der Bundesrepublik überlassen bleiben zu entscheiden, welche Wege sie zur Herbeiführung der Wiedervereinigung als politisch richtig und zweckmäßig ansehen. Die Verfassungsorgane, denen im Grundgesetz auch der Schutz der freiheitlich-demokratischen Grundordnung und ihrer Institutionen zur Pflicht gemacht ist, haben zu entscheiden, ob eine bestimmte, sonst verfassungsmäßige Maßnahme die Wiedervereinigung rechtlich hindern oder faktisch unmöglich machen würde und aus diesem Grunde unterbleiben müßte. Ein breiter Raum politischen Ermessens besteht hier besonders für die Gesetzgebungsorgane. Das Bundesverfassungsgericht kann dem Gesetzgeber erst entgegentreten, wenn er die Grenzen dieses Ermessens eindeutig überschreitet, wenn seine Maßnahme also rechtlich oder tatsächlich einer Wiedervereinigung in Freiheit offensichtlich entgegensteht (BVerfGE 5, 85 [126 ff.]; 12, 45 [51 f.]).

Das bedarf in folgender Richtung hier noch einer näheren Präzisierung: Aus dem Wiedervereinigungsgebot folgt zunächst: Kein Verfassungsorgan der Bundesrepublik Deutschland darf die Wiederherstellung der staatlichen Einheit als politisches Ziel aufgeben, alle Verfassungsorgane sind verpflichtet, in ihrer Politik auf die Erreichung dieses Zieles hinzuwirken — das schließt die Forderung ein, den Wiedervereinigungsanspruch im Innern wachzuhalten und nach Außen beharrlich zu vertreten — und alles zu unterlassen, was die Wiedervereinigung vereiteln würde. Die Bundesregierung hat allerdings in eigener Verantwortung zu entscheiden, mit welchen politischen Mitteln und auf welchen politischen Wegen sie das nach dem Grundgesetz rechtlich gebotene Ziel der Wiedervereinigung zu erreichen oder ihm wenigstens näherzukommen versucht. Die Abschätzung der Chancen ihrer Politik ist ihre und der sie tragenden parlamentarischen Mehrheit Sache. Hier hat das Gericht weder Kritik zu üben noch seine Auffassung über die Aussichten der Politik zu äußern. Die politische Verantwortung dafür liegt allein bei den politischen Instanzen. Eine Grenze, die allerdings das Bundesverfassungsgericht deutlich zu machen, zu bestimmen und u. U. durchzusetzen hat, liegt im Rechts- und Verfassungsstaat der Bundesrepublik Deutschland darin, daß die Verfassung verbietet, daß die Bundesrepublik auf einen *Rechtstitel* (eine Rechtsposition) aus dem Grundgesetz verzichtet, mittels dessen sie in Richtung auf Verwirklichung der Wiedervereinigung und der Selbstbestimmung wirken kann, oder einen mit dem Grundgesetz unvereinbaren Rechtstitel schafft oder sich an der Begründung eines solchen Rechtstitels beteiligt, der ihr bei ihrem Streben nach diesem Ziel entgegengehalten werden kann. Es ist ein Unterschied, ob man — solange daraus nicht die Gefahr der Verwirkung des Rechtstitels erwächst — *politisch* von einem Rechtstitel keinen Gebrauch macht oder ihn derzeit oder für absehbare Zeit nicht als politisches Instrument für tauglich hält, sich also damit abfindet, daß mit ihm kein politischer Erfolg erzielt werden kann, oder ob man auf ihn im Rechtssinn verzichtet. Man kann sich in diesem Sinne also politisch mit Realitäten abfinden. Das Grundgesetz verlangt aber, daß insoweit kein in ihm begründeter Rechtstitel preisgegeben wird, der jetzt oder später ein Argument zur Förderung des Bestrebens nach Wiedervereinigung bieten kann. Und Entsprechendes gilt für den umgekehrten Fall: *Politisches* Verhalten mag sich später als „falsch kalkuliert" herausstellen und der Bundesregierung von anderen in ihrem Bemühen um Wiedervereinigung politisch entgegengehalten werden können; dieser — vom Verfassungsgericht mit keinem Wort zu kommentierende — Tatbestand unterscheidet sich wesentlich von dem anderen, daß die Bundesrepublik Deutschland mitwirkt bei einem *Rechtsinstrument*, das ihr von anderen in ihrem Bemühen um Wiedervereinigung entgegengehalten werden kann. Daraus ergibt sich beispielsweise: Die klare Rechtsposition jeder Regierung der Bundesrepublik Deutschland ist: Wir haben von der im Grundgesetz vorausgesetzten, in ihm „verankerten" Existenz Gesamtdeutschlands mit einem deutschen (Gesamt-)Staatsvolk und einer (gesamt-)deutschen Staatsgewalt auszugehen. Wenn heute von der „Deutschen Nation" gesprochen wird, die eine Klammer für Gesamtdeutschland sei, so ist dagegen nichts einzuwenden, wenn darunter auch ein Synonym für das „deutsche Staatsvolk" verstanden wird, an jener Rechtsposition also festgehalten wird und nur aus politischen Rücksichten eine andere Formel verwandt wird. Versteckte sich dagegen hinter dieser neuen Formel „deutsche Nation" *nur* noch der Begriff einer im Bewußtsein der Bevölkerung vorhandenen Sprach- und Kultureinheit, dann wäre das *rechtlich* die Aufgabe einer unverzichtbaren Rechtsposition. Letzteres stünde in Widerspruch zum Gebot der Wiedervereinigung als Ziel, das von der

Bundesregierung mit allen erlaubten Mitteln anzustreben ist. Ebenso verhielte es sich, wenn die Verweisung auf die Viermächte-Verantwortung für Gesamtdeutschland bedeuten würde, künftig sei sie *allein* noch eine (letzte) rechtliche Klammer für die Fortexistenz Gesamtdeutschlands; verfassungsgemäß ist nur — wie es auch die Bundesregierung selbst versteht —, daß sie eine weitere Rechtsgrundlage für das Bemühen der Bundesregierung um Wiedervereinigung bildet, nämlich eine „völkerrechtliche" *neben* der staatsrechtlichen.

Zur *politischen* These vom „Alleinvertretungsanspruch" hat sich das Bundesverfassungsgericht niemals geäußert. Es hatte und hat auch jetzt keinen Anlaß zu prüfen und zu entscheiden, ob sich aus dem Grundgesetz rechtlich ein *Allein*vertretungsanspruch der Bundesrepublik Deutschland für Gesamtdeutschland begrüßen läßt.

3. Der Vertrag kann so interpretiert werden, daß er mit keiner der dargelegten Aussagen des Grundgesetzes in Widerspruch gerät. Keine amtliche Äußerung innerhalb der Bundesrepublik Deutschland kann dahin verstanden werden, daß sie bei der Interpretation des Vertrags diesen verfassungsrechtlichen Boden verlassen hat oder verläßt.

IV.

1. Der Vertrag kann rechtlich nur gewürdigt werden, wenn man ihn in einen größeren Zusammenhang stellt. Er ist ein Stück einer umfassenderen Politik, näherhin der von der Bundesregierung auf Entspannung angelegten Ostpolitik innerhalb derer vor allem die Verträge von Moskau und Warschau herausragende Meilensteine sind; diese Verträge waren ebenso Voraussetzung für den Abschluß des Grundlagenvertrags, wie der Grundlagenvertrag seinerseits für die Bundesregierung ein Ziel war, das sie durch Abschluß jener beiden Ostverträge zu erreichen hoffte. In diesem Zusammenhang gewinnt der Grundlagenvertrag dieselbe fundamentale Bedeutung wie der Moskauer und der Warschauer Vertrag. Er ist kein beliebig korrigierbarer Schritt wie viele Schritte in der Politik, sondern er bildet, wie schon sein Name sagt, die Grundlage für eine auf Dauer angelegte neue Politik. Dementsprechend enthält er weder eine zeitliche Befristung noch eine Kündigungsklausel. Er stellt eine historische Weiche, von der aus das Verhältnis zwischen der Bundesrepublik Deutschland und der Deutschen Demokratischen Republik neu gestaltet werden soll. Dieser Zusammenhang ist für die rechtliche Beurteilung des Vertrags von mehrfacher Bedeutung:

Er ist zwar in ähnlicher Weise wie das Grundgesetz (vgl. Präambel, Art. 23 und 146 GG) keine endgültige

Lösung der deutschen Frage. Gleichwohl kann er nicht als eine bloße „Übergangslösung" bis zu einer späteren „endgültigen" Neubestimmung des Verhältnisses zwischen den beiden Staaten qualifiziert werden; er ist kein vereinbarter „modus vivendi", der in absehbarer Zeit durch eine andere grundsätzliche Neubestimmung des Verhältnisses zwischen diesen beiden Staaten abgelöst werden soll. Er selbst ist die ernsthaft gewollte neue Grundlage für die Bestimmung des Verhältnisses der beiden Staaten zueinander — unbeschadet dessen, daß die Vertragsteile rechtlich frei sind, jederzeit übereinzukommen, den Vertrag in Übereinstimmung mit den für ihn geltenden Rechtsgrundsätzen zu ändern oder zu ergänzen.

Aus der dargelegten politischen Bedeutung des Vertrags ergibt sich weiter die rechtliche Folgerung: Als Grundlage für die neuen Beziehungen zwischen den beiden deutschen Staaten erwächst aus ihm in der kommenden Zeit mit Notwendigkeit eine Vielzahl von *rechtlichen Konkretisierungen* des neuen Neben- und Miteinander der beiden Staaten (vgl. Art. 7 des Vertrags). Jeder dieser weiteren rechtlichen Schritte muß nicht nur vertragsgemäß, sondern auch grundgesetzgemäß sein. Es bedarf also heute schon der Klarstellung, daß alles, was unter Berufung auf den Vertrag an weiteren rechtlichen Schritten geschieht, nicht schon deshalb rechtlich in Ordnung ist, weil die vertragliche Grundlage (der Vertrag) verfassungsrechtlich nicht zu beanstanden sei. Deshalb sind schon in diesem Normenkontrollverfahren, soweit übersehbar, die *verfassungsrechtlichen* Grenzen aufzuzeigen, die für das „Ausfüllen" des Vertrags durch spätere Vereinbarungen und Abreden bestehen.

2. Der Vertrag ist eingebettet in umgreifendere und speziellere Rechtsverhältnisse, die ebenfalls bei seiner rechtlichen Würdigung zu beachten sind: Das wird besonders deutlich durch die Bezugnahme auf die Charta der Vereinten Nationen in Art. 2 und Art. 3 des Vertrags und durch die Regelung in Artikel 9, wonach „durch diesen Vertrag" die von den Vertragspartnern „früher abgeschlossenen oder sie betreffenden zweiseitigen und mehrseitigen internationalen Verträge und Vereinbarungen nicht berührt werden"; das sind insbesondere die von der Bundesrepublik abgeschlossenen „Westverträge" — es bleibt also vor allem auch unberührt Art. 7 des Deutschlandvertrags, nach dem die Bundesrepublik und die Drei Mächte nach wie vor vertraglich verpflichtet bleiben (Abs. 2), zusammenzuwirken, „um mit friedlichen Mitteln ihr gemeinsames Ziel zu verwirklichen: ein wiedervereinigtes Deutschland, das eine freiheitlich-demokratische Verfassung ähnlich wie die Bundesrepublik besitzt und das in die europäische Gemeinschaft integriert ist" — sowie die Verträge von Moskau und Warschau und die Deutschland als Ganzes betreffenden Viermächte-Verein-

barungen, aber auch beispielsweise der zwischen der Deutschen Demokratischen Republik und der Volksrepublik Polen abgeschlossene Grenz- und Freundschaftsvertrag, soweit er Deutschland (als Ganzes) berührt. Die Bedeutung der Klausel des Art. 9 des Vertrags wird auch sichtbar in dem Briefwechsel zwischen den beiden Unterhändlern, in dem sie sich wechselseitig unterrichten über die Noten an die Botschafter Frankreichs, Englands und der Vereinigten Staaten sowie an den Botschafter der Sowjetunion, und in den „Erklärungen beider Seiten in bezug auf Berlin (West)", in denen auf das Viermächte-Abkommen vom 3. September 1971, das Berlin betrifft, Bezug genommen wird.

3. Berücksichtigt man die dargelegten Zusammenhänge, so wird deutlich, welche Bedeutung den in der politischen Diskussion verwendeten Formeln „zwischen den beiden Staaten bestehende besondere Beziehungen" und „der Vertrag besitze einen diesen besonderen Verhältnissen entsprechenden besonderen Charakter" zukommt: Die Deutsche Demokratische Republik ist im Sinne des Völkerrechts ein Staat und als solcher Völkerrechtssubjekt. Diese Feststellung ist unabhängig von einer völkerrechtlichen Anerkennung der Deutschen Demokratischen Republik durch die Bundesrepublik Deutschland. Eine solche Anerkennung hat die Bundesrepublik Deutschland nicht nur nie förmlich ausgesprochen, sondern im Gegenteil wiederholt ausdrücklich abgelehnt. Würdigt man das Verhalten der Bundesrepublik Deutschland gegenüber der Deutschen Demokratischen Republik im Zuge ihrer Entspannungspolitik, insbesondere das Abschließen des Vertrags als faktische Anerkennung, so kann sie nur als eine faktische Anerkennung besonderer Art verstanden werden.

Das Besondere dieses Vertrags ist, daß er zwar ein bilateraler Vertrag zwischen zwei Staaten ist, für den die Regeln des Völkerrechts gelten und der die Geltungskraft wie jeder andere völkerrechtliche Vertrag besitzt, aber zwischen zwei Staaten, die Teile eines noch immer existierenden, wenn auch handlungsunfähigen, weil noch nicht reorganisierten umfassenden Staates Gesamtdeutschland mit einem einheitlichen Staatsvolk sind, dessen Grenzen genauer zu bestimmen hier nicht nötig ist. Daraus ergibt sich die besondere rechtliche Nähe, in der die beiden Staaten zueinander stehen, daraus ergibt sich folgerichtig die Regelung in Artikel 8, wonach beide Staaten nicht Botschafter, sondern ständige Vertretungen am Sitz der jeweiligen Regierung austauschen, daraus ergibt sich die Besonderheit des Ratifikationsverfahrens, das nicht endet mit dem Austausch von Ratifikationsurkunden auf Grund Vollmacht des Bundespräsidenten, sondern mit dem Austausch „entsprechender Noten", von denen die eine auf Seite der Bundesrepublik Deutschland von der Bundesregierung ausgefertigt wird, und ergibt sich schließlich die Gesamttendenz des Vertrags, zu einer möglichst engen Zusammenarbeit zwischen den Vertragspartnern mit dem Ziele einer Verbesserung der menschlichen Beziehungen über die gemeinsame Grenze hinweg zu gelangen (6. Absatz der Präambel, Art. 7 des Vertrags und Zusatzprotokoll). Die Erklärung in Nr. 1 des Zusatzprotokolls zu Artikel 7, daß der Handel zwischen der Bundesrepublik Deutschland und der Deutschen Demokratischen Republik auf der Grundlage der bestehenden Abkommen entwickelt wird, macht außerdem deutlich, daß dieser Handel von den Vertragspartnern übereinstimmend nicht als Außenhandel betrachtet wird. Insofern läßt sich das Besondere dieses Vertrags auch durch die Formel verdeutlichen, daß er „inter-se-Beziehungen" regelt. Er regelt aber nicht ausschließlich solche Beziehungen und fällt deshalb nicht aus der Ordnung des allgemeinen Völkerrechts heraus, gehört also nicht einer spezifischen, erst durch ihn geschaffenen, gegenständlich beschränkten Sonderrechtsordnung an. Diese Deutung verbietet sich durch die Regelungen in Art. 2 und Art. 3 des Vertrags, die als für das Verhältnis zwischen den Partnern wesentlich ausdrücklich die Charta der Vereinten Nationen nennen. Der Vertrag hat also einen *Doppel*charakter; er ist seiner Art nach ein völkerrechtlicher Vertrag, seinem spezifischen Inhalt nach ein Vertrag, der vor allem inter-se-Beziehungen regelt. Inter-se-Beziehungen in einem völkerrechtlichen Vertrag zu regeln, kann vor allem dann nötig sein, wenn eine staatsrechtliche Ordnung, wie hier wegen der Desorganisation des Gesamtstaats, fehlt. Selbst im Bundesstaat bemessen sich, falls eine Regelung in der Bundesverfassung fehlt, die Beziehungen zwischen den Gliedstaaten nach den Regeln des Völkerrechts (vgl. die Entscheidung des Staatsgerichtshofs für das Deutsche Reich, Lammers-Simons, I, 178 ff.; 207 ff.; dazu die Fortentwicklung nach dem Recht des Grundgesetzes: BVerfGE 1, 14 [51]; 34, 216 [230 ff.]). Unrichtig ist also die Auffassung, *jedes* „Zwei-Staaten-Modell" sei mit der grundgesetzlichen Ordnung unvereinbar.

V.

Im einzelnen ist zur verfassungsrechtlichen Beurteilung des Vertrags noch folgendes auszuführen:

1. Wie oben dargelegt, setzt das Wiedervereinigungsgebot des Grundgesetzes der Gestaltungsfreiheit der Staatsorgane verfassungsrechtliche Grenzen: Es darf keine Rechtsposition aus dem Grundgesetz, die der Wiedervereinigung auf der Grundlage der freien Selbstbestimmung des deutschen Volkes dienlich ist, aufgegeben werden und es darf andererseits kein mit dem Grundgesetz unvereinbares Rechtsinstrument

unter Beteiligung der Verfassungsorgane der Bundesrepublik Deutschland geschaffen werden, das der Bemühung der Bundesregierung um Wiedervereinigung entgegengehalten werden kann. In diesem Zusammenhang hat der Brief der Bundesregierung zur deutschen Einheit an die Regierung der Deutschen Demokratischen Republik seine Bedeutung: Nach dem Ergebnis der mündlichen Verhandlung vom 19. Juni 1973 steht fest, daß der wesentliche Inhalt des Briefes vor Abschluß der Verhandlungen angekündigt und der Brief der Gegenseite unmittelbar vor Unterzeichnung des Vertrags zugestellt worden ist. In ihm ist festgehalten, daß der Vertrag nicht in Widerspruch steht „zu dem politischen Ziel der Bundesrepublik Deutschland, auf einen Zustand des Friedens in Europa hinzuwirken, in dem das deutsche Volk in freier Selbstbestimmung seine Einheit wiedererlangt".

Dieser Brief, der im Lichte der oben dargelegten Verfassungslage und der früher eingegangenen, oben zitierten vertraglichen Verpflichtung aus Art. 7 des Deutschlandvertrags zu verstehen ist, bestätigt nur, was sich aus der Interpretation des Vertrags selbst ergibt:

In der Präambel des Vertrags heißt es: „unbeschadet der unterschiedlichen Auffassungen der Bundesrepublik Deutschland und der Deutschen Demokratischen Republik zu grundsätzlichen Fragen, darunter zur nationalen Frage". Die „nationale Frage" ist für die Bundesrepublik Deutschland konkreter das Wiedervereinigungsgebot des Grundgesetzes, das auf die „Wahrung der staatlichen Einheit des deutschen Volkes" geht. Die Präambel, so gelesen, ist ein entscheidender Satz zur Auslegung des ganzen Vertrags: Er steht mit dem grundgesetzlichen Wiedervereinigungsgebot nicht in Widerspruch. Die Bundesregierung verliert durch den Vertrag nicht den Rechtstitel, überall im internationalen Verkehr, auch gegenüber der Deutschen Demokratischen Republik, nach wie vor die staatliche Einheit des deutschen Volkes im Wege seiner freien Selbstbestimmung fordern zu können und in ihrer Politik dieses Ziel mit friedlichen Mitteln und in Übereinstimmung mit den allgemeinen Grundsätzen des Völkerrechts anzustreben. Der Vertrag ist kein Teilungsvertrag, sondern ein Vertrag, der weder heute noch für die Zukunft ausschließt, daß die Bundesregierung jederzeit alles ihr Mögliche dafür tut, daß das deutsche Volk seine staatliche Einheit wieder organisieren kann. Er kann ein erster Schritt sein in einem längeren Prozeß, der zunächst in einem der dem Völkerrecht bekannten verschiedenen Varianten einer Konföderation endet, also ein Schritt in Richtung auf die Verwirklichung der Wiedervereinigung des deutschen Volkes in einem Staat, also auf die Reorganisation Deutschlands.

2. In Art. 3 Abs. 2 des Vertrags bekräftigen die vertragsschließenden Teile „die Unverletzlichkeit der zwischen ihnen bestehenden Grenze jetzt und in der Zukunft und verpflichten sich zur uneingeschränkten Achtung ihrer territorialen Integrität". Es gibt Grenzen verschiedener rechtlicher Qualität: Verwaltungsgrenzen, Demarkationsgrenzen, Grenzen von Interessensphären, eine Grenze des Geltungsbereichs des Grundgesetzes, die Grenzen des Deutschen Reiches nach dem Stand vom 31. Dezember 1937, staatsrechtliche Grenzen und hier wiederum solche, die den Gesamtstaat einschließen, und solche, die innerhalb eines Gesamtstaates Gliedstaaten (z. B. die Länder der Bundesrepublik Deutschland) voneinander trennen. Daß in Artikel 3 Abs. 2 eine *staatsrechtliche* Grenze gemeint ist, ergibt sich unzweideutig aus dem übrigen Inhalt des Vertrags (Art. 1, 2, 3 Abs. 1, 4, 6). Für die Frage, ob die Anerkennung der Grenze zwischen den beiden Staaten als *Staats*grenze mit dem Grundgesetz vereinbar ist, ist entscheidend die Qualifizierung als staatsrechtliche Grenze zwischen zwei Staaten, deren „Besonderheit" ist, daß sie auf dem Fundament des noch existierenden Staates „Deutschland als Ganzes" existieren, daß es sich also um eine staatsrechtliche Grenze handelt ähnlich denen, die zwischen den Ländern der Bundesrepublik Deutschland verlaufen. Mit dieser Qualifizierung der Grenze ist einerseits vereinbar die Abrede, daß die beiden Staaten „normale gutnachbarliche Beziehungen zueinander auf der Grundlage der Gleichberechtigung" entwickeln (Art. 1 des Vertrags), die Abrede, wonach beide Staaten sich von dem Prinzip der „souveränen Gleichheit aller Staaten", das in der Charta der Vereinten Nationen niedergelegt ist, leiten lassen (Art. 2 des Vertrags) und die Abrede, daß beide Staaten von dem Grundsatz ausgehen, daß die Hoheitsgewalt jedes der beiden Staaten sich auf sein Staatsgebiet beschränkt und daß sie die Unabhängigkeit und Selbständigkeit jedes der beiden Staaten in seinen inneren und äußeren Angelegenheiten respektieren (Art. 6 des Vertrags). Andererseits trägt diese Qualifizierung der Staatsgrenze in Art. 3 Abs. 2 des Vertrags dem Anspruch des Grundgesetzes Rechnung, daß die nationale Frage, das ist die Forderung nach Erreichung der staatlichen Einheit des deutschen Volkes, offen bleibt.

Wenn Art. 3 Abs. 2 des Vertrags das Wort „bekräftigt" verwendet, so läßt sich daraus nicht herleiten, daß hier nur eine anderweit — im Moskauer Vertrag — getroffene Regelung, die der Grenze den Charakter der staatsrechtlichen Grenze verliehen hat, in Bezug genommen wird, der Vertragsbestimmung also keinerlei *konstitutive* Bedeutung zukommt. Man kann Grenzen als Staatsgrenzen *mehrfach* vertraglich anerkennen und garantieren. Und das hat rechtliche Bedeutung, weil das Schicksal der verschiedenen vertrag-

lichen Anerkennungen verschieden sein kann. Ohne daß es also nötig wäre zu untersuchen, welche rechtliche Bedeutung der entsprechenden Regelung im Moskauer Vertrag zukommt, ist davon auszugehen, daß Art. 3 Abs. 2 des Vertrags eine *neue* und zusätzliche vertragliche Anerkennung der Grenze zwischen der Bundesrepublik Deutschland und der Deutschen Demokratischen Republik enthält und diese Grenze konstitutiv garantiert. Sie ist in der oben gegebenen Qualifizierung (und nur in dieser Qualifizierung) mit dem Grundgesetz vereinbar.

Daß nach den auf den Vertrag anzuwendenden Regeln des Völkerrechts auch die Vereinbarung in Art. 3 Abs. 2 des Vertrags über Bestand und Verlauf der Grenze einer einvernehmlichen Änderung in Zukunft nicht entgegensteht, versteht sich von selbst.

3. In Artikel 6 kommen die Vertragsteile dahin überein, daß sie von dem Grundsatz ausgehen, daß die Hoheitsgewalt jedes der beiden Staaten sich auf sein Staatsgebiet beschränkt und daß sie die Unabhängigkeit und Selbständigkeit jedes der beiden Staaten in seinen inneren und äußeren Angelegenheiten respektieren. Auch diese Vereinbarung ist nur mit dem Grundgesetz vereinbar, wenn man sie dahin auslegt, daß für die Bundesrepublik Deutschland die Basis dieses Vertrags der von ihr nach dem Grundgesetz anzuerkennende Fortbestand Deutschlands als (zwar nicht organisierter und deswegen handlungsunfähiger) Staat ist und daß deshalb die wechselseitige Beschränkung der Hoheitsgewalt auf je das eigene Staatsgebiet und die Respektierung der Unabhängigkeit und Selbständigkeit jedes der beiden Staaten in seinen inneren und äußeren Angelegenheiten ihren Bezug auf das *besondere* Verhältnis haben, in dem beide Staaten als Teilstaaten Gesamtdeutschlands zueinander stehen.

4. Art. 23 GG bestimmt: „Dieses Grundgesetz gilt *zunächst* im Gebiet der Länder... *In anderen Teilen Deutschlands* ist es nach deren Beitritt in Kraft zu setzen." Daß diese Bestimmung in einem inneren Zusammenhang mit dem Wiedervereinigungsgebot steht, liegt auf der Hand. Doch darauf kommt es hier nicht an. Die Bestimmung hat ihre *eigene* Bedeutung und gehört nach ihrem Inhalt zu den zentralen Vorschriften, die dem Grundgesetz ihr besonderes Gepräge geben. Sie besagt, daß sich diese Bundesrepublik Deutschland als gebietlich unvollständig versteht, daß sie, sobald es möglich ist und die Bereitschaft anderer Teile Deutschlands zum Beitritt vorliegt, von sich aus kraft dieser Verfassungsbestimmung das dazu Nötige zu tun verpflichtet ist, und daß sie erst „vollständig" das ist, was sie sein will, wenn die anderen Teile Deutschlands ihr angehören. Dieses „rechtlich Offensein" gegenüber dem erstrebten Zuwachs liegt spezifisch darin, daß sie, die Bundesrepublik, rechtlich

allein Herr der Entschließung über die Aufnahme der anderen Teile ist, sobald diese sich dafür entschieden haben beizutreten. Diese Vorschrift verbietet also, daß sich die Bundesregierung *vertraglich in eine Abhängigkeit begibt,* nach der sie rechtlich nicht mehr *allein,* sondern nur noch im Einverständnis mit dem Vertragspartner die Aufnahme verwirklichen kann. Das ist etwas anderes als die *politische,* die faktische Abhängigkeit jeder Bundesregierung, derzeit Gelegenheit zur Aufnahme eines weiteren Teils Deutschlands nur zu haben, wenn die inzwischen anderweit staatlich organisierten Teile Deutschlands nach deren Verfassungsrecht die Voraussetzung für eine „Aufnahme" schaffen.

Art. 23 GG ist weder durch die politische Entwicklung überholt, noch sonst aus irgendeinem Grund rechtlich obsolet geworden. Er gilt unverändert fort.

„Andere Teile Deutschlands" haben allerdings mittlerweile in der Deutschen Demokratischen Republik ihre Staatlichkeit gefunden. In dieser Weise organisiert, können sie ihren Willen zur Vereinigung mit der Bundesrepublik (ihren „Beitritt") nur in der Form äußern, die ihre Verfassung zuläßt. Die Voraussetzung für die Realisierung des Beitritts ist also ein staatsrechtlicher Vorgang in der Deutschen Demokratischen Republik, der einem rechtlichen Einfluß durch die Bundesrepublik nicht zugänglich ist. Das berührt jedoch nicht die beschriebene in Art. 23 GG enthaltene Verfassungspflicht, den anderen Teilen Deutschlands den Beitritt offenzuhalten. Und daran hat auch der Vertrag nichts geändert. Anders ausgedrückt: Die im Vertrag hingenommene Abhängigkeit vom Rechtswillen der Deutschen Demokratischen Republik bei der Realisierung der Aufnahme anderer Teile Deutschlands ist nichts weiter, als eine Bestätigung dessen, was ohnehin rechtens ist, nachdem andere Teile Deutschlands sich in einem Staat Deutsche Demokratische Republik organisiert haben. Das heißt dann allerdings zugleich, daß keine der Vertragsbestimmungen dahin ausgelegt werden kann, daß die Bereitschaft (und Aufforderung) der Bundesregierung, das ihr gemäß Art. 23 GG zur Pflicht Gemachte zu verwirklichen, ein vertragswidriges Verhalten wäre. Diese Aufnahme der anderen Teile Deutschlands in *einen* freien deutschen Staat, der rechtlich auch nach Inkrafttreten des Vertrags möglich bleiben muß, ist die grundgesetzlich gebotene Rechtsauffassung, die der politischen Vorstellung der Deutschen Demokratischen Republik entgegenzusetzen ist, daß es eine Vereinigung nur in einem kommunistischen deutschen Staat der Zukunft geben dürfe.

5. Was die Vereinbarkeit des Vertrags mit den grundgesetzlichen Regelungen der Staatsangehörigkeit in Art. 16 und 116 Abs. 1 GG angeht, so gilt folgendes: Die Bundesrepublik hat zu Protokoll erklärt: „Staatsangehörigkeitsfragen sind durch den Vertrag nicht geregelt worden". Aber damit, daß eine *Regelung* der Staatsangehörigkeitsfragen nicht getroffen worden ist, ist die Frage nicht ausgeräumt, ob der Vertrag nicht *Auswirkungen* auf die Staatsangehörigkeit im Sinne des Art. 16 und des Art. 116 Abs. 1 GG hat und welche dieser Auswirkungen im Widerspruch mit den genannten grundgesetzlichen Vorschriften steht.

Art. 16 GG geht davon aus, daß die „deutsche Staatsangehörigkeit", die auch in Art. 116 Abs. 1 GG in Bezug genommen ist, zugleich die Staatsangehörigkeit der Bundesrepublik Deutschland ist. Deutscher Staatsangehöriger im Sinne des Grundgesetzes ist also nicht nur der Bürger der Bundesrepublik Deutschland. Für die Bundesrepublik Deutschland verliert ein Deutscher diese deutsche Staatsangehörigkeit nicht dadurch, daß sie ein *anderer* Staat aberkennt. Eine solche Aberkennung darf die Bundesrepublik Deutschland nicht rechtlich anerkennen; sie ist für sie ohne Wirkung.

Der Status des Deutschen im Sinne des Grundgesetzes, der die in diesem Grundgesetz statuierte deutsche Staatsangehörigkeit besitzt, darf durch keine Maßnahme, die der Bundesrepublik Deutschland zuzurechnen ist, gemindert oder verkürzt werden. Das folgt aus der mit dem Status des Staatsangehörigen verbundenen Schutzpflicht des Heimatstaates. Dazu gehört insbesondere, daß ein Deutscher, wann immer er in den Schutzbereich der staatlichen Ordnung der Bundesrepublik Deutschland gelangt — solange er nicht darauf verzichtet —, einen Anspruch darauf hat, nach dem Recht der Bundesrepublik Deutschland vor deren Gerichten sein Recht zu suchen. Deshalb hat das Bundesverfassungsgericht auch gegenüber Urteilen von Gerichten der Deutschen Demokratischen Republik, die kein Ausland ist, den ordre public durchgreifen lassen (BVerfGE 1, 150 [160 f.]). Die weiteren Konsequenzen können hier auf sich beruhen. Jedenfalls: Müßte der Vertrag dahin verstanden werden, daß die Bürger der Deutschen Demokratischen Republik im Geltungsbereich des Grundgesetzes nicht mehr als Deutsche im Sinne des Art. 16 und des Art. 116 Abs. 1 GG behandelt werden dürften, so stünde er eindeutig im Widerspruch zum Grundgesetz. Der Vertrag bedarf daher, um verfassungskonform zu sein, der Auslegung, daß die Deutsche Demokratische Republik auch in dieser Beziehung nach dem Inkrafttreten des Vertrags für die Bundesrepublik Deutschland nicht Ausland geworden ist. Der Vertrag bedarf weiter der Auslegung, daß — unbeschadet jeder Regelung des Staatsangehörigkeitsrechts in der Deutschen Demokratischen Republik — die Bundesrepublik Deutschland jeden Bürger der Deutschen Demokratischen Republik, der in den Schutzbereich der Bundesrepublik und ihrer Verfassung gerät, gemäß Art. 116 Abs. 1 und 16 GG als Deutschen wie jeden Bürger der Bundesrepublik behandelt. Er genießt deshalb, soweit er in den Geltungsbereich des Grundgesetzes gerät, auch den vollen Schutz der Gerichte der Bundesrepublik und alle Garantien der Grundrechte des Grundgesetzes, einschließlich des Grundrechts aus Art. 14 GG. Jede Verkürzung des verfassungsrechtlichen Schutzes, den das Grundgesetz gewährt, durch den Vertrag oder eine Vereinbarung zur Ausfüllung des Vertrags, wäre grundgesetzwidrig.

6. Entsprechendes gilt für die Interpretation des Protokollvermerks „Wegen der unterschiedlichen Rechtspositionen zu Vermögensfragen konnten diese durch den Vertrag nicht geregelt werden".

7. Aus der dargelegten besonderen Natur des Vertrags folgt, daß der Vertrag auch nicht unvereinbar ist mit der nach dem Grundgesetz der Bundesregierung aufgegebenen Pflicht, allen Deutschen im Sinne des Art. 116 Abs. 1 GG Schutz und Fürsorge angedeihen zu lassen. Sie ist nach wie vor befugt, innerhalb des Geltungsbereichs des Grundgesetzes, durch alle ihre diplomatischen Vertretungen und in allen internationalen Gremien, deren Mitglied sie ist, ihre Stimme zu erheben, ihren Einfluß geltend zu machen und einzutreten für die Interessen der deutschen Nation, zum Schutz der Deutschen im Sinne des Art. 116 Abs. 1 GG und Hilfe zu leisten auch jedem einzelnen von ihnen, der sich an eine Dienststelle der Bundesrepublik Deutschland wendet mit der Bitte um wirksame Unterstützung in der Verteidigung seiner Rechte, insbesondere seiner Grundrechte. Hier gibt es für die Bundesrepublik Deutschland auch künftig keinen rechtlichen Unterschied zwischen den Bürgern der Bundesrepublik Deutschland und „den anderen Deutschen". Das Eigentümliche dieses Vertrags liegt gerade darin, daß er selbst als „Grundlagenvertrag" neben den Rechtsgrundlagen, die schon vorher das rechtlich besondere Verhältnis zwischen Bundesrepublik Deutschland und Deutscher Demokratischer Republik begründet haben – die Rechtslage des nicht untergegangenen, aber nicht organisierten Gesamtdeutschlands und die Viermächte-Verantwortung für dieses Deutschland als Ganzes –, eine zusätzliche neue Rechtsgrundlage bildet, die die beiden Staaten in Deutschland enger als normale völkerrechtliche Verträge zwischen zwei Staaten aneinander binden.

8. Der Vertrag ändert nichts an der Rechtslage Berlins, wie sie seit je von Bundestag, Bundesrat und Bundesregierung, den Ländern der Bundesrepublik und dem Bundesverfassungsgericht gemeinsam unter Berufung auf das Grundgesetz verteidigt worden ist. Das Grundgesetz verpflichtet auch für die Zukunft alle Verfassungsorgane in Bund und Ländern, diese Rechtsposition ohne Einschränkung geltend zu machen und dafür einzutreten. Nur in diesem Kontext dürfen die Erklärungen beider Seiten in bezug auf Berlin (West) ausgelegt und verstanden werden.

Das bedeutet u. a., das Einvernehmen in Absatz 1 der Erklärungen, wonach die Ausdehnung von Abkommen und Regelungen, die im Zusatzprotokoll zu Artikel 7 vorgesehen sind, in Übereinstimmung mit dem Viermächte-Abkommen vom 3. September 1971 auf Berlin (West) im jeweiligen Fall vereinbart werden kann, schränkt in keiner Weise die grundgesetzliche Pflicht der für die Bundesrepublik Deutschland handelnden Organe ein, bei jedem Abkommen und bei jeder Vereinbarung mit der Deutschen Demokratischen Republik, die ihrem Inhalt nach auf das Land Berlin und seine Bürger ausgedehnt werden können, auf der Ausdehnung auf Berlin zu bestehen und nur abzuschließen, wenn der Rechtsstand Berlins und seiner Bürger gegenüber dem für den Geltungsbereich des Grundgesetzes geltenden Rechtsstand – vorbehaltlich des für Berlin geltenden alliierten Vorbehalts und „in Übereinstimmung mit dem Viermächte-Abkommen vom 3. September 1971" – nicht verkürzt wird.

Entsprechendes gilt für die Vereinbarung in Absatz 2, wonach die ständige Vertretung der Bundesrepublik Deutschland in der Deutschen Demokratischen Republik die „Interessen" von Berlin (West) vertreten wird. Schließlich ist festzuhalten, daß die in Absatz 3 vorgesehene Möglichkeit von „Vereinbarungen zwischen der Deutschen Demokratischen Republik und dem Senat", das Land Berlin nicht von der Beachtung der grundgesetzlichen Ordnung befreit.

9. Alles, was bisher zur Auslegung des Vertragswerks ausgeführt worden ist, gilt sinngemäß auch für den Abschluß der im Zusatzprotokoll in Artikel 7 vorgesehenen und der sonst zur Ausfüllung des Vertrags noch denkbaren Folgeverträge und -vereinbarungen mit der Deutschen Demokratischen Republik. Das bedeutet beispielsweise:

a) Das im Zusatzprotokoll zu Artikel 7 Nr. 5 vorgesehene Post- und Fernmeldeabkommen darf weder für die Deutschen in der Bundesrepublik Deutschland noch für die Deutschen in der Deutschen Demokratischen Republik eine Verkürzung oder Lockerung der Garantie des Brief-, Post- und Fernmeldegeheimnisses (Art. 10 GG) noch eine in Art. 5 GG nicht vorgesehene Einschränkung des freien Austausches von Meinungen und Informationen enthalten. Auch der im Zusatzprotokoll zu Artikel 7 Nr. 1 in Bezug genommene Handel zwischen der Bundesrepublik Deutschland und der Deutschen Demokratischen Republik auf der Grundlage der bestehenden Abkommen darf im Zuge der Fortentwicklung kein Außenhandel werden; d. h. es darf in diesem Bereich keine Zollgrenze vereinbart werden.

b) Was Fernsehen und Rundfunk angeht, die in der Programmgestaltung staatsunabhängig sind, ist klarzustellen, daß sich daran auch nach dem Vertrag nichts ändert, daß insbesondere der Vertrag keine Rechtsgrundlage dafür abgibt, durch entsprechende gesetzliche oder verwaltungsmäßige Maßnahmen Sendungen, die der Deutschen Demokratischen Republik unerwünscht sind, zu unterbinden. Was immer in der Bundesrepublik Deutschland innerhalb der allgemeinen anstaltseigenen Richtlinien und im Rahmen der bestehenden Anstaltsorganisationsgesetze ausgestrahlt wird, kann nicht als mit dem Vertrag unvereinbar angesehen werden; erst recht nicht darf die Bundesrepublik Deutschland sich in eine Vereinbarung einlassen, durch die diese Freiheit der Anstalten eingeschränkt wird. Mit anderen Worten: Das Grundrecht aus Art. 5 GG kann unter Berufung auf den Vertrag auch dann nicht eingeschränkt werden, wenn die andere Seite mit der Behauptung arbeitet, gewisse Sendungen widersprächen dem Inhalt und Geist des Vertrags, weil sie eine Einmischung in die inneren Angelegenheiten des Vertragspartners seien, und müßten deshalb in Erfüllung der vertraglich übernommenen Pflicht unterbunden werden.

c) Entsprechendes gilt für das Grundrecht der Vereinigungsfreiheit. Auch die Bildung von Vereinigungen, die der anderen Seite wegen ihres Programms unerwünscht sind, kann, solange sie sich an die grundgesetzliche Ordnung halten, nicht an die Zügel genommen werden, wenn der Vertragspartner ihre Ziele und Propaganda als mit dem Inhalt und Geist der Verträge unvereinbar angreift und verlangt, daß sie wegen angeblicher Einmischung in innere Verhältnisse der Deutschen Demokratischen Republik verboten werden.

d) Ebensowenig darf der Vertrag dahin verstanden werden, daß er die Bundesregierung und alle übrigen Organe in Bund und Ländern von der verfassungsmäßigen Pflicht entbinde, das öffentliche Bewußtsein nicht nur für die bestehenden Gemeinsamkeiten, sondern auch dafür wachzuhalten, welche weltanschaulichen, politischen und sozialen Unterschiede zwischen der Lebens- und Rechtsordnung der Bundesrepublik Deutschland und der Lebens- und Rechtsordnung der Deutschen Demokratischen Republik bestehen. Jeder Versuch, die Bundesregierung in diesem Bereich in ihrer Freiheit und verfassungsmäßigen Vertretung der Interessen der freiheitlich-demokratischen Grundordnung zu beschränken mit der Behauptung, sie verstoße gegen den Inhalt und Geist des Vertrags und mische sich in die inneren Angelegenheiten der Deutschen Demokratischen Republik ein, handle also vertragswidrig, stellt seinerseits eine Vertragswidrigkeit dar.

e) Schließlich muß klar sein, daß mit dem Vertrag schlechthin unvereinbar ist die gegenwärtige Praxis an der Grenze zwischen der Bundesrepublik Deutschland und der Deutschen Demokratischen Republik, also Mauer, Stacheldraht, Todesstreifen und Schießbefehl. Insoweit gibt der Vertrag eine zusätzliche Rechtsgrundlage dafür ab, daß die Bundesregierung in Wahrnehmung ihrer grundgesetzlichen Pflicht alles ihr Mögliche tun, um diese unmenschlichen Verhältnisse zu ändern und abzubauen.

VI.

Abschließend bedarf es zur Klarstellung der Bedeutung dieser Begründung des Urteils noch folgender Bemerkungen:

1. Die vorstehende Begründung behandelt den Vertrag wie ein vom Bundesgesetzgeber erlassenes Gesetz, läßt also beiseite, daß es auch spezifische Grenzen für die *Vertrags*auslegung gibt. Ihnen ist Rechnung getragen durch die Überlegung: Alle Ausführungen zur verfassungskonformen Auslegung des Vertrags lassen sich zurückführen auf den *einen* Grunddissens, den der Vertrag selbst in der Präambel offenlegt; die Vertragschließenden sind sich einig, daß sie über die „nationale Frage" nicht einig sind; wörtlich heißt es: „unbeschadet der unterschiedlichen Auffassungen der Bundesrepublik Deutschland und der Deutschen Demokratischen Republik zu grundsätzlichen Fragen, darunter zur nationalen Frage". Es entspricht also in diesem Fall den besonderen Regeln über die Auslegung von Verträgen, wenn das Urteil aus diesem Dissens für die Auslegung des Vertrags alle Konsequenzen zieht, die die Bundesrepublik Deutschland als Vertragspartner nach dem Recht des Grundgesetzes für sich in Anspruch nehmen muß.

2. Aus dem bisher Dargelegten ergibt sich, daß der Vertrag als ein Vertrag, der auf Ausfüllung angelegt ist, rechtlich außerordentlich bedeutsam ist nicht nur durch seine Existenz und durch seinen Inhalt, sondern vor allem auch als Rahmen für die künftigen Folgeverträge. Alle Ausführungen der Urteilsbegründung, auch die, die sich nicht ausschließlich auf den Inhalt des Vertrags selbst beziehen, sind nötig, also im Sinne der Rechtsprechung des Bundesverfassungsgerichts Teil der die Entscheidung tragenden Gründe.

3. Die Deutsche Demokratische Republik hatte vor Inkraftsetzen des Vertrags (20. Juni 1973) volle Kenntnis von dem beim Bundesverfassungsgericht anhängigen Verfahren, von der Kompetenz des Bundesverfassungsgerichts, von der Bindung der Bundesregierung und aller Verfassungsorgane, Gerichte und Behörden des Bundes und der Länder an die Entscheidungen des Bundesverfassungsgerichts, kannte die rechtlichen Darlegungen der Bundesregierung im Gesetzgebungsverfahren, die in der Substanz mit der durch dieses Urteil verbindlich gewordenen Rechts-

auffassung nicht in Widerspruch stehen, und den vollen, im Bundesgesetzblatt veröffentlichten Text des Vertragsgesetzes einschließlich des schon bei der Paraphierung des Vertrags angekündigten Briefes zur deutschen Einheit und war von der Bundesregierung — ohne daß ihr von der anderen Seite widersprochen wurde — immer wieder darauf hingewiesen worden, daß sie den Vertrag nur abschließen könne so, wie er mit dem Grundgesetz vereinbar sei. Diese Umstände sind geeignet auch in der völkerrechtlichen Auseinandersetzung, insbesondere auch gegenüber dem Vertragspartner, dem Vertrag die Auslegung zu geben, die nach dem Grundgesetz erforderlich ist. Das steht im Einklang mit einem Satz des allgemeinen Völkergewohnheitsrechts, der in der Staatenpraxis Bedeutung hat, wenn es darum geht, ob ausnahmsweise ein Vertragsteil sich dem anderen gegenüber darauf berufen kann, dieser hätte erkennen können und müssen, daß dem Vertrag in einer bestimmten Auslegung das innerstaatliche Verfassungsrecht entgegensteht.

VII.

Diese Entscheidung ist einstimmig ergangen.

Seuffert   Dr. v. Schlabrendorff   Dr. Rupp

Wand   Dr. Geiger   Hirsch   Dr. Rinck

Quelle: Entscheidungen des Bundesverfassungsgerichts, Band 36, Seite 1–36.

XVII.   **Prager Vertrag** vom 11. Dezember 1973
mit Begleitdokumenten

1.   **Gesetz
zu dem Vertrag vom 11. Dezember 1973 über die gegenseitigen Beziehungen
zwischen der Bundesrepublik Deutschland
und der Tschechoslowakischen Sozialistischen Republik**

Vom 12. Juli 1974

Der Bundestag hat das folgende Gesetz beschlossen:

Artikel 1

Dem in Prag am 11. Dezember 1973 unterzeichneten Vertrag über die gegenseitigen Beziehungen zwischen der Bundesrepublik Deutschland und der Tschechoslowakischen Sozialistischen Republik einschließlich der dazugehörigen Briefwechsel vom selben Tage

— über die Erstreckung der Geltung des Artikels II des Vertrages und der Verträge, die sich aus der Verwirklichung des Artikels V des Vertrages ergeben werden, auf Berlin (West),

— über die Regelung humanitärer Fragen,

wird zugestimmt. Der Vertrag, die beiden Briefwechsel sowie der Brief der Regierung der Tschechoslowakischen Sozialistischen Republik über Fragen der Strafverfolgung werden nachstehend veröffentlicht.

Artikel 2

Dieses Gesetz gilt, soweit die Regelungen des Vertragswerks für das Land Berlin gelten, auch im Land Berlin, sofern das Land Berlin die Anwendung dieses Gesetzes feststellt.

Artikel 3

(1) Dieses Gesetz tritt am Tage nach seiner Verkündung in Kraft.

(2) Der Tag, an dem der Vertrag nach seinem Artikel VI in Kraft tritt, ist im Bundesgesetzblatt bekanntzugeben.

Die verfassungsmäßigen Rechte des Bundesrates sind gewahrt.

Das vorstehende Gesetz wird hiermit verkündet.

Bonn, den 12. Juli 1974

Der Bundespräsident
Scheel

Der Bundeskanzler
Schmidt

Der Bundesminister des Auswärtigen
Genscher

2.

Vertrag
über die gegenseitigen Beziehungen
zwischen der Bundesrepublik Deutschland
und der Tschechoslowakischen Sozialistischen Republik

Smlouva
o vzájemných vztazích
mezi Spolkovou republikou Německa
a Československou socialistickou republikou

Die Bundesrepublik Deutschland
und
die Tschechoslowakische Sozialistische Republik —

IN DER HISTORISCHEN ERKENNTNIS, daß das harmonische Zusammenleben der Völker in Europa ein Erfordernis des Friedens bildet,

IN DEM FESTEN WILLEN, ein für allemal mit der unheilvollen Vergangenheit in ihren Beziehungen ein Ende zu machen, vor allem im Zusammenhang mit dem Zweiten Weltkrieg, der den europäischen Völkern unermeßliche Leiden zugefügt hat,

ANERKENNEND, daß das Münchener Abkommen vom 29. September 1938 der Tschechoslowakischen Republik durch das nationalsozialistische Regime unter Androhung von Gewalt aufgezwungen wurde,

ANGESICHTS DER TATSACHE, daß in beiden Ländern eine neue Generation herangewachsen ist, die ein Recht auf eine gesicherte friedliche Zukunft hat,

Spolková republika Německa
a
Československá socialistická republika

poučeny historií, že mír vyžaduje harmonické śoužití národů Evropy,

v pevné vůli jednou provždy skoncovat s neblahou minulostí ve svých vztazích, především v souvislosti s druhou světovou válkou, která přinesla nezměrné útrapy evropským národům,

uznávajíce, že mnichovská dohoda z 29. září 1938 byla Československé republice vnucena nacistickým režimem pod hrozbou síly,

uvědomujíce si, že v obou zemích vyrostla nová generace, která má právo na zajištěnou mírovou budoucnost,

IN DER ABSICHT, dauerhafte Grundlagen für die Entwicklung gutnachbarlicher Beziehungen zu schaffen,

IN DEM BESTREBEN, den Frieden und die Sicherheit in Europa zu festigen,

IN DER ÜBERZEUGUNG, daß die friedliche Zusammenarbeit auf der Grundlage der Ziele und Grundsätze der Charta der Vereinten Nationen dem Wunsche der Völker sowie dem Interesse des Friedens in der Welt entspricht —

sind wie folgt übereingekommen:

Artikel I

Die Bundesrepublik Deutschland und die Tschechoslowakische Sozialistische Republik betrachten das Münchener Abkommen vom 29. September 1938 im Hinblick auf ihre gegenseitigen Beziehungen nach Maßgabe dieses Vertrages als nichtig.

Artikel II

(1) Dieser Vertrag berührt nicht die Rechtswirkungen, die sich in bezug auf natürliche oder juristische Personen aus dem in der Zeit vom 30. September 1938 bis zum 9. Mai 1945 angewendeten Recht ergeben.

Ausgenommen hiervon sind die Auswirkungen von Maßnahmen, die beide vertragsschließende Parteien wegen ihrer Unvereinbarkeit mit den fundamentalen Prinzipien der Gerechtigkeit als nichtig betrachten.

(2) Dieser Vertrag läßt die sich aus der Rechtsordnung jeder der beiden Vertragsparteien ergebende Staatsangehörigkeit lebender und verstorbener Personen unberührt.

(3) Dieser Vertrag bildet mit seinen Erklärungen über das Münchener Abkommen keine Rechtsgrundlage für materielle Ansprüche der Tschechoslowakischen Sozialistischen Republik und ihrer natürlichen und juristischen Personen.

Artikel III

(1) Die Bundesrepublik Deutschland und die Tschechoslowakische Sozialistische Republik lassen sich in ihren gegenseitigen Beziehungen sowie in Fragen der Gewährleistung der Sicherheit in Europa und in der Welt von den Zielen und Grundsätzen, die in der Charta der Vereinten Nationen niedergelegt sind, leiten.

(2) Demgemäß werden sie entsprechend den Artikeln 1 und 2 der Charta der Vereinten Nationen alle ihre Streitfragen ausschließlich mit friedlichen Mitteln lösen und sich in Fragen, die die europäische und internationale Sicherheit berühren, sowie in ihren gegenseitigen Beziehungen der Drohung mit Gewalt oder der Anwendung von Gewalt enthalten.

Artikel IV

(1) In Übereinstimmung mit den vorstehenden Zielen und Grundsätzen bekräftigen die Bundesrepublik Deutsch-

---

vedeny úmyslem vytvořit trvalé základy pro rozvoj dobrých sousedských vztahů,

ve snaze upevnit mír a bezpečnost v Evropě,

přesvědčeny, že mírová spolupráce na základě cílů a zásad Charty Organizace spojených národů odpovídá tužbám národů a zájmům míru ve světě,

se dohodly takto:

Článek I

Spolková republika Německa a Československá socialistická republika považují mnichovskou dohodu z 29. září 1938 vzhledem ke svým vzájemným vztahům podle této Smlouvy za nulitní.

Článek II

(1) Tato Smlouva se nedotýká právních účinků, které vyplývají vůči fyzickým nebo právnickým osobám z práva použitého v době od 30. září 1938 do 9. května 1945.

Vyňaty z toho jsou účinky opatření, které obě smluvní strany považují pro jejich neslučitelnost se základními zásadami spravedlnosti za nulitní.

(2) Tato Smlouva ponechává nedotčenu státní příslušnost žijících a zemřelých osob, která vyplývá z právního řádu každé z obou smluvních stran.

(3) Tato Smlouva netvoří svými prohlášeními o mnichovské dohodě právní základnu pro materiální nároky Československé socialistické republiky a jejích fyzických a právnických osob.

Článek III

(1) Spolková republika Německa a Československá socialistická republika se řídí ve svých vzájemných vztazích i v otázkách zajištění bezpečnosti v Evropě a ve světě cíli a zásadami zakotvenými v Chartě Organizace spojených národů.

(2) V souladu s tím budou podle článku 1 a 2 Charty Organizace spojených národů řešit všechny své spory výlučně mírovými prostředky a vystříhají se hrozby silou nebo použití síly v otázkách, které se týkají evropské a světové bezpečnosti, jakož i ve svých vzájemných vztazích.

Článek IV

(1) Spolková republika Německa a Československá socialistická republika v souladu s výše uvedenými cíli a

land und die Tschechoslowakische Sozialistische Republik die Unverletzlichkeit ihrer gemeinsamen Grenze jetzt und in der Zukunft und verpflichten sich gegenseitig zur uneingeschränkten Achtung ihrer territorialen Integrität.

(2) Sie erklären, daß sie gegeneinander keinerlei Gebietsansprüche haben und solche auch in Zukunft nicht erheben werden.

Artikel V

(1) Die Bundesrepublik Deutschland und die Tschechoslowakische Sozialistische Republik werden weitere Schritte zur umfassenden Entwicklung ihrer gegenseitigen Beziehungen unternehmen.

(2) Sie stimmen darin überein, daß eine Erweiterung ihrer nachbarschaftlichen Zusammenarbeit auf den Gebieten der Wirtschaft, der Wissenschaft, der wissenschaftlich-technischen Beziehungen, der Kultur, des Umweltschutzes, des Sports, des Verkehrs und ihrer sonstigen Beziehungen in ihrem beiderseitigen Interesse liegt.

Artikel VI

Dieser Vertrag bedarf der Ratifikation und tritt am Tage des Austausches der Ratifikationsurkunden in Kraft, der in Bonn stattfinden soll.

ZU URKUND DESSEN haben die Bevollmächtigten der Vertragsparteien diesen Vertrag unterschrieben.

GESCHEHEN zu Prag am 11. Dezember 73 in zwei Urschriften, jede in deutscher und tschechischer Sprache, wobei jeder Wortlaut gleichermaßen verbindlich ist.

Für die
Bundesrepublik Deutschland
Za
Spolkovou republiku Německa

Willy B r a n d t
Walter S c h e e l

Sehr geehrter Herr Minister,

ich habe die Ehre, im Namen der Regierung der Bundesrepublik Deutschland das in den Verhandlungen erzielte Einvernehmen darüber zu bestätigen, daß die Geltung des Artikels II des heute unterzeichneten Vertrages über die gegenseitigen Beziehungen zwischen der Bundesrepublik Deutschland und der Tschechoslowakischen Sozialistischen Republik entsprechend dem Viermächte-Abkommen vom 3. September 1971 in Übereinstimmung mit den festgelegten Verfahren auf Berlin (West) erstreckt wird.

Die Bundesrepublik Deutschland und die Tschechoslowakische Sozialistische Republik nehmen in Aussicht,

zásadami potvrzují neporušitelnost svých společných hranic nyní i v budoucnu a vzájemně se zavazují neomezeně respektovat svou územní celistvost.

(2) Prohlašují, že nemají vůči sobě žádné územní nároky a nebudou takové nároky vznášet ani v budoucnu.

Článek V

(1) Spolková republika Německa a Československá socialistická republika podniknou další kroky k širokému rozvoji svých vzájemných vztahů.

(2) Jsou zajedno v tom, že rozšíření jejich sousedské spolupráce v oblasti hospodářství, vědy, vědeckotechnických styků, kultury, ochrany prostředí, sportu, dopravy a jiných styků je v zájmu obou stran.

Článek VI

Tato Smlouva podléhá ratifikaci a vstoupí v platnost dnem výměny ratifikačních listin, která má být provedena v Bonnu.

Na důkaz toho zmocněnci smluvních stran tuto Smlouvu podepsali.

Dáno v Praze dne 11. prosince 73 ve dvou vyhotoveních, každé v jazyce německém a českém, přičemž obě znění mají stejnou platnost.

Für die
Tschechoslowakische Sozialistische Republik
Za
Československou socialistickou republiku

S t r o u g a l
B. C h ň o u p e k

Vážený pane ministře,

mám čest jménem vlády Spolkové republiky Německa potvrdit shodu dosaženou v jednáních, že platnost článku II dnes podepsané Smlouvy o vzájemných vztazích mezi Spolkovou republikou Německa a Československou socialistickou republikou bude rozšířena podle Čtyřstranné dohody z 3. září 1971 v souladu se stanovenými procedurami na Berlín (Západní).

Spolková republika Německa a Československá socialistická republika hodlají sjednávat v každém jednotlivém die Erstreckung der Verträge, die sich aus der Verwirklichung des Artikels V dieses Vertrages ergeben werden, entsprechend dem Viermächte-Abkommen vom 3. September 1971 in Übereinstimmung mit den festgelegten Verfahren auf Berlin (West) in jedem einzelnen Falle zu vereinbaren.

Ich bitte Sie, mir Ihr Einvernehmen hiermit zu bestätigen.

Genehmigen Sie, Herr Minister, die Versicherung meiner ausgezeichnetsten Hochachtung.

Walter S c h e e l

An den
Minister für Auswärtige Angelegenheiten
der Tschechoslowakischen Sozialistischen Republik
Herrn Dipl.-Ing. Bohuslav C h ň o u p e k

případě rozšíření .smluv, které vyplynou z realizace článku V této Smlouvy, na Berlín (Západní) podle Čtyřstranné dohody z 3. září 1971 v souladu se stanovenými procedurami.

Prosím, abyste mi s tímto potvrdil Váš souhlas.

Přijměte, pane ministře, projev mé hluboké úcty.

Walter S c h e e l

Vážený pan
Ing. Bohuslav C h ň o u p e k
ministr zahraničních věcí
Československé socialistické republiky

Sehr geehrter Herr Minister,

ich habe die Ehre, im Namen der Regierung der Tschechoslowakischen Sozialistischen Republik den Empfang Ihres Briefes vom heutigen Tage zu bestätigen, der folgenden Wortlaut hat:

„Ich habe die Ehre, im Namen der Regierung der Bundesrepublik Deutschland das in den Verhandlungen erzielte Einvernehmen darüber zu bestätigen, daß die Geltung des Artikels II des heute unterzeichneten Vertrages über die gegenseitigen Beziehungen zwischen der Bundesrepublik Deutschland und der Tschechoslowakischen Sozialistischen Republik entsprechend dem Viermächte-Abkommen vom 3. September 1971 in Übereinstimmung mit den festgelegten Verfahren auf Berlin (West) erstreckt wird.

Die Bundesrepublik Deutschland und die Tschechoslowakische Sozialistische Republik nehmen in Aussicht, die Erstreckung der Verträge, die sich aus der Verwirklichung des Artikels V dieses Vertrages ergeben werden, entsprechend dem Viermächte-Abkommen vom 3. September 1971 in Übereinstimmung mit den festgelegten Verfahren auf Berlin (West) in jedem einzelnen Falle zu vereinbaren.

Ich bitte Sie, mir Ihr Einvernehmen hiermit zu bestätigen."

Die Regierung der Tschechoslowakischen Sozialistischen Republik ist damit einverstanden.

Genehmigen Sie, Herr Minister, die Versicherung meiner ausgezeichnetsten Hochachtung.

B. C h ň o u p e k

An den
Bundesminister des Auswärtigen
der Bundesrepublik Deutschland
Herrn Walter S c h e e l

Vážený pane spolkový ministře,

mám čest potvrdit jménem vlády Československé socialistické republiky příjem Vašeho dopisu z dnešního dne, který má toto znění:

«Mám čest jménem vlády Spolkové republiky Německa potvrdit shodu dosaženou v jednáních, že platnost článku II dnes podepsané Smlouvy o vzájemných vztazích mezi Spolkovou republikou Německa a Československou socialistickou republikou bude rozšířena podle Čtyřstranné dohody z 3. září 1971 v souladu se stanovenými procedurami na Berlín (Západní).

Spolková republika Německa a Československá socialistická republika hodlají sjednávat v každém jednotlivém případě rozšíření smluv, které vyplynou z realizace článku V této Smlouvy, na Berlín (Západní) podle Čtyřstranné dohody z 3. září 1971 v souladu se stanovenými procedurami.

Prosím Vás, abyste mi s tímto potvrdil Váš souhlas».

Vláda Československé socialistické republiky s tím souhlasí.

Přijměte, pane spolkový ministře, projev mé hluboké úcty.

B. C h ň o u p e k

Vážený pan
Walter S c h e e l
spolkový ministr zahraničí
Spolkové republiky Německa

3. Briefwechsel über humanitäre Fragen

Sehr geehrter Herr Minister,

im Zusammenhang mit der heutigen Unterzeichnung des Vertrages über die gegenseitigen Beziehungen zwischen der Bundesrepublik Deutschland und der Tschechoslowakischen Sozialistischen Republik habe ich die Ehre, Ihnen unter Bezugnahme auf Art. V dieses Vertrages mitzuteilen, daß bei den Vertragsverhandlungen Übereinstimmung in folgenden Fragen erzielt worden ist:

1. Im Rahmen ihrer Bemühungen um die Entwicklung der gegenseitigen Beziehungen werden die Regierung der Bundesrepublik Deutschland und die Regierung der Tschechoslowakischen Sozialistischen Republik den humanitären Fragen Aufmerksamkeit zuwenden.

2. Die tschechoslowakische Seite hat erklärt, daß die zuständigen tschechoslowakischen Stellen Anträge tschechoslowakischer Bürger, die auf Grund ihrer deutschen Nationalität die Aussiedlung in die Bundesrepublik Deutschland wünschen, im Einklang mit den in der Tschechoslowakischen Sozialistischen Republik geltenden Gesetzen und Rechtsvorschriften wohlwollend beurteilen werden.

   Die deutsche Seite hat erklärt, daß in Übereinstimmung mit den in der Bundesrepublik Deutschland geltenden Gesetzen und Rechtsvorschriften Personen tschechischer oder slowakischer Nationalität, die dies wünschen, in die Tschechoslowakische Sozialistische Republik aussiedeln können.

3. Es gibt keine Einwände seitens der beiden Regierungen, daß das Deutsche Rote Kreuz und das Tschechoslowakische Rote Kreuz die Lösung der oben erwähnten Fragen fördern.

4. Beide Regierungen werden den Reiseverkehr zwischen den beiden Ländern weiterentwickeln, einschließlich der Verwandtenbesuche.

5. Beide Regierungen werden Möglichkeiten technischer Verbesserungen im Reiseverkehr prüfen, einschließlich einer zügigen Abfertigung an den Grenzübergangsstellen sowie der Eröffnung weiterer Grenzübergänge.

6. Der Inhalt dieses Briefwechsels wird sinngemäß entsprechend dem Viermächte-Abkommen vom 3. September 1971 in Übereinstimmung mit den festgelegten Verfahren auch auf Berlin (West) angewandt.

Ich bitte Sie, mir den Inhalt dieses Briefes zu bestätigen.

Genehmigen Sie, Herr Minister, die Versicherung meiner ausgezeichnetsten Hochachtung.

Walter S c h e e l

An den
Minister für Auswärtige Angelegenheiten
der Tschechoslowakischen Sozialistischen Republik
Herrn Dipl.-Ing. Bohuslav C h ň o u p e k

Vážený pane ministře,

v souvislosti s dnešním podpisem Smlouvy o vzájemných vztazích mezi Spolkovou republikou Německa a Československou socialistickou republikou mám čest sdělit Vám s odvoláním na článek V této Smlouvy, že bylo dosaženo při smluvních jednáních shody v těchto otázkách:

1. V rámci svých snah o rozvoj vzájemných vztahů budou věnovat vláda Spolkové republiky Německa a vláda Československé socialistické republiky pozornost humanitním otázkám.

2. Československá strana prohlásila, že příslušná československá místa budou blahovolně posuzovat v souladu se zákony a právními předpisy, platnými v Československé socialistické republice, žádosti československých občanů, kteří si na základě své německé národnosti přejí vystěhovat se do Spolkové republiky Německa.

   Německá strana prohlásila, že v souladu se zákony a právními předpisy, platnými ve Spolkové republice Německa, mohou osoby české či slovenské národnosti, které si to přejí, vystěhovat se do Československé socialistické republiky.

3. Ze strany obou vlád není námitek proti tomu, aby Německý červený kříž a Československý červený kříž napomáhaly řešení výše zmíněných otázek.

4. Obě vlády budou dále rozvíjet cestovní ruch mezi oběma zeměmi včetně návštěv příbuzných.

5. Obě vlády budou zkoumat možnosti technických zlepšení v cestovním ruchu, včetně plynulého odbavování na hraničních přechodech, jakož i otevření dalších hraničních přechodů.

6. Obsah těchto vyměněných dopisů bude dle svého smyslu aplikován podle Čtyřstranné dohody z 3. září 1971, v souladu se stanovenými procedurami též na Berlín (Západní).

Prosím Vás, abyste mi potvrdil obsah tohoto dopisu.

Přijměte, velevážený pane ministře, projev mé hluboké úcty.

Walter S c h e e l

Vážený pan
Ing. Bohuslav C h ň o u p e k
ministr zahraničních věcí
Československé socialistické republiky

Sehr geehrter Herr Minister,

ich habe die Ehre, im Namen der Regierung der Tschechoslowakischen Sozialistischen Republik den Empfang Ihres Briefes vom heutigen Tage zu bestätigen, der folgenden Wortlaut hat:

„Im Zusammenhang mit der heutigen Unterzeichnung des Vertrages über die gegenseitigen Beziehungen zwischen der Bundesrepublik Deutschland und der Tschechoslowakischen Sozialistischen Republik habe ich die Ehre, Ihnen unter Bezugnahme auf Art. V dieses Vertrages mitzuteilen, daß bei den Vertragsverhandlungen Übereinstimmung in folgenden Fragen erzielt worden ist:

1. Im Rahmen ihrer Bemühungen um die Entwicklung der gegenseitigen Beziehungen werden die Regierung der Bundesrepublik Deutschland und die Regierung der Tschechoslowakischen Sozialistischen Republik den humanitären Fragen Aufmerksamkeit zuwenden.

2. Die tschechoslowakische Seite hat erklärt, daß die zuständigen tschechoslowakischen Stellen Anträge tschechoslowakischer Bürger, die auf Grund ihrer deutschen Nationalität die Aussiedlung in die Bundesrepublik Deutschland wünschen, im Einklang mit den in der Tschechoslowakischen Sozialistischen Republik geltenden Gesetzen und Rechtsvorschriften wohlwollend beurteilen werden.

Die deutsche Seite hat erklärt, daß in Übereinstimmung mit den in der Bundesrepublik Deutschland geltenden Gesetzen und Rechtsvorschriften Personen tschechischer oder slowakischer Nationalität, die dies wünschen, in die Tschechoslowakische Sozialistische Republik aussiedeln können.

3. Es gibt keine Einwände seitens der beiden Regierungen, daß das Deutsche Rote Kreuz und das Tschechoslowakische Rote Kreuz die Lösung der oben erwähnten Fragen fördern.

4. Beide Regierungen werden den Reiseverkehr zwischen den beiden Ländern weiterentwickeln, einschließlich der Verwandtenbesuche.

5. Beide Regierungen werden Möglichkeiten technischer Verbesserungen im Reiseverkehr prüfen, einschließlich einer zügigen Abfertigung an den Grenzübergangsstellen sowie der Eröffnung weiterer Grenzübergänge.

6. Der Inhalt dieses Briefwechsels wird sinngemäß entsprechend dem Viermächte-Abkommen vom 3. September 1971 in Übereinstimmung mit den festgelegten Verfahren auch auf Berlin (West) angewandt.

Ich bitte Sie, mir den Inhalt dieses Briefes zu bestätigen."

Die Regierung der Tschechoslowakischen Sozialistischen Republik ist damit einverstanden.

Genehmigen Sie, Herr Minister, die Versicherung meiner ausgezeichnetsten Hochachtung.

B. Chňoupek

An den
Bundesminister des Auswärtigen
der Bundesrepublik Deutschland
Herrn Walter Scheel

Vážený pane spolkový ministře,

mám čest potvrdit jménem vlády Československé socialistické republiky přijem Vašeho dopisu z dnešního dne, který má toto znění:

« V souvislosti s dnešním podpisem Smlouvy o vzájemných vztazích mezi Spolkovou republikou Německa a Československou socialistickou republikou mám čest sdělit Vám s odvoláním na článek V této Smlouvy, že bylo dosaženo při smluvních jednáních shody v těchto otázkách:

1. V rámci svých snah o rozvoj vzájemných vztahů budou věnovat vláda Spolkové republiky Německa a vláda Československé socialistické republiky pozornost humanitním otázkám.

2. Československá strana prohlásila, že příslušná československá místa budou blahovolně posuzovat v souladu se zákony a právními předpisy, platnými v Československé socialistické republice, žádosti československých občanů, kteří si na základě své německé národnosti přejí vystěhovat se do Spolkové republiky Německa.

Německá strana prohlásila, že v souladu se zákony a právními předpisy, platnými ve Spolkové republice Německa, mohou osoby české či slovenské národnosti, které si to přejí, vystěhovat se do Československé socialistické republiky.

3. Ze strany obou vlád není námitek proti tomu, aby Německý červený kříž a Československý červený kříž napomáhaly řešení výše zmíněných otázek.

4. Obě vlády budou dále rozvíjet cestovní ruch mezi oběma zeměmi včetně návštěv příbuzných.

5. Obě vlády budou zkoumat možnosti technických zlepšení v cestovním ruchu, včetně plynulého odbavování na hraničních přechodech, jakož i otevření dalších hraničních přechodů.

6. Obsah těchto vyměněných dopisů bude dle svého smyslu aplikován podle Čtyřstranné dohody z 3. září 1971, v souladu se stanovenými procedurami též na Berlín (Západní).

Prosím Vás, abyste mi potvrdil obsah tohoto dopisu. »

Vláda Československé socialistické republiky s tím souhlasí.

Přijměte, pane spolkový ministře, projev mé hluboké úcty.

B. Chňoupek

Vážený pan
Walter Scheel
spolkový ministr zahraničí
Spolkové republiky Německa

Sehr geehrter Herr Minister,

anläßlich der heutigen Unterzeichnung des Vertrages zwischen der Tschechoslowakischen Sozialistischen Republik und der Bundesrepublik Deutschland über ihre gegenseitigen Beziehungen habe ich die Ehre, Sie im Namen der Regierung der Tschechoslowakischen Sozialistischen Republik über folgendes zu unterrichten:

Von den in den Jahren 1938 bis 1945 verübten strafbaren Handlungen können nach gültigem tschechoslowakischen Recht gegenwärtig nur noch solche Taten verfolgt werden, die nach dem tschechoslowakischen Strafgesetz strafbar sind, für die das Gesetz die Todesstrafe vorsieht und die zugleich die Merkmale von Kriegsverbrechen oder Verbrechen gegen die Menschlichkeit im Sinne des Artikels 6 Buchstaben b und c des Statuts des Internationalen Militärgerichtshofs in Nürnberg erfüllen. Für Taten dieser Art verjährt die Strafverfolgung nicht.

In allen übrigen Fällen ist die Strafverfolgung spätestens im Jahre 1965 verjährt. An diesem Zustand wird dieser Vertrag nichts ändern.

Genehmigen Sie, Herr Minister, die Versicherung meiner ausgezeichnetsten Hochachtung.

B. Chňoupek

An den
Bundesminister des Auswärtigen
der Bundesrepublik Deutschland
Herrn Walter Scheel

Quelle: Bundesgesetzblatt Teil II, 1974, Seite 989–997.

Vážený pane spolkový ministře,

při příležitosti dnešního podpisu Smlouvy o vzájemných vztazích mezi Československou socialistickou republikou a Spolkovou republikou Německa mám čest oznámit Vám jménem vlády Československé socialistické republiky toto:

Podle platného československého práva mohou být z trestných činů spáchaných v letech 1938 až 1945 v současné době stíhány jen ty, které jsou trestné podle československého trestního zákona, za které zákon předvídá trest smrti a které mají současně znaky válečných zločinů nebo zločinů proti lidskosti ve smyslu článku 6 písmeno b) a c) statutu Mezinárodního vojenského soudu v Norimberku. Trestní stíhání pro takové trestné činy se nepromlčuje.

Ve všech jiných případech je trestní stíhání nejpozději v roce 1965 promlčeno. Na tomto stavu tato Smlouva nic nezmění.

Přijměte, pane spolkový ministře, projev mé hluboké úcty.

B. Chňoupek

Vážený pan
Walter Scheel
spolkový ministr zahraničí
Spolkové republiky Německa

1.
Bekanntmachung
des Abkommens zwischen der Regierung der Bundesrepublik Deutschland und der Regierung der Deutschen Demokratischen Republik über kulturelle Zusammenarbeit

Vom 4. Juni 1986

In Berlin ist am 6. Mai 1986 das Abkommen zwischen der Regierung der Bundesrepublik Deutschland und der Regierung der Deutschen Demokratischen Republik über kulturelle Zusammenarbeit unterzeichnet worden. Durch Notenwechsel ist gemäß Artikel 15 des Abkommens vereinbart worden, daß das Abkommen mit der Unterzeichnung in Kraft tritt. Das Abkommen ist damit

am 6. Mai 1986

in Kraft getreten. Das Abkommen, der gemeinsame Protokollvermerk zu Artikel 6 des Abkommens und die gemein-same Protokollerklärung zum Abkommen werden nachstehend veröffentlicht.

Bonn, den 4. Juni 1986

Der Bundesminister
für innerdeutsche Beziehungen
In Vertretung
Rehlinger

2.
Abkommen
zwischen der Regierung der Bundesrepublik Deutschland und der Regierung der Deutschen Demokratischen Republik über kulturelle Zusammenarbeit

6. Mai 1986

Die Regierung der Bundesrepublik Deutschland

und

die Regierung der Deutschen Demokratischen Republik

sind

– auf der Grundlage des Vertrages über die Grundlagen der Beziehungen zwischen der Bundesrepublik Deutschland und der Deutschen Demokratischen Republik vom 21. Dezember 1972,

– mit dem Ziel, die gegenseitige Kenntnis des kulturellen und gesellschaftlichen Lebens zu vertiefen und zum besseren gegenseitigen Verständnis beizutragen,

– in dem Bewußtsein, damit einen Beitrag zur Festigung des Friedens und zur Entspannung zu leisten,

– in der Entschlossenheit, die Bestimmungen der Schlußakte der Konferenz über Sicherheit und Zusammenarbeit in Europa in Verbindung mit dem Abschließenden Dokument von Madrid gebührend zu berücksichtigen und durchzuführen,

– von dem Wunsch geleitet, die kulturelle Zusammenarbeit zu verbessern und zu entwickeln,

übereingekommen,

dieses Abkommen zu schließen.

Artikel 1

Die Abkommenspartner fördern im Rahmen ihrer Möglichkeiten und auf der Grundlage des beiderseitigen Interesses die Zusammenarbeit auf den Gebieten der Kultur, Kunst, Bildung und Wissenschaft sowie auf anderen damit in Zusammenhang stehenden Gebieten.

Die Zusammenarbeit erfolgt zwischen den zuständigen Organen bzw. Behörden, Institutionen und – soweit sie nach Maßgabe der innerstaatlichen Rechtsordnung und Praxis an der Realisierung des Abkommens beteiligt sind oder werden – zwischen Organisationen, Vereinigungen und den im kulturellen Bereich tätigen Personen.

Die Zusammenarbeit vollzieht sich in Übereinstimmung mit den jeweiligen innerstaatlichen Rechtsvorschriften und mit den bilateralen und multilateralen, insbesondere in der Präambel zu diesem Abkommen genannten Verpflichtungen der Abkommenspartner.

Die Abkommenspartner gewähren in diesem Rahmen die für die Erfüllung des Abkommens erforderlichen Bedingungen.

Artikel 2

Die Abkommenspartner fördern die Zusammenarbeit auf den Gebieten von Wissenschaft und Bildung einschließlich der Schul-, Berufs- und Erwachsenenbildung sowie der Hoch- und Fachschulbildung.

Sie fördern

1. die Entsendung von Delegationen, Wissenschaftlern und Experten zum Zwecke des Erfahrungsaustausches, wissenschaftlicher Information und der Teilnahme an Kongressen und Konferenzen;

2. den Austausch von Wissenschaftlern zu Vorlesungs-, Forschungs- und Studienaufenthalten;

3. den Austausch von Studierenden, insbesondere postgradual Studierenden, und jungen Wissenschaftlern zu Studienaufenthalten;

4. den Austausch von Fachliteratur, Lehr- und Anschauungsmaterial sowie von Lehrmitteln.

Zur Realisierung der in den Ziffern 2 und 3 genannten Aktivitäten können Stipendien gewährt werden.

Artikel 3

Die Abkommenspartner fördern die Zusammenarbeit auf den Gebieten der bildenden und darstellenden Kunst, des Films, der Musik, der Literatur und Sprachpflege, des Museumswesens, der Denkmalpflege und verwandten Gebieten.

Sie fördern

1. den Austausch und Kontakte von Delegationen, Künstlern und Kulturschaffenden auf den verschiedenen Gebieten der Kultur und Kunst und zu unterschiedlichen Anlässen;

2. die Teilnahme von Fachleuten auf dem Gebiet der Kultur und Kunst an bedeutenden bilateralen und multilateralen Veranstaltungen;

3. den Austausch von Publikationen und Informationsmaterialien zwischen kulturellen und künstlerischen Institutionen;

4. den Austausch von kulturellen und künstlerischen Leistungen durch Veranstaltungen unterschiedlicher Art;

5. den Austausch und die Zusammenarbeit zwischen den Institutionen, Betrieben und Einrichtungen auf dem Gebiet des Filmwesens einschließlich der Durchführung von Filmveranstaltungen, der Beteiligung an bedeutenden Filmfestivals und Filmfestivals mit internationaler Beteiligung und der Teilnahme von Filmschaffenden in diesem Zusammenhang sowie der Zusammenarbeit zwischen den zuständigen Institutionen auf dem Gebiet des Filmarchivwesens;

6. die Zusammenarbeit auf dem Gebiet des Museumswesens, den Austausch von Ausstellungen sowie die Gewährung von Leihgaben;

7. die Zusammenarbeit zwischen Institutionen der Denkmalpflege, die die archäologische Denkmalpflege einschließt.

Artikel 4

Die Abkommenspartner fördern im Rahmen ihrer Möglichkeiten kommerzielle Gastspiele von Künstlern und Ensembles, die zwischen den dafür zuständigen Partnern vereinbart werden.

Die Abkommenspartner fördern im Rahmen ihrer Möglichkeiten ebenfalls kommerzielle Beziehungen auf weiteren Gebieten der Kultur und Kunst einschließlich der verlegerischen Tätigkeit und der kommerziellen Zusammenarbeit auf dem Gebiet des Films.

Artikel 5

Die Abkommenspartner fördern im Rahmen ihrer Möglichkeiten die Zusammenarbeit auf dem Gebiet des Verlagswesens.

Sie unterstützen

1. die Erweiterung von Lieferung und Bezug von Verlagserzeugnissen im Rahmen des kommerziellen Literaturaustausches;

2. die Verlage bei der Herausgabe von Publikationen, die für die andere Seite oder beide Seiten von besonderem informatorischen oder wissenschaftlichen Nutzen sind;

3. die Erweiterung der beiderseitigen Vergabe von Lizenzen;

4. die Teilnahme von Verlagen an Buchmessen.

Artikel 6

Die Abkommenspartner fördern die Zusammenarbeit auf dem Gebiet des Bibliothekswesens.

Sie prüfen dabei die Möglichkeiten für

1. die Erweiterung des internationalen Schriftentausches;

2. die Entwicklung der Zusammenarbeit bei der Aufstellung und Bearbeitung von Katalogisierungsregeln für deutschsprachige Länder im Rahmen multilateraler Zusammenarbeit.

Sie fördern die Zusammenarbeit durch

1. die Erweiterung des Leihverkehrs;

2. den Austausch von Bibliographien und sonstigen Informationen;

3. den Austausch nichtkommerzieller Ausstellungen auf dem Gebiet des Bibliothekswesens;

4. den Informationsaustausch, insbesondere die Teilnahme an bedeutenden Fachtagungen mit internationaler Beteiligung.

Artikel 7

Die Abkommenspartner fördern die Zusammenarbeit auf dem Gebiet des Archivwesens.

Sie fördern

1. den Zugang zu offenen Archivmaterialien auf der Grundlage der innerstaatlichen Rechtsvorschriften;

2. den Austausch von Archivgutreproduktionen durch die Archivverwaltungen;

3. den Austausch von Fachliteratur und die Gewährung von Auskünften über Archivmaterialien;

4. Ausstellungen durch Bereitstellung von Dokumenten, vorrangig in Form von Reproduktionen;

5. den Informationsaustausch, insbesondere die Teilnahme an bedeutenden Fachtagungen mit internationaler Beteiligung.

Artikel 8

Die zuständigen staatlichen Stellen der Abkommenspartner informieren sich gegenseitig über bedeutende Tagungen, Konferenzen, Wettbewerber, Festspiele, kulturelle Gedenk- und Jubiläumsveranstaltungen sowie über wissenschaftliche Kongresse.

Die Abkommenspartner fördern bei bestehendem Interesse die Teilnahme von Wissenschaftlern, Kulturschaffenden und Experten an derartigen Veranstaltungen.

Artikel 9

Die Abkommenspartner fördern die Zusammenarbeit auf dem Gebiet des Rundfunks und des Fernsehens. Sie empfehlen den zuständigen Institutionen, zu diesem Zweck Vereinbarungen abzuschließen.

Artikel 10

Die Abkommenspartner fördern die Zusammenarbeit auf dem Gebiet des Sports.

Artikel 11

Die Abkommenspartner fördern im Rahmen ihrer Möglichkeiten die Entwicklung des Jugendaustausches einschließlich von Auszubildenden und Schülern.

Artikel 12

Die Abkommenspartner stimmen zur Durchführung des Abkommens Arbeitspläne einschließlich der finanziellen Regelungen ab, die jeweils den Zeitraum von zwei Jahren umfassen.

Hierdurch wird die Förderung anderer Maßnahmen, die in den Kulturarbeitsplänen nicht enthalten sind, ihrem Charakter nach jedoch den Zielen des Abkommens entsprechen, nicht ausgeschlossen.

Artikel 13

Entsprechend dem Viermächte-Abkommen vom 3. September 1971 wird dieses Abkommen in Übereinstimmung mit den festgelegten Verfahren auf Berlin (West) ausgedehnt.

Artikel 14

Das Abkommen ist für fünf Jahre gültig. Seine Gültigkeitsdauer verlängert sich jeweils um drei Jahre, wenn es nicht von einem der Abkommenspartner mindestens sechs Monate vor seinem Ablauf schriftlich gekündigt wird.

Artikel 15

Das Abkommen tritt nach Vorliegen der innerstaatlichen Voraussetzungen zu einem gegenseitig durch Notenaustausch zu vereinbarenden Zeitpunkt in Kraft.

Geschehen in Berlin am 6. Mai 1986 in zwei Urschriften in deutscher Sprache.

Für die Regierung der Bundesrepublik Deutschland
Hans Otto Bräutigam

Für die Regierung der Deutschen Demokratischen Republik
Kurt Nier

3. **Gemeinsamer Protokollvermerk
zu Artikel 6 des Abkommens zwischen der Regierung der Bundesrepublik Deutschland
und der Regierung der Deutschen Demokratischen Republik
über kulturelle Zusammenarbeit**

Die Abkommenspartner empfehlen den Verlagen und sonstigen Herausgebern, unaufgefordert Belegexemplare ihrer Veröffentlichungen an die zentrale Sammelstelle der jeweils anderen Seite (Deutsche Bücherei, Leipzig, bzw. Deutsche Bibliothek, Frankfurt/Main) zu senden.

4.

Gemeinsame Protokollerklärung
zum Abkommen zwischen der Regierung der Bundesrepublik Deutschland
und der Regierung der Deutschen Demokratischen Republik
über kulturelle Zusammenarbeit

Die unterschiedlichen Auffassungen in der Frage kriegsbedingt verlagerter Kulturgüter bleiben unberührt. Die Abkommenspartner erklären ihre Bereitschaft, im Rahmen ihrer Möglichkeiten Lösungen in den Bereichen kriegsbedingt verlagerter Kulturgüter zu suchen.

Quelle: Bundesgesetzblatt Teil II, 1986, Seite 709–711.

XIX. **Vertrag über die Schaffung einer Währungs-, Wirtschafts- und Sozialunion**
zwischen der Bundesrepublik Deutschland
und der Deutschen Demokratischen Republik

verabschiedet vom Deutschen Bundestag und der Volkskammer der
DDR am 21. Juni 1990

Die Hohen Vertragschließenden Seiten –

DANK DER TATSACHE, daß in der Deutschen Demokratischen Republik im Herbst 1989 eine friedliche und demokratische Revolution stattgefunden hat,

ENTSCHLOSSEN, in Freiheit die Einheit Deutschlands in einer europäischen Friedensordnung alsbald zu vollenden,

IN DEM GEMEINSAMEN WILLEN, die Soziale Marktwirtschaft als Grundlage für die weitere wirtschaftliche und gesellschaftliche Entwicklung mit sozialem Ausgleich und sozialer Absicherung und Verantwortung gegenüber der Umwelt auch in der Deutschen Demokratischen Republik einzuführen und hierdurch die Lebens- und Beschäftigungsbedingungen ihrer Bevölkerung stetig zu verbessern,

AUSGEHEND VON DEM BEIDERSEITIGEN WUNSCH, durch die Schaffung einer Währungs-, Wirtschafts- und Sozialunion einen ersten bedeutsamen Schritt in Richtung auf die Herstellung der staatlichen Einheit nach Artikel 23 des Grundgesetzes der Bundesrepublik Deutschland als Beitrag zur europäischen Einigung unter Berücksichtigung der Tatsache zu unternehmen, daß die äußeren Aspekte der Herstellung der Einheit Gegenstand der Gespräche mit den Regierungen der Französischen Republik, der Union der

Sozialistischen Sowjetrepubliken, des Vereinigten Königreichs Großbritannien und Nordirland und der Vereinigten Staaten von Amerika sind,

IN DER ERKENNTNIS, daß mit der Herstellung der staatlichen Einheit die Entwicklung föderativer Strukturen in der Deutschen Demokratischen Republik einhergeht,

IN DEM BEWUSSTSEIN, daß die Regelungen dieses Vertrages die Anwendung des Rechts der Europäischen Gemeinschaften nach Herstellung der staatlichen Einheit gewährleisten sollen –

SIND ÜBEREINGEKOMMEN, einen Vertrag über die Schaffung einer Währungs-, Wirtschafts- und Sozialunion mit den nachfolgenden Bestimmungen zu schließen:

Kapitel I

Grundlagen

Artikel 1

Gegenstand des Vertrags

(1) Die Vertragsparteien errichten eine Währungs-, Wirtschafts- und Sozialunion.

273

(2) Die Vertragsparteien bilden beginnend mit dem 1. Juli 1990 eine Währungsunion mit einem einheitlichen Währungsgebiet und der Deutschen Mark als gemeinsamer Währung. Die Deutsche Bundesbank ist die Währungs- und Notenbank dieses Währungsgebiets. Die auf Mark der Deutschen Demokratischen Republik lautenden Verbindlichkeiten und Forderungen werden nach Maßgabe dieses Vertrags auf Deutsche Mark umgestellt.

(3) Grundlage der Wirtschaftsunion ist die Soziale Marktwirtschaft als gemeinsame Wirtschaftsordnung beider Vertragsparteien. Sie wird insbesondere bestimmt durch Privateigentum, Leistungswettbewerb, freie Preisbildung und grundsätzlich volle Freizügigkeit von Arbeit, Kapital, Gütern und Dienstleistungen; hierdurch wird die gesetzliche Zulassung besonderer Eigentumsformen für die Beteiligung der öffentlichen Hand oder anderer Rechtsträger am Wirtschaftsverkehr nicht ausgeschlossen, soweit private Rechtsträger dadurch nicht diskriminiert werden. Sie trägt den Erfordernissen des Umweltschutzes Rechnung.

(4) Die Sozialunion bildet mit der Währungs- und Wirtschaftsunion eine Einheit. Sie wird insbesondere bestimmt durch eine der Sozialen Marktwirtschaft entsprechende Arbeitsrechtsordnung und ein auf den Prinzipien der Leistungsgerechtigkeit und des sozialen Ausgleichs beruhendes umfassendes System der sozialen Sicherung.

Artikel 2
Grundsätze

(1) Die Vertragsparteien bekennen sich zur freiheitlichen, demokratischen, föderativen, rechtsstaatlichen und sozialen Grundordnung. Zur Gewährleistung der in diesem Vertrag oder in Ausführung dieses Vertrags begründeten Rechte garantieren sie insbesondere die Vertragsfreiheit, Gewerbe-, Niederlassungs- und Berufsfreiheit, die Freizügigkeit von Deutschen in dem gesamten Währungsgebiet, die Freiheit, zur Wahrung und Förderung der Arbeits- und Wirtschaftsbedingungen Vereinigungen zu bilden, sowie nach Maßgabe der Anlage IX das Eigentum privater Investoren an Grund und Boden sowie an Produktionsmitteln.

(2) Entgegenstehende Vorschriften der Verfassung der Deutschen Demokratischen Republik über die Grundlagen ihrer bisherigen sozialistischen Gesellschafts- und Staatsordnung werden nicht mehr angewendet.

Artikel 3
Rechtsgrundlagen

Für die Errichtung der Währungsunion und die Währungsumstellung gelten die in der Anlage I aufgeführten vereinbarten Bestimmungen. Bis zur Errichtung der Währungs-

union werden die in der Anlage II bezeichneten Rechtsvorschriften der Bundesrepublik Deutschland auf den Gebieten des Währungs-, Kredit-, Geld- und Münzwesens sowie der Wirtschafts- und Sozialunion in der Deutschen Demokratischen Republik in Kraft gesetzt; danach gelten sie in der jeweiligen Fassung im gesamten Währungsgebiet nach Maßgabe der Anlage II, soweit sich aus diesem Vertrag nichts anderes ergibt. Die Deutsche Bundesbank, das Bundesaufsichtsamt für das Kreditwesen und das Bundesaufsichtsamt für das Versicherungswesen üben die ihnen nach diesem Vertrag und nach diesen Rechtsvorschriften zustehenden Befugnisse im gesamten Geltungsbereich dieses Vertrags aus.

Artikel 4
Rechtsanpassung

(1) Für die mit der Errichtung der Währungs-, Wirtschafts- und Sozialunion erforderliche Rechtsanpassung in der Deutschen Demokratischen Republik gelten die in Artikel 2 Absatz 1 niedergelegten Grundsätze und die im Gemeinsamen Protokoll vereinbarten Leitsätze; fortbestehendes Recht ist gemäß diesen Grund- und Leitsätzen auszulegen und anzuwenden. Die Deutsche Demokratische Republik hebt bis zur Errichtung der Währungsunion die in der Anlage III bezeichneten Vorschriften auf oder ändert sie und erläßt die in der Anlage IV bezeichneten neuen Rechtsvorschriften, soweit nicht im Vertrag oder in den Anlagen ein anderer Zeitpunkt festgelegt ist.

(2) Die in der Bundesrepublik Deutschland beabsichtigten Änderungen von Rechtsvorschriften sind in der Anlage V aufgeführt. Die in der Deutschen Demokratischen Republik beabsichtigten Regelungen sind in der Anlage VI aufgeführt.

(3) Bei der Übermittlung personenbezogener Informationen gelten die in der Anlage VII enthaltenen Grundsätze.

Artikel 5
Amtshilfe

Die Behörden der Vertragsparteien leisten sich nach Maßgabe des innerstaatlichen Rechts bei der Durchführung dieses Vertrags Amtshilfe. Artikel 32 bleibt unberührt.

Artikel 6
Rechtsschutz

(1) Wird jemand durch die öffentliche Gewalt in seinen durch diesen Vertrag oder in Ausführung dieses Vertrags gewährleisteten Rechten verletzt, so steht ihm der Rechtsweg zu den Gerichten offen. Soweit eine andere Zuständigkeit nicht begründet ist, ist der ordentliche Rechtsweg gegeben.

(2) Die Deutsche Demokratische Republik gewährleistet gerichtlichen Rechtsschutz einschließlich eines effektiven einstweiligen Rechtsschutzes. Soweit für öffentlich-rechtliche Streitigkeiten keine besonderen Gerichte bestehen, werden Spezialspruchkörper bei den ordentlichen Gerichten eingerichtet. Die Zuständigkeit für diese Streitigkeiten wird bei bestimmten Kreis- und Bezirksgerichten konzentriert.

(3) Bis zum Aufbau einer besonderen Arbeitsgerichtsbarkeit werden Rechtsstreitigkeiten zwischen Arbeitgebern und Arbeitnehmern aus dem Arbeitsverhältnis von neutralen Schiedsstellen entschieden, die paritätisch mit Arbeitgebern und Arbeitnehmern sowie einem neutralen Vorsitzenden zu besetzen sind. Gegen ihre Entscheidung können die staatlichen Gerichte angerufen werden.

(4) Die Deutsche Demokratische Republik läßt eine freie Schiedsgerichtsbarkeit auf dem Gebiet des Privatrechts zu.

Artikel 7

Schiedsgericht

(1) Streitigkeiten über die Auslegung oder Anwendung dieses Vertrags einschließlich des Gemeinsamen Protokolls und der Anlagen werden durch die Regierungen der beiden Vertragsparteien im Verhandlungswege beigelegt.

(2) Kann eine Streitigkeit auf diese Weise nicht beigelegt werden, so kann jede Vertragspartei die Streitigkeit einem Schiedsgericht zur Entscheidung vorlegen. Die Vorlage ist unabhängig davon zulässig, ob in der Angelegenheit gemäß Artikel 6 ein staatliches Gericht zuständig ist.

(3) Das Schiedsgericht setzt sich aus einem Präsidenten und vier Mitgliedern zusammen. Innerhalb einer Frist von einem Monat nach Inkrafttreten dieses Vertrags ernennt die Regierung einer jeden Vertragspartei zwei ordentliche und zwei stellvertretende Mitglieder. Innerhalb der gleichen Frist werden der Präsident und der Stellvertreter des Präsidenten im Einvernehmen zwischen den Regierungen der beiden Vertragsparteien ernannt. Werden die in Satz 2 und 3 genannten Fristen nicht eingehalten, so werden die erforderlichen Ernennungen vom Präsidenten des Gerichtshofs der Europäischen Gemeinschaften vorgenommen.

(4) Die Amtszeit beträgt zwei Jahre.

(5) Der Präsident und die Mitglieder des Schiedsgerichts üben ihr Amt unabhängig und frei von Weisungen aus. Vor Beginn ihrer Tätigkeit übernehmen der Präsident und die Mitglieder des Schiedsgerichts die Verpflichtung, ihre Aufgabe unabhängig und gewissenhaft zu erfüllen und das Beratungsgeheimnis zu wahren.

(6) Die Bestimmungen über die Einberufung und das Verfahren des Schiedsgerichts sind in der Anlage VIII geregelt.

Artikel 8

Gemeinsamer Regierungsausschuß

Die Vertragsparteien bilden einen Gemeinsamen Regierungsausschuß. Sie werden in diesem Ausschuß Fragen der Durchführung des Vertrages erörtern und – soweit erforderlich – das notwendige Einvernehmen herstellen. Zu den Aufgaben des Ausschusses gehört auch die Beilegung von Streitigkeiten gemäß Artikel 7 Absatz 1.

Artikel 9

Vertragsänderungen

Erscheinen Änderungen oder Ergänzungen dieses Vertrags erforderlich, um eines seiner Ziele zu verwirklichen, so werden sie zwischen den Regierungen der Vertragsparteien vereinbart.

Kapitel II
Bestimmungen über die Währungsunion

Artikel 10

Voraussetzungen und Grundsätze

(1) Durch die Errichtung einer Währungsunion zwischen den Vertragsparteien ist die Deutsche Mark Zahlungsmittel, Rechnungseinheit und Wertaufbewahrungsmittel im gesamten Währungsgebiet. Zu diesem Zweck wird die geldpolitische Verantwortung der Deutschen Bundesbank als alleiniger Emissionsbank dieser Währung auf das gesamte Währungsgebiet ausgeweitet. Das Recht zur Ausgabe von Münzen obliegt ausschließlich der Bundesrepublik Deutschland.

(2) Die Nutzung der Vorteile der Währungsunion setzt einen stabilen Geldwert für die Wirtschaft der Deutschen Demokratischen Republik voraus, ebenso muß die Währungsstabilität in der Bundesrepublik Deutschland gewährleistet bleiben. Die Vertragsparteien wählen deshalb Umstellungsmodalitäten, die keine Inflationsimpulse im Gesamtbereich der Währungsunion entstehen lassen und gleichzeitig die Wettbewerbsfähigkeit der Unternehmen in der Deutschen Demokratischen Republik stärken.

(3) Die Deutsche Bundesbank regelt durch den Einsatz ihrer Instrumente in eigener Verantwortung, gemäß § 12 Bundesbankgesetz unabhängig von Weisungen der Regierungen der Vertragsparteien, den Geldumlauf und die Kreditversorgung im gesamten Währungsgebiet mit dem Ziel, die Währung zu sichern.

(4) Voraussetzung für die monetäre Steuerung ist, daß die Deutsche Demokratische Republik ein marktwirtschaftliches Kreditsystem aufbaut. Dazu gehört ein nach privatwirtschaftlichen Grundsätzen operierendes Geschäftsbankensystem im Wettbewerb privater, genossenschaftlicher und öffentlich-rechtlicher Banken, ein freier Geld- und Kapitalmarkt und eine nicht reglementierte Zinsbildung an den Finanzmärkten.

(5) Um die in den Absätzen 1 bis 4 bezeichneten Ziele zu erreichen, vereinbaren die Vertragsparteien nach näherer Maßgabe der in der A n l a g e I niedergelegten Bestimmungen folgende Grundsätze für die Währungsunion:

- Mit Wirkung vom 1. Juli 1990 wird die Deutsche Mark als Währung in der Deutschen Demokratischen Republik eingeführt. Die von der Deutschen Bundesbank ausgegebenen, auf Deutsche Mark lautenden Banknoten und die von der Bundesrepublik Deutschland ausgegebenen, auf Deutsche Mark oder Pfennig lautenden Bundesmünzen sind vom 1. Juli 1990 an alleiniges gesetzliches Zahlungsmittel.

- Löhne, Gehälter, Stipendien, Renten, Mieten und Pachten sowie weitere wiederkehrende Zahlungen werden im Verhältnis 1 zu 1 umgestellt.

- Alle anderen auf Mark der Deutschen Demokratischen Republik lautenden Forderungen und Verbindlichkeiten werden grundsätzlich im Verhältnis 2 zu 1 auf Deutsche Mark umgestellt.

- Die Umstellung von auf Mark der Deutschen Demokratischen Republik lautenden Banknoten und Münzen ist nur für Personen oder Stellen mit Wohnsitz oder Sitz in der Deutschen Demokratischen Republik über Konten bei Geldinstituten in der Deutschen Demokratischen Republik möglich, auf die die umzustellenden Bargeldbeträge eingezahlt werden können.

- Guthaben bei Geldinstituten von natürlichen Personen mit Wohnsitz in der Deutschen Demokratischen Republik werden auf Antrag bis zu bestimmten Betragsgrenzen im Verhältnis 1 zu 1 umgestellt, wobei eine Differenzierung nach dem Lebensalter des Berechtigten stattfindet.

- Sonderregelungen gelten für Guthaben von Personen, deren Wohnsitz oder Sitz sich außerhalb der Deutschen Demokratischen Republik befindet.

- Mißbräuchen wird entgegengewirkt.

(6) Nach einer Bestandsaufnahme des volkseigenen Vermögens und seiner Ertragsfähigkeit sowie nach seiner vorrangigen Nutzung für die Strukturanpassung der Wirtschaft und für die Sanierung des Staatshaushalts wird die Deutsche Demokratische Republik nach Möglichkeit vorsehen, daß den Sparern zu einem späteren Zeitpunkt für den bei der Umstellung 2 zu 1 reduzierten Betrag ein verbrieftes Anteilsrecht am volkseigenen Vermögen eingeräumt werden kann.

(7) Die Deutsche Bundesbank übt die ihr nach diesem Vertrag und nach dem Gesetz über die Deutsche Bundesbank zustehenden Befugnisse im gesamten Währungsgebiet aus. Sie errichtet zu diesem Zweck eine Vorläufige Verwaltungsstelle in Berlin mit bis zu fünfzehn Filialen in der Deutschen Demokratischen Republik, wozu die Betriebsstellen der Staatsbank der Deutschen Demokratischen Republik genutzt werden.

Kapitel III
Bestimmungen über die Wirtschaftsunion

Artikel 11
Wirtschaftspolitische Grundlagen

(1) Die Deutsche Demokratische Republik stellt sicher, daß ihre wirtschafts- und finanzpolitischen Maßnahmen mit der Sozialen Marktwirtschaft in Einklang stehen. Die Maßnahmen werden so getroffen, daß sie im Rahmen der marktwirtschaftlichen Ordnung gleichzeitig zur Stabilität des Preisniveaus, zu einem hohen Beschäftigungsstand und zu außenwirtschaftlichem Gleichgewicht bei stetigem und angemessenem Wirtschaftswachstum beitragen.

(2) Die Deutsche Demokratische Republik schafft die Rahmenbedingungen für die Entfaltung der Marktkräfte und der Privatinitiative, um den Strukturwandel, die Schaffung moderner Arbeitsplätze, eine breite Basis aus kleinen und mittleren Unternehmen sowie freien Berufen und den Schutz der Umwelt zu fördern. Die Unternehmensverfassung wird so gestaltet, daß sie auf den in Artikel 1 beschriebenen Prinzipien der Sozialen Marktwirtschaft mit der freien Entscheidung der Unternehmen über Produkte, Mengen, Produktionsverfahren, Investitionen, Arbeitsverhältnisse, Preise und Gewinnverwendung beruht.

(3) Die Deutsche Demokratische Republik richtet ihre Politik unter Beachtung ihrer gewachsenen außenwirtschaftlichen Beziehungen mit den Ländern des Rates für Gegenseitige Wirtschaftshilfe schrittweise auf das Recht und die wirtschaftspolitischen Ziele der Europäischen Gemeinschaften aus.

(4) Die Regierung der Deutschen Demokratischen Republik wird bei Entscheidungen, welche die wirtschaftspolitischen Grundsätze der Absätze 1 und 2 berühren, das Einvernehmen mit der Regierung der Bundesrepublik Deutschland im Rahmen des Gemeinsamen Regierungsausschusses nach Artikel 8 herstellen.

Artikel 12

Innerdeutscher Handel

(1) Das zwischen den Vertragsparteien vereinbarte Berliner Abkommen vom 20. September 1951 wird im Hinblick auf die Währungs- und Wirtschaftsunion angepaßt. Der dort geregelte Verrechnungsverkehr wird beendet und der Abschlußsaldo des Swing wird ausgeglichen. Bestehende Verpflichtungen werden in Deutscher Mark abgewickelt.

(2) Die Vertragsparteien stellen sicher, daß Waren, die nicht Ursprungswaren der Bundesrepublik Deutschland oder der Deutschen Demokratischen Republik sind, über die innerdeutsche Grenze in einem zollamtlich überwachten Verfahren befördert werden.

(3) Die Vertragsparteien sind bestrebt, so bald wie möglich die Voraussetzungen für einen vollständigen Wegfall der Kontrollen an der innerdeutschen Grenze zu schaffen.

Artikel 13

Außenwirtschaft

(1) Bei der Gestaltung des freien Außenwirtschaftsverkehrs trägt die Deutsche Demokratische Republik den Grundsätzen eines freien Welthandels, wie sie insbesondere im Allgemeinen Zoll- und Handelsabkommen (GATT) zum Ausdruck kommen, Rechnung. Die Bundesrepublik Deutschland wird zur weiteren Integration der Wirtschaft der Deutschen Demokratischen Republik in die Weltwirtschaft ihre Erfahrungen umfassend zur Verfügung stellen.

(2) Die gewachsenen außenwirtschaftlichen Beziehungen der Deutschen Demokratischen Republik, insbesondere bestehende vertragliche Verpflichtungen gegenüber den Ländern des Rates für Gegenseitige Wirtschaftshilfe, genießen Vertrauensschutz. Sie werden unter Berücksichtigung der Gegebenheiten der Währungs- und Wirtschaftsunion und der Interessen aller Beteiligten fortentwickelt sowie unter Beachtung marktwirtschaftlicher Grundsätze ausgebaut. Soweit erforderlich, werden bestehende vertragliche Verpflichtungen von der Deutschen Demokratischen Republik im Einvernehmen mit ihren Vertragspartnern an diese Gegebenheiten angepaßt.

(3) Zur Vertretung der außenwirtschaftlichen Interessen arbeiten die Vertragsparteien unter Beachtung der Zuständigkeiten der Europäischen Gemeinschaften eng zusammen.

Artikel 14

Strukturanpassung der Unternehmen

Um die notwendige Strukturanpassung der Unternehmen in der Deutschen Demokratischen Republik zu fördern, wird die Regierung der Deutschen Demokratischen Republik im Rahmen der haushaltspolitischen Möglichkeiten während einer Übergangszeit Maßnahmen ergreifen, die eine rasche strukturelle Anpassung der Unternehmen an die neuen Marktbedingungen erleichtern. Über die konkrete Ausgestaltung der Maßnahmen verständigen sich die Regierungen der Vertragsparteien. Ziel ist es, auf der Grundlage der Sozialen Marktwirtschaft die Leistungsfähigkeit der Unternehmen zu stärken und durch die Entfaltung privater Initiative eine breit gefächerte, moderne Wirtschaftsstruktur auch mit möglichst vielen kleinen und mittleren Betrieben in der Deutschen Demokratischen Republik zu erreichen, um so die Grundlage für mehr Wachstum und zukunftssichere Arbeitsplätze zu schaffen.

Artikel 15

Agrar- und Ernährungswirtschaft

(1) Wegen der zentralen Bedeutung der Regelungen der Europäischen Gemeinschaften für die Agrar- und Ernährungswirtschaft führt die Deutsche Demokratische Republik ein Preisstützungs- und Außenschutzsystem entsprechend dem EG-Marktordnungssystem ein, so daß sich die landwirtschaftlichen Erzeugerpreise in der Deutschen Demokratischen Republik denen in der Bundesrepublik Deutschland angleichen. Die Deutsche Demokratische Republik wird keine Abschöpfungen und Erstattungen gegenüber den Europäischen Gemeinschaften einführen, soweit diese entsprechend verfahren.

(2) Für Warenbereiche, für die die Einführung eines vollständigen Preisstützungssystems noch nicht sofort mit dem Inkrafttreten dieses Vertrages möglich ist, können Übergangslösungen angewandt werden. Bis zur rechtlichen Integration der Agrar- und Ernährungswirtschaft der Deutschen Demokratischen Republik in den EG-Agrarmarkt sind bei sensiblen Agrarerzeugnissen im Handel zwischen den Vertragsparteien spezifische mengenmäßige Regelungsmechanismen möglich.

(3) Unbeschadet der Maßnahmen nach Artikel 14 wird die Deutsche Demokratische Republik im Rahmen der haushaltspolitischen Möglichkeiten während einer Übergangszeit den in der Agrar- und Ernährungswirtschaft erforderlichen strukturellen Anpassungsprozeß zur Verbesserung der Wettbewerbsfähigkeit der Betriebe, zur umwelt- und qualitätsorientierten Produktion sowie zur Vermeidung von Überschüssen durch geeignete Maßnahmen fördern.

(4) Über die konkrete Ausgestaltung der in den Absätzen 2 und 3 genannten Maßnahmen verständigen sich die Regierungen der Vertragsparteien.

Artikel 16

Umweltschutz

(1) Der Schutz von Menschen, Tieren und Pflanzen, Boden, Wasser, Luft, Klima und Landschaft sowie von Kultur- und sonstigen Sachgütern vor schädlichen Umwelteinwirkungen ist besonderes Anliegen beider Vertragsparteien. Sie lassen sich dabei von dem Vorsorge-, Verursacher- und Kooperationsprinzip leiten. Sie streben die schnelle Verwirklichung einer deutschen Umweltunion an.

(2) Die Deutsche Demokratische Republik trifft Regelungen, die mit Inkrafttreten dieses Vertrags sicherstellen, daß auf ihrem Gebiet für neue Anlagen und Einrichtungen die in der Bundesrepublik Deutschland geltenden Sicherheits- und Umweltschutzanforderungen Voraussetzung für die Erteilung umweltrechtlicher Genehmigungen sind. Für bestehende Anlagen und Einrichtungen trifft die Deutsche Demokratische Republik Regelungen, die möglichst schnell zu entsprechenden Anforderungen führen.

(3) Die Deutsche Demokratische Republik wird parallel zur Entwicklung des föderativen Staatsaufbaus auf Länderebene und mit dem Entstehen einer Verwaltungsgerichtsbarkeit das Umweltrecht der Bundesrepublik Deutschland übernehmen.

(4) Bei der weiteren Gestaltung eines gemeinsamen Umweltrechtes werden die Umweltanforderungen der Bundesrepublik Deutschland und der Deutschen Demokratischen Republik so schnell wie möglich auf hohem Niveau angeglichen und weiterentwickelt.

(5) Die Deutsche Demokratische Republik harmonisiert die Bestimmungen zur staatlichen Förderung von Umweltschutzmaßnahmen mit denen der Bundesrepublik Deutschland.

Kapitel IV

Bestimmungen über die Sozialunion

Artikel 17

Grundsätze der Arbeitsrechtsordnung

In der Deutschen Demokratischen Republik gelten Koalitionsfreiheit, Tarifautonomie, Arbeitskampfrecht, Betriebsverfassung, Unternehmensmitbestimmung und Kündigungsschutz entsprechend dem Recht der Bundesrepublik Deutschland; näheres ergibt sich aus dem Gemeinsamen Protokoll über die Leitsätze und den Anlagen II und III.

Artikel 18

Grundsätze der Sozialversicherung

(1) Die Deutsche Demokratische Republik führt ein gegliedertes System der Sozialversicherung ein, für das folgende Grundsätze gelten:

1. Die Renten-, Kranken-, Unfall- und Arbeitslosenversicherung werden jeweils durch Selbstverwaltungskörperschaften des öffentlichen Rechts unter der Rechtsaufsicht des Staates durchgeführt.

2. Die Renten-, Kranken-, Unfall- und Arbeitslosenversicherung einschließlich der Arbeitsförderung werden vor allem durch Beiträge finanziert. Die Beiträge zur Renten-, Kranken- und Arbeitslosenversicherung werden grundsätzlich je zur Hälfte von Arbeitnehmern und Arbeitgebern entsprechend den Beitragssätzen in der Bundesrepublik Deutschland und zur Unfallversicherung von den Arbeitgebern getragen.

3. Lohnersatzleistungen orientieren sich an der Höhe der versicherten Entgelte.

(2) Zunächst werden die Aufgaben der Renten-, Kranken- und Unfallversicherung von einem gemeinsamen Träger durchgeführt; die Einnahmen und Ausgaben werden getrennt nach den Versicherungsarten erfaßt und abgerechnet. Möglichst bis zum 1. Januar 1991 werden für die Renten-, Kranken- und Unfallversicherung eigenständige Träger gebildet. Ziel dabei ist eine Organisationsstruktur der Sozialversicherung, die der in der Bundesrepublik Deutschland entspricht.

(3) In der Deutschen Demokratischen Republik kann für eine Übergangszeit die bestehende umfassende Sozialversicherungspflicht beibehalten werden. Für Selbständige und freiberuflich Tätige soll bei Nachweis einer ausreichenden anderweitigen Sicherung eine Befreiung von der Sozialversicherungspflicht vorgesehen werden. In diesem Zusammenhang wird die Errichtung von berufsständischen Versorgungswerken außerhalb der Rentenversicherung ermöglicht.

(4) Lohnempfänger, deren Lohneinkünfte im letzten Lohnabrechnungszeitraum vor dem 1. Juli 1990 einem besonderen Steuersatz gemäß § 10 der Verordnung vom 22. Dezember 1952 über die Besteuerung des Arbeitseinkommens (GBl. Nr. 182 S. 1413) unterlagen, erhalten bis zum 31. Dezember 1990 zu ihrem Rentenversicherungsbeitrag einen Zuschuß bei einem Monatslohn

– bis 600 Deutsche Mark in Höhe von 30 Deutsche Mark,

– über 600 bis 700 Deutsche Mark in Höhe von 20 Deutsche Mark,

– über 700 bis 800 Deutsche Mark in Höhe von 10 Deutsche Mark.

Lohneinkünfte aus mehreren Arbeitsverhältnissen werden zusammengerechnet. Der Zuschuß wird dem Lohnempfänger vom Arbeitgeber ausgezahlt. Der Arbeitgeber erhält diese Aufwendungen auf Antrag aus dem Staatshaushalt erstattet.

(5) Die Versicherungspflicht- und die Beitragbemessungsgrenzen werden nach den Grundsätzen des Sozialversicherungsrechts der Bundesrepublik Deutschland festgelegt.

Artikel 19

Arbeitslosenversicherung und Arbeitsförderung

Die Deutsche Demokratische Republik führt ein System der Arbeitslosenversicherung einschließlich Arbeitsförderung ein, das den Regelungen des Arbeitsförderungsgesetzes der Bundesrepublik Deutschland entspricht. Dabei haben Maßnahmen der aktiven Arbeitsmarktpolitik, wie berufliche Bildung und Umschulung, besondere Bedeutung. Belange der Frauen und Behinderten werden berücksichtigt. In der Übergangsphase wird Besonderheiten in der Deutschen Demokratischen Republik Rechnung getragen. Die Regierungen beider Vertragsparteien werden beim Aufbau der Arbeitslosenversicherung einschließlich Arbeitsförderung eng zusammenarbeiten.

Artikel 20

Rentenversicherung

(1) Die Deutsche Demokratische Republik leitet alle erforderlichen Maßnahmen ein, um ihr Rentenrecht an das auf dem Grundsatz der Lohn- und Beitragsbezogenheit beruhende Rentenversicherungsrecht der Bundesrepublik Deutschland anzugleichen. Dabei wird in einer Übergangszeit von fünf Jahren für die rentennahen Jahrgänge dem Grundsatz des Vertrauensschutzes Rechnung getragen.

(2) Die Rentenversicherung verwendet die ihr zur Verfügung stehenden Mittel ausschließlich zur Erfüllung der ihr obliegenden Aufgaben bei Rehabilitation, Invalidität, Alter und Tod. Die bestehenden Zusatz- und Sonderversorgungssysteme werden grundsätzlich zum 1. Juli 1990 geschlossen. Bisher erworbene Ansprüche und Anwartschaften werden in die Rentenversicherung überführt, wobei Leistungen aufgrund von Sonderregelungen mit dem Ziel überprüft werden, ungerechtfertigte Leistungen abzuschaffen und überhöhte Leistungen abzubauen. Die der Rentenversicherung durch die Überführung entstehenden Mehraufwendungen werden ihr aus dem Staatshaushalt erstattet.

(3) Die Bestandsrenten der Rentenversicherung werden bei Umstellung auf Deutsche Mark auf ein Nettorentenniveau festgesetzt, das bei einem Rentner mit 45 Versicherungsjahren/Arbeitsjahren, dessen Verdienst jeweils dem volkswirtschaftlichen Durchschnittsverdienst entsprochen hat, 70 vom Hundert des durchschnittlichen Nettoarbeitsverdienstes in der Deutschen Demokratischen Republik beträgt. Bei einer größeren oder geringeren Zahl von Versicherungsjahren/Arbeitsjahren ist der Prozentsatz entsprechend höher oder niedriger. Basis für die Berechnung des Anhebungssatzes der individuell bezogenen Renten ist die nach Zugangsjahren gestaffelte Rente eines Durchschnittsverdieners in der Deutschen Demokratischen Republik, der von seinem Einkommen neben den Pflichtbeiträgen zur Sozialversicherung volle Beiträge zur freiwilligen Zusatzversicherung der Deutschen Demokratischen Republik gezahlt hat. Soweit hiernach eine Anhebung nicht erfolgt, wird eine Rente in Deutscher Mark gezahlt, die der Höhe der früheren Rente in Mark der Deutschen Demokratischen Republik entspricht. Die Hinterbliebenenrenten werden von der Rente abgeleitet, die der Verstorbene nach der Umstellung erhalten hätte.

(4) Die Renten der Rentenversicherung werden entsprechend der Entwicklung der Nettolöhne und -gehälter in der Deutschen Demokratischen Republik angepaßt.

(5) Die freiwillige Zusatzrentenversicherung in der Deutschen Demokratischen Republik wird geschlossen.

(6) Die Deutsche Demokratische Republik beteiligt sich an den Ausgaben ihrer Rentenversicherung mit einem Staatszuschuß.

(7) Personen, die nach dem 18. Mai 1990 ihren gewöhnlichen Aufenthalt aus dem Gebiet der einen Vertragspartei in das Gebiet der anderen Vertragspartei verlegt haben, erhalten von dem bisher zuständigen Rentenversicherungsträger ihre nach den für ihn geltenden Rechtsvorschriften berechnete Rente für die dort zurückgelegten Zeiten.

Artikel 21

Krankenversicherung

(1) Die Deutsche Demokratische Republik leitet alle erforderlichen Maßnahmen ein, um ihr Krankenversicherungsrecht an das der Bundesrepublik Deutschland anzugleichen.

(2) Leistungen, die bisher nach den Rechtsvorschriften der Deutschen Demokratischen Republik aus der Krankenversicherung finanziert worden sind, die aber nach den Rechtsvorschriften der Bundesrepublik Deutschland nicht Leistungen der Krankenversicherung sind, werden vorerst aus dem Staatshaushalt der Deutschen Demokratischen Republik finanziert.

(3) Die Deutsche Demokratische Republik führt eine Entgeltfortzahlung im Krankheitsfall ein, die den gesetzlichen Regelungen der Entgeltfortzahlung der Bundesrepublik Deutschland entspricht.

(4) Die Rentner sind in der Krankenversicherung versichert. Maßgebend ist der jeweilige Beitragssatz in der Krankenversicherung. Die Krankenversicherungsbeiträge der Rentner werden von der Rentenversicherung an die Krankenversicherung pauschal abgeführt. Die Höhe des pauschal abzuführenden Betrages bestimmt sich nach dem Gesamtbetrag der Renten vor Abzug des auf die Rentner entfallenden Anteils am Krankenversicherungsbeitrag. Das bei der Umstellung der Renten vorgesehene Nettorentenniveau bleibt davon unberührt.

(5) Die Investitionen bei stationären und ambulanten Einrichtungen des Gesundheitswesens der Deutschen Demokratischen Republik werden aus Mitteln des Staatshaushalts und nicht aus Beitragsmitteln finanziert.

Artikel 22
Gesundheitswesen

(1) Die medizinische Betreuung und der Schutz der Gesundheit der Menschen sind besonderes Anliegen der Vertragsparteien.

(2) Neben der vorläufigen Fortführung der derzeitigen Versorgungsstrukturen, die zur Aufrechterhaltung der medizinischen Versorgung der Bevölkerung notwendig ist, wird die Deutsche Demokratische Republik schrittweise eine Veränderung in Richtung des Versorgungsangebots der Bundesrepublik Deutschland mit privaten Leistungserbringern vornehmen, insbesondere durch Zulassung niedergelassener Ärzte, Zahnärzte und Apotheker sowie selbständig tätiger Erbringer von Heil- und Hilfsmitteln und durch Zulassung privater und frei-gemeinnütziger Krankenhausträger.

(3) Zum Aufbau der erforderlichen vertraglichen, insbesondere vergütungsrechtlichen Beziehungen zwischen Trägern der Krankenversicherung und den Leistungserbringern wird die Deutsche Demokratische Republik die erforderlichen gesetzlichen Rahmenbedingungen schaffen.

Artikel 23
Renten der Unfallversicherung

(1) Die Deutsche Demokratische Republik leitet alle erforderlichen Maßnahmen ein, um ihr Unfallversicherungsrecht an das der Bundesrepublik Deutschland anzugleichen.

(2) Die Bestandsrenten der Unfallversicherung werden bei der Umstellung auf Deutsche Mark auf der Grundlage des durchschnittlichen Bruttoarbeitsentgelts in der Deutschen Demokratischen Republik neu festgesetzt und gezahlt.

(3) Nach der Umstellung auf Deutsche Mark neu festzusetzende Unfallrenten werden auf der Grundlage des durchschnittlichen monatlichen Bruttoarbeitsentgelts der letzten zwölf Monate vor dem Unfall festgesetzt.

(4) Artikel 20 Absatz 4 und 7 gilt entsprechend.

Artikel 24
Sozialhilfe

Die Deutsche Demokratische Republik führt ein System der Sozialhilfe ein, das dem Sozialhilfegesetz der Bundesrepublik Deutschland entspricht.

Artikel 25
Anschubfinanzierung

Soweit in einer Übergangszeit in der Arbeitslosenversicherung der Deutschen Demokratischen Republik die Beiträge und in der Rentenversicherung der Deutschen Demokratischen Republik die Beiträge und der Staatszuschuß die Ausgaben für die Leistungen nicht voll abdecken, leistet die Bundesrepublik Deutschland an die Deutsche Demokratische Republik eine vorübergehende Anschubfinanzierung im Rahmen der nach Artikel 28 zugesagten Haushaltshilfe.

Kapitel V
Bestimmungen über den Staatshaushalt und die Finanzen

1. Abschnitt   Staatshaushalt

Artikel 26
Grundsätze für die Finanzpolitik der Deutschen Demokratischen Republik

(1) Die öffentlichen Haushalte in der Deutschen Demokratischen Republik werden von der jeweiligen Gebietskörperschaft grundsätzlich in eigener Verantwortung unter Beachtung der Erfordernisse des gesamtwirtschaftlichen Gleichgewichts aufgestellt. Ziel ist eine in die marktwirtschaftliche Ordnung eingepaßte Haushaltswirtschaft. Die Haushalte werden in Einnahmen und Ausgaben ausgeglichen. Alle Einnahmen und Ausgaben werden in den jeweiligen Haushaltsplan eingestellt.

(2) Die Haushalte werden den Haushaltsstrukturen der Bundesrepublik Deutschland angepaßt. Hierzu werden, beginnend ab der Errichtung der Währungsunion mit dem Teilhaushalt 1990, aus dem Staatshaushalt insbesondere die folgenden Bereiche ausgegliedert:

– der Sozialbereich, soweit er in der Bundesrepublik Deutschland ganz oder überwiegend beitrags- oder umlagenfinanziert ist,

- die Wirtschaftsunternehmen durch Umwandlung in rechtlich und wirtschaftlich selbständige Unternehmen,

- die Verkehrsbetriebe unter rechtlicher Verselbständigung,

- die Führung der Deutschen Reichsbahn und der Deutschen Post als Sondervermögen.

Die öffentlichen Wohnungsbaukredite werden substanzgerecht den Einzelobjekten zugeordnet.

(3) Die Gebietskörperschaften in der Deutschen Demokratischen Republik unternehmen bei Aufstellung und Vollzug der Haushalte alle Anstrengungen zur Defizitbegrenzung. Dazu gehören bei den Ausgaben:

- der Abbau von Haushaltssubventionen, insbesondere kurzfristig für Industriewaren, landwirtschaftliche Produkte und Nahrungsmittel, wobei für letztere autonome Preisstützungen entsprechend den Regelungen der Europäischen Gemeinschaften zulässig sind, und schrittweise unter Berücksichtigung der allgemeinen Einkommensentwicklung in den Bereichen des Verkehrs, der Energie für private Haushalte und des Wohnungswesens,

- die nachhaltige Absenkung der Personalausgaben im öffentlichen Dienst,

- die Überprüfung aller Ausgaben einschließlich der ihnen zugrundeliegenden Rechtsvorschriften auf Notwendigkeit und Finanzierbarkeit,

- die Strukturverbesserung des Bildungswesens sowie vorbereitende Aufteilung nach föderativer Struktur (einschließlich Forschungsbereich).

Bei den Einnahmen erfordert die Defizitbegrenzung neben Maßnahmen des 2. A b s c h n i t t s dieses Kapitels die Anpassung beziehungsweise Einführung von Beiträgen und Gebühren für öffentliche Leistungen entsprechend den Strukturen in der Bundesrepublik Deutschland.

(4) Es wird eine Bestandsaufnahme des volkseigenen Vermögens vorgenommen. Das volkseigene Vermögen ist vorrangig für die Strukturanpassung der Wirtschaft und für die Sanierung des Staatshaushalts in der Deutschen Demokratischen Republik zu nutzen.

Artikel 27
Kreditaufnahme und Schulden

(1) Die Kreditermächtigungen in den Haushalten der Gebietskörperschaften der Deutschen Demokratischen Republik werden für 1990 auf 10 Milliarden Deutsche Mark und für 1991 auf 14 Milliarden Deutsche Mark begrenzt und im Einvernehmen mit dem Bundesminister der Finanzen der Bundesrepublik Deutschland auf die Ebenen verteilt. Für das Treuhandvermögen wird zur Vorfinanzierung zu erwar-

tender Erlöse aus seiner Verwertung ein Kreditermächtigungsrahmen für 1990 von 7 Milliarden Deutsche Mark und für 1991 von 10 Milliarden Deutsche Mark festgelegt. Der Bundesminister der Finanzen der Bundesrepublik Deutschland kann bei grundlegend veränderten Bedingungen eine Überschreitung der Kreditobergrenzen zulassen.

(2) Die Aufnahme von Krediten und das Einräumen von Ausgleichsforderungen erfolgen im Einvernehmen zwischen dem Minister der Finanzen der Deutschen Demokratischen Republik und dem Bundesminister der Finanzen der Bundesrepublik Deutschland. Gleiches gilt für die Übernahme von Bürgschaften, Garantien oder sonstigen Gewährleistungen sowie für die Summe der in den Haushalten auszubringenden Verpflichtungsermächtigungen.

(3) Nach dem Beitritt wird die aufgelaufene Verschuldung des Republikhaushalts in dem Umfang an das Treuhandvermögen übertragen, soweit sie durch die zu erwartenden künftigen Erlöse aus der Verwertung des Treuhandvermögens getilgt werden kann. Die danach verbleibende Verschuldung wird je zur Häfte auf den Bund und die Länder, die sich auf dem Gebiet der Deutschen Demokratischen Republik neu gebildet haben, aufgeteilt. Von den Ländern und Gemeinden aufgenommene Kredite verbleiben bei diesen.

Artikel 28
Finanzzuweisungen der Bundesrepublik Deutschland

(1) Die Bundesrepublik Deutschland gewährt der Deutschen Demokratischen Republik zweckgebundene Finanzzuweisungen zum Haushaltsausgleich für das 2. Halbjahr 1990 von 22 Milliarden Deutsche Mark und für 1991 von 35 Milliarden Deutsche Mark. Außerdem werden gemäß Artikel 25 zu Lasten des Bundeshaushalts als Anschubfinanzierung für die Rentenversicherung 750 Millionen Deutsche Mark für das 2. Halbjahr 1990 sowie für die Arbeitslosenversicherung 2 Milliarden Deutsche Mark für das 2. Halbjahr 1990 und 3 Milliarden Deutsche Mark für 1991 gezahlt. Die Zahlungen erfolgen bedarfsgerecht.

(2) Die Vertragsparteien stimmen darin überein, daß die gemäß Artikel 18 des Abkommens vom 17. Dezember 1971 über den Transitverkehr von zivilen Personen und Gütern zwischen der Bundesrepublik Deutschland und Berlin (West) zu zahlende Transitpauschale mit Inkrafttreten dieses Vertrags entfällt. Die Deutsche Demokratische Republik hebt die Vorschriften über die in diesem Abkommen sowie in dem Abkommen vom 31. Oktober 1979 über die Befreiung von Straßenfahrzeugen von Steuern und Gebühren geregelten Gebühren mit Wirkung für die beiden Vertragsparteien auf. In Abänderung der Vereinbarung vom 5. Dezember 1989 vereinbaren die Vertragsparteien, daß ab dem 1. Juli 1990 keine Einzahlungen in den Reise-Devisenfonds mehr geleistet werden. Über die Verwendung eines bei Einfüh-

rung der Währungsunion noch vorhandenen Betrags der Gegenwertmittel aus dem Reise-Devisenfonds wird zwischen den Finanzministern der Vertragsparteien eine ergänzende Vereinbarung getroffen.

Artikel 29

Übergangsregelung im öffentlichen Dienst

Die Regierung der Deutschen Demokratischen Republik gewährleistet unter Beachtung von Artikel 2 Absatz 1 Satz 1, daß in Tarifverträgen oder sonstigen Regelungen im Bereich der öffentlichen Verwaltung unter Beschränkung neuer dienstrechtlicher Vorschriften auf Übergangsregelungen die allgemeinen wirtschaftlichen und finanziellen Verhältnisse in der Deutschen Demokratischen Republik und die Erfordernisse der Konsolidierung des Haushalts beachtet werden. Das Bundespersonalvertretungsgesetz findet sinngemäß Anwendung.

2. Abschnitt   Finanzen

Artikel 30

Zölle und besondere Verbrauchsteuern

(1) Die Deutsche Demokratische Republik übernimmt schrittweise im Einklang mit dem Grundsatz in Artikel 11 Absatz 3 das Zollrecht der Europäischen Gemeinschaften einschließlich des Gemeinsamen Zolltarifs sowie die besonderen Verbrauchsteuern nach Maßgabe der An l a g e IV.

(2) Die Vertragsparteien sind sich einig, daß ihr Zollgebiet den Geltungsbereich dieses Vertrags umfaßt.

(3) Der Grenzausgleich zwischen den Erhebungsgebieten für Verbrauchsteuern beider Vertragsparteien, ausgenommen für Tabak, entfällt. Die Steuerhoheit bleibt unberührt. Der Ausgleich der Aufkommensverlagerungen wird durch besondere Vereinbarungen geregelt.

(4) Zwischen den Erhebungsgebieten wird der Versand unversteuerter verbrauchsteuerpflichtiger Waren nach Maßgabe der Bestimmungen zugelassen, die den Verkehr mit unversteuerten Waren innerhalb eines Erhebungsgebiets regeln.

(5) Die Steuerentlastung für auszuführende Waren wird erst beim Nachweis der Ausfuhr in andere Gebiete als die der beiden Erhebungsgebiete gewährt.

Artikel 31

Besitz- und Verkehrsteuern

(1) Die Deutsche Demokratische Republik regelt die Besitz- und Verkehrsteuern nach Maßgabe der An l a g e IV.

(2) Für Zwecke der Umsatzsteuer besteht zwischen den Vertragsparteien keine Steuergrenze; ein umsatzsteuerlicher Grenzausgleich erfolgt nicht. Die Steuerhoheit bleibt unberührt. Das Recht zum Vorsteuerabzug erstreckt sich auch auf die Steuer für Umsätze, die bei der anderen Vertragspartei der Umsatzsteuer unterliegen. Der Ausgleich der sich hieraus ergebenden Aufkommensminderung wird durch besondere Vereinbarung geregelt.

(3) Bei unbeschränkter Vermögensteuerpflicht im Gebiet einer Vertragspartei steht dieser Vertragspartei das ausschließliche Besteuerungsrecht zu; bei unbeschränkter Steuerpflicht im Gebiet beider Vertragsparteien gilt dies für die Vertragspartei, zu der der Steuerpflichtige die engeren persönlichen und wirtschaftlichen Beziehungen hat (Mittelpunkt der Lebensinteressen) oder in deren Gebiet er als nichtnatürliche Person die tatsächliche Geschäftsleitung hat. Auf das Gebiet der anderen Vertragspartei entfallendes Vermögen ist nach den dort für Inlandsvermögen geltenden Vorschriften zu bewerten.

(4) Bei unbeschränkter Erbschaftsteuer- oder Schenkungsteuerpflicht im Gebiet einer Vertragspartei steht dieser Vertragspartei für Erwerbe, für die die Steuer nach dem 31. Dezember 1990 entsteht, das ausschließliche Besteuerungsrecht zu; bei unbeschränkter Steuerpflicht im Gebiet beider Vertragsparteien gilt dies für die Vertragspartei, zu der der Erblasser oder Schenker im Zeitpunkt der Entstehung der Steuerschuld die engeren persönlichen und wirtschaftlichen Beziehungen hatte (Mittelpunkt der Lebensinteressen) oder in deren Gebiet er als nichtnatürliche Person die tatsächliche Geschäftsleitung hatte. Für die Bewertung gilt Absatz 3 Satz 2 entsprechend.

(5) Für Erwerbe von Todes wegen, für die die Steuer nach dem 30. Juni 1990 und vor dem 1. Januar 1991 entsteht, gilt Absatz 4 entsprechend. Erwerbe von Todes wegen von Bürgern der Vertragsparteien, die nach dem 8. November 1989 im Gebiet der anderen Vertragspartei einen Wohnsitz begründet oder dort erstmals ihren gewöhnlichen Aufenthalt hatten und Wohnsitz oder gewöhnlichen Aufenthalt dort noch im Zeitpunkt des Todes hatten, dürfen dort zu keiner höheren Erbschaftsteuer herangezogen werden, als sie sich bei unbeschränkter Steuerpflicht im Gebiet der erstgenannten Vertragspartei ergäbe.

(6) Mitteilungs- und Anzeigepflichten, die sich aus dem Erbschaftsteuer- und Schenkungsteuerrecht der Vertragsparteien ergeben, gelten auch gegenüber den Finanzbehörden der jeweiligen anderen Vertragspartei.

Artikel 32

Informationsaustausch

(1) Die Vertragsparteien tauschen die Informationen aus, die zur Durchführung ihres Abgaben- und Monopolrechts

erforderlich sind. Zuständig für den Informationsaustausch sind die Finanzminister der Vertragsparteien und die von ihnen ermächtigten Behörden. Alle Informationen, die eine Vertragspartei erhalten hat, sind ebenso geheim zu halten wie die aufgrund ihres innerstaatlichen Rechts beschafften Informationen und dürfen nur den Personen oder Behörden (einschließlich der Gerichte und der Verwaltungsbehörden) zugänglich gemacht werden, die mit der Festsetzung oder Erhebung, der Vollstreckung oder Strafverfolgung oder mit der Entscheidung von Rechtsmitteln hinsichtlich der unter diesen Abschnitt fallenden Abgaben und Monopole befaßt sind. Diese Personen oder Behörden dürfen die Informationen nur für diese Zwecke verwenden. Sie dürfen die Informationen in einem öffentlichen Gerichtsverfahren oder in einer Gerichtsentscheidung offenlegen.

(2) Absatz 1 verpflichtet eine Vertragspartei nicht,

– Verwaltungsmaßnahmen durchzuführen, die von den Gesetzen und der Verwaltungspraxis dieser oder der anderen Vertragspartei abweichen,

– Informationen zu erteilen, die nach den Gesetzen oder im üblichen Verwaltungsverfahren dieser oder der anderen Vertragspartei nicht beschafft werden können,

– Informationen zu erteilen, die ein Handels-, Industrie-, Gewerbe- oder Berufsgeheimnis oder ein Geschäftsverfahren preisgeben würden oder deren Erteilung der öffentlichen Ordnung widerspräche.

Artikel 33

Konsultationsverfahren

(1) Die Vertragsparteien werden sich bemühen, bei den Besitz- und Verkehrsteuern eine Doppelbesteuerung durch Verständigung über eine sachgerechte Abgrenzung der Besteuerungsgrundlagen zu vermeiden. Sie werden sich weiter bemühen, Schwierigkeiten oder Zweifel, die sich bei der Auslegung oder Anwendung ihres Rechts der unter diesen Abschnitt fallenden Abgaben und Monopole im Verhältnis zueinander ergeben, im gegenseitigen Einvernehmen zu beseitigen.

(2) Zur Herbeiführung einer Einigung im Sinne des vorstehenden Absatzes können der Bundesminister der Finanzen der Bundesrepublik Deutschland und der Minister der Finanzen der Deutschen Demokratischen Republik unmittelbar miteinander verkehren.

Artikel 34

Aufbau der Finanzverwaltung

(1) Die Deutsche Demokratische Republik schafft die Rechtsgrundlagen für eine dreistufige Finanzverwaltung

entsprechend dem Gesetz über die Finanzverwaltung der Bundesrepublik Deutschland mit den sich aus diesem Vertrag ergebenden Abweichungen und richtet die Verwaltungen entsprechend ein.

(2) Bis zur Errichtung der Währungs-, Wirtschafts- und Sozialunion werden vorrangig funktionsfähige Steuer- und Zollverwaltungen aufgebaut.

Kapitel VI

Schlußbestimmungen

Artikel 35

Völkerrechtliche Verträge

Dieser Vertrag berührt nicht die von der Bundesrepublik Deutschland oder der Deutschen Demokratischen Republik mit dritten Staaten abgeschlossenen völkerrechtlichen Verträge.

Artikel 36

Überprüfung des Vertrags

Die Bestimmungen dieses Vertrags werden bei grundlegender Änderung der gegebenen Umstände überprüft.

Artikel 37

Berlin-Klausel

Entsprechend dem Viermächte-Abkommen vom 3. September 1971 wird dieser Vertrag in Übereinstimmung mit den festgelegten Verfahren auf Berlin (West) ausgedehnt.

Artikel 38

Inkrafttreten

Dieser Vertrag einschließlich des Gemeinsamen Protokolls sowie der Anlagen I–IX tritt an dem Tag in Kraft, an dem die Regierungen der Vertragsparteien einander mitgeteilt haben, daß die erforderlichen verfassungsrechtlichen und sonstigen innerstaatlichen Voraussetzungen für das Inkrafttreten erfüllt sind.

GESCHEHEN in Bonn am 18. Mai 1990 in zwei Urschriften in deutscher Sprache.

Für die Bundesrepublik Deutschland	Für die Deutsche Demokratische Republik
Dr. Theo W a i g e l	Dr. Walter R o m b a c h

Quelle: Deutscher Bundestag – 11. Wahlperiode, Drucksache 7171.

Vertrag zwischen der Bundesrepublik Deutschland
und der Deutschen Demokratischen Republik
über die Herstellung der Einheit Deutschlands
vom 31. August 1990

Einigungsvertrag

Die Bundesrepublik Deutschland und die Deutsche Demokratische Republik –

ENTSCHLOSSEN, die Einheit Deutschlands in Frieden und Freiheit als gleichberechtigtes Glied der Völkergemeinschaft in freier Selbstbestimmung zu vollenden,

AUSGEHEND VON DEM WUNSCH der Menschen in beiden Teilen Deutschlands, gemeinsam in Frieden und Freiheit in einem rechtsstaatlich geordneten, demokratischen und sozialen Bundesstaat zu leben,

IN DANKBAREM RESPEKT vor denen, die auf friedliche Weise der Freiheit zum Durchbruch verholfen haben, die an der Aufgabe der Herstellung der Einheit Deutschlands unbeirrt festgehalten haben und sie vollenden,

IM BEWUSSTSEIN der Kontinuität deutscher Geschichte und eingedenk der sich aus unserer Vergangenheit ergebenden besonderen Verantwortung für eine demokratische Entwicklung in Deutschland, die der Achtung der Menschenrechte und dem Frieden verpflichtet bleibt,

IN DEM BESTREBEN, durch die deutsche Einheit einen Beitrag zur Einigung Europas und zum Aufbau einer europäischen Friedensordnung zu leisten, in der Grenzen nicht mehr trennen und die allen europäischen Völkern ein vertrauensvolles Zusammenleben gewährleistet,

IN DEM BEWUSSTSEIN, daß die Unverletzlichkeit der Grenzen und der territorialen Integrität und Souveränität aller Staaten in Europa in ihren Grenzen eine grundlegende Bedingung für den Frieden ist –

SIND ÜBEREINGEKOMMEN, einen Vertrag über die Herstellung der Einheit Deutschlands mit den nachfolgenden Bestimmungen zu schließen:

Kapitel I
Wirkung des Beitritts

Artikel 1
Länder

(1) Mit dem Wirksamwerden des Beitritts der Deutschen Demokratischen Republik zur Bundesrepublik Deutschland gemäß Artikel 23 des Grundgesetzes am 3. Oktober 1990 werden die Länder Brandenburg, Mecklenburg-Vorpommern, Sachsen, Sachsen-Anhalt und Thüringen Länder der Bundesrepublik Deutschland. Für die Bildung und die Grenzen dieser Länder untereinander sind die Bestimmungen des Verfassungsgesetzes zur Bildung von Ländern in der Deutschen Demokratischen Republik vom 22. Juli 1990 – Ländereinführungsgesetz – (GBl. I Nr. 51 S. 955) gemäß Anlage II maßgebend.

(2) Die 23 Bezirke von Berlin bilden das Land Berlin.

Artikel 2
Hauptstadt, Tag der Deutschen Einheit

(1) Hauptstadt Deutschlands ist Berlin. Die Frage des Sitzes von Parlament und Regierung wird nach der Herstellung der Einheit Deutschlands entschieden.

(2) Der 3. Oktober ist als Tag der Deutschen Einheit gesetzlicher Feiertag.

Kapitel II
Grundgesetz

Artikel 3
Inkrafttreten des Grundgesetzes

Mit dem Wirksamwerden des Beitritts tritt das Grundgesetz für die Bundesrepublik Deutschland in der im Bundesgesetzblatt Teil III, Gliederungsnummer 100-1, veröffentlichten bereinigten Fassung, zuletzt geändert durch Gesetz vom 21. Dezember 1983 (BGBl. I S. 1481), in den Ländern Brandenburg, Mecklenburg-Vorpommern, Sachsen, Sachsen-Anhalt und Thüringen sowie in dem Teil des Landes Berlin, in dem es bisher nicht galt, mit den sich aus Artikel 4 ergebenden Änderungen in Kraft, soweit in diesem Vertrag nichts anderes bestimmt ist.

Artikel 4

Beitrittsbedingte Änderungen des Grundgesetzes

Das Grundgesetz für die Bundesrepublik Deutschland wird wie folgt geändert:

1. Die Präambel wird wie folgt gefaßt:

   „Im Bewußtsein seiner Verantwortung vor Gott und den Menschen,

   von dem Willen beseelt, als gleichberechtigtes Glied in einem vereinten Europa dem Frieden der Welt zu dienen, hat sich das Deutsche Volk kraft seiner verfassungsgebenden Gewalt dieses Grundgesetz gegeben.

   Die Deutschen in den Ländern Baden-Württemberg, Bayern, Berlin, Brandenburg, Bremen, Hamburg, Hessen, Mecklenburg-Vorpommern, Niedersachsen, Nordrhein-Westfalen, Rheinland-Pfalz, Saarland, Sachsen, Sachsen-Anhalt, Schleswig-Holstein und Thüringen haben in freier Selbstbestimmung die Einheit und Freiheit Deutschlands vollendet. Damit gilt dieses Grundgesetz für das gesamte Deutsche Volk."

2. Artikel 23 wird aufgehoben.

3. Artikel 51 Abs. 2 des Grundgesetzes wird wie folgt gefaßt:

   „(2) Jedes Land hat mindestens drei Stimmen, Länder mit mehr als zwei Millionen Einwohnern haben vier, Länder mit mehr als sechs Millionen Einwohnern fünf, Länder mit mehr als sieben Millionen Einwohnern sechs Stimmen."

4. Der bisherige Wortlaut des Artikels 135a wird Absatz 1.

   Nach Absatz 1 wird folgender Absatz angefügt:

   „(2) Absatz 1 findet entsprechende Anwendung auf Verbindlichkeiten der Deutschen Demokratischen Republik oder ihrer Rechtsträger sowie auf Verbindlichkeiten des Bundes oder anderer Körperschaften und Anstalten des öffentlichen Rechts, die mit dem Übergang von Vermögenswerten der Deutschen Demokratischen Republik auf Bund, Länder und Gemeinden im Zusammenhang stehen, und auf Verbindlichkeiten, die auf Maßnahmen der Deutschen Demokratischen Republik oder ihrer Rechtsträger beruhen."

5. In das Grundgesetz wird folgender neuer Artikel 143 eingefügt:

„Artikel 143

(1) Recht in dem in Artikel 3 des Einigungsvertrags genannten Gebiet kann längstens bis zum 31. Dezember 1992 von Bestimmungen dieses Grundgesetzes abweichen, soweit und solange infolge der unterschiedlichen Verhältnisse die völlige Anpassung an die grundgesetzliche Ordnung noch nicht erreicht werden kann. Abweichungen dürfen nicht gegen Artikel 19 Abs. 2 verstoßen und müssen mit den in Artikel 79 Abs. 3 genannten Grundsätzen vereinbar sein.

(2) Abweichungen von den Abschnitten II, VIII, VIII a, IX, X und XI sind längstens bis zum 31. Dezember 1995 zulässig.

(3) Unabhängig von Absatz 1 und 2 haben Artikel 41 des Einigungsvertrags und Regelungen zu seiner Durchführung auch insoweit Bestand, als sie vorsehen, daß Eingriffe in das Eigentum auf dem in Artikel 3 dieses Vertrags genannten Gebiet nicht mehr rückgängig gemacht werden."

6. Artikel 146 wird wie folgt gefaßt:

„Artikel 146

Dieses Grundgesetz, das nach Vollendung der Einheit und Freiheit Deutschlands für das gesamte deutsche Volk gilt, verliert seine Gültigkeit an dem Tage, an dem eine Verfassung in Kraft tritt, die von dem deutschen Volke in freier Entscheidung beschlossen worden ist."

Artikel 5

Künftige Verfassungsänderungen

Die Regierungen der beiden Vertragsparteien empfehlen den gesetzgebenden Körperschaften des vereinten Deutschlands, sich innerhalb von zwei Jahren mit den im Zusammenhang mit der deutschen Einigung aufgeworfenen Fragen zur Änderung oder Ergänzung des Grundgesetzes zu befassen, insbesondere

- in bezug auf das Verhältnis zwischen Bund und Ländern entsprechend dem Gemeinsamen Beschluß der Ministerpräsidenten vom 5. Juli 1990,

- in bezug auf die Möglichkeit einer Neugliederung für den Raum Berlin/Brandenburg abweichend von den Vorschriften des Artikels 29 des Grundgesetzes durch Vereinbarung der beteiligten Länder,

- mit den Überlegungen zur Aufnahme von Staatszielbestimmungen in das Grundgesetz sowie

- mit der Frage der Anwendung des Artikels 146 des Grundgesetzes und in deren Rahmen einer Volksabstimmung.

Artikel 6

Ausnahmebestimmung

Artikel 131 des Grundgesetzes wird in dem in Artikel 3 genannten Gebiet vorerst nicht in Kraft gesetzt.

Artikel 7

Finanzverfassung

(1) Die Finanzverfassung der Bundesrepublik Deutschland wird auf das in Artikel 3 genannte Gebiet erstreckt, soweit in diesem Vertrag nichts anderes bestimmt ist.

(2) Für die Verteilung des Steueraufkommens auf den Bund sowie auf die Länder und Gemeinden (Gemeindeverbände) in dem in Artikel 3 genannten Gebiet gelten die Bestimmungen des Artikels 106 des Grundgesetzes mit der Maßgabe, daß

1. bis zum 31. Dezember 1994 Absatz 3 Satz 4 und Absatz 4 keine Anwendung finden;

2. bis zum 31. Dezember 1996 der Anteil der Gemeinden an dem Aufkommen der Einkommensteuer nach Artikel 106 Abs. 5 des Grundgesetzes von den Ländern an die Gemeinden nicht auf der Grundlage der Einkommensteuerleistung ihrer Einwohner, sondern nach der Einwohnerzahl der Gemeinden weitergeleitet wird;

3. bis zum 31. Dezember 1994 abweichend von Artikel 106 Abs. 7 des Grundgesetzes den Gemeinden (Gemeindeverbänden) von dem Länderanteil am Gesamtaufkommen der Gemeinschaftssteuern und dem gesamten Aufkommen der Landessteuern ein jährlicher Anteil von mindestens 20 vom Hundert sowie vom Länderanteil aus den Mitteln des Fonds „Deutsche Einheit" nach Absatz 5 Nr. 1 ein jährlicher Anteil von 40 vom Hundert zufließt.

(3) Artikel 107 des Grundgesetzes gilt in dem in Artikel 3 genannten Gebiet mit der Maßgabe, daß bis zum 31. Dezember 1994 zwischen den bisherigen Ländern der Bundesrepublik Deutschland und den Ländern in dem in Artikel 3 genannten Gebiet die Regelung des Absatzes 1 Satz 4 nicht angewendet wird und ein gesamtdeutscher Länderfinanzausgleich (Artikel 107 Abs. 2 des Grundgesetzes) nicht stattfindet.

Der gesamtdeutsche Länderanteil an der Umsatzsteuer wird so in einen Ost- und Westanteil aufgeteilt, daß im Ergebnis der durchschnittliche Umsatzsteueranteil pro Einwohner in den Ländern Brandenburg, Mecklenburg-Vorpommern, Sachsen, Sachsen-Anhalt und Thüringen in den Jahren

1991	55 vom Hundert
1992	60 vom Hundert
1993	65 vom Hundert
1994	70 vom Hundert

des durchschnittlichen Umsatzsteueranteils pro Einwohner in den Ländern Baden-Württemberg, Bayern, Bremen, Hessen, Hamburg, Niedersachsen, Nordrhein-Westfalen, Rheinland-Pfalz, Saarland und Schleswig-Holstein beträgt. Der Anteil des Landes Berlin wird vorab nach der Einwohnerzahl berechnet. Die Regelungen dieses Absatzes werden für 1993 in Ansehung der dann vorhandenen Gegebenheiten überprüft.

(4) Das in Artikel 3 genannte Gebiet wird in die Regelungen der Artikel 91a, 91b und 104a Abs. 3 und 4 des Grundgesetzes einschließlich der hierzu ergangenen Ausführungsbestimmungen nach Maßgabe dieses Vertrags mit Wirkung vom 1. Januar 1991 einbezogen.

(5) Nach Herstellung der deutschen Einheit werden die jährlichen Leistungen des Fonds „Deutsche Einheit"

1. zu 85 vom Hundert als besondere Unterstützung den Ländern Brandenburg, Mecklenburg-Vorpommern, Sachsen, Sachsen-Anhalt und Thüringen sowie dem Land Berlin zur Deckung ihres allgemeinen Finanzbedarfs gewährt und auf diese Länder im Verhältnis ihrer Einwohnerzahl ohne Berücksichtigung der Einwohnerzahl von Berlin (West) verteilt sowie

2. zu 15 vom Hundert zur Erfüllung zentraler öffentlicher Aufgaben auf dem Gebiet der vorgenannten Länder verwendet.

(6) Bei grundlegender Veränderung der Gegebenheiten werden die Möglichkeiten weiterer Hilfe zum angemessenen Ausgleich der Finanzkraft für die Länder in dem in Artikel 3 genannten Gebiet von Bund und Ländern gemeinsam geprüft.

Kapitel III

Rechtsangleichung

Artikel 8

Überleitung von Bundesrecht

Mit dem Wirksamwerden des Beitritts tritt in dem in Artikel 3 genannten Gebiet Bundesrecht in Kraft, soweit es nicht in seinem Geltungsbereich auf bestimmte Länder oder Landesteile der Bundesrepublik Deutschland beschränkt ist und soweit durch diesen Vertrag, insbesondere dessen Anlage I, nichts anderes bestimmt wird.

Artikel 9

Fortgeltendes Recht der Deutschen Demokratischen Republik

(1) Das im Zeitpunkt der Unterzeichnung dieses Vertrags geltende Recht der Deutschen Demokratischen Republik, das nach der Kompetenzordnung des Grundgesetzes Landesrecht ist, bleibt in Kraft, soweit es mit dem Grundgesetz

ohne Berücksichtigung des Artikels 143, mit in dem in Artikel 3 genannten Gebiet in Kraft gesetztem Bundesrecht sowie mit dem unmittelbar geltenden Recht der Europäischen Gemeinschaften vereinbar ist und soweit in diesem Vertrag nichts anderes bestimmt wird. Recht der Deutschen Demokratischen Republik, das nach der Kompetenzordnung des Grundgesetzes Bundesrecht ist und das nicht bundeseinheitlich geregelte Gegenstände betrifft, gilt unter den Voraussetzungen des Satzes 1 bis zu einer Regelung durch den Bundesgesetzgeber als Landesrecht fort.

(2) Das in Anlage II aufgeführte Recht der Deutschen Demokratischen Republik bleibt mit den dort genannten Maßgaben in Kraft, soweit es mit dem Grundgesetz unter Berücksichtigung dieses Vertrags sowie mit dem unmittelbar geltenden Recht der Europäischen Gemeinschaften vereinbar ist.

(3) Nach Unterzeichnung dieses Vertrags erlassenes Recht der Deutschen Demokratischen Republik bleibt in Kraft, sofern es zwischen den Vertragsparteien vereinbart wird. Absatz 2 bleibt unberührt.

(4) Soweit nach den Absätzen 2 und 3 fortgeltendes Recht Gegenstände der ausschließlichen Gesetzgebung des Bundes betrifft, gilt es als Bundesrecht fort. Soweit es Gegenstände der konkurrierenden Gesetzgebung oder der Rahmengesetzgebung betrifft, gilt es als Bundesrecht fort, wenn und soweit es sich auf Sachgebiete bezieht, die im übrigen Geltungsbereich des Grundgesetzes bundesrechtlich geregelt sind.

(5) Das gemäß Anlage II von der Deutschen Demokratischen Republik erlassene Kirchensteuerrecht gilt in den in Artikel 1 Abs. 1 genannten Ländern als Landesrecht fort.

Artikel 10
Recht der Europäischen Gemeinschaften

(1) Mit dem Wirksamwerden des Beitritts gelten in dem in Artikel 3 genannten Gebiet die Verträge über die Europäischen Gemeinschaften nebst Änderungen und Ergänzungen sowie die internationalen Vereinbarungen, Verträge und Beschlüsse, die in Verbindung mit diesen Verträgen in Kraft getreten sind.

(2) Die auf der Grundlage der Verträge über die Europäischen Gemeinschaften ergangenen Rechtsakte gelten mit dem Wirksamwerden des Beitritts in dem in Artikel 3 genannten Gebiet, soweit nicht die zuständigen Organe der Europäischen Gemeinschaften Ausnahmeregelungen erlassen. Diese Ausnahmeregelungen sollen den verwaltungsmäßigen Bedürfnissen Rechnung tragen und der Vermeidung wirtschaftlicher Schwierigkeiten dienen.

(3) Rechtsakte der Europäischen Gemeinschaften, deren Umsetzung oder Ausführung in die Zuständigkeit der Länder fällt, sind von diesen durch landesrechtliche Vorschriften umzusetzen oder auszuführen.

Kapitel IV
Völkerrechtliche Verträge und Vereinbarungen

Artikel 11
Verträge der Bundesrepublik Deutschland

Die Vertragsparteien gehen davon aus, daß völkerrechtliche Verträge und Vereinbarungen, denen die Bundesrepublik Deutschland als Vertragspartei angehört, einschließlich solcher Verträge, die Mitgliedschaften in internationalen Organisationen oder Institutionen begründen, ihre Gültigkeit behalten und die daraus folgenden Rechte und Verpflichtungen sich mit Ausnahme der in Anlage I genannten Verträge auch auf das in Artikel 3 genannte Gebiet beziehen. Soweit im Einzelfall Anpassungen erforderlich werden, wird sich die gesamtdeutsche Regierung mit den jeweiligen Vertragspartnern ins Benehmen setzen.

Artikel 12
Verträge der Deutschen Demokratischen Republik

(1) Die Vertragsparteien sind sich einig, daß die völkerrechtlichen Verträge der Deutschen Demokratischen Republik im Zuge der Herstellung der Einheit Deutschlands unter den Gesichtspunkten des Vertrauensschutzes, der Interessenlage der beteiligten Staaten und der vertraglichen Verpflichtungen der Bundesrepublik Deutschland sowie nach den Prinzipien einer freiheitlichen, demokratischen und rechtsstaatlichen Grundordnung und unter Beachtung der Zuständigkeiten der Europäischen Gemeinschaften mit den Vertragspartnern der Deutschen Demokratischen Republik zu erörtern sind, um ihre Fortgeltung, Anpassung oder ihr Erlöschen zu regeln beziehungsweise festzustellen.

(2) Das vereinte Deutschland legt seine Haltung zum Übergang völkerrechtlicher Verträge der Deutschen Demokratischen Republik nach Konsultationen mit den jeweiligen Vertragspartnern und mit den Europäischen Gemeinschaften, soweit deren Zuständigkeiten berührt sind, fest.

(3) Beabsichtigt das vereinte Deutschland, in internationale Organisationen oder in sonstige mehrseitige Verträge einzutreten, denen die Deutsche Demokratische Republik, nicht aber die Bundesrepublik Deutschland angehört, so wird Einvernehmen mit den jeweiligen Vertragspartnern und mit den Europäischen Gemeinschaften, soweit deren Zuständigkeiten berührt sind, hergestellt.

Kapitel V
Öffentliche Verwaltung und Rechtspflege

Artikel 13
Übergang von Einrichtungen

(1) Verwaltungsorgane und sonstige der öffentlichen Verwaltung oder Rechtspflege dienende Einrichtungen in dem in Artikel 3 genannten Gebiet unterstehen der Regierung des Landes, in dem sie örtlich gelegen sind. Einrichtungen mit länderübergreifendem Wirkungskreis gehen in die gemeinsame Trägerschaft der betroffenen Länder über. Soweit Einrichtungen aus mehreren Teileinrichtungen bestehen, die ihre Aufgaben selbständig erfüllen können, unterstehen die Teileinrichtungen jeweils der Regierung des Landes, in dem sich die Teileinrichtung befindet. Die Landesregierung regelt die Überführung oder Abwicklung. § 22 des Ländereinführungsgesetzes vom 22. Juli 1990 bleibt unberührt.

(2) Soweit die in Absatz 1 Satz 1 genannten Einrichtungen oder Teileinrichtungen bis zum Wirksamwerden des Beitritts Aufgaben erfüllt haben, die nach der Kompetenzordnung des Grundgesetzes vom Bund wahrzunehmen sind, unterstehen sie den zuständigen obersten Bundesbehörden. Diese regeln die Überführung oder Abwicklung.

(3) Zu den Einrichtungen nach den Absätzen 1 und 2 gehören auch

1. Einrichtungen der Kultur, der Bildung und Wissenschaft sowie des Sports,

2. Einrichtungen des Hörfunks und des Fernsehens,

deren Rechtsträger die öffentliche Verwaltung ist.

Artikel 14
Gemeinsame Einrichtungen der Länder

(1) Einrichtungen oder Teile von Einrichtungen, die bis zum Wirksamwerden des Beitritts Aufgaben erfüllt haben, die nach der Kompetenzordnung des Grundgesetzes von den Ländern wahrzunehmen sind, werden bis zur endgültigen Regelung durch die in Artikel 1 Abs. 1 genannten Länder als gemeinsame Einrichtungen der Länder weitergeführt. Dies gilt nur, soweit die übergangsweise Weiterführung für die Erfüllung der Aufgaben der Länder unerläßlich ist.

(2) Die gemeinsamen Einrichtungen der Länder unterstehen bis zur Wahl der Ministerpräsidenten der Länder den Landesbevollmächtigten. Danach unterstehen sie den Ministerpräsidenten. Diese können die Aufsicht dem zuständigen Landesminister übertragen.

Artikel 15
Übergangsregelungen für die Landesverwaltung

(1) Die Landessprecher in den in Artikel 1 Abs. 1 genannten Ländern und die Regierungsbevollmächtigten in den Bezirken nehmen ihre bisherigen Aufgaben vom Wirksamwerden des Beitritts bis zur Wahl der Ministerpräsidenten in der Verantwortung der Bundesregierung wahr und unterstehen deren Weisungen. Die Landessprecher leiten als Landesbevollmächtigte die Verwaltung ihres Landes und haben ein Weisungsrecht gegenüber den Bezirksverwaltungsbehörden sowie bei übertragenen Aufgaben auch gegenüber den Gemeinden und Landkreisen. Soweit in den in Artikel 1 Abs. 1 genannten Ländern bis zum Wirksamwerden des Beitritts Landesbeauftragte bestellt worden sind, nehmen sie die in den Sätzen 1 und 2 genannten Aufgaben und Befugnisse des Landessprechers wahr.

(2) Die anderen Länder und der Bund leisten Verwaltungshilfe beim Aufbau der Landesverwaltung.

(3) Auf Ersuchen der Ministerpräsidenten der in Artikel 1 Abs. 1 genannten Länder leisten die anderen Länder und der Bund Verwaltungshilfe bei der Durchführung bestimmter Fachaufgaben, und zwar längstens bis zum 30. Juni 1991. Soweit Stellen und Angehörige der Länder und des Bundes Verwaltungshilfe bei der Durchführung von Fachaufgaben leisten, räumt der Ministerpräsident ihnen insoweit ein Weisungsrecht ein.

(4) Soweit der Bund Verwaltungshilfe bei der Durchführung von Fachaufgaben leistet, stellt er auch die zur Durchführung der Fachaufgaben erforderlichen Haushaltmittel zur Verfügung. Die eingesetzten Haushaltmittel werden mit dem Anteil des jeweiligen Landes an den Leistungen des Fonds „Deutsche Einheit" oder an der Einfuhr-Umsatzsteuer verrechnet.

Artikel 16
Übergangsvorschrift bis zur Bildung einer gesamtberliner Landesregierung

Bis zur Bildung einer gesamtberliner Landesregierung nimmt der Senat von Berlin gemeinsam mit dem Magistrat die Aufgaben der gesamtberliner Landesregierung wahr.

Artikel 17
Rehabilitierung

Die Vertragsparteien bekräftigen ihre Absicht, daß unverzüglich eine gesetzliche Grundlage dafür geschaffen wird, daß alle Personen rehabilitiert werden können, die Opfer einer politisch motivierten Strafverfolgungsmaßnahme oder sonst einer rechtsstaats- und verfassungswidrigen gerichtlichen Entscheidung geworden sind. Die Rehabilitierung dieser Opfer des SED-Unrechts-Regimes ist mit einer angemessenen Entschädigungsregelung zu verbinden.

Artikel 18

Fortgeltung gerichtlicher Entscheidungen

(1) Vor dem Wirksamwerden des Beitritts ergangene Entscheidungen der Gerichte der Deutschen Demokratischen Republik bleiben wirksam und können nach Maßgabe des gemäß Artikel 8 in Kraft gesetzten oder des gemäß Artikel 9 fortgeltenden Rechts vollstreckt werden. Nach diesem Recht richtet sich auch eine Überprüfung der Vereinbarkeit von Entscheidungen und ihrer Vollstreckung mit rechtsstaatlichen Grundsätzen. Artikel 17 bleibt unberührt.

(2) Den durch ein Strafgericht der Deutschen Demokratischen Republik Verurteilten wird durch diesen Vertrag nach Maßgabe der A n l a g e I ein eigenes Recht eingeräumt, eine gerichtliche Kassation rechtskräftiger Entscheidungen herbeizuführen.

Artikel 19

Fortgeltung von Entscheidungen der öffentlichen Verwaltung

Vor dem Wirksamwerden des Beitritts ergangene Verwaltungsakte der Deutschen Demokratischen Republik bleiben wirksam. Sie können aufgehoben werden, wenn sie mit rechtsstaatlichen Grundsätzen oder mit den Regelungen dieses Vertrags unvereinbar sind. Im übrigen bleiben die Vorschriften über die Bestandskraft von Verwaltungsakten unberührt.

Artikel 20

Rechtsverhältnisse im öffentlichen Dienst

(1) Für die Rechtsverhältnisse der Angehörigen des öffentlichen Dienstes zum Zeitpunkt des Beitritts gelten die in A n l a g e I vereinbarten Übergangsregelungen.

(2) Die Wahrnehmung von öffentlichen Aufgaben (hoheitsrechtliche Befugnisse im Sinne von Artikel 33 Abs. 4 des Grundgesetzes) ist so bald wie möglich Beamten zu übertragen. Das Beamtenrecht wird nach Maßgabe der in A n l a g e I vereinbarten Regelungen eingeführt. Artikel 92 des Grundgesetzes bleibt unberührt.

(3) Das Soldatenrecht wird nach Maßgabe der in A n l a g e I vereinbarten Regelungen eingeführt.

Kapitel VI
Öffentliches Vermögen und Schulden

Artikel 21

Verwaltungsvermögen

(1) Das Vermögen der Deutschen Demokratischen Republik, das unmittelbar bestimmten Verwaltungsaufgaben dient (Verwaltungsvermögen), wird Bundesvermögen, sofern es nicht nach seiner Zweckbestimmung am 1. Oktober 1989 überwiegend für Verwaltungsaufgaben bestimmt war, die nach dem Grundgesetz von Ländern, Gemeinden (Gemeindeverbänden) oder sonstigen Trägern öffentlicher Verwaltung wahrzunehmen sind. Soweit Verwaltungsvermögen überwiegend für Aufgaben des ehemaligen Ministeriums für Staatssicherheit/des Amtes für Nationale Sicherheit genutzt wurde, steht es der Treuhandanstalt zu, es sei denn, daß es nach dem genannten Zeitpunkt bereits neuen sozialen oder öffentlichen Zwecken zugeführt worden ist.

(2) Soweit Verwaltungsvermögen nicht Bundesvermögen gemäß Absatz 1 wird, steht es mit Wirksamwerden des Beitritts demjenigen Träger öffentlicher Verwaltung zu, der nach dem Grundgesetz für die Verwaltungsaufgabe zuständig ist.

(3) Vermögenswerte, die dem Zentralstaat oder den Ländern und Gemeinden (Gemeindeverbänden) von einer anderen Körperschaft des öffentlichen Rechts unentgeltlich zur Verfügung gestellt worden sind, werden an diese Körperschaft oder ihre Rechtsnachfolgerin unentgeltlich zurückübertragen; früheres Reichsvermögen wird Bundesvermögen.

(4) Soweit nach den Absätzen 1 bis 3 oder auf Grund eines Bundesgesetzes Verwaltungsvermögen Bundesvermögen wird, ist es für die Erfüllung öffentlicher Aufgaben in dem in Artikel 3 genannten Gebiet zu verwenden. Dies gilt auch für die Verwendung der Erlöse aus Veräußerungen von Vermögenswerten.

Artikel 22

Finanzvermögen

(1) Öffentliches Vermögen von Rechtsträgern in dem in Artikel 3 genannten Gebiet einschließlich des Grundvermögens und des Vermögens in der Land- und Forstwirtschaft, das nicht unmittelbar bestimmten Verwaltungsaufgaben dient (Finanzvermögen), ausgenommen Vermögen der Sozialversicherung, unterliegt, soweit es nicht der Treuhandanstalt übertragen ist, oder durch Gesetz gemäß § 1 Abs. 1 Sätze 2 und 3 des Treuhandgesetzes Gemeinden, Städten oder Landkreisen übertragen wird, mit Wirksamwerden des Beitritts der Treuhandverwaltung des Bundes. Soweit Finanzvermögen überwiegend für Aufgaben des ehemaligen Ministeriums für Staatssicherheit/des Amtes für Nationale Sicherheit genutzt wurde, steht es der Treuhandanstalt zu, es sei denn, daß es nach dem 1. Oktober 1989 bereits neuen sozialen oder öffentlichen Zwecken zugeführt worden ist. Durch Bundesgesetz ist das Finanzvermögen auf den Bund und die in Artikel 1 genannten Länder so aufzuteilen, daß der Bund und die in Artikel 1 genannten Länder je die Hälfte des Vermögensgesamtwerts erhalten. An dem Länderanteil sind die Gemeinden (Gemeindeverbände) angemessen zu beteiligen. Vermögenswerte, die hiernach der Bund erhält, sind zur Erfüllung öffentlicher

Aufgaben in dem in Artikel 3 genannten Gebiet zu verwenden. Die Verteilung des Länderanteils auf die einzelnen Länder soll grundsätzlich so erfolgen, daß das Verhältnis der Gesamtwerte der den einzelnen Ländern übertragenen Vermögensteile dem Verhältnis der Bevölkerungszahlen dieser Länder mit Wirksamwerden des Beitritts ohne Berücksichtigung der Einwohnerzahl von Berlin (West) entspricht. Artikel 21 Abs. 3 ist entsprechend anzuwenden.

(2) Bis zu einer gesetzlichen Regelung wird das Finanzvermögen von den bisher zuständigen Behörden verwaltet, soweit nicht der Bundesminister der Finanzen die Übernahme der Verwaltung durch Behörden der Bundesvermögensverwaltung anordnet.

(3) Die in den Absätzen 1 und 2 bezeichneten Gebietskörperschaften gewähren sich untereinander auf Verlangen Auskunft über und Einsicht in Grundbücher, Grundakten und sonstige Vorgänge, die Hinweise zu Vermögenswerten enthalten, deren rechtliche und tatsächliche Zuordnung zwischen den Gebietskörperschaften ungeklärt oder streitig ist.

(4) Absatz 1 gilt nicht für das zur Wohnungsversorgung genutzte volkseigene Vermögen, das sich in Rechtsträgerschaft der volkseigenen Betriebe der Wohnungswirtschaft befindet. Gleiches gilt für volkseigenes Vermögen, für das bereits konkrete Ausführungsplanungen für Objekte der Wohnungsversorgung vorliegen. Dieses Vermögen geht mit Wirksamwerden des Beitritts mit gleichzeitiger Übernahme der anteiligen Schulden in das Eigentum der Kommunen über. Die Kommunen überführen ihren Wohnungsbestand unter Berücksichtigung sozialer Belange schrittweise in eine marktwirtschaftliche Wohnungswirtschaft. Dabei soll die Privatisierung auch zur Förderung der Bildung individuellen Wohneigentums beschleunigt durchgeführt werden. Hinsichtlich des volkseigenen Wohnungsbestandes staatlicher Einrichtungen, soweit dieser nicht bereits unter Artikel 21 fällt, bleibt Absatz 1 unberührt.

Artikel 23
Schuldenregelung

(1) Mit dem Wirksamwerden des Beitritts wird die bis zu diesem Zeitpunkt aufgelaufene Gesamtverschuldung des Republikhaushalts der Deutschen Demokratischen Republik von einem nicht rechtsfähigen Sondervermögen des Bundes übernommen, das die Schuldendienstverpflichtungen erfüllt. Das Sondervermögen wird ermächtigt, Kredite aufzunehmen

1. zur Tilgung von Schulden des Sondervermögens,

2. zur Deckung anfallender Zins- und Kreditbeschaffungskosten,

3. zum Zwecke des Ankaufs von Schuldtiteln des Sondervermögens im Wege der Marktpflege.

(2) Der Bundesminister der Finanzen verwaltet das Sondervermögen. Das Sondervermögen kann unter seinem Namen im rechtsgeschäftlichen Verkehr handeln, klagen und verklagt werden. Der allgemeine Gerichtsstand des Sondervermögens ist der Sitz der Bundesregierung. Der Bund haftet für die Verbindlichkeiten des Sondervermögens.

(3) Vom Tage des Wirksamwerdens des Beitritts bis zum 31. Dezember 1993 erstatten der Bund und die Treuhandanstalt jeweils die Hälfte der vom Sondervermögen erbrachten Zinsleistungen.

Die Erstattung erfolgt bis zum Ersten des Monats, der dem Monat folgt, in dem das Sondervermögen die in Satz 1 genannten Leistungen erbracht hat.

(4) Mit Wirkung vom 1. Januar 1994 übernehmen der Bund und die in Artikel 1 genannten Länder und die Treuhandanstalt, die beim Sondervermögen zum 31. Dezember 1993 aufgelaufene Gesamtverschuldung nach Maßgabe des Artikels 27 Abs. 3 des Vertrags vom 18. Mai 1990 über die Schaffung einer Währungs-, Wirtschafts- und Sozialunion zwischen der Bundesrepublik Deutschland und der Deutschen Demokratischen Republik. Die Verteilung der Schulden im einzelnen wird durch besonderes Gesetz gemäß Artikel 34 des Gesetzes vom 25. Juli 1990 zu dem Vertrag vom 18. Mai 1990 (BGBl. 1990 II S. 518) geregelt. Die Anteile der in Artikel 1 genannten Länder an dem von der Gesamtheit der in Artikel 1 genannten Länder zu übernehmenden Betrag werden im Verhältnis ihrer Einwohnerzahl zum Zeitpunkt des Wirksamwerdens des Beitritts ohne Berücksichtigung der Einwohnerzahl von Berlin (West) berechnet.

(5) Das Sondervermögen wird mit Ablauf des Jahres 1993 aufgelöst.

(6) Die Bundesrepublik Deutschland tritt mit Wirksamwerden des Beitritts in die von der Deutschen Demokratischen Republik zu Lasten des Staatshaushalts bis zur Einigung übernommenen Bürgschaften, Garantien und Gewährleistungen ein. Die in Artikel 1 Abs. 1 genannten Länder und das Land Berlin für den Teil, in dem das Grundgesetz bisher nicht galt, übernehmen für die auf die Bundesrepublik Deutschland übergegangenen Bürgschaften, Garantien und Gewährleistungen gesamtschuldnerisch eine Rückbürgschaft in Höhe von 50 vom Hundert. Die Schadensbeträge werden zwischen den Ländern im Verhältnis ihrer Einwohnerzahl zum Zeitpunkt des Wirksamwerdens des Beitritts ohne Berücksichtigung der Einwohnerzahl von Berlin (West) aufgeteilt.

(7) Die Beteiligung der Deutschen Demokratischen Republik an der Staatsbank Berlin kann auf die in Artikel 1 genannten Länder übertragen werden. Bis zu einer Übertragung der Beteiligung nach Satz 1 oder einer Übertragung nach Satz 3

stehen die Rechte aus der Beteiligung der Deutschen Demokratischen Republik an der Staatsbank Berlin dem Bund zu. Die Vertragsparteien werden, unbeschadet einer kartellrechtlichen Prüfung, die Möglichkeit vorsehen, daß die Staatsbank Berlin ganz oder teilweise auf ein öffentlich-rechtliches Kreditinstitut in der Bundesrepublik Deutschland oder auf andere Rechtsträger übertragen wird. Werden nicht alle Gegenstände oder Verbindlichkeiten von einer Übertragung erfaßt, ist der verbleibende Teil der Staatsbank Berlin abzuwickeln. Der Bund tritt in die Verbindlichkeiten aus der Gewährträgerhaftung der Deutschen Demokratischen Republik für die Staatsbank Berlin ein. Dies gilt nicht für Verbindlichkeiten, die nach der Übertragung der Beteiligung nach Satz 1 oder nach einer Übertragung nach Satz 3 begründet werden. Satz 5 gilt für von der Staatsbank Berlin in Abwicklung begründete neue Verbindlichkeiten entsprechend. Wird der Bund aus der Gewährträgerhaftung in Anspruch genommen, wird die Belastung in die Gesamtverschuldung des Republikhaushalts einbezogen und mit Wirksamwerden des Beitritts in das nicht rechtsfähige Sondervermögen nach Absatz 1 übernommen.

Artikel 24
Abwicklung der Forderungen und Verbindlichkeiten gegenüber dem Ausland und der Bundesrepublik Deutschland

(1) Die Abwicklung der beim Wirksamwerden des Beitritts noch bestehenden Forderungen und Verbindlichkeiten, soweit sie im Rahmen des Außenhandels- und Valutamonopols oder in Wahrnehmung anderer staatlicher Aufgaben der Deutschen Demokratischen Republik bis zum 1. Juli 1990 gegenüber dem Ausland und der Bundesrepublik Deutschland begründet worden sind, erfolgt auf Weisung und unter Aufsicht des Bundesministers der Finanzen. In Umschuldungsvereinbarungen der Regierung der Bundesrepublik Deutschland, die nach Wirksamwerden des Beitritts getroffen werden, sind auch die in Satz 1 genannten Forderungen einzubeziehen. Die betroffenen Forderungen werden durch den Bundesminister der Finanzen treuhänderisch verwaltet oder auf den Bund übertragen, soweit die Forderungen wertberichtigt werden.

(2) Das Sondervermögen gemäß Artikel 23 Abs. 1 übernimmt bis zum 30. November 1993 gegenüber den mit der Abwicklung beauftragten Instituten die notwendigen Verwaltungsaufwendungen, die Zinskosten, die durch eine Differenz der Zinsaufwendungen und Zinserlöse entstehen, sowie die sonstigen Verluste, die den Instituten während der Abwicklungszeit entstehen, soweit sie durch eigene Mittel nicht ausgeglichen werden können. Nach dem 30. November 1993 übernehmen der Bund und die Treuhandanstalt die in Satz 1 genannten Aufwendungen, Kosten und den Verlustausgleich je zur Hälfte. Das Nähere wird durch Bundesgesetz geregelt.

(3) Forderungen und Verbindlichkeiten, die auf die Mitgliedschaft der Deutschen Demokratischen Republik oder ihrer

Einrichtungen im Rat für Gegenseitige Wirtschaftshilfe zurückgehen, können Gegenstand gesonderter Regelungen der Bundesrepublik Deutschland sein. Diese Regelungen können auch Forderungen und Verbindlichkeiten betreffen, die nach dem 30. Juni 1990 entstehen oder entstanden sind.

Artikel 25
Treuhandvermögen

Das Gesetz zur Privatisierung und Reorganisation des volkseigenen Vermögens – Treuhandgesetz – vom 17. Juni 1990 (GBl. I Nr. 33 S. 300) gilt mit Wirksamwerden des Beitritts mit folgender Maßgabe fort:

(1) Die Treuhandanstalt ist auch künftig damit beauftragt, gemäß den Bestimmungen des Treuhandgesetzes die früheren volkseigenen Betriebe wettbewerblich zu strukturieren und zu privatisieren. Sie wird rechtsfähige bundesunmittelbare Anstalt des öffentlichen Rechts. Die Fach- und Rechtsaufsicht obliegt dem Bundesminister der Finanzen, der die Fachaufsicht im Einvernehmen mit dem Bundesminister für Wirtschaft und dem jeweils zuständigen Bundesminister wahrnimmt. Beteiligungen der Treuhandanstalt sind mittelbare Beteiligungen des Bundes. Änderungen der Satzung bedürfen der Zustimmung der Bundesregierung.

(2) Die Zahl der Mitglieder des Verwaltungsrats der Treuhandanstalt wird von 16 auf 20, für den ersten Verwaltungsrat auf 23, erhöht. Anstelle der beiden aus der Mitte der Volkskammer gewählten Vertreter erhalten die in Artikel 1 genannten Länder im Verwaltungsrat der Treuhandanstalt je einen Sitz. Abweichend von § 4 Abs. 2 des Treuhandgesetzes werden der Vorsitzende und die übrigen Mitglieder des Verwaltungsrats von der Bundesregierung berufen.

(3) Die Vertragsparteien bekräftigen, daß das volkseigene Vermögen ausschließlich und allein zugunsten von Maßnahmen in dem in Artikel 3 genannten Gebiet unabhängig von der haushaltsmäßigen Trägerschaft verwendet wird. Entsprechend sind Erlöse der Treuhandanstalt gemäß Artikel 26 Abs. 4 und Artikel 27 Abs. 3 des Vertrags vom 18. Mai 1990 zu verwenden. Im Rahmen der Strukturanpassung der Landwirtschaft können Erlöse der Treuhandanstalt im Einzelfall auch für Entschuldungsmaßnahmen zugunsten von landwirtschaftlichen Unternehmen verwendet werden. Zuvor sind deren eigene Vermögenswerte einzusetzen. Schulden, die auszugliedernden Betriebsteilen zuzuordnen sind, bleiben unberücksichtigt. Hilfe zur Entschuldung kann auch mit der Maßgabe gewährt werden, daß die Unternehmen die gewährten Leistungen im Rahmen ihrer wirtschaftlichen Möglichkeiten ganz oder teilweise zurückerstatten.

(4) Die der Treuhandanstalt durch Artikel 27 Abs. 1 des Vertrags vom 18. Mai 1990 eingeräumte Ermächtigung zur Aufnahme von Krediten wird von insgesamt bis zu 17 Milliarden Deutsche Mark auf bis zu 25 Milliarden Deutsche Mark erhöht. Die vorgenannten Kredite sollen in der Regel bis

zum 31. Dezember 1995 zurückgeführt werden. Der Bundesminister der Finanzen kann eine Verlängerung der Laufzeiten und bei grundlegend veränderten Bedingungen eine Überschreitung der Kreditobergrenzen zulassen.

(5) Die Treuhandanstalt wird ermächtigt, im Einvernehmen mit dem Bundesminister der Finanzen Bürgschaften, Garantien und sonstige Gewährleistungen zu übernehmen.

(6) Nach Maßgabe des Artikels 10 Abs. 6 des Vertrags vom 18. Mai 1990 sind Möglichkeiten vorzusehen, daß den Sparern zu einem späteren Zeitpunkt für den bei der Umstellung 2 : 1 reduzierten Betrag ein verbrieftes Anteilrecht am volkseigenen Vermögen eingeräumt werden kann.

(7) Bis zur Feststellung der DM-Eröffnungsbilanz sind die Zins- und Tilgungsleistungen auf Kredite, die vor dem 30. Juni 1990 aufgenommen wurden, auszusetzen. Die anfallenden Zinszahlungen sind der Deutschen Kreditbank AG und den anderen Banken durch die Treuhandanstalt zu erstatten.

Artikel 26

Sondervermögen Deutsche Reichsbahn

(1) Das Eigentum und alle sonstigen Vermögensrechte der Deutschen Demokratischen Republik sowie das Reichsvermögen in Berlin (West), die zum Sondervermögen Deutsche Reichsbahn im Sinne des Artikels 26 Abs. 2 des Vertrags vom 18. Mai 1990 gehören, sind mit Wirksamwerden des Beitritts als Sondervermögen Deutsche Reichsbahn Vermögen der Bundesrepublik Deutschland. Dazu gehören auch alle Vermögensrechte, die nach dem 8. Mai 1945 entweder mit Mitteln des Sondervermögens Deutsche Reichsbahn erworben oder die ihrem Betrieb oder dem ihrer Vorgängerverwaltungen gewidmet worden sind, ohne Rücksicht darauf, für welchen Rechtsträger sie erworben wurden, es sei denn, sie sind in der Folgezeit mit Zustimmung der Deutschen Reichsbahn einem anderen Zweck gewidmet worden. Vermögensrechte, die von der Deutschen Reichsbahn bis zum 31. Januar 1991 in entsprechender Anwendung des § 1 Abs. 4 der Verordnung über die Anmeldung vermögensrechtlicher Ansprüche vom 11. Juli 1990 (GBl. I Nr. 44 S. 718) benannt werden, gelten nicht als Vermögen, das mit Zustimmung der Deutschen Reichsbahn einem anderen Zweck gewidmet wurde.

(2) Mit den Vermögensrechten gehen gleichzeitig die mit ihnen im Zusammenhang stehenden Verbindlichkeiten und Forderungen auf das Sondervermögen Deutsche Reichsbahn über.

(3) Der Vorsitzer des Vorstands der Deutschen Bundesbahn und der Vorsitzer des Vorstands der Deutschen Reichsbahn sind für die Koordinierung der beiden Sondervermögen verantwortlich. Dabei haben sie auf das Ziel hinzuwirken, die beiden Bahnen technisch und organisatorisch zusammenzuführen.

Artikel 27

Sondervermögen Deutsche Post

(1) Das Eigentum und alle sonstigen Vermögensrechte, die zum Sondervermögen Deutsche Post gehören, werden Vermögen der Bundesrepublik Deutschland. Sie werden mit dem Sondervermögen Deutsche Bundespost vereinigt. Dabei gehen mit den Vermögensrechten gleichzeitig die mit ihnen im Zusammenhang stehenden Verbindlichkeiten und Forderungen auf das Sondervermögen Deutsche Bundespost über. Das den hoheitlichen und politischen Zwecken dienende Vermögen wird mit den entsprechenden Verbindlichkeiten und Forderungen nicht Bestandteil des Sondervermögens Deutsche Bundespost.

Zum Sondervermögen Deutsche Post gehören auch alle Vermögensrechte, die am 8. Mai 1945 zum Sondervermögen Deutsche Reichspost gehörten oder die nach dem 8. Mai 1945 entweder mit Mitteln des früheren Sondervermögens Deutsche Reichspost erworben oder die dem Betrieb der Deutschen Post gewidmet worden sind, ohne Rücksicht darauf, für welchen Rechtsträger sie erworben wurden, es sei denn, sie sind in der Folgezeit mit Zustimmung der Deutschen Post einem anderen Zweck gewidmet worden. Vermögensrechte, die von der Deutschen Post bis zum 31. Januar 1991 in entsprechender Anwendung des § 1 Abs. 4 der Verordnung über die Anmeldung vermögensrechtlicher Ansprüche vom 11. Juli 1990 benannt werden, gelten nicht als Vermögen, das mit Zustimmung der Deutschen Post einem anderen Zweck gewidmet wurde.

(2) Der Bundesminister für Post und Telekommunikation regelt nach Anhörung der Unternehmen der Deutschen Bundespost abschließend die Aufteilung des Sondervermögens Deutsche Post in die Teilsondervermögen der drei Unternehmen. Der Bundesminister für Post und Telekommunikation legt nach Anhörung der drei Unternehmen der Deutschen Bundespost innerhalb einer Übergangszeit von drei Jahren fest, welche Vermögensgegenstände den hoheitlichen und politischen Zwecken dienen. Er übernimmt diese ohne Wertausgleich.

Artikel 28

Wirtschaftsförderung

(1) Mit Wirksamwerden des Beitritts wird das in Artikel 3 genannte Gebiet in die im Bundesgebiet bestehenden Regelungen des Bundes zur Wirtschaftsförderung unter Berücksichtigung der Zuständigkeiten der Europäischen Gemeinschaften einbezogen. Während einer Übergangszeit werden dabei die besonderen Bedürfnisse der Strukturanpassung berücksichtigt. Damit wird ein wichtiger Beitrag zu einer möglichst raschen Entwicklung einer ausgewogenen Wirtschaftsstruktur unter besonderer Berücksichtigung des Mittelstands geleistet.

(2) Die zuständigen Ressorts bereiten konkrete Maßnahmenprogramme zur Beschleunigung des wirtschaftlichen Wachstums und des Strukturwandels in dem in Artikel 3 genannten Gebiet vor. Die Programme erstrecken sich auf folgende Bereiche:

– Maßnahmen der regionalen Wirtschaftsförderung unter Schaffung eines besonderen Programms zugunsten des in Artikel 3 genannten Gebiets; dabei wird ein Präferenzvorsprung zugunsten dieses Gebiets sichergestellt;

– Maßnahmen zur Verbesserung der wirtschaftlichen Rahmenbedingungen in den Gemeinden mit besonderem Schwerpunkt in der wirtschaftsnahen Infrastruktur;

– Maßnahmen zur raschen Entwicklung des Mittelstandes;

– Maßnahmen zur verstärkten Modernisierung und strukturellen Neuordnung der Wirtschaft auf der Grundlage von in Eigenverantwortung der Industrie erstellten Restrukturierungskonzepten (zum Beispiel Sanierungsprogramme, auch für RGW-Exportproduktion);

– Entschuldung von Unternehmen nach Einzelfallprüfung.

Artikel 29
Außenwirtschaftsbeziehungen

(1) Die gewachsenen außenwirtschaftlichen Beziehungen der Deutschen Demokratischen Republik, insbesondere die bestehenden vertraglichen Verpflichtungen gegenüber den Ländern des Rates für Gegenseitige Wirtschaftshilfe, genießen Vertrauensschutz. Sie werden unter Berücksichtigung der Interessen aller Beteiligten und unter Beachtung marktwirtschaftlicher Grundsätze sowie der Zuständigkeiten der Europäischen Gemeinschaften fortentwickelt und ausgebaut. Die gesamtdeutsche Regierung wird dafür Sorge tragen, daß diese Beziehungen im Rahmen der fachlichen Zuständigkeit organisatorisch angemessen geregelt werden.

(2) Die Bundesregierung beziehungsweise die gesamtdeutsche Regierung wird sich mit den zuständigen Organen der Europäischen Gemeinschaften darüber abstimmen, welche Ausnahmeregelungen für eine Übergangzeit auf dem Gebiet des Außenhandels im Hinblick auf Absatz 1 erforderlich sind.

Kapitel VII
Arbeit, Soziales, Familie, Frauen, Gesundheitswesen und Umweltschutz

Artikel 30
Arbeit und Soziales

(1) Es ist Aufgabe des gesamtdeutschen Gesetzgebers,

1. das Arbeitsvertragsrecht sowie das öffentlich-rechtliche Arbeitszeitrecht einschließlich der Zulässigkeit von Sonn-

und Feiertagsarbeit und den besonderen Frauenarbeitsschutz möglichst bald einheitlich neu zu kodifizieren,

2. den öffentlich-rechtlichen Arbeitsschutz in Übereinstimmung mit dem Recht der Europäischen Gemeinschaften und dem damit konformen Teil des Arbeitsschutzrechts der Deutschen Demokratischen Republik zeitgemäß neu zu regeln.

(2) Arbeitnehmer können in dem in Artikel 3 genannten Gebiet ein Altersübergangsgeld nach Vollendung des 57. Lebensjahres für die Dauer von drei Jahren, längstens bis zum frühestmöglichen Bezug einer Altersrente aus der gesetzlichen Rentenversicherung erhalten. Die Höhe des Altersübergangsgeldes beträgt 65 vom Hundert des letzten durchschnittlichen Nettoarbeitsentgelts; für Arbeitnehmer, deren Anspruch bis zum 1. April 1991 entsteht, wird das Altersübergangsgeld für die ersten 312 Tage um einen Zuschlag von 5 Prozentpunkten erhöht. Das Altersübergangsgeld gewährt die Bundesanstalt für Arbeit in Anlehnung an die Regelungen des Arbeitslosengeldes, insbesondere der Regelung des § 105c des Arbeitsförderungsgesetzes. Die Bundesanstalt für Arbeit kann einen Antrag ablehnen, wenn feststeht, daß in der Region für die bisherige berufliche Tätigkeit des Antragstellers ein deutlicher Mangel an Arbeitskräften besteht. Das Altersübergangsgeld wird vom Bund erstattet, soweit es die Dauer des Anspruchs auf Arbeitslosengeld übersteigt. Die Altersübergangsgeldregelung findet für neu entstehende Ansprüche bis zum 31. Dezember 1991 Anwendung. Der Geltungszeitraum kann um ein Jahr verlängert werden.

In der Zeit vom Wirksamwerden des Vertrags bis zum 31. Dezember 1990 können Frauen Altersübergangsgeld nach Vollendung des 55. Lebensjahres für längstens fünf Jahre erhalten.

(3) Der in dem in Artikel 3 genannten Gebiet in Verbindung mit dem Vertrag vom 18. Mai 1990 eingeführte Sozialzuschlag zu Leistungen der Renten-, Unfall- und Arbeitslosenversicherung wird auf Neuzugänge bis 31. Dezember 1991 begrenzt. Die Leistung wird längstens bis zum 30. Juni 1995 gezahlt.

(4) Die Übertragung von Aufgaben der Sozialversicherung auf die einzelnen Träger hat so zu erfolgen, daß die Erbringung der Leistungen und deren Finanzierung sowie die personelle Wahrnehmung der Aufgaben gewährleistet wird. Die Vermögensaufteilung (Aktiva und Passiva) auf die einzelnen Träger der Sozialversicherung wird endgültig durch Gesetz festgelegt.

(5) Die Einzelheiten der Überleitung des Sechsten Buches Sozialgesetzbuch (Rentenversicherung) und der Vorschriften des Dritten Buches der Reichsversicherungsordnung (Unfallversicherung) werden in einem Bundesgesetz geregelt.

Für Personen, deren Rente aus der gesetzlichen Rentenversicherung in der Zeit vom 1. Januar 1992 bis 30. Juni 1995 beginnt, wird

1. eine Rente grundsätzlich mindestens in der Höhe des Betrags geleistet, der sich am 30. Juni 1990 nach dem bis dahin geltenden Rentenrecht in dem in Artikel 3 genannten Gebiet ohne Berücksichtigung von Leistungen aus Zusatz- oder Sonderversorgungssystemen ergeben hätte,

2. eine Rente auch dann bewilligt, wenn am 30. Juni 1990 nach dem bis dahin geltenden Rentenrecht in dem in Artikel 3 genannten Gebiet ein Rentenanspruch bestanden hätte.

Im übrigen soll die Überleitung von der Zielsetzung bestimmt sein, mit der Angleichung der Löhne und Gehälter in dem in Artikel 3 genannten Gebiet an diejenigen in den übrigen Ländern auch eine Angleichung der Renten zu verwirklichen.

(6) Bei der Fortentwicklung der Berufskrankheitenverordnung ist zu prüfen, inwieweit die bisher in dem in Artikel 3 des Vertrages genannten Gebiet geltenden Regelungen berücksichtigt werden können.

Artikel 31
Familie und Frauen

(1) Es ist Aufgabe des gesamtdeutschen Gesetzgebers, die Gesetzgebung zur Gleichberechtigung zwischen Männern und Frauen weiterzuentwickeln.

(2) Es ist Aufgabe des gesamtdeutschen Gesetzgebers, angesichts unterschiedlicher rechtlicher und institutioneller Ausgangssituationen bei der Erwerbstätigkeit von Müttern und Vätern die Rechtslage unter dem Gesichtspunkt der Vereinbarkeit von Familie und Beruf zu gestalten.

(3) Um die Weiterführung der Einrichtungen zur Tagesbetreuung von Kindern in dem in Artikel 3 genannten Gebiet zu gewährleisten, beteiligt sich der Bund für eine Übergangszeit bis zum 30. Juni 1991 an den Kosten dieser Einrichtungen.

(4) Es ist Aufgabe des gesamtdeutschen Gesetzgebers, spätestens bis zum 31. Dezember 1992 eine Regelung zu treffen, die den Schutz vorgeburtlichen Lebens und die verfassungskonforme Bewältigung von Konfliktsituationen vor allem durch rechtlich gesicherte Ansprüche für Frauen, insbesondere auf Beratung und soziale Hilfen besser gewährleistet, als dies in beiden Teilen Deutschlands derzeit der Fall ist. Zur Verwirklichung dieser Ziele wird in dem in Artikel 3 genannten Gebiet mit finanzieller Hilfe des Bundes unverzüglich ein flächendeckendes Netz von Beratungsstellen verschiedener Träger aufgebaut. Die Beratungsstellen sind personell und finanziell so auszustatten, daß sie ihrer Aufgabe gerecht werden können, schwangere Frauen zu beraten und ihnen notwendige Hilfen – auch über den Zeitpunkt der Geburt hinaus – zu leisten. Kommt eine Regelung in der in Satz 1 genannten Frist nicht zustande, gilt das materielle Recht in dem in Artikel 3 genannten Gebiet weiter.

Artikel 32
Freie gesellschaftliche Kräfte

Die Verbände der Freien Wohlfahrtspflege und die Träger der Freien Jugendhilfe leisten mit ihren Einrichtungen und Diensten einen unverzichtbaren Beitrag zur Sozialstaatlichkeit des Grundgesetzes. Der Auf- und Ausbau einer Freien Wohlfahrtspflege und einer Freien Jugendhilfe in dem in Artikel 3 genannten Gebiet wird im Rahmen der grundgesetzlichen Zuständigkeiten gefördert.

Artikel 33
Gesundheitswesen

(1) Es ist Aufgabe der Gesetzgeber, die Voraussetzungen dafür zu schaffen, daß das Niveau der stationären Versorgung der Bevölkerung in dem in Artikel 3 genannten Gebiet zügig und nachhaltig verbessert und der Situation im übrigen Bundesgebiet angepaßt wird.

(2) Zur Vermeidung von Defiziten bei den Arzneimittelausgaben der Krankenversicherung in dem in Artikel 3 genannten Gebiet trifft der gesamtdeutsche Gesetzgeber eine zeitlich befristete Regelung, durch die der Herstellerabgabepreis im Sinne der Arzneimittelpreisverordnung um einen Abschlag verringert wird, der dem Abstand zwischen den beitragspflichtigen Einkommen in dem in Artikel 3 genannten Gebiet und im heutigen Bundesgebiet entspricht.

Artikel 34
Umweltschutz

(1) Ausgehend von der in Artikel 16 des Vertrags vom 18. Mai 1990 in Verbindung mit dem Umweltrahmengesetz der Deutschen Demokratischen Republik vom 29. Juni 1990 (GBl. I Nr. 42 S. 649) begründeten deutschen Umweltunion ist es Aufgabe der Gesetzgeber, die natürlichen Lebensgrundlagen des Menschen unter Beachtung des Vorsorge-, Verursacher- und Kooperationsprinzips zu schützen und die Einheitlichkeit der ökologischen Lebensverhältnisse auf hohem, mindestens jedoch dem in der Bundesrepublik Deutschland erreichten Niveau zu fördern.

(2) Zur Förderung des in Absatz 1 genannten Ziels sind im Rahmen der grundgesetzlichen Zuständigkeitsregelungen ökologische Sanierungs- und Entwicklungsprogramme für das in Artikel 3 genannte Gebiet aufzustellen. Vorrangig sind Maßnahmen zur Abwehr von Gefahren für die Gesundheit der Bevölkerung vorzusehen.

Kapitel VIII
Kultur, Bildung und Wissenschaft, Sport

Artikel 35
Kultur

(1) In den Jahren der Teilung waren Kunst und Kultur – trotz unterschiedlicher Entwicklung der beiden Staaten in Deutschland – eine Grundlage der fortbestehenden Einheit der deutschen Nation. Sie leisten im Prozeß der staatlichen Einheit der Deutschen auf dem Weg zur europäischen Einigung einen eigenständigen und unverzichtbaren Beitrag. Stellung und Ansehen eines vereinten Deutschlands in der Welt hängen außer von seinem politischen Gewicht und seiner wirtschaftlichen Leistungskraft ebenso von seiner Bedeutung als Kulturstaat ab. Vorrangiges Ziel der Auswärtigen Kulturpolitik ist der Kulturaustausch auf der Grundlage partnerschaftlicher Zusammenarbeit.

(2) Die kulturelle Substanz in dem in Artikel 3 genannten Gebiet darf keinen Schaden nehmen.

(3) Die Erfüllung der kulturellen Aufgaben einschließlich ihrer Finanzierung ist zu sichern, wobei Schutz und Förderung von Kultur und Kunst den neuen Ländern und Kommunen entsprechend der Zuständigkeitsverteilung des Grundgesetzes obliegen.

(4) Die bisher zentral geleiteten kulturellen Einrichtungen gehen in die Trägerschaft der Länder oder Kommunen über, in denen sie gelegen sind. Eine Mitfinanzierung durch den Bund wird in Ausnahmefällen, insbesondere im Land Berlin, nicht ausgeschlossen.

(5) Die durch die Nachkriegsereignisse getrennten Teile der ehemals staatlichen preußischen Sammlungen (unter anderem Staatliche Museen, Staatsbibliotheken, Geheimes Staatsarchiv, Ibero-Amerikanisches Institut, Staatliches Institut für Musikforschung) sind in Berlin wieder zusammenzuführen. Die Stiftung Preußischer Kulturbesitz übernimmt die vorläufige Trägerschaft. Auch für die künftige Regelung ist eine umfassende Trägerschaft für die ehemals staatlichen preußischen Sammlungen in Berlin zu finden.

(6) Der Kulturfonds wird zur Förderung von Kultur, Kunst und Künstlern übergangsweise bis zum 31. Dezember 1994 in dem in Artikel 3 genannten Gebiet weitergeführt. Eine Mitfinanzierung durch den Bund im Rahmen der Zuständigkeitsverteilung des Grundgesetzes wird nicht ausgeschlossen. Über eine Nachfolgeeinrichtung ist im Rahmen der Verhandlungen über den Beitritt der Länder der in Artikel 1 Abs. 1 genannten Länder zur Kulturstiftung der Länder zu verhandeln.

(7) Zum Ausgleich der Auswirkungen der Teilung Deutschlands kann der Bund übergangsweise zur Förderung der kulturellen Infrastruktur einzelne kulturelle Maßnahmen und Einrichtungen in dem in Artikel 3 genannten Gebiet mitfinanzieren.

Artikel 36
Rundfunk

(1) Der „Rundfunk der DDR" und der „Deutsche Fernsehfunk" werden als gemeinschaftliche staatsunabhängige, rechtsfähige Einrichtung von den in Artikel 1 Abs. 1 genannten Ländern und dem Land Berlin für den Teil, in dem das Grundgesetz bisher nicht galt, bis spätestens 31. Dezember 1991 weitergeführt, soweit sie Aufgaben wahrnehmen, für die die Zuständigkeit der Länder gegeben ist. Die Einrichtung hat die Aufgabe, die Bevölkerung in dem in Artikel 3 genannten Gebiet nach den allgemeinen Grundsätzen des öffentlichen-rechtlichen Rundfunks mit Hörfunk und Fernsehen zu versorgen. Die bisher der Deutschen Post zugehörige Studiotechnik sowie die der Produktion und der Verwaltung des Rundfunks und des Fernsehens dienenden Liegenschaften werden der Einrichtung zugeordnet. Artikel 21 gilt entsprechend.

(2) Die Organe der Einrichtung sind

1. der Rundfunkbeauftragte,

2. der Rundfunkbeirat.

(3) Der Rundfunkbeauftragte wird auf Vorschlag des Ministerpräsidenten der Deutschen Demokratischen Republik von der Volkskammer gewählt. Kommt eine Wahl durch die Volkskammer nicht zustande, wird der Rundfunkbeauftragte von den Landessprechern der in Artikel 1 Abs. 1 genannten Länder und dem Oberbürgermeister von Berlin mit Mehrheit gewählt. Der Rundfunkbeauftragte leitet die Einrichtung und vertritt sie gerichtlich und außergerichtlich. Er ist für die Erfüllung des Auftrags der Einrichtung im Rahmen der hierfür verfügbaren Mittel verantwortlich und hat für das Jahr 1991 unverzüglich einen in Einnahmen und Ausgaben ausgeglichenen Haushaltsplan aufzustellen.

(4) Dem Rundfunkbeirat gehören 18 anerkannte Persönlichkeiten des öffentlichen Lebens als Vertreter gesellschaftlich relevanter Gruppen an. Je drei Mitglieder werden von den Landtagen der in Artikel 1 Abs. 1 genannten Länder und von der Stadtverordnetenversammlung von Berlin gewählt. Der Rundfunkbeirat hat in allen Programmfragen ein Beratungsrecht und bei wesentlichen Personal-, Wirtschafts- und Haushaltsfragen ein Mitwirkungsrecht. Der Rundfunkbeirat kann den Rundfunkbeauftragten mit der Mehrheit von zwei Dritteln seiner Mitglieder abberufen. Er kann mit der Mehrheit von zwei Dritteln seiner Mitglieder einen neuen Rundfunkbeauftragten wählen.

(5) Die Einrichtung finanziert sich vorrangig durch die Einnahmen aus dem Rundfunkgebührenaufkommen der Rundfunkteilnehmer, die in dem in Artikel 3 genannten Gebiet wohnen. Sie ist insoweit Gläubiger der Rundfunkgebühr. Im übrigen deckt sie ihre Ausgaben durch Einnahmen aus Werbesendungen und durch sonstige Einnahmen.

(6) Innerhalb des in Absatz 1 genannten Zeitraums ist die Einrichtung nach Maßgabe der föderalen Struktur des Rundfunks durch gemeinsamen Staatsvertrag der in Artikel 1 genannten Länder aufzulösen oder in Anstalten des öffentlichen Rechts einzelner oder mehrerer Länder überzuführen. Kommt ein Staatsvertrag nach Satz 1 bis zum 31. Dezember 1991 nicht zustande, so ist die Einrichtung mit Ablauf dieser Frist aufgelöst. Zu diesem Zeitpunkt bestehendes Aktiv- und Passivvermögen geht auf die in Artikel 1 genannten Länder in Anteilen über. Die Höhe der Anteile bemißt sich nach dem Verhältnis des Rundfunkgebührenaufkommens nach dem Stand vom 30. Juni 1991 in dem in Artikel 3 genannten Gebiet. Die Pflicht der Länder zur Fortführung der Rundfunkversorgung in dem in Artikel 3 genannten Gebiet bleibt hiervon unberührt.

(7) Mit Inkraftsetzung des Staatsvertrags nach Absatz 6, spätestens am 31. Dezember 1991, treten die Absätze 1 bis 6 außer Kraft.

Artikel 37

Bildung

(1) In der Deutschen Demokratischen Republik erworbene oder staatlich anerkannte schulische, berufliche und akademische Abschlüsse oder Befähigungsnachweise gelten in dem in Artikel 3 genannten Gebiet weiter. In dem in Artikel 3 genannten Gebiet oder in den anderen Ländern der Bundesrepublik Deutschland einschließlich Berlin (West) abgelegte Prüfungen oder erworbene Befähigungsnachweise stehen einander gleich und verleihen die gleichen Berechtigungen, wenn sie gleichwertig sind. Die Gleichwertigkeit wird auf Antrag von der jeweils zuständigen Stelle festgestellt. Rechtliche Regelungen des Bundes und der Europäischen Gemeinschaften über die Gleichstellung von Prüfungen oder Befähigungsnachweisen sowie besondere Regelungen in diesem Vertrag haben Vorrang. Das Recht auf Führung erworbener, staatlich anerkannter oder verliehener akademischer Berufsbezeichnungen, Grade und Titel bleibt in jedem Fall unberührt.

(2) Für Lehramtsprüfungen gilt das in der Kultusministerkonferenz übliche Anerkennungsverfahren. Die Kultusministerkonferenz wird entsprechende Übergangsregelungen treffen.

(3) Prüfungszeugnisse nach der Systematik der Ausbildungsberufe und der Systematik der Facharbeiterberufe und Abschlußprüfungen und Gesellenprüfungen in anerkannten Ausbildungsberufen stehen einander gleich.

(4) Die bei der Neugestaltung des Schulwesens in dem in Artikel 3 genannten Gebiet erforderlichen Regelungen werden von den in Artikel 1 genannten Ländern getroffen. Die notwendigen Regelungen zur Anerkennung von Abschlüssen schulrechtlicher Art werden in der Kultusministerkonferenz vereinbart. In beiden Fällen sind Basis das Hamburger Abkommen und die weiteren einschlägigen Vereinbarungen der Kultusministerkonferenz.

(5) Studenten, die vor Abschluß eines Studiums die Hochschule wechseln, werden bisher erbrachte Studien- und Prüfungsleistungen nach den Grundsätzen des § 7 der Allgemeinen Bestimmungen für Diplomprüfungsordnungen (ABD) oder im Rahmen der für die Zulassung zu Staatsprüfungen geltenden Vorschriften anerkannt.

(6) Die auf Abschlußzeugnissen der Ingenieur- und Fachschulen der Deutschen Demokratischen Republik bestätigten Hochschulzugangsberechtigungen gelten gemäß Beschluß der Kultusministerkonferenz vom 10. Mai 1990 und seiner Anlage B. Weitergehende Grundsätze und Verfahren für die Anerkennung von Fachschul- und Hochschulabschlüssen für darauf aufbauende Schul- und Hochschulausbildungen sind im Rahmen der Kultusministerkonferenz zu entwickeln.

Artikel 38

Wissenschaft und Forschung

(1) Wissenschaft und Forschung bilden auch im vereinten Deutschland wichtige Grundlagen für Staat und Gesellschaft. Der notwendigen Erneuerung von Wissenschaft und Forschung unter Erhaltung leistungsfähiger Einrichtungen in dem in Artikel 3 genannten Gebiet dient eine Begutachtung von öffentlich getragenen Einrichtungen durch den Wissenschaftsrat, die bis zum 31. Dezember 1991 abgeschlossen sein wird, wobei einzelne Ergebnisse schon vorher schrittweise umgesetzt werden sollen.

Die nachfolgenden Regelungen sollen diese Begutachtung ermöglichen sowie die Einpassung von Wissenschaft und Forschung in dem in Artikel 3 genannten Gebiet in die gemeinsame Forschungsstruktur der Bundesrepublik Deutschland gewährleisten.

(2) Mit dem Wirksamwerden des Beitritts wird die Akademie der Wissenschaften der Deutschen Demokratischen Republik als Gelehrtensozietät von den Forschungsinstituten und sonstigen Einrichtungen getrennt. Die Entscheidung, wie die Gelehrtensozietät der Akademie der Wissenschaften der Deutschen Demokratischen Republik fortgeführt werden soll, wird landesrechtlich getroffen. Die Forschungsinstitute und sonstigen Einrichtungen bestehen zunächst bis zum 31. Dezember 1991 als Einrichtungen der Länder in dem in Artikel 3 genannten Gebiet fort, soweit sie nicht vorher aufgelöst oder umgewandelt werden. Die Übergangsfinanzierung dieser Institute und Einrichtungen wird bis zum 31. Dezember 1991 sichergestellt; die Mittel hierfür werden im Jahr 1991 vom Bund und den in Artikel 1 genannten Ländern bereitgestellt.

(3) Die Arbeitsverhältnisse der bei den Forschungsinstituten und sonstigen Einrichtungen der Akademie der Wissen-

schaften der Deutschen Demokratischen Republik beschäftigten Arbeitnehmer bestehen bis zum 31. Dezember 1991 als befristete Arbeitsverhältnisse mit den Ländern fort, auf die diese Institute und Einrichtungen übergehen. Das Recht zur ordentlichen oder außerordentlichen Kündigung dieser Arbeitsverhältnisse in den in Anlage I dieses Vertrags aufgeführten Tatbestände bleibt unberührt.

(4) Für die Bauakademie der Deutschen Demokratischen Republik und die Akademie der Landwirtschaftswissenschaften der Deutschen Demokratischen Republik sowie die nachgeordneten wissenschaftlichen Einrichtungen des Ministeriums für Ernährung, Land- und Forstwirtschaft gelten die Absätze 1 bis 3 sinngemäß.

(5) Die Bundesregierung wird mit den Ländern Verhandlungen mit dem Ziel aufnehmen, die Bund-Länder-Vereinbarungen gemäß Artikel 91 b des Grundgesetzes so anzupassen oder neu abzuschließen, daß die Bildungsplanung und die Förderung von Einrichtungen und Vorhaben der wissenschaftlichen Forschung von überregionaler Bedeutung auf das in Artikel 3 genannte Gebiet erstreckt werden.

(6) Die Bundesregierung strebt an, daß die in der Bundesrepublik Deutschland bewährten Methoden und Programme der Forschungsförderung so schnell wie möglich auf das gesamte Bundesgebiet angewendet werden und daß den Wissenschaftlern und wissenschaftlichen Einrichtungen in dem in Artikel 3 genannten Gebiet der Zugang zu laufenden Maßnahmen der Forschungsförderung ermöglicht wird. Außerdem sollen einzelne Förderungsmaßnahmen für Forschung und Entwicklung, die im Bereich der Bundesrepublik Deutschland terminlich abgeschlossen sind, für das in Artikel 3 genannte Gebiet wieder aufgenommen werden; davon sind steuerliche Maßnahmen ausgenommen.

(7) Mit dem Wirksamwerden des Beitritts der Deutschen Demokratischen Republik ist der Forschungsrat der Deutschen Demokratischen Republik aufgelöst.

Artikel 39
Sport

(1) Die in dem in Artikel 3 genannten Gebiet in Umwandlung befindlichen Strukturen des Sports werden auf Selbstverwaltung umgestellt. Die öffentlichen Hände fördern den Sport ideell und materiell nach der Zuständigkeitsverteilung des Grundgesetzes.

(2) Der Spitzensport und seine Entwicklung in dem in Artikel 3 genannten Gebiet wird, soweit er sich bewährt hat, weiter gefördert. Die Förderung erfolgt im Rahmen der in der Bundesrepublik Deutschland bestehenden Regeln und Grundsätze nach Maßgabe der öffentlichen Haushalte in dem in Artikel 3 genannten Gebiet. In diesem Rahmen

werden das Forschungsinstitut für Körperkultur und Sport (FKS) in Leipzig, das vom Internationalen Olympischen Komitee (IOC) anerkannte Dopingkontrollabor in Kreischa (bei Dresden) und die Forschungs- und Entwicklungsstelle für Sportgeräte (FES) in Berlin (Ost) – in der jeweils angemessenen Rechtsform – als Einrichtungen im vereinten Deutschland in erforderlichem Umfang fortgeführt oder bestehenden Einrichtungen angegliedert.

(3) Für eine Übergangszeit bis zum 31. Dezember 1992 unterstützt der Bund den Behindertensport.

Kapitel IX
Übergangs- und Schlußbestimmungen

Artikel 40
Verträge und Vereinbarungen

(1) Die Verpflichtungen aus dem Vertrag vom 18. Mai 1990 über die Schaffung einer Währungs-, Wirtschafts- und Sozialunion zwischen der Bundesrepublik Deutschland und der Deutschen Demokratischen Republik gelten fort, soweit nicht in diesem Vertrag Abweichendes bestimmt wird oder die Vereinbarungen im Zuge der Herstellung der Einheit Deutschlands gegenstandslos werden.

(2) Soweit Rechte und Pflichten aus sonstigen Verträgen und Vereinbarungen zwischen der Bundesrepublik Deutschland oder den Bundesländern und der Deutschen Demokratischen Republik nicht im Zuge der Herstellung der Einheit Deutschlands gegenstandslos geworden sind, werden sie von den innerstaatlichen zuständigen Rechtsträgern übernommen, angepaßt oder abgewickelt.

Artikel 41
Regelung von Vermögensfragen

(1) Die von der Regierung der Bundesrepublik Deutschland und der Regierung der Deutschen Demokratischen Republik abgegebene Gemeinsame Erklärung vom 15. Juni 1990 zur Regelung offener Vermögensfragen (Anlage III) ist Bestandteil dieses Vertrages.

(2) Nach Maßgabe besonderer gesetzlicher Regelung findet eine Rückübertragung von Eigentumsrechten an Grundstücken oder Gebäuden nicht statt, wenn das betroffene Grundstück oder Gebäude für dringende, näher festzulegende Investitionszwecke benötigt wird, insbesondere der Errichtung einer gewerblichen Betriebsstätte dient und die Verwirklichung dieser Investitionsentscheidung volkswirtschaftlich förderungswürdig ist, vor allem Arbeitsplätze schafft oder sichert. Der Investor hat einen die wesentlichen Merkmale des Vorhabens aufzeigenden Plan vorzulegen und sich zur Durchführung des Vorhabens auf dieser Basis

zu verpflichten. In dem Gesetz ist auch die Entschädigung des früheren Eigentümers zu regeln.

(3) Im übrigen wird die Bundesrepublik Deutschland keine Rechtsvorschriften erlassen, die der in Absatz 1 genannten Gemeinsamen Erklärung widersprechen.

Artikel 42

Entsendung von Abgeordneten

(1) Vor dem Wirksamwerden des Beitritts der Deutschen Demokratischen Republik wählt die Volkskammer auf der Grundlage ihrer Zusammensetzung 144 Abgeordnete zur Entsendung in den 11. Deutschen Bundestag sowie eine ausreichende Anzahl von Ersatzpersonen. Entsprechende Vorschläge machen die in der Volkskammer vertretenen Fraktionen und Gruppen.

(2) Die Gewählten erwerben die Mitgliedschaft im 11. Deutschen Bundestag auf Grund der Annahmeerklärung gegenüber dem Präsidenten der Volkskammer, jedoch erst mit Wirksamwerden des Beitritts. Der Präsident der Volkskammer übermittelt das Ergebnis der Wahl unter Beifügung der Annahmeerklärung unverzüglich dem Präsidenten des Deutschen Bundestages.

(3) Für die Wählbarkeit und den Verlust der Mitgliedschaft im 11. Deutschen Bundestag gelten im übrigen die Bestimmungen des Bundeswahlgesetzes in der Fassung der Bekanntmachung vom 1. September 1975 (BGBl. I S. 2325), zuletzt geändert durch Gesetz vom 29. August 1990 (BGBl. II 1990 S. 813).

Scheidet ein Mitglied aus, so rückt die nächste Ersatzperson nach. Sie muß derselben Partei angehören wie das ausgeschiedene Mitglied zur Zeit seiner Wahl. Die Feststellung, wer als Ersatzperson nachrückt, trifft vor Wirksamwerden des Beitritts der Präsident der Volkskammer, danach der Präsident des Deutschen Bundestages.

Artikel 43

Übergangsvorschrift für den Bundesrat bis zur Bildung von Landesregierungen

Von der Bildung der in Artikel 1 Abs. 1 genannten Länder bis zur Wahl des Ministerpräsidenten kann der Landesbevollmächtigte an den Sitzungen des Bundesrates mit beratender Stimme teilnehmen.

Artikel 44

Rechtswahrung

Rechte aus diesem Vertrag zugunsten der Deutschen Demokratischen Republik oder der in Artikel 1 genannten Länder können nach Wirksamwerden des Beitritts von jedem dieser Länder geltend gemacht werden.

Artikel 45

Inkrafttreten des Vertrags

(1) Dieser Vertrag einschließlich des anliegenden Protokolls und der Anlagen I bis III tritt an dem Tag in Kraft, an dem die Regierungen der Bundesrepublik Deutschland und der Deutschen Demokratischen Republik einander mitgeteilt haben, daß die erforderlichen innerstaatlichen Voraussetzungen für das Inkrafttreten erfüllt sind.

(2) Der Vertrag bleibt nach Wirksamwerden des Beitritts als Bundesrecht geltendes Recht.

GESCHEHEN zu Berlin am 31. August 1990 in zwei Urschriften in deutscher Sprache.

Für die Bundesrepublik Deutschland	Für die Deutsche Demokratische Republik
Dr. Wolfgang Schäuble	Dr. Günther Krause

Quelle: Bulletin Presse- und Informationsamt der Bundesregierung, Nr. 104 vom 6. September 1990, Seite 877–888.

Die Bundesrepublik Deutschland, die Deutsche Demokratische Republik, die Französische Republik, das Vereinigte Königreich Großbritannien und Nordirland, die Union der Sozialistischen Sowjetrepubliken und die Vereinigten Staaten von Amerika –

IN DEM BEWUSSTSEIN, daß ihre Völker seit 1945 miteinander in Frieden leben,

EINGEDENK der jüngsten historischen Veränderungen in Europa, die es ermöglichen, die Spaltung des Kontinents zu überwinden,

UNTER BERÜCKSICHTIGUNG der Rechte und Verantwortlichkeiten der Vier Mächte in bezug auf Berlin und Deutschland als Ganzes und der entsprechenden Vereinbarungen und Beschlüsse der Vier Mächte aus der Kriegs- und Nachkriegszeit,

ENTSCHLOSSEN, in Übereinstimmung mit ihren Verpflichtungen aus der Charta der Vereinten Nationen freundschaftliche, auf der Achtung vor dem Grundsatz der Gleichberechtigung und Selbstbestimmung der Völker beruhende Beziehungen zwischen den Nationen zu entwickeln und andere geeignete Maßnahmen zur Festigung des Weltfriedens zu treffen,

EINGEDENK der Prinzipien der in Helsinki unterzeichneten Schlußakte der Konferenz über Sicherheit und Zusammenarbeit in Europa,

IN ANERKENNUNG, daß diese Prinzipien feste Grundlagen für den Aufbau einer gerechten und dauerhaften Friedensordnung in Europa geschaffen haben,

ENTSCHLOSSEN, die Sicherheitsinteressen eines jeden zu berücksichtigen,

ÜBERZEUGT von der Notwendigkeit, Gegensätze endgültig zu überwinden und die Zusammenarbeit in Europa fortzuentwickeln,

IN BEKRÄFTIGUNG ihrer Bereitschaft, die Sicherheit zu stärken, insbesondere durch wirksame Maßnahmen zur Rüstungskontrolle, Abrüstung und Vertrauensbildung; ihrer Bereitschaft, sich gegenseitig nicht als Gegner zu betrachten, sondern auf ein Verhältnis des Vertrauens und der Zusammenarbeit hinzuarbeiten, sowie dementsprechend ihrer Bereitschaft, die Schaffung geeigneter institutioneller Vorkehrungen im Rahmen der Konferenz über Sicherheit und Zusammenarbeit in Europa positiv in Betracht zu ziehen,

IN WÜRDIGUNG DESSEN, daß das deutsche Volk in freier Ausübung des Selbstbestimmungsrechts seinen Willen bekundet hat, die staatliche Einheit Deutschlands herzustellen, um als gleichberechtigtes und souveränes Glied in einem vereinten Europa dem Frieden der Welt zu dienen,

IN DER ÜBERZEUGUNG, daß die Vereinigung Deutschlands als Staat mit endgültigen Grenzen ein bedeutsamer Beitrag zu Frieden und Stabilität in Europa ist,

MIT DEM ZIEL, die abschließende Regelung in bezug auf Deutschland zu vereinbaren,

IN ANERKENNUNG DESSEN, daß dadurch und mit der Vereinigung Deutschlands als einem demokratischen und friedlichen Staat die Rechte und Verantwortlichkeiten der Vier Mächte in bezug auf Berlin und Deutschland als Ganzes ihre Bedeutung verlieren,

VERTRETEN durch ihre Außenminister, die entsprechend der Erklärung von Ottawa vom 13. Februar 1990 am 5. Mai 1990 in Bonn, am 22. Juni 1990 in Berlin, am 17. Juli 1990 in Paris unter Beteiligung des Außenministers der Republik Polen und am 12. September 1990 in Moskau zusammengetroffen sind –

SIND wie folgt ÜBEREINGEKOMMEN:

Artikel 1

(1) Das vereinte Deutschland wird die Gebiete der Bundesrepublik Deutschland, der Deutschen Demokratischen Republik und ganz Berlins umfassen. Seine Außengrenzen werden die Grenzen der Deutschen Demokratischen Republik und der Bundesrepublik Deutschland sein und werden am Tage des Inkrafttretens dieses Vertrags endgültig sein. Die Bestätigung des endgültigen Charakters der Grenzen des vereinten Deutschland ist ein wesentlicher Bestandteil der Friedensordnung in Europa.

(2) Das vereinte Deutschland und die Republik Polen bestätigen die zwischen ihnen bestehende Grenze in einem völkerrechtlich verbindlichen Vertrag.

(3) Das vereinte Deutschland hat keinerlei Gebietsansprüche gegen andere Staaten und wird solche auch nicht in Zukunft erheben.

(4) Die Regierungen der Bundesrepublik Deutschland und der Deutschen Demokratischen Republik werden sicherstellen, daß die Verfassung des vereinten Deutschland keinerlei Bestimmungen enthalten wird, die mit diesen Prinzipien unvereinbar sind. Dies gilt dementsprechend für die Bestimmungen, die in der Präambel und in den Artikeln 23 Satz 2 und 146 des Grundgesetzes für die Bundesrepublik Deutschland niedergelegt sind.

(5) Die Regierungen der Französischen Republik, des Vereinigten Königreichs Großbritannien und Nordirland, der Union der Sozialistischen Sowjetrepubliken und der Vereinigten Staaten von Amerika nehmen die entsprechenden Verpflichtungen und Erklärungen der Regierungen der Bundesrepublik Deutschland und der Deutschen Demokratischen Republik förmlich entgegen und erklären, daß mit deren Verwirklichung der endgültige Charakter der Grenzen des vereinten Deutschland bestätigt wird.

Artikel 2

Die Regierungen der Bundesrepublik Deutschland und der Deutschen Demokratischen Republik bekräftigen ihre Erklärungen, daß von deutschem Boden nur Frieden ausgehen wird. Nach der Verfassung des vereinten Deutschland sind Handlungen, die geeignet sind und in der Absicht vorgenommen werden, das friedliche Zusammenleben der Völker zu stören, insbesondere die Führung eines Angriffskrieges vorzubereiten, verfassungswidrig und strafbar. Die Regierungen der Bundesrepublik Deutschland und der Deutschen Demokratischen Republik erklären, daß das vereinte Deutschland keine seiner Waffen jemals einsetzen wird, es sei denn in Übereinstimmung mit seiner Verfassung und der Charta der Vereinten Nationen.

Artikel 3

(1) Die Regierungen der Bundesrepublik Deutschland und der Deutschen Demokratischen Republik bekräftigen ihren Verzicht auf Herstellung und Besitz von und auf Verfügungsgewalt über atomare, biologische und chemische Waffen. Sie erklären, daß auch das vereinte Deutschland sich an diese Verpflichtungen halten wird. Insbesondere gelten die Rechte und Verpflichtungen aus dem Vertrag über die Nichtverbreitung von Kernwaffen vom 1. Juli 1968 für das vereinte Deutschland fort.

(2) Die Regierung der Bundesrepublik Deutschland hat in vollem Einvernehmen mit der Regierung der Deutschen Demokratischen Republik am 30. August 1990 in Wien bei den Verhandlungen über Konventionelle Streitkräfte in Europa folgende Erklärung abgegeben:

„Die Regierung der Bundesrepublik Deutschland verpflichtet sich, die Streitkräfte des vereinten Deutschland innerhalb von drei bis vier Jahren auf eine Personalstärke von 370 000 Mann (Land-, Luft- und Seestreitkräfte) zu reduzieren. Diese Reduzierung soll mit dem Inkrafttreten des ersten KSE-Vertrags beginnen. Im Rahmen dieser Gesamtobergrenze werden nicht mehr als 345 000 Mann den Land- und Luftstreitkräften angehören, die gemäß vereinbartem Mandat allein Gegenstand der Verhandlungen über konventionelle Streitkräfte in Europa sind. Die Bundesregierung sieht in ihrer Verpflichtung zur Reduzierung von Land- und Luftstreitkräften einen bedeutsamen deutschen Beitrag zur Reduzierung der konventionellen Streitkräfte in Europa. Sie geht davon aus, daß in Folgeverhandlungen auch die anderen Verhandlungsteilnehmer ihren Beitrag zur Festigung von Sicherheit und Stabilität in Europa, einschließlich Maßnahmen zur Begrenzung der Personalstärken, leisten werden."

Die Regierung der Deutschen Demokratischen Republik hat sich dieser Erklärung ausdrücklich angeschlossen.

(3) Die Regierungen der Französischen Republik, des Vereinigten Königreichs Großbritannien und Nordirland, der Union der Sozialistischen Sowjetrepubliken und der Vereinigten Staaten von Amerika nehmen diese Erklärungen der Regierungen der Bundesrepublik Deutschland und der Deutschen Demokratischen Republik zur Kenntnis.

Artikel 4

(1) Die Regierungen der Bundesrepublik Deutschland, der Deutschen Demokratischen Republik und der Union der Sozialistischen Sowjetrepubliken erklären, daß das vereinte Deutschland und die Union der Sozialistischen Sowjetrepubliken in vertraglicher Form die Bedingungen und die Dauer des Aufenthalts der sowjetischen Streitkräfte auf dem Gebiet der heutigen Deutschen Demokratischen Republik und Berlins sowie die Abwicklung des Abzugs dieser Streitkräfte regeln werden, der bis zum Ende des Jahres 1994 im Zusammenhang mit der Verwirklichung der Verpflichtungen der Regierungen der Bundesrepublik Deutschland und der Deutschen Demokratischen Republik, auf die sich Absatz 2 des Artikels 3 dieses Vertrags bezieht, vollzogen sein wird.

(2) Die Regierungen der Französischen Republik, des Vereinigten Königreichs Großbritannien und Nordirland und der Vereinigten Staaten von Amerika nehmen diese Erklärung zur Kenntnis.

Artikel 5

(1) Bis zum Abschluß des Abzugs der sowjetischen Streitkräfte vom Gebiet der heutigen Deutschen Demokratischen Republik und Berlins in Übereinstimmung mit Artikel 4 dieses Vertrags werden auf diesem Gebiet als Streitkräfte des vereinten Deutschland ausschließlich deutsche Verbände der Territorialverteidigung stationiert sein, die nicht in die Bündnisstrukturen integriert sind, denen deutsche Streitkräfte auf dem übrigen deutschen Territorium zugeordnet sind. Unbeschadet der Regelung in Absatz 2 dieses Artikels werden während dieses Zeitraums Streitkräfte anderer Staaten auf diesem Gebiet nicht stationiert oder irgendwelche andere militärische Tätigkeiten dort ausüben.

(2) Für die Dauer des Aufenthalts sowjetischer Streitkräfte auf dem Gebiet der heutigen Deutschen Demokratischen Republik und Berlins werden auf deutschen

Wunsch Streitkräfte der Französischen Republik, des Vereinigten Königreichs Großbritannien und Nordirland und der Vereinigten Staaten von Amerika auf der Grundlage entsprechender vertraglicher Vereinbarung zwischen der Regierung des vereinten Deutschland und den Regierungen der betreffenden Staaten in Berlin stationiert bleiben. Die Zahl aller nichtdeutschen in Berlin stationierten Streitkräfte und deren Ausrüstungsumfang werden nicht stärker sein als zum Zeitpunkt der Unterzeichnung dieses Vertrags. Neue Waffenkategorien werden von nichtdeutschen Streitkräften dort nicht eingeführt. Die Regierung des vereinten Deutschland wird mit den Regierungen der Staaten, die Streitkräfte in Berlin stationiert haben, Verträge zu gerechten Bedingungen unter Berücksichtigung der zu den betreffenden Staaten bestehenden Beziehungen abschließen.

(3) Nach dem Abschluß des Abzugs der sowjetischen Streitkräfte vom Gebiet der heutigen Deutschen Demokratischen Republik und Berlins können in diesem Teil Deutschlands auch deutsche Streitkräfteverbände stationiert werden, die in gleicher Weise militärischen Bündnisstrukturen zugeordnet sind wie diejenigen auf dem übrigen deutschen Hoheitsgebiet, allerdings ohne Kernwaffenträger. Darunter fallen nicht konventionelle Waffensysteme, die neben konventioneller andere Einsatzfähigkeiten haben können, die jedoch in diesem Teil Deutschlands für eine konventionelle Rolle ausgerüstet und nur dafür vorgesehen sind. Ausländische Streitkräfte und Atomwaffen oder deren Träger werden in diesem Teil Deutschlands weder stationiert noch dorthin verlegt.

Artikel 6

Das Recht des vereinten Deutschland, Bündnissen mit allen sich daraus ergebenden Rechten und Pflichten anzugehören, wird von diesem Vertrag nicht berührt.

Artikel 7

(1) Die Französische Republik, das Vereinigte Königreich Großbritannien und Nordirland, die Union der Sozialistischen Sowjetrepubliken und die Vereinigten Staaten von Amerika beenden hiermit ihre Rechte und Verantwortlichkeiten in bezug auf Berlin und Deutschland als Ganzes. Als Ergebnis werden die entsprechenden, damit zusammenhängenden vierseitigen Vereinbarungen, Beschlüsse und Praktiken beendet und alle entsprechenden Einrichtungen der Vier Mächte aufgelöst.

(2) Das vereinte Deutschland hat demgemäß volle Souveränität über seine inneren und äußeren Angelegenheiten.

Artikel 8

(1) Dieser Vertrag bedarf der Ratifikation oder Annahme, die so bald wie möglich herbeigeführt werden soll. Die Ratifikation erfolgt auf deutscher Seite durch das vereinte Deutschland. Dieser Vertrag gilt daher für das vereinte Deutschland.

(2) Die Ratifikations- oder Annahmeurkunden werden bei der Regierung des vereinten Deutschland hinterlegt. Diese unterrichtet die Regierungen der anderen Vertragschließenden Seiten von der Hinterlegung jeder Ratifikations- oder Annahmeurkunde.

Artikel 9

Dieser Vertrag tritt für das vereinte Deutschland, die Französische Republik, das Vereinigte Königreich Großbritannien und Nordirland, die Union der Sozialistischen Sowjetrepubliken und die Vereinigten Staaten von Amerika am Tag der Hinterlegung der letzten Ratifikations- oder Annahmeurkunde durch diese Staaten in Kraft.

Artikel 10

Die Urschrift dieses Vertrags, dessen deutscher, englischer, französischer und russischer Wortlaut gleichermaßen verbindlich ist, wird bei der Regierung der Bundesrepublik Deutschland hinterlegt, die den Regierungen der anderen Vertragschließenden Seiten beglaubigte Ausfertigungen übermittelt.

ZU URKUND DESSEN haben die unterzeichneten, hierzu gehörig Bevollmächtigten diesen Vertrag unterschrieben.

GESCHEHEN zu Moskau am 12. September 1990

Für die Bundesrepublik Deutschland

Hans-Dietrich G e n s c h e r

Für die Deutsche Demokratische Republik

Lothar d e M a i z i è r e

Für die Französische Republik

Roland D u m a s

Für das Vereinigte Königreich Großbritannien und Nordirland

Douglas H u r d

Für die Union der Sozialistischen Sowjetrepubliken

Eduard S c h e w a r d n a d s e

Für die Vereinigten Staaten von Amerika

James B a k e r

Vereinbarte Protokollnotiz

zu dem Vertrag
über die abschließende Regelung in bezug auf Deutschland
vom 12. September 1990

Alle Fragen in bezug auf die Anwendung des Wortes „verlegt", wie es im letzten Satz von Artikel 5 Absatz 3 gebraucht wird, werden von der Regierung des vereinten Deutschland in einer vernünftigen und verantwortungsbewußten Weise entschieden, wobei sie die Sicherheitsinteressen jeder Vertragspartei, wie dies in der Präambel niedergelegt ist, berücksichtigen wird.

Gemeinsamer Brief

des Bundesministers des Auswärtigen, Hans-Dietrich Genscher, und des amtierenden Außenministers der DDR, Ministerpräsident Lothar de Maizière, an die Außenminister der Sowjetunion, Frankreichs, Großbritanniens und der Vereinigten Staaten im Zusammenhang mit der Unterzeichnung des Vertrages über die abschließende Regelung in bezug auf Deutschland

Herr Außenminister,

im Zusammenhang mit der heutigen Unterzeichnung des Vertrages über die abschließende Regelung in bezug auf Deutschland möchten wir Ihnen mitteilen, daß die Regierungen der Bundesrepublik Deutschland und der Deutschen Demokratischen Republik in den Verhandlungen folgendes dargelegt haben:

1. Die Gemeinsame Erklärung der Regierungen der Bundesrepublik Deutschland und der Deutschen Demokratischen Republik zur Regelung offener Vermögensfragen vom 15. Juni 1990 enthält unter anderem folgende Aussagen:

„Die Enteignungen auf besatzungsrechtlicher bzw. besatzungshoheitlicher Grundlage (1945 bis 1949) sind nicht mehr rückgängig zu machen. Die Regierungen der Sowjetunion und der Deutschen Demokratischen Republik sehen keine Möglichkeit, die damals getroffenen Maßnahmen zu revidieren. Die Regierung der Bundesrepublik Deutschland nimmt dies im Hinblick auf die historische Entwicklung zur Kenntnis. Sie ist der Auffassung, daß einem künftigen gesamtdeutschen Parlament eine abschließende Entscheidung über etwaige staatliche Ausgleichsleistungen vorbehalten bleiben muß."

Gemäß Artikel 41 Absatz 1 des Vertrages zwischen der Bundesrepublik Deutschland und der Deutschen Demokratischen Republik über die Herstellung der Einheit Deutschlands vom 31. August 1990 (Einigungsvertrag) ist die genannte Gemeinsame Erklärung Bestandteil dieses Vertrages. Gemäß Artikel 41 Absatz 3 des Einigungsvertrages wird die Bundesrepublik Deutschland keine Rechtsvorschriften erlassen, die dem oben zitierten Teil der Gemeinsamen Erklärung widersprechen.

2. Die auf deutschem Boden errichteten Denkmäler, die den Opfern des Krieges und der Gewaltherrschaft gewidmet sind, werden geachtet und stehen unter dem Schutz deutscher Gesetze.

Das Gleiche gilt für die Kriegsgräber, sie werden erhalten und gepflegt.

3. Der Bestand der freiheitlich-demokratischen Grundordnung wird auch im vereinten Deutschland durch die Verfassung geschützt. Sie bietet die Grundlage dafür, daß Parteien, die nach ihren Zielen oder nach dem Verhalten ihrer Anhänger darauf ausgehen, die freiheitlich-demokratische Grundordnung zu beeinträchtigen oder zu beseitigen, sowie Vereinigungen, die sich gegen die verfassungsmäßige Ordnung oder gegen den Gedanken der Völkerverständigung richten, verboten werden können. Dies betrifft auch Parteien und Vereinigungen mit nationalsozialistischen Zielsetzungen.

4. Zu den Verträgen der Deutschen Demokratischen Republik ist in Artikel 12 Absatz 1 und 2 des Vertrages zwischen der Bundesrepublik Deutschland und der Deutschen Demokratischen Republik über die Herstellung der Einheit Deutschlands vom 31. August 1990 folgendes vereinbart worden:

„Die Vertragsparteien sind sich einig, daß die völkerrechtlichen Verträge der Deutschen Demokratischen Republik im Zuge der Herstellung der Einheit Deutschlands unter den Gesichtspunkten des Vertrauensschutzes, der Interessenlage der beteiligten Staaten und der vertraglichen Verpflichtungen der Bundesrepublik Deutschland sowie nach den Prinzipien einer freiheitlichen, demokratischen und rechtsstaatlichen Grundordnung und unter Beachtung der Zuständigkeiten der Europäischen Gemeinschaften mit den Vertragspartnern der Deutschen Demokratischen Republik zu erörtern sind, um ihre Fortgeltung, Anpassung oder ihr Erlöschen zu regeln beziehungsweise festzustellen.

Das vereinte Deutschland legt seine Haltung zum Übergang völkerrechtlicher Verträge der Deutschen Demokratischen Republik nach Konsultationen mit den jeweiligen Vertragspartnern und mit den Europäischen Gemeinschaften, soweit deren Zuständigkeiten berührt sind, fest."

Mit dem Ausdruck unserer ausgezeichneten Hochachtung

Hans-Dietrich Genscher

Lothar de Maizière

Erklärung des Bundesaußenministers bei der Unterzeichnung in Moskau

Der Bundesminister des Auswärtigen, Hans-Dietrich G e n s c h e r, gab bei dem abschließenden Zwei-plus-Vier-Außenminister-Treffen in Moskau am 12. September 1990 folgende Erklärung ab:

Dies ist eine historische Stunde für das ganze Europa. Es ist eine glückliche Stunde für uns Deutsche. Gemeinsam haben wir in kurzer Zeit einen weiten Weg zurückgelegt. Das Ziel, das wir uns in Ottawa gesetzt hatten, ist erreicht: die äußeren Aspekte der Herstellung der deutschen Einheit sind geregelt. Wir unterzeichnen heute den Vertrag über die abschließende Regelung in bezug auf Deutschland.

Am 3. Oktober werden wir, die Deutschen, wieder in e i n e m demokratischen Staat leben – zum ersten Mal nach 57 Jahren.

Am 30. Januar 1933 brach die Nacht des Faschismus über Deutschland herein. Wir verloren zuerst unsere Freiheit, dann unseren Frieden und dann unsere staatliche Einheit. Der von Hitler begonnene Krieg setzte ganz Europa in Flammen. In seiner Rede vom 8. Mai 1985 hat sich Bundespräsident Richard von Weizsäcker zu unserer Verantwortung bekannt.

Wir gedenken in dieser Stunde aller Opfer des Krieges und der Gewaltherrschaft. Wir gedenken des unendlichen Leids der Völker, nicht nur derjenigen, deren Vertreter um diesen Tisch versammelt sind. Unsere Gedanken gelten dabei in besonderer Weise dem jüdischen Volk. Wir wollen, daß sich dies niemals wiederholen wird.

Als wir in Bonn am 5. Mai 1990 unsere Gespräche aufnahmen, hatten die demokratisch gewählten Parlamente und Regierungen der beiden deutschen Staaten gerade begonnen, unsere staatliche Vereinigung vorzubereiten. Weniger als zwölf Monate nach der friedlichen Freiheitsrevolution in der DDR wird sich die Vereinigung Deutschlands in Frieden und Freiheit vollziehen, in einem Europa, das dabei ist, seine Einheit wiederzufinden.

Die abschließende Regelung verbindet mit der Herstellung der deutschen Einheit die Beendigung der Rechte und Verantwortlichkeiten der Vier Mächte in bezug auf Berlin und Deutschland als Ganzes. Das vereinte Deutschland erhält damit volle Souveränität über seine inneren und äußeren Angelegenheiten.

Wir werden diese Souveränität in europäischer Friedensverantwortung wahrnehmen.

Die abschließende Regelung ist ein Dokument des Friedenswillens aller Beteiligten. Es weist in eine bessere europäische Zukunft.

Ich danke Ihnen, meine Kollegen, für das Zustandekommen dieses Vertrages. Ich danke Präsident Gorbatschow, Präsident Bush, Präsident Mitterrand und Premierministerin Thatcher für ihre Beiträge.

Es vollendet sich, was in der Präambel unseres Grundgesetzes verankert wurde. Es wird verwirklicht, was Frankreich, die Vereinigten Staaten von Amerika und das Vereinigte Königreich von Großbritannien und Nordirland im Deutschlandvertrag von 1954 zugesagt haben.

Es erfüllt sich, was wir mit dem Brief zur Deutschen Einheit beim Abschluß des Moskauer Vertrages als Ziel unserer europäischen Friedenspolitik bekräftigt haben.

Wir sind uns bewußt, daß erst die Festlegung wesentlicher Elemente einer europäischen Friedensordnung den Interessenausgleich ermöglicht hat, der in der abschließenden Regelung zum Ausdruck kommt. Im Bewußtsein der Chance, jetzt die Spaltung unseres Kontinents zu überwinden, ist es uns in einer großen gemeinsamen Anstrengung gelungen, innerhalb weniger Monate die Voraussetzungen für einen Rahmen neuer Stabilität in Europa zu schaffen.

Vor fünfzehn Jahren wurde die Schlußakte von Helsinki unterzeichnet. Darin bekräftigen alle KSZE-Teilnehmerstaaten, „Bedingungen zu gewährleisten, unter denen ihre Völker in echtem und dauerhaftem Frieden, frei von jeglicher Bedrohung oder Beeinträchtigung ihrer Sicherheit leben können".

Dieser Vision kommen wir mit dem Vertrag, den wir heute schließen, einen großen Schritt näher.

Wir Deutschen wollen mit der wiedergewonnenen nationalen Einheit dem Frieden dienen, und wir wollen zur Einigung Europas beitragen. So steht es in der Präambel unseres Grundgesetzes. Auch der Einigungsvertrag zwischen der Bundesrepublik Deutschland und der Deutschen Demokratischen Republik bekundet unseren Willen, „durch die deutsche Einheit einen Beitrag zur Einigung Europas und zum Aufbau einer europäischen Friedensordnung zu leisten".

In dem Vertrag, den wir schließen, bekräftigen wir Deutschen, daß von deutschem Boden nur Frieden ausgehen wird. Die Politik des vereinten Deutschlands wird bestimmt von der Friedenspflicht unseres Grundgesetzes und des Einigungsvertrages. In diesem Geist leisten wir unseren Beitrag zu Frieden und Stabilität in Europa.

Die staatliche Einheit Deutschlands bedeutet für uns größere Verantwortung, aber nicht Streben nach mehr Macht.

Wir bekräftigen den Verzicht auf Herstellung und Besitz von und Verfügungsgewalt über atomare, biologische und chemische Waffen.

Wir beschränken die Streitkräfte des vereinten Deutschlands auf 370 000 Mann.

Jetzt kommt es darauf an, die Strukturen für das neue Europa zu schaffen. Dazu gehören die Vertiefung und die Institutionalisierung des KSZE-Prozesses, über die das Gipfeltreffen der KSZE in Paris im November beschließen wird.

Die grundlegend veränderte Lage in Europa hat schon jetzt die Voraussetzungen geschaffen, für ein neues Verhältnis der Mitgliedstaaten der beiden Bündnisse zueinander. Sie betrachten sich nicht mehr als Gegner und als Bedrohung, sie sehen sich als Partner beim Aufbau einer dauerhaften europäischen Friedensordnung.

Präsident Gorbatschow hat nach dem Treffen mit Bundeskanzler Kohl in Moskau am 10. Februar 1990 erklärt, die deutsche Einigung „kann und muß so verlaufen, daß sie für die konstruktive gesamteuropäische Entwicklung einen Beitrag leistet". Die Begegnung zwischen Präsident Gorbatschow und Bundeskanzler Kohl am 16. Juli 1990 macht es möglich, daß dieses Ziel erreicht wurde.

Es erweist sich, die Herstellung der staatlichen Einheit Deutschlands schafft keine neuen Probleme in Europa, sie trägt zur Lösung bestehender Probleme bei.

Jetzt gilt es für uns alle, den Aufbau der europäischen Friedensordnung entschlossen fortzusetzen.

Wir Deutschen werden zur Schaffung der politischen Union der zwölf Staaten der EG beitragen. Ganz Deutschland wird eingebettet sein in die Europäische Gemeinschaft. Sie erweist sich in dieser hoffnungsvollen Phase der Entwicklung Europas als der verläßliche Garant für die innere und äußere Stabilität ihrer Mitglieder und als ein Stabilitätsanker für ganz Europa.

Das vereinte Deutschland bleibt Mitglied im Atlantischen Bündnis als einem wichtigen Fundament einer europäischen Friedensordnung.

Wir betrachten die Vertiefung und die Institutionalisierung des KSZE-Prozesses als die große Zukunftsaufgabe Europas mit dem Ziel der Schaffung einer gesamteuropäischen Friedensordnung. Eine zentrale Bedeutung hat für uns die Entwicklung der Beziehungen zu unseren Nachbarn in Mittel- und Osteuropa insbesondere mit der Sowjetunion. Der umfassende Vertrag, den wir morgen paraphieren werden, unterstreicht den hohen Anspruch, den wir dem deutsch-sowjetischen Verhältnis beimessen.

Die Unverletzlichkeit der Grenzen ist ein Kernelement der Friedensordnung in Europa. Der Vertrag bestätigt den endgültigen Charakter der Grenzen des vereinten Deutschland. Das vereinte Deutschland wird die bestehende deutsch-polnische Grenze in einem völkerrechtlich verbindlichen Vertrag bestätigen, und zwar innerhalb der kürzest möglichen Zeit nach Herstellung der deutschen Einheit. Dies entspricht dem Willen beider deutscher Parlamente wie er in den gleichlautenden Entschließungen des Deutschen Bundestages und der Volkskammer der DDR vom 21. Juni dieses Jahres zum Ausdruck kommt und wie beide deutsche Regierungen sich dies zu eigen gemacht haben.

Es ist unsere feste Absicht, außerdem einen umfassenden deutsch-polnischen Vertrag zu schließen. Mit diesem Vertrag wollen wir die Grundlagen schaffen für das Zusammenleben von Polen und Deutschen, das unseren Völkern eine gemeinsame Zukunft eröffnet und damit dem Frieden in Europa dient.

Wir werden die Ergebnisse der Zwei-plus-Vier-Gespräche am 1. und 2. Oktober der Außenministerkonferenz der KSZE-Staaten in New York und dann dem KSZE-Gipfel in Paris vorlegen. Für uns war es von Anfang an ein wichtiges Anliegen, daß der Vereinigungsprozeß im europäischen Rahmen stattfindet. Jeder KSZE-Teilnehmerstaat wird erkennen, daß die abschließende Regelung in vollem Umfang den KSZE-Prinzipien entspricht.

Für uns Deutsche ist dieser Vertrag, den wir heute unterzeichnen, ein Anlaß zu Freude, zu Selbstbesinnung und zu Dankbarkeit. Er verpflichtet uns, unsere Verantwortung zu erkennen für die großen Herausforderungen unserer Zeit, für die Wahrung des Friedens, die wirtschaftliche Entwicklung der Dritten Welt, für die Herstellung sozialer Gerechtigkeit überall und für den Schutz der natürlichen Lebensgrundlagen.

Wir werden uns unserer Verantwortung stellen, und wir werden ihr gerecht werden. Unsere Botschaft an die Völker dieser Welt ist:

Wir wollen nichts anderes, als in Freiheit und Demokratie und in Frieden mit allen anderen Völkern leben.

Erklärung des Bundeskanzlers zur Unterzeichnung des Vertrages

Abgegeben in der Sitzung des Bundeskabinetts

Bundeskanzler Dr. Helmut K o h l gab zum erfolgreichen Abschluß der Zwei-plus-Vier-Gespräche und zur Fortentwicklung der deutsch-sowjetischen Beziehungen in der Sitzung des Bundeskabinetts am 12. September 1990 folgende Erklärung ab:

Nach der Unterzeichnung des Einigungsvertrages vor drei Wochen ist der heutige 12. September 1990 ein weiteres Schlüsseldatum auf dem Wege zur deutschen Einheit:

In diesem Augenblick setzen in Moskau die Außenminister der Zwei plus Vier – der Bundesrepublik Deutschland, der Deutschen Demokratischen Republik, der Französischen Republik, des Vereinigten Königreichs von Großbritannien und Nordirland, der UdSSR und der USA – ihre Unterschriften unter den

> „Vertrag über die abschließende Regelung in bezug auf Deutschland".

Mein Dank gilt allen, die dieses Ergebnis möglich gemacht haben, in Sonderheit den Verhandlungsführern.

Das Dokument über die äußeren Aspekte der deutschen Vereinigung spiegelt in umfassendem Maße unsere Verhandlungsziele:

– die volle Souveränität unseres Landes wird hergestellt;

– dies schließt unsere Entscheidungsfreiheit über die Zugehörigkeit zu einem Bündnis unserer Wahl ein;

– für den Abzug der sowjetischen Streitkräfte vom Gebiet der heutigen DDR wird ein verbindlicher Zeitplan festgelegt, nämlich bis zum 31. Dezember 1994.

Das Zwei-plus-Vier-Abschlußdokument entspricht außerdem in überzeugender Weise der Tatsache, daß die deutsche Einheit 1990 sich im Einvernehmen mit allen unseren Freunden, Verbündeten, Nachbarn, ja mit allen Europäern vollzieht.

Ich sage dies mit besonderem Blick auf Polen und die parallelen Entschließungen des Deutschen Bundestages und der Volkskammer zur Grenzfrage. Dies ist die erste Einigung eines Landes in der modernen Geschichte, die ohne Krieg, ohne Leid und ohne Auseinandersetzungen erfolgt, die neue Verbitterungen schaffen.

Der europäische Rahmen unseres Weges zur Einheit wird darüber hinaus betont durch den

– Ausbau des KSZE-Prozesses zu einer gerechten und dauerhaften europäischen Friedensordnung – dies schließt feste Institutionen ein, über die wir uns auf dem KSZE-Gipfel im November einigen werden; und

– die Überwindung der Konfrontation hochgerüsteter Militärblöcke durch weitreichende Fortschritte bei Abrüstung und Rüstungskontrolle und durch den Aufbau einer neuen Partnerschaft zwischen den Mitgliedstaaten von NATO und Warschauer Pakt, so wie wir dies beim Londoner NATO-Gipfel angeboten haben.

Die Bundesregierung – und entsprechend die Regierung der DDR – haben hier bedeutsame Schrittmacherdienste geleistet

– durch die Bestätigung ihres verbindlichen Verzichts auf ABC-Waffen und

– durch eine verpflichtende Erklärung über die künftige Gesamtstärke deutscher Streitkräfte.

Wir und die DDR zusammengenommen reduzieren unsere Truppenstärke um 45 Prozent. Wenn dieses Beispiel weltweit Schule macht, bedeutet das einen gewaltigen Schritt in der Abrüstung.

In Moskau werden in diesen Tagen auch Marksteine für die zukunftsgewandte Entwicklung der deutsch-sowjetischen Beziehungen gesetzt.

Bundesminister Genscher wird den

Vertrag über gute Nachbarschaft,
Partnerschaft und Zusammenarbeit

paraphieren.

Nach der Vereinigung Deutschlands wird der Vertrag dann auf höchster politischer Ebene unterzeichnet.

Dieser Vertrag wird geschlossen im Wunsch, mit der Vergangenheit endgültig abzuschließen und durch Verständigung und Versöhnung einen wichtigen Beitrag zur Überwindung der Trennung Europas zu leisten. Der Vertrag will den deutsch-sowjetischen Beziehungen eine neue Qualität verleihen.

Er enthält Grundsätze für die umfassende Entwicklung der Zusammenarbeit auf allen Gebieten, darin eingeschlossen Politik, Wirtschaft, Wissenschaft und Technik, Kultur, Umwelt und nicht zuletzt humanitäre Fragen. Der Vertrag fördert die umfassende Begegnung der Menschen und gewährleistet, daß die Deutschen in der Sowjetunion ihre nationale, sprachliche und kulturelle Identität entfalten können; und er ermöglicht es uns, ihnen dabei zu helfen.

In Ergänzung zu diesem Vertrag ist ein weiterer

Vertrag über die Entwicklung
einer umfassenden Zusammenarbeit
auf dem Gebiet der Wirtschaft, Industrie,
Wissenschaft und Technik

fertiggestellt.

Dieser Vertrag ist der völkerrechtliche Rahmen für die Tatsache, daß das vereinte Deutschland – als Mitglied der Europäischen Gemeinschaft – der größte Wirtschaftspartner der Sowjetunion sein wird. Er eröffnet lohnende Zukunftsperspektiven für beide Seiten.

Fertiggestellt ist auch der durch die Währungsumstellung in der DDR zum 1. Juli dieses Jahres erforderliche

Vertrag über einige überleitende Maßnahmen.

Sein Schwerpunkt ist die finanzielle Regelung für die sowjetischen Streitkräfte auf dem Gebiet der heutigen DDR. Es geht dabei um

– Aufenthaltskosten, die die sowjetische Seite grundsätzlich selbst trägt, zu denen wir aber beisteuern;
– Rücktransportkosten;
– Wiedereingliederungskosten, wobei ein Wohnungsbauprogramm in der Sowjetunion und Umschulungsmaßnahmen im Vordergrund stehen.

Unser Gesamtaufwand wird sich auf zirka 12 Mrd. DM in vier Jahren belaufen.

Was den Abzug der Streitkräfte selbst angeht, so wird in den nächsten Tagen ein

Vertrag über die Bedingungen
des befristeten Aufenthalts und die Modalitäten
des planmäßigen Abzugs sowjetischer Truppen

fertiggestellt werden.

Hier geht es – neben dem schon erwähnten Abzugszeitplan und -endpunkt – um die Rechtsstellung der sowjetischen Soldaten in der Zeit ihres Aufenthalts, um ihre Übungstätigkeit, um Nutzungsrechte an Liegenschaften und deren letztendliche Rückgabe und vieles mehr.

Alle genannten Verträge werden unmittelbar nach dem 3. Oktober 1990 durch die gesamtdeutsche Regierung unterzeichnet und dem gesamtdeutschen Parlament zur Ratifizierung vorgelegt werden.

Schon heute stelle ich fest: Durch diese vertraglichen Vereinbarungen wird den deutsch-sowjetischen Beziehungen in der Perspektive der deutschen Einheit ein machtvoller Impuls gegeben.

Vor dem Hintergrund tiefgreifender Reformen in der Sowjetunion ist das Tor für eine Zukunft der guten Nachbarschaft, der neuen Partnerschaft und der umfassenden Zusammenarbeit weit geöffnet.

Quelle: Bulletin Presse- und Informationsamt der Bundesregierung, Nr. 109 vom 14. September 1990, Seite 1153–1160.